영화의 역사

내게 의식을 준 영화들과
그것들을 만들어가는 이들에게—

영화의 역사

지은이 김성태 **펴낸이** 김영신 **펴낸곳** 불란서책방
편집 김수정 **본문 디자인** 우주상자 **인쇄** 상지사
등록 2019년 1월17일 제019-0000015호
주소 경기도 고양시 일산동구 호수로 336
전화 0504-266-3516
전자우편 bookfest@naver.com
ⓒ김성태, 2024

ISBN 979-11-971456-7-4 (03680)
발행일 2024년 1월 15일 초판 1쇄
　　　　2024년 3월 1일 초판 2쇄

이 도서는 한국출판문화산업진흥원의 '2023 중소출판사 출판콘텐츠 창작 지원 사업'의 일환으로
국민체육진흥기금을 지원받아 제작되었습니다.

운동과 시간을 눈앞으로 당겨온 역사

영화의 역사

지은이
김성태

첫 번째 발자국
19C ~ 1927

펴낸곳
불란서책방

차 례

차 례

2부 '영화'의 시대

추천사

1998년, 나는 비 오는 파리의 어느 카페에서 영화를 공부하는 한 한국인 청년을 우연히 만났고, 영화를 학문적으로 탐구하고자 하는 그의 남다른 열정과 포부에 깊은 인상을 받았었다. 그리고 그 열정과 꿈이 드디어 25년이라는 시간의 각고를 거쳐 〈영화의 역사〉라는 역작으로 탄생했음을 확인하는 것은 참으로 감동적인 일이다.

이 책은 단순히 영화의 역사를 기술한 책이 아니다. 시네마토그래프라는 운동과 시간의 이미지를 재현하는 발명품이 소리와 색채를 얻고 자본과 결합하여 리바이어던 같은 거대산업이 되기까지, 노동과 기술의 결합이면서 동시에 창작자의 생산품이 무한복제의 수익상품, 심지어 신식민지화의 대표상품이 되기까지,

렌즈를 통과한 빛이 만들어내는 현상이 삶과 세상을 읽는 철학이 되고 예술이 되고 가장 강력하게 대중을 사로잡는 이야기의 매체가 되기까지, 그 다채로운 영화의 정체성을 해부하고 복잡한 진화의 과정을 밝히고 있는 책이다.

영화의 역사를 이렇게 넓고 깊게, 이처럼 다층적인 시각으로 서술한 책은 한국은 물론이고 저자 자신이 공부한, 영화를 발명했던 프랑스에서도 찾아보기 어렵다. 그런 점에서 김성태의 『영화의 역사』는 감히 기념비적인 역작이라 할 만하다. 마침내 우리는 영화를 이해하고 사유하기 위해 서가 한쪽에 꽂아두고 언제나 찾아볼 수 있는 영화 관련 참고서를 한 권 얻게 되었다.

이창동 (영화감독)

일러두기

1. 이 책에서 영화명은 ≪ ≫로, 잡지와 도서명은 「 」로, 논문과 글은 「 」로, 그 외 뮤지컬, 그림 등의 작품은 〈 〉로 표기했다.
2. 사람 이름과 영화제목 등 고유명사의 원어는 맨 처음 한 번만 병기했다.
3. 보통명사화 된 고유명사의 경우, 원어 병기나 생몰연대는 필요한 경우에만 표기했다.
4. 영화의 제목은 원어를 병기 했으며 우리말 제목은 다르게 표기될 수 있다.
5. 저자의 화법을 드러내기 위해 구어와 문어를 함께 사용했으며, 첨언과 부연을 본문에 ( )로 넣었다.
6. 문단이나 단락 끝에 쓰인 접속사는 저자의 고유한 화법으로 다음 문단이나 장, 절로 이어진다.

'영화'의 시간 앞에서

●

어, 드디어 탕헤르네요!
포트(Port) 부부가 벌판을 바라보는 사이,
터너(Tunner)가 감격스러운 순간을 참지 못하겠다는 듯이 말했다.
키트(Kit)는 그의 경박함에는 관심이 없다는 듯,
작은 가방에서 모자를 꺼내어 쓰면서 여행의 출발을 조용히 자축했다.
하지만 찰칵. 셔터 소리가 결국 키트를 돌려세웠다.
마치 그 순간을 포착하지 않고는 안 되겠다는 듯이
성급히 키트의 모습을 카메라에 담은 터너가 조금은 경박한 투로 말했다.

전쟁 이후에 우리가 아마 첫 관광객일 거예요.
그러자, 불쑥 키트가 터너의 말을 교정했다.
오, 터너, 우리는 관광객이 아니라 여행자예요!
뭐가 다르죠?
터너의 물음에 포트가 키트 대신 친절하게 입을 열었다.
관광객은 도착하는 순간부터 돌아갈 것을 생각하는 사람이지.
남편의 말에 미소를 보태며 키트가 이어 붙인다.
여행자는 집으로 돌아갈 생각을 하지 않을 수도 있고요!

베르톨루치 ≪마지막 사랑 The Sheltering Sky≫(1990)

이 책은 '영화'를 다룬다. 이렇게 말하면 무엇에 관한 이야기인지 다들 잘 알 것이다. 하지만 영화라는 이 단어, 한 번쯤 생각해 볼 여지가 있다. 왜냐하면 우리말로는 단 하나의 단어밖에 없는 탓에, 영화가 가진 여러 의미를 지칭할 때 문제가 발생하기 때문이다. 일상에서 우리는 극장에서 보는 하나하나의 작품들을 이 단어로 부른다. 그런데 1895년, 인류에게 처음으로 나타난 발명품도 이 단어, 영화이다. 하지만 이 두 상태는 엄연히 다르지 않은가? 하나는 이야기를 담은 이미지들이며, 다른 하나는 기계이다. 즉, 우리는 도저히 하나로 볼 수 없는 것들을 한데 묶어버리고 있는 셈이다. 1895년에는 오늘날 우리가 말하는 영화가 존재하지 않았다. 당시의 그것은 요즈음 흔히들 말하는 '동영상', 말 그대로 '움직이는 이미지'에 더 가깝다. 그런데 그마저도 냉정하게 보자면, 이 시기에는 이미지도 관건이 아니었으며 그저 시네마토그래프cinematographe라는 기계를 지칭하는 말이었다. '영화(cinema)'는 시간이 지나 시선이 기계에서 이미지로 옮겨져서야 나타나고, 이 '영화(cinema)'가 재현하는 대상으로 '서사'를 받아들이면서 영화(film)가 된다. 그러니까 우리가 영화라고 지칭하는 것은, 몇 가지 상태가 얼버무려진 것이다. 시네마와 필름, 장치와 장치가 작업한 결과물. 일상적으로야 사실 큰 문제는 없다. 하지만 역사나 이론을 하기 위해서는 반드시 필요한 구분이다. 이를 변별하기 위해 나는 따옴표로 '영화'라는 표기를 했다. 따옴표가 있는 '영화'는 시네마를 지시하며, 그것이 없을 때는 일반적인 하나하나의 작품들을 지칭한다. 물론 어느 상태를 분명하게 지시하지 않고 전체적으로 섞어서 이해할 경우, 우리가 일상적으로 쓰던 단어를 그대로 수용하여 따옴표 없이 쓰기도 했다. 문장에 들어간 부호는 시각적으로 걸리적거린다. 그런데도 나는 따옴표를 반드시 써야 한다고 생각했다. 그만큼 두 가지 상태에 대한 변별은 중요하기 때문이다.

우리는 필름의 역사에 대해서는 빈번하게 접하면서도, 그것을 가능케 하며 세상에 내놓은 아버지, '영화(cinema)'에 대해서는 별로 주목하지 않았다. 사실, 이 '영화'에 대해서 한국은 정말이지 너무할 정도로 관심이 없다. 학문을 하는 자나 영화인들의 의식은 대개 영화들(film)에 가 있다. 하지만 영화들을 온전히 이해하는 데 필요한 것이 바로 '영화'에 대한 이해이며 인식이다. 영화들의 가치나 미학은 그것들을 작동할 수 있게 한 '영화'에 의해서 주어진다. 그런 이유에서 나는 한국에 온 뒤로, 나 자신에게 줄기차게 '영화'를 말하는 역할을 부여했다. 이 책은 그 과정의 중간 결과물이다(앞으로도 2권, 3권이 나와야 하니까).

'영화'의 정체가 형성되는 과정은 '영화'의 입장에서는 목숨을 건 사투였다. 처음 나타났을 때는 온갖 비난을 끌어안고 살아남는 일부터 시작해야 했으며, 사람들의 시선을 끌기 위해 별의별 하찮은 짓을 해야 했다. 그러지 않았다면 사람들은 눈길조차 주지 않았을 것이다. 그가 태어나자마자 주목과 인기를 끌었다는 것은 어떤 면에서는 진실이고 어떤 면에서는 터무니없는 위장이다. 이 인기의 실체를 고려하면, 그는 언제라도 살해당할 수 있었다. 당시의 온갖 신기한 발명품들이 새롭게 등장해 잠시 인기를 끌고 사라져 버린 것처럼.

그는 자신의 가치를 입증하고 그에 대한 의식이 오늘날처럼 당연해지기까지, 늘 위험한 줄타기를 해야 했는데, 이는 한편으로 '영화'의 역사 안에 그와 관계해 온 인간에 대한 이해도 자연스레 담겨있음을 말해준다. 이를테면, 영화는 우리 인류가 그 태생을 처음 마주한 예술 형식이다(일반적으로들 그리 말한다). 우리는 문학도, 음악도, 회화도 태생을 본 일은 없다. 하지만 영화의 탄생은 물리적인 복잡한 도구들(기계장치들 혹은 메커니즘)이 만들어 낸 '발명'이었다. 하긴, 냉정하게 보자면 문학, 음악, 회화도 발명품일 것이다. 단지 '영화'처럼 물질적인 장치가 아니었을 뿐이다. 하지만 이렇든 저렇든 여전히 메커니즘을 매개하지 않고는 만들어지지 않는다. 고대의 음유시인이 자신의 음성을 동원하고 몸짓을 활용해 노래를 읊을 때, 그는 정신적으로 '음'을 일정한 높낮이와 길이로 다루는 도구로 성대를 활용하고 있으며, 심지어 우리가 다 알듯이 (이는 물질적이기도 한데) 그가 서 있는 공간조차 운율이 치고받는 메커니즘의 벽이었다. 메커니즘이 종이와 펜으로 옮겨간 다음에는 더더욱 명징해진다. 그러니까 말인즉슨, '영화들'이 아니라 이 책이 다루는 개념으로서의 진짜 실체인 '영화'를 가만히 들여다보고 있으면, 인간이 자신의 표현과 어떻게 만나왔는지를 깨닫게 된다. 게다가 '영화'는 19세기와 20세기의 틈이라는 아주 놀라운 횡간에 끼어있다. 인간의 무언가가 그토록 폭넓고 골 깊게 변화하는 지점, 그 경계 위에 서 있는 것이다. 우리가 바라보는 스스로에 대한 패러다임은 늘 과거지향이다. 우리 시대에 대한 명칭이 '고대'가 될 때를 상상해 보자. 우리로부터 아주 먼 미래일, 수천 년이 흐른 뒤, 사람들은 19세기의 이즈음에 '인간'의 무언가가, 명확하게는 '존재'에 대한 이해와 해석이 달라졌다고 말할 것이다. '영화'는 바로 그 시기의 산물이다. 이 점이 나로 하여금 역사를 생각하게 만든 이유다.

지난 과거사를 기록하고 그 안에서 기억할 만한 가치들을 발굴하고 만끽하는 일은 이미 흔하다. 나는 그 수많은 '영화사history of films'처럼 그 흔하디흔한 일반적 역사 기록, 또 하나의 이권 다툼을 위해 이 책을 시작하지 않았다. 이 책을 일반적인 영화사, 즉, 필름들의 역사라는 쪽에서 보고자 한다면 피하기를 바란다. 여기에는 그들 책이 다루는 내용들은 거의 없으며, 그러한 책을 새롭게 쓸 이유는 더욱이 없다. 차라리 그러한 책들 안에서 다루어진 여러 담론, 그것을 오늘날 어떻게 받아들이고 해석해야 하는지를 다루는 책이며, 따라서 독자들에게 다시 한번 '영화'란 무엇인가를 생각하게 해주는 책이다. 어떤 영화들이 어떤 맥락에서, 어떻게 작용했는지를 여러분들 스스로가 파악해 볼 수 있는 책이라는 뜻이다.

●

무려 20여 년에 걸쳐 줄기차게 써왔다. 기이하지만 동시에 다행스럽게도 내게는 공부에 있어서 현실적 목적이라곤 없었다. 공부와 관련해 내가 깨달은 아주 중요한 사실 하나는 나 자신이 단순하며, 현실적인 것들에 관한 의식이 작용하지 않는 어리석음을 지녔다는 점이다. 한마디로, 왜 그것을 해야 하는지 모르며, 그저 좋아서, 습관처럼 했다(이것이 프랑스에서 공부하며 얻을 수 있었던 가장 중요한 자산이다). 이를테면 나는 대학원에서 베르톨루치[1]를 연구했다. 그다음 과정(DEA)[2]에서는 타르콥스키[3]를 공부했고, 다시 박사과정에서는 고다르[4]를 공부했다. 말하자면 각 과정 모두가 다른 대상을 들여다봤다는 말이다. 주변에서는 이를 의아해했는데 그 의아함조차 나는 이해하지 못했다. 그저 그들이 궁금해서 공부했을 뿐인데, 마지막 과정에서는 프랑스 친구들이 격하게 만류하기조차 했다. 자꾸 달라지는 것과 심지어 이제는 그들도 안 하는 것을 하려고 했기 때문이다. 그러나 이 내막을 깨달은 것도 학위를 마치고서이다. 그 뒤, 2000년이 밝아오는 시기에 한국으로 돌아왔고, 여전히 이것저것 생각나는 대로 글을 썼다. 마찬가지로 현실적인 목적은 없었다. 영화들에 대해, '영화'에 대해 알고 싶은 대로 공부했고 써나갔다. 그렇게 한 10여 년을 보냈더니, 바로 이 책, '영화'의 삶을 쓰고 있었다.

'영화'의 삶, 그러니까 시네마, 인류가 이제까지 지니고 있었으나 한 번도 생각해 보지 않은 대상을 쳐다보게 하고 다루게 한 그것, 그리고 태어난 이래로 줄기차게 '우리'와 관계해 온 그것, 자식들을 내놓으면서 세상을 그들이 장악해 가

---

1) 베르나르도 베르톨루치 Bernardo Bertolucci (1940~2018), 이탈리아의 영화감독

2) 지금은 없어졌지만 1990년대 당시(1964년에서 2000년까지), 박사과정에는 두 가지의 단계가 있었다. 그 하나가 DEA(Diplome d'Etude Approfondie)로, 박사논문 과정에 돌입하기 전에 해당 과정보다 더 심화한 연구를 해야 하는 것이었다. 1년 과정으로 학교에 따라 최소 1에서 6개 과목을 수강하며, 대학원에서보다 좀 더 깊이 있는 논문을 써야 한다. 파리 3대학에서는 5과목을 수강해야 했고 논문도 작성해야 해서 버거웠지만 내게는 보약이 되었다. 그 버거움에 밀려 허덕이지 않았더라면 결코 공부에 대한 지금과 같은 생각과 시선을 지니지 못했을 것이다.

3) 안드레이 아르세니예비치 타르콥스키 Андрей Арсéньевич Таркóвский (1932~1986), 러시아의 영화감독

4) 장 뤽 고다르 Jean Luc Godard (1930~2022), 프랑스의 영화감독

도록 한 그것을 말한다. 그러니 역사일 수밖에 없고, 개념에 대한 설명서일 수밖에 없다. 따라서 일반적인 역사책을 생각하면 이 책은 까다롭다. 이 책에서는 한갓 모뉴망monument을 다루지 않기 때문이다. 박물관이나 도시가 구축한 역사적 산물들을 보면 수많은 모뉴망이 있다. 모뉴망을 방문해 그 앞에서 자신이 다녀갔다는 증명사진을 남기는 일이 관광인데 나는 애초 그런 일에 거의 무관심하다. 내가 늘 주목하는 것은 무엇이 그 모뉴망을 존재하게 했으며 어떤 조건에서 그것들이 그러한 방식으로 있게 했는지이다. 역사는 그래서 시간 안으로 걸어 들어가 그 토양을 밟아보는 작업이며, 관광이 아닌, 길을 떠난 여행객이 되어 보는 일이다.

●

　책의 구성에 대해서 잠시 말하자. 여기서 우리는 19C부터 1927년까지를 다룬다. 흔히, '무성영화'라 부르는 시간이다. 하지만 나는 결코 '무성영화'를 특정 지으려는 것은 아니다. 천만에! 분명히 나는 '영화'에 대해서 쓰고자 한다. 사실 우리는 이 명칭에도 상당한 오해를 지니고 있다. 생각해 보라. 19세기 말, 인류에게 나타난 것은 결코 '무성영화'가 아니다. 분명하게 '영화'라 불리는 것이며, 1927년, 소리가 침범해서야 '무성영화'가 되었다. 즉, 우리에게 '영화' 개념의 시작은 바로 이 시기에 형성된다. 이후, '소리'가 첨가되어 어쩔 수 없이 이를 구분했을 뿐이다. 즉, 이 책을 통해서 나는 인류에게 가장 기본적인 개념의 상태였던 '영화'를 우선 해명하고자 했다. '소리'가 없는, 즉, '소리'를 전혀 고려하지 않았으며, 고려할 이유도 없었던, 움직임 자체만으로 중요한 최초의 영화 개념 말이다. 사실 장치로서의 '영화' 개념을 생각한다면 여전히 '소리'는 그 정체성을 변모시킬 만한 요소는 되지 못한다. 그렇게 본다면, 이론의 출발지면서, 인류가 움직임에 대해 지니는 의식의 출발지였던 소리 없던 시절에 형성된 '영화'의 개념은 얼마나 중요할까? 이 질문이 이 책, '영화'에서 다루는 내용이다!

그 점에서 이 책의 용도는 매우 다양할 수 있는데, '움직임'을 담은 모든 이미지(영화들 만이 아니라 TV를 타고 송출되는 이미지들, 네트워크에 묶인 많은 동영상들…)는 시네마의 상태에서 출발하지 않는 것이 없기 때문이다. 역사를 공부하는 이들에게야 당연히 득이 되겠지만, 이론이 아닌 실기를 하는 이에게도 마찬가지다. 그 자신이 만들고자 하는 것이 한갓 극장용 영화가 아니라, 인간에게 현상에 대한 새로운 시각을 제공하는 '영화'라는 사실을 깨닫게 해주기 때문이다. 물론, 역사가 아니라 미학 혹은 '이론'을 전공하고자 하는 이들에게도 이득이 될 것이다. 이론의 핵심인 '영화'의 정체성이 다뤄짐은 물론, 그 변천사가 나타나기 때문이다. 사람들이 그때 무슨 생각을 하고 어떻게 살았는지를 이해하면 그 시대의 이론은 아주 쉽게 이해된다. 즉, 라깡을 파고드는 대신, 하필이면 그 시대, 그가 한 그 말, 언표들이 왜 받아들여졌는지를 알면, 그리고 그가 왜 그런 말을 해야만 했는지 알면 자연스럽게 의미들이 이해되는 것과 같다. 그 시대 사람들이 되어 보고, 라깡 자신이 되어 보는 일이니.

하지만 그것이 쉽지만은 않다. 그래서 권하는데, 역사적 사실들과 함께 그나마 **흥미롭게 이 책을 읽으려면 1, 2장은 건너뛰고 3장부터 시작하기 바란다.** 1, 2장은 생각보다 아주 까다로운데, 그것은 '영화'의 탄생을 둘러싼 19세기 전후의 정신적 문제들을 다루기 때문이다. 철학적인 개념들의 장이고, 따라서 이론적인 관심이 없다면 상당히 힘이 든다. 반면, 역사적 사실들을 따라나서는 것은 3장부터이다. 거기서부터 읽어나가다 어느 정도 맷집이 생기면 그때 앞을 추켜봐도 무리는 없다.

'영화'의 역사를 써나가므로 이 책이 지시하는 1927년에 멈추지는 않는다. 소리가 간섭하기 전까지가 지금의 1권인데, 소리 있는 영화의 시대로 건너가 질료 없는 이미지의 상태가 되기까지, 그리고 그 너머 '구름 저편'의 '영화'까지 줄기차게 내달려야 할 것이다. 2권이 이미 상당 부분 진척이 되어있고, 1980년대까지를 다룬다. 거기까지 나아가 한데 묶는 대신, 우선 그 탄생부터 시작해야 한다는 생각에 1권을 먼저 묶었다.

●

내 삶은 빈한하고 지난했지만, 청춘이 빛나 오르던 시절을 조금 유달리 여긴다면 축복이었다. 20세기 후반이 시작되는 지점에 태어나 그 끄트머리까지 내달렸는데, 그 세기까지 필요한 모든 것을 경험했고, 무엇보다도 모든 것을 느꼈다. 이 점에서 내가 속한 세대만큼 축복인 시기도 드물다고 여긴다. 형편없건 아름답건, 누가 뭐라 평가하든 20세기의 한복판을 경험했고, 그 문명의 열매와 시들어 가는 줄기를 모두 겪었으며, 심지어 불투명하지만, 완전히 새로운 미래(21세기)에 들어섰다. 더구나 나는 정말 운이 좋게도 '한국인'이었다. 이 기가 막힌 조건으로 인해, 가장 형편없던 사람들이 정말이지 백지상태에서 지식을 차곡차곡 채워가는 모습과 그 과정에서 벌어진 인류사의 마땅한 투쟁과 실패, 그리고 20세기 중반에 서구가 지녔던 풍요로움까지 모두 겪을 수 있었다. 오직 한국이라는 조건 안에서 한국인만이 가능한 놀라운 경험을 축적했다는 말이다. 거기에 더해 또 다른 사건이 운 좋게도 내게 주어졌는데, 바로 내가 청춘을 오롯이 프랑스에서 지낸, 반쯤 프랑스인이었다는 사실이다. 프랑스가 대단하다는 말이 아니라, 20세기 중요한 지성들의 무수한 '말들'이 떠다니던 공기를 직접 마실 수 있었다는 의미이다. 물론 내가 그들과 같은 자리에 이르렀다는 터무니없는 말을 하려는 것은 아니다. 나는 그저 항상 주변에 있었다. 공기라고 했듯이 그들의 시대에, 그들을 보며 살았다. 나는 클로드 샤브롤[5]이나 장 뤽 고다르의 영화 제작 현장을 방문한 일도 있고, 그들이 사람들과 나누는 대담을 경청하기도 했으며, 재치 있고 경쾌한 클로드 를루슈와 에스프레소를 마시기도 했다. 그 외에도 여러 누벨바그 감독들의 강연을 듣고, 장-루이 뢰트라[6], 자크 오몽[7] 교수의 지도와 더불어 들뢰즈와 크리스티앙 메츠[8]의 강의도 이수했다. 넘치는 행운이라고 할만한, 베이컨과 고흐의 전작을 마주할 기회도 있었다. 콩코드 광장의 어느 카페에서 우연히 백남준과 마주쳐 단지 한국인이라는 이유로 그로부터 맛난 디저트를 얻어먹은 적도 있다. 그런가 하면 칸 해변의 모래사장에서 삶의 마감을 준비하는 미켈란젤로 안토니오니[9]와 마주치거나 비록 먼 발치였지만, 인생에서 가장 아름답던 나이의 샤론 스톤, 이자벨 위페르 등을 보았다. 파리의 퐁데자르 다리를 건너는 동안 우연히 잭 니콜슨과 마주쳐 짧은 담소를 나누었고, 드라큘라 백작 앞에서 코폴라[10]를 보기도 했다. 그래, 리스트는 즐비하다. 돌이켜보니 그 모든 시간은 축복이었다. 1970년대식 와이셔츠를 입었음에도 촌스럽기는커녕 여전히 매력적이던 초로의 알랭 들롱을 인터뷰하던 일, 장 폴 벨몽도와 대화를 나누던 일, 그 시대의 정신을 대변하던 지성들이었던 여러 감독의 이야기를 듣고 질문하고 답을 듣는 일, 아, 아쉽게도 나는 왜 그때 좀 더 그 같은 일들에 흥분하지 않았던가. 그러나 이 사실 자체가 내가 겪은 축복의 성질을 말해준다. 특별한 일이 아니라 평범한 일이었으므로, 내게는 모든 게 자연스러워서, 호들갑을 떨며 여기저기 곳곳을 다니면서도 기념사진을 남기는 일 따위는

---

5) 클로드 샤브롤 Claude Henri Jean Chabrol (1930~2010), 프랑스의 영화감독, 제작자

6) 장-루이 뢰트라 Jean-Louis Leutrat (1941~2011), 프랑스의 작가

7) 자크 오몽 Jacques Amount (1942~), 프랑스의 영화학자

8) 크리스티앙 메츠 Christian Metz (1931~1993), 프랑스의 영화기호학자

9) 미켈란젤로 안토니오니 Michelangelo Antonioni (1912~2007), 이탈리아의 영화감독

10) 프란시스 포드 코폴라 Francis Ford Coppola (1939~), 미국의 영화감독, 제작자

하지 않았다. 내게는 관광이거나 이벤트가 아니었기에…. 정말이지 아쉬운 것은 이 축복의 열매를 맺기 위해 내가 왜 좀 더 열심히 하지 않았던가 하는 점이다. 하긴, 내가 지닌 능력이 그 열심을 가로막기도 했겠지만. 그래도 하나는 분명하다. 내가 지닌 능력이 한계에 이르기까지 정말이지 열심히 살았다는 당당함이다. 아쉬움이 있다면, 그 아름다웠던 시간이 이제는 아득히 멀리 장소가 없는 기억 속으로 밀려났다는 점이다. 사실들과 함께 사라져 버린 두 번 다시 느끼지 못할 그때의 감정, 정서, 직관들…. 능력이 부족함을 아는 자는 언제나 긴장하며 골몰하고 날카로운 직관을 다듬게 마련이다. 프랑스는 나에게 그러한 집중과 여유를 주고 숙고할 기회들을 제공했는데, 아무튼, 모두 지나갔다.

그래, 나는 경험의 화려함을 말하려는 것이 아니다. 그때 파리에서 지낸 사람이라면, 칸에 긴 시간 머물며 발품을 팔았던 사람이라면 누구든지 겪은 일들이었다. 내가 이 리스트를 그럭저럭 이처럼 쓴 이유는 그것들이 20세기이기 때문이다. 20세기의 지성, 20세기의 감독, 20세기의 배우들, 20세기의 사람들과 그들의 삶, 20세기가 남기고자 한 것들.

나는 정말이지 한참을 썼다. 그사이에 나는 앞에서 썼던 것과 같은 방식으로 지난 20세기를 다시 방문하고 기억 속에서 현재라는 장소로 끌어내며, 당시에는 미처 못 가봤던 곳도 가고, 텅 빈 들에서 헤매기도 하며 내 삶을 살았다. 부족하지만 사람들이 흔히 결과물을 낼 때 지니는 아쉬움 따위는 결코 없다. 문득 이제 다 털어야 할 때라고 여겼고, 그래서 마감했을 뿐이다.

●

모든 책이 그렇지만, 이 책을 쓰는 데 필요한 도움을 제공한 이들은 수도 없다. 아니, 책이 아니라 내 삶 자체가 너무나 많은 이들에게 빚지고 있다. 그 모두를 다 말할 수는 없고, 책과 관계된 부분만 말하기로 하자. 우선 떠오르는 이들은 당연히, 장-루이 뢰트라 선생님과 자크 오몽 선생님이다. 대학원과 DEA에서의 지도교수였던 뢰트라 선생님에게는 늘 죄송한 마음을 지니고 있다. 지도받던 시절, 아직 불어가 몸에 붙지 않았던 때라 선생님의 말씀에 충분히 따르지 못했다. 리용 2대학 대학원에서 처음 뵈었는데, 그 시절은 정말로 모든 면에서 나 자신이 형편없던 때이다. 그 뒤에 선생님의 지도를 따라 파리 3대학 DEA 과정으로 진학했다. 타르콥스키에 대한 논문을 쓴 것처럼, 아마도 선생님은 계속 영화미학에 관한 논문을 이어가기를 바라셨던 것 같다. 하지만 나는 '영화'의 개념 그 자체에 관심이 더 깊어 역사적인 문제들에 매달렸고, 박사과정에서 고다르를 전공하고 싶은 마음이 있었다. 그 덕에 또 다른 특징을 지닌, 주옥같은 이론들을 펼친 자크 오몽 선생님의 지도를 받을 수 있었다. 경이로웠다. 그중 한 분, 뢰트라 선생은 고인이 되어 이제는 보지 못한다. 기억만이 남았다. 두 분의 얘기를 쓰는 것은 감사함과 죄송함 때문만은 아니다. 영화의 역사에 관한 생각이 그 시절부터 그분들을 통해서 자라났다는 점을 밝히기 위해서이다. 두 분 모두 역사적 문제들을 해석하고 재구성하는 데에 있어서 아주 훌륭한 강의를 하셨고, 그 혜택을 고스란히 받은(하지만 부족하기 그지없는) 결과물이 아무래도 이 책이지 않은가 싶다. 좋은 선생님들 밑에 있었던 것치고는 부끄럽다.

　물론, 또한 내 강의에 참여했던 많은 수강생 여러분께도 감사를 돌려야만 한다. 20여 년간 수업을 들었던 수강생들, 특히 2년여간 서강대학교에서 열렸던 무료 강좌 '영화의 삶'[11] 수강생들은 내게 생각을 정리하는 과정인 수업을 풍성

---

11) 4회에 걸쳐 2년 동안 이루어진 그 강좌는 2010년 서강대학교 대학원생들의 도움으로 시작되었다. 나도 거저 얻었으므로, 내 강좌는 무료여야 한다고 생각하고 있었고, 그 취지를 이해한 이들이 스스로 시간과 비용을 들여 열정적으로 준비해 주었다. 교수들이 반대해, 계속하고 싶었음에도 2년밖에 못 했다. 그 속사정을 모르는 바는 아니어서, 그동안이라도 강좌를 열게 해준 감사는 서강대 측에 돌려야 한다. 하지만, 결코 개인의 이득을 생각하고 한 강좌가 아니어서 이 '사정'이 과연 합당한가 하는 생각도 있다(엉뚱하고 근거 없는 일도 있었다). 아무튼, 열정적인 강좌를 가능하게 해준 당시 대학원생들, 이다윗, 맹관표, 박상돈, 박미선, 백은진, 김길환, 김준완 등에게 진심으로 감사를 표한다.

하게 만든 이들이다. 나는 홀로 세상을 살지도 못할뿐더러 홀로 생각할 수도 없다. 그들과의 호흡이 이 책의 논지를 완성하는 중요한 도움을 주었다. 이 책을 기점으로 그러한 강좌를 다시 이어가고 싶다. 나는 순전히 공부가 좋아서 했다. 가르치는 직업을 얻고 말고는 당시 내 문제가 아니었다. 정말이지 신기하고 경이로워, 좋아서, 신이 나서 공부했다. 그렇기에 원하는 모든 이들에게 내 지식을 다 내어주며 남은 시간을 보내고 싶다. 이 책에 관계된 강좌를 반드시 열 생각이다. 이론뿐만이 아니라 영화 만들기도 내게는 또 하나의 생각 창구여서 제법 알려진 몇 편의 영화 시나리오를 썼고 지금도 줄기차게 쓰고 있다.

그리고 또한 시간을 함께 살며 이러저러한 생각들을 정리하는 데 도움을 준 친구들도 여기 명시해야 할 듯하다. 책을 쓰는 것만이 아니라 무료 강좌에도 소중한 도움을 주신 나의 오랜 친구인 최낙영 주간님과 무료 강좌 때마다 기꺼이 포스터 디자인을 맡아준 한주연에게 감사를 드린다. 그리고 내가 일을 병행하면서도 원고의 정리에 집중할 수 있도록, 많은 자질구레한 일들을 대신해 준, 내 카페의 아르바이트생들에게 각별한 인사를 전하고 싶다. 그들이 자신의 가게처럼 열심히 일을 해주지 않았더라면 집필에 많은 어려움을 겪었을 것이다. 카페의 일을 맡아주었던 신민정, 김한나, 황보란, 이명하, 조옥원, 유슬기, 김민주, 김건욱, 신소민, 최성진, 이선주, 김인정 그리고 그 외 분들을 포함해 다시 한번 감사하다고 말하고 싶다. (내게는 과분한 수고를 아끼지 않은 이들이다. 한때 나는 카페를 열심히 운영했지만, 그 열심만큼 당연히 망하고 말았다)

'영화'라는 열매에는 세 가지의 양분이 필연적이다. 하나는 세상인데, 그 점에서 '이 세상'에 감사하지 않을 수 없다. 나를 여기 있게 하고 자신에 대해서 생각하는 일을 허락해 주었기에…. 그러나 정작 중요한 것은 남은 두 가지일 것이다. 지금 이 책이 그중 하나의 결과물인데, 열매에 깃든 농축액과도 같은 것이 이론이다. 하지만 모두가 사실 밭이 없으면 얻어지지 않는다. 이 밭을 일고 갈아서 열매가 자랄 수 있게 하는 일, 바로 창작이다. 직접 영화를 만들지는 않았으나 각본이라는 한 과정을 걸을 수 있었다는 것은 이론을 하는 이에게는 좀처럼 주어지지 않는 축복이다. 그 길에도 서 있게 해준 장률 감독, 고은기 감독, 변혁 감독께 감사를 드린다. 변혁 감독은 프랑스부터 벗이면서 늘 힘들 때 주변에 있어 준 고마운 이이다. 여기에는 또한 박안이라는 좋은 친구에 대한 기억을 놓을 수가 없다. 그리고 무엇보다 그처럼 밭을 일구는 일을 현실화해 준 김원국 하이브미디어코프의 대표께도 감사를 드린다. 천형처럼 의식 속에 자리 잡은 1980년대를 그 안에 치여 지낸 사람으로서 직접 고발하고 생각하게 해준 마지막 작품은 특히 감사하다. 아, 고마운 이들은 정말이지 넘치고 넘친다. 이제 마감해야겠다. 하지만 끝으로, 내가 죽은 후에도 영원히 함께 할 가족, 어머니, 은희, 영우, 소영. 그들에게는 당연히, 명백한 감사를 전해야 할 것이다. 당연히 출판과 관련된 일에서 여러 조언을 해준 프로메테우스의 신충일 대표와 직접 책을 내기로 결심한 불란서책방 김영신 대표에게도 감사를 보낸다. 그와는 인연이 질기다. 우리는 뻔한 서구주의자가 되지 않으려 애를 쓰면서도 그것과 별개로 청춘을 '불란서('프랑스'가 아니라)'에 다 바쳤다. 우리는 여전히 그 상투적인 이름에 대한 향수 속에서 엮여있다. 그 외에도 쓰자면 한이 없다. 나는 아무것도 아니되 프랑스, 한국, 내가 지낸 모든 시간의 모든 이들이 나를 지탱해주었다. '사람들'이 아니면 '사람'은 쓸모없어진다.

끝으로 특별히 이창동 감독님께 감사를 드려야 할 듯하다. 감독님과는 내 프랑스 초년시기에 뵙게 되었고 지금까지 가녀린 연을 이어오고 있다. 그러나 가녀리다고 여긴 것과는 달리 진지한 관심과 신경을 써주셔서 귀한 감독님의 글을 받았다. 드린 것도 없이 계속 받기만 하고 있다. 사실, 언젠가 난데없이 시나리오를 써야겠다는 마음이 들었을 때, 감독님께 당신이 쓰신 시나리오 부탁을 드려 그것들을 읽으며 시나리오에 대한 이해를 확실하게 얻게 된 바가 있다. 그

때 쓴 것들이 ≪이리≫, ≪세상≫을 비롯해 여러 작품들이다. 시나리오는 또 다른 글쓰기이고 한 번도 써 보지 않아 난감했을 때 정말이지 소중한 득을 보았는데, 이렇게 이론과 관계된 글을 쓰면서도 다시 한번 소중한 글을 얻었다. 정말이지 받은 게 엄청난 셈이다. 진실로 말하건대, 앞으로도 더욱 진지하게 삶과 세상을 고민하겠다고 약속드림으로 대신해야 할 듯하다. 그리고—

당연히 진짜 감사할 이들은 따로 있다. 내가 의식을 지니고 그것을 명료하게 유지할 수 있게 한, 그것은 다름 아닌 영화들이며, 그것을 만든 자들이다. 나는 그들에게 이 책을 바칠 수밖에 없다.

1부

움직이는 세상, 움직이는 이미지

움직임

1

달리고 있는 남자

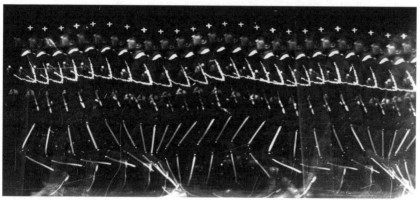

쥘 머레이 〈달리고 있는 남자〉

에띠엔-쥘-머레이 Etienne-Jules-Marey (1830~1904)가 1886년에 찍은 사진으로 정확한 제목은 다음과 같다. 〈Chronophotographie géométrique de 24 images sur plaque fixe, d'un homme en train de courir〉 이는 그의 책 『움직임mouvement』에 실려있는 것으로, 움직임(운동)의 구성에 대해서 자세히 기술하고 있는 한 장의 제목이기도 하다.

여기 하나의 이미지가 있다. 사람이 뛰어가는 모습이다. 일반적인 사진과는 다르지만, 우리에게는 전혀 신기하지 않다. 자동차의 헤드라이트가 빚어낸 선들의 화려한 줄긋기, 별이 천공에 그린 무수한 빗금들, 때로는 우연히 흔들린 카메라가 찰나에 포착한 백열등의 빛에 의해 그려진, 묘하게 일그러진 像 등을 통해 자주 접해왔기 때문이다. 대표적인 것은 피카소가 작업했던 〈황소〉일 텐데, 우리에게는 다들 이미 익숙한 이미지들로 같은 원리에서 얻어진 것들이다.

그런데 이 익숙함은, 실제로 시간 속의 사건들을 이해하는 데 있어 가장 치명적인 약점이다. 마땅히 지녀야 하는 생경함을 잃게 하기 때문이다. 지금은 21세기이고, 이 사진은 사진이 막 세상에 나온 19세기의 것인데, 우리를 전혀 놀랍게 하지는 못하지만, 당시에는 달랐다. 이러한 '이미지'들은 인류가 세상에서 볼 수 없던 것들이다. 그렇다고 단순하게 사람들이 '놀라워했고 신기해했다'는 사실로 마감하지는 말자. 어떤 역사서들은 그것이 시작되는 초기의 상태를 설명하는 것에 너무나 무성의하다. 영화나 사진 같은 발명품이 특히나 그러한데, 대개 몇 개의 선先 발명품을 늘어놓은 다음, 새로 발명한 장치의 작동 방식을 설명하고, 대중이 놀라워했다는 사실을 맥없이 늘어놓은 후에 황급하게 다음으로 넘어간다. 오늘날 우리에게 익숙한 것들이 나타나는 시기로 말이다. 진짜 이야기할 만한 역사는 그때에나 시작된다는 듯이.

천만의 말씀이다. 우리는 좀 더 진중해야 한다. 당시의 놀라움, 신기함, 호들갑…. 그것은 단순한 사실적 반응이 아니라 파헤쳐져야 하는 반응이다. 다음과 같이 물으면 된다 : 대체 뭐가 그리 대단해서 당시 인류가 그토록 놀라워 호들갑을 떨었을까? 왜 그 장치들로 **그것들**을 찍었을까?

이 사진은 현시대에서는 하등의 가치도 없는 이미지를 담고 있다. 예술사진도 아니며, 디자인이 들어간 시각적 즐거움을 위한 사진도 아니다. 하지만 놀라지 말기를…. 그 어떤 사진보다 아주 위대한 시도였다. 비록 결과에 따른 사진가의 해석이 다소 빈약했더라도 말이다. 어떻든 간에 아무도 바라보지 않은 대상, 생각지도 못하고 있던 것에 접근한 것이었기 때문이다.

자세한 이야기로 넘어가기 전에, 더 효과적인 이해를 위해 우리가 알고 있으며 너무나 당연한 것 두 가지를 이제부터 머릿속에서 완전히 지워버리자.

우리가 잊어야 할 첫 번째 망각의 대상은 오늘날 우리가 카메라의 작동 방식에 대해서 지닌 일반적인 이해이다. 즉, 카메라가 상像을 포착하는 구조 혹은 메커니즘 말이다. 셔터의 조작만으로 빛의 양을 시간에 따라 조절해 간단하게 이러한 이미지들을 얻을 수 있는데, 전체 인류 중 발명가 대열에 있는 일부를 제외하고는 당시 이 메커니즘을 아는 자는 거의 없었다. 더구나 당시 카메라의 기술적 결함으로 인해, 자주 이와 비슷한 결과가 빚어졌는데 그때마다 '잘못된 사진'으로 인식되어 내버려졌다. 즉, 이러한 사진을 얻기 위해 메커니즘의 수준에서 접근하는 이는 거의 없었다. '사진'을 얻는 작업 자체가 대부분에게는 도저히 이해할 수 없는 것이었다.

우리도 그때로 돌아가자. 인류 중에서 그 똑똑하며 특별한 일부가 아닌, 그저 당대에 주어진 삶을 살아가며 이러한 발명품들을 너무나 놀라워하고 신기해하는 일반적인 인류 말이다. 그래야 우리는 그 당시 인류에게 어떤 일이 벌어지고 있었는지를 분명하게 이해할 수 있다. 아니, 이해가 문제가 아니다. 분명하게 느낄 수 있으며 지각할 수 있다. 모든 것에 익숙해진 현재의 무뎌진 감각이 아니라, 온갖 사물을 온전히 새롭게 인지하는, 어리석지만 엄청나게 민감한 감각으로 돌아가자는 말이다. 이런 이미지를 처음 본 당시 누군가는 그랬을 것이다 : 아니, 이게 대체 뭐야?

바로 이 지점에서 두 번째 망각의 대상이 나타난다. 이미 당연하게 표기해왔지만, 우리는 이 사진을 볼 때, 즉각 그것을 '이미지'로 받아들인다. 하지만 당시 사람들이 이러한 즉각적인 이해로 통하는 감각(의식)을 지녔다고는 볼 수 없다. 이유는 간단하면서도 나름 복잡하다. 예컨대, '이미지'라는 단어 자체는 시대를 막론하고 너무나 익숙한 단어였을 것이다. 하지만 대체로 어떤 것들을 이 단어, '이미지'로 부르며 이해했을까를 생각하면, 살짝 복잡해진다. 우리는 20세기 이후의 세상을 살았다. 즉, '예술'이 삶의 주변에 널려 있으며 특별하지도, 숭고하지도 않은 시기를 살고 있다. 그만큼 일상적인 수준에 '예술'이 포진되어 있기 때문이다. 그런 나머지 이제는 자본으로 환산되는 데에 있어서 상당한 가치를 지녔을 뿐, '그 그림' 하나를 보고 경이로워하는 일에 인생을 맡기는 세상은 이미 저편으로 지나갔다. 말하자면, '예술'이 익숙하다 못해 너무나 확실하며 자명한 '존재'로 자연스럽게 수용된다는 말이다. 예술에 대한 온갖 사조와 사색들이 이미 우리 머릿속에 자리 잡고 있기 때문이다. '이미지'라는 단어도 마찬가지가 아닐까? 그 단어로 추인되는 온갖 개념들에 우리가 얼마나 친숙한가!

그러나 19세기를 이해하려면 몇 가지 조건을 명확하게 깨달아야 한다. 당시 인류는 누구도(그렇게 표현해도 무리가 없을 만큼) 사회를 위해 제대로 된 교양 교육을 받아본 적이 없다. 지극히 일부만이 지식을 소유했으며, '의미들'을 따졌다. 예술에 대해서 논의하고 생각해 보는 일은 그들의 몫이었다. 따라서 그들이 '이미지'라는 단어를 사용할 때, 이는 의미가 있고, 생각할 만한 대상에 해당하는 것들이었는데, 대표적인 것이 미술품들이다. 즉, 어떤 예술적 행위의 결과에 따라 시각적으로 드러난 것, 말하자면 특정한 대상들이 '이미지'였다. 그러니, 처음 보는 데다가(화학적 인화), '이따위' 하찮은 대상들(세상의 범상한 모습들)을 보여주는 사진에 '이미지'라는 단어를 끼워 넣을 여지가 없었다. 그림과 비슷한데 그림은 아닌 무엇, 대부분 그처럼 여겼다. 따라서 얼마간 '사진'을 '이미지'와 대뜸 연결해 버리는 우리의 의식을 잠시 망각의 바다로 흘려보내자. 사진은 그저, 당시에 그때까지 본 일이 없던, 상상조차 못 해본 '어떤 것'이다. 물론 그때에도 이미지라는 단어를 사용하기는 했다. 말하자면 이는 그와 유사한 것으로 비추어 본, 일종의 습관적인 명명식이지, 보는 이들이 감각적으로 이미지의 한 종류로 취급할 수 있는 의식을 지녔다고 여기면 안 된다. 결국, 한마디로, 이는 사람들이 난생처음 보는 것이었다. 대부분의 사람들은 '사진'에 대해 무지했으며, '사진기'도 마찬가지였다. 사실 중요한 것은 이로부터 발생하는데, 결국 사람들은 '사진기'를 발명하고자 한 이들이 지니고 있었던 필요성의 궁극적인 대상, 곧 '세상'에 대해서 무지했던 것이다. 그 생생한 '세상'을 들여다보며 파악 가능하게 해주는 진짜 이미지가 나타났음에도 이를 그저 신기하게만 여겼다. '세상'이란 곳은 차차 말해가겠지만, 당시 삶의 의미에 있어서 별로 중요한 지대가 아니었다(여기서 '세상'이란 우리 눈앞에 실체로 주어져 있는 현상들을 말한다).

우리는 이제 '영화'의 역사를 되짚으며 이해하려 한다. 우리에게 있어 가장 중요한 출발점은 바로 세상에 대한 이 '무관심/무지'인데, 이것이야말로 사실 19, 20세기의 세계를 이해하는 가장 중요한 지점이다. 당시의 이 '무지한 인간'이 지니고 있던 감각의 작용, 반응, 이해하려는 노력, 그리고 적용, 이러한 것들이 오늘날 우리를 지금처럼 있게 한 산실이기 때문이다. 따라서 내가 제안한 두 가지 '사실'에 대한 망각은 너무나 중요하다. 이를테면, 당시 어떤 사람이 사진에 관심을 두었다면, 그가 고려해야 할 대상들은 너무나 많았다. 조작 대상들, 즉, 조명, 거리, 그에 따른 초점 문제, 색, 재질의 입자grain 등, 모두를 알아야 했으며, 렌즈를 들이댈 대상인 '세상'도 마찬가지였다. 이것이 사진을 에워싼 메커니즘이다.

우리는 이 메커니즘에 대한 세세한 의미들을 다시 떠올려야만 한다. '무지'에서 한 발 한 발 더디게, 시행착오 속에서 깨달아 간 그 위대한 과정을…. 21세기의 우리는 이 점에서 위태로운 지점에 서 있다. 20세기 동안에 얻어진 소중한 경험을 송두리째 무시하는 세상에 와 있기 때문이다. 인간이 '사진'을 얻기 위해 고려하는 모든 것을 프로그램이 대체하고 있으며, 그에 따라 의식은 오직 결과물만을 대상으로 두고 있다. 모든 것이 결과에 대한 손질(layer)로써 얻어지는 시대에 와 있기 때문이다. 더 많은 것들을 누리지만, 어떤 과정이 응축되어야 하는지 모르는 상태가 되어버렸다. 예컨대 오늘날의 사진은 과거 경험을 통해 보았던 결과물이 모델로 자리 잡고(filter), 그 모델들이 촬영 시 제시되고, 조건을 만족시킬 때 명령을 내림으로써 얻어진다(냉정하게 보면, 애초 필터와 촬영 자체의 개념도, 오늘날에는 달라진 셈이다). 이런 경우가 더더욱 자연스러워지면 이제 모델만이 존재할 뿐, 그 모델이 왜 만들어졌는지는 모르게 된다. 이 문제가 곧 현재, 21세기의 문제이다. 그리고 이점이 '역사'를 온전하게 이해하지 못하게 만드는 이유이기도 하다.

결국 다시 말하지만 흔함과 익숙함, 지식을 잠시 덮고, 그때로 돌아가 보자. 이 사진은 간단한 만지작거림으로 충분했는데, 상이 맺히는 노출시간의 연장으로 손쉽게 얻을 수 있다. 이미 말했듯이 우리에게는 정말 흔한 상이다. 이 흔함은 때때로 우리를 무지한 '위치'로 몰아낸다. 그저 주어진 결과물을 보고 감상하는 위치 말이다. 물론 바라보는 위치에서도 충분히 대상에 대해 생각해 볼 수 있다. 그러나 우리의 익숙함은 이제 그 대상 자체에 가 닿지 않으며, 대상 위에 포장된 다른 것으로 우리의 관심을 내몬다. 이를테면, 우리는 한 편의 영화를 보면서 이미지들이 결합해 전달하는 이야기에 몰입하지, 이미지 자체의 의미들을 분석하지는 않는다. '영화'에 대해서 말하고자 하는 이 자리에서 몇 번이고 '망각'을 강조하는 이유는 바로 여기에 있다. 몸에 피부처럼 입혀진 익숙함을 벗어나야 그 시기의 세상을 돌아볼 수 있기 때문이다. 이러한 사진 이미지가 인류에게 처음 나타났던 그 시기, 19세기 중후반 어디쯤으로 돌아가 보자는 말이다. 최소한 어떤 대상 앞에서 위와 같은 사진을 찍으려 골몰하는 사진사의 위치로 말이다. 사실, 굳이 거기까지 가지 않아도 우리는 이미 이 사진의 의미를 알고 있어야만 한다. 달려가는 이 남자가 '실재'했었다는 사실은 분명하다. 하지만 생각해 보라, 사진기가 나타나기 이전까지 인류의 그 누구도 '실재' 안에서 이 동작을 볼 수 있었던 자는 없었다. 그러니까, '실재'하지만, 또는 눈앞에 펼쳐졌지만, 애초 우리 '눈'으로는 결코 볼 수 없던 상像이었다는 말이다.

이 사진이 찍힌 연대는 1886년쯤이다. 19세기 말, 불과 120~130년 전인데, 우리 의식은 중세에 훨씬 더 가까운, 아득한 시기처럼 여기곤 한다. 까마득한 '고전', 지나갔으며 더 이상 돌아볼 것 없는 '과거'…. 이런!

천만의 말씀이다. 21세기를 사는 현재의 우리는, 바로 이 시기에 모든 것을 빚지고 있다. 말하자면, 우리가 누리는 21세기의 많은 개념들이 이때 구축되었고, 드러나는 양태들만 바뀌었을 뿐, 여전히 우리의 삶을 얽매고 있다. 아마 21세기 중반까지도 그럴 것이다. 무언가 변모하고 있지만 우리는 아직 그때의 사진, 그때의 영화들을 떠나지 못한다. 우리가 달라졌다고 느끼는 것은 단지 사진과 영화가 담고 있는 내용이거나 혹은 그 내용을 구성하는 방식일 뿐이다. 눈앞에 빛나고 있는 현상을 '이미지'로 긁어오는 것, 그리고 나아가, 그 현상을 현상의 존재 방식으로 담아내는 것, 이 '장치들'의 고유한 의미는 달라진 것이 없지 않은가? 처음 태어났을 때부터 지금까지 그 장치들이 하는 일은 여전하다. 그것은 그때까지의 이미지와 '다른 이미지'를 만들어 내는 일이다. 우선, '사진'에 대해서만 말하자.

'사진'은 대략 1800년대 중후반의 사건이다. '사진사寫眞史'를 보면, '다게레오 타입'이라는 현판술로부터 시작했다느니 어쩌니 말이 많지만, 이 시기의 분명한 목적이 없던 발명품들은 그 출현 시기가 불분명하다. 그래서 나는 오히려 어떤 정확한 연대를 특정짓는 대신, 이 불분명함을 고려해 '19세기 중후반'이라 쓰고자 한다. 어떻든—

이 사진이 나온 것은 그로부터도 20여 년이 지난 후이니, 이것을 접한 이들이 생소함을 느꼈다는 것은 무리가 있지 않은가? 사진사에 따르면 '사진'은 처음부터 엄청난 반향을 불러일으켰고 빠르게 세상에 퍼졌다. 하지만, 냉담하게 보자. 이 신기한 이미지는 빠르게 확산했지만, 모든 이들이 그 이미지에 익숙해지기까지는 더 많은 시간이 필요했다. 즉, 대부분이 후반기나 되어서야 '사진'이라는 이미지를 일반적으로 접할 수 있었다. 그러나 19세기 후반기에도 '사진'은 용도는 물론 개념조차 불명확한 도구였다는 사실을 생각하자. 당시 사람들이 언제 이것을 경험했는가 하는 것은 별로 중요해 보이지 않는다. 이 사진의 초창기에, 가장 주목해야 할 것은 사진이 언제 출현했는가가 아니라 사람들이 경이로워했다는 사실이다. 물론, 여전히 조심해야 하는데, 그렇다고 이 '경이'를 사진사가 또는, 사진을 논하는 미학자들처럼 과대포장 해서는 안 된다. 용도조차 불명확한 때였다고 했듯이 그때 '사진'이 하는 일의 가치를 알았던 이는 거의 없으며, 놀라운 식견으로 예견한 이들이 있었다고 하더라도 일반적인 대중들이 그러한 의미를 따져서 경이롭게 여긴 것은 아니기 때문이다. 그저 사람들은 자신들이 '처음 본 그림'이기에 놀랐다!

그렇다. 이 '경이'가 대단하지 않음은 우선, 그 명칭에 담겨있다. 지식으로 밥 먹고 사는 이들은 자신들이 똑똑한 줄로 착각하지만, 사실 그들보다 일반적인 삶을 사는 이들이 종종 더 합리적인데, 그들은 늘 자신들이 느낀 그대로 말하곤 한다. 그러니까, 인지의 최초 상태 그대로 말이다. 그들의 '합리'가 어리석어지는 것은 다만, 그로부터 더 이상 진전되는 것이 없기 때문이다.

그들은 그때 사진을 **간신히**, '그림'이라고 이해했다(심지어 사진은 발명 초창기에는 '그림'과의 연관에서가 아니라, 인쇄의 영역에 더 가까웠다). 당연히 그들이 아는 '이미지'가 그것뿐이었기 때문이다. 사진은 출현하고도 어느 정도의 시간과 경험을 거친 후에야 서서히 변별이 필요해졌고, 그제야 사람들은 '포토photo'라는 새로운 명칭을 사용하기 시작한다.[12] 그러나 여전히 생각해야 할

---

12) 사진(photography)이라는 명칭은 비록 광범위하게 쓰이기 위해서는 좀 더 기다려야 했지만, 어쨌든, 1839년 2월, 존 허쉘 John Frederick William Herschel (1792~1871)—수학자이자 천문학, 화학자, 발명가—에 의해서 처음 사용되었다. 허쉘이 자신을 찾아온 탈보트 William

것은 명칭의 수용도 사진의 메커니즘에 대한 이해와는 별개라는 점이다. '사진'
이 인류의 모든 것을 바꿀 새로운 이미지의 출현이라는, 은밀하면서도 엄청난
의미를 깨닫는 데는 이후로도 수십 년이 걸렸다. 물론, 앞서 말했듯이 어떤 면에
서는 오늘날에도 이 의미가 온전하게 이해되었다고는 할 수 없다. 우리는 사진
을 예술적 표현이 가능한 도구라 여긴다. 그러니까, 그가 지닌 놀라운 의미와는
별개로, (아무리 대단하게 여긴다 한들) 결국 시각적 디자인 영역이라는 한정된
카테고리 안으로 '사진'을 묶어버리는 경향이 있다는 말이다. '셔터', 말하자면,
그것을 누르는 행위가 지닌 의미에는 관심도 없다!

　이렇게 말하면 많은 이들이 의아해할 것이다. 그러나 어쩔 수 없다. '사진'에
대한 이해에 있어서 이 시각적 아름다움에만 매달려 온 나머지 우리는 그가 지
닌 정당한 가치와 의미들, 인간에게 가져다준 '변화'에 대해서는 까맣게 잊었다.
사실 이 '망각'은 사진의 출발점부터 시작된다. 당시 다들 놀라고 신기해했으나
그것은 그저 시각에 다가온 생소한 '상像' 때문이었지, 그러한 '상'을 손에 넣게
되었다는 사실이 의미하는 바에 대해서는 아무도 고려하지 않았다. 이미 말했
듯이 당시에 '사진'은 사실상 '이미지'도 아니었다. '이미지'에 관해서는 당대 전
문가들인 화가나 조각가들조차 '사진'을 '이미지'로 취급하지 않았기 때문이다.
진짜 '이미지'를 위한 밑그림, 예컨대, 그들은 사진을 기껏 자신들의 스케치를
대신하는 아주 유용한 밑그림(기술)이라 여겼다(이 밑그림도 물론 '이미지'이기
는 하지만 오직 물질적 수준에서만 그러하며, 당시 이 사람들이 의식하던 '이미
지'의 범주에 들지는 못했다). 즉, '사진'이라는 '사건'은 그가 나타나는 순간에
성립하지 않았다. 그나마 이전까지 없던 새로운 미적 재질로서의 이미지로 사

Henry Fox Talbot (1800~1877)—발명가이자 사진의 개척자 중 하나—에게 제시함으로써였
는데, 이는 탈보트가 자신의 작업에 애매하게 붙인 어색한 이름인 광소묘(光素描, photogenic
drawning - 빛에 반응하여 그려진 그림이라는 의미)를 대신해 사용하기를 건의했던 것이며 곧
바로 보편적인 명칭이 된다. (뷰먼트 뉴홀, 『사진의 역사』 열화당, 1987, 2장 참조)

진을 받아들인 것은 20세기에서야 비로소 이루어지며, 이미 말했듯이 '미적'이라는 수식어를 뺀, 정작 중요한 의미는 얼마간 주목되더니 슬그머니 '망각'의 강을 건넜다(아니면 너무 명백해져서 자연스러울 뿐, 특별하지 않은 당연한 일이 되어버린 것이기도 하고).[13]

사진 이야기로 글을 시작했지만 '영화'나 '사진'이나 마찬가지이다. '사진'은 미적 표현과, '영화'는 서사적 완성과 연관이 될 뿐, 그들이 '도구'로서 지닌 엄청난 의미는 너무나 쉽게 무시되어 왔다. 이 점에서 나는 그들에 대한 담론, 역사적 가치를 설명하는 책들에 이에 대한 책임을 물어야 한다고 여긴다. 출발하는 순간의 있는 그대로의 모습들이 정작 그들의 가치를 떠드는 담론 안에서 언제나 무시되어 왔기 때문이다. 물론, 책들 대부분이 '사진'이나 '영화'가 엄청난 출발선에 있었다고 말한다. 그러나 그들이 지칭하는 출발선은 언제나 한갓 '예술'이다. 하지만 이 견해조차 냉정하게 말해, 완전 거짓이다!

대개 그러한 책을 저술하는 이들은 직접적인 관련자들이다. 이들을 전공자나 전문가로 부르는 대신, 영화나 사진에 대한 애호가 남다른 이들이라고 해보자. 당연히 그들은 스스로 사진이나 영화에 대해서 객관적일 수가 없다. 그 장치들의 특별함에 과도하게 매료된 나머지, 대부분 자신도 모르는 사이에 평가를 침소봉대한다. 자신이 느끼는 가치, 부여하고자 하는 의미들이 어디에나, 언제나 습관적으로 끊임없이 투영되기 때문이다. 이 못된 습관적 욕망, 인식이 사실을 왜곡하며, 결국에는 영화나 사진의 정당한 가치조차 망가뜨린다. 사람들은 자신이 좋아하는 것이면, 냉철함이라는 세상을 대하는 무기를 내팽개치며 호들

---

13) 사진과 예술의 관계에 대한 진지한 논의와 제시는 물론 일찍이 시작된다. 대체로 1860년대부터 사진 이미지가 지닌 예술적인 면모들이 주목되기 시작했는데, 그렇다 해도 이 관점이 실제로 '사진'이라는 독자적인 표현 방식의 성립이라고 보기는 힘들다. '사진'으로서의 독립적인 가치라기보다는 '이미지'가 지닌 매력에서 출발했으며, 회화와 별개로, 스스로 예술적인 정체성을 확립해 나간 것은 20세기로 접어들면서라고 봐야 할 것이다. 물론, 이미 이때부터 사진만이 지닌 특수성에 주목하고 논의를 시작한 것은 분명한 사실이다.

갑을 떨기 마련이다. 더 무서운 일은 다음인데, 자신이 실은 그러한 자잘한 감정에 매달리고 있다고 여기지 못한 채 이어 달리며 전진한다, 아뿔싸!

그런 탓에 안타깝게도 출발점, 태생에 관한 사실을 너무나 쉽게 비틀어 버리는데, 그 결과 사진이나 영화가 대단한 가치를 지녔으며, 처음부터 의미 있는 장치였던 것처럼 말하곤 한다. 마치 부모가 자녀를 뽐내듯이 말이다. 물론 당시 아주 일부의 사람들이 분명히 '의미들'을 언급하기는 했다. 하지만 이에 대해서도 조심스럽게 접근해야 한다. 왜냐하면 그러한 일들은 결코 일반적이지 않았다. 노골적으로 말해서 전혀 유포되지도 않았으며, 그 언급을 한 당사자들의 수준조차 의심할 필요가 있기 때문이다. 대개가 거의 '립서비스'거나 잘해봐야 아주 단순한 '욕망의 의지'였다. 살아있는 이들이 아니어서 물어볼 수는 없지만, 증거는 차고 넘친다. 그중 하나만 언급해도 충분한데, 만일 그들이 정말 진지하게 이들 발명품의 의미를 고려했다면 한두 번의 지적으로 그치지 않았을 것이다. 그것이 지식인의 훌륭한 병病이다. 그에 대한 문제 제기를 계속 반복하면서 빠르게 논의가 확장되었어야 한다. 그러나 현실은 그렇지 못했다. 이들 초창기에 대한 립서비스조차 완전히 사라진 뒤, 시기적으로 출발선이 다른 사람들, 그러니까 거의 신세대에 의해서야 재발굴된 것이 영화와 사진이다. 아무리 이르게 잡아도 대략 1910년대 후반부로 건너뛰며, 솔직히 그때에도 소수였다. 일반적인 의미에서 시민들이나 지식인들은 거의 이 기기들의 의미와 가치에 주목하지 않았다. 아니, 잘못된 표현이다. 그들은 '의미'와 '가치'라는 개념을 이들 기기와 연관 짓지 못했다. 당대 사람들이 무지해서일까? 아니다. 이것들의 태생이 고작 '놀거리'로서 세상에 나타난, 한량들을 위한 발명품에 지나지 않았기 때문이다. 한갓 장난감이며, 요지경 기계이고, 무엇보다 일상적 용도와 전혀 관련이 없었다.

달리 말해 애호가들은 이러한 무관심과 조롱의 시간을 자신들의 저술에서 거의 배제해 버렸다. 그러고는 애써 보이지도 않는 자료들을 뒤져 지적인 것과

일말의 연관성 있는 내용들을 발견했을 때, 그것을 침소봉대하고(왜냐하면 그 자신이 신이 나서) 자신이 그렇게 억지로 부각한 사실들을 마치 공정한 듯 역사적 서설로 써 내려간다. 모든 오류는 이때부터 시작된다. '미적 도구'로서의 가치 외, 다른 모든 의미가 제한되는 것이다. 그들이 품을 수 있는 수준에 맞추어서 말이다. 다시 말하지만, 이른바 그 '예술'이라고 하는 쪽 말이다.

하지만 오늘날을 보건대, 애호가들은 엄청난 실수를 범한 셈이다. 그들이 쓴 말과 글은, 결국 비슷한 애호의 대열에 들고자 하는 독자들에게만 유효하며, 나머지 사람들을 끌어들이는 데는 실패했다. 오늘날 사진과 영화에 대해 생각해 보라. 여전히 애호가들은 그들만의 잔치를 벌인다. 그토록 일상적인 삶에 깊게 스며들어 있음에도 논의나 창작은 더더욱 한정된 벽 안에서 이루어진다. 그에 대한 논의를 담은 서적들은 두말할 나위 없이 이들 벽 안의 사람들을 위해 쓰인다. 결국 이 애호하는 행위가 오히려 사진이나 영화가 마땅히 지닌 정당한 가치를 지우는 것이다. 분명히 말하건대, 사진과 영화는 '기껏' 예술품이 되기 위해 세상에 나타난 것이 아니다!

•

이미 말했지만 19세기 말까지, 일부를 제외하면, 대부분의 사람에게 사진은 결코 '이미지'가 아니었다. 하지만 한 가지 알아두어야 할 것이 있다. 이러한 상황이 결코 '사진' 자신의 문제는 아니라는 점이다. 앞서 말했듯이 '이미지'라는 단어가 우리에게는 너무나 익숙할지 몰라도 당시에는 그렇지 못했다. 19세기는 인류에게 있어 정말이지 많은 것들이 갖춰지지 않은 시기였다. '예술'이라는 개념이 존재하기는 해도 우리가 이해하는 방식은 아니었다. 우리는 미학 서적을 통해서 19세기 당대 '예술'을 다룬 훌륭한 담론을 알고 있는데, 천만에, 미학 서적들과 미학 애호가들의 '말'과는 다르게, '미학'이라는 단어조차 그처럼 세상에 널리 퍼진 시대가 아니었다는 사실을 염두에 둬야 한다(비록 당시 신문들이 여기저기에 이 단어를 사용했다 하더라도 말이다. 그 의미를 고려해서가 아니라, 새로운 용어가 지닌 소비성에 의한 것이기에).

예술과 미를 비로소 논리적인 함의 안에 함께 놓고 보기 시작한 연대는 사실상 18세기 말이다. ('미학'의 출발!) 하지만 그러한 함의들을 다루었던 이들은 당대의 지식인들 일부이며, 전체에 비하면 극소수였다. 게다가 소수의 그들마저도 역사적 권력의 향배에 관계한 자들이었으므로 역사도 힘의 방향에 따라 쓰일 수밖에 없었다. 19세기 이전까지 세계는 결코 '평민들'이 역사를 일구는 동네가 아니었다. '평민들'에게는 사실 그럴 능력조차 주어지지 않았고, 삶을 살기 위해 필요한 그 어떤 교육도 받은 일이 없었다. 좀 더 정확히 말하면, 그때까지는 이러한 종류의 교육은 필요하지 않았다. 사람들에게 '삶'은 물질적 상태에서 직접 마주한 생존의 현장에 지나지 않았으며, 일일이 몸으로 해결하는 데 필요한 물질적 기술, 즉, 살아남는 기술만을 배울 뿐이었다. 세상은 한마디로 복잡하지 않았다. 고차원적 추상 개념과 수학, 판단이 적용되어야 하는 형태가 아니었으며, 간단한 산술이면 족한 세계였다. 물론 세상 전체로 보면 당연히 이러한 산술의 총합이 수학적 계산과 판단의 대상이어야 하는데, 바로 그 일을 담당하는 계층은 따로 있었고, 철저하게 계급적일 수밖에 없었으며, 따라서 소수였다. 어떤 의미에서 그때까지의 역사는, 책을 뒤져보라, 어디에나 지배자들의 '사건들' 뿐이다. 물론 이를 두고 단순한 계급적 사고에서, 완전히 왜곡된 역사를 배우고 있다고 여기는 주장들도 잘못된 것은 마찬가지다. 오히려 우리는 근대 이전의 세계가 어떤 기본적인 원칙을 지니고 있던 세계였는가를 파악하고 인정해야 하며, 오늘날의 입장에서 이데올로기적으로 비난해서는 안 된다. 그처럼 인류의 역사가 더디게 진행되었음을 이해해야 한다는 말이다.

아무튼, 그 시기까지, '평민들'의 이성적 능력과 판단 수준은 현재의 인류와는 엄청난 차이가 있었다. 대부분이 학문, 예술적 인식, 문화적 담론을 거의 접하지 않았으며, 관심도 기울이지 않았다. 태어나서 걷기 시작하는 즈음부터 직접 스스로 생존과 마주해야 했다. 오늘날처럼 삶을 위해 준비해야 할 것들을 익히는 과정이 존재하지 않았으며, 따라서 우리가 보기에 세상을 움직인 중요한 담론들이 있었다고 하더라도 대부분의 사람에게 전혀 의식될 일이 없었다. '이미지'에 대한 관련자들의 인식은 상당히 발전했지만, 일반인들은 그 단어를 특별하게 따지고 생각해 볼 이유가 없었고, 사정이 그러하니 '사진'을 보고 이전과 다른 새로운 개념의 이미지가 출현했다고 의식할 일이 없음은 당연하다. 심지어 당시의 관련자들조차 '이미지'의 개념에 대해 정확하게 알지 못했다고 말하지 않았던가? '사진'을 기껏 자신들의 스케치를 대용할 밑그림이라 본 화가들 말이다.

　사진은 예컨대, '이미지'가 아니라, 물리적 상태의 장치가 지닌 기능, 기계가 하는 일로서만 받아들여졌다. 즉, 렌즈 앞에 있는 '현상을 이미지로 포획하는 장치' 말이다. 앞선 사진이 1886년쯤에 찍힌 것이라고 했다. 그 사진은 당시 인류에게는 결코 친숙한 것이 아니었다. 신기하고 의아하며 어이없는 이미지였다. 대체 무엇을 보여주기 위한 것인지 목적조차 애매했다. 왜냐하면 그나마 자리 잡은 사진의 의의였던 현상의 형상조차 뭉개지고 있었기 때문이다. 혹시 이 사진가가 '사진'이 지닌 예술적 가능성을 누구보다도 앞서 본 대단한 예술가였을까? 그래서 모든 이들의 의식을 훌쩍 뛰어넘어 현상을 있는 그대로 긁어오는 기능을 기초로, 현상의 의도적인 왜곡, 그러니까 추상을 목적한 것일까? 천만의 말씀이다. '추상'이 미적인 형상의 일반적 형태 안으로 들어온 것은 19세기를 저 멀리 던져버린 이후의 일이다. 오늘날에는 모든 형상, 심지어 '반 형상'마저 미적이거나 의미 있는 이미지로 자연스럽게 받아들여지지만, 당시에는 그렇지 않았다. 그나마 19세기 말에 와서야 간신히, 조심스럽게 회화가 자신의 캔버스에 '추상'을 입혀나가기 시작한다. 그런데 '사진'이 '예술'과 '이미지'로서도 취급되지 않은 상태에서, 회화조차도 이제 간신히 시작한 '추상'을 자신 안으로 끌어들인다? 전혀 말이 안 되는 일이다.

이 사진을 찍은 이는 자기 나름 아주 단순했다. '사진'은 렌즈 앞에 있는 것을 보이는 그대로 정착定着시킨다. 그는 바로 그러한 시간의 고정을 통해 이제까지 볼 수 없던 무언가를 들여다보고자 한 것이다. 아니, 보이지만 멈춰 세울 수 없어서 도저히 관찰할 수 없던 것을. 그것은 바로 '움직임'이었고, 이 사진을 찍은 이는 바로 영화사 책마다 초창기에 얼굴을 내어 보이는 에띠엔 쥘-머레이, 사진총Fusil photographique의 발명가이다.

•

아니, 대체 '움직임', '동작'이 대체 무엇이라고![14]

무언가가 움직인다는 사실을 이 시기에 와서야 깨달았을 리도 만무하고, 하필 이때, 갑자기 왜, '움직임'이 관건이 되었을까? 어쩌면 쥘-머레이가 천재적인 예술가였을까? 사진기를 처음 접한 뒤, 놀라운 이미지를 구성할 수 있는 새로운 능력을 간파했던 것일까?

---

14) 사실, 'mouvement'는 통상 '운동'으로 번역된다. 그것을 나는 이 책에서 '움직임'으로 쓰고자 했다. 단어의 뜻을 구별하려는 것은 아니다. '움직임'과 '운동' 사이에는 의미의 차이가 아니라 가냘픈 뉘앙스의 차이만 존재한다. 하지만 적어도 내게는 이 뉘앙스의 차이가 커 보인다. 오늘날 그것을 운동으로 번역하고 말하는 데는 전혀 문제가 없지만, 조금 지나치게 '동적'이다. 내가 보기에 19세기에 그 단어는 지금처럼 전혀 동적이지 않았다. 왜냐하면 그 단어의 의미를 그제야 간신히 '의식'하기 시작한 거니까. 게다가 한국어의 느낌으로도 나는 이 시기의 'mouvement'에 동적이기보다는 약간은 아주 미세한 것까지 포괄하는 의미에서 '움직임'이라는 단어를 선호한다. 즉, 여기서 내가 '움직임'이라 쓰는 것은 언제든 '운동'으로 바꿔도 될, 개인적 선호도에 따른 선택이라는 말이다. 아마도 언어에 대한 나의 부족한 '느낌들' 때문일 수도 있다. 아무튼, 이 책에서 '움직임'이라 일컬어지는 용어의 원뜻은 mouvement에 해당한다는 것을 미리 말해 둔다.

크게 주목하지 않고 조금만 생각해 보더라도, 사진은 이제까지 인간에게는 없던 이미지를 선사한다. 눈으로 보고는 살았지만 정작 잡아채지는 못했던 이미지, 시간 속에 지나가는 이미지 말이다. 그래서 이 시간 안에서 사라져 버리는 흐름을 구경하고 싶었던 것일까? 사실, 그는 사람의 달리는 모습뿐만이 아니라 '움직임'과 관계된 수많은 사진을 찍었는데, 새가 나는 모습, 개가 달리는 모습, 심지어 구름의 변화까지, 이것저것 찍어 냈다. 날고 달리고, 흘러가는 모습, 새로운 것이 아니지 않은가? 차라리 진부하고 평범하며 늘상 벌어진 것들…. 그래, 여기에 렌즈를 들이댄 데는 당대의 분위기와 어우러진 특별한 이유가 있다.

쥘-머레이에게 이 '흘러가 버리는 것'에 대한 호기심이 없지는 않았을 것이다. 사진기가 이러한 이미지를 포착할 여력을 지닌 이상, 그가 아니라도 누군가가 이러한 이미지들을 찍는 일은 언제라도 벌어질 수 있었다. 하지만, 문제는 쥘-머레이의 궁극적인 목적에 있다. 그는 단순히 여기에 간격을 두고 드러난 '동작'을 보고자 한 것이 아니다. 같은 말 같겠지만 다른 상태를 지칭하는 단어인데, 그는 한갓 '동작'이 아니라 '움직임'을 염두에 두고 있었다. '동작'의 선이 이어져 증명되는 '움직임'의 정체 말이다. 그래, 이 정체가 풀어줄 것, 즉, '현상'이 쥘-머레이, 베르그송Henri Bergson (1859~1941) 등의 궁극적 목적지였다.

'움직임'은 지극히 자연스러운 것으로, 오늘날 우리에게도 그렇지만 당시에도 마찬가지였다. 굳이 관심을 품을 만한 대상이 아니었다. 그러나 이 점에서 19세기는 어쩐지 조금 특이해 보인다. 왜냐하면 이 시기, 어떤 이들은 마치 '움직임'이 세상에 중요한 발명품이나 되는 듯이 곳곳에서 'mouvement'라는 단어를 강조했다. 베르그송은 직접 'mouvement'에 대한 사색을 담은 글들을 써댔는데, 우리에게는 『물질과 기억』을 통해서 주로 언급되지만, 시작은 그보다 훨씬 이전이다. 『창조적 진화』뿐 아니라 자신의 박사논문부터 벌써 '움직임'에 대한 논의가 시작한다. 베르그송[15]은 많은 이들에게 철학자로 받아들여지지만, 프랑스에서는 심리학자로도 언급되는데, 베르그송 이전, 이미 심리학에서 '움직임'은 '변화'와 '전이'를 설명하는 중요한 개념이었다. 쥘-머레이의 관심도 이처럼 철학적인 수준까지는 아니더라도 과학적으로는 중요했다. 그뿐이 아니다. 예술에서도 19세기 환경에서 '움직임'이라는 단어의 용도는 특별했다. 다음과 같이 말하면 의아해할 수도 있지만 사실이다.

사람들은 18~19세기에 이르기 전까지 '현상'에 대해서 전혀 관심이 없었다. '현상'은 언제나 시간의 흐름에 떠밀리고 마는데, 인간의 '눈' 앞에서, '의식' 앞에서 계속해서 비껴나 기억 속으로, '장소'가 없는 과거로 사라져 버린다. 물론, 인간은 '현상'을 포착할 능력을 갖춰본 일이 없으며, 따라서 그를 관찰할 계기조차 마땅치 않았다. 그러나 그런 물리적인 이유로 '현상'을 외면해 온 것은 아니다. 능력의 유무와 관계없이 애초 주목할 이유가 없었다.

하지만 회화가 현상의 형상들을 그려오지 않았던가? 이를테면 풍경화! 우리에게도 여전히 관습적 이해가 작동한다. 문제가 될 것은 없지만, 대개 '그림'을 구체에 접근하는 형식으로 이해하곤 하는데, '언어'가 추상임에 비한다면 분명히 구체이기는 하지만, 실제 '구체'를 건져내는 데 목적이 있지는 않았다. 사실이 풍경화도 마찬가지로 언제나 기억에 의존해 만들어진다. 그리는 현장을 생각해 보자. 우선 우리 '눈'은 구체를 보기는 하지만, 그것을 담지는 못하고 시간 속에 흘려보낸다. 그러니까 시간은 캔버스와 그리는 이의 몸, 대상, 모두의 '육체'를 과거라는 폭포로 가차 없이 떠밀어 낸다. 시간이 정지한 순간의 정확한 모습을 우리는 볼 수도 없고, 잡아채지도 못한다. 기억을 더듬어, 이미 시간의 흐름

---

15) 그의 박사논문은 「의식의 직접적 소여에 대한 에세이 Essai sur les données immédiates de la conscience」 (1886)로, 추후 같은 제목의 책으로 출판된다. 이 논문은 사실 철학적 주제를 담았다기보다는 심리학에 관한 것이었는데, 의식의 운동에 상당한 관심을 할애하고 있다. 이 심리학적 관심의 확장에서 '현상'으로의 이동은 그리 멀지 않다. 때문에 이후, 그는 철학적 주제로 '운동'의 문제를 다루어 나가기 시작했던 것이다.

에 관성적으로 익숙한 사고에 의존해, 회화는 존재와 기억 사이의 '형상'을 그려내며 의미와 서사를 화폭에 끼워 넣는다. 이 때문에 스케치는 매우 중요했다. 게다가 다행히 풍경은 크기와 지속력에 있어서 시간의 폭력에 대해서 상당히 저항적인데, 그래서 그렇게 믿는다, 화가가 눈으로 보고 있는 '현재'의 모습이라고!

그러나 우리의 과학은 풍경이 늘 풍화 속에서 달라지고 있다는 사실을 말해 주었다. 인간은 현상의 흐름을 멈춰 세울 수 없고, 잠시 우리의 의식이 만들어 낸 형상 안에서 기억해 낼 수 있을 뿐이다. 물론 당시, 이러한 사실 때문에 불편함을 지닌 이는 아무도 없다. 누구도 그 풍경화를 가짜라며 불만스럽게 실재에 대해 미완성인 이미지로 취급한 일도 없으며, 얼른 풍경을 온전하게 담을(시간을 나포할) 방법을 부리나케 찾아내어 보완해야 한다고 여기지도 않았다. '시간'은….

불가항력이며 그저 필연적이다. 그는 늘 흐르며, 이 세상의 끝에서 저 세상의 끝까지 끊임없이 밀려간다. 당연히 사람들은 '시간'의 이러한 폭력성을 크게 의식한 일도 없다. 여기에서 '필연적이었다'라는 말은 '당연하게 받아들여졌으며, 아쉬울 뿐, 골몰할 만한 관심조차 지니지 않았다'라는 뜻이다. 내 경험으로 말하건대, 만일 시간과의 관계에서 인간이 무력감을 느꼈다면 그는 어떻게든 욕망을 가지고 시간을 난도질했을 것이다. '관계'를 의식하면 인간은 도무지 가만히 있지 못한다. 현재의 우리가 '시간'에 대해 지니는 의식이 이를 잘 말해준다. 하지만 19세기까지 사람들은 '시간'에 대해 관심이 없었다. 어떻게 하든 시간은 그저 '흐르는 것'이었고, 따라서 관망하고 관찰할 대상이 아니었다. 현대철학은 바로 이 속성에 주목함으로써 의미심장한 '시간'의 개념을 만들어 냈지만, 그에 이르기 전까지 오히려 사람들은 바로 이 속성으로 인해 '시간'을 부질없는 것, 허망한 것, 하찮은 것으로 여겼다. 왜냐하면 그는 '영원히' 흘러 사라지는, 흩어지며 소멸할, 붙잡을 수 없으며 그렇게 부유하는, 따라서 우리라는 '존재'에 대해 해명할 어떤 의미도 없는 것에 불과했기 때문이다. '그래, 이 세상은 원래 그런 것이야. 물질의 세상은!' 그리고 바로 그것이 '현상'이었다!

허망하다고 분명히 변증이 된 것에 삶을 걸어 매달리는 이들은 없다(간혹 있다! 이 '허망'이 끝끝내 인간의 궁극이라고 여기는 특이한 이들). 사람들에게는 다른 것이 주목받았는데, 그처럼 사라지고 지나가는 것이 아닌, 영구부동, 바로 '존재'의 위대함이다. 그들은 생각했다. '현상은 그리되게 되어 있다', 그렇다면, 그것을 그리되도록 만든 무언가가 있지 않을까? 그저 '있다'라는 개념은 당최 받아들일 수가 없는데, 예컨대 다음 말처럼 말이다 : '원래 그렇게 되어있다!' 우리는 여기에 '원래'라는 단어가 쓰인다는 점에 주목해야 한다. 그 '원래', 말하자면 그 '애초', 모든 것이 그렇게 되도록 하는 무엇!

한마디로, '우리'가 '이처럼 세상에 있게 된 근거', 단지 '있다'가 아닌, 있게 끔 하는 '존재', 그것이 '현상'의 근본적인 원칙, 즉, '본질'이며 곧 '근원'이다. 말하자면, '현상'은 그저 '있을 뿐'이며, 그렇게 되도록 의미를 규정하고 목적한 '본질'이 있다!

따라서 '본질'은 보이지는 않지만 '진짜 존재'이며, '현상'은 그것이 '빛 아래 모습을 나타내어 보인 것'에 불과하다. 이것이 '현상'이란 단어의 어원에 들어 있는 개념이다.[16] 이에 대해 수많은 말들이 가능하다. 이를테면, '본질'은 물질 이상의 것인데, 현상에 드러났다는 말은 물질화되었다는 뜻이 된다. 저차원으로 내려섰다는 의미가 담겨있는 셈이다. 그렇기에, 물질의 소멸 과정과 함께 잠시 드러나 보일 뿐이다. 게다가 결코 '존재'의 속성을 담을 수 없는 물질의 상태로…. 그런데 '시간'은 더구나 물질도 아니지 않은가? 오늘날에는 그래서 특별하지만, 과거에는 그래서 더더욱 의미 없는 대상이었다(당시 '물질'은 살아가는

---

16) 현상(phénomène; phenomenon) : '빛나게 하다 ; 보이게 하다 ; 나타나게 하다, 태양이 빛나다'라는 의미의 파이노(phainô) 와 '그 아래 있음(menon=빛 아래에 있다)'이라는 의미의 조합이다. 즉, 결과적으로 외관(apparence, appearance), 가상으로서의 사물/세상을 의미한다. 인식론적으로는 현상은 이성이 아닌, 감각기관에 의해 인지되는 차원의 것이고 가시적×감각적 세계를 지칭한다.

데 필요하기는 하지만, 언제나 그 자체가 천박하게 간주 되었다!).[17]

'존재'에 대한 인간의 이러한 성찰은 오랜 기간, 너무도 당연했다. '현상'을 '그리되도록' 한 것이야말로 '의미'이며 '목적'이고, '존재'의 본질이다. '본질', 이 개념이 '현상'에 대한 엄연한 하나의 세계가 되었는데, 역사 속에서 이러저러하게 차이들을 보이기는 하지만, '현상'과 '본질'의 이원론, 우리에게 주어진 '세계'를 두 개의 인식의 영역으로 구분한 이른바 합리주의 이원론은 줄기차고 끈질기고 완강했다. 이 사고 아래에서 '현상'은 사람의 '대상'에 들 여지가 없다. 현상은 구체이고, '본질'은 추상이기 때문이다. 사실 추상으로는 어떻게든 구체를 더듬어 보기가 힘든 법이다. 물론, 당시에는 이미 말했듯이 거꾸로 여겼다(한낱 구체가 어떻게 '사고-추상'의 대상이 된다는 말인가 식으로).

더구나 구체의 질료적 원칙(자연법칙)을 이해하기에는, 당시 사람들에게 무엇보다 과학적 능력이 부족했다. 그래서 자연법칙이라 부르는 것 자체도 추상적이었는데, 과학적 사고가 나타나던 16~17세기쯤 되어서야 아주 서서히 구체에 대한, 현상, 세계에 대한 이해도가 늘어가기 시작한다. 그것이 '구체적 분석'을 가능하게 했기 때문이다.[18] 간단히 말하면, '과학'이 없으면 '현상'은 밝혀지

---

17) 플라톤이 '예술'을 현상보다 못한 것으로 취급한 이유이기도 하다. 하지만, 이는 사실 일반적으로 이해하듯 단순한 '가치 평가'의 문제는 아니다. 어떤 면에서, 플라톤은 결코 '예술'을 천시하지 않았다. 그때에는 우리가 오늘날 말하는 대문자 Art, 즉, '예술'이라는 개념이 존재하지 않았으니까. 플라톤은 그림이나 조각 등에 대해서 말한 것이다. 당시로서는 소문자 art, 즉, '기예'로 불린 것들이다. 본질이 있고, 그 본질보다도 못한 '현상'이 있는데, 물질적 상태인 그마저도 결코 될 수 없는 것이 그림이다. 용도도 없고, 목적이 시각의 유희에 불과하다. 이러한 생각으로 그는 그림을 '존재'의 가치목록에서 제외한 것이다. 반면 아리스토텔레스는 그림 또는 조각, 시 등의 가치를 분명하게 인정한다. 하지만 역시 오늘날 우리가 '예술'에 할당하는 방식의 가치는 아니다. 그 역시 명백한 이원론자라서 그렇게는 할 수가 없다. 그에게도 그림, 조각 따위의 소문자 아트는 플라톤과 마찬가지로 가치가 없다. 다만, 그 형편없는 것이 그럼에도 본질을 떠올릴 수 있는 무언가를 환원시킬 때, 오직 그때만 특별한 가치를 지닌다고 보았다. 당시 소문자 아트가 추구하는 가치가 아름다움이 아니라 참 진(眞), 본질의 의미에 가 있던 이유였다. 우리 눈에 설령 아름답게 보인다고 할지라도. 게다가 아리스토텔레스를 예술 친화론자로 간주하는 견해도 잘못된 이해에 기초하기도 하는데 그가 저술한 『시편』의 '시'는 오늘날 우리가 이해하는 그 '시'가 아니다!

18) 덜 엄격하게 본다면 이보다 훨씬 오래전으로 기원을 잡을 수 있다. 플라톤에 비해 분명 경험주의적

지 않으며, 오히려 '추상'이 군림하게 된다. 결국 근대 과학의 등장 이전까지, 고대부터 이러한 이원론은 필연적일 수밖에 없었다. 하지만 19세기, 혹자에 따라서는 17세기쯤부터 서서히 이 결론에 금이 가기 시작한다. '근대modern'의 도래와 함께 새로운 상황이 전개되는데, 그렇다고 해도 그 시점에 '현상'의 지위가 달라졌다고 여겨서는 곤란하다. 이러한 이원론적 '의식'은 인류의 삶 전체에 자연스럽게 녹아있었기 때문이다. 즉, 삶의 상황이 바뀌더라도 관습적으로 자리 잡은 '의식'은 여간해서 변하지 않는다. 그것은 '상황' 정도가 아니라 그동안 '세상'에 대해서 생각하고 있던 원칙들이 '반박 없이' 깨어져야 비로소 달라진다. 갈릴레이의 지동설, 다윈의 진화론 등, 그러니까 몇 개의 사건들이 아니라 삶의 출발점부터 녹아들어 사고의 뿌리를 형성해야 달라지는 것이다.

'삶의 출발점', 이 문제도 앞으로 우리의 역사 여행에서 중요한 부분이니 지적해 두기로 하자. 한 개인의 삶의 출발점은 그 자신에게만 국한되어 있지 않다. 그가 성장할 때 사회에 자연스럽게 녹아있는 의식, 인식에 지배당하고 있기 때문이다. 즉, 개개인의 삶은 부모를 넘어 심지어 조부모들 세대가 지녔던 의식에 지배되고 있으며, 그에 반하는 사고들이 자기의 삶에 의해서 행동으로 나타나는 30대쯤에 이르기 전까지 결코 벗어나지 못한다. 게다가 솔직히 관습적 의식 안에 끝끝내 연장된다. 따라서 역사를 본다는 것은 언제나 물리적 상태의 사건 연도가 아니라 그 배후의 시간들로 추적을 연장해야 한다.

이었던 아리스토텔레스로부터도 자연과학의 출발을 두기도 하는데, 이 당시의 자연에 대한 인식에 '과학'이라는 이름을 붙이는 것은 잘못이다. 물론, 종종 13, 14세기, 르네상스 분위기로 서서히 접어드는 무렵으로 태도의 변화에 대한 출발점을 돌리기도 한다. 이 시기에는 분명히 다양한 자연과학적 태도들이 등장하고, 그에 따라 현상을 재단하려 했지만, 그 역시 어디까지나 부분적이며, 당시에는 아직 분명하지 않은 '신비/마술'과 혼란스럽게 뒤섞여 있었다. 이러한 견해를 담은 서적들은 무척 다양하지만, 한국에서 비교적 쉽게 찾아볼 수 있는 것으로는, 야마모토 요시타카가 지은 『과학의 탄생』(이영기 역, 동아시아, 2005)이 있다.

○

19세기는 그러니까, '현상'에 대한 중요한 시선의 변화를 일으킬 만한 일들이 벌어지고 있었지만 단지 '현상'을 재고하기 시작한 출발점일 뿐이었다. 그때의 사람들은 결코 전 세대의 이원론을 폐기하지 않았고, 그럴 수도 없었다(그럼에도 이 '출발점'은 그 자체로 엄청난 변화이다). 세상이 그때 만들어진 모습으로 계속해서 돌아가고 있는 이상 말이다. 앞으로 다룰 '사진'과 '영화' 역시, 이러한 이해에 기초해서 생각해야 한다. 이제 '사진'에 대해서 시작했던 우리 진술을 다시 이어가자.

사람들은 '사진'의 출현에 엄청나게 놀랐고 격하게 반응했다. 사람들의 눈앞에 이제까지 없었던 형상을 담은 이미지가 던져졌기 때문이다. 어? 어쩐지 이상하다. 다음은 지극히 초창기 사진이다. 이 '형상'이 어떻게 '없던 것'인가?

서론에서 내가 '시간여행'을 준비해야 한다고 했던 이유는 당연하다. 우리의 '현재'는 21세기이며, 이는 단지 시간상의 위치가 아니라 그때까지 쌓인 의식과 의미의 위치이다. 그러니까 19세기를 '완전하게' 통과한 상태이며 20세기, 욕망의 시대까지 쌓은 후의 자리에 서 있다. 우리에게 '현상'과 '본질'이라는 용어는 지극히 상식적인 것으로, 심지어 그 단어들로 인해서 불러일으킬 만한 특별한 관심조차 없다. 하지만 당시에는 '현상'이라는 단어의 부각 자체가 이채로운 일이었다. 사람들은 오직 '본질'을 찾으며, 그것을 추구해 왔기 때문이다. 즉, 그때에는 오히려 '현상'이 생소했다. '눈'으로 늘 보던 것이기는 하지만 한 번도 의식되지 않은, 지나쳐 버리는 것이었다. 그것이 그림처럼 물질화된(인화지)이미지의 상태로 인간의 손에 잡혀 온 것이다. 그래, 아무도 이러한 '이미지'를 '이처럼 본' 자는 없다. 눈을 들어 늘 보지만, 감정과 정서, 의미가 그 위에 덧입혀져 이해되며, 결코 '있는' 그 상태대로 받아들여지지 않았다. 진짜 '실재'함에도, 현상은 본질에 자리를 깔아주는 배경에 불과했다. 하지만 지금 이 사진들은 사람들에게 다른 것을 요구했다. '보라, 이 진짜의 형상들을 보라!'고…. 그리고 사람들은 주어진 현상의 복사물에 입을 다물 줄 몰랐다.

우리의 '시간여행'은 결국 그렇다. 당시, 19세기 사람들의 의식과 육신을 입어보기. 단지 추측하고 생각만 하는 것이 아니라, 진짜 '육화'에 다가가 보는 일, 그렇게 당대의 감정과 생각, 정서, 긴장 관계들을 몸에 입으면, 그 시대, 그러한 일들이 어떤 이유로, 어떤 상황에서 벌어진 것인지, 그 일들을 대했던 이들의 '사실들'에 다가갈 수 있다. 이미 착용하고 있을 테지만 더더욱 옷깃을 여미자. 21세기의 헛바람이 들지 않도록.

이 '형상'은 완벽하게 생소하며 새로웠다. 무엇보다 '현상'의 완벽한 재생이었는데, 누구보다 화가들부터 자극했다. 물론, 그렇다고 해서 '사진'의 독자적인 용도, 우리가 '사진'이라 부르는 머릿속에 떠오르는 기본적인 용도를 곧바로 획득한 건 아니다. 말했듯이, 이 신선한 자극은 이내 '용도'의 문제로 넘어갔고, 아직 '현상'의 직접적인 이미지에 대한 의식조차 없던 시대에서 제일 먼저 화가들이 번거로웠던 스케치를 대신할 유용한 밑그림으로 결정해 버렸다. 아직 사람들은 '현상'을 이미지로 담아 **간직하려는** 욕구 자체를 지니지 않았다. 아니, 생각해 본 일도 없으며, 추억/과거로 밀려가는 것을 자연스럽게 받아들였고, 그렇게 시간을 의식에 담아두지 않았다 : '사람은 그처럼 흐름을 살다 잊을 것은 잊고, 떠나보낼 것은 떠나보내며 살아가는 법이야!'

즉, 당시의 '사람들'은 '현상'에 대해 여전히 특별한 '의미'를 지닐 이유가 전혀 없었다. 결국, 사진이 '시간'을 잡아챈 이미지라는 당연한 의식조차 없었기에 자연히 그것이 보여주는 재생으로서의 형상에만 급급했다. 그래서 화가들조차 단순하게 여긴 것이다. 기억을 보상해 줄 밑그림, 원근법을 수정하고 구도를 일차적으로 해결해 줄 스케치의 대체.

하지만 생각해 보라. '사진'은 형상도 중요하지만, 그 '형상' 자체가 지닌 정체성이 더 중요한데, 바로 '시간'이 제거된 이미지라는 점에서이다. 물론 '그림'도 시간으로부터 해방된다. 그러나 '그림'은 애초 '시간'을 고려조차 안 한 상태에서 오직 형상에만 매달린 결과물이다. 반면, 사진은 형상을 위해서 시간을 멈춰 세워야만 하며, 이 과정에서 발생한 초창기의 기술적 문제는 사실 '사진'이 지닌 정체성을 오히려 완벽하게 설명해 준다.

초기 사진들은 위에서 보듯 대체로 흐릿했다. 현상을 잡아채기 위해서는 렌즈와 빛의 관계가 필수인데, 그 당시의 기계적인 수준은 노출의 제어가 완벽하지 않았으며 필름이라는 재질이 지닌 감광도, 또한 형편없었다. 빛이 넘쳐나는 대낮에도 사람들이 사진을 위해 잠시 숨을 죽이고 멈춰 있어야 할 만큼 '빛'을 모으는 기술이 부족했다. 결국, 사진이 시간을 잡아채기 위해서는 정작 대상도 잠시 동작을 멈춰야, 즉, 시간 속에 의도적으로 정지해야 했다. 정작 여기에 아주 중요한 '사진'의 의미와 가치가 잠자고 있다. 사진의 형상을 위해서는 '시간'은 어떤 면에서 방해되는 요소였지만 거꾸로 보면, 사진은 오히려 그러한 조건에 의해서 자신의 고유성을 얻어냈다. 바로, '시간'의 응축, 그러니까 '시간'이 배제된 것이 아니라 형상에 응결된 것 말이다. 이 결합, 혹은 히아투스hiatus가 곧 '사진'의 가치가 된다. 물론 그러한 경지에 도달하기까지는 꽤 오랜 시간이 필요했지만….

이제, 〈달리고 있는 사람〉의 이미지로 돌아가 보자. 이처럼 '사진'을 에워싼 상황을 이해해야 우리는 그 사진이 지니는 내력과 의미들을 생각해 볼 수 있다. 쥘-머레이의 작업, 움직임을 들여다보고 의미를 파악하려는 의도는 이러한 시대적인 배경 속에서 나타난 것이기 때문이다. 그가 철학적인 의미에서 '움직임'을 고려한 것은 아니다. 하지만 당시 철학보다도 더 빠르게 일반 세상이 '현상'을 주목하고 논하며, 의식했다. 그래서 세상은 자꾸 현상의 내부, 즉, 움직임을 들여다보고자 했던 것이다.

내가 이 사진을 들어 영화 이야기를 시작하려는 이유는 분명하다. 영화로 넘어가기 전, 그 이상한 장치를 세상에 내어 보인 당시 상황은 어떠했을까, 하는 의문 때문이다. 줄기차게 철학과 미학을 넘나들며 말했지만, 간단하다. 이 시기, 사람들은 비로소 '현상'을 의식해 갔다. 그리고 '현상'은 언제나 움직이는 것이었다. 인류에게는 당연히 이 움직임을 포착하고 관찰할 장치가 없었다. 그런데 '진짜'의 이미지가 나타났다. 이 이미지들에 일정한 등거리의 노출시간을 주면, 움직임의 어떤 위치에서의 이미지들이 붙잡힌다. 그래, 이렇게 인류는 현상의 비밀, 움직임에 바짝 다가간다. 에띠엔-쥘-머레이는 그래서 이 사진을 찍은 것이다.

줠-머레이가 이 사진과 함께 '움직임'을 어떻게 설명했는지는 중요하지 않다. 그에게는 '움직임'이 목적이겠지만, 우리에게는 '현상', '움직임'에 관심을 두게 된 '그 시대'가 더 중요하다. '영화' 이야기가 '무조건' 여기서 시작하기 때문이다.

우리는 '영화'라면 언제나 흥미진진한 서사를 전달하는 도구로 여긴다. '영화사'들도 이에 대해서는 대체로 비슷하다. 그렇기에 초창기 필름들이나 심지어 '시네마토그래프'에 이르는 과정까지도 담담하고 단순하게 '사실史實'들 만을 나열하고 있다. 정작 '역사서'이지만 초창기 장치의 출현과 그것이 자라나는 과정이 지닌 역사적 함의는 무시되는 셈이다. '영화'에 '역사적 의미'를 두고 말하기 시작하는 시점은 언제나 비슷한데, 북구영화[19]나 그리피스[20] 즈음으로 가서야, 즉, '이야기'가 움직이는 이미지로 펼쳐지던 즈음해서야 이루어진다.

하지만 천만의 말씀이다. 마땅한 '영화'의 의미를 이해하고자 한다면 이 태도부터 버려야 한다. '서사'가 흥미롭고 중요하기는 하지만, 본질적으로 '영화'와 '서사'는 전혀 관계가 없다. '서사'는 '영화'로 할 수 있는 일들을 찾던 인간의 손에 걸려든 대상 중 하나일 뿐이다. 실제 역사가 그러했는데, '영화'가 태어나고도 최소한 10여 년 정도 지나서야 '영화'의 소재가 된 것이 '서사'이다. 모두 알다시피 처음에 '영화'는 줄기차게 카메라 앞에 있는 것들, 널려 있는 현상들을 담았다. 그리고 사람들에게 경이로웠던 이유도 그것이었다. 눈에 보이지만 시간과 함께 지나쳐 버리고 도저히 붙잡을 수 없으며, 따라서 관찰할 수도 없고, 부질없이 흘려보내 버리는 현상, 그것을 인류의 '눈' 앞에 가져온 장치, 그가 곧

---

19) 스웨덴·노르웨이·덴마크의 스칸디나비아 3국에 핀란드를 합친 유럽 북구의 영화권을 말한다.

20) 데이비드 와크 그리피스 David Wark Griffith (1875~1948), 미국의 영화감독

'영화'였기 때문이다. 어느 정도 저열한 소비시장의 호들갑이기는 했지만 '세기의 발명!'이라 기사화된 것은 결코 착오가 아니다. 아무도, 앞서 사진과 마찬가지로, 움직이는 이미지를 본 이는 없다!

정말이지 피상적인 생각과는 달리, 냉정하게 말하면, 지금도 '영화'는 '서사'에 관심을 두지 않는다. 그에게 있어서는 서사든 무엇이든, 그것이 자신 앞에 있는 '대상'에 지나지 않기 때문이다. 오직 영화들만이 서사를 목숨처럼 부여잡을 뿐이다. 나중에 차츰 중요한 의미를 말하겠지만 서사가 제아무리 추상적이고 환상적이라 하더라도 '영화'는 예컨대, 언제나 '구체'와 조응한다.

이제 정리하자. 인간에게는 시간, 움직임, 구체라는 눈에 보이는 방식 그대로의 현상을 재현할 방법도 없었고, 따라서 재현할 욕구도 없었다. 그런데 난데없이 기계들이 나타나 그들이 상상치 못했던 일을 가능하게 했다. 인간은 비로소 시간의 흐름을 보며, 움직임이 지니는 의미를 파악하며, 구체를 그가 세상에 '있는' 방식대로(그러니까 구체를 구체의 방식대로) 볼 수 있게 되었다. 엄격하게 보면, 영화에서 '서사'가 중요해지는 지점도 사실, 그가 지닌 스토리 수준이 아니라 그 스토리의 전개를 위해서 하는 일 때문이다. 즉, 시간의 흐름을 뒤섞고(편집), 움직임에 의미와 감정을 부여하고(미장센), 구체를 통해서 보도록 하는 것(경험) 말이다. 스토리가 주는 감동들이 있어서 그쪽으로 끌려가겠지만 생각해 보라. 그 감동을 주기 위해 '영화'가 정작 하는 일들을…. 이 움직이는 이미지들의 묘한 교합이 아니라면 우리가 대체 한 편의 영화를 보고 있을 이유가 어디 있겠는가?

결국, '이야기' 때문에 '영화'가 놀라워진 것까지 부정할 수는 없지만, 실제로는, '영화' 자신은 대상이 서사이든 아니든 전혀 상관하지 않는다. 어찌 됐든 그에게 중요한 것은 '움직이는 이미지'일 뿐이다. 시작도, 끝도.

'움직이는 이미지', 우리에게는 역시나 지나치게 친숙한 단어이다. 이 친숙함이 또한 우리의 사고를 방해하는데, 예컨대, 이 단어의 '의미'를 우리는 더 이상 곱씹어 보지 않는다. 우리는 움직이는 세상에서 살고 있고, 늘 움직이며, 우리를 에워싼 모든 것과 함께 움직인다. 그러니까 눈에 보이는 모든 이미지가 죄다 움직인다고 할 수 있다. 19세기에도 마찬가지다. 하지만 이 진술이 담은 의미의 폭은 너무나 다르다. '우리는 움직이는 세상에 살고 있다'라고 할 때, 당시의 사람들은 '세상이 움직인다'는데 대한 구체적 인식이 오늘날 같지 않았다. 그것을 '움직임'의 문제로 바라보기보다는 태어나서 살고 죽는 세월의 문제로 여겼기 때문이고, 그만큼 '움직임'에 대한 이해도가 낮았다. 아니, 이해도도 그렇지만, 지각/의식 자체가 그다지 작용하지 않았다. 우리가 오늘날에는 무엇을 보더라도 '움직임'을 의식함과 다르게 말이다. 당시의 사람들에게 '움직임'은 그동안 의식하지 않았던 새로운 대상이었고, 따라서 규정하고 주목하며 애써 사고를 동원해야 했다. 그만큼 그가 지닌 의미에 대해 다들 고려해야 했다는 말이다. 하지만 우리는 이러한 경험도, 노력도 없다. 왜냐하면 이 '움직임'은 19세기 말과 20세기 초, 논의가 시작되어 벌써 정의되고, 다양하게 해명되었고, 그런 나머지, 20세기 말에는 지적 성찰의 항목에서 완전히 들어내졌기 때문이다. 그것은 우리에게 친숙하지, 더 이상 고민의 대상이 아니다.

우리는 오늘날 건조하게, 아주 단순한 역사적 사실을 말하듯, '1895년 시네마토그래프Cinématographe가 발명되었다'라고, 그것이 '움직이는 이미지를 선사했다'라고 말하지만, 이 기계는 그렇게 시작하지 않았다. 당시, 그 누구도, 프런티어들과 그 주변인들을 제외하고는 누구도 당최 '움직이는 이미지'라는 용어 자체를 머릿속에서 구성할 능력이 없었다. 한 번도 보지 못했고, 한 번도 의식하지 않았으며, 따라서 '이미지'라는 단어와 '움직임'을 엮어내는 일은 상상에서조차 불가능했다. 그러니, 이 시네마토그래프라는 기계는 생전 꿈도 못 꿔본 엄청난 놀라움일 수밖에 없었다.

따라서, '움직이는 이미지'에 대해서 지닐 수밖에 없던 당시의 놀라움의 배경을 생각해 봐야 '영화'가 한 일이 무엇인가를 분명하게 이해할 수 있다. 자, 이제 손을 뻗어 시간의 손잡이를 힘껏 뒤로 돌리자. 우리는 어떤 기계, 의자 위에 앉아 있다. 의자 뒤쪽에는 커다란 시간의 원판이 있고, 점차 빠르게 회전하기 시작한다. 그것이 시간을 거꾸로 거슬러 올라가게 하는데, 체험적이기에, 보라, 창 바깥에 의상실이 있다. 그곳 쇼윈도에 있는 마네킹의 옷이 시대에 따라 바뀐다. 내 집이었던 건물이 사라지고 벌판이 드러나고 다시 아주 예전 그림에서나 보았던 건물들로 뒤바뀐다. 그리고 거리는 거추장스러운 옷들을 입는 이들로 가득 차고….[21]

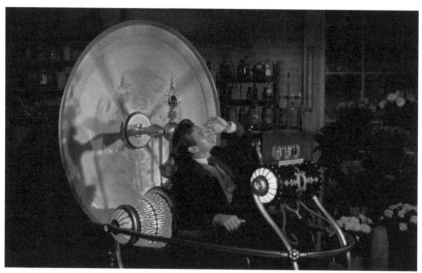

조지 팔 감독의 ≪타임 머쉰≫(1960)

---

21) 조지 팔 George Pal 감독의 ≪타임 머쉰 The Time Machine≫(1960). 물론, 이 영화 안의 서사에서는 과거 대신 미래로 갔다. 상상의 목적과 방향이 달라서였는데, 영화는 '서사'를 꿈꾸지만, 우리는 서사가 아닌 있는 사실, 번복할 수 없는 사실들을 다룬다. 우리가 바꿀 수 있는 것이 있다면, 오직 '현재'일 뿐이다.

살아있는 상태로 경험한 것들의 의미를 되새기는 일, 그것이 시간여행이고 그것이 역사이다. '영화'가 애초 시작한 일이 바로 그것 아닌가? 시간의 흥망성쇠, 누구도 꿈꾸지 못했던 시간 안을 우리가 진짜 돌아다니게 하는 일 말이다.

'근대'와 세계

•

그래서 결국, 우리는 지금 여기에 섰다. 19세기 초이든 중엽이든, 서구 어딘가 한복판에….

아주 짧게 우리가 있는 곳에 대해 생각해 보자. 무엇보다 현재 우리가 당연하게 여기는 많은 것들이 당시에는 존재하지 않았다. 기계, 장치뿐 아니라 그것들이 가져다준 지식, 심지어 의식적 내용들까지 해당하는데 이를테면, '산업'과 '경제'라는 말조차 사람들에게 익숙한 단어가 아니었다. 그것들은 이제 막 신문들에서 떠들어대고 있으며, 근대Modern의 시민으로서 필연적으로 관심을 가져야 하는 것으로 등장했다. 과학이라는 이름의 결과물들이 하루가 다르게 삶을 바꾸어 갔으며, 실용적이든 여흥거리이든 아직 정확한 용도조차 모르는 신기한 발명품들이 여기저기 곳곳에서 쏟아졌다. 한마디로 자고 나면 세상이 바뀌고 있었고, 무엇보다 길거리가 우선이었다. 마차와 말이야 당연했지만, 자동차가 있었고, 전차라는 것도 길 위에 있었다. 가스등이 거리를 밝혔고, 사실 전깃불과 생존을 건 세력다툼을 하고 있었다. 한마디로 사람들은 이제 막, 한 번도 꿈꿔보지 못한 세상의 도래에 신기해하며 흥분했다. 이전까지는 없던 흥미로운 이야기들도 세상에 쏟아져 나왔는데, 이 '서사'들은 당시 터득한 과학적 지식을 동원한 온갖 SF물이었다. 물론 정확하지는 않은 상상으로 예견된 것이었지만 세상의 변화를 느끼기에는 충분했다. 막연한 상상에 불과했던 16세기 초, 토마스 모어의 유토피아Utopia[22)]가 이제는 현실적으로 가능해 보였다. 이는 단순한 변화가 아니다. 왜냐하면 이제까지 존재하지 않았으며 심지어 '있을 수도 없던' 의미였던 것이 인간에 의해서, 문명에 의해서 건설될 수 있다는 신념에 기초한 것이기 때문이다. 유토피아의 물질적 등극은 사실 파라다이스를 사람들의 의식에서 점차 멀어지게 했다. 물론, 이 시대 사람들이 '신'을 부정하지는 않았다. 그보다 중요한 변화가 있음을 주목해야 하는데, 신의 존재에 대해 '당연함'을 구성했던 필연성이 어느 순간, 그저 '습관의 수준'이 되어갔다는 점이다. 사람들은 여전히 '존재'하는 신의 혜택을 입으려 주일이면 교회로 갔지만, 나머지 주중에는 신나게 인간 의지의 만찬 속에 빠져들었다. 인간이 빚어내고 만들어 갈 새롭고 충만한 세상이 있으며 비로소 그것을 향한 여정이 활짝 열려 있다고 여기면서…. 즉, 모든 것을 차치하고 상징적으로 다음 한마디면 이 시기의 어색함(누구도 스스로 느낀 적이 없을 테지만)을 분명하게 드러낼 수 있다. : '인간의 의지와 능력으로 이제까지 꿈꿔보지 못한 유토피아를 가능케 한 신께 감사드린다!', 이 얼마나 이율배반적인 생각인가!

물론, 여기에 좀 더 가능한 부연을 달아야 우리의 여행이 완전해진다. 이미 말했듯이 극히 일부를 제외하면 대다수 '인류'에게는 '현재'라는 시간 개념, '움직임'에 대한 의식, 심지어 '현상'이라는 용어에 대한 오늘날과 같은 이해도 없었다. '현상'보다도 '본질'을 더 중요하게 간주했던 완강한 세계 구조에 대한 의식이 뿌리 깊이 남아 있었기 때문이다. 물론 이 의식에는 주일 이전까지 세상 안을 화려하게 살았다고 했듯이, 동시에 '현상'에서의 즐거움과 필연적인 요구사항들이 그만큼 묘하게 당연한 것으로 간섭되던 시기이기도 했다. 이 시기는 즉, 무엇보다 인간의 의식에 있어서, 근대로 진입하는 경계 위의 지점이었다. 여기

---

22) 토마스 모어 Thomas More (1478~1535)가 저술한 『유토피아 Utopia』(1516)는 그리스어, ou[not]와 topos[place]를 조합한 말로 '어디에도 없는 장소'를 지칭한다.

에서 대체로 반쯤 더, 현실, 현상으로 몸을 기울인 상태라고나 할까? '현상'에게로 관심이 폭증하여 넘어가기 시작한 경계….

사실 '현상'이 19세기쯤에서야 점차 주시의 대상이 되었다는 말은 어쩐지 기이하다. 그 이전의 인류에게 '현상'이 없던 것도 아니고 말이다. '세상'은 언제나 인간의 눈앞에 있어 왔고, 온통 현상으로 빚어진다. 그런데도 '현상'이 주시의 대상이 아니었다고?

이유는 이미 말했다. 그 유명한 세계관, 합리주의 이원론 때문이었다고. 물론 이에 대해 회의가 없었던 것은 아니다. 아리스토텔레스가 경험주의적 철학자로 등극한 것도 이 때문인데, 그는 '본질' 자체를 부정하지는 않았지만, '현상'이 지닌 힘에 대해서도 '조심스럽게' 주목했다. 이후로도 이따금 비합리적인 문제의 중요성을 간파한 철학적 담론들이 이 이원론을 흔들기도 했다. 하지만 결코 무너뜨린 일은 없다. 그를 위해서는 현상의 원리들을 면밀하게 알고 있어야 하는데, '현상들'을 탐구의 대상으로 삼는 과학은 이미 말했듯이 오랜 기간 그 나름 정체해 있었다. 꾸준히 순조롭게 발전한 듯 보이지만 천만의 말씀이다. 19세기에 가까워질 때까지는 정말로 더뎠으며, 갈릴레이 사건에서 알 수 있듯, 아무리 중요한 발견도 뿌리 깊은 이원론의 틀을 부수기에는 미약했다. 이 이원론의 사고방식이 너무나도 공고했기 때문이다.[23]

---

23) 여기에서 또 한 가지 미리 지적할 것이 있다. 철학사를 보면, 합리론이 17세기를 거쳐 18세기에 와서야 절대화되었다고 쓰기도 한다. 그렇다면, 여기서 말하는 합리주의적 이원론은 결국 19세기 바로 직전 세기에 와서야 고착된 것이 아닌가? 그런데 어떻게 이 이원론이 19세기 이전을 망라하는 세계관이라고 말할 수 있을까? 하지만 이는 합리론과 합리주의적 사고를 혼동하면서 생기는 오류이다. 17세기를 거쳐서 18세기에 자리 잡는 합리론은 이성의 절대적인 권위를 인정한 사건을 지시한다. 즉, 중세의 기독교주의적 사고에 반하는 이성중심주의의 도래를 말하는 것일 뿐이지, 이 이원론적 세계관이 그때 와서야 발생했다는 것을 말하지는 않는다. 본질에 대한 사유의 가능성이 이성에게 있다는 것으로 중세까지 그것은 '이성'이 아닌, '신성'과 관계된 것이었다. 즉, 합리주의적 이원론은 고대에서부터 주어졌는데, 본질과 현상으로 세계를 보는 관점의 이치를 따르는 것으로, 고대에는 보통명사화된 절대자 '신' 혹은 '근원자'가 본질적 존재였다면, 중세에는 그것이 우리가 아는 유일신이었고, 18세기 근대적 사고에서는 인간의 '이성'이 된 것이다. 합리적인 이원론은 차이가 있지만 결국 근본적으로 철석같이 '세계'에 주어진 원칙론이었다. 이 문제들을 다루는 철학적

가지계	가시계
본질	현상
영원	순간
고정	변화
형상	질료
질서	카오스
존재	있음 (눈앞에)

결국, 이 표의 왼편, 그것이 현상을 있게 한 근거이다. 이 표현은 아주 중요한데, 오른편의 현상은 있으나 없으나 한 것이라는 말이 된다. 본질이 없으면 현상도 존재하지 않고, 현상으로 나타난 것은 무조건 본질을 전제한다. 이 때문에 현상을 본질의 그림자, 허상으로 보는 관점이 생겼고, 현상의 근거를 따지고 캐는 것이 인간이 지닌 '사고'의 가장 고도의 작업이 되었다. 왜냐하면, '현상' 속에서 빚어진 모든 것들은 결국 '본질'이 지닌 이치에 따라 그리된 것이라고 여겼기 때문이다. 즉, '현상'에는 '이치'가 없으며, 그것은 오히려 '이치'의 단순한 결과물에 불과했다.

저작들은 두루 있거니와 가장 핵심적으로 정리한 것 중 하나가 들뢰즈의 『의미의 논리』이다. 특히, 그 책에서 먼저 부록을 보기를 바란다. 들뢰즈가 왜 철학사의 거대과정을 '의미'와 연관 지어 설명하고자 했는지가 요약되어 기술되어 있는데, 사실 '부록'이기보다는 『의미의 논리』를 읽어나가기 전에 우선 들여다봐야 하는 기준이 되게끔 들뢰즈가 첨부해놓은 것이다. 본문에 실린 많은 진술이 기대고 있는 근거들을 밝혀놓은 것으로, 그와 같은 관점에서 본문을 이해하기를 요구한 것이다. 따라서 이 부록을 충실히 이해하고 그를 공감한 뒤 본문을 보기를 부탁드린다. 그래야 들뢰즈가 한 진술들을 온전히 이해할 수 있게 된다. 마찬가지로 그가 저술한 『운동-이미지』, 『시간-이미지』로 가는 길 역시 이에 기초한다.

한참 과거로 갈수록 이 사고는 더더욱 완고해진다. 이미 말했듯이 인간은 현상의 원인을 과학적으로 이해할 수 있는 능력을 지니고 있어야 '본질'로부터 벗어날 수 있는데, 과학이 멈춘 적은 없지만 정말로 한참 더디게 진행되었기 때문이다. 즉, 애초 현상에 대해서 무지했고, 그럼에도 현상의 이치는 따져야 했기에 결국 '본질'이라는 영역을 구축했으며, 그를 주시했다. 결국, 현상은 우리가 직접 살아가는 실체적인 영역임에도 '주시'의 대상으로부터 멀어졌다. 생각해 보라. 원칙, 근거가 본질에 있는데 무엇 때문에 현상을 들여다본다는 말인가? 그것이 가능한 몇 가지 경우들이 존재하는데, 이미 말했듯, 오직 본질의 어떤 속성들을 파악하고자 할 때뿐이다.

이렇게 인간은 현상으로부터 멀찌감치 떨어졌으며 세상에 있는지 없는지 확실치도 않은 본질에 더 가까워 있었다. 게다가 현상을 통해 볼 수 있는 것은 지극히 일부인 속성에 지나지 않는 것으로 심지어 본질을 온전히 이해하는데 자칫 방해될 수도 있었다. 따라서 '현상을 주시했다'라는 표현을 이런 관점에서 본다면 19세기 인류의 의식에 밀려온 변화가 엄청난 것이었음을 깨닫게 된다. 현상이 본질의 자리를 살짝 치고 들어갔으며, 그 말은 본질의 영역이 어느 정도 뒤로 물러섰거나, 현상이 아예 대체해 갔다는 것을 의미하는데, 결국, 21세기, 현재로 오는 전반적인 인류의 여정을 끌어냈다. 오늘날, '본질'은 비참하리만큼 외곽, 주변부로 떠밀렸으며, 현상이 모든 것의 목적이 되고 있다. 이로 이행하는 본격적인 출발점이 바로 19세기였던 것이다.

그런 점에서 '사진'은 하나의 이정표이기도 하다. 19세기에 이르면서 시작된 사람들의 변화를 분명하게 보여주는 중요한 예시 중 하나이기 때문이다. 왜, 시간이 정지한 모습을 보고자 했을까?

하지만 이는 완전히 틀린 말이다. 당시 사람들에게 결코 '시간이 정지한 모습'을 보려는 목적은 없었다. 우리는 이미 당시 사람들은 아직 '시간'의 문제를 생각할 여유조차 없었다는 사실을 알고 있다. 시간은 현상의 현저한 특징이다. 이미 말했듯 이제 막 현상을 주시하기 시작했는데, 그런 사람들이 이 특징을 바로 인식하고 이해할 수 있었을까? 오히려 다음과 같이 바뀌어야 하는데, '사진'이 한 일은 '현상', 즉, 우리 눈으로 보고 있는 세상을 있는 그대로 재현하는 것이었다. 즉, '사진기'의 발명가 대열에 서 있던 이들에게 관건은 '세상'이었다. 그리고 이 말은 그제야 비로소 사람들이 '세상'을 바라보기 시작했다는 말과 긴밀하게 연결된다.

앞서 말하지 않았던가, 우리가 육체를 지니고 살아가는 '이 세상'이 우리에게 궁극적인 대상이 아니었다고. 그것을 가능케 한, '본질'이 궁극이었으며, 현상은 그의 그림자에 지나지 않았다. 말하자면, 이렇게 여겨온 세상에 대해 사람들이 이제까지 있었던 것과 다른 관점을 지니기 시작한 것이다. 관심이 본질로부터 세상으로 옮겨갔다!

물론, '사진' 자체는 이 점에서 아직 '움직임' 자체를 고려한 사건은 아니다. 사진이 한 일은, 우리가 지금 이해하고 있는 모든 것들과 잠시 결별하는 것이 중요한데, 결코 '움직임'의 순간적인 멈춤이 아니다. 그가 결과적으로 그런 일을 했든 아니든 말이다. 그는 오직 세상을 재현하려고 했으며, 렌즈의 발명이 그를 가능케 했다(따라서 여기에도 결국 '과학'이 끼어들고 있다). 사진이 '움직임의 순간적인 정지', 혹은 '시간의 멈춤'의 의미가 되는 것은 한참 뒤의 일이다. 사진이 나타나기 이전까지 말하자면 '움직임'은 구체적인 시선의 대상도 아니었고, 그러한 세상의 속성을 이해한 이도 별로 많지 않았다. 하지만 사진의 출현이 사람들의 사고를 아주 빠르게 변화시킨 것은 분명하다. '세상'의 형상들을 넘어, 이제 그 속성을 들여다보고자 하는 욕망으로 말이다.

바로 이때, 쥘-머레이의 이미지가 위치한다. 이 수준에서 이르러야 '사진'은 긴밀하게 '움직임'과 관계하게 되는데, 여기의 겹친 것들 하나하나의 상像이 정확하게 움직임의 어느 순간을 포착한 것이라는 믿음이 있어야 이러한 촬영이 가능하기 때문이다. 즉, 사진의 한 기능이 비로소 끊임없이 움직이는 세상의 어떤 순간, 지점을 포착하는 것이라는 인식이 이러한 이미지를 만들 생각을 하게 한다. 그리고 이러한 인식은 다시 '사진'의 '능력'을 더더욱 특별한 것이 되도록 했다. 이 전까지의 초상은 말하자면 실물을 대체한 것일 뿐이었다. 하지만 이 관점을 덧붙이면 사진의 '초상'은 시간 속에 멈춰 선 실체의 이미지가 된다. 시간의 이미지, 여기 얼마나 대단한 사고의 변환이 있는가? 물론 아직 그렇게까지 시대를 건너뛰지는 말자. 우리는 19세기 말에 서 있고, 이미 말했듯이 아직 움직임을 '시간'과 연관 짓지 않았을 때였다. 따라서 사진이 만들어 낸 관심은 이 수준에서는 '움직임'에 국한되어 있었다. 쥘-머레이는 그를 따라 '움직이는 중의 모습'을 포착한 것이다. 이 '달리는 남자'의 몸이 빚어낸 움직임의 선은 현실에서는 결코 볼 수가 없다. 이 선은 사진을 통해서만 비로소 드러나는데, 그 점에서 우리는 '사진'이 선사한 이미지가 눈에 '보이지 않던 이미지'라는 점을 다시 한번 떠올리게 된다.

•

사람들은 이때부터 '움직임'에 대한 베일을 벗겨보고자 했다. '움직임'에 대한 관심, 그리고 그를 포착하려는 욕망이 나타났음을 보여주는데, 이 욕망이 과학과 철학의 양편에서 실체들을 얻어가는 가운데 나온 것이 '영화'이다. 물론 결코! '영화'가 이 욕망의 목적지는 아니다. 정확히 말하면, '영화'는 이 욕망이 불러온 거대한 변화의 맨 가장자리, 변방에 있었다. 냉정히 말한다면 당시에는 '사건'으로조차 기록되지 않았다(그것이 끌어낸 '기계의 발명'이라는 탄사, 호기심, 인기와 별개로 적어도 진지한 일반사 관점에서는). 이점에서는 '사진'과 같은데,

그럼에도 대단한 일임에는 틀림이 없다. 단지 '움직임'의 이미지, 그러나 단면인 이미지를 본 것이 아니라 '세상'을 보게 되었으니까. 여기에 쥘-머레이가 품었을 욕망을 가정해 보자.

사진이 정지한 순간의 이미지를 보여준다는 사실로부터 그는 사진의 연속이 움직임의 경과들을 보여줄 수 있을 것이라 여겼다. 그래서 위와 같은 이미지를 얻었고 움직임을 이해하고자 했다. 난생처음 '움직임이 이루어지는 중의 모습'을 보게 되었고, 실재의 세상에서 벌어지는 것들에 대해 그만큼 이전보다 '더' 이해하게 된다. 그러나 '사진'은 한 단면일 뿐, '움직임' 자체의 재현이 아니다. '움직임'은 이때까지는 영원히 붙잡을 수 없이 지나가 버리는 것이었다. 우리의 눈에는 언제나 움직임의 결과만이 들어온다. 그런데 '영화'가 나타났다!

이 '영화'는 단면을 뭉개버린 대신, '움직임'을 다시 보게 해주었다. 영화는 세상을 기록했고 사람들은 기록된 세상을 봤다. 즉, 지나가 버릴 수밖에 없었던 세상을 다시, 그것이 있었던 그대로 보게 한 것이다. **움직임을 다시 볼 수 있는 장치가 출현**(지나간 시간을 다시 볼 수 있는 장치)했다!

사진이 움직임의 이해로 인류를 이끌었다면, 결국 영화는 움직임의 결과에 대한 해석, 분해로 인류를 이끈다. 재생되는 움직임을 손에 넣음으로써 움직임의 재구성이 가능해지게 된 셈이다. '영화'가 이야기(서사)를 하면서 비로소 오늘날 우리가 말하는 '영화다움'이 구현된 것이 아니다. '영화'가 '세상'을 손에 넣었기 때문에 오히려, '이야기'가 가능해졌다. 우리가 상상해 온 이야기를 마치 '세상'에 있는 듯이 재구성할 수 있기에, '움직임'을 재구성함으로써 허구인 이야기가 버젓한 '세상의 탈'을 쓰고 드러나기에….

역사를 '만들기 위한' 의욕

　　세상에 태어난 지 50여 년이 지나, 1949년, 사실상 공식적으로 세계 최초의 영화사가 나온다. '공식적으로', 정확한 표현은 아니다. 영화를 말하는 데 있어서 '역사'라는 단어는 이미 1920년대부터 사용되었다. 하지만 당시의 서적들은 우리가 이해하는 '역사'라는 과목에 어울리는 작업은 아니었다. 독자들의 흥미를 끌기 위한 수준이었고, '사실史實'이 담고 있는 함의나 '영화'라는 대상에 대한 성찰은 없었다. 하지만 조르주 사둘[24]의 작업은 달랐다. 사실상, 영화에 대해 말하는 영역에서 제대로 이 두 가지에 대한 성찰을 담고 있는 최초의 역사서였고, 그런 의미에서 '공식적으로'라는 표현을 붙인 것이다(옳고 말고를 떠나). 하지만 언뜻 의문이 남는다. 사람의 일생을 놓고 봤을 때 적은 기간은 아니지만, 50년은 '역사'라는 개념을 대응시키기에는 성급해 보인다. 게다가 등장 이후 15~16년간은 솔직히 일부 영화가 그 나름대로 완성도를 지녔다고 하더라도 대부분은 그렇지 못했다. 그렇게 본다면 남는 것은 30여 년분이다. 겨우 이를 두고 '역사'를 서술할 수 있을까? 바로 이 사실에 우리가 주목해야 하는데, 그 기간에도 불구하고 어떻게 사둘의 작업이 역사서술로 인정받는지, 우리가 이제부터 무엇을 추적해야 하는지가 분명하게 드러난다.

　　역사적 함의와 성찰이 나타나기 위해서는 '영화'가 그만한 성과들(의미의 내

---

24) 조르주 사둘 Georges Sadoul (1904~1967). 프랑스의 영화사가이자 영화평론가. 주요 저서로 『영화의 역사』, 『영화전사』, 『세계영화사』가 있다.

용들)을 지니고 있어야 한다. 단지 신기하고 재미있는 서사체로서 작동하는 것이 아닌, 새로운 형식으로서의 정체성이 나타나 있어야 하는 것이다. 그가 어떤 대상이며, 무엇을 하는 장치인지가 분명하지 않으면, 지난 시간 속에서 방향의 기준을 잡을 지점이 사라진다. 그런 경우, 우리가 할 수 있는 것은 역사적 사건들에 대한 해석이 아니라 단순한 사실史實의 나열뿐이다. 마치 역사서 초입의 영화 발명사처럼 말이다. 그러나 사둘에게는 이 지점이 분명했다. 이 때문에 오늘날 우리가 이해하는 여러 사조가 그의 글에 의해서 정리되고 주장된다. 그렇다면!

태어난 지 불과 50여 년 만에 '영화'가 세상에 자리 잡았다는 말이 된다. 하지만, 이 말은 '영화가 불과 50년 만에 예술이 되었으며, 전통 예술을 따라잡았다'는 뜻은 아니다. 아마도 '영화'에 종사하며 최소한 그에 경도된 이들이 자주 보이는 태도일 텐데, 이미 말했듯 '자신'이 관여한 것에 대한 지나친 긍정을 떠나야 대상을 온전하게 볼 수 있다. 아무리 '영화'가 좋더라도, 그것에 대해 말할 때는 무엇보다 냉정할 필요가 있다. 왜냐하면 '영화'가 저 혼자 대단한 능력을 지녀서 불과 반세기 만에 정체성이 구축되고, 자신의 가치를 내어 보이며 역사를 기술할 만큼 당당한 존재가 된 것은 아니기 때문이다. '영화'가 엄청난 속도로 발전을 거듭했다는 사실을 부정하자는 말은 아니다. 그것이 '영화' 자신의 특별한 능력에 기인한 것만은 아니라는 점에 주목해야 하며, 그래야 정상적으로 '역사'를 해석할 수 있게 된다. 왜냐하면, '영화'의 속도전은 사실, 그가 나타나기 이전의 세계에 빚을 지고 있기 때문이다. 예컨대, 19세기 말, 그리고 20세기 초가 '예술'에 있어 어떤 연대였던가, 그리고, 지식은 '예술'을 어떻게 다루었던가!

예술 형식으로서의 표현 도구들에 대한 진지한 이론적 작업이 결실을 보이며, 비밀스러웠던 베일들이 걷어졌으며, 수많은 시행착오 속에서 그들을 이해하는 방법들이 나타났을 때가 바로 19세기였다. 조금 거칠게 말한다면 그들이 할 수 있었던 모든 시도를 거쳐서 자신들을 완성하고 난 시기였는데 '영화'는 바로 그때 태어났던 것이다. '(문학적)서사'가 '사실들'에 대한 주목과 함께 완성되었으며, 시지각적 표현 장치들의 서술적 표현성도 다양한 시도와 함께 분명하게 자신들의 길을 보여주던 시기에 말이다. 이러한 결실 안에서 성장한 이들이 바로 하찮았던 장난감이자 발명품으로 출발한 '영화'에게서 표현의 가능성을 발견해 낸 초창기 '감독들'이다. 결국 '영화'는 그렇게 아버지의 시행착오를 통해, 신속하게 자기 표현력의 성취를 꿈꿀 수 있었던 것이다. 그러니까 당시, '영화'에서 관건은 그의 '새로운 재현 방식(움직이는 이미지)'에 있었지, 재현해야만 하는 대상(서사)에 대한 것이 아니었다. '영화'가 문학과 연극으로부터 주저함도 없이 그토록 많은 것을 가져온 데는 이러한 배경이 자연스럽게 작동한다. 연기자가 있고, 연출자가 있으며, 행동으로 나타나고, 공간 구성으로 의미를 표현했기에 연극을 따르게 된 것이 아니다. 그보다 더 원천적인 문제인데, 연극과 소설이 구축한 '서사', 그래서 사람들에게 흥밋거리였던 그 '서사'를 영화는 시도하고자 한 것이다. '영화적 시선'으로 세상을 보고 말할 거리를 찾기에는 더 많은 시간이 필요했다. 초기에는 그저 '움직이는 이미지'로 내용을 표현하는 일에 매달릴 수밖에 없었다. 장치로서의 '영화'에 대한 정체성을 이해하고 나서야 비로소 진짜 널려 있는 세상으로부터 자신(영화)의 시선으로 이야기를 뽑아낼 수 있다. 그러한 시기는 1940년대 이후에 찾아오며, 최소한 1930년대까지 세상을 영화적으로 바라보는 '눈'은 아직 성립되지 않았다. '눈'의 의미가 정립되어야 눈으로 본 것들을 따져볼 수 있다. 하지만 사실 이 의미가 정립되기 위해서는 우선 행동하고 시도해야 한다. '영화'가 초창기에 걸어온 길은 이것으로, 그는 무작정 '서사'를 시도했는데, 사실 전통적 예술형식들의 성과로 인한 것이었다. 이것이 한동안 '영화'가 스스로의 서사 개발 이전에 오직 '재현'의 수준에 고민을 집중시킬 수 있었던 이유였다.[25]

---

25) 이 과정을, 이 해석을 분명하게 기억해 두자. 나중에 이러한 상태가 유럽과 미국에 있어서 영화의

이러한 과정이 바로 1949년, 조르주 사둘의 『세계영화사 Histoire du ciné ma mondial』에 담겨있다. 말하자면 전통적으로 존재하는 '예술'과의 접점을 찾고, 나아가 그와는 변별되는 자신의 존재 방식(움직이는 이미지)을 예술적 가치로 끌어올리고자 했다. 우리는 이러한 영화사를 저술하기 위한 사둘의 엄청난 노력을 무시할 수 없다. 당시에는 자료의 채취를 위해 직접적인 몸의 이동이 필수였다. 그 시기, 몸의 이동, 속도, 거리에 주어진 제한은 어떠했을까? 그럼에도 그는 심지어 오늘날이라도 쉽지 않았을 정도의 막대한 자료들을 채취했다. 하지만, 그 결실에 비해서 이상하게도 요즘에는 종종 이것이 한참 과거에 쓰인 것이고, 단지 '영화사 책이 쓰였다'라는 사적 사실史實로서의 가치 이상은 없다는 듯이 말하곤 한다(더구나 조르주 사둘의 이데올로기에 대한 언급까지 담아가며). 아마 십중팔구 사둘의 책을 제대로 접하지 않은 자들일 것이며, 직접 사료들을 찾아보려 한 일이 없는 이들일 것이다. 물론 이는 단순히 자료들을 모아 놓은 사둘의 물리적 노력만을 대비시키려는 것이 아니다. 당연히 재해석의 여지가 있지만, 무엇보다도 그에게 '영화의 역사'에 대한 분명한 관점이 있었다는 점이 중요하다.

우선, 책을 펼치면, 정작 서론 전에 어떤 대상(영화)에 대한 역사서를 쓰는 어려움과 관점이 30여 쪽에 걸쳐 나와 있다. 오늘날 영화사를 쓸 때는 거의 하지 않는 작업이다. 어쩌면 당연할 수도 있는데, 어떻게 자료들을 채취했으며, 채

차이를 보여주는 직접적 원인이다. 미리 요약해서 말한다면 유럽에서는 전통적 예술 형식들의 발전 과정 안에서 영화가 나타났는데, 그 때문에 일찍이 영화는 상업적인 여흥거리만이 아니라 '표현'에의 가능성을 겨냥하고 타진한 감독들을 존재하게 했다. 반면, 미국에서 영화는 철저한 상업적 오락물에서 출발한다. 역사적으로 그들에게는 전통이 없으며, 있다면 유럽을 흠모하는, 발전적인 문명사회의 모델을 유럽에 두는 태도 안에 있는 가냘픈 복제의식이었다. 이러한 상태들을 고려해야 우리는 초창기, 세계사에 미국이 분명하게 부각하기 전까지의 영화의 삶을 유연하게 따라갈 수 있다. 유럽은 그러니까 영화 이전의 예술적 성과에 다가가는 일이 급선무였던 반면, 미국에서는 오직 스스로 '영화'의 정체성과 용도를 백지에서 발견해나가야 했던 것이다. 이 내용에 관해서는 이후 본문에서 자세히 다루게 된다.

취한 자료에 대한 검증과 판단, 해석 과정에 걸친 기준을 어떻게 잡았는지는 역사서 서술의 초기에 필요한 작업이다. '역사서'로서의 성립에는 정작 내용보다 이 관점의 제시가 더 중요한데, 사료의 선택, 취합 과정에 따라 그를 통해 해석할 역사적 함의들이 크게 달라지기 때문이다. 게다가, 사둘이 '영화사'를 쓸 때는 아예 '영화'와 '역사'를(학문적으로)이어 내려는 의식 자체가 일반적 수준에서는 거의 존재하지 않았다. 바로 이 점에서 사둘은 서문 이전의 보충 글을 통해, 말하자면 지금부터 왜 '영화'에 '역사'라는 개념을 적용하려 하는가를 설명했다. 그렇기에, 정작 사둘의 사적 해석 내용보다도 더 중요한 내용이 이 책을 통해 드러나는데, 그것이 바로 '영화'가 정체성을 확립해 나가는 과정이다. 따라서 진짜로 사둘의 이 책을 보았다면, 이것을 단순히 '영화사가 나왔다'라는 과거의 사실史實로 취급할 수는 없게 된다. 새로 역사적 문제들을 언급하려는 자마다 결국에는 '영화'가 어떤 것이었는가를 생각하기 위해 펼쳐 볼 수밖에 없기 때문이다. 사둘의 해석이 옳은지 그른지를 떠나서 말이다.

하나의 예술이 우리 눈앞에서 탄생했다. 회화나 음악은 수백만 년 전부터 존재해 왔다. 반면 우리는 뤼미에르와 멜리에스를 알고 있으며, 에디슨과 레이노 까지도 보아 왔다.

하나의 예술이 우리 눈앞에서 탄생했다. 여전히 상당수의 개척자가 생존해 있지만, 이 예술의 기원에 관한 연구는 여간 어려운 게 아니다. 그들이 어떻게 그것을 해냈는지 최소한의 기록조차 남기지 않은 채, 이 갓 태어난 예술의 초기 자료들이 거의 모두 사라져 버렸기 때문이다. 미처 시네마라는 것이 하나의 새로운 언어를 만들어 내었음을 미처 깨닫기도 전에…. 그런 나머지 영화학자는 나중의 발굴이 자신의 가설을 내던져 버리는 일이 없기를 노심초사하며 몇 개의 뼈다귀만으로 하나의 동물을 재구성해야 하는 고생물학자 같은 입장이 되어버렸다.26)

---

26) 조르주 사둘, 『세계영화사』 p. 5.

‘역사’의 기술에 있어서 과거의 사실들도 중요하지만, 만일 ‘역사’에 대한 관점들이 충분히 쌓여 있다면, 정작 아주 중요한 역할을 하는 것은 바로 그 사실들을 해석한 이 ‘역사서’의 진술들이다. 사둘의 책은 그 점에서 ‘역사’를 추정해 볼 수 있는 중요한 두 가지의 관점을 분명하게 보여준다. ‘하나의 예술이 우리 눈앞에서 탄생했다.’라는 진술과 ‘사료들을 망실했다’라는 진술이 그들인데, 이점이 바로 ‘영화사’ 진술의 문제와 어려움을 여실히 증명해 준다.

　‘하나의 예술이 우리 눈앞에서 탄생했다?’

　간단히 말하면 우선, 사둘 시대, 그러니까 1940년대, 아니 자료들을 채취하며 역사를 기술할 준비를 시작한 출발선을 고려한다면 1930년대라고 해야 할 텐데, 그때부터 ‘영화’를 이미 미적 관점의 결과물로 보려는 시각이 이미 발생했음을 알 수 있다. 즉, 사둘의 이 책은 정확하게 말해서 ‘영화’를 예술로 취급하려는 목적의 결과물이다. 그리고 이후로, 정말로 이상하게도 이 관점이 ‘영화’의 사史의 유일한 목적이 되어왔다. 이 사실이 우리가 주목해야 하는 지점이다.

　물론 변명은 가능하다. 당시 ‘영화’가 자신이 가진 한량들의 눈요깃거리에 지나지 않는 한갓 발명품의 지위를 넘어서려면 반드시 ‘예술적 표현장치’로서의 가치를 인정받아야 했고, 그것을 향해 나아가야만 했으니까 말이다.

　아무튼, 목적이 같아서일까? 더 이상한 일이 지금 펼쳐져 있다. 초기야 그렇다 치더라도 지금까지 줄기차게 이 관점만이 유지되고 있기 때문이다. 사둘의 업적은 앞서 말했듯, 이미 분명하다. 그는 일정한 목적(예술로서의 가치 입증) 아래, 영화가 걸어온 과정을 분명하게 위치시켰다. 그 때문에 영화사 역시 여타 예술사에서처럼 사조사로 진행되었는데, 저자, 작품들을 해석하는 데 있어서 일종의 기준점들을 제시하려고 하던 것이 당대의 역사적 관점임을 이해하면 자연스럽다. 문제는, 이후의 영화사에서도 사둘이 개척해 낸 영화사적 관점은 전혀 수정되지 않고 고스란히 이어져 왔다는 점이다.

물론, 거기에는 두 번째로 사둘이 지적한 연구의 한계도 중요한 요인으로 관여할 것이다. 여전히 상당수의 개척자가 생존해 있지만, 이 예술의 기원에 관한 연구가 여간 어려운 일이 아니었다는 사둘의 진술 말이다. 그들이 어떻게 그것을 해냈는지 최소한의 기록조차 남기지 않은 채, 이 갓 태어난 예술의 초기 자료들이 거의 모두 사라져 버렸다. 미처 이 '영화'라는 것이 하나의 새로운 언어를 만들어 내었음을 미처 깨닫기도 전에…. 그런 나머지 영화학자는 나중의 발굴이 자신의 가설을 내던져 버리는 일이 없기를 노심초사하며 몇 개의 뼈다귀만으로 하나의 동물을 재구성해야 하는 고생물학자 같은 입장이 되어버린 것이다.

놀랍지 않은가? 현재 그 자료를 찾아보기가 힘들다는 말이 아니라 이미 그 시기에, 불과 50여 년 만에 자료들이 찾아보기 힘들 만큼 사라졌다는 점이?

사실이다. 초창기 기록들이 조금도 남아 있지 않아서, 영미권의 영화사가들은 유럽 초기 영화사의 저술에 있어서 사둘의 자료와 의견에 의존하지 않을 수 없었다. 나중에 말하겠지만 사운드 영화가 나오고 나서, '시적 리얼리즘'이라고 하는 영화 사조를 공식적으로 펼친 것도 사둘이며, 그 후로 이 부분은 별로 검증되지도 않고 상당 기간 똑같이 다루어진다. 심지어 어떤 영화사 책은 사둘의 문장과 거의 흡사한 '모사'까지 행하고 있다. 대개는 미국에서 나온 책들이 그러한데, 그렇다고 저자들의 양심 문제는 아니다. 문제가 있다면 미국에서 어떤 학문의 초창기에, 이러한 '모사'는 자주 그 역시 훌륭한 연구 사례로 인정되곤 한다는 점일 뿐이다.

하지만, 내가 이 진술에서 주목하는 것은 '사료의 망실亡失'이라는 사실 자체가 아니다. 우리가 주목해야 할 지점은 예컨대, 왜, 초기 자료가 그렇게 소실되고 말았는가 하는 점이다. 이는 오히려 일반적인 사적 사실과 상충 된다. 우리는 뤼미에르의 시네마토그래프가, 에디슨의 키네토스코프가 나오자마자 엄청난 인기를 끌었다고 알고 있다.[27] 하지만 그만큼 많이 퍼졌고 관심을 끌었다면 초기 기록들도 여기저기 남아 있어야 하지 않을까? 그런데 거의 다 소실되어 고생물학자처럼 땅 밑, 빛이 안 닿아 어두운 흙 속을 더듬어야 한다고 하니 어쩐지 이가 맞지 않는 느낌이다. 더군다나 우리는 정말로 '고대'로 거슬러 올라가지 않았다. 19세기는 이미 인간에게 근대문명이 도착해 있고, 세상 대부분의 사람이 글을 다루며 그림을 그리는 시기이고, 막연히 추상적인 원칙에 따라 세상을 살아가지 않고, 현실적인 정보들을 다뤄가며 살아가는 것에 익숙해진 때였다. 그런데 왜 이렇게 '영화'에 관한 자료들은 듬성듬성 이가 빠져 있을까?

우리가 이제까지 외면하고 무시했던 중요한 문제를 말할 차례이다. '영화'가 나오자마자 인기를 끈 것은 명백한 사실이다. 문제는 이 '인기'의 실체에 있다. 즉, 영화사의 활자로는 '인기를 끌었다'라고 쓰여 있지만, '누구'에게, 그리고 '어떤 방식으로'가 전혀 다뤄지지 않는다. 마치 당대 보편적인 인기였듯 쓰여 있을 뿐이다. 모든 기록은 여하간 가치가 있어서 이루어지며, 일부라도 어떻든 상당한 관심거리에 들어서 작성되게 마련이다. 그런데 변변한 기록이 없다? 즉, '영화'는 그럴 만한 기록 대상에도 끼지 못했다는 말이다.

즉, 영화가 인기를 끈 것도 물론 사실이지만, 이것은 '호들갑'의 다른 말일 뿐이다. 영화의 인기는 당시 쏟아져나온 여러 발명품이 끌었던 '인기'의 성질에서 별로 나아가지 못했다. 마땅한 관심사 속에서 의미와 가치가 결정되는 경우와는 전혀 상관없는 쪽이었는데, 이는 당시 발명품들을 쫓아다닌 이들이 누구였는지, 그리고 당시의 영화를 다룬 신문 기사가 무엇을 목적했는지를 고려하면, 쉽게 파악된다.

'영화'는 한량들의 문화였다. 시시껄렁하기 그지없는 놀이에 지나지 않았으

---

27) 1895년, 뤼미에르 형제가 시네마토그래프Cinématographe를 발명했으며 (오귀스트 마리 루이 니콜라 뤼미에르 Auguste Marie Louis Nicholas Lumière, 장 루이 뤼미에르 Louis Jean Lumière) 토머스 에디슨이 1889년에 키네토스코프 kinetoscope를 발명했다.

며, 그 때문에 그에게 붙여진 표현이 '요지경 기계'에 지나지 않았다. 이 점에서 '영화'와 '사진'은 출현에 이르는 과정과 당시의 호들갑에서 상당히 닮아있지만 출현하고 나서의 행보는 오히려 상반된다. '사진'은 이미 말했듯이 20세기로 건너오는 시점에서 서서히 그간 인류가 작성해 왔던 '이미지', '형상'에 대해서 새로운 지각의 가능성을 가져왔지만, '영화'는 전혀 그런 방향의 '고민거리'를 던지지 못했다(아주 일부를 제외하고는 말이다). '영화'는 기껏해야 '사진'의 연장으로, '사진'을 가지고 만들어 낸 하나의 흥미 있는 변형으로 받아들여졌을 뿐이다('영화'를 부르는 명칭은 초창기에 '움직이는 그림'이거나 '움직이는 사진'이었다).

달리 말해, 완벽하게 새로운 것이었음에도 그가 보여준 '이미지'로는 특별한 관심을 끌어당기지 못했다. 사실 '영화'의 이미지는 그런 점에서 마치 '서커스 공연'과도 같은 것이었다고 보면 된다. 오늘날에야 이 서커스도 보존 가치가 있는 문화사적 형태로 인식되지만('동춘 서커스'처럼!), 근대 초기, 서커스는 그저 저속한 오락에 지나지 않았다. '영화'도 그러한 이미지를 벗어나지 못했으며, 따라서 사람들에게는 소비의 대상일 뿐 보존의 가치를 지닌 결과물이 아니었다. '영화'는, 정확히 말해 시네마토그래프는, 그가 세상에 내뱉은 '이미지'의 가치를 주장할 여력조차 없었다. 그가 당장 해야 했던 일은 자신의 용도를 사람들에게 증명하는 일이었다. 이것이 영화사가 초기 자료들을 별로 중요하게 다루지 않은 이유이다. 여기에 첫 번째의 진술을 덧붙이면, 이제 문제는 명확해진다.

'하나의 예술이 우리 눈앞에서 탄생했다.'! 즉, '나는 하나의 예술 도구이다.'!

생각해 보면 이상한 점이 한두 개가 아니다. '영화'는 그 자체로 '움직임이 그대로 담긴 이미지'를 선사했다. 사람들은 분명히 그것에 반응했고, 사실 반응 이상의 역사적 가치로 환산될 만한 '짓(사건)'을 보여주었다. 뤼미에르 형제가 제작한 ≪열차의 도착 L'Arrivée d'un train à la Ciotat≫(1895)의 경우처럼 말이다. 모두 알고 있는 시요타 역으로 들어오는 기차의 이야기이다. 기차가 멀리 소실점에서 스크린 쪽으로 달려오다 프레임을 벗어나 멈추었다. 우리에게는 아주 익숙한 이미지이고 하등 놀랄 거리가 없지만, 당시 관객들에게는 달랐다. '영화'가 스크린에 펼쳐놓은 이미지는 '사진'의 경우처럼 즉각적인 사실로 받아들여져, 열차가 자신에게 돌진한다고 여긴 이들이 '그 열차'를 피하느라 야단법석을 떨어 프로젝터가 넘어져 상영이 중지됐었다. 나중에 말하겠지만, 이는 아주 놀라운 사건이다. 하지만, '영화'가 탄생했을 때의 인기와 마찬가지로, 그 사건에 담긴 의미를 따질 겨를도 없이 어처구니없는 착각으로 입에 오르내리다 끝나버렸다.

이런 지경이니 '영화'는 자신의 생존을 위해 무언가 다른 지점을 바라보고 목적을 세워야 했다. 말하자면 닥치는 대로 사람들이 자신을 봐줄 만한 짓거리들을 했어야만 했다. 사둘을 비롯한 '영화'의 가치를 확고하게 믿는 이들은 이 '영화'가 자신의 역할을 발견하고 그 방향으로 스스로 발전시키던 시대에 속한 이들이다. 즉, 이야기의 영화들이 세상을 점령한 시기를 살았던 이들이고 그래서 이야기를 자기의 방식으로 표현하는 영화에 매료되고 열광했다. 바로 이점이 사둘 뿐만 아니라 대개의 영화사 책이 영화사 1장을 단순한 역사적 사료로서의 '기록'으로 마감한 이유이다. 그들에게 이 과정은 자신들이 매료된 '영화'가 나오기 위한 전초에 지나지 않은 것이다. 자신들이 보고, 경탄하는(이야기 있는) 영화들이 시작된 시기야말로 진짜 영화사의 시작이었기 때문이다. 그 영화들이 곧 뒤에서 다루게 될 그리피스이고, 채플린이며, 키튼이고, 에이젠슈타인, 북구 영화들이다.

즉, 사둘이 기술한 영화사의 목적지는 독자적인 '예술'임을 증명하는 것, 놀랍도록 새로운 예술의 출현을 통보하는 것이었다. 1949년도에는 어울리는 목적이다. 만일 여러분이 어떤 자료들을 뒤적이다 보면, 이 말에 어쩌면 의아함을 가

질지 모른다. 1920~1930년대의 저널들이 심심찮게 '영화예술'이란 표현을 쓰고 있기 때문이다. 그리피스 자신도 자신이 하는 일이 예술이라고 확고하게 믿고 있었다. 그러니 굳이 1949년에 '영화'가 예술임을 증명할 필요가 있었을까?

그러나 이 '영화예술'이란 표현은 사둘을 비롯한 유능한 변호인들이 제시한 수많은 변론과 증거품들에도 불구하고 예술 평가의 재판정에서 무려 1960년대까지 판정이 유보될 정도로, 당시에는 순전한 립서비스에 지나지 않았다. '예술'은 당시 인류에게, 아니, 이 경우 좀 더 확실하게 말하자면 그것을 즐기는 계층들에게 이미 상당히 '깊은 단어'였다. 오래된 것은 물론, 단지 기예였던 것이 미에 대한 주관적 관심과 더불어 '예술'이란 용어로 처리되었을 때는 이미, 이것이 범접할 수 없는 특별한 지위를 확보했다는 뜻이다. 17, 18세기의 고전주의를 거쳐, 18, 19세기의 낭만주의 시대에 오면, '특별한' 작가들이 하는 짓이 '예술'이 된다. 돌려 말할 필요 없이, '저자' 자체에 평범하지 않은 가치를 부여했을 때 가능해지는 개념으로, 평범하지 않은 자가 평범하지 않은 결과물들을 내놓는 상황에 해당한다. '영화'는 당시 아무래도 '예술'의 이런 지경에 이르기는 벅차고 힘에 겨웠다. 전통이 새로운 것들을 거부하는 방법과 차단막은 상당하게 마련이다. 그 때문에 이후, '영화'는 마치 자신이 '예술'임을 주장하기 위해 태어난 존재처럼 역사를 살아 낼 수밖에 없었다. 결국 이러한 견해를 주장하는 영화사나 영화이론들이 따라서 잘못되었다고 말할 수는 없다. 게다가 현재에도 이 목적은 완벽하게 채워지지 않았다. 과거에는 전통적인 '예술개념'의 완강한 장막을 넘는 데 힘들어했다면 현재는 '영화' 자신의 문제로 인해 여전히 버거운 과제가 되었기 때문이다.[28]

---

28) 이러한 점에서 우리는 향후, 일어나는 여러 사건을 통해 '예술'에 대한 의식적 행위들이 지니는 의도들을 잘 들여다보아야 한다. 1950년대, 누벨바그(La Nouvelle Vague : 고전과 현대의 분기점인 영화 사조)로 건너가는 길목의 여러 사건이 특히 중요한데, 프랑스로 국한한다면 1940년대쯤, 자연스럽게 '예술로서의 영화' 개념이 발생했다. 이에 대한 논의는 시기상 우리 의 책 2권(1927-1980s)에 해당한다.

그러나 나는 '영화'가 예술인지 아닌지는 별로 관심이 없다. 어떤 영화는 그럴 수 있을 것이며, 대부분의 영화는 글쎄…. 사실 이 말도 모호하기는 마찬가지 인데, 굳이 '영화'를 전통적인 예술개념의 범주에 묶어야 할 필요가 있을까 싶기 때문이다. 이렇게 말해 보자. 전통적인 예술개념으로 볼 때, 과연 히치콕Alfred Joseph Hitchcock (1899~1980)의 작품이나, 존 포드John Ford (1894~1973)의 작품이 그 안에 포함될 수 있을까? 하나는 살인자의 살인 행위를 근사하게 표현하고 있으며, 다른 하나는 기껏해야 여자, 총, 인디언이다. 이러한 '이야기'는 결코 의미심장한 수준도 아니며, '인간'에 대한 진지한 사색을 담은 수준도 아니다. 그럼에도 우리는 이들의 작품들이 영화적 의미에서 전혀 '예술'이 아니라고 단언하기 힘들지 않은가? 차차 말하게 되겠지만, 만일 '영화'를 예술로 불러야 한다면, 우리는 전통적인 개념과 동시에 그것과는 절연된 새로운 '예술개념'을 함께 적용하고 있음을 알아야 한다(그리고 사실 이 새로운 개념에 굳이 '예술'이란 접두어를 붙여야 하는지도 다시 생각해 봐야 한다). 어떤 작품은 전통적인 범주에서 분명한 '예술품'이 되기도 한다. 그러나 어떤 작품은 도저히 그리될 수 없음에도 '영화'라는 입장에서는 당연히 '예술적 카테고리'에 묶인다. 즉, '영화'와 만나면, '예술'이란 용어의 개념은 아주 미묘해진다. 사실, 중요한 것은 '영화'가 '예술'인지 아닌지의 여부가 아니다. '영화'가 곧, 새로운 이미지, 따라서 이미지를 지각하는 새로운 지각의 출현이며, 세상에 대한 새로운 의식의 출현이라는 사실이다. 물론, 이점이 '영화'의 독자적인 능력에 의해 얻어진 가치라고 말하고 싶지는 않다. 하찮은 발명품인 '영화'를 그리되도록 만든 것은, 그러한 장치의 출현을 필연적으로 꿈꾼 그 시대 자체이기 때문이다.

영화사의 목적이 '예술'로서의 증명으로 한정됨으로써 이 초기 단계의 발명품들이 단지 '조악한 장난감'이 되었고, 마땅히 주목해야 하는 항목에서 사라져 버렸다. 사실, '영화'의 개념이 발생하는 데에 가장 중요한 역사적 근거는 기계 발명품인 '시네마토그래프'가 아니라 바로 이 과학적 연구들에 있다. 그렇다고 이를 두고 단순히 '영화가 기술과 과학의 산물'이라고 쓰는 것은 '영화'의 개념을 이해하는 데 전혀 도움이 되지 않는다. 왜냐하면 이 발명품들 자체가 아니라 '영화'를 나타나게 한 것은 이러한 과학적 연구를 열어젖힌 그 시대, 인간에게 들이닥친 '세계'에 대한 태도의 변화이기 때문이다.

나름 진지함과 사유에 있어서 경중의 차이는 있겠지만, 다들 근본적으로 '현상'을 겨냥했다. 즉, '영화'는 과학적 원리, 기술적 수준의 장비를 통해서 나타나기는 했지만, 결코 기술과 원리의 산물이 아니다. '영화'를 성장시킨 것은 그것들이 아니라, 그가 '현상'을 바라보는 새로운 시각의 산물이었다는 사실에 있는데, 바로 그 시대가 '현상'에 열광하기 시작하고 있었다. 그렇기에 '영화'는 '현상적으로' 다룰 수 있을 만한 모든 대상을 쫓았으며 그처럼 대상과 주고받음 속에서 점차 자신의 가치를 발견해 나갔다. 이 과정 속에서는, 그러나 '영화'는 계속 하찮은 짓을 되풀이할 수밖에 없었다. 그런가 하면, 장치로서의 자기 모습도 하찮았는데, 그가 다루는 대상이 기껏 길거리나 의미 없는 사물들, 사소한 현상들이었기 때문이다. 당대 지식인들이 '영화'가 하는 일에 관심이 없던 이유이지만, 사실은 바로 그 '하찮음'이 '영화'가 지닌 가치의 핵심이다. '현상'을 그것이 존재하는 방식대로 눈앞에 펼쳐놓는 장치, 그것은 지금까지 말한바, 그 자체로 엄청난 '사건'이기 때문이다. 비록 당대의 그 누구도 그 의미와 가치를 모르고 있었다 할지라도 말이다. 이 사실 앞에 영화가 '이야기' 따위를 했는지 안 했는지는 하등 중요한 일이 아니다.

나는 앞에서 쥘-머레이의 기술적으로는 전혀 이상해할 것 없는 사진을 '이상하다'라고 말했다. 사실 이 말은 '이상하게 여길 구석이 있다'일 것이다. 다시 이어간다면 역시 한두 가지 이미 언급한 것과 같은 방향에서다. 그 당시 '사진'이 지닌 가치와는 별개로 '사진'의 기능이 사용된 것이라는 점이 첫 번째이고, 두 번째는 이러한 사진들은 모두 과학적 연구를 위해 찍혔다는 점이다.

'사진'의 기능과 관련해서는 이미 말했다. '사진'이 지니는 당시의 일반적인 가치와는 상관없이 '움직임'의 추이를 포착하기 위해 이 기능이 활용되었다는 점 말이다. 이는 한편으로는 상당히 상징적인데, 이미 말한 대로, 그 시대까지, 즉, '사진'이 나오고 '사진'의 기능을 이처럼 활용하기 전까지는 이 '움직임'은 결코 볼 수 없던 것이라는 점에서 그러하다. 이전까지 '움직임'의 영역은 결코 목적할 수 없던 지대, 바로 '구체'의 세상이었다.

사실, 이렇게 말하면 두 번째 주목거리도 첫 번째와 별반 다르지 않다. 그 당시 '움직임'이 연구의 대상이었다는 점을 증명하고 있으니까. 이전까지는 볼 수 없고, 파악할 수 없던 것, 그래서 관심의 영역 바깥으로 밀려나 있던 것이 비로소 관심의 한복판으로 끼어들기 시작했으며, 중점적인 연구 대상이 된 것이다. 결국에는 '구체'가, 다른 말로는 '현상'이, 그리고 나아가 그의 속성이 과학적 탐구의 대상이 되었다!

운동(움직임)은 삶의 모든 기능에 대부분 동원된다. 그러나 정작 우리가 그것을 알아보고자 할 때는 커다란 어려움에 직면하게 된다. 왜냐하면 운동(움직임)들은 대부분 아주 복잡하며, 흔히 지나치게 빠르고 때때로 오히려 너무 느리며 희미하기까지 하기 때문이다. 그래서 물리학자들이 차용하는 방법들은 대부분 언제나 눈이 볼 수 없는 것을 파악할 수 있게 하려는 방법들이다. 우리는 결국 크로노포토그라피[29] 가 이 경우에 다양한 가능성을 지니고 있음을 알게 되었다.[30]

쥘-머레이는 그러니까 당대 일반적인 '사진'이 지니는 가치와는 전혀 상관없이 순전하게 과학적 도구, 기능적 수준으로 이용했다. 그는 이러저러한 다양한 사진들을 그처럼 찍어대더니, 1894년, 급기야 한 권의 야심 찬 책을 출판한다. 그 책에는 그리고 아주 대담한 제목이 붙여졌다. 바로, 『움직임 mouvement』이었다.

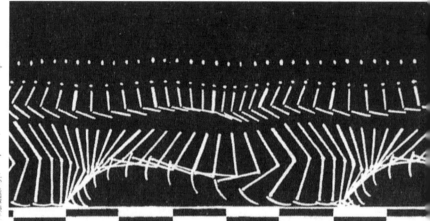

쥘-머레이의 움직임에 대한 실험들

위의 사진들은 쥘-머레이의 책에 실린 사진들이다. 보이는 것처럼 머레이는 움직임의 분석에 관한 실험을 했을 뿐이다. 왼쪽의 하얀 선이 있는 검은 옷을 입은 사진과 오른편에 있는 그가 달릴 때의 움직임을 분석한 도표는 마치 오늘날의 디지털 이미지 합성과 같아 보인다. 이 책은 나름대로는 상당히 선구적인데, 당시 '움직임'을 어떻게 하면 사진으로 포착할 수 있는지 구체적인 기술적 제안과 함께, 그 결과물들, 그리고 그에 따른 움직임에 대한 분석 지침을 담고 있다.

---

29) 크로노포토그라피 (Chronophotography) : 과학적 연구를 위해 움직임을 연속적으로 찍은 사진

30) 에띠엔-쥘-머레이, 『움직임 mouvement』 (1894), p. 275.

흥미롭다. 이 책을 펼치면, 모든 사진은 죄다 이와 같은 궤적들을 담고 있다. 그도 그럴 것이 '사진'이 가지고 있는 신기한 기능에 초점을 맞춘 수필이 아니라, 인간을 포함한 모든 '움직임'을 분석하고 설명한 연구서이기 때문이다. 바로 이 지점이 중요하다. 그에게 있어 '사진' 기술은, 너무나 '희미'해서 보이지 않던 것을 '눈' 앞으로 가져오는 아주 훌륭한 과학적 도구였던 것이다. 희미했던 것, 그것이 바로 책의 제목과 같이, '움직임'이며, '실재의 이미지/형상'에 가려진 실재의 '구체'였다.

우리는 그가 한갓 발명가가 아니라, 당대 프랑스에서 유명한 생리학자 중 한 명이었으며, 꼴레쥬 드 프랑스[31]의 교수이고, 프랑스 과학 아카데미 회원이며, 프랑스 사진 협회장이었다는 사실을 이제 되새겨봐야 할 것이다. 게다가, 그뿐만이 아니다. 다른 발명품들도 영화사 책에서는 '사진총'과 같은 운명을 지니고 있지만, 사실 어느 것도 '영화'라는 장치가 목적지가 아니었다. 그들이 주목한 것은 오직 과학이었다(바로, 이러한 발명품들을 본 이들 중 돈 벌 생각에 환장한 이들이 바로 '영화'의 발명가들이다).

'패러데이의 원판'으로 유명한 패러데이Michael Faraday는 프랑스 과학 아카데미와 스웨덴 왕립 아카데미에 특별히 위촉된 외국인 회원이었으며 '벤젠'의 화학적 구조를 발견하는 한편, 빛의 확산 구조를 밝힐 특수한 유리를 제작하는 데 성공한 광학자였고, 동시에 전기학과 자기장 역학의 권위자였다. 마찬가지로, 1832년 페나키스토스코우프phenakistoscope를 발명한 조셉 쁠라또Joseph Plateau도 단순히 돈벌이에 나선 발명가가 아니다. 그는 벨기에의 물리학자이며 겐

---

31) 꼴레쥬 드 프랑스(Collége de France), 16세기 프란시스 1세에 의해 설립된 프랑스 최고의 교육 연구 기관. 학위 과정은 없이 인문/자연과학, 문학, 예술 분야의 권위 있는 강좌가 개설되어 있다. 회원 등록만 하면 누구에게나 무료로 열려 있는 개방적인 강좌들이다. 프란시스 1세가 당시 학문의 중심이던 루뱅(벨기에)에 있었던 꼴레지움 트릴랭그(Collegium Trilingue)를 본떠 만들었다. 예컨대, 레이몽 아롱, 롤랑 바르트, 메를로-퐁띠, 미쉘 푸코 등등의 프랑스 사상의 대가들은 거의 이 꼴레쥬 드 프랑스의 교수를 역임했다.

트 대학Ghent University, Belgium의 실험물리학 교수였으며, 그의 페나키스토스코우프는, 여타 발명품들과 마찬가지로 사람들을 놀래주기 위한 장난감이 아니라 광학적 환영을 입증하기 위한 기구였다.

작동 방식들을 여기에 적을 필요는 없다. 글로 설명할 수도 있겠지만, 사실 이것들은 모두 '움직임'과 관계한 것들이고 '움직임'은 언제나 '시간'과 함께 파악되는 대상이다. 나는 그 때문에 여러분에게 인터넷을 통해서 혹은 다큐멘터리를 통해서 이 발명품들의 작동 방식을 꼭 찾아보기를 권한다. 하긴, 보고 나면 그 조악함에 실소할지도 모른다. 하지만 당시에는 우스꽝스러운 것이 아니었다는 사실을 기억하자. 이것들이 인류가 '움직임'을 잡아보려고 애를 쓴 시도들이었다는 사실을.

이 점을 고려하지 않고는 '영화'가 결코 어떤 도구인지를, 어떤 도구의 출현인지를 이해하지 못한다. 19세기가 어땠으며, 20세기 초입이 대체 인류사에서 어떤 변화를 안고 있는 시기인지에 대해 애써 '의식'하지 않고는 이 출현의 '의미'는 여간해서 드러나지 않기 때문이다.

예컨대, 위와 같은 사실들, '영화'의 선사先史라고 알려진 발명품들이 실제로는 엄연한 과학의 산물이며 따라서 '영화'의 선사를 채우기 위한 노력이 아니었다는 사실을 인식한다면, 대번 우리는 기존의 영화사들이 그것들을 그처럼 자신의 '선사'로 취급한 데 대해서 의문을 지녀야 한다. 물론 사람들은 아주 편하게 말한다. '영화'는 과학과 기술의 산물이라고! 그러나 그게 무슨 뜻을 지닐지는 생각해 봤는가? '영화'를 채우는 모든 것들은 물론 기술의 산물이다. 사운드, 컬러, 3D…. 내가 궁금증을 갖자고 하는 것은 왜 기술의 산물일까가 아니다. 왜 하필이면, 기술과 과학이 난데없이 엉뚱한 곳에서 '영화'로 튀어 올랐는가이다. 그것들이 '영화'를 목적한 적도 없는데….

●

자. 이제 좀 더 깊은 단계의 궁금증으로 넘어가 보자.

왜 과학이 하필이면 '움직임'에 관심을 지니게 되었을까? 더군다나 19세기에 왜 갑자기 세상의 실질적인 '움직임'들을 규명하려고 노력하게 되었을까?

쥘-머레이는 영화사에 기록된 것과 달리, 결코 '영화'에 이르는 길을 걷지 않았다. '사진총'을 발명하는 순간에 그의 목적은 이미 다 채워졌다. 사진총이 '영화'가 되기에 뭔가 부족한, 전 단계의 발명품이 아니었다는 말이다. 마찬가지로 페나키스토스코우프도 이미 자신의 목적대로 완성되었다. '시네마토그래프'처럼, 완벽하게 현상을 재생하지 못한, 이전 단계의 발명품들이 아니다. 그렇게 바라보는 이들은 '영화사가'들 뿐이다.[32] 그들이 오류를 범했다는 말이 아니다. 앞서 말했던 대로, 목적지점이 달랐다. 하지만 영화사가들은 이 발명품들의 애초 목적에 대해서는 냉담했다. 그들은 이 기계/장치들을 '시네마토그래프'에 이르는 과정으로 기술했는데, 결국에는 오히려 '영화'의 가치를 몇 단계 낮려

---

32) 자칫 우리는 이 발명품들이 대단하지 않으며 거의 호사스러운 장난감 수준에서 판매되었다는 점을 들어 깎아내릴 수도 있다. 하지만 이는 당시의 시대를, 시대적 변화를 고려하지 않은 생각이다. 당시 과학은 스스로 이전과는 다른 상태에 들어섰다. 그는 더 이상 먼 우주나, 추상의 언저리를 맴돌던 담론을 생산하는 데 만족하지 않았다. 그는 물질을 바라봤고, 눈앞에서 직접 벌어지는 디테일을 쳐다봤다. 그래서 그가 발견한 무엇이든 직접 현실화될 수밖에 없는 것들이었다. 그로 인해 이들이 발견한 움직임에 관한 물리적 원리는 아직 조악함에도 불구하고 재빨리 '장난감'으로 만들어져 판매된다. 만일 판매 대상이 아니었다면 원리로 적용되거나 '생산 기계'가 되었다. 과학은 어떻든 '세상'에 보이는, 드러나는 것들의 정체를 파고든다. 철학과 똑같이 근본적인 원칙, '본질'을 해명하고자 하지만 철학과는 반대편에서 구체적인 증명을 이끌어낸다(실은 '가정'이 대부분인데). 달리 말하면, 철학이 추상으로 자꾸 밀어 넣던 것을 과학은 '여기'로 끄집어내고자 했다. 19세기는 바로 그 과학이 발명품들을 쏟아내던 시기였다. 이 발명품들이 따라서 일종의 유희를 위한 '요지경 기계'들로 생산되어 판매되었다 할지라도 그러한 판매가 목적은 아니었다는 점을 분명히 알아야 한다. 실제로 당시 이 '요지경 기계'의 가격은 일반적인 수준의 '장난감'의 가격이 아니었다. 패러데이의 원판, 쏘마트로프, 페나키스토스코우프, 쥬트로프, 프락시노스코우프 등 모두 처음에는 상당한 가격이 붙었는데, 실례로, 페나키스토스코우프가 나왔을 때, 우리가 잘 아는 보들레르가 1851년, 장난감치고는 부자들에게만 허용될 만큼 높게 책정된 페나키스토스코우프의 가격에 대해 불평을 털어놓을 정도였다. (조르주 사둘, 『세계영화사』 p. 8.)

버린 셈이다. 왜냐하면 이러한 관점 내에서는 '영화'가 오직 이야기를 보여주는 도구로 나아갈 수밖에 없기 때문이다. 다시 말하지만 영화'의 진정한 의의는 '어떤 서사(내용)'를 움직이는 이미지로 풀어낸다는 점에 있다. 물론 이러한 의의에 대한 주목이 없었던 것은 아니다. 그러나 '영화사'가 아닌, 정체된 이론의 영역에서였으며, 영화사는 '영화'가 담아내는 것들, 내용이건, 표현이건, 오직 그것들에 모든 시선을 집중했다. '영화'가 지닌 하나의 표현형식으로서 가치, 장치에 대한 이론적 관심은 오히려 이 '영화들'이 얼마간 자신의 용도를 뽐낸 뒤에야 서서히 의식되기 시작했다. 하긴 어쩔 수 없다. 그것들이 지닌 의의에 대해 관객들이 관심을 가지려면 먼저 영화에 익숙해져야 했을 테니 말이다. 이런 이유로 실제 영화사의 전반기는 여하간 '예술로서의 영화들'에 관한 논의와 입증에 집중되어 있었다. '영화'의 존재는 그 이후에야 서서히 의식되었고, 그 생각이 담론이 되기까지는 다시 한참이 걸려, 1940년대 이후로 밀려난다. 그제야 비로소 '영화'는 자기 육체를 고민했다. 그리고는 '전통적인 것들(서사)'과 조응한 자신에 대해 '클래식'이라는 이름을 붙인다. 이후, 그때부터 나타난 새로운 고민을 '모던 시네마'라는 개념과 묶어냈다. 이에 이르기 전까지는 그러니까 '영화'라는 '장치'의 문제는 한동안 사람들의 의식 속에서 벗어나 있었다. 영화가 나타나기 전의 선사시대에는 더 말할 필요도 없다. 사람들에게 그것은 실제 세상에 나온 상태 그대로인, 그저 '장난감들'로 다뤄지다 잊힌 것이다.

물론 여기에도 약간의 의문이 생긴다. 왜냐하면 이미 말했듯이 사둘이 『세계영화사』를 쓴 연대는 1949년이다. 그랬다면, 사둘은 1940년대에 시작된 '움직이는 이미지'라는 사실에 기초해 '현상'을 다루는 도구라는 '정체성'에 관한 논쟁도 자신의 책에 수용했어야 하지 않았을까? 오로지 예술로서의 '영화'의 가치를 증명하는 데에만 역점을 두었더라도 말이다. 나중에 1940~1950년대 유럽을 다룰 때 더 자세히 말하겠지만 이는 당시 일부의 주장이 아니라, 상당히 광범위하게 논의된 주제였다. 사둘이 이를 몰랐을 리 없다. 바쟁이 강단에 서있었고, 까이예 뒤 시네마[33]에 글을 썼으며, 온갖 담론들이 쏟아지고 있었다. 앙리 랑글루아와 시네마떼끄[34]가 있었고, 그 유명한 시네마떼끄를 둘러싼 논쟁도 파리를 뒤흔들었다. 그런데도 어째서 그는 '영화' 개념에 관한 전향적인 논의를 무시하고 예술로서의 영화라는 가치만을 영화사에 끌어내려 한 것일까?

오늘날 영화 이론가들은 이 시기의 논의를 지나치게 '신뢰'한다. 내용의 측면에서야 이때의 논의가 이후 영화이론의 발전에 대단한 초석이 되었음은 틀림없는 사실이다. 하지만 그렇다고 이 논의가 당대 지식계의 보편적인 화두였다고 착각하면 안 된다. '영화'를 둘러싼 담론이 아무리 짐작보다 대단하며 깊은 논점들을 지니고 있었다 할지라도 지식계 일반의 관심사에는 들지 못했으며 아울러 사회 전체의 시급한 문제도 아니었다. 이러한 논쟁을 충분히 알고 있었음에도 사둘이 '영화사' 기술의 초점을 애써 '예술 형식에의 증명'에 맞춘 점이 이를 오히려 증명해 준다. '영화'는 그에 대해 상당한 호기심을 지닌 일부 지식인을 제외하고는 대중들에게, 사회에게 여전히 오락이었으며, 흥밋거리였다. 이론에서는 아주 왕성하게 '영화'라는 도구가 심상치 않은 정체성을 지니고 있음을 논의하고 있었지만, 전반적인 지식계는 그것마저 확실하게 공증해 주지 않았고 때로는 종종 논의 자체를 외면했다. 그래서 사둘은 무엇보다 '영화'에 관한 인식의 변화를 위해 '예술 형식'임을 입증하는 일이 시급하다고 여긴 것이다. 즉, '클래식', '고전'이라는 개념이 '영화'에도 적용되는 것임을 증명해야 했고 그렇기에 '무언가'를 표현하는 형식으로서의 영화언어, 영화의 예술성을 입증하려 했다.

---

33) 『까이예 뒤 시네마 Cahiers du Cinema』 프랑스의 저명한 영화 평론가이자 이론가인 앙드레 바쟁 Andre Bazin이 1947년 창간한 영화 전문지

34) 〈시네마떼끄 cinemateque〉. 1936년, 앙리 랑글루아 Henri Langlois와 조르주 프랑 Georges Franju가 프랑스 파리에 설립한 세계 최대의 영화 자료실

오늘날에야 '영화'는 하나의 예술 형식이기 이전에 이미 그 자체로 가치 있는 역사의 산물이다. 현재의 관점에서 '영화'라는 도구가 해온 일을 바라볼 때 말이다. 단지, 이야기함으로써가 아니라 '움직이는 이미지'로 무언가를 표현하는 형식이기 때문이다. 하지만, 이는 '영화사'에 대한 이해가 있고 난, 발생하고 난 다음에 그 안에서 제기된 것들이 반성적으로 검토되면서 비로소 만들어진 관점이다. 그러니까, 아무리 당시 일부 지식인들이 중요한 논의를 했다고 하더라도 실제로 1949년도 판 『세계영화사』가 등장할 시기에, 아직 이 개념은 오늘날처럼 보편적으로 끼어들 틈이 없었다(냉정하게 말하면. 이후로도 상당한 시간을 기다려야 했는데, 들뢰즈가 『시네마I-운동-이미지』를 통해 이 문제를 정식으로 제시한 것은 1983년이었다. 그러니…). 더 정확히 말하면, '영화'에게는 그 개념을 주장할 여유가 없었다. 그때에는 사실 '영화'에게 '고전'이 있음을, '예술'로서의 전통적이라고 불릴 만한 개념이 확립되었음을 주장하기도 버거웠다. '고전'이 성립되어야 비로소 하나의 전통이 있는 '예술 형식'이 된다!

•

자, 이제 남은 의문도 처리하자. 바로 세상에 대한 과학적 관심의 대두가 지닌 문제이다. 이에 대해서는 앞서 일부 이미 말한 바 있다. '움직임'에 대한 관심의 표명은 '영화'의 출발점이라고 했는데, 따지고 보면 '영화'만의 문제가 아니다. '현상'에 대한 관심들이 발생했을 때는 '영화'라는 장치는 예견되지도 잠재적으로 겨냥되지도 않았다. 그것은 이미 말한 대로 세계관의 문제였으며, 따라서 과학적 인식의 출발이며 새로운 철학의 시작이었다. 이 근대의 사고를 '영화'는 고스란히 물려받을 수밖에 없다. 그는 결국 과학이 인식한 것들을, 철학이 막 논의하기 시작했던 것들을, 스스로 의식하지도 못한 채, 갑작스레 '보여주고 내뱉고' 있었기 때문이다. 따라서 '영화'라는 장치의 의의와 가치는 여기에서부터 풀려나올 수밖에 없다. 물론, 시네마토그래프 자체는 과학의 목적지가 아니다. 즉, '시네마토그래프' 이전의 발명품들은 물리적 실험의 결과물들이지, 결코 '시네마토그래프'에 이르기 위한 전 단계들이 아니다. 왜냐하면 이들은 '움직임'을 재생시키려 한 것이 아니라, 해부하려 했을 뿐이며, '시네마토그래프'는 해부가 아닌 재생에 목적을 둔 것이기 때문이다. 말하자면 그들은 '움직임이 이렇다'라는 사실을 보여준 데 불과하지만, 루이 뤼미에르와 에디슨은 '움직임, 그리고 움직임으로 구성된 세계'를 보여주었다. 과학자들은 '영화'에 관심이 없었다. 보라, '영화'도 과학에 관심이 없었다! 더군다나 '영화'의 개척자들은 과학자들이 아니었다. 자신들이 고안한 기술로 돈을 벌려는 기술자들이었으며, 그러한 발명가들의 작업을 보고 신선한 충격을 받은 당대의 '자본가들'이었다.

그렇기에 '시네마토그래프'의 출현으로 이 과학 연구가 마감되지도 않았다. 거기에 이르기 위해서 그림들이 아니라 '사진'의 발명이 필요했듯이, 시네마토그래프의 메커니즘 정도에서 끝나지 않는 엄청난 진전이 있기까지, 다음 단계로의 진행에 오랜 시간이 필요했을 뿐이다. 과학은 여전히 '움직임'을 탐구한다. 3D나 VR 등으로 이어지는 줄기가 바로 그것이며 계속해서 연장되고 있다. 따라서 이 시각에서 이 과정들을 돌아본다면 우리는 사실 '영화'의 문제가 아니라 '시뮬라크르simulacre'의 문제로 들어서게 된다. 즉, 논의 자체가 전혀 연관이 없는 것은 아니지만, 다른 문제들로 나아간다.

아무튼, 이 지점에서 중요한 것은 당시 세상에는 '움직임'에 대한 탐구가 광범위하게 이루어지고 있었다는 사실이다. 아, 그래, 여기에 하나 더 첨가하자. 이들 발명품이 영화사가들에게, 그리고 당대 사람들에게 큰 반향을 불러일으키지 못한 이유도 분명히 있다. 왜냐하면, 의아하게도 그들이 만든 이 장치들이 하나같이 상품으로 판매되었다는 사실 때문이다. 즉, 신기한 장난감으로, 가지고 노는 유희물로 말이다. 하지만, 신중히 인간의 역사를 놓고 생각해 본다면 이 사실 역시, '시대'를 파악하는 중요한 표지가 될 것이다. 즉, 과학자와 '순수 학문적 열정'을 잇는 등호는 더 이상 성립하지 않는다(이미 그렇게 된 지 오래지만).

이렇게 보면 이러한 '단순 사실들'에서 다음과 같은 내용이 드러난다. '움직임에 대한 연구'가 수십 년에 걸쳐 줄기차게 이루어졌고, 모두 '상품화'되었다!

여기서도 우리는 아주 중요한 사실을 확인할 수 있다. 수십 년에 걸쳐…. 그러니까, 이 관심이 일부 지식인들의 전유물이 아니라 나름 당대 보편적인 욕망이 되어갔다는 사실 말이다. 그래, '영화'의 발명은 뛰어난 누군가가 난데없이 시작한, 세상의 비밀을 특별한 능력으로 알아챈 천재들의 작업이 아니라, 수십 년에 걸쳐 세상 여기저기서 벌어진 작업이다. 즉, '세상'의 줄기찬, 지속적인, 어떤 면에서 일반적인 작업이었다. '움직임'이란 그처럼 시대를 휘어잡은 관심사의 하나였다.

'움직임', 우리 눈앞의 세상이다! 거기, 한 번도 정지하는 법 없으며, 내가 멈출지라도, 숨과 사랑이 마른나무의 먼지처럼 존재의 어떤 터럭도 남기지 않고 다 사라질지라도 아무 신경도 안 쓰고 움직이는, 그 세상![35]

과학적 사실에 관해 말했지만, 이제부터 논의의 영역을 조금 더 넓혀야 한다. 과학의 그만한 활동을 가능케 해준 사회적 환경의 변화로 말이다. 언뜻 이 말이 이해가 안 될 수도 있다. 그렇다면, 움베르토 에코의 소설이나, 그것을 바탕으로 만든 장-자끄 아르노Jean-Jacques Annaud의 영화 ≪장미의 이름 The Name of the Rose≫(1986) 같은 것을 보기 바란다. 거기에서 지혜로운 수사로 분한 숀 코네리가 자기 방에 찾아온 주임신부의 눈을 피해 각도기, 초기 광학

---

35) 사실, 이는 19세기에 갑자기 터져 나온 주제는 아니다. 생각 같아서는 이 문제에 관한 논의를 좀 더 전개하고 싶다. '현실'적인 삶의 공간으로서 '세상'에 대한 관심은 중세로 넘어가, 은밀히 그 연대가 내부에서 무너지기 시작하는 시기부터 르네상스로 이어지는 전환 시기에서 출발한다. 하지만 이 책은 '역사서'는 아니다. 그래서 나는 이해의 연대를 19세기에서 20세기로 이어지는 그 시기로 묶고자 한다.

렌즈 등의 과학적 도구를 천으로 가리는 장면이 있다. 이야기의 배경은 14세기인데, 그때 과학은 자신을 함부로 내보이지 못했다. 추상(본질)이, 그것도 이미 정신적으로 고리화된 추상이 지배하는 세상이었기 때문이다. 이러한 환경은 14세기 이후로도 몇 세기나 지속된다. 19세기쯤 와서야 사람들이 과학적 성과들을 '익숙하게', 따라서 '당연하게' 받아들이게 된다. 심지어 다음과 같이 철학이 보조를 맞춤으로써 말이다.

들뢰즈[36]가 떠들어 대서 골치 아픈 철학적 담론이 되어버린 '영화'는 그의 책에서 아주 중요한 근원으로 베르그송을 들고 있다. 그는 이렇게 말했다. 베르그송이 이미 이 '영화'의 가치와 관련된 말들을 했음에도 불구하고 정작 '영화'는 가차 없이 깎아내렸다고 말이다.[37] 아마, 들뢰즈를 들여올 당시, 여기서는 그러한 베르그송의 출현에 상당히 당황했던 듯하다. 베르그송은 현대철학의 시발점이자 담론의 중심에 서 있는 인물이지만, 당시 우리로서는 그다지 이해의 기회가 없었던 철학가였다. 그래서 들뢰즈의 작업을, 상당히 중요한 철학자의 진술 안에서 '영화'의 설명에 유용한 것들을 추려내어 사용한 예에 지나지 않는다고 여기기도 했다. 그러나 천만의 말씀이다. 베르그송은 그런 식으로 끼어들지 않는다.

뒤에서 다시 언급하겠지만 베르그송은 사실 쥘-머레이와 같은 시기에, 같은 대상에 대해 말하고 있었다. 그러니까 시네마토그래프가 세상에 모습을 나타내는 그 시기에 베르그송도 왕성하게 자기주장을 하고 있었다는 말이다. 뿐만이 아니다. 정신분석학도 프로이트에 의해서 같은 시기에 나왔다(학자로서의 프로이트의 출발점인 박사학위 논문은 바로 '시네마토그래프'의 발명과 같은 해, 1895년에 제출되었다!). '정신'이라 이름이 붙었지만, 여기서의 '정신'은 전통적

---

36) 질 들뢰즈 Gille Deleuze (1925~1995)

37) 질 들뢰즈, 『운동-이미지 L'image-mouvement』, (Paris, Les Editions de Minuit, 1983), pp. 10~11.

인 의미의 'spirit'이 아니다. 순전히 인간의 내면적 심리로서의 'psycho-'이다. 즉, 이 학문에서 관심을 둔 것은 철학적 의미의 정신을 캐는 일이 아니라, 인간의 행위의 원인과 작동 원리로서의 정신의 문제였다. 조금 앞서 나타난 인간의 의식을 다루는 심리학에(18C), 의식과 행동의 동인으로서의 무의식의 범주까지 첨부하면서 현실 속에서의 인간의 문제를 다루기 위한 것 말이다.

과학이나 철학이나 같은 대상에 대해 논했고, '정신'은 이제 현실적인 문제로 넘어왔다. 이러한 학문과 '현실'의 결합, 수정이 이루어진 연대들도 일러야 17, 18세기로, 다들 비슷하다. 물론 그때도 오랫동안 꿈꿔왔던 세상과의 교접을, 그 무렵에야 서서히 몸을 섞기 시작한 것이지만 말이다. 19, 20세기는 그때 임신한 아이를 뱉음으로써, 이 세상과 이들 분야가 이제 당당하게 자신들의 '관계'를, '음탕'하다 질타당해 왔던 자신들의 성교를 당당하게 표명했던 시기이다 (그러니까, 어느 '영화'의 제목처럼, ≪내 성생활, 어떻게 싸워 왔는지≫를 만천하에 공개한 셈이다).[38]

따라서 '철학이 운동에 대해 사유하고자 했을 때, 영화는 그것을 재현하고 있었다.'[39] 라는 들뢰즈의 말은 멋들어진 수사가 아니라, 순전히 '사실'에 대한 기록이다. 정신분석학이든 뭐든 결국 이들이 '영화'와 함께 거론될 수밖에 없는 이유는 바로 여기에 있다.

이렇게 보면, 몇 가지 사실들이 이 19세기 말에 맞물려 돌아가고 있었음을 알게 된다.

---

38) 아르노 데스쁠레샹 Arnaud Desplechin ≪Comment je me sui diputé......(ma vie sexuelle)≫(1996). 물론 이 영화가 이야기로 다루는 시대는 우리가 살아가는 현대(contemporary)다. 하지만 놀랍게도 감독은 현대까지 줄기차게 이어져 온 역사, 신화 그리고 그것들이 세상과 겪는 갈등을 생생하게 담아내고 있다. 흔하디흔한 일상, 즉, 사랑, 우정, 임신, 학위 등의 시시콜콜함 안에 얼마나 깊은 문제들이 끼어들고 있는지 진중하게 다루면서 말이다.

39) '철학'이 '영화'에 별로 관심을 두지 않았다는 것은 사실입니다. 분명히 그것을 보고 있었는데도요. 하지만, 하나의 우연이 있습니다. 철학이 운동에 대해 사유하고자 한 바로 그때 '영화'가 나왔다는 것입니다.' - 들뢰즈, 『담판 Pour-parler』, (Paris, Les Editions de Minuit, 1990), p. 82.

- 철학, 베르그송은 '현상'에 대해 사유하자고 했다. 이 내용에 대한 설명은 조금 후에 이어가자.

- 과학, 잡다한 성과물들이 '현상'과 관계했다. 대단하지 않은 물리학자들은 직접 현상의 중요한 요소인 '움직임'을 다방면으로 실험했고, 대단한 과학자들은 정신의 성역을 무너뜨리고 있었다. 게다가 품위 없게(?) 자신의 깨달음을 거침없이 자본화시켰다.

- 사실, 그 연장이다, 정신분석은!

「히스테리에 관한 연구」(1895)[40]라는 논문으로 프로이트는 이 새로운 학문의 출발점을 디뎠다!

- 엉뚱해 보이지만 물적 세계, 현실이 대두한 예를 또 하나 써 보자. 석유화학이 등장했으며, 세상의 엄청난 변화에 시추석을 났다. 석유(물질적 결과물들)는 신의 선물이 아니라, 자연이 빚어낸 사용 가능한, 사용해야만 하는 습득물로 인식된 지 오래였다! 세상의 바닥을 뚫어 현실 세계의 '자본'을 만드는 일의 시작이다.[41]

- 이 모든 일이 빚어진 시기가 산업이 탄생하고 아직 검증되기 이전에 그 분노로 생산된 삶에 허덕이던 한 사람이 이 세상이 움직여 가는 원리로 '자본'을

---

40) 1893년부터 1895년까지의 연구 논문들을 엮어, 1895년 『히스테리 연구』라는 책으로 나왔다. 한국에서는 열린책들에서 출판된 『프로이트 전집』의 3권 (김미리혜 역, 1997)으로 나와 있다.

41) 이 같은 견해에 대해서는 귄터 바르디오Günter Barudio의 책, 『악마의 눈물, 석유의 역사 Tränen des Teufel』 (최은아 외 역, 부리와 이파리, 2004)의 1장, '덫에 걸린 석유' 부분을 읽기 바란다. 특히, 34~35쪽을 살펴보자. 물론 '신'의 대지에서 인간이 이용할 물질의 밭으로의 인식은 석유의 활용으로부터 시작하지는 않는다. 인간은 오래전부터 땅속에서 광물을 캐내었는데, 그럼에도 광물과 석유에 대한 인식의 차이는 크다. 광물을 발견하고 광산산업으로 발전하는 단계에서도 단순한 물질의 채취라고 보지 않았으며, 생명을 지니고 자라나는 유기체에 가까운 개념을 부여하고 있었다. 즉, 크게 보면, 여전히 신화적 해석, 고리에 가두고 있었고, 자주 광물의 확보를 신의 선물과 연관 지었다. 그러나 석유에 대한 산업적 전환은 땅 안에 대한 이러한 태도가 분명하게 물질적 입장으로 변화한 산물이다. 즉, 석유가 그러한 인식의 출발점이라고 할 수는 없지만 비교적 공식적이고 대표적인 예—일반적인 의식의 확대를 가져온—임은 물론이다.

끄집어내어 설명한 직후였다.[42]

— 프랑스 혁명 100주년을 기념하는 만국박람회가 전인미답의 규모로 열렸고, 오늘날까지 바벨탑처럼 위용을 자랑하는 에펠탑을, 그것도 박람회 이후에 철거할 계획으로 건설했다, 아니, 했을 정도였다.

그래, 리스트는 즐비하다. 그 모두를 다 망라할 필요는 없다. 이 정도로 부족하면 조금 더 알아보면 된다. 하지만, 이 정도의 사실들만으로도 19세기를 관통하고 20세기로 넘어가는 시기의 맥락을 이해하는 데는 부족하지 않다. 이미 짐작할 수 있을 것이다. 그러니, 다음으로 넘어가기 전에 한번 미리 생각해 보기를 바란다. 이 사실들을 잇는 공통 분모를 어떻게 이해해야 할지를.

---

42) 칼 마르크스 Karl Heinrich Marx의 『자본론 Das Kapital』을 말한다. 이 책에 대해서는 더 말할 필요도 없다. 여전히 중요한 필독서라 여기는데, 21세기에도 마찬가지이다. 물론 많은 점을 재고해야 하는데, 19~20세기의 인간이 겪었던 문제들의 실체를 이해하기 위해서는 아주 중요한 전거라고 할 수 있다. 1권은 1867에 나왔고, 2권과 3권은 마르크스 사망 후, 엥겔스에 의해 각각 1885, 1894년에 출판되었다.

철학과 과학의 역전되는 위상

19세기는 과학의 시대였고, 과학의 목표는 철학과 다른 쪽이었으며, 철학이 줄기차게 인간의 가치와 존재의 존엄에 대해 터부를 지니고 있던 반면에, 과학은 애초 터부라고는 모르는 괴물이었다. 이 괴물은 누가 알아주든 말든, 인류의 머릿속에 깃든 이후, 끊임없이 '현실'이라는 현장을 넘보며 세상을 조망해 왔다. 과학은 물론 머리보다 손, 발, 몸뚱이에 먼저 붙어 있어서 자주 폄하되고 주류에서 밀려나 있긴 했지만 말이다. 그러나 때는 여물었고, 점차 철학과 과학의 지위는 역전되고 있었다. 과학이 건드리는 바람에 어떤 '현상'은, 철학이나 신비의 영역이었던 '현상들'은 한갓 우스운, 별것 아닌 사실들로 분류되어 버렸다. '현상들'이 어떻게 그리되는지 과학적 행위들은 현실의 영역 안에서 '실체들'을 건드리고 해결을 보려 하기 마련인데 그럼으로써 과학은 철학이 내버려 두었거나 이해하지 못한 구체적인 '세상'을 해명해 나갔던 것이다. 이전까지 비밀의 문 뒤에 있었던 것들이 오랜 기간에 걸쳐 하나씩 이쪽, 우리 발 앞으로 끌어내어졌다. 다시 말해, 추상 안에 있던 것들이 하나같이 명백하며 구체화 된 원리에 따라 움직이는 것들로 밝혀졌다. 과학은 그렇게 더뎌 보이지만 긴긴 역사를 통해서 조금씩 철학의 영역을 파먹고, 추상의 영역을 좁혀 가며, 신비의 굴레를 벗기는 일을 했던 것이다.

예컨대, 우리가 굶는 이유는 신의 분노, 알 수 없지만 주어진 이치를 벗어나서 그리된 것이 아니라, 단지 우리의 무기가 시원치 않고, 말과 사슴들이 우리보다 빠르기 때문이라고 말함으로써 신의 자리를 세상에서 거두기 시작한 것처럼 말이다. 과학적 사고는 사냥을 잘하기 위해 무릎 꿇고 기도하느니, 더 가벼우며 단단한 나무로, 더 깊숙이 박힐 수 있도록 잘 갈린 촉을 달도록 재질들을 연구하는 편이 더 낫다는 사실이 명백해지게 했다. 그런 세상에서 '주술사'가 설 자리는 없다. 삼라만상에 따라 우리가 그리 살게 되어 있다는 추상적 운명론이나, 그 운명을 이기는 방법들이 비빌 자리는 사라진 것이다. 지금도 그러하지 않은가? 신께 머리를 조아리는 것을 절대 멈추진 않지만, 사실 그보다 현실적인 노력을 더 많이 퍼붓는다. 자식을 좋은 대학에 보내기 위해 새벽기도를 가는 것은 맨 마지막 심리적 창구일 뿐이다! 모든 어머니는 이제 아무리 신실하다 할지라도 새벽 기도로만 일관하지 않는다. 좋은 학원에 보내는 것이 훨씬 더 분명한 방법이라는 사실을 잘 알고 있다(이 '기도'란 따지고 보면 원래 원칙에서 벗어나 대부분 자기 위안에 불과해진 셈이다).

물론 과학은 이미 과학적으로 명백해 보이는 것들을 스스로 더 헝클어 버리기도 했다. 하지만, 그런 일들이 발생하기 시작한 것은 지극히 최근에 와서이다. 근대에 쓸 만하다고 여겨진 과학적 해명들에 근본적인 수정이 필요해지면서 말이다. 하지만 우리는 지금 근대, 19세기를 말하고 있다.

> 과학과 무신론, 사실 만능의 시대인 19세기를 살아가는 사람으로서 말입니다. 우리는 심지어 눈으로 직접 보아 정당성이 입증된 믿음마저도 거부했습니다.[43]

---

43) 브람 스토커 Bram Stoker (1847~1912), 『드라큘라 Dracula』, (이세욱 역, 서울, 열린책들, 2003), p. 430. 갑작스레 왠 『드라큘라』 소설 이야기인가 의문이 일 것이다. 하지만, 나중에 우리는 이것이 결코 갑작스러운 일이 아님을 알게 될 것이다. '영화'에게 '드라큘라'는 이유가 있고, 주목해야 하는 대상이다. 단순히 즐겨 활용한 '소재'가 아니라 시대적인 출현의 배경을 이해하기 위해서, 정체성에서 이론적으로 중요하다. 예컨대, '영화'와 '드라큘라'는 같은 시기에 출현했다. 나아가 무르나우가 《노스페라투》를 제작하며 이 '흡혈귀'를 영상화하고자 했을 때, 그가 심혈을 기울인 것은 바로 '영화'와의 묘한 연관성이었다. 이는 나중에 또한 드레이어 Carl Teodor Dreyer (1889~1968)의 《뱀파이어 Vampyre》(1932)로 이어진다.

1895년에 출판된 『드라큘라』에 위와 같은 짧고 강렬한 구절이 나온다. 맞는 말이다. 과학과 그것이 빚어낸 무신론과 만능에 대한 기대, 19세기 말 그것으로 모두 끝장났다. 과학, 과학적 사고가 그 자체로 거대 담론이며, 세세하고 자질구레한 것들을 넘어서 세상을 구성하는 원칙들로 나아가던 시대였다. 나중에 말하겠지만 정신분석의 탄생도 과학과 이성의 권력적 집약이었다.

사실 철학도 가만히 있던 것은 아니다. 아주 굼뜨게…. 하지만 어떤 면에서 보면 당연히, 자신에게 주어진 속도로, 자기 한계를 몸부림치며 무너뜨리려 하고 있었다. 그러나 이 소설 안에서 줄곧 '이성'이라고 명명된 것은 사실 전통적 의미의 철학적 이성이 아니다.[44] 그것은 과학적 사고, 논리적 사고로서의 이성을 의미한다. '철학적 이성'이란 말은 이처럼 스리슬쩍 자기의 자리에 다른 것들의 침투를 허락했다. 과거에는 이렇지 않았다. 이성은 과학이 철학에 무기로 들이댈 것이 아니라, 철학의 무소불위한 도구였다. 아, 추상이 구체를 지배하며 군림하던 세상이 철학에게는 얼마나 축복이었던가?[45] 사람들은 보이진 않지만 명

---

44) 이 소설에서 반 헬싱은 지식인이지만 그 정체성을 구성하는 요소들은 이전 시대와는 상당히 다르다는 점을 알아두자. 그는 우선 의학자로서 지식인이며, 과학적 이성에 의해 지식인이다. 이 정도의 소양이 갖춰지면 당시에는 자연스럽게 철학적 지위도 따라온다. 사실 고대철학자들처럼 통합적인 지식을 지닌 것으로 오해할 수도 있는데, 고대 이후, 14세기에 이르기까지 '자연과학'(정확히는 '자연 마술'), 의학적 지식 등의 현실에 대응하는 '산 지식들'은 철학자의 소양과는 별개의 문제였다. 즉, '철학'은 이들과 별개의 학문으로 동떨어져 있었다. 그러나 르네상스 이후, 자연스럽게 태동한 현실에 대한 새로운 인식은 오랜 기간을 거쳐 본격적으로 근대화가 시작되는 17세기에 이르러서는 '철학'과 별개가 아니라 그 자체가 철학적으로 이해되어야 하는 대상들이 되어간다. 즉, 근대 복판의 반 헬싱과 같은 지식인 상은 그 이전 시대에는 존재하지 않던 것이었다. 『드라큘라』는 말하자면 이 점에서 당시 시대적인 배경과 그 안에서 세계에 대한 인간의 의식의 변화 등을 엿볼 수 있는 중요한 대상 중 하나이다. '자연마술, 혹은 '자연과학'에 대한 인식의 발전사를 들여다보고 싶다면, 앞서 언급한 『과학의 탄생』(야마모토 요시타카, 동아시아, 2005)을 보기 바란다. 과학이라고 제목을 거창하게 붙였지만, 원제는 『근대의 여명』, 전체 역사 시리즈의 3권에 해당하는 『자력과 중력의 발견』이다. 하지만 이 자력에 대한 이해의 발전 과정이 곧 과학에 대한 태도의 변화를 담고 있다는 점에서 이를 전반적인 과학적 인식의 발전사로 보는 것은 무리가 아니며 실제로도 저자는 줄기차게 시대적인 과학적 인식의 정체와 변화에 대해서 충실하게 추적하고 있다.

45) 루카치 Lukács György (1885~1971)는 다음과 같이 쓴 바 있다 : '별이 빛나는 창공을 보며, 갈 수 있고, 또 가야만 했던 여정의 지도를 읽을 수 있던 시대는 얼마나 행복했던가? 별빛이 그 길을 밝혀 주던 시대는 얼마나 행복했던가? 모든 것은 새로우면서도 친숙했고, 모험이기도 하지만, 그들

백하게 세상을 지배하는 원칙을 따라 살았고, 지금 볼 때는 엉성하고 기이하며 때로는 기괴하기까지 한 일들이 곳곳에서 꾸준히 발생했지만 아무도 그 원칙에 도전하지 않았다. 철학자들은 그 원칙에 대해 생각했고, 인간들은 그들이 펼쳐 놓은 위대한 사유의 조각들을 받아들였으며, 세상은 그것으로 족했다.[46]

하지만, 어느 순간부터 철학은 위기에 봉착한다.[47] 구체와 다툼을 벌여야 했으며, 과학이 종종 그 '원래부터' 있어 왔던 원칙들을 툭툭 건드리더니, 기어이 풀어헤치자, 철학은 이제까지 상대할 필요가 없던 것들과 마주쳐야만 했다. 원

에게 속한 것이기도 했다. 세상은 더없이 넓지만, 마치 자기 집에 있는 것처럼 아늑하기도 한데, 영혼 속에서 타오르는 불꽃은 별들이 발하고 있는 빛과 동일한 것이었기 때문이다.' – 장 끌래르부와 Jean Clairevoye 역, 『소설의 이론 la théorie du roman』, (Paris, Denoël, 1968), p. 19. – 루카치는 '현대'에 반하는 고대주의자의 입장에서 이 글을 쓴 게 아니다. 그가 말하고자 했던 것은 오히려 이 신화의 시대에 은근히 주장되고 있던 주관성이다. 주관이 물론, 신들의 세계, 즉, 추상 안에 머무르고 있긴 했지만. 적어도, 그 세계 내에서의 삶으로서 주체성을 확보하고 있었던 점에서 말이다. 『소설의 이론』 2장에선 그래서 중세에서 근대로의 전환을 말하는 지점이 나오고, 거기 돈키호테가 등장한다. 날줄과 씨줄로 엄격하게 엮인 삶의 시대에 주관성을 주장한 대표적인 경우로 말이다.

46) 우리가 오늘날 말하는 '철학'의 영역으로 볼 때 이 진술은 의아할 수도 있다. 중세에는 철학이 신학으로부터 멸시와 공격을 받았기 때문이다. 하지만 이는 우리가 보는 관점에 기인한다. 중세의 철학은 신학 안의 사유체계였고, 오늘날 신학과 철학을 분리해서 받아들이는 우리의 입장이 당시의 신학 체계 내에서 '신학적 논의'와의 연관을 배제한 것들을 따로 '철학'이라고 떼어 낸 것이다. 말하자면 '철학'이 신학의 지식체계가 아니라 자신이 '철학'이라는 다른 이름을 지니고 있음을 당연하게 받아들이는 것인데, 전체 역사적 줄기를 이해하는 데 해가 되지는 않지만, 당시 정황들을 올바르게 이해하는 것에는 방해가 된다. 신학과 철학은 갈등이 노정되기 시작하는 14세기쯤까지 반목의 대상이 아니었다. 한편으로는 냉정하게 볼 때, 이 시기까지 '철학'이라는 항목이 독자적으로 가능했는지를 생각해 보아야 한다.

47) 철학과 미묘한 관계를 이어 온 신학까지 포함해서 고려해야 할 필요도 있다. 철학 역시 이미 오래 전부터 자기 입장을 당당하게 주장하진 못했는데, 신학의 지배하에 가능한 논리만이 허용되었기 때문이다. 어떤 면에서 정작 과학과의 대면에서 점점 더 곤란해진 것은 그런 점에서 신학이기도 하다. 하지만, 여기서는 그 미묘한 문제들을 거론하진 않았다. 학문의 영역으로 엄격하게 구분한다면 신학과 철학은 분명하게 다르고 배타적인 관계를 이루지만, 전체적으로 보아, 추상성이 지배하는 세계관의 입장에서는 공통점도 있기 때문이다. 그래서 '철학'이란 용어로 이 지배 사상을 통칭했다. 이 부분에서 좀 더 깊고 면밀한 검토가 필요하겠지만, 이 책은 '영화'의 사를 다루는 책으로 지금 우리는 '영화'의 출현 시기에 초점을 맞추고 있다. 그렇기에 1장의 1절 정도로 이 오랜 기간을 간략하게 정리하는 데서 만족하고자 한다. 그럼에도 좀 더 이 문제들에 엄격하게 접근하고자 한다면 그러한 관계들을 검토할 필요도 있다는 말을 덧붙여 둔다.

칙들은 수정되고 반성 되었고, 어떤 경우에는 자기 자리를 지켜내기도 했지만, 대체로 상당히 많은 권리를 잃어버려야 했다. 달리 말해, 철학은 천상/초월/주체에서 지상/구체/자아로 하강했다. 과학이 있는 세상에 적응해 나가기, 정확히 말하면 과학이라는 '지식'을 인정하기, 이때부터 사실 철학은 '일반지식'으로 전락한다.[48] 세상을 이해하는 데 필요한 수많은 지식의 항목 중 하나가 된 것이다. 여전히 즐겁기는 하겠지만 이제 철학 하는 것은 더 이상 세상에 행복을 주지 못한다. 유토피아는 철학이 아니라 과학이 줄 것임을 사람들이 명백하게 깨달아 버렸으므로…. (철학은 대체로 이때부터 어쩔 수 없이 '현실'에 대한 비판적 영향을 수행하기 시작한다. 아뿔싸!)

그래, 그렇게 철학은 '세상'으로 내려왔다. 그리고 이제는 '저 세상'이 아닌, '이 세상'에 대해 말하기 시작한다. 아직 쉽지 않으며, 생소했지만, 기어이 그리로 갈 수밖에 없었다. 한마디로 철학에도 새로운 대상에 대한 새로운 접근과 논의의 필요성이 대두되던 시기였다. 이미 자주 구체적 세계의 문제들이 사유의 대상들로 등장하기 시작했고, 이전처럼 그것들을 무시하거나 더 이상 나 몰라라 할 수 없었다. 하지만 그렇다고 철학이 자신의 길을 완전히 변경한 것은 아니다. 당시에는, 주저하고 있었다는 표현이 더 정확하다(지금은 어떤 주저도 없고). 그때, 새로운 길을 바라보며 미적거릴 때, 불쑥 당혹스러운 사건이 발생한다.

프로이트는 '전혀' 철학적인 목적을 지니지 않았다. 그에게 철학은 안중에도 없었으며, 그의 사고는 이른바 '과학적'이었다(그가 실제로 철학을 무시했든 안 했든, 그의 학문은 철학의 중요한 전거들을 무너뜨렸다). 따지고 보면 정신분석학은 철학을 잠시 휴지통에 구겨 넣는 행위였다(냉정하게 말한다면). 그것은 철

---

48) 중세, 신학의 시녀가 됨으로써 철학이 몰락했다고들 말하지만, 앞서 다른 각주에서도 말했듯이 이 시대는 철학과의 관계가 문제가 아니었다. 냉정하게 보자면 학문적 위상의 수준에서 철학을 아래로 끌어내린 주체는 과학이다. 중세 시대, 신학은 철학으로 하여금 자신과 다른 내용들을 발설하지 못하게 했지만, 근대, 과학은 아예 철학이 목적을 잃게 했다. 물론, 그 전에 신학을 가차 없이 바닥으로 끌어 내렸지만 말이다.

학의 항목들을 과학으로 끌고 와, 구체적으로 풀어놓을 수 있는 단순한 '현상들'과 '계기들'로 정말이지 간단하게 해명했다(사실, '단순하다'라고 말할 것만은 아니지만). 그러니까 이 정신을 해석하는 데는 철학적 사유가 필요한 것이 아니라, 과학적 사고, 치밀한 연구와 데이터, 그리고 그것을 연관에 따라 엮은 지식의 줄기들이 필요하다는 것을 보여주며 철학을 무너뜨렸다(정신분석과 철학의 기이한 관계 복원은 라깡에 와서야 이루어진다. 그것도 언어학이라는 고리를 통해서). 그러니, 철학이 이 견해를 수용하는 것은 당시 입장에서 굴욕적인 일이다. 그런데 정작 신기한 일은 철학자들(지식인들)이 정신분석의 출현에 그토록 열광했다는 점이다. 왜 그리되었을까? 답하기 힘들지만, 아마도 시대적인 변화에 대한 자신들의 주저함에 던져진 하나의 돌파구로 받아들였을 것이라 여길 수밖에…. 혹은 그 자체가 달라진 철학의 목적지를 엿보게 해주는 것일 수도 있고.

물론, 그렇다고 철학이 모두 힘없이 붕괴된 것은 아니다. 철학도 이 새로운 대상들을 적극적으로 받아들이려고 했다. 하지만 대부분은 아직 기존의 습관들이 새로운 논의를 선뜻 받아들이지 못하게 했다.

'물질에 대한, 물질의 세계에 대한 관념을 변경시켜야 할 필요가 있다!' 베르그송이 누구보다 앞서서 주장하고 나섰다. 그는 1896년, 『물질과 기억』을 내놓는다.

통속적 이원론의 오류는 공간의 관점에 위치해서, 공간 속 어딘가에 물질과 그 변화된 양상들을 놓으며, 의식의 비연장적인 감각들을 다른 편에 놓는다는 데 있다. 그렇기에, 정신이 어떻게 육체에 작용하며, 육체는 또 어떻게 작용하는지 도무지 이해가 불가능해진다. 그 때문에 그로부터, 사실을 가장한 확증들이거나 그릴 수밖에 없는 가정들이 나온다. ― 심신평행론이나 예정조화의 관념이 그것들이다. 그러나 그로부터 또한 기억에 관한 심리학도, 물질에 관한 형이상학도 구성하기가 불가능해진다. (그러나)우리는 이 심리학과 이 형이상학이 실제로는 서로 긴밀하며(연대하고 있으며), 이원론의 난점들은 주체와 대상이 일치하는 순수 지각에서 출발해, 그들의 상호 지속 안으로 그 두

항의 전개를 밀어붙임으로써 완화될 수 있다는 것을 확립하고자 했다. — 물질은 그것에 대한 분석을 계속해 밀어붙임에 따라 점차 무한히 빠른 순간들, 서로가 서로를 이끄는, 그래서 등가적이 되는(s'équivalent), 순간들의 연속에 지나지 않게 될 경향이 있다. 정신은 이미 지각 안에서 기억이며, 점점 더 현재 속의 과거의 연장임을 확증하며, 하나의 진전, 진정한 진화를 보여준다.[49]

'물질'은 철학의 대상이 아니었다. 즉, 위에서 보다시피, 기존의 이원론, 전통적 이원론의 입장에서는 말이다(이것은 곧 데카르트로 이어지는 전통적 이원론을 말한다). '공간의 관점에 위치해서' 즉, 공간적으로 물질과 정신의 위치를 구별하기 때문에, 어느 순간, 사유의 대상에서 은밀하게 빠져나가게 되는 셈이다. 할 수 있는 것이라고는 물질이 실제로 있는 상태는 무시하고, 정신의 영역으로 환원해 해석함으로써 추상적인 가정들로 물질을 규정하는 것뿐이었다.[50] '기억'도 마찬가지이다. 철학에는 생소한 단어이며, 심하게 말하면 의미 없던 단어들이다. 기존의 철학은 기억을 다룬 일은 없으며, 최소한 언제나 '의미'로 환원해서야 가능했다. 이점에서만 봐도 혁명적이지 않은가? 베르그송은 데카르트가 추인한 이원론을 수정하고자 한 것이다.

나는 여기서 베르그송을 말할 생각은 없다. 지금 나는 철학 과목을 개설한 것이 아니며, 다만, 19세기의 시대적 조감도를 풀어놓는 중이다. 만약 우리가 이론을 배우고자 한다면 이 문제들은 간단히 지나칠 것들이 아니다. 베르그송

---

49) 앙리 베르그송, 『물질과 기억 Matière et Mémoire』, (Qudrige/PUF, 3e edition, Paris, 1990), pp. 248~249.

50) 이러한 이해가 들뢰즈가 자신의 책 『영화1』에서 언급했듯이 베르그송이 그 유명한 가짜 운동의 공식을 끌어내게 만든 것이다. 들뢰즈는 다음과 같이 정리했다 : '그래서 베르그송의 첫 번째 테제에 해당하는 그 두 개의 공식은 지금보다 엄격한 상태에 이르게 된다 〈움직이지 않는 단면 + 추상적 시간〉은 닫힌 집합을 의미하는데 그 부분들이 결국 움직이지 않는 단면들로 구성되었으며, 또한 그 연속적인 상태는 한갓 추상적 시간에 의해 연산된 것에 불과한 집합이다. 반면 〈현실에서의 움직임 + 구체적 지속〉은 지속하는 전체의 열린 상태를 가리키며, 닫힌 체계를 넘어설 수 없는 움직이는 단면들로 움직임들은 구성된다.'- 질 들뢰즈, 『운동-이미지』, (1983) pp. 21~22.

이 사용하는 개념들이 '영화'의 정체를 설명하는 데 있어서 중요한 의미들을 풀어놓고 있기 때문이다. 베르그송이 '영화'에, '영화'가 하는 일에 관심을 가져서? 아니, 그보다 폭넓은 이유 때문인데, '영화'가 철학이 현상으로 관심을 돌리던 시기의 산물이며, 베르그송이 바로 그러한 철학적 변화를 개념적으로 정리했기에 그렇다.

즉, 들뢰즈가 언급하지 않았더라도 '영화'의 정체성을 말하는 데 사용되는 여러 가지 항목들을 개념적으로 검토하기 위해서는 당연히 베르그송의 개념들이 중요할 수밖에 없다는 말이다. 물론 베르그송이 이 개념들을 새롭게 만들어 낸 것은 아니다. 다만 이전까지 전통적인 철학이 사용하던 것과는 다른 방향에서 의미화해 놓았다. 철학이 이미 구체적 사실들과 교전하던 상황의 산물이기 때문이다. 베르그송은 심리학자로서 시작했으며, 『물질과 기억』은 1889년, 『의식의 직접적 소여에 관한 에세이』 이후의 일이다. '의식', 이 역시 '인식'의 저편에 밀려나 있던 단어였다.

현상의 재정의와 그것을 기록하는 도구의 탄생

자, 철학 시간도 아니고, 과학사 시간도 아니므로, 이제 우리의 목적에 맞게 정리하자.

철학은 바야흐로 '현상들'로 시선을 돌리지 않을 수 없었다. 이미 그 용어들은 구체적으로 철학적 담론 위에 서서히 등장하고 있었다. 과학의 업적은 이러한 조건을 가능케 한 결정적인 원인이었다. 19세기, 철학이 이제 '현상'을 '본질'에 덧붙여 사유 대상으로 삼아야 한다는 사실 앞에 주저하고 있을 때, 과학은 과학적 담론을 구체적인 기구와 기계들로 입증했고, 물질로 차고 넘치는 '세상'을 우리 눈앞으로 가져와 '생각과 행위의 대상'으로 만들어 갔다.

그래, 이 장황하고 까다로운 이야기를 한 이유는 바로 여기에 있다. 19세기, 이전부터 서서히 이루어진 일이지만 이 세기에 무언가가 달라졌다. 물론 역사가 진행되면 언제나 달라지는 것들이 있게 마련이지만, 그 정도가 아닌, 전 시대 인류의 삶에 이전과 이후를 가르는 중요한 변화가 일어났다. 그것은 결국 20세기의 엄청난 변화로 이어졌으며, 현재까지 우리를 속박한다. 아마 우리는 앞으로도 19세기의 자산에서 벗어나지 못할 것이다. 설령 우리에게 21세기가 아무리 새로워 보일지라도….

이야기를 더 이어가기 전에 한 가지 중요한 사실을 덧붙이자. '현상'에 대한 담론들이 나타나긴 했지만, 베르그송의 '현상', 그리고 그를 포함한 철학적 영역에서 19세기 말과 20세기 초에 사용하던 '현상'이라는 이 용어는 그럼에도 아직 오늘날 우리가 이해하는 의미에 이른 것은 아니다. '움직이는 세상'을 지시하고는 있었지만, 여전히 추상과 물질 사이를 왔다 갔다 반복하는 애매한 개념이었다. 지금처럼 물질적이고 눈에 보이는 세계, 이미지를 지칭하는 단어가 아니었는데, 이에 대해서도 이미 말했다. 이제 막 관심의 대상이 되었을 뿐, 완전히 중심이 된 것이 아니므로…. 그러니 '본질'의 대상물로서의 역할(합리주의적 관점에서의 '현상')과 사유의 대상으로서의 물질적 세계(비합리주의적 관점에서의 '현상') 사이를 넘나들고 있는, 아직은 혼동되는 개념이었다. 우리로서는 아무튼 이 시기에 무언가 중요한 변화가 빚어졌다는 사실을 기억하자. 그것은 '이 세상', 이것을 주무르고 상회하는 '저 세상'이 아닌, '이 세상'으로의 관심의 이동이다.

아니, 현실이 문제가 안 된 적이 있던가? 현실은 예전이나 지금이나 늘 중요하다. 당장 우리가 살아야 하는, 살아 내야 하는 지대가 아닌가? 이 사실은 19세기 이전이나 이후나 달라지지 않는다. 그렇다면, 좀 전에 말한 '현실에의 비로소의 관심'이란 잘못된 말이 아닌가? 늘 관심의 대상이었다는데.

정확히 말하자. 현실은 19세기 이전까지는 '관심의 대상'이 아니라 살아가는데 '필요한 욕망의 대상'일 뿐이었다. 정작 관심은 그 현실을 해명하고 이해하기 위해서 현실 너머(현상 너머)에 가 있었다. 그게 그 유명한 '합리적 이원론'이며, 그것은 우리 삶의 목표를 현실에서 본질 쪽으로 가져간다. 현실은 본질에 따라 이미 그리되어 있기에 어떻게든 맞닥뜨리고 이겨내야 하는 대상이었을 뿐이다. 로빈 후드의 숲은 그러한 카테고리에 해당한다. 그는 사실상 당대 신분 체계의 문제점 때문에 발생한 조건들에 저항했음에도 그것을 '현실' 영역에서 매듭짓는다. 리처드 왕조 앞에 충성스러운 하인으로 되돌아감으로써.

하지만 시간이 지났다. 본질은 흐려졌고 현실이 명백해졌다. 이전에 '현상'이라고, 즉 '무언가가 나타나 보이는 모습'에 지나지 않는다고 여긴 것, '태양 아래 드러나 보이는 것'에 불과하다고[51] 간주하던 것들이 그처럼 무언가 숨어있는 것의 그림자가 아니라, 점차 가장 중요한 자리를 차지하기 시작했다.[52] 그것은 이제 '단지 현상'이 아니라 명백한 '구체'였다. 진실이 머지않아 그곳에 똬리를 틀 것이다. 즉, 현실은 언제나 당면한 문제였으되, 이제 '당면' 이상이 되고 궁극적인 목적지 중의 하나가 될 조짐이 싹튼 것이다. 과학은 그것을 손에 쥐기 쉽도록 눈앞으로 가져왔고, 사람들은 바야흐로 눈앞의 세상에 주목했다. 바로 이제까지 말한 '관심의 이동'의 정체이다.

철학도 현상으로 넘어왔으며 과학은 언제나 현상이 목적지였다. 이런 세상에서 현상은 예전처럼 무관심의 영역이 아니라 구체적인 탐구 대상이 된다. 하나하나 현상이 그리된 이유가 밝혀져 갔다. 이 말은 흥미롭지 않은가? 현상이 그리된 이유를 당시 사람들은 이미 알고 있었다. 즉, 본질에 따라서, 원래 그리되게 되어있으므로! 결국, 새로운 이유가 대두됐다는 말이다. 예전 것은 폐하고 다른 이유들을 찾게 되었고, 현실적인 이유라고 부를 수 있을 것이고, 그만큼 현실의 위상이 달라졌다.

이 변화는 오늘날 우리의 짐작보다 거대한 영역에서 전개되었다. 보편적으로 이루어졌다는 점에서 말이다. 거대 담론에서 자질구레한, 당장은 신경도 쓰지도 않으며 밝혀내 봐야 중요하지도 않은 호기심천국까지, 그야말로 세상의 모든 영역에서 이루어졌다(물론 의식하지 않은 가운데 이루어졌지만). 앞서 한 예로 든 석유화학의 출현도 그러한 세세한 일 중의 하나에 속한다. 석유화학의 등장은 신의 창조적 세계 안에서 논의되던 대지를 지질학으로 치환해 신의 세

---

51) 현상의 어원에 대한 앞의 주석 16번을 참조 바란다.

52) 돈키호테의 혼란이 대표적인 경우이다. 언뜻 보면 그는 전근대의 신봉자처럼 보이지만(공주를 구출하려는 기사), 사실 그는 전근대를 정신적으로 허물고 개인의 주관적 세계관을 객관적, 보편적 세계로 밀어 넣은 자이다. 세르반테스 Miguel de Cervantes (1547~1616)의 위대한 소설, 『돈키호테』에 대한 명쾌한 해석을 우리는 앞서 말한 루카치의 『소설의 이론』에서 읽을 수 있다.

계로부터 떼어 내어 독립적인 것이 되게 했다. 하지만 거기에 그치지 않을 것이다. 석유의 근대적 사용은 자연을 숭고한 신의 창조물에서 인간이 무한정 사용할 수 있는 자원의 개념으로 이동하게 했다. 인간의 목적지를 그처럼 바꾸어 놓은 것이다.[53]

'움직임', 그렇게 시작했다. 그렇게 인간의 세상에 분명한 '단어'로 나타났다. 이 현실 세계의 흥미로운 탐구 속에서 말이다. 이곳저곳에서 '움직임'이 분석되었다. 그리고 이 분석으로부터 얻어낸 분절을 그림에 적용해, 재구성하려고 했다. 애니메이션, 사실 오늘날 우리는 이 말을 만화영화로만 이해하는데, 가만히 생각해 보면 너무 단순한 이해이다. 만화와 애니메이션은 완전히 다른 문제이다. 그래, 가끔 그런 의문이 든다. 보는 이들이나 그리는 이들이 그 애니메이션이 지닌 특별한 의미들을 생각해 봤을까? 그렇다면 '만화'라는 말에 대한 이해도 좀 더 깊어질 텐데….

가끔 그런 질문을 받기도 한다. 애니메이션과 영화의 차이에 대해서…. 하나는 실사고, 하나는 움직이는 만화이고…. 아니 천만의 말씀이다. 핵심은 움직임을 바라보는 개념의 차이에 있다. 하나는 이미 있는 움직임, 현상의 재구성을 통한 재현이고, 다른 것은 '정지'에서 움직임을 생산해 내는 것이다. 즉, '영화'는 애초부터 시간의 조각과 함께 원래 시간이 지닌 지속을 구성하는 반면에, 애니메이션은 시간의 편차에 따라 위치들을 조정해 움직임을 구현한다(그림의 요소들을 계산하에 구성해서, 따라서 애니메이션은 결코 '움직임'이 아니다. 사실 베르그송의 '영화'에 대한 불편한 지적은 바로 이 애니메이션에 더 적절하다).[54]

여하간 그 애니메이션을 시도한 기구들이 나타나 한량들의 저잣거리를 휩쓸

---

53) 귄터 바르디오 『악마의 눈물, 석유의 역사』, 1장

54) 앞선 주석에서 말한 〈움직이지 않는 단면 + 추상적 시간〉의 공식을 적용해 보기 바란다. 애니메이션 이야말로 이 상태에서 출발하며, 사실 애니메이션이 지니는 가치는 바로 이 사실에서 기인한다. 즉, 그것은 현존/실재하는 세계를 빚어내는 것이 아니라 그 자체가 존재하지 않는 세계의 창출이다.

었다(이미 말한 움직임을 재생하는 과학적 기구들). 그러나 애석하게도 'animation'의 길을 걸은 기구들도 단순한 장난감 취급을 받았다. 그리고 보면 이 '움직임'의 구현이 결국 어떤 문제로 이어지는지는 관심을 두지 않았던 것 같다. 사실, 애니메이션이란 용어가 품고 있는 의미를 고려했다면 그 의의를 금세 알아차렸을 텐데 말이다.[55] 그러나 정작 이 'animation'의 창조자들마저 실제로 그들이 대체 어떤 일에 관여하고 있는지 전혀 모르고 있었다. 마치, 나중에 뤼미에르와 에디슨이 정작 그 자신들이 이룬 성과의 대여정이 어떤 것일지 전혀 모르고 있던 것처럼 말이다. 그렇기에, 이 움직임의 구성에 관한 세간의 환호와 호기심은 곧 시들해졌다. '움직임' 자체로는 더, 할 일이 없었기 때문이다(아직 '움직임'에 '이야기'를 덧붙일 수 있다는 생각은 제대로 하지 못했던 때이다!). 사실, '움직임'의 의미가 밝혀지기 위해서는 결국 무언가 '더'가 필요했다.

하지만 흥미롭게도 이 '더'는 결코 애니메이션의 방향에서 추구되지 않았다. 그것은 애니메이션의 구성과는 전혀 상관없는 쪽에서 나왔다. 이 '더'는 현실 쪽에서 시작된다. 현실의 생생한 복사였는데 바로 '사진'이고, 혁명이었다. 물론 애니메이션이 오늘날 구축하고 있는 것과 넓은 의미에서 보면 전혀 다른 길은 아니다. 그러나 애니메이션은 '현실의 복사', '현실의 재생산'을 염두에 둔 방향이 아니다. 나중에 이것이 진짜 '그림으로 그려진 영화'로 발전하고, 즉 이야기가 덧붙여지면서는 분명히 '재생산'과 연관이 되어버릴 수밖에 없지만, 여하간 '현실'의 재생산은 아니며, 초기부터 지금까지 애니메이션의 관심사는 무엇보다 '움직임의 생산'이다. 즉, 이미 현존하는 움직임의 재구성이 아니라, '움직임'에 대한 열망으로부터 출발하는 것. 말하자면, 그림을 어떻게 하면 움직이게 할 수 있을까(정확하게 말하면 움직이는 것처럼 보이게 할 수 있을까)에서 시작한다.

---

55) 애니메이션은 라틴어인 아니마시오(animātiō, 생명을 가져다주는 동작)로부터 기원한다. 그리고 그 단어는 다시, 아니모(animō, 움직이게 하다 또는 생명을 주다)와 −아티온(−ātiō, ~하는 행위)의 결합이다.

만일 이 애니메이션 쪽의 프런티어들에게 부족한 것이 있었다면 여기에 생각이 멈춰 있었다는 점이다. 그들이 진작 애니메이션과 '이야기'를 결합했었다면 움직임의 구현이 세상에 존재하지 않는 또 다른 '현실'을 만들어 내리라는 걸, 따라서 그림, 가짜에서 출발하는 '현실'의 놀라운 생성의 가능성을 깨달았을 텐데!

그러나 그들에게도 변명거리는 있다. 당시 그들은 더 이상 앞으로 나갈 방법을 지니진 못했기 때문이다. 그들이 손에 쥐고 있는 것은 단지 어설픈 그림들이고, 동작을 구현하기 위해 고안된 단순한, 조악한 기계 장치였을 뿐이다. 이 그림의 상태, 이 수준 낮은 회화의 단계가 이것을 '서커스'로 만들어 버리는 데 일조했다. 당대는 고흐, 고갱, 쿠르베, 클림트의 시대였고, 만화의 시대는 아니었다(게다가 오히려 '삽화'의 상태로, 즉, '정지' 이미지가 주는 응집성으로 만화의 힘이 흘러가고 있었다).

물론, 여기에 사진을 덧붙인다고 해서 당장 결합의 성과가 나타날 리 없다. 그 결합은 초기에는 단지 하찮은 문제들을 해결하기 위한 것이거나 호기심에 지나지 않았기 때문이다. 사실, 이 대목은 곰곰이 생각하면 이해가 가지 않는다. 이미 우리가 줄기차게 강조했듯이, 이 시기에, 구체적이고 물리적인 세상에의 관심은 철학의 고고한 영역부터 과학의 실제적인 영역을 거쳐, 마술 쇼 같은 장난에까지 이르도록 전방위적이며 거대한 시대적 요청이었기 때문이다. 오늘날 우리가 이해하듯이 사진, 현상을 재현하는 이미지와 '애니메이션'의 결합은 그 거대 담론이 목적하는 '현상'의 획득이 아닌가? 딱 들어맞는다고 말하기에는 해상도 등의 기술적 측면에서 무언가 더 덧붙여져야 하지만, 앞서 말한 대로만 보더라도, 움직임('animation')과 사실('현상의 단면')의 결합임이 분명한데 말이다. 그런데 왜 하찮은 작업들로 여겨졌을까? 사진이 애니메이션과 결합해, 조악하나마 사실상 '영화적 운동'을 실현하고 있었음에도, 왜 그것을 '영화'의 출현으로 보지 않았을까? 뤼미에르의 장치, 에디슨의 기계와 어떤 점에서 달랐던 것일까? 우리가 줄기차게 지금까지 언급한 쥘-머레이의 또 다른 발명작, ≪파도 la vague≫(1891)를 보자. 결과물로만 따진다면 뤼미에르의 작업과 다를 바가 없다. 이때 호기심에 불과한 이 작업의 결과물에 굳이 명칭이 강조되어야 하는 것은 아니지만, 어떻든, 왜 그것은 '영화'가 되지 못했을까? 왜 '사진'이나 '애니메이션'과 구별되지 않았을까? 사람들은 단지 이러한 작업을 사진의 연장, 혹은 애니메이션의 연장에 불과한 '일시적인 작업'으로 치부했다. 사실 이런 태도가 이후 뤼미에르가 만들어 낸 이미지에도 '움직이는 그림, 움직이는 사진'이라는 명칭을 부여하게 한 것이다.

쥘-머레이의 ≪파도 la vague≫(1891)
이는 영화처럼 정사진을 이어 파도치는 움직임을 보여준 작품이다. 사실 메카니즘에서 시네마토그래프와 꼭 같은데, 누구도 이 작업을 '사진'과 구별하지 않았다. 사진을 이용한 흥미로운 트릭이라고 여기기만 했다.

  하지만 이미 말했다. '현상'이 겨냥되고 파헤쳐지기는 했지만 여전히 어느만큼은 '관념'의 턱을 넘어가지 못했다. 정확히 말한다면 지식인들에게는 아직 관념 안에서 해결해야 할 문제들이 더 급선무였다. 본질의 그림자에 불과하던 현상을, 예컨대 본질을 치우고 존재의 단계로 밀어붙여야 했으니까. 구체적 단계에서의 주목은 냉정하게 보면, 관념적으로 이 현상의 지위를 해결하고 나서야 가능해진다. 그러므로 조악하나마 '실현'된 것들에게 특별한 '의미'를 부여하기는 힘이 들었다. 혹은 '조악함' 자체가 시선을 돌리게 만들었을 수도 있다. 인기를 끌었든 말든, 실제로 '영화'가 나오고도 상당 기간 후에야 출현의 의미가 다루어졌다. 즉, 당시로서는 피부에 와 닿는 중요한 사실이 아니었으며, 그렇게 눈으로 세상을 볼 수 있도록 재현하고 구성했다는 것이 무슨 의미인지 따질 겨를조차 없었다. 말하자면 아직 '현상'이란 용어는 '정신'의 그림자가 여전히 묵직하게 깔린 지적 담론의 영역에서 놀고 있는 용어였고, 실제 현실에서는 '운동의 파악' 따위는 판돈이 걸린 호기심 많고 한가한 한량들의 내기에 불과했다(우리는 머이브릿지의 작업에 대해 잘 알고 있다).[56] 하지만 이것은 한마디로, '영화'가 누구에게도 목적지가 아니었다는 말이 된다. 하지만 오히려 그로 인해 '영화'가 특별해지는데, 그것은 불쑥, 시대가 직시하기도 전에, '툭!' 튀어나왔다는 뜻이기 때문이다.

물론, 이 말은 조심스럽게 이해되어야 한다. 전반적으로 볼 때, '영화'는 시대의 산물임에는 틀림이 없으니까. 하지만, 우리가 지칭하는 의미의 '영화'는 아직 아니었다. 19세기 말에, 그것은 '움직이는 이미지'였고, 그 사실로 인해 호기심을 끌었을 뿐, '현상'의 의미를 파악하려고 들여다보거나 '현상'을 발생시키는 도구는 아니었다. 일시적으로 그 같은 일이 벌어졌음에도 사람들은 간단한 해프닝으로 무시했다(우리가 다 알고 있는 ≪열차의 도착≫의 예). 그나마 인정을 받았다고 해도, 단지, '사실의 기록'이라는 측면에서였을 뿐이다.

그런 이유에서 이때 나온 책, 쥘-머레이의 『움직임』은 시사적이다. 이미 말했듯이 자신의 움직임의 재현에 관한 다양한 실험 끝에 그는 이 책을 썼다. 사실

---

56) 스탠포드 대학의 설립자이자 경주마들의 소유자인 르랜드 스탠포드와 그의 지인들 사이에 말이 뛰는 순간 땅에서 네 발이 떴는가, 아닌가의 내기가 벌어졌고 그것을 알아봐 달라는 요청으로 사진가였던 에드워드 머이브릿지 Eadweard Muybridge (1830~1904)가 스탠포드의 재정 지원을 받아 달리는 말의 순간적 사진들을 찍었다.

따지고 보면, 시대의 요구에 조응해 무수하게 시도된 '움직임'을 해설하고 분별해 내려 했다는 점에서 야심 가득한 시도이다. 하지만 맥 빠지게도 이 '움직임'에의 관찰은 '시네마토그래피'와 어떤 연관도 없었다. '현상의 재현, 현상의 이미지' 따위에는 관심이 없다는 듯이, 오로지 움직임에 대한 과학적 관찰만이 담겨있을 뿐이었다. 즉, '이미지'는 이 '움직임'을 위한 수단이었지, '움직임'을 통한 목적지가 아니었다. 거기서 사진은 '사실'의 재현 문제가 아니라 '사실', '움직임'이 이루어진 과정을 들여다보는 도구로 인식되었다. 즉, 시간이 흐른 흔적을 일정한 지점에서 확인하는 것으로서 이 역시, 결국에는 누누이 말해 온, 아직 덜 영근 '현상'에의 관심을 증명해 주고 있을 뿐이다.[57]

　　결국 우리는 그리 말할 수 있을 듯하다. '움직임'은 중요한 테마였으나 그 '움직임'이 정작 현전하는 지대, '현상'/'구체'에 관해서는 아직 빠져들지 못한 시대였다고! 하긴, 그래서 19세기는 '교차지'이다. 예컨대, '드라큘라'를 불쑥 세상에 토해 낸 세기면서, 동시에 '흡혈귀'의 삶이 불가능한 세상이 도래했음을 알리는 세기니까. 조심스럽게 브람 스토커Bram Stoker의 『드라큘라』(1897)를 음미해 보기 바란다. 이 소설은 환상소설의 일환으로 나왔지만 내 관심은 그 환상적인 이야기의 흥미진진함이 아니다. 십자군 때로부터 등장한 여러 비현실적인 괴물들의 총합이라는 의미에서 예전부터 문제가 된 '존재'지만, 브람 스토커에 의해 정리되어 나온 괴물이 지니는 시대적 함의가 더 흥미롭다. 예컨대, '신비'가 '신비'로 남지 않고, 해석되고 분해되며, 관찰되고, 해체되는 과정이…. 물론, 신은 거기에도 꾸준히 개입해서 피조물의 하나인 태양 빛으로 이 악마를 종결짓지만 사실 가만히 보면, 신은 오직 드라큘라와만 관계하고 있을 뿐이다(즉, 담론의 중심과). 조나단과 하커 경, 메리, 반 헬싱과는(구체와는) 사문화死된 관

---

57) 하지만 이 책 내용 자체의 가치와는 별개로 '영화' 또는 '움직임'을 이해하는 데 중요한 암시가 되기도 한다. 예컨대, 이 사고는 바로 당대의 일반적인 현상에의 관심이 움직임을 연속되는 흐름으로, 지속으로 파악하는 게 아니라, 지점(position)에서의 문제로 이해하고 있었다는 증거이기 때문이다.

계만을 지니고 있다. 그들의 믿음은 문제 해결의 무기가 되지 못한다. 그 믿음의 물질화, 십자가가 있어야 한다. 사실 가만히 보면, 그 설정으로 볼 때, 믿음은 결국, 있든 말든 상관이 없다. 물화, 육화, 제작된 십자가와 물질적으로 그 육화된 공간 안에 놓여 있던 '物물'이 믿음을 대체할 것이기 때문이다. 하지만 애초, 기독교의 세계에서 성령은 그 자체로 육화였다!

그래, 이러한 ≪드라큘라≫가 바로 그때 세상에 나왔다!

특별한 것들이 시작되었지만 특별하게 여기지도 않았고, 그저 장난이며 호기심이었다. 이전 것들은 여전히 남았다. 물론, 더 이상 절대적이지는 않다. 그렇다고 영향력이 사라진 것도 아니다. 관습적이기 때문이다. 대단하진 않지만 동시에 뿌리 깊음도 지니고 있다. 미묘한 시기 아닌가? 다시 말하면, 전 시대의 것들이, 이것들은 아주 오래된 것들인데, 아직 영향력을 미치고 있다. 하지만, 그에 못지않게 새로운 시대가 요구하는 것들이 실생활, 현실 속에서, 비록 영화처럼 한갓 저속한 발명품이라 할지라도 강력하게 부상하고 있었다. 그러니까 새로운 환경이 도래했고, 이전 것들은 죄다 거기에 대해 적응해야 하는 시기였다. 적응이 이루어졌다는 말이 아니라, 이제 막 그 거친 도전에 직면해야만 했다. 철학적 개념들만이 아니라, 예술의 가치, 일반적인 삶의 형태까지 말이다. 물론, 여전히 그 도전을 폄하하고 하찮게 여기고 있었지만.

그래, 쥘-머레이의 『움직임』과 베르그송의 『물질과 기억』이 있다. 그리고, 프로이트의 「히스테리에 관한 한 연구」가 나왔다. 이때, 쥬트로프가 나왔다. 페나키스토스코우프도 나왔고, 프락시노스코우프도 있었다. 그리고는 사진이 나왔으며, 슬그머니 그것들을 가져다 조합한 시네마토그래프와 키네토스코프가 있었다. 놀라운 사실들이 아닌가? 어떻든 간에 다들 '움직임'을 논했고, '세상'을 논했다! 게다가 이 심각한 연구들은 죄다 대중화되었고, 상품화되었고, 산업화되었다! 그리고—

기계와 '영화'

3

기계에서 '시네마토그래피'로

드디어, 1895년 12월 28일, '영화'가 탄생한다!

처음부터 궁금했다. 왜 하필이면 그때 '영화'가 나왔을까? 역사는 질문이다. 의문이 마땅하게 주어지지 않으면 역사적 지식은 단지 모임에서 떠들며, 앎을 자랑하기 바쁜 한량들에게나 쓰일 지식 쪼가리가 되고 만다. 이제 또 다른 의문들을, 생각하거나 해명하지 않고 무시해 버린 것들 중에서 하나를 생각해 보자.

우리가 펼치는 일반적인 영화사 책에는 뤼미에르와 에디슨 정도가 나오지만, 우리는 그들만이 발명의 대열에 끼어든 것은 아니라는 사실을 이미 알고 있다. 뤼미에르 형제, 에디슨이 아니었더라도 어디선가, 누군가가 이룩했을 일로, 시기상의 큰 차이를 보일 겨를조차 없었다. 유럽 도처, 이탈리아, 폴란드, 독일, 러시아 등등에서 무수한 이들이 이 장치의 발명에 뛰어들었다. 이런 관점에서, '영화'는 단지 한 개인의 발명품으로 기록되고 말 일은 아니다. 그것은 앞장에서 보았다시피 '세상의 일'이었으며 모두의 일이었다.

물론, 우리는 여전히 냉정함을 유지하자. '세상의 일'이었다 할지라도 '영화의 탄생' 자체가 대단한 의미를 지닌 것은 아니다. 인기야 있었지만, 이미 말했듯 그래봐야 단지 놀람 교향곡에 불과했다. 최소한의 담론조차 얻어 내지 못하고 '영화'는 곧장 '서커스'가 되었기 때문이다.

그래, 그들은 단지 이 '장치'를 보여주는 데 그쳤다. 기계를 선보였고, 그가 하는 일을 보여주었다. 다름 아닌 움직임의 재생, 사실 그들은 '현상'을 추상의

당시 '시네마토그래프'의 홍보 포스터

장소와 시간, 상영 목록과 함께 다음과 같이 소개되고 있다. "오귀스트와 루이 뤼미에르 형제가 발명한 이 도구는 일련의 즉석 프린트에 의해서 일정한 시간 동안 렌즈 앞에서 이어지는 모든 움직임을 담을 수 있도록 해주며, 그 것을 있는 그대로의 크기로 모든 관객이 볼 수 있도록 모아 놓은 것들의 이미지를 스크린 위에 영사함으로써 재생해 낸다."

포장지에서 꺼낸 것임에도, 그 의미를 깨닫지 못했다. 거의 무관심이라 할 만큼 말이다. 더구나, 그들은 멜리에스의 어설픈 이해를 수정하기까지 했다. 멜리에스가 이 '영화'를 일종의 새로운 형태의 예술이라 보고자 했을 때, 그를 만류하며 자신들은 '과학적 호기심'으로 이 장치를 발명해 내었다고 말함으로써 말이다.[58]

오히려, 아무도 신경 쓰지 않았던 '현상'의 도래를 '지각'(반응)한 이들은 그

---

58) 안느 수리오 감수(sous la direction d'Anne Souriau), 『미학사전 Vocabulaire d'Esthétique』, (Paris, PUF), p. 383. 멜리에스 Georges Méliès (1861~1938)는 당시 뤼미에르 형제의 아버지가 가진 건물의 지하실에 세 들어 있었다. 자기만의 마술쇼를 공연하는 소극장이었다. 언젠가 아버지 뤼미에르의 자랑과 권유에 떠밀려 '시네마토그래프'를 보러 갔을 때, 그는 자신이 본 것들을 시각적 트릭의 가능성으로 이해했다. 즉, 여기서 멜리에스가 이것을 '예술의 한 형태'로 받아들이려 했다고 했을 때, 그 '예술'은 오늘날 우리가 이해하는 것을 지칭하지는 않는다. 마술쇼나 서커스, 소극 등, 엄정한 가치 기준과는 상관없이 공연물 대부분을 일반적으로 art라 칭했을 때의 의미였다. 멜리에스는 마술사였고, 마술이 '기예'인 이상, 그런 수준의 표현이 가능한 형태라고 받아들인 것이니까.

시네마토그래프를 보러 왔던 시답지 않은 관객들, 한량들이다. 물론 그렇다고 이 자들이 '현상'의 시각적 대두를 새롭게 의식했다는 말은 아니다. 그들은 '현상의 재현'이라고 하는 의미심장한 역사적 사건을 보기 위해 모인 자들이 아니다. 그러니까, 당시 시대적 조건에서 그 특별한 순간을 감지한 이들은 없었다. 아주 '값진 경험'이었지만, 그냥 지나갔다. 신기하고 놀라운 일로.

'영화'는 그렇게 호들갑과 함께, '지나갔다'. 여기저기 난무한 소문과 관심을 일으키기는 했지만, 의미도 가치도 없는 장난감이었으며, 19세기 말의 부산스러운 시선을 끄는 발명품 중 하나에 불과했다. 차라리 이 장치가 하는 일의 의미에 비상한 관심을 보인 이는, 누누이 말해왔던 철학자 베르그송이다. '현상을 사유하자', 그렇게 현대철학을 연 그에게 있어서 실재 움직임의 재생이라는 홍보 문구와 한량들이 퍼뜨리는 소문은 관심을 불러일으키기에 충분했을 것이다. 눈에 보이는 '모든 움직임을 담을 수 있도록 해준다'라고 쓰여 있었으니까. 하지만 그는 뤼미에르의 상영관을 방문한 후, '시네마토그래프'를 보고 나서 오히려 가늘게나마 대롱대롱 매달려 있던 '가치'를 완전히 내던졌다. '이것이 움직임의 재현이라고?', 그는 그 기계가 하는 일이 '움직임의 재생'이 아니라 그를 가장한 사기라고 본 것이다. 이유는 충분했다. 비록 '눈'에 움직이는 것처럼 보일지라도, 정작 그것은 하나하나의 '사진 이미지'이며, 따라서 이미지 자체는 절대 움직이지 않는 시간의 정지다. 누가, 그리고 어떻게 움직이는 것처럼 보였는가? 모터(동력)가 등거리로 배열된 이 사진들을 일정한 속도로 램프 앞으로 지나가게 했다. 그렇게 해서 스크린에 비친 이미지는 마치 움직이는 것처럼 드러났는데, 결국, 이것은 진짜가 아닌 완벽한 '가짜 움직임'이고, 움직인다는 지각은 사실 환상에 불과했다. 그런 이유로 그의 책에서 '영화'는 움직임의 환상, 가짜 운동으로 등장한 것이다.

그러나 뤼미에르의 영화관을 들락거리며 소문을 나르던 한량들은 그와 달랐다. 그들의 눈에는 거리가, 세상이 움직이는 그 상태로 드러나 있었기 때문이다. 물론, 이들은 '현상'의 정체나 의미에 관해 한 줌의 관심도 기울이지 않았다. 오직 '눈', 그들 앞에 드러난 상태가 더 중요했다. 거기, 기차가 달려와 '나'를 덮칠 뻔하지 않았는가? 영화의 이미지는 그러니 분명한 움직임의 재생이다!

물론 베르그송과 대중 사이에 논쟁은 없었다. 그들이 한자리에 모여 관심사를 나누기에는 아직 시대가 일반적 지식의 수준으로 철학을 수용할 만큼 보편화하지 않은 때였다. 이제 겨우 의식의 신분제에서 벗어났고, 새로운 시대로 접어든 데 불과하며, 지식의 보편화가 보통교육 안에서 유도되고 사색 되기까지는 아직도 20여 년쯤 기다려야 했다. '현상'은 이제 막 중요해지기 시작한 것에 불과하며, 따라서 그에 대해 하나하나 따지고 되짚는 데까지는 좀 더 시간이 필요했다. 베르그송은 말하자면 그의 철학적 주장을 담은 책을 내놓았을 뿐이며, 대중은 그러한 인문학적 판도와 상관없이 그저 신기해서 상영관을 드나들었을 뿐이다. 각자가 서로 어떤 공통점도 없이…. 아니, 하지만 이들 사이에 아주 묘한 공통점이 있는데, 우리에게는 바로 그 점이 주목의 대상이다.

잘 생각해 보자. 뤼미에르 형제도 그러했지만, 미국에서 유사 기계를 발명한 에디슨도 마찬가지였고, 여타 발명 대열에 선 개척자들도 같은 상황이었다. 그들은 '기계'를 내놓았고, 오직 그것을 중요하게 다루었다. 왜냐하면 그들의 요량은 단지 자기 발명품의 판매에 있었기 때문이다. 그 누구도 이미지를 강조하지 않았으며, 그것을 단순히 기계가 지닌 기능을 자랑하기 위한 부산물로만 다루었다. 이는 관객들도 마찬가지여서 처음에 분명 이미지를 보고 놀랐음에도 이미지 자체를 중요하게 여기지 않았다. 그들이 세간에 이 신기하며 새로운 사실을 가지고 소문을 낼 때, 그들의 놀라움은 '영화가 발명되었다'라는 점이었다. 엄청난 기계가 나왔는데, 세상을 있는 그대로 보여준다!

그런데 베르그송과 대중, 둘의 관심이 불현듯, '기계'의 기능이 아니라 보여지는 '이미지'로 넘어가 있었다. 예컨대, 어느 시기부터 사람들은 기계 '시네마토그래프'가 보여주는 이미지에 이름을 붙였다 : 시네마토그래피. 물론, 라틴어 계열에서 까다로운 명명도 아니고 이미 이러한 식의 명명은 당시 흔한 일이었다. 하지만 그렇다고 해도 이 단어의 출현은 중요한 사실을 시사한다. 어느 순간 사람들이 기계 시네마토그래프와 그의 이미지를 별개로 분리하고 있었음을 지시하기 때문이다.

애초에는 누구도 '이미지'를 기계로부터 따로 분리해 명명할 이유를 지니지 않았다. 그래서 대번 그 이미지를 명명해야 했을 때, 새로운 정체성을 부여한 새로운 명칭이 아니라, '움직이는 그림'이거나 '움직이는 사진'이었다. 그런데 어느 순간부터, 갑자기, 어디선가, 독자적인 이름이 불쑥 나타났다. 어디서 어떻게, 누가 가져다 붙인 이름인지는 명확하지 않지만, 아무튼 사람들이 갑자기 새로운 명칭을 사용한 것이다. 이는 아주 중요한 지점이다. '명칭'의 출현은 그가 다른 것들과 구분되어야 하는 존재임을 지시하기 때문이다.

연대기는 역사책 속에서 비교적 정확해야 하는 것으로 종종 인식되지만, 사실, '불명확함' 자체가 오히려 중요할 때가 있다. 언제 누구에 의해서, 어떤 상황에서 이 단어가 나타났는가도 없이 난데없이 떠돌아다니기 시작했는데, 이러한 불명확함이 때로는 우리에게 특별한 말을 건네주기 때문이다. 예컨대, 누군가가 의식을 지니고 뚜렷하게 이름을 선포했다면 아마도 역사는 당연히 그때 나타난 근거와 개념을 주목하기 시작했을 것이다. 하지만 이 단어는 역사가 단어의 출현에 따른 함의들을 추적할 생각도 하지 못할 만큼 지극히 은밀하고 평범하게 등장했다. 다행이다. 생각해 보라. 사람들이 아직 그의 삶에서의 몫을 알아차리기도 전에, 누군가가 용도와 정체성을 규정해 버렸다면, '영화'는 그때부터 오직 그 길로만 나아갔을 것이다. 지식의 틀 안에 묶이면, 그에 따라서 의미가 명확해짐을 반기겠지만, 묶인 것을 다시 풀기는 진짜 어렵다. 모든 이들이 그를 그 명명식 안에서만 이해하기 때문이다. 아, '영화'가 그랬다면 정말이지 얼마나 구차한 지적 욕망의 희생자가 되었을까?

뤼미에르의 상영관을 찾았을 때, 사람들은 거기 있는 이미지의 '존재'를 명확하게 '의식'하지도 못했다. 그도 그럴 것이 '이미지'이기 위해서는, '기표'이기 위해서는 최소한 지시 대상이 필요했다. 앞서 말했듯이 당시 '이미지'는 회화에서 의식되는 단어로서, 예술적 기호로서의 가치를 지니고 있었다. 하지만 시네마토그래프가 보여주는 것들을 보라. 거기, 지시 대상이 존재할까? 그 너머의 '의미'가 존재했을까?

아니, '재생' 또는 '재현'이라고 했다. 말하자면 인간은 난생처음 기표 자체로 존재하는 이미지를 지니게 된 것이다. '현상'이 그렇지 않은가? 우리가 '현상'에 의미를 부여하고 감정과 의식을 투입할 때 그것은 기호가 된다. 무언가를 지시하는 기표로서 존재하기 때문이다. '현상'이 언어로 전환되는 과정은 이 기호화 과정이며, 그림으로 그려질 때도 그러하다. 19세기는 이제 근대가 처음으로 삶에 침투한 때이기 때문에 회화의 역사에서 우리의 잘못된 이해를 조절할 필요가 있다. 그때, 회화가 자신에게 있어 가장 놀라운 예술적 성취를 이루고 있었다고 하더라도, '처음으로 삶에 침투했다'라는 말은 대중들에게는 그러한 담론이 아직 일상적으로는 자연스럽지 않았다는 말이다. 따지고 보면, 이제 막 '대중들'의 시대가 시작된 것이 아닌가? 이렇게 보면 그들이 당시에 이해하고 있던 회화는 온전히 기호로서의 결과물들이었다. 중세에서 근대에 이르기까지 회화가 내내 해온 일이라고는 이미 존재하는 의미들을 '그려내는 일'이었으며, 그때 그가 하는 '재현'은 결코 눈에 보이는 것의 생생한 재생이 아니라, 눈에 보이지 않는 의미의 재현이다. 사람들은 그러한 그림들에 익숙했으며, 그것이 그들에게 있어 회화, 이미지의 가치였다.

한 남자가 바다 가운데 물장구를 친다. 또 한 사람이 뛰어들며 물보라를 일으켜 머리를 물 위로 내밀고 있던 사내에게 덮어쓰게 한다. 사내는 당연히 고개를 흔들고, 물보라를 일으킨 남자는 웃고, 부두 선창에서 구경하던 이들은 웃는다.

뤼미에르가 찍은 이름 없는 조각 중 하나, ≪바다 La Mer≫(1891)(해수욕이라는 제목이 있었지만)인데, 여기, 무슨 의미가 있는가? 하지만, 글이라면 어떻게 쓰는지에 따라 자연스럽게 '의미'를 만들어 낼 수 있다. 예컨대—

한 남자가 바다 가운데 헤엄 중에 지쳤는지 잠시 쉬려고 수면 위로 고개를 내밀었다. 참았던 숨을 들이켜려고 숨의 한 모금을 뗀 순간이었다. 어떤 사내가 그때 선창에서 점프해 뛰어들었다. 다행히 그를 노린 것은 아니다. 그의 앞쪽에 거칠게, 되도록 위협적으로 뛰어들었는데, 엄청난 물보라가 일었고 막 숨을 들이켜던 자가 숨 대신 물을 들이켜 켁켁거리며, 마구 물장구를 치며 괴로워했고, 선창에 모여 있던 이들은 그렇게 물을 뒤집어쓴 남자를 보며 박장대소를 했다.

하지만 시네마토그래프의 이미지는 이러한 의미(서사 혹은 내용)를 조합해 내지 않았다. 상상해 보라. 뛰어드는 남자가 사내에게 공격적으로 몸을 향해 점프했고 사내는 피했고 급기야 둘 위에서 두 사람이 목숨을 건 싸움을 한다고…. 즉, 어떤 사건이 펼쳐진다고. 하지만 그렇다 하더라도 달라질 것은 없다. 우리는 단지 이미지를 보고 있으며, 그 이미지는 지시 대상이라는 구분도 필요 없는 현상이며, 눈앞에서 '지금 순간적으로' 벌어진 것이기 때문이다. '이후'가 있거나, 우리가 그 현상의 이미지들 안에서 '사람'을 읽어내고 그 때문에 인간으로서의 가치를 부여할 '시간'이 주어져야 '위협'이라는 '사건'이 나타난다. 진짜 세상에서 어떤 일이 벌어질 때는 단지 현상의 '순간'만이 존재한다. 어떤 지시 대상도 따로 존재하지 않으며 있는 것 자체가 존재인 것이 현상이며, 파생될 의미들은 시간 속에서 주어진다. 사건이 벌어진 후에야…. 즉, 당시 시네마토그래프가 '이미지'이기 위해서 결국 해야 할 일은 간단하다. '사건'을 행동들로 만들어 내고, 시간을 구성해서 의미를 읽어내도록 하며, 나아가 '의미'의 종류를 분별시켜야 한다. 위의 '위협'을 예로 들면, 그것이 상해를 입히고자 하는 것인지, 복수인지, 악인을 때려잡는 행위인지 하는 분류 말이다. 이것이 영화에서의 '이야기'의 시작이다. 그러나 아직 시네마토그래프는 여기까지 나아가지 못했다. 뤼미에르나 에디슨이나 정신없이 '현상' 자체를 가져다 보여주기만 했다. 그러니 기계의 역량만이 과시되고 있을 뿐이었다.

'사건이 벌어진 후'라고 했다. 사건은 이 경우, 행동 뒤의 연장 부분만을 의미하지는 않는다. 보는 것에 신기해했던 것에서, 점차 재생된 이미지들에 익숙해지면 인간에게는 심리적 시간의 연장이 벌어진다. 자연스럽게 눈앞의 '순간'을 해석하고 판명하는 수준으로 나아간다는 말이다. 그때부터 이미지들이 담고 있는 '내용들'이 분별 되었는데, 바로 그로 인해서 시네마토그래피cinematographie가 의식되기 시작한 것이다.

즉, 뤼미에르의 축제에 참여하면 할수록, 아무튼 기계, 시네마토그래프로부터 이것을 독립적으로 다룰 필요가 자연스럽게 발생했다. 기계에 종속시킬 문제가 아니었으며(나날이 다른 이미지들이 있었으므로!), 기계로부터 뱉어지고 있으므로, 그리고 뱉어진 것들 또한 나날이 새로운 지각과 주목의 대상이 되고 있었으므로….

여기에, 흥미로운 사실을 또 하나 덧대자. 사실, 이미 말했듯이 호칭 자체가 없지는 않았다. 이미 사람들은 처음부터 '움직이는 그림', '움직이는 사진'이라고 풀어서 이 '이미지의 상태'를 호呼하고 있었다. 특히 미국에서 '시네마토그래프'라는 이름은 더욱 중요하지 않았다. 그들에게는 이미 키네토스코프, 비타그래프 등의 기계 호칭들이 있었다. 그들에게 이같이 이미지를 분리해야 할 잠정적 필요가 있었다면 키네토그래피, 비타그래피 등의 용어가 나왔을 것이다. 하지만 미국에서는 이상하게도 그런 호칭이 붙지 않았다. 그들에게는 여전히 '움직이는 그림, 움직이는 사진'이었다. 미국은 잠시 뒤에 말하기로 하자. 어쨌든 이와 같았다면, 이미지를 부르는 이름으로 '움직이는 그림'이나 '움직이는 사진'이면 족했을 텐데 왜 굳이 '시네마토그래피'라 부르게 되었을까? 어떻든 시네마토그래프로부터 나와서? 움직이는 그림이든, 움직이는 사진이든, 이 이미지에 이름을 붙이는 순간, 그 기계와는 결별이 아닌가? 이유는 차라리 '움직이는 그림' 또는, '움직이는 사진'이라는 호칭에서 찾아야 할 것이다. 즉, 시네마토그래피라는 이 용어의 시작은, 오늘날과 같은 명확한 의식(?)은 없었지만, 이 이미지가 더 이상, '그림'이나, '사진' 자체의 연장으로 받아들여지지는 않았다는 사실을 말해 준다.

달리 말해, 이 용어는 '영화'의 시네마토그래프라는 물리적 상태, 기계의 상태로부터의 독립/결별을 지시하는 동시에, '그림', '사진'으로부터의 독립/결별을 지시한다. 이렇게 파악하면 또 하나의 아주 중요한 사실이 드러난다. 이미 말했듯이 미국에서는 '시네마토그래피'와 같은 용어는 나오지 않았다. 즉, 따로 이미지를 구별하고자 하는 명칭은 없었다는 사실이다. 그들은 사실 이미지 대신 작동 방식에 기반을 둔 변별력을 적용한다. '무비movie'가 바로 그것이다.

이 역시 유럽과 미국에서의 '영화'를 이해하기 위한 흥미로운 전거 중의 하나가 될 것이다. 왜냐하면 무비는 움직이는 그림moving picture에서 파생된 용어이기 때문이다. 여기서 이미 차이가 발생하는데, 미국에서는 '현실/현상'의 문제이기 이전에 '움직이게 한다'라는 방식이 지닌 '가공 능력'에 대한 주목이 이루어졌다면, 프랑스나 유럽에서는 결과물로서의 이미지가 더 중요했다. 이 '이미지'는 유럽에서는 '현상'의 이미지였다. 뤼미에르가 여기저기 특파원들을 보내어 정신없이 세상 풍광들을 날라 왔던 이유도 여기에 있고, 추후 영국에서 다큐멘터리로 자라날 '실사, '기록'의 가치가 주어진 이유도 여기에 있다. 에디슨은 같은 작업 같지만 사실, 자신의 스튜디오로 세상의 풍광들을 가져와 담았다. 즉, 이미 진짜 풍광이 아니며 세트 안에서 재구성된 '조작'이었다. 나중에 중요하게 말하겠지만 여기에 '이야기'를 접합해 보기 바란다. 그러한 영화들의 차이가 이로부터 시작되고 있으니까. 대륙에서 '영화'가 붙잡은 이야기는 현실/현상에 기반한 것들이었던 반면, 미국에서는 온갖 묘기와 가공이 '영화'에게 붙잡혔다!

베르그송의 발견, 가짜 움직임

'시네마토그래피', 그러니까 비로소 '영화'가 태어났다. 물론 그의 첫 출현 자체는 기계 시네마토그래프가 사람들에게 자신이 하는 일을 선보이는 순간에 이루어졌다는 사실을 무시하지는 못한다. 하지만, 어떻게 인류의 의식 속에 자리 잡았는지를 이해하려면 우리는 이 비좁은 기간의 차이를 그대로 지나쳐서는 안된다. 그것이 결국에는 '영화'의 향후 진전 과정을 결정지음은 물론, 개념을 정착시키기 때문이다. 여하간, 다시 돌아가 보자.

당시, 관객들을 놀라게 한 것은 정작 뤼미에르 형제의 바람처럼 시네마토그래프가 아니다. 삽시간에 사람들을 사로잡고 소문이 돌게 만든 것은 '이미지들'이다. 아직 그에 대해 이름을 붙여야 할 만큼의 의식도 없었다. 우리는 베르그송도 '현상'의 문제를 고려해 뤼미에르 영화들을 보러 갔다는 사실을 알고 있다. 그는 '영화'에게는 아무 관심이 없었다. 그에게 관심사란 오로지 '현상' 자체의 재현, 당시의 표현으로는 뤼미에르가 쓴 대로, '움직임의 재생'에 있었다. '움직임'에 대한 이해가 수반되어야 비로소 '현상'이 풀어지기 때문이다. 게다가, 설령 그 단계에 이르렀더라도, 모든 것이 전부 해결되지는 않는다. '움직임'을 이해했고, 그것과 '현상'을 자연스럽게 연결하는 개념이 생겼다고 하더라도, 그 이미지들이 곧 우리가 살아가고 있는 물질적 세계의 이미지를 정확하게 지시한다고 여기기까지는 아직도 긴 여정이 남았다. 이 개념이 더 명백한 것으로 받아들여져야 하며, 전통적 관념의 세계에서 의식이 떨어져 나와야 하기 때문이다. 따라서 다음과 같은 말이 가능하다. 그때 세상의 관심사는 아직, 오늘날 우리가 지칭하는 '현상'으로 넘어오지 않았다고, 혹은 '현상'이라는 개념에 관한 한, 오늘날 당연하게 여기는 것들이 아직 고려되지는 않았다고(이를테면, 시간 같은 것!).

그런 이유에서 사람들은 '사진'이 나왔을 때, '현상'의 현전이라 여기며 호들 갑을 떤 것이다. '사진'은 분명히 상상조차 안 해봤던 충격이다. 하지만 이 일은 거꾸로 그 '현상'이라는 대상의 정체에 관한 한, 사람들의 의식이 아직 비좁았다는 사실을 증명해 준다. 현상이라면 당연히 있어야 하는 움직임, 변화, 시간의 흐름에 대한 의식조차 없었다는 말이니까. 즉, 당시에는 현상을 눈에 보이는 '사실'의 문제로만 이해한 것이다. '시간'이 배제된 '공간', 그 안에서 드러나는 외관의 형상 말이다.

바로 그 때문에, 베르그송에게 시네마토그래프는 의심스러운 물건이었다. 사람들의 소문을 들건대, 그 기계가 '사진적 사실'의 재현(공간성)을 넘어 지속으로서의 움직임을 재현/실현(시간의 실현)하고 있다고들 했기 때문이다. 그렇다면, 그것은 '진짜 현상'을 다루고 있다는 말이 아닌가?

그는 시네마토그래프가 제시한 움직임에 대해서 생각해 본다. '움직임은 어디서 만들어졌을까, 우리가 세상을 보듯, 그렇게 만들어진 것일까?'

하지만 이 조악한 기계에 대한 반감은 무척 심했다. 그는 비판적인 눈으로 '영화'의 작동을 본 뒤에, 그리 결론을 맺었다. 앞서 말했던 대로, 첫 번째, '저것은 빛에 의해 투영된 상 즉, 사진에 불과하고', 두 번째, '실제 보여준 움직임은 '자연'처럼 주어진 것이 아니라, 필름을 일정한 속도로 돌리는 모터가 제공한 것이다! 이것은 자연적, 순수 운동이 아니며, 다만, 메커니즘적으로 외부에서 운동을 첨부한 것/구현한 것/강제한 것에 지나지 않는다! 눈속임에 불과! 그러니, '가짜 운동'이 되는 것이다. '정지된 사실'을 움직이게 한 것에 불과하다! 정지한 지점들을 등거리에 늘어놓고 일정한 시간 속에 연사 되도록 한 장치의 기교.

이후로 그는 우리의 시지각이 지닌 일상적 오류, 잘못 파악된 움직임의 대표적인 예로 '영화'를 언급한다(그러니까 우리의 지각 체계의 오류를 계승한 지근한 예로).

'왜냐하면 바로 우리의 움직임과 변화의 습관적인 재현이 우리가 그 지속을 볼 수 없게 하기 때문이다. 만일, 운동이 위치들의 연속이고, 변화가 상태들의 연속이라면 시간은 분별 되고 병치 되는 부분들에 속할 것이다[상태들 사이]. 그리고 아마도 우리는 여전히 그 부분들이 연속된다고 말할 것이다. 하지만 이러한 연속은 영화적 필름의 이미지들의 연속과 흡사하다 : 필름은 그가 보여주는 것을 전혀 바꾸지 않고도 열 배, 백 배, 천 배로 빨라질 수 있다 ; 만일 그게 무한정 빨라서, 만일 그 풀어냄[이 경우만큼은 기계를 벗어나서라도]이 아무리 순간적이 된다 하더라도 그것은 여전히 같은 이미지들일 뿐일 게다[정지의 겹침만 있다는 의미]. 이처럼 전개되는 연속은 아무것도 더하지 않는다. 차라리 그것은 무언가[실제로 존재하는 지속]를 절편하며, 결손을 각인시킨다 : 그것은 언제나 필름을 전체로 파악하는 게 아니라 이미지 하나하나로 파악하도록 한계 지어진 우리 지각의 나약함(une infirmité)을 말해 준다. 예컨대, 이처럼 고려된 시간은 우리가 과거, 현재, 미래의 모든 사건을 늘어놓는 관념적 공간일 뿐이다. 게다가 우리에게 블록처럼(단위 지워져) 나타나는 사건들의 입장에서는 하나의 방해물일 뿐이다. (......)'[59]

그러고는 나아가 직접적으로 '영화'의 가짜 움직임을 명확하게 지적한다.

'(......) 만일 사진들만 놓고 본다면 아무리 그것들을 들여다본다고 하더라도 우리는 움직임을 볼 수는 없을 것이다 : 부동성과 함께, 아무리 수도 없이 병치한다고 할지라도 움직임은 전혀 발생하지 않는다. 이미지들이 움직이기 위해서는 어디선가 움직임이 있어야만 한다. [애초에 정지하고 있는 사진이니까] 움직임은 바로 거기, 기계 안에 있다. 바로 영화 필름이, (무언가에 의해)이끌려서, 하나씩 차례대로 풀어진다는 데, 장면의 다양한 사진들이 하나에 연이어 이어진다는 데, 이 장면의 각 동인들이 실제로는 그의 운동성을 [외부로부터] 얻어 낸다는 데 있다. 이 모든 연속된 정황들을 드러나지 않

---

59) 베르그송, 『사유와 운동 La pensée et le mouvant』, (Paris, P. U. F. Quadrige, 1990), pp. 9~10. (인용문에서 [ ] 표시는 이해를 돕기 위한 필자의 주석이다)

고 감춰져 있는 영화 필름의 움직임에 의존해 짜 맞춰 갈 뿐이다. 결국 이 모든 과정은 그 형상들이 원래 지녔던 모든 움직임에서 하나의 추상적이고 단순한, 불특정한 움직임을 추출해 내는 데 불과하다[가짜 운동이라는 의미]. 예컨대, 기계 안에서 주어진 일반적 운동 말이다. (......)[60]

베르그송의 '움직임'에 대한 주석을 달려는 것은 아니다. 그보다 중요한 것은 그의 '영화' 자체에 대한 진단이다. 가짜라고 보았든 어떻든, 그는 '영화'를 움직임의 문제로 이해했고, 사람들의 관심사도 마찬가지였다. 발명가인 뤼미에르 형제 자신들부터 그랬다. 앞서 본 신문에 게재된 홍보문을 떠올리자. 거기 분명히 '움직임을 담아내는' 장치라고 쓰여 있다!

그래, '세상'을 담는 것이 아니라, '모든 움직임'을 담을 수 있는 것으로 출발했다. 에디슨도 마찬가지였다. 그에게도 '세상'은 관심의 대상이 아니었으며, '움직임'만이 관건이었다. 그랬기 때문에, 바깥으로 카메라를 가지고 나가지 않고 움직이는 것들을 카메라 앞으로 날랐다. 블랙 마리아, 거대한 카메라, 영사기. 그래, '영화'로 명명되기 이전, 최초의 그것은 단지, 겨우, '간신히 움직임'이었다!

블랙 마리아
카메라이자, 암실이며, 스튜디오이기도 한 에디슨의 '블랙 마리아 (black maria)'—이곳이 이미지를 만들어낸 집이다. 뤼미에르처럼 거리로 나아가 세상을 포착한 것이 아니었다.

---

60) 베르그송, 『창조적 진화 L'évolution créatrice』, (Paris, P. U. F. Quadrige, 2001), Chap. IV, p. 305.

'영화'의 진짜 가치

이미 말한 바다. 이들이 '영화'의 가치를 알아채지 못했다는 사실이 아쉬운 이도 있겠지만, '영화'에게 이것은 다행이다. 만일 당시, 우리가 오늘날 이해하는 '현상'의 개념이 관건이었고, 당대 철학이 이미 그 '현상'에 왕성하게 주목하고 있었다면, 그래서 들뢰즈의 말마따나 그때, '영화'가 그들이 찾아 헤맨 '움직임'을 분해하고 보여주는 것이라고 알아채고, 주목했다면, 베르그송이 이 도구가 '진짜 현상'을 비로소 대상으로 우리 눈앞에 드러내는 것이라고 이해했다면,[61] 이 '영화'는 대번 지식인들의 도구가 되고 말았을 것이다. 담론을 증명하는 도구 또는 지적 의식을 드러내는 도구 말이다(아, 이미 말했지만, 끔찍하다! 자칫 지식이 지식을 먹고 사는 일이 일찍부터 벌어질 수도 있었다).

이렇게 생각해 보자. 만일 '영화'가 애초부터 그 '무거움'을 지녔더라면? 시간이 한참 지나, 마땅한 시간에, 마땅한 장소에서, 마땅한 증거물들을 지니고 자신의 역할과 의미를 퍼뜨리게 된 것이 아니라, '영화'가 스스로 깨닫기도 전에 처음부터 '의미'의 문제에 걸려 있었다면, '예술'과 철학적 담론의 표현으로, 담지자로 다루어졌더라면?

진짜, '영화'는 사장되었을지도 모른다. 새로 나타난 발명품이 그만한 능력을 지니고 있어서 놀랍든 아니든 간에, 이미 있었던 '개념' 혹은 '예술'의 역사에

---

61) 우리가 말해 온 대로 여러 표현으로 바꾸어 볼 수 있다. '만일 사실의 개념 안에 움직임의 여부가 들어 있었더라면', '사진이 사실의 단면으로만 인식되었다면, 현상의 단면, 따라서 '영화'가 진짜 '현상'이 되었더라면' 등등으로….

퇴화된 꼬리뼈처럼 매달린 꼴이었을 테니까. 달리 말해, 사라져 갈 전근대라는 급행열차에 겨우 마지막 차표를 끊어 간신히 올라탄 승객에 불과해진다. 가치의 칸, 어딘가에 엉거주춤 입석 표를 들고서 서 있는…. 누군가 혹 좌석에서 일어나지나 않을까 해서 여기저기 눈을 굴리며…. 마주침을 우려한 어색한 미소를 비겁하게 목 위에 올린 가련한 승객!

하지만 입석 표는 말이다, 잠시 자리를 비웠던 이가 돌아오면 그와 피 터지게 싸울 생각이 없다면 도로 일어나 복도를, 칸과 칸 사이의 바람이 드는 곳을 옹색하게 비비적거릴 수밖에 없다. 게다가 사실 이 과거로 걸어가는 열차의 다음 역은 어딘지도 모를 만큼 길어서 웬만하면 좌석에서 아무도 일어나지 않을 것이 뻔하고! 그러니 뻔뻔하게 앉아 물의를 빚을 바에야 무임승차가 훨씬 나은 법이다. 그러면 배짱이라도 있는 셈이니까.

하지만 '영화'는 다행히 입석 표를 사지 않았다. 다행히 딱히 배짱도 없어서 무임승차를 노리지도 않았다. 그는 그 열차를 타느니 그냥 플랫폼에서 다음 열차를 기다리기로 했다. 거기서 함께 기다리는 많은 이들(대중이라고 불릴 사람들)과 낄낄거리고 떠들면서 말이다. 그렇게 하릴없이 시시껄렁한 담소를 나누며 기다리던 중, 드디어 열차가 도착했고 당당하게 올라왔다.(마치, 《열차의 도착》에서처럼)이 얼마나 다행인가, 공연히 좌석에 앉아 있다는 이유만으로 여유 있는 표정을 짓고 바깥으로 지나가는 풍경이나 쳐다보지 않아서! 그 풍경 바라보기야, 그 열차에서는 늘 하던 일이니.

'영화'는 '허접하고 아니고'와 상관없이, 단지 '달랐다'. 전통적인 예술이 줄기찬 과거라는 뒷 목에 꿰인 갈고리에서 여전히 발을 빼지 못한 데 비해서(물론 '가치'로 볼 때 그럴만한 이유가 분명했지만), '영화'는 과거와는 다른, 그들이 한 번도 해보지 못한, 갈고리 때문에 해볼 생각조차 없던 '일'을 시작했기 때문이다. 그것이 바로 앞서 '겨우 움직임뿐'이라고 했을 때의 '움직임'이다.

거꾸로 생각해 보자. 기껏 발명품들이나 좇아다닌 19세기의 소인배들, 한량들이었지만, '영화'는 아무것도 하지 않으면서 오직 '움직임'만으로 그들을 놀라게 하고, 기겁하게 했다. 만일 이것이 하나의 예술 형식이었다면 이처럼 오직 한 가지 요소만으로는 당최 관심을 끌지 못했을 것이다. 주제도 있어야 하며, 그에 마땅한 형식도 갖추어야 하고, 그것도 너무 튀지 않으면서, 동시에 차별되어야 하는 마치 패션의 당연하면서도 어려운 공식을 성취하고 있어야만 했을 테니.

하지만, 그때, '영화'는 다행히도 예술 형식이 아니었다. 사실, '보여주었다'라고 말하는 것조차 허접한, 이벤트하고는 전혀 거리가 먼 진짜 '사실들'을 스크린에 담았고 비췄다. 그러나 승부는 그것으로 끝났다. 세상에 완벽하게 새로운 것이 도래했음을 그토록 잘 나타낼 수 있었을까? '영화'와 함께 모든 것이 달라졌으니까 말이다. 그는 어떤 장치도 해내지 못한 일을 했는데, 하찮고 진부하고 뻔한 '현실'을 다뤘다. 그러니까 바라보는 관조적 위치에서 풍경을 대한 것이 아니라, 그 안으로 들어갔다. 사람들은 그런 '이미지'의 출현에 정확하게 반응했다. 그들이 살아가며 뻔히 경험한 것, 늘상 세상에 있던 것들, 그것을 '눈'으로 '지켜보는' 것이다! 볼 필요도 없어서 지나쳤던 것들을⋯.[62)]

≪뤼미에르 공장에서 퇴근하는 사람들 La sortie de l'usine Lumière à Lyon≫, 첫 영화였는데, 시간이 더 길었다면 지루하기 짝이 없을 퇴근하는 사람들의 연속이다. 아마 여러분도 한 번쯤 봤으리라. 거기, 특별한 것이라곤 없다. 그러니까 달리 말해, 근사함이라고는, 의의라고는, 의미심장함, 미적 가치라고는 전혀 지니지 않은, 흔하디흔한 사람들, 거리의 모습들⋯. 공장에서 퇴근하는

---

62) 그러니까 실제로는 그들은 새로운 세계를 보고 있었다. 현상에서 그들이 지나친 것을 문자로는 '경험'이라 하지만, 그들 눈에서는 경험이 아니라 반짝거리고 지나가 버린 데 불과하다. 인간의 눈에 '경험'을 가져다준 것은 이 점에서 볼 때, 바로 '영화'이다. 사라진 기억을 뒤지며 되찾아야 할 것, 그나마 추억-이미지 집합의 한 경계 부근에서 흐릿해진 것들을 그가 보여주고, 목도하게 했다. 뤼미에르가 길, 사람과 지나친 것들을 보여줄 때, 인간의 '눈'은 난생처음 '경험'을, '경험'이라는 의미로 문학이 응축시킬 수밖에 없었던 시간을 바라본 것이다.

사람들이며, 길을 걷는 사람들, 전차, 배에서 내리고 호텔로 들어가고, 자전거를 타고, 나일강의 뱃머리 위에 있고, 사자가 울타리 안에서 걸어 다니며, 소리도 없이 노래를 부르는 사람들….

아주 커다란 대문이 열리고 그 대문 안쪽에서 무수한 사람들이 쏟아져 나온다. 당시 가슴선 위로 레이스가 달린 블라우스에 항아리치마처럼 생긴 발목까지 길게 덮는 치마를 입은 여자들과 중절모를 쓴 남자들, 자전거를 탄 사람 등이 쉴 새 없이 그 안에서 바깥으로 나와 프레임을 벗어난다. 뤼미에르가 얼마나 많은 사람을 끌어모아 그 안에 배치했을까 궁금하리만큼 많은 이들이….

≪뤼미에르 공장에서 퇴근하는 사람들≫
의미도, 사건도 없는, 이것 자체가 사건인, 아무 것도 아닌, 그냥 사람들이 퇴근하는 그 장면.

강가에 닿은 배 위에서 때로는 손에 당시의 둔중한 삼각대에 얹은 카메라를 든 이들이 뭍으로 건너온다. 아, 어떤 이들은 카메라 쪽을 향해 손을 들기도 한다. 그뿐이다. 또 다른 조각, ≪아기의 식사 Repas de bébé≫에선 부부와 아기가 한낮의 식사를 하고 있다. 이유식을 먹는 아기의 입은 오물거리고, 젊은 부부(젊어 보이진 않지만)들은 자신들 삶의 미래인 아기를 바라보며 식사를 즐기고 있다. 그리고 바다, 망망대해가 펼쳐진 광경이 있고, 그 바다 위에서 해수욕을 즐기는 이가 나온다. 그래, 모두가 우리에게 늘 '보이던' 것들이다. 그래서인가, 우리는 한 번도 이것들을 '본' 일이 없다. 주시하고 각별하게 여긴 적이 없다.

그리고, 상영회의 중간쯤 난데없이 허접한 우화 하나가 끼어들었다! 정원에 물을 뿌리는 자가 나오고, 한 소년이 호스를 밟는다. 물은 당연히 멈추고, 물을 뿌리던 이는 물살이 멈춘 호스를 들여다본다. 소년이 발을 떼자, 물이 솟아 나와 호스 입구를 바라보던 이의 얼굴을 적신다. 이 모든 일이 소년의 장난임을 안 그는 소년을 잡아 엉덩이를 때린다. 관객들이 깔깔거리고 웃었다. 그뿐이었다. 이 우화도 각별할 터럭이 하나도 없는, 에피소드였다.

그런 점에서 보면 이것들을 보고 놀랐던 당시 관객들의 반응은 의아하다. 모두 특별한 '사건들'이 아니며, 평소에 그들이 보았더라도 의식조차 하지 않던 하찮것없는 일상이었는데.

이 순간은 어쩌면 '영화'의 시작을 생각해 보는 데 있어서 가장 중요한 순간일 수 있다. 왜냐하면 이 미묘한 전환 안에 '단지 움직임'으로부터 이제까지 의식하지 못했던 '현상'으로의 전환 지점이 있기 때문이다. 그래! 이 순간에 '현상'의 가치가 어쩔 수 없이 터져 나왔다. 너무도 평범해서 주시할 필요조차 없던 그 형편없는 것들이, 막상 재현되자 놀랍고 특별해졌다. 이것은 그 순간부터 더 이상 '움직임'의 문제에 국한된 이미지가 아니었다. '현상'이며 따라서 '세상'이다. '호외요, 호외'는 단지, '움직이는 이미지를 보러 오세요.'가 아니라, 여기 '눈으로 보는 것과 똑같은 현상/세계'가 있어요.'였다![63]

---

63) 코폴라 Francis Ford Coppola 는 이 출발점을 그의 놀라운 영화에 담았다. ≪브람 스토커의 드라큘라 Bram Stoker's Dracula≫(1992)인데, 드라큘라 백작이 런던에 온 뒤, 처음으로 사람들의 거리를 배회할 때, 신문을 파는 사내가 외친다. '호외요, 호외, 영화를 보러 오세요. 영화가 발명되었어요!' 그 탈색된 세상에 마치 색을 가져다준 듯, '영화'는 정지한 세계에 움직임을 가져다주었음에 경의를 표하는 작업이었다. 자세한 설명은 뒤의 열네 번째 장, 뱀파이어의 탄생, 1920을 참조 바란다.

이제 '영화'에게 붙어 있던 조악함의 딱지를 잠시 떼어 내자. 이때 '영화'는 사람들이 인정하든 안 하든 자신의 역할을 너무도 잘 알고 있었다. 보라, '영화'를 만드는 이 카메라는 있어야 할 곳에 정확히 있었으며, 담아야 할 것들을 정확히 담았다. 그는 이야기도 만들지 않았고, 일상에서 벗어난 특별한 것을 찾지도 않았다. 오늘날 우리에게야 영화는 늘 보는 평범한 이미지들이 아니라 이야기를 담은 각별한 어떤 것이겠지만 '영화'는 그리 하찮게 시작하지 않았다. 그것은 실제로의 일상을, 있는 그대로의 현실을 잡았다, 나포했다. 인류가 한 번도 잡아보지 못한 '현재'를 눈앞으로 가져왔고!

이것이 바로 '새롭다'라는 의미의 '현대적' 사건이다. 그런 점에서 보면 우리는 여전히 전근대적이다. '영화'를 그것이 제시하는 '의미'('이야기'를 담고 있는 영화)와 연관해서만 가치를 매긴다는 점에서는.

'영화'는 우리의 '눈'에 실상은 늘 우리의 관심사였지만 잡을 수 없어서 이리저리 우회할 수밖에 없던 그 '현실'을 가져다준, 마침, '현실'이 가장 중요한 삶의 문제가 되어가고 있던 그 시기에 가져다준, 지극히 현대적인 도구였다.

제목들, 그래, 그때 상영된 영화들의 **위대한 제목들**을 보라. '전쟁과 평화'도 아니며, '존재와 무'도 아니며, '짜라투스트라'도 아니다. ≪뤼미에르 공장에서 퇴근하는 사람들≫, ≪아기의 식사≫, ≪물 뿌려진 살수부≫, ≪리용 사진학회 참가자들의 하선 Le Débarquement du congrès de photographie à Lyon≫, ≪바다 La Mer≫….

책략이라곤 하나도 없는, 직설적으로 지금 보고 있는 것이 무엇인지를 명시하는 명명들이다. '영화' 자신이 무엇을 보고 있는지, 자신이 그것을 기록할 때 어디에 있었는지, 마치 증명하듯, 마치 그 볼품없다고 여겼던 '사실들'이 우리가 전 생애에 걸쳐서 그토록 찾아 헤매고 떠든 '존재'가 여기 있지 않느냐고 되묻듯…. 그래, '영화사'를 쓰고 있지만, 이론적으로 쓰는 일이 허락된다면 나는 그리 말하겠다. '영화'는 결국 '존재'의 위치를 깨닫게 해주었다고. '존재'의 고민을, '존재'에 대해서 떠들어 왔던 문제들을 '보여' 주고 생각하도록…. 그런 점에서 보면 앞서 말한 당시 관객들의 반응은 이 '존재'의 위치에 대한 경탄이고 놀라움이다. 나아가, 명칭, 이름이 '존재'의 성립, 분별을 부여한다고 했듯이 볼품없어 지나치던 '현상(현실, 세상)'에 이처럼 '제목'이, 인류 역사상 처음으로 붙여졌다. 이는 사실, 간단하게 넘어갈 수 있는 일이 아니지 않은가? '현상'에게 곧 '존재'가 부여되는 명백한 지점이니까. 비록 이 의미들을, 그런 '영화'의 가치를 아직 누구도 의식하고 있지는 못했을지라도 말이다! 우리가 '가볍다'라고 본 것은 다만 그 이미지들이 처음이었고 생소했기 때문이다. '영화', 그 무게는 이렇게 '존재'의 위치에 대한 수정에 있다.

이 내용 없는, 주목할 거리가 하나도 없는 이미지에서 그러니까 모든 것이 시작된다. 이것들이 그 당시 '현실'의 모습이었다. 주목할 필요 없이, 그 안에서 시작하는 것. 그래, '영화'는 이 '현실'의 힘을 보여주었다. 처음에 말했듯이 스크린에서 뱉어진 것은 '움직임'이었지만 '객석'과 함께, 그것은 '현실'이 되었고, '현상'의 문제가 대두되게 했다.

> 푸른색 선글라스를 쓴 남자가 런던에 나타났다. 그는 당시로서는 아주 세련된 중절모와 재킷을 입고 방금 그가 도착한 런던을 처음으로 걸어 보는 중이다. 그때, 한 사내가 길거리에서 외친다. '호외요, 호외, 영화를 보러 오세요! 세기의 발명품! 영화가 발명되었어요!' 그래, '영화'는 그때부터 완벽한 '호외!'가 되었고, 세상의 뉴스가 되었다.
>
> 프랜시스 포드 코폴라, 《브람스토커의 드라큘라》(1992)

그렇다. 시네마토그래프는 비록 정지한 이미지들에 외부 장치인 모터가 '움직임'을 구현한 것이지만, '영화' 즉, 시네마토그래피는 움직임을 내부에 담고 있었다.[64] '움직임'에 주목하던 많은 이들이 놓친 부분은 바로 이 점이다. 다들 그것을 정지한 '사진'에 구현된 움직임으로 봄으로써 말이다. 쥘-머레이, 머이브릿지가 뤼미에르에 앞서 같은 일을 하고도 발명가의 대열과는 전혀 상관없는 사람이 되어버린 까닭은 바로 거기에 있다. 이 새로운 기계의 인상적인 역할은 (애니메이션처럼) 움직임을 만들어 내는 데(재생) 있지 않고, 움직임을 담아내는 데 있었다. 다만 뤼미에르 자신이나 다른 주목자들은 그 사실이 지시하는 바를 미처 바라보지 못했을 따름이다. 결국, 카메라 앞에 있는, 눈앞에 있는 '현상'을 담아내고 그것이 스크린 위에서 보일 때, 이제 더 이상 그것은 카메라가 있었던 그 시간의 '현상'이 아니라, 재현되고 있는 현장(극장, 여기서는 카페의 지하실)의 '현상'이었다.

그래서 '영화'는 두 개의 현상과 관계한다. 하나는 세계에 있는 물자체로서의 현상이고(자신이 본 것), 다른 하나는 자신이 창출한 물자체를 담아낸 것으로서의 현상이다(자신이 영사되는 순간). 그리고 어떻든 이 '현상'을 들여다보고 있던 그 순간은, 인식의 여부와 상관없이, 어떻든 인류의 역사에서 '현상'이 새롭게 조명되는 순간이었다. 뤼미에르의 영화들은 그 증거이며, 사실상 그러므로 '영화'의 모든 것을 이미 담고 있다고도 말하는 것이다!

---

64) 그러나 사실 이 점에서 이 용어 '시네마토그래피'는 더 중요한 문제를 안고 있다. 역사적으로 이 단계에서야 기계로부터 분리된 이름이지만, 그것은 엄밀히 말해, 단지 '이미지'가 아니다. 이것은 이미지 자체로는 존속할 수 없는 것이기 때문이다. 현대(contemporary)에 와서야 우리는 이미지로 이것을 존속시킬 수 있게 되었다(Digital Image의 핵심 문제는 또한 바로 여기에 있다). 그 이전까지는 이 이미지는 완벽하게 기계적 과정을 떼어 내지 못한다. 즉, 그것은 언제나 메커니즘을 수반한 이미지다. 그것을 보기 위해서는 프로젝션, 어둠, 스크린, 빛이 필요하다. 따라서 이 '이미지'는 전통적 이미지의 개념을 넘어서는 이상한 것으로서 평가받아야 한다. 적어도 미학적으로 본다면 말이다. 하지만 영화미학이라 일컬어지는 영역에서 종종 이 문제는 지나치게 배제되고 있다. 회화, 사진 등의 이미지를 논할 때와 같은 상태로만 바라봄으로써 말이다. '시네마토그래피'라는 용어는 단지 이미지가 아닌, 그 이미지로 무언가를 하는 방법의 이름이다! 즉, '움직이는 이미지를 저장하고, 스크린에 보여주는 방식' 말이다!

영화의 죽음, 1897년

4

미국에서의 '영화'

제이 비 북스J. B. Books라는 사람을 아는지? 미국 서부 황야를 주름잡던 전설적인 총잡이지만 아득한 시절이니, 당연히 잘 모를 수 있다. 하지만 그는 1871년 '운명'을 건 결투를 통해 알려지고, 1880년, 1885년, 1889년, 1895년까지 시대마다 엄청난 상대와 화려한 총격전을 벌였다. 물론 가장 중요한 사실, 그는 늘 살아남았다. 마치, ≪용서받지 못한 자 The Unforgiven≫(1992)의 주인공 '윌리엄 머니'처럼 말이다. 그는 살아 있는 전설이고, 평생을 통해 무려 놀라운 총잡이들 30여 명을 죽인, 진짜 총잡이이다. 1901년, 암에 걸려 살날이 얼마 남지 않았음을 알고 자신이 선택한 조용한 휴양지로 오지만, 자신과 결투하기를 희망하는 이들로 인해, 마지막 결투를 벌이고 그는 죽는다. 공교롭게도 자신이 태어난 날이었고, 마지막 시간 동안에 자신을 간호해 준 하숙집 주인 로저스 부인의 빚 청산을 돕기 위해 자신을 던진 것이기도 하다.

그래, 잠시 생각해 보자. 유럽이 아닌, 이러한 미국 땅에서 대체 '영화'란 무엇이었을까?

이 전기傳記에서, 북스 씨가 하숙을 치는 로저스 부인 집에 머물기 위해 방문했을 때, 그 집의 장점이 소개된다. 물이 계속 흐르는 수도가 있고, 따라서 이제는 물 길으러 갈 필요가 없으며, 전화기가 집 안에 있다, 개인의 집에! 그리고 거리에는 전차가 다니며, 전깃불이 들어온다. 하지만 거실이나 바, 상업 장소외 개인의 방, 부엌은 여전히 호롱불을 썼다. 에디슨의 전기가 동부, 도시들에서는 새로운 세계를 열었지만, 서부까지 미치기에는 아직 요원했고, 사실, 전선을 놓는 비용 때문에, 아직은 대개 전깃불보다는 호롱불을 선호했다. 잔인하기로 악명 높은 윌리엄 머니가 그의 마지막 결투를 치른 1878년, 결투장 살롱도 여린 촛불과 호롱불들뿐이었다. 수많은 적에 둘러싸인 그가 무사했던 데는 빛이 어둠에 잠식당해 기를 못 펴는 그 조건도 한몫했을지 모른다.

또한 같은 에디슨이 관여하고 있는 제너럴 일렉트릭 사의 전신 업무는 그보다 조금 전에 시작되었고, 그 덕에 모스 무전기를 두드리는 모습은 서부영화에도 빈번하게 나온다. 1860년대에서야 대륙 횡단 철도 건설이 시작되었으며, 열심히 개척했음에도 1890년대의 서부는 아직도 더 놓을 곳이 남아도는 땅이었다. 아마, 그 시기 어느 때쯤, 하모니카를 목에 걸고 다닌다는 사실 외에는 이름도, 내력도 없는 총잡이와 프랭크라는 악명 높은 총잡이의 결투가 펼쳐졌을 것이다. 악인은 쓰러지고, 결투는 마감되었으며, 그때 기차가 기적을 울리며 달려왔고, 그러니까 그들의 시대를 밀어냈다.[65]

이런 시대에 유럽에서, '영화'가 나왔다. 사실, 에디슨이 먼저 발명했든 말든, 그의 카메라가 현실을 기록하는 도구로서 '영화'의 정의에 충실치 못해 뤼미에르에게 자리를 넘겨줬든 어떻든, 어차피 유럽에서 시작될 수밖에 없던 또 하나의 이유가 여기에 있는지도 모른다. 미국에서는 예컨대 그 장치들이 무슨 일을 하는지, 어떤 '의의'가 있는지 알아봐 줄 자가 없었다. 그것에 의해 자극받고

---

65) 윌리엄 머니는 클린트 이스트우드가 분한 한 캐릭터의 이름으로 그 감동적인 웨스턴 정리극, ≪용서받지 못한 자 Unforgiven≫에 나온다. 이름도, 내력도 없는 총잡이는 사실, 영화 내내 '하모니카'로 불린다. 찰스 브론슨이 그 역할을 했으며, 프랭크는 헨리 폰다였다. 세르지오 레오네 감독의 대서사극, 혹은 서부 시대의 마감에 관한 대서사시, ≪옛날 옛적, 서부에서는….once upon a time in the west….≫의 이야기이다. 끝으로 제이 비 북스 J. B. Books는 미국의 돈 시겔 Don Siegel (1912~1991) 감독의 ≪더 슈티스트 The Shootist≫(1976)에 나온 총잡이로, 존 웨인이 실제 암에 걸린 후에 마지막으로 찍은 서부영화이다. 꼭 이 영화를 보기 바란다. 존 웨인이 그동안 서부영화에 출연했던 장면들로 제이 비 북스의 과거를 편집한 장면들로 시작된다. 마치, 배우 존 웨인의 영화적 삶을 훑듯이…. 그래서 이 영화는 내게는 서부극에 대한 헌정으로(작품의 수준과는 상관없이), 존 웨인에 관한 아스라한 추억들로 보인다.

개안할 사람도 없었다(오직 자본으로의 환산 가치를 발견한 이들 빼고). 사실, 그것을 보고 놀라고 경탄하는 것도 쉽지 않았다. 낄낄대거나 아니면 제이 비 북스 등의 총잡이들처럼 툴툴대거나 했을 뿐이다 : '세상이 어떻게 돌아가는 거야, 남자들이 저런 그림 쪼가리들이나 쳐다보고 히히대고 말이야!'(당시 미국적 사고에서 말이다)

영화를 상영하는 천막을 나와, 그는 마을 뒤편의 멀리 펼쳐진 광야를 바라본다. 그의 시간을 먹은 눈은 이미 자신의 시대가 마감했음을 깨달아 가며…. 그러고는 마지막이 될 결투를 받아들였다. 그래, '영화'는 그런 시간의 마감과 시작 사이에 있다. 그것은 미국이나 유럽이나 똑같다. 어떤 시간의 마감과 어떤 시간의 시작.

이것이 '미국'의 19세기 말末이다. 서부 얘기만을 했지만, 뉴욕과 시카고, 동부에 세워진, 띄엄띄엄 수십 킬로나 가야 겨우 200~300여 명이 모여 사는 '마을'이 아닌, '도시'라고 할 만한 곳에서도, 즉, 말 타고 땅과 함께 지내며 삶을 자연 속에서 꾸려가지 않는, 도시민들에게도 마찬가지이다. 대단한 일이 아닌, 그저 '신기한' 일이었을 뿐이다. 이런 상황에서 '영화'는 어떤 것이었으며 무엇을 해야 했을까? 다시 말하지만, 그런 질문조차 던져질 기미가 없던 곳이었다. 그 사실을 가슴속에 깊게 넣어 두고 이 '초기'를 보기로 하자. 그러면 우리는 미국에서 어떤 영화들이 만들어질지, 왜 할리우드이며, 거기서부터 미국 '영화'의 모든 것이 나오게 되는지를 분명하게 이해할 수 있다.

제페토의 실패한 꿈

사실, 기계를 만들어 낸 제페토의 꿈은 온전히 충족되었다. 다만 그리 오래 가지 않았을 뿐이다. 피노키오[66]는 처음에는 그의 품 안에 기거했고, 제페토는 자식이 생긴 것만으로도 충분히 만족했고 즐거워했다. 하지만 그 모든 것은 그저 초기 얼마간이었을 뿐이다. 동화 속 제페토는 자신이 만든 이 피노키오가 단순한 목각 인형, 끈을 매달고 그에 의해 움직이는 마리오네트가 아니었음에도 생명을 지녔다는 사실이 무엇을 의미하는지에 대해 그다지 신중하지 않은 듯하다. 생명은, 생명의 활동은 사실 사고뭉치이다. 그 자신이 존재의 의미를 깨닫고 그것을 경주해 나가기 전까지는.

물론, 한편으로는 피노키오를 엇나가게 한 환경도 있기는 하다. 그는 분명히 '살아 움직'였지만, 그래서 처음에 모두가 호들갑을 떨며 신기해하고 놀라워했지만, 그다음에는 다음과 같이 말했다. 마음에 들지 않거나, 수틀리면 말이다!

'넌 목각 인형이야!'

피노키오는 도무지, 자기 존재의 혼동을 감당하지 못했다. 아마, 제페토도 그 점이 당황스러웠을 것이다.

미국 이야기를 하자고 했지만, 이 '혼동', '죽음'에 관해서는 미국은 해당 사항이 없다. 그러나 이것을 말하지 않고는 미국에서의 '영화'의 방향을 올바로 이

---

66) 1883년 이탈리아의 극작가 카를로 로렌치니 Carlo Lorenzini가 어린이를 위해 지은 동화의 제목이다. 정식 제목은 『피노키오의 모험 Le avventure di Pinocchio』이다.

해하기는 힘들다. 그러니 다시 잠시 유럽에 머물자.

'유럽'은 아무튼 신기한 개념이다. 로마 시대와 중세까지, 우리는 갖가지 정보를 통해서 '대단한 유럽'으로 이해하지만, 그것은 근대의 침투 시기에 깃든 문명 사대주의 때문에 그렇다. 실제로는 그때까지, 이들이 십자군을 통해 중동의 발달한 문명을 만나고, 그때부터 건네진 동양의 문물을 익히기 전까지, 야만도 이만저만한 야만이 아니다. 아니, 솔직히 르네상스가 문명화의 포문을 열었지만, 근대에 이르기까지 야만인의 사고방식과 틀은 여전히 남아 있었다. 그러던 것이, 어느 순간부터 이 '야만'의 얼굴을 두개골 속에 깊게 밀어 넣고는 분명한 철학의 시간을 살았다. 자격지심에 따른 것이었을까, 아니면 신의 계획 같은, 야만에 무언가 그들로부터 시작되지 않은 추가 던져진 것일까. 그들 스스로 깨치지 않았음은 분명한데…. 엉뚱한 말 같지만, 아무리 봐도 '영화'의 죽음이라는 테마도 줄기차게 문화적 계급의식, 좋게 말하면, 유럽에서의 정신적 전통이 지닌 무게 때문에 빚어졌기에 하는 말이다. 그 '전통'이 대단한데, 그것이 언제 어떻게 만들어지게 되었을까가 영 궁금하다.

어쨌든, '죽음'은 오직 유럽에서 벌어졌다. 의미와 가치로 보자면, 이제는 우리가 알고 있듯이, '영화'가 죽어야 할 이유는 전혀 없을 것이다. 그것은 인류 역사에서 가장 대담한 방식으로 필연적인 변화를 보여주는 지점이니까(쉬지 않고 변화하며 움직이는 세상을 있는 그대로 사람들의 눈에 가져다줬다!). 이제 '현실/현상'이 관건이라는 사실, 이제까지 살아온 것과는 다르게 앞으로의 세계는 이 '현실'에 붙들려 지내게 될 것이라는 사실, 부정적인 것도, 희망을 품는 긍정적인 것도 하늘에서 정해준 운명 때문이 아니라 모두 '현실'을 둘러싼 대회전이라는 사실에 방점을 찍는 발견이니까(발명된 것이 시네마토그래프, 키네토스코프라면, '영화'는 발견이다!).

그러나 누누이 강조했다시피 당시 아무도 그 '의미'에 대해 생각하고 있지 않았다는 점이, 당시의 진짜 사실이다. 그리고 이 사실로 인해 '영화'는 죽음에 직면해야 했다. 굳이 말한다면, 뤼미에르 '영화'의 죽음이고, 에디슨 '영화'의 죽음이다. 하지만 '영화'를 죽음 직전까지 몰고 간 그 시대가 잘못되었다고는 할 수 없다. 사람들이 그 '의미'를 아직은 심각하게 고려하고 심사숙고할 이유가 없었고, 흥미가 떨어지면 자연히 관심은 거둬지기 마련이다. 생각해 보라. 거리와, 늘 보는 풍경, 사람살이 그것뿐이었다. 신기하고 특별하게 시작되었지만, 그의 단순한 반복이라면 지겨워지기 마련이다. 더구나 미국에서의, '그 모습들'을 보는 일조차 별로 중요하지 않은 황야의 삶에 대해서 이미 말했다.

뤼미에르 형제의 영화들은 전 세계를 돌며 흥행에 성공했다. 사람들은 놀라고, 즐거워했다. 사실 말이지 범상한 거리이든, 선택된 대상인 무용수들이든, 그 내용과 상관없이 '영화'는 어쨌든 신기했으니까. 정확하지는 않지만, 그 영화들을 본 사람의 수를 고려하면 그만한 블록버스터는 다시 없을 것이다. 이후로도 그런 현상은 지속되었다. 이들 뤼미에르와 에디슨, 둘뿐만이 아니라 '영화'의 프런티어들이 세계 곳곳에 있었던 만큼, 도처에서 화제를 몰고 인기를 끌었다. '영화'는 전도유망한 발명품처럼 보였다. 발명가들은 하나같이 돈방석에 올랐고, 화려하게 세간의 관심사에 올랐다. 하지만, 이럴 수가!

'영화'의 장밋빛 미래는 몹시 짧았다. '영화'는 사실 생존과 죽음 사이의 위험한 줄타기 위에 놓여 있었다. 이미 말했듯이 단지, 신기한 발명품으로 취급받았으니까, 딱 그만큼의 발명품의 가치, 생존 방식에 묶여 있던 것이다. 놀라운 '영화'의 힘은 단발성, 《열차의 도착》으로 훌쩍 지나가 버린다. 아무도 그로 인해 빚어진 우스꽝스러운 현상에 주목하지 않았다(이 사건의 문제는 따로 말하자). 어쨌거나 모든 의의는 아무리 이미 내재되어 있거나, 또는 드러나 있다 할지라도 구체적으로 체화되고 습관화되어 그런 현상들이 의혹 한 점 없이 자연스럽게 퍼져 있을 때 논의의 대상이 되는 법이다. 당연히 가치 있다고 생각되어야 그 가치에 대해 논증하고 고민해 보게 된다. 그 시대, 자신의 의미와 가치를 유포시키기에는 '영화'는 아직 부족했다.

그렇게, '영화'는 태어나자마자 순식간에 죽어갔다. 뤼미에르 이후(사실 그 외에 다른 경쟁자가 아직 없었지만), '영화'의 상영은 아주 짧은 몇 분간으로 고정되어 버렸다. 긴 시간 볼만한 내용이 없었고, '이벤트'만 난무했다. 이것이 '영화' 내부의 문제라면, 외부 조건도 그리 좋은 것은 아니었다. 생각해 보라. 나일강이나 도쿄의 기모노를 입은 기이한 일본인들의 삶, 안데스산맥의 거대한 풍광 등을 '보는' 것은 놀랍든, 대단하든, 그저 관광지에서 친구가 보낸 '우편엽서'의 연장에 지나지 않는다. 그것은 거기에 있는 '사실' 이외에 아무것도 아니기 때문이다. 되풀이되는 것들은 오로지 '현물'로서의 '사실들'이었고, 따라서 싱거웠고, 조악했고 더 이상 신기하지 않았다. 그리고 새로움을 제공하지 못하게 되자, 더 이상 새로운 관객층도 모을 수 없게 되었다. 최초의 관객들은 호들갑을 떠는 한량들, 와자지껄 떠들고 '놀기' 위해 오는 이들, 오로지 그런 부류들뿐이었다. 지성인들이 '영화'를 평가하기에는 이 외부 상황도 안 좋았던 셈이다(어느 시대나 그런 법인데 스스로 지성인이라는 이들은 항상 저잣거리에 섞이기 싫어한다. 그가 태어난 곳도 사실 저잣거리인데도). 이런 맥락에서, 진짜 움직임이 가짜 움직임으로 전락해 버린 것이다. 이미 말한 대로. 베르그송은 가차없이 '영화'의 단점을 애써 파고들어 그것을 한갓 눈속임에 지나지 않는 '가짜'로 만들어 버렸다. 프로이트는 단지 서비스 정신이 투철한 호기심에 그쳤고, 고리끼는 심지어 사악한 악마의 장치처럼 말하기도 했다.[67] 이들이 그저 유명한

---

67) '어제 나는 그림자의 왕국에 있었다. 아, 만약 내가 당신에게 그 세계의 기이함을 보여줄 수 있다면. 색도 소리도 없는 세계. 모든 것—땅이나, 물, 공기, 나무들, 사람들—이 그저 회색으로만 나타나는. (…) 거기엔 삶이 없다. 단지 삶의 그림자만 있었다. 삶의 활기는 사라져 버린, 일종의 소리 없는 망령이라고나 할까. 그런 것들만 있었다. (…)이 그림자들의 움직임은 보기에도 끔찍했다. 다른 것은 아무것도 없이 오직 그림자들, 망령들, 유령들뿐이었다. 나는 전설을 생각했다. 어떤 악한 존재가 마법을 걸어 마을 전체를 끝없는 잠으로 몰아넣었다던. 나는 마치 마법사 멀린이 우리 앞에서 그의 주술을 걸고 있는 듯한 생각이 들었다.' - 뤼미에르 영화를 본 뒤, 막심 고리끼의 일기 중에서- 엠마누엘 뚤래 Emmanuelle Toulet, 『영화, 세기의 발명』, (Gallimard, 1988), pp. 135~138.

이들이 아니라 당시 상황에서 누구보다도 '진보적'인 이들이었다는 사실을 눈여겨봐야 한다. '꼰대'가 꼰대 짓을 하는 일은 주목할 이유가 없는 반면, '진보'에게 배양된 관습이야말로 그 시대 문제를 분명하게 드러내는 지점이기 때문이다. 아무튼 이런 상황에, 엎친 데 덮친 격이라고 문화적이라 여기는 계층들에게, 파리 시민들에게 더더욱 부정적인 인식을 주게 될 사고마저 발생한다. 파리에서 열린 한 자선 바자회(Bazar de la Charité)에서 영화를 상영하다 화재가 발생해 200여 명의 사망자가 생긴 것이다. 이 사건이 프랑스와 유럽 전역에 미친 영향은 컸다. '영화'는 당장에 불건전한 문화 형태의 하나로 지탄받으며 사회 문제가 되었기 때문이다.[68]

이유는 간단하다. 화재를 일으킨 영사 시설에 대한 공식적인 책임자가 없었다. 이때 영화의 상영자들은 영세한 개인업자들이었고, 그들에게 전문적인 지식, 기계의 메커니즘에 대한 확실한 이해는 없었다. 그들 대부분은 어디서 생산되었는지 불분명한 영사기 하나를 구입해, 오로지 기계의 전원을 공급하는 스위치를 넣는 공정만을 알고 있는 떠돌이 영세업자였다. 즉, '영화 상영' 자체가 지금처럼 공식화된 사업 행위가 아니라, 차력사의 쇼, 마술사의 시장에서 벌이는 쇼와 다를 바가 없었다. 프랑스의 중상류층 인사 200여 명의 사망을 낳은 사건치고는 어처구니없는 행사였던 셈이다. 사정이 이러하니 영사기의 발열 상태에 대한 기본적인 이해도 없었고, 게다가 상영 공간 자체도 공식적인 것이 아니기에 담배 등의 화재 원인 요소들로부터 취약했다. 이미 자잘한 화재 사건들이 있었음에도 이에 대한 마땅한 제재도 없었고, 그렇게 안이하게 행사를 진행했다. 작은 공간에 한꺼번에 200여 명이 넘는 사람들이 몰렸고, 화재가 일어나자 대부분 순식간에 희생자가 되어버렸다.

온 언론이, 소문이 삽시간에 '영화'를 공공의 적으로 몰았다. 그간 영화 상영

---

68) 조르주 사둘, 『세계영화사』 p. 31.

공간에 들러 그것을 즐겨 봤던 사람들이라 하더라도 이 비난에 참여했다. 즐기기는 했지만 불건전함, 탐탁지 못함도 분명히 존재했었기 때문이다. 연극이나 오페라와는 달리 사실상 사교 공간이라고도 볼 수 없는 열악한 공간에서 '연희'되던 '영화'는 당장에 사회 문제의 표본으로 전락했다. 당시의 사회적 문제를 안고 있는 대표적인 상징물이 되어버린 것이다. 불건전하고, 불합리하며, 정비되어야 하는 대상으로 간주 되었다.

'영화'는 모든 면에서 위기를 맞았다. 사실, 탄생하고 나서 한 2년이 흐른 뒤, 이 '영화'는 지하실, 카페의 지하 창고, 싸구려 코미디나 마술 쇼가 공연되는 지하 임대 공간을 벗어나 지상으로 서서히 올라오는 중이었다. 화제를 몰아가며 세간의 공식적 관심을 끌어당기고 있었다. 만일 이 바자회가 성공적으로 끝나고 각종 행사에 '영화'가 고정 프로그램으로 자리 잡았다면 그의 삶은 다르게 쓰였을는지도 모른다. 거의 모든 영화사는, 이상하게도 이 사실을 별로 중요하게 다루지 않는다. 아마도 그해, 1897년에 곧 멜리에스가 등장했고, 미국에선 니켈로디언[69]의 시대가 도래했기 때문이다. 결국 외견상, 영화는 마치 지속적으로 자신의 영역을 넓혀 간 것처럼 여겨져서 '영화'가 당연한 존재로 인정받고 자리 잡은 이후의 시선으로 볼 때 초기의 이 사건은 '사고'였을 뿐, 역사적 의미를 둘 이유가 없었다.

하지만 그럴까? 오히려 이 흐름에 주목하자. 시네마토그래프의 성공이라 쓰기 전에, 그것이 상영되고 유포된 공간, 그리고 거기의 관객층들(초기에는 한량들, 여기저기 당대의 파리 분위기에 젖어 놀거리를 찾아 돌아다니는 부나비들), 그것이 보여주는 내용들을 살펴보자. 시네마토그래프가 지적 담론에서 그리도 철저하게 무시된 이유들을 생각해 보자는 말이다. '영화'가 보여준 것은 아무리

---

69) 니켈로디언(Nickelodeon)은 20세기 초반에 나타난 규모가 작은 영화관이다. 미국 영어에서 니켈(Nickel)은 5센트 동전, 그리스어에서 오데온(영어 발음: "오디언", Odeon)은 지하 극장이라는 뜻이다.

좋게 보아도 아직은 자신의 '내용들'이 아니라(이야기라는 수준에선 우리가 보기에도 조악하고 형편없었으니까) 그저 새로운 장치로서 자신이 할 수 있는 일들뿐이었다.

물론, '영화'는 어떻든 세간의 관심을 끌었고, 거기서 자신의 열악한 면을 벗어나고자 했다. 자신이 노력하지 않았더라도 이 관심이 그를 다른 공간, 다른 관객들, 다른 내용들로 서서히 이끌어 갔던 것이다. 하지만, 이 '화재'는 일순간에 이러한 변화의 가능성을 허물어 버렸다. 이후에 멜리에스가 나오고 곳곳에서 더더욱 많은 영화들이 만들어지고 상영되었지만, 어떻든 '영화'는 다시 지하로, 다시 그 관객들에게로, 다시 형편없고 움직인다는 사실 외에는 별다른 가치가 없는 '쇼'가 되었다. 결국 인기는 끌었지만, 저속함을 떼어 내지 못했다. 결과적으로 '영화'에 대한 보편적인 사회 인식이 이 무렵에 결정되어 버린 셈이다. '영화'가 사실 향후 20~30여 년간 놀라운 성과들을 보여주었음에도, 나름 진지하고 예술적인 실험과 시도들이 이어졌음에도, 세상에 마땅히 생각할 법한 중요한 문제들을 제시했음에도…. 그러든 저러든 상관없었다. '영화'는 여하간 전반적으로 저급한 문화 형태, 가십 수준의 소문, 고급 예술에 대한 흉내에 지나지 않은 것이다.

이렇게 '영화'는 완벽하게 값싼 오락, 저급한 문화가 되었다. 그 때문에 사람들은 그것을 쉽게 손에서 놓을 수가 있었고, 언제나 질타할 수 있었으며, 무시했다(우리가 오늘날 그러하지 않은가?). 악순환이 이어지는데, 이런 상황에서 '영화'가 선택할 수 있던 것은 오로지 '생존'이다. 자신의 위상을 재고하고, 자신이 처음부터 지녀 마땅한 '의미들'을 사람들이 알아차릴 수 있도록 노력하는 대신, 이 갓 태어난 발명품은 우선 살아남아야만 했다. 내가 보기에 '영화'에게 주어진, 장착된 이런 이미지가 곧 '영화'의 숙명이 되지 않았나 싶다. '영화'는 적절한 때마다 매번 자신의 죽음을 맞이했으니까. 뮤직홀이 인기를 끌었을 때, 자동차와 놀이동산이 사람들을 채어 갔을 때, TV가 사람들을 집 내부에 머물게 하던 그때마다….

게다가 인기를 구가하고 있을 때라도, 위상이 달라졌든 아니든, '영화'는 여전히 화장기밖에 없는, 이면에 천박의 얼굴을 감춰 두었을 거라는 의혹에 걸려 있어서, 조금이라도 그럴 만한 면모가 보일라치면 사람들은 서슴없이 고개를 돌렸다. '영화'가 일곱 번째 예술이라고? 천만의 말씀이다. 리치오토 카뉘도가 주장을 하고도[70] 한참의 시간이 지나서야, 기껏해야 '음, 그래, 영화도 예술이라고 말할 수도 있겠다…. 음….'이었다!(1940~1950)

그럴 수밖에 없었다. 피노키오도 처음에는 신기하고 영특해 보이고, 귀여워 죽겠지만, 그가 하는 유치한 갖가지 일들 앞에 제페토의 시름은 깊어 갈 수밖에 없다. 동화니까 그 정도에서 끝나지, 그렇지 않았다면, 제페토는 기계의 말썽을 그대로 둘 생각을 했을까? 오늘날 우리는 기계가 말썽을 부리면 간단하게 전원을 뽑아버린다. 피노키오의 반전은 그가 동화가 목적하는 대로 '착한 아이'가 됨으로써 인간으로서의 자신의 능력을 보여주는 순간에 이루어진다. 아, '영화'도 거기에 이르기까지 한참을 저잣거리에서 버텨야 했다. 모두가 외면하고 조롱하는 그 거리에서….

'영화'는 그 외면 속에서 살아남고자 몸부림을 쳐 왔다. 달리 말하면, '영화'는 제법 대단해졌지만 사실, 그렇게 남기 위해서 무진장 애를 써야만 했다. 사람들이 너무나 쉽게 '영화'의 천박성을 발견해 내곤 했기 때문이다. 혹은, 부여했거나.

---

70) 리치오토 카뉘도 Ricciotto Canudo (1879~1923). 영화를 제7예술로 주장한 미학자. 애초에 그는 1911년, 영화를 공간적 리듬(실용예술)과 시간적 리듬(음악과 시)의 놀라운 조화를 이루는 것으로, 건축, 조각, 회화, 음악, 시에 이어 여섯 번째 예술이라 칭한 바 있다. 그러나 1917년, 무용을 여섯 번째 예술로 첨가하면서, 영화를 일곱 번째 예술로 정정했다. 이는 영화를 종종 이전 예술 형태들의 종합으로 보아, 종합예술이라고 칭하는 계기를 제공했다. 오늘날 이 견해는 광범위하게 교정되었지만, 당시로 볼 때는 아무튼 '영화'의 구성에 대해 '예술적 표현'의 하나로서 간주하려 했다는 점에서 선구적임에는 틀림이 없다.

에디슨 1887~1900년대 초

'최초'를 놓친 발명가

'영화사', 우리가 지금까지 보아 왔던 영화사에는 사실 몇 가지 모호한 구석들이 있다. 물론 수정을 요구할 정도는 아니다. 하지만 우리가 '영화'의 문제들을 좀 더 명확하게 짚어보고자 한다면 한 번쯤은 생각해 볼 지점임은 분명하다.

에디슨, 우리 모두 잘 알고 있다. 그는 우리의 어둠에 불을 밝혔다. 터무니없는 자들까지 '위인'이라 이름을 붙이며 이데올로기 선전을 대신했던 위인전에는 이처럼 얘기되지만, 그가 한 일은 사실 가스등을 전기 램프로 바꾼 일이다. 즉, 그가 어둠에 불을 당긴 자는 아니다. 밤은 이미 빛에 의해 조각난 곳이었으되 그것을 조금 더 가차 없이, 조금 더 통제할 수 있게 한 것이다. 물론, 당시로서는 굳이 필요 없는 일이라 했다. 그러나 나중을 생각한다면 실제로는 편리한 교체/개혁인 것도 명백한 사실이다. 그 자신의 호주머니를 채우기 위한 간계였든, 시정자市政者들 간의 이해관계가 구질구질하게 겹친 사익이 원인이었든, 어둠을 몰아내려는 엉뚱하게 의식화된 문화적 몽상주의자들의 지지였든 말이다. 가스 시설의 번거로움이 송전선으로 대체되었으니까.

에디슨은 이런 일에 있어서는 탁월하다. 그는 발명가이기도 했지만, 대부분의 결과물에 대해서 발명의 아이디어맨이었다. 그 자신이 직접 발명한 것도 있지만, 자기 아이디어를 살려줄 수 있는 능력 있는 조수들을 영입해 연구를 독려하고 그들에게 투자해 자신의 사인이 들어간 생산물로 만드는 일에도 능수능란했다. 지금으로 치면 특허권 분쟁에 휘말릴 만한 수많은 건수들이 있다는 말이다. 이 에디슨이 '영화'의 발명사에도 끼어있다. 그리고, 영화사 책을 펼치면, 그저 그런 프런티어들 중 하나에 불과한 듯이 보인다. 하지만 애석하게도 그렇지 않다. 나는 결코 에디슨의 옹호자가 아니다. 개인적이라면 이런 치졸한 자본주의자와 숨을 뒤섞는 일조차 끔찍하다. 어쩌면 그러한 일은 '존재'의 치욕일 것이다. 내가 아무리 허접한 '존재'의 옷을 입고 있더라도 말이다(물론 언제든 벗어지고 있는 일이지만).

하지만, 그를 얘기하지 않고는 '영화' 이야기는 완결되지 않는다. 아니, 정확히 말하면, 우리가 맞추고자 하는 초기 영화 역사 속에서의 뼈다귀들의 조음이 제대로 이루어지지 않는다. 왜냐하면 영화사는 앞으로 가면 앞으로 갈수록('뒤로'인가?) 너덜너덜한 발굴의 현장이기 때문이다. '영화'가 워낙 볼품없었으므로 그에 대한 많은 기록, 기억해야 하는 것들이 너무 많이 소실되었다. 사둘의 말처럼 말이다.

그러나 낙담할 일은 아니다. 역사 속의 산책이란 언제나 즐거움이고, 징후가 있으므로 이후의 증거들과 그것들을 연이어 따져볼 수 있는 작업이다. 그래, 징후와 증거들을 이어 '세계'를 펼쳐 보이는 작업은 후에 새로운 뼈 무더기가 쏟아져 나와 뒤엎어진다고 하더라도 환상적인 프롬나드promenade이다. 그것은 용기와 열정을 지닌 사람들에게만 부여되는 혜택이고. 우리처럼 새로운 뼛조각들을 맞추고, 없는 부분을 상상하며 가정하고, 그 감동적인 '삶'을 재구성해 가는 사람들에게 주어진 기쁨이다.

그 정도를 느낄 사람이 있는지는 모르겠지만, 이 역사 속에서 '영화'를 발견해 나가는 일은 단지 '영화사'가 아니다. 그것은 조금만 깊게 들여다보면 곧 당시 '인류'에 대한 발견이다. 그가 맞이한 그 시기는 대체 어떤 시기였나, 그는 어떤 존재였나, 그는 이 새로운 도구들을 어떻게 받아들였는가….

영화사를 펼치면 에디슨은 '영화'와는 크게 상관없는 이처럼 나와 있다. 그저 키네토스코프를 발명했을 뿐, 그의 여타 발명품들과는 달리 주도권을 지니지 못하고 슬쩍 사라져 간 듯 보인다. 천만에, 그는 그리 무시되어선 안 된다. 인간적으로야 폄하할 수 있을지 몰라도 나머지 문제들을 따지면 절대 그렇지 않다. '영화'의 발전사에, 그는 묘한 연줄을 쥐고 있다. 실제로 당시 그는 이 발명가들 대열의 맨 앞에 있었다. '영화'의 발명가로 등재된 뤼미에르 형제보다 몇 년씩이나 앞서 있었고(1887), 공식과 비공식의 모호한 경계만 허문다면, 움직이는 이미지를 뱉는 기계, 키네토그래프의 발명은 1888년이었으며 1892년까지 기계적 수정이 가해졌다. 이것을 시각적으로 볼 수 있도록 만들어진 기계, 키네토스코프의 발표도 뤼미에르보다 1년은 앞선다. 애초에 기계가 돌아가도록 장치를 '현대화'시킨 것도 그다. 미끄러짐에 일정한 시간을 배분하고자, 네가필름 negative film에 뚫려 있는 구멍에 시간의 걸쇠를 걸 아이디어를 낸 이도 바로 에디슨이다(이 구멍을 처음 뚫은 이는 이스트만 코닥[71]이지만, 그에게 있어 이 구멍은 단지 필름 감기를 수월하게 하기 위한 용도일 뿐이었다).

게다가 그는 최소한 프런티어 대열 중에서 '영화'를 산업으로 인식한 최초의 인물이다(자신에게는 '상업'이었지만). 생산, 제작 조합을 만들었고, 일정 기간 미국에서의 대부분의 영화 제작을 그의 영향력 아래 두었다. 그가 없었다면 예컨대, 할리우드는 나타나지 않는다. 그 의미야 반어적이지만 말이다. 아무튼….

움직이지 않아서, 그 '정지'로부터 상상적 연장을 통해 현실 속에서의 '상태'를 재구성해야 했던 고정된 이미지에 '시간의 흥망성쇠', 동작을 제공한 최초의 인간, 누구도 그 사실을 부정하지 못한다(물론, 에디슨은 이 '흥망성쇠'의 의미를 전혀 거들떠본 일도 없다). 그런데도 그는 '영화'를 탄생시킨 자가 아니다. 특별한 근거도 없이 후보자들 대열에서 밀려났다. 국수주의적인 경향을 분명하게

---

71) 이스트만 코닥 사(Eastman Kodak Company)는 현대식 필름의 초기 형태를 만들어 낸 조지 이스트만 George Eastman (1854~1932)이 설립한 회사이다.

지닌 초기 역사 기술에서조차 왜, 그가 밀리고 뤼미에르 형제의 손이 올라갔을까? 자, 이제 우리는 이 궁금증을 한 번쯤 생각해 볼 때가 되었다. 그리고 이 궁금증을 추적하다 보면 불쑥 새로운 가정들이 튀어나올 것이다.

물론, 어디선가 떠도는 풍문을 들은 일이 있다. '그는 1인칭, 단 한 명의 주시자를 위한 기계를 만들었고, 뤼미에르 형제는 스크린에 이미지를 투사했다!' 이 상영방식의 차이가 그들의 위치를 바꾸었다'라고….

잘못된 의견이었다고는 할 수 없지만 도무지 성에 차지 않는다. 만일 그런 이유뿐이라면, 종래에는 역사가 교정되어야만 한다. 지금의 상영방식은 점차 타인과 연대한 감정의 폭발을 공유하는 극장식 관람 형태에서 멀어져 가고 있기 때문이다. 사실상, 많은 관람의 형태는 이제 소수이며, 1인 체제에 가까워지고 있다. 그렇다면 이제 뤼미에르 형제의 자리는 슬쩍 밀려나야 하지 않을까? 그리고 '영화'의 발명은 에디슨의 키네토스코프가 되어야 하지 않을까? 그토록 앞선 1인 관람 체제니까 말이다.

키네토스코프를 들여다보는 사람
키네토그래프—이것이 에디슨이 고안한 '영화' 였다. 에디슨은 이미지에 중요성을 부여하지 않았다. 그는 이처럼 사람들이 장난감처럼 여길 기계를 발명해 그것을 판매하고자 했다.

자, 여기에는 납득이 갈 만한 뭔가가 덧붙여져야 한다. 이것은 단순히 누가 발명가인가를 따지자는 것이 아니다. 뤼미에르 형제는 결코 오늘날 우리가 '시네마'라 부르는 것을 발명하지 않았다. 그들은 '시네마토그래프'를 만들어 냈고, 그런 '기계'라면 에디슨이 분명히 앞선다. 그런데 왜 뤼미에르에게 자리를 내어 줘야 했을까? 이 비밀은 사실 이미 했던 진술들 안에 들어있다. 즉, 거의 모든 영화사는 뤼미에르 형제가 '영화'의 시작이었다고 말한다. 뤼미에르 형제가 기계장치의 최초 발명가이기 이전에, '시네마'의 발명가라고!

말인즉슨, 상영방식 자체는 전혀 기준에 들지 않는다. 핵심은 결과물에 있었기 때문이다. 우리는 앞서 처음에는 '기계' 자체가 이 결과물이었다고 했다. 그로부터 나타난 또 다른 결과물에 대한 의식이 없었다고. 그러나 곧, 그에게로 관심이 옮겨갔는데, 그럼으로써 '시네마토그래피'가 탄생했다고 말했다. 즉, 이미지 말이다. 에디슨의 기계에서는 이럴 가능성이 없었다. 그는 움직임을, 운동을 베르그송이 시네마토그래프에 대해 그리 깎아내렸듯, 정말로 기계 안으로 밀어 넣어 버렸다. 뤼미에르의 방식만이 이 관심을 이동하게 했는데, 결과적으로 그의 '시네마토그래프'는 이미지를 기계 바깥으로 꺼내어 냈고, 그럼으로써 기계와는 별개가 되게 했다. 에디슨이 기계 안에 가두어 오히려 이미지의 존재감을 무너뜨린 데 반해….

결정적인 실수였다. 그는 이 움직이는 이미지를 '볼 것'이 아니라 기계 안에 넣어, 기계의 '할 일'에 묶어버렸다. 기계의 내부에서, 기계의 위대함을 드러내기 위해, 자신을 숨겨 버린 이미지, 눈을 구멍에 갖다 대고 주시해야만 하는 이미지가 된 것이다.[72] 그러니까 기계 뒤로 물러서서 비실비실 작동 원리나 자랑

---

72) 이는 사실 우리가 2000년대 이후의 '영화'를 말하는 데 있어서 아주 흥미로운 지점일 것이다. 이를테면, VR은 이러한 방식으로 시야를 이미지 전체에 대응하도록 꾸며진다. 그러니까 사실상 '프레임'이 없으며, 그저 인간의 물리적 조건에 따른 한정만이 있을 뿐이다. 결국 VR의 이미지가 지니는 문제도 '프레임'의 문제를 고려하면 일부, 중요한 쟁점을 이해할 수 있게 된다. 이 부분도 뒤에 가서 다루기로 하자.

하는 상태로.[73]

　　그때, 에디슨은 '광대'를 잡았다. 이를테면, 차력사 말이다. 하지만 펠리니의 '차력사'가 아니다.[74] 에디슨의 필름 안에서 차력사는 단지 근육을 자랑하기만 한다. 즉, 그를 그저 대상으로 놓고 '차력사'라는 직업에 맞게 움직이게 했을 뿐이다. 그러니까 정작 이미지에 대한 배려는 전혀 없었다. 그냥 '당신들이 못 본 재밌는 것들을 현실처럼 보여주는 특별한 일을 하는 기계가 여기 있어요.'였다. 그 차력사 장면에서 '움직임'이란 근육의 모습을 보여주기 위한 보조 항목이 아닌가? '움직임'을 재현하려고 만들었건만 어느 틈에 '움직임'은 '차력'이라는 이벤트에 중심을 내주고 부차적인 기능이 되어버린 것이다. 결국에는 그래서 신기함을 담보한 기계로서의 상태가 모든 중요성을 차지해 버린다. 모두가 기계를 들여다보고 그 기계의 신기함을 맛보도록 하는 것이 목적이었기 때문이다. 그렇기에, 그는 줄기차게 '신기한 것들'을 찾아 기계 안으로 꾸역꾸역 밀어 넣었다. 사실, 그 자신이 이 이미지들을 만들어 내지도 않았다. 그는 이미지에 관해서는 철저하게 무관심했고, 무지했다. 그의 휘하에서 영화 제작을 담당했던 이는 영국인 딕슨[75]이었고, 이후에는 에드먼드 쿤Edmund Kuhn이었다. 이것만 봐도 그의 '이미지'에 관한 의식은 형편이 없었다. '차력사의 근육을 보여주면 어떨까? 무용수들의 춤추는 모습은? 노래하는 가수는?' 대상을 그가 결정한 것도

---

73) 이 '영화사'의 말미, 맨 끝부분에 다시 나오겠지만 오늘날 '영화'의 상태를 이와 연관해 볼 수 있다. 20세기 '영화'가 어떻게 사라졌는가의 문제를 따지는 데 있어서 아주 유용한데, 기계, 이즈음의 방식으로 말하자면 '미디어' 뒤로 밀려나 있기 때문이다.

74) 페데리코 펠리니 Federico Fellini 감독의 ≪길 La strada≫(1954)에서 안소니 퀸이 분한 차력사. 즉, 에디슨은 이 영화에서처럼 사연이 있으며, 삶의 내력을 지닌, 삶 속에서 살아가는 인물로서의 차력사가 아니라, 신기하고 특별한 이벤트를 선사하는 소재로서 차력사를 끌어왔다는 말이다.

75) 로리 딕슨 Laurie Dickson (1860~1937). 에디슨이 포노그래프를 발명한 후에, 거기에 움직이는 이미지를 실현할 목적하에 연구를 함께했던 인물로, 이후, 이미지 제작을 맡았으며, 1888년, 에디슨과 함께 셀룰로이드 필름에 구멍을 뚫어 걸쇠가 필름을 잡아당기도록 고안함으로써 키네토그래프의 출현에 막대한 공헌을 한다. 1895년, 에디슨을 떠나 바이오그래프 사로 이직한다.

아니며, 단지 각별한 것, 특별한 것으로의 여행을 지시했다. 사실, 그 수준이었던 이유가 있다. 어떤 면에서는 그리 말해도 되리라. '사실의 재현'으로서 움직이는 이미지의 부족분을 너무나 정확하게 알고 있었던 것이 정작 그의 '문제'였다고. 그렇다, 가치를 안 것이 아니라 '문제'를 안 것![76]

그는 키네토스코프가 하는 일에 전혀 만족할 수 없었다. 그에게는 미완성이었기 때문이다. 완벽한 '사실'이 되기에는 결정적인 요소, '소리'가 결여되어 있었다. 그는 관객들이 소리도 없는 이 '가짜', 사실의 빈껍데기에 그리 환장할 것이라고는, 그것을 현실의 재현으로 받아들이리라고는 생각지 않았다. 그 때문에 키네토스코프를 본 이들이 이것을 공식적으로 발표할 것을, 시장에 내놓을 것을 충고했을 때 그는 무시했다. 그리고 그는 자신의 '소리'를 찾아 나섰다. 이미 '소리'를 담는 '축음기'를 발명했기에 이 두 개의 결합은 '시간문제'일 뿐이라 여기면서.

에디슨에게 결국 중요했던 것은 무엇일까? 이 상영방식이 갖는 차이는 정작 보는 사람의 수가 아니라 결국 '기계'와 '이미지'의 차이 아닌가? 즉, 에디슨은 이미지의 움직임 자체에는 전혀 관심이 없었다. 그가 바란 것은 그것을 가능하게 하는 기계였다. 물론 앞서 말했듯, 뤼미에르도 기계, '시네마토그래프'를 선보이는 것이 목표였다. 그들도 물론 이미지의 중요성을 염두에 두지는 않았다. 그러나 다른 점이 있다면, 그들의 발표회 때 이미지가, 인류가 한 번도 상상해보지 않은 이미지가 그들의 의도와 상관없이 불쑥 기계 바깥으로 튀어나왔다는 점이다. 이미지가 기계와 별개로, 기계로부터 빠져나와 스크린에 나타났고 사람들은 결국 그것을 바라봐야만 한 것이다. 시간의 흐름을 담은 '움직이는 이미지' 말이다. 반면 에디슨의 장치야말로 사람들은 어쩔 수 없이 기계만을 봐야 했

---

76) 아주 엄격히 말하면, 에디슨이 '영화' 발명가의 대열에 끼기는 했지만 사실 그 '움직임'의 창출이 그의 목표는 아니다. 오히려 그는 눈에 보이는 '현실'의 완벽한 재현을 목적했다. '영화'는 과정에 지나친 정거장일 뿐이었다. 이 점에서, 곧 '영화'가 돈을 벌어준다는 사실을 알고는 그리로 재빨리 선회했지만, 그 사실만 제외하면, 그는 차라리 순전히 과학적 실험의 길을 걸은 셈이다. 그가 걷고자 한 길은 시뮬레이션의 길이니까.

다. 그다음에 기계 속을 들여다봄으로써, 정지한 사진에 기계의 운동을 빌려 나타나는 '움직이는 사진'을 보게 된 것이다. 에디슨에게서는 결국, 이미지는 결코 기계와 분리되지 않았다. 그것은 기계 안의 '부품'이며 '요소'에 지나지 않았다. 뤼미에르의 의도하지 않은 '움직이는 이미지'에 '시네마토그래피'라는 명사가 부여된 것은 어쩔 수 없는 일이었다.

더구나 이 프랑스의 형제들은 '소리'는 염두에 두지도 않았다. 그들은 재빨리 이미지가 움직인다는 사실이 무엇을 의미하는지 알아챘고, 그 이해에 충실하게 작업을 가져갔다. 그래서 뤼미에르는 자신의 촬영 대상을 바꾸지 않았다. 거리와 세상, 이따금 흥미로운 에피소드(이조차 어떤 '이야기'가 아니라 세상에서 포착되는)를 고수했다. 줄기차게 말이다.

에디슨은? 그는 '세상' 따위를 찍을 생각은 아예 하지도 않았다. 세상의 일부, '각별한 것'이 그의 필름들을 채운 요소였다. 차력사, 무용수 따위의 신기하고 생소한 움직임을 보여줄 만한 대상들 말이다. 볼만한 것, 기계에 신기함을 더해줄 대상!

'영화'의 발명가라는 타이틀은 그렇게 뤼미에르에게로 넘어갔다. 우리가 '영화'라 부르는 것은 그 기계가 하는 일, '움직이는 이미지'였다. 당시, 그 기계에 대한 소문도 바로 '이미지가 움직인다.', '움직이는 세상을 보게 되었다.'였다. '소리'의 유무는 아무도 상관하지 않았다. 당연하다. 우리는 소리를 '사실의 문제'로 파악하지 않고, 이미지로 사실 여부를 확증한다. 소리는 차라리 '정체'의 문제이다. 여리고 예쁜 소녀의 모습을 하고 있다. 하지만, 그의 정체는 그 외피에 있는 것이 아니라, 그의 '소리'를 타고 흘러나온다. 끔찍스럽게도….

'나는 리건이 아냐. / 나는 악마야! (I'm not Regan. / And I am the devil!)'

윌리엄 프리드킨, 《엑소시스트 The exorcist》(1973)

뤼미에르 형제가 그 가치를 알고 있지는 못했지만, 그들은 '영화'가 하는 일을 명확하게 보여주었다. 이 '움직이는 이미지'는 끊임없이 '범상함'을 추적했다(물론, 그 '범상함' 자체가 그들에게는 '특별함'이었겠지만). 그들의 이미지 속에선 일상이, 거리가, 그 빤한 눈싸움이 보였다. 이것들은 결코 신기하거나 특별한 것들이 아니었다. 쳐다볼 만한 것들도 아니어서 일상의 시점에서 늘 내쳐지던 것들이다. 의식에 사로잡히지 못하고 지나가는 이미지, 그런 점에서 결과적으로 뤼미에르는 '현상'으로 우리의 시선이 넘어가게 했다. 그것은 의심할 여지가 없다. 하지만 1장에서 말했듯, 당시 '현상'은 아직은 모호한 개념이라고 했다. 그것은 오늘날처럼 본질 못지않게 '의미'와 '가치'를 지닌 영역이 아니라, 단순한 '움직임의 구성'일 뿐이었다. 심지어 '움직임'조차 아직은 분명한 가치를 인정받지 못했다. '현상'을 드러냄으로써 점차 사람들이 그 널려 있는 현상의 이미지들에 주시할 수 있는 조건이야 만들어졌지만, 당장에 그 '가치'가 거론되고 확립되지는 않았다. 만일 확립되었다면 베르그송이 그리 말하지도 않았을뿐더러, 지식인들은 당장 '영화'가 이미지를 내뱉을 때, 발생하는 문제들에 관해 쉽게 풀어지지 않는 논쟁을 수없이 전개했을 것이다. 그러나 그런 일은 벌어지지 않았다. 이후의 시네마토그래프가 내뱉은 '영화'의 전개 과정을 우리는 잘 알고 있다. 그것이 인기를 끌었다는 것, 풍문을 내뱉으며 성장했다는 것도. 그리고 그 풍문은 에디슨에게도 전달된다. 전신의 발달로, 탈것의 발달로 저쪽의 이야기가 시간이 걸리기는 하지만, 제대로는 전달될 만한 '정확성의 시대'로 접어들고 있었다.

1896년 신년이 되자 소식은 미국에까지 빠르게 퍼졌고, 뉴욕은 당시 파리에 목을 매고 있던 곳이었다. 이 신대륙에는 당최 전통이라곤 없으며, 뿌리도 없었기 때문이다. 미국은 신흥 부국이었지만 정신적으로는 변방이었고, 갈급했다. 파리는 세계의 중심이었고, 유럽의 삶과 문화는 동경의 대상이었다.

아이러니다. 유럽의 가난한 이들은 이미 자리 잡혀 모든 것이 어쩔 도리 없이 결정 되어버린 삶의 굴레를 견디다 못해, 개척의 나라, 자기 힘으로 자기 삶을 처음부터 다시 일굴 수 있는 나라, 미국을 동경했다. 어차피 사람대접을 못 받을 거라면 운명을 개척할 가능성이라도 있는 곳에서 살고 싶어 했다. 혹시 아나, 노다지를 캐어 상상조차 못 해본 '부자'가 될지!

전통이란 상당히 가치 있고 유용하지만, 동시에 고루하고 음험한 냄새를 풍기는 기득권의 문제도 안고 있다. 유럽은 그 전통적인 계급의 삶을 살아왔고, 그렇기에, 이 근대 초기까지는 하류 인생으로 태어나 같은 카테고리에서 일생을 마감해야 하는 이들에게는 막막한 삶이었다. 그래서 그들은 신대륙, 모두가 평등하게 시작하는 그곳으로, 생존 자체가 약육강식일 수밖에 없는 새로운 땅으로 건너가려 했다. 영화들에서도 종종 이런 소재가 다루어진다.(생존을 위해 유럽으로부터 미국으로 건너간 이들의 이야기, 특히 그 처연했던 이주 과정에서의 갈등들 말이다. 이를테면, 마이클 치미노 Michael Cimino 감독의 ≪천국의 문 Heaven's Gate≫(1980)같은)

반면에, 미국의 부랑아들, 부유한 이들은 역설적으로 유럽을 꿈꿨다. 단, 거기에서 넉넉히 살아갈 돈만 있다면 말이다. 오페라, 귀족적인 파티, 미술관들, 각종 사교 살롱들…. ≪매켄나의 황금 Mackenna's Gold≫(1969) J. 리 톰슨 John Lee Thompson을 보면 아주 흥미로운 장면이 있다. 야비하고 성공을 위해서 온갖 구차한 짓을 일삼는 오마 샤리프, 그러니까 전통적인 악인인데, 그의 강요에 의해 엘도라도의 황금을 찾기 위해 함께 떠난 그레고리 펙이 그에게 대체 황금을 손에 넣으면 무엇을 할 것인가를 묻는다. 그러자, 이 천연덕스러운 악인은 갑작스레 수줍은 표정으로 신문 쪼가리 하나를 보여준다. '비웃으면 안 된다'라고 당부하면서….

신문에는 '파리지엔의 삶'이라 쓰여 있고, 그 삶의 모습들이 삽화로 그려져 있다. 오마 샤리프는 정말 귀엽게 그레고리 펙의 눈치를 보며 신문을 한 장 더 넘긴다. 그러자, 거기 경마장 그림이 실려있고, 파리에서의 활력 넘치는 삶이 묘사되어 있다(이 영화는 대단한 역작이라고 할 수는 없지만, 내게는 몇 가지 측면에서 흥미롭다. 악인의 캐릭터는 이 순간에 사연이 있는 연민의 대상으로, 당시 그런 삶을 살 수밖에 없는 일종의 당위성으로 던져진다. 주인공도 이제는 이러저러한 갈등의 한복판에 있는 인물로 그려진다. 하긴, 이 영화 이전에도 훨씬 더 복잡다단한 인간의 성격과 갈등이 드러난 영화들은 많았다. 하지만 오히려 이 영화의 온전하지 않은 완성도로 볼 때, 그야말로 돈을 목적으로 적당히 주조된 영화들 안에서도 이러한 캐릭터들이 시도되고 있다는 점이 흥미롭다. 달리 말해 확실하게 보편화되었다는 물증이기 때문이다. 즉, 1960년대로 접어들면서 서부영화는 한참 달라지고 있던 셈이다).

1890년대 뉴욕은 대단했지만, 나머지의 미국은 아직 개척자의 시대였고, 서부는 아직도 총잡이들이 말 타고 달리며 자기 세대의 마지막을 주워 담고 있을 때였다. 앞서 '제이 비 북스'를 이야기하지 않았던가? 그 무렵에 파리의 소식이 전해졌다. '루이 뤼미에르라고 하는 형제가 〈움직이는 그림〉을 발명했어요! 지금 선풍적인 인기를 끌고 있대요!'

하지만, 이미 말했듯이 에디슨의 반응은 시큰둥했다. 자신이 먼저 발명했는데 신문에서 그리 말하는 것에 대해서는 불만이 있었겠지만, 그마저도 별로 개의치 않았다. 자신은 이미 한참 전에 '움직이는 그림'을 발명했고, 아직 '소리'까지 완벽하게 들어간 것이 아니어서, '별로 대단하지 않다'라고 여기고 있었기 때문이다(이 판단 때문에 그는 국제적인 저작권료가 아까워 등록을 거부한다. 나중에 자기의 기계를 완성 시킨 다음에 하기 위해서! 다행이다. 이 욕심 많은 이가 등록까지 했었다면 '영화'의 역사는 또 다른 쪽으로 돌아갔을지 모른다). 그는 뤼미에르 형제의 성과를 일축했다. 저잣거리를 화제에 휩싸이게는 했지만,

에디슨의 판단대로 사실 그것은 아무것도 아니었다. 아무도 오늘날 우리가 생각하는 '영화'처럼 바라보지 않았으며, 단지 장난감으로 취급했다고 앞서 말하지 않았는가!

무엇보다 에디슨 스스로가 자기 손으로 만든 발명품을 그렇게 취급했다. 에디슨에게는 아직 가야 할 길이 있었고, 위에서 말했듯 이 장난감을 더 완벽해지게 하는 데 더 신경을 쓴 것이다. 다름 아닌 소리의 첨가 말이다. 사실, 그가 틀린 것은 아니다. 세상은 소리로 가득 차 있으며, 에디슨은 그 자신이 소리를 재현하는 데 성공했던 사람이다.

이 지점이 영락없는 에디슨의 패착이다. 하지만 가만히 보면, 이것은 에디슨 개인의 문제가 아니다. 미국에서의 '영화'에 대한 입장이었다. 미국은 기계를 만들고, 상품을 생산하는 것이 전부였던 국가였다. 미국인들은 움직이는 이미지라는 주제, 혹은 그 대상에는 전혀 관심이 없었다. 그들이 마주하고 있는 세계는 음미하며 파악하고 해석해야 하는 것이 아니라 정복하고 지배하며, 소유해야 하는 주인 없는 땅이었다. 그래서 정신없이 소유를 넓히는데 온 노동력을 쏟았다. 이러한 이들에게 여가가 있다면 여흥을 즐길 서커스와 쇼일 뿐이었다. 따라서 키네토스코프의 길도 결정된다. '신기함', 요지경 기계 말이다. 그 자체가 상품일 수밖에 없었다. 그래서 프랑스에서 '시네마토그래피'가 나왔을 때, 뒤이어 미국에서는 상품으로서의 하나하나의 필름을 지시하는 '무비'가 나타났다. 즉, 그 상품을 빚어내는 방식, '이미지'가 중요하지 않은, 기계와 덩어리진, 기술과 덩어리진 새로운 산업 시대의 상품 말이다. 그러나 나중에 다시 말하겠지만 이 입장을 비판만 해서는 안 된다. 이런 입장이, 이런 '영화'에 대한 무지가 오히려 미국에서 '영화'를 특별한 것이 되게끔 했으며, 나아가 '영화'의 오늘날을 만드는 데 중요한 구실을 했다.

여하간, 에디슨의 판단과는 다르게 미국인들의 '움직이는 이미지'에 대한 반향은 대단했다. '세상을 본다'라는 사실 자체로부터 받은 충격이었다. 에디슨 자신도 프로젝터 개념인 키네토스코프를 진작 발명해 놓은 것을 안도할 정도였다. 물론, 이런 대단한 일을 성취했지만, 이상하게도 뤼미에르 형제의 역할은 딱 거기까지였다. 아니, '영화'는 그러니까 뤼미에르가 고수했던 이 길에 잠시 멈춰 섰다. '세상을 있는 그대로 보여줄 수 있다'라는 점은 분명히 대단한 의미를 담고 있는, 이후에 더더욱 대단한 의미를 지니게 될 사건이지만, 2~3년 만에 동력을 잃었다. 사실 당연한 일이다. 말하지 않았던가? 세상의 담론들은 다른 사문화된 개념의 논의에 몰두하고 있었고, '영화'가 바로 현장에서, 삶의 자리에서 그들이 논쟁하고 있는 '현상'의 문제들을 입증하고 있었다는 점에 대해서는 아무도 주목하지 않았다. 이 시기에 '영화'가 별로 오락거리들을 보여주고 있지 않았는데도 말이다. 그랬다면 싸구려 오락, 저속한 문화라는 질타가 당연했겠지만, 그것은 실제 삶의 이미지들만을 내보내고 있었다. 이 사실 역시 은밀하게 시사하는 바가 있다. 당시, 이 '실제 삶의 이미지'는 '오락'보다도 못한 취급을 받은 것이다. '현실', 즉, (의미 없는) 일상이 얼마나 무시당했는지 짐작이 가는 대목이다.

어쨌든 이런 이유에서 사람들은 이것을 '대단하게' 취급하지 않았다. 그것은 뤼미에르 형제들이나 에디슨, 그 외 다른 나라의 약간 뒤처진 개척자들에게도 마찬가지였다. 그들도 자신들이 한 일에 어떤 의미가 녹아있는지는 모르고 있었다. 그 결과 그들은 매너리즘에 빠졌고, 도무지 무엇을 '더 할' 생각도 하지 않았다. 그 정도면 충분했으니까, 그들로서는 별로 바꿀 생각이 없었다. 당연하다. 그들이 애초에 기대했던 바는 다 이루었다. 그들의 이미지들은 인기를 끌었고, 비교적 성공했다. 관심도 끌었고, 돈도 벌었다. 사실 오히려 영화에 지적 관심이 쏟아졌더라면 그들은 그 버거움을 견디지 못했을 것이다.

'영화'는 결국 태어난 초기에는 딱 이 수준의 존재감을 드러냈다. 신기함은 오래가지 않으며, 금세 초라하고 유치해진다. 아무리 포장해도 단지, 기술만을 드러내고 있으니까…. 초창기 토키영화[77]들처럼, 처음으로 CG를 사용했던 SF 영화 ≪트론 TRON≫(1982)처럼, 거기서 한 20년쯤 지난 후의 ≪아바타 Avatar≫(2009)처럼….

원래 그런 법이다. 아버지는 예상과 기대 속에 자식을 만들고, 자식도 얼마 동안은 부모의 범주에 머물러 있지만 어느 순간, 불쑥, 아버지의 의식을 넘어선다. 잘하든 못하든 간에 말이다. 아버지는 아들을 이해하지 못한다! 그리고 역사는 쓰이며, 세대는 세대로 물린다. 그것이 바로 인간의 역사이다.

그래, 이야기는 거기서 시작된다. 그런 자식이 태어나면서…. 제페토, 이미 말했다. 심심하고 외로운 목수는 인형 하나를 깎는다. 나무를 여기저기 깎고 여러 번의 시도를 거쳐서 자신에게 흡족한 얼굴, 자신의 형상을 지닐 때까지 애를 썼다. 결국 그 늙은 영감탱이 제페토에게서 나무 인형 자식이 탄생한다. 하지만 이상하게도 그 영감에게 자신의 심심함, 외로움을 달래는 것 외에 다른 계획은 없었다. 생명의 의미에 관해서는 결국 아무 생각도 없는 것이다. 자식이 비록 나무지만, 걷고 먹고 뛰고 하면, 즉, 이 세상에서 다른 것들처럼 살아 움직이면, 무슨 일이 일어나리라고는. 그래, 그는 그저 자기 소일거리를 만들었을 뿐이다. 심심함을 달래 줄, 신기하고 깜찍한, 그 이상도 이하도 아닌, 생명을 지닌 누군가가 아니라 그저 장난감 인형을.

하지만 영감의 생각은 틀렸다. 피노키오는 나타나자마자, 아직은 어색한 몸을 지니고도 이미 있어 왔던 아이들처럼 굴기 시작한다. 살아 있음을 증명하고, 증거하며, 이행하는 그것들 말이다. 처음에는 영감도 신기해했다. 그리고 재미를 붙였다. 그러나 피노키오는 엇나가기 시작한다. 제페토가 만들어 낸 역할에 국한되는 '인형/기계'가 아니니까. 피노키오는 독자적인 생명을 지닌 것이다. 제페토와 같은 '자기의 삶', '생명'을 가진 존재, 생명을 의식한 존재! 생명은 늘 자

---

77) 유성 영화를 "말하는 그림"(takling pictures)이라는 의미로 토키(talkie)라고 불렀다.

기의 길을 가는 법이다. 영감은 그 생명을 통제하지 못한다. 피노키오는 자기의 삶 속에서 '삶'을 살아가면서 만난 이들과 '자기'를 재정립해 나간다. 그러고는 결국 나무 옷을 버리고 '인간'이 된다. 이제, 다른 단계의 삶을 살아갈 것이다.

아마도 '영화'의 개척자들 모두 제페토 영감 같았을 것이다. 그들이 신이었다면 목적과 그에 이어지는 과정, 결과를 미리 염두에 두고 어떤 중요한 인자를 심어 놓는 진정한 창조가 이루어졌겠지만, 그들은 그저 인간이었다. 어떤 목적이 있어서 시작한 일이지만, 자신의 목적 안에 그것을 묶어 둘 수가 없었다. 처음부터 예상치 못한 일이 벌어졌지만(뤼미에르의 ≪열차의 도착≫처럼), 의식도 하지 못했다. 피노키오의 예기치 못한 재롱일 뿐. 그것을 자기를 위해 봉사하는 '착함' 안에 묶어 두려 했다. 인간이 되려는 피노키오의 꿈은 제페토의 기대와 목적 안에는 전혀 없던 일이었다. 그는 자동기계, 그저 걷고 말하고 흉내 내는 것이 필요했을 뿐이다. 그는 아이가 '인간'이기를 바라지도 않았던 것 같다(아, 무섭다!).

물론 나무에 움직일 수 있는 생명을 제공한 것은 대단한 일이다. 이미 말했듯이 이 '나무'는 땅에 몹시 단단한 뿌리를 박아 한 번도 움직이는 법 없이, 온 역사를 살아왔으니까. 거기서 '움직임'으로 전환하는 것, 세상에 없던 일이다. 그러나 '영화'는 거기에 그치지 않는다. 이 '나무'에서 '움직임'으로의 전환(피노키오 되기)이 시네마토그래프, 키네토스코프, 비타스코우프 등의 이름을 지니고 있었다면, '움직임'은 그다음으로, 자신이 '생명'임을 의식하고 주장해 나간다. 자신의 이름은 이제 '영화(시네마)'라고 내세우면서 말이다. 그것은 이제 이름을 획득하면서 단순하게 끝나지 않을 것임을 이미 천명한 셈이다.

마찬가지이다. 피노키오가 목각 인형에서 '사람'이 되어가기 위해 그 절정의, 전체의 이야기들이 모두 필요했듯이, '영화'가 되어가기 위해서 시네마토그래프, 키네토스코프도 많은 단계, 모험들, 위기들을 겪어야 했다. 그래, 그 동화도 그렇지 않은가? 그 모든 것들이, 고양이와 못돼먹은 고약한 여우와, 시장의 사람들과, 나쁜 아이들이 죄다 필요했다. 원래 그렇지 않은가, 사람이 산다는 것이. 나는 '좋은 것들, 훌륭한 것들'만을 기억하고 싶어 하지만, 모든 불행과 불운, 거짓, 자책들도 '나'를 채우고 있다. 그것들과 좋은 것들을 뒤섞은 '내'가 서 있다. 그리고 끊임없이 극복하고 나아지려고 하고. 아마 편견이 없다면 우리는 다른 목수의 아들 이야기를 할 수도 있을 것이다. 세상에 나와 온갖 일들을 다 겪고는, 세상을 다 터득하고 받아들이고 사색한…. '영화'도 그러하므로, 온갖 세상을 다 터득하고 그를 받아들이고, 그에 대해 사색하고…. 그 자신에게 우리 물질세계에 대한 철학이 없을 뿐이지.

아무튼 다들 제페토 영감 같았던 시기이다. 뤼미에르의 '영화'는 근사한 평가를 받을 기회조차 없었다. 다른 방식으로 말하면, 그때 영화를 보러 온 이들은 전혀 지적 관심을 연결 짓지 않는 이들이었고, 영화는 그렇게 세간의 오락거리로 치부되었다. 그러나 오락은 새로운 것들을 지니지 않으면 오래가지 않는다.

보라, '영화'는 심지어 고리끼의 일기처럼 극악한 '주술'의 형태와도 비교되었다. 사실, 고리끼의 '영화'에 대한 진술은 틀리지 않았다. 우리가 보고 있는 '영화'를 아주 정확하게 묘사한다(67번 주 참조). 그런 점에서 보면 이 고리끼의 일기는 상당히 흥미롭다. 당시로서는 이것이 '끔찍스럽게' 느껴졌다는 점에서 말이다. 아무튼 사람들은 결국 '영화'를 거부하거나, 폄하하고 지루해했다. 하긴, 누누이 말하지만 그럴 만했다.

《물 뿌려진 살수부》처럼 재미있는, 코믹한 에피소드가 있다고 하더라도 뤼미에르 형제가 조준한 이미지들은 오늘날 일부 평론가들이 애써 포장하듯 결코 '이야기'가 아니다. 왜냐하면, 뤼미에르에게 목적이란 '이야기'의 구현이 아니라 자신의 기계, 시네마토그래프가 할 수 있는 일들의 '제시(프레젠테이션)'이기 때문이다. 그래서 그는 '세상사'를 담았다. 그것을 담을 수 있다는 것이야말로 기계의 능력의 증명이니까.

때문에, 이것이 '영화'로 담은 이야기의 최초의 출현이라고 말하는 것은 오히려 일종의 '폄하'이다. 그렇다. 분명하게 말하지만, 그것은 '영화'의 가능성과 대단한 출발을 강조하기 위한 것이 아니라, 폄하다. 당시나 지금이나 '이야기'라고 생각할 자가 없는데도 '영화'가 마치 처음부터 오늘날 우리가 보는 그런 방식의 '이야기'를 담을 수 있는 도구였다고 기를 쓰고 증명해서 그 가치를 높이려 하지만, 궁색한 변명은 타자 앞에서 스스로 자존감을 깎아내리는 것이 되는 법이다.

오히려 이것은 '이야기' 이상이다. '카메라'라는 그 '눈'은 눈에 보이는 것이면 무엇이든 죄다 담아 자기 것으로 만들어 버릴 수 있었기 때문이다. 실제 벌어진 것을 찍든, 그것을 재연하든, 아니면 완전히 가공하든 죄다 담아냈으며 더욱이 그 모든 것을 이제까지처럼 연상하고 상상하도록 기호화된 표현 도구들(언어, 그림…)로 구현하지 않고, '눈에 보이는 그대로 보여줄 수 있다!' 얼마나 대단한 일인가!

조심스럽게 만든 원판이 있다. 당시 제작의 여건으로 볼 때, 정말 조심스럽게 만들었는지는 모르겠지만. 어쨌든 그 원판 위에 마치 조각상처럼 벌거벗은 두 남녀가 있다. 남자는 서 있고, 여자는 그 밑에 앉아 있다. 벌거벗은 두 남녀임에도 전혀 외설스럽지 않다. 벗은 몸 위의 외설은 좀 더 시간이 지나서 입혀졌다. 나중에, 이미지로 나오는 모든 것에 대해서, 목적하는 바가 그 이미지 자체 내에 있어서 동작과 상태와 상황의 통제가(진짜 연출)이루어지는 시대에. 지금 이 벗은 두 남녀는 살아 있는 사람들이지만 우리가 보지 못한 조각상을 연출하는 중이다. 원판이 돌아가고 카메라는 그것을 담는다. 1.5 바퀴, 그뿐이다.

뒷면은 하얗다. 일반적으로 우리가 아는 선에서 이런 상황은 '링'에서 펼쳐진다. 그리고 그것은 실천한다는 것이 난센스인, 이따금 우화처럼 떠들던 것이다. 단지 그 동물은 신체에 비해 터무니없이 적고 볼품없는 두 손을 갖고 폴짝폴짝 뜀뛰기를 하는 아이라는 점에서. 게다가 아마도 그 당시, 19세기에는 아직 생소한 동물이었기 때문에 그런 이야기가 가능했던 것인지도 모른다. 오스트레일리아는 당시의 교통 조건으로나, 세계사의 상황으로나 유럽인과 미국인들에게 너무나 먼 곳이었고, 따라서 상상이 그 지역에 대한 이해에 더 많은 부분을 차지하고 있었을 것이다. 이 동물은 다름 아닌, 캥거어루우―캥거루이다.

한 남자와 캥거루가 권투 장갑을 끼고 권투를 한다. 그러나 실제 상대에

초기 영화들
그래, 초기 영화들은 어쩌면 이후 영화의 길을 결정했을지도 모른다. 누드와 캥거루와의 권투는 일상에서 볼 수 있는 게 아니다. 그것은 특별한 순간들이며, 각별한 상상이다. 그 상상의 육체화, 그게 애초부터 '영화'의 중요한 스펙터클이었던 게 아닐까?

게가 닿는 주먹의 교환은 없다. 적당한 수준에서 끝나 버리는 교차만 있지. 한 20~30초? 그뿐이다.

그래, 이 이미지들 안에는 정말로 아무것도 없다. 심지어, 그저 위와 같은 단순한 설정뿐이었으므로 더 이상의 시간도 필요 없었다. 초기 영화들은 시간에

대한 강박관념이라곤 전혀 없었다. 시간은 이야기를 주조할 때 고려되는 항목이다. 그러니까 '영화'는 이야기할 생각조차 없었다는 말이다. 이 기계들을 만들어 낸 개척자들에게 '현실 너머'는 아직 벅찬 주제였다. 지금 예로 든 영화들처럼 '영화'는 그저 자신이 할 수 있는 일, 이처럼 움직이는 것들을 재현한다는 사실을 보여주는 데 허덕이고 있었다. 이 점에서 보자면, 기존 표현 도구들, 우리가 예술이라 부르는 그 표현의 수준들에서 볼 때 '영화'가 하찮은 것으로 무시당한 데는 그만한 근거가 있는 셈이다.

당시 다른 표현들, 언어나 회화, 음, 몸, 높이 솟은 첨탑 등은 이런 하찮음을 다루지 않았다. 그들은 이런 범상함으로부터 떠나서 그 '너머'에 있는 의미들을 다루고 있었다. 하지만, '영화'는 생생한 현실의 드러남 자체로만 자리 잡고 있었고, 다른 예술들이 볼 때, 그것은 '아무 짓'도 아니었다.

하지만 그럴까? '영화'가 정말 초라하고 하찮은 일을 시작한 것일까? 그것은 오늘날의 우리에게 주어진 '영화'의 의미 때문에 그리 보이는 것은 아닐까? 즉, 현재 우리에게 '영화'는 언제나 '이야기'이며, 의미가 담긴 표현이며, 새로운 세계로의 확장이니까. 마치 언어, 회화, 음, 몸, 높이 솟은 첨탑이 됨으로써 말이다. 나중에 다시 말하겠지만 그런 점에서 우리의 '영화'에 대한 인식은, '세계'에 대한 인식은 그만큼 협소해져 버렸다. 대단해진 듯 보여도 실제로는 예전보다 훨씬 못한 존재가 되었다는 점에서 말이다.

왜냐하면, 이 지점이야말로 '영화'가 자신의 위대함을 내보인 순간이기 때문이다. 다만 아무도 그 의미를 스스로 알아차리지 못하고 있었을 뿐이다. 범상함, 초라하며 '무의미'한 것들이 볼만한 것으로, 신기한 것으로 둔갑했다. 거꾸로 말할까? 신기한 것들이 곧 사실, 범상함이며, 초라하며, 무의미한 장면들이었다고! 상상조차도 조잡스러웠던 캥거루와 인간의 권투 따위가 말이다. 다시 말해, '에피소드들'이 볼만한 것들로 사람들에게 던져진 것이다. 그래, '세상'은 곧 '영화' 때문에 무언가 이제까지와 다른 '존재'가 되었다(현재, 분명하지 않은가?).

그러나 신기하고 놀랍고, 그래서 호들갑을 떨며 보고 웃고 즐길 수 있는 것이었지만 당시로서는 그저 '세상'일 따름이었다. 의미심장하지도 않으며, 특별하지도 않은 마치 신기한 전람회에 불과한 '세상'. 인기를 끌었지만 마치 '노트르담'으로 가는 길목의, 버려진 초지에서 열리는 집시들의 저속한 공연 같은 꼴이었다고나 할까. 귀족들은 하루 태양이 비치는 동안의 엄숙함을 뒤로하고, 사람들이 쉬쉬하는 이 밤의 향연장으로 간다. 거기서, 쌓인 스트레스, 눌러 놨던 욕망, 인간의 본능을 사정하고 돌아왔다.[78] 그래, '영화'를 보여주는 공간, 그곳은 그런 욕망의 배설구에 지나지 않았다. 낮 동안에는, 점잖은 태양의 세계에서는 잊고 덮어놨을 천박함을 피워내는 배설구.

---

78) 장 들라누와 Jean Delannoy 감독의 ≪노트르담의 꼽추 The Hunchback of Notre Dame≫ (1956)

천박한 영화, 위대한 사실의 조각들

그러나 우리는 이 무시당해 마땅한 '영화'의 상태, 천박함이 어쩌면 그 자신의 정교한 무기일 수 있다는 사실에 주목해야 한다. 왜냐하면 이 천박함이 '영화'에게서 '표현'이 지닌 부담감을 지웠기 때문에 '영화'는 '대단한 것'을 쫓을 필요가 없었다. 여기서 내가 말하는 '대단한 것'이란 다름 아닌 '영화' 이전의 예술들이 보여준 것들이다. 성급한 이들이 섣부르게 '영화'를 일곱 번째 예술로 지칭하며 나서긴 했지만, 그러는 순간에도 많은 이들에게 '영화'는 전혀 예술이 아니었고, 대부분의 작품도 마찬가지였다.

누누이 말한 대로, 이것은 정말이지 다행이다. 여전히 어떤 이들에게는 '영화'의 천박함의 증거일 테지만 내게는 이제까지와 다른 방식의 도구의 시작으로 보인다. 그래, 앞서도 말했고, 앞으로 증명해 나가겠지만 '영화'는 다른 것들과 완전히 다른 지점에서 출발했다. 다른 예술들과는 전혀 다른 지점에서 의미를 발견하고, 주목할 거리를 만들어 낸다. 생각해 보라. 그토록 자잘한 세상의 평범함과 범상함에서 결국 의미를 뽑아내고, 하잘것없는 세상의 쪼가리들을 주목하게 한 것은 바로 '영화'뿐이지 않은가? '본질'이 아닌, 그 하잘것없는 '현상들' 말이다.

우리는 다만 그때 그 자리에서 이 '영화'가 보여주는 '현상'을 맛보지 못했을 뿐이다. 그 모든 것이 잊혔고 '영화'는 지나치게 빨리 그 시간을 놓아 버렸다. 사람들은 말한다. '영화'는 불과 100년 만에 지금과 같은 도구가 되었다고, 그 짧은 시간에 기존의 예술들이 하던 모든 것들을 죄다 통과하고 보여주었다고! 우리는 이 사실을 거꾸로 바라볼 수도 있다. 겨우 100년도 안 되어 '영화'는 자신이 가장 잘하는 일, 어쩌면 자신을 특징짓는 데 가장 중요한 일을 다 잊어버렸다고. 정작 가장 특별한 지표를….

그러나 19세기 말에서 20세기 말에 이르는 기간은 인간의 역사에서 '겨우 100년'이라는 단순한 시간 단위가 아니다. 우리가 기억하는 한은, 다시없던 변화, 그래서 복잡함, 그래서 모든 것의 적체, 그리고 모든 갈림길, 다음 시간으로 넘어가는 과정…. 지난 100년은 만일 우리의 역사가 수십 세기를 더 지나간다면 인류사에서 가장 중요한 연구 자료가 될 것이다. 우리의 모든 것이 100년, 길게 잡아야 200년 사이에 완전히 바뀌었고, 너무나 바뀐 나머지 '예전'은 추측의 대상이 되어버렸다. 지금 우리에게 '계급'이란 그때와는 다르지 않은가? 적어도 우리에게는 그 용어가 있고, 따라서 그것에 관한 '개념'들이 형성되어 있다. 하지만, 그때 어땠을까? 아마 이 '클래스class'라는 단어는 지금과 같은 의미는 아니었을 것이다. 서로의 클래스 사이에 주어진 '간극'을 결코 '간극'으로 생각지 않았을 것이며, 거기에 '갈등'이 자리 잡고 있다고는 전혀 생각하지도 않았을 것이다. 아니, 갈등의 요소와 사건들은 있되, 그것을 오늘날처럼 극복해야 할 갈등이라고는 당최 여기지 않았으니까. 그것은 오히려 천형처럼 주어진 '신분'의 문제였을 뿐이다. 이 '천형'이 깨지기 시작한 것, '신분'이 극복의 대상이 된 것, '갈등'의 근거와 원인을 따지게 된 것, 그게 18세기에서 19세기에 이르는 기간 안에 벌어진 사건이다. 우리가 알다시피 결국 '신분들'은 해방되었고, 이전의 모든 가치가 한꺼번에 의심되었다. 물론 이 모든 것이 급박하게 이루어지지는 않았다. 중세 한복판에서 벌어진 몇몇 징후들과 함께 서서히 시작되었기 때문이다. 십자군, 르네상스, 피렌체 상인들의 등장, 네덜란드….

불과 100년 전의 우리 삶이 어땠을까를 우리는 실제로 상상하지 못한다. 사실들이 그저 사실들이라고 자신을 주장하고 있을 뿐이다. 그만큼 그 경험들로부터 우리는 아주 멀어졌다. 100년이면 그때를 겪은 이들은 죄다 지구상에서 사라지기 때문이다(살아있더라도 더 이상 자신에 대한 진술이 없는, 망각의 강을 넘어섰고!). 그와 함께 그때의 세계를 부조리로 겪은, 깨달은 이들이 지녔던 새로운 '존재'에의 열망, 열정, 희생의 감각 자체도 사라졌다. 아마 이점이 현재 '민주주의' 사회를 살아가는 우리의 가장 '큰 문제'일 것이다.

'영화'에 대해 말한다는 것도 이와 비슷한 측면이 있다. '영화'가 세상에 태어난 것을 경험한 이들은 단연코, 기록 안으로 들어가 버렸다. 하지만 터무니없이 조잡스러운 물건으로 인식되었기 때문에 경험의 체적들은 그 기록에서 대부분 빠져 버렸다. 그런 나머지, 그 당시 '영화'의 삶을 우리는 실제로 알지 못한다. 조잡함의 완벽한 증거로 전해지는 사례 몇 개만 있을 뿐이다. 다 알다시피, 뤼미에르의 '거리'를 봤을 때의 사람들의 반응, 달려오는 기차에 대한 사람들의 어처구니없는 난리, 에디슨의 영화들에 대한 깔깔거림 등.

'영화'는 앞으로 말하겠지만 예상하기 힘들 만큼의 속도로 그 자리에서 떠났다. 그리고 그 벡터의 계산법에 열광하는 동안, 우리는 지나치게 전면에 나와 있다. 보라, 이제 우리 발바닥 밑에는 흙이 없다. 땅이 끝나 버린 곳에서 너무 멀리 나와, 이해할 수 없는 공간 위에 간신히 몸을 세우고 있다. 그 가공의 공간 위를 우리는 걸어가는 중이다. 그러니, 그리 땅을 등지고 있으니, 땅에 대해 말하던 것들에 다가가기가 그토록 힘겨울 수밖에 없다. 하지만 '영화'가 바로 그 '땅'이었다는 사실을 기억해야 할 것이다.

> 여기서 바다가 끝나고, 땅이 시작된다. 생기 없는 도시 위로 지저분한 흙탕물이 흘러넘쳤고, 강들이 범람했다. 여기서 모든 것이 끝나고 시작된다. 검은 배 하나가 칙칙한 물결을 거슬러 갔다. 하이랜드 브리가드 호였는데, 이제 막 알칸타라 항구에 들어왔다. 왕립 노선의 이 영국 증기선은 런던과 부에노스 아이레스를 오가는 여객선이었다.[79]

---

79) 주제 사라마구 José de Sousa Saramago (1922~2010), 『리카르도 레이가 죽은 해 L'anné de la mort de Ricardo Reis』, (Paris, Seuil, 1984), p. 13.

역사적인(?) 2000년이 당도하는 시기에, 나는 프랑스를 떠났다. 물음표를 달았듯이 내게는 그렇다고 2000년이 지시하는 어떤 각별함도 없었다. 그저 내게 한 시대의 여정이 끝났다는 홀가분한 아쉬움, 이상한 미련만이 남아 있었다. 떠나는 내 손에 들린 한 권의 소설이 그때, 바로 사라마구의 『리카르도 레이가 죽은 해』이다. 무심히, 프랑스를 떠나기 전까지의 무료함을 달래기 위해 서점에 들렀다가 사게 된 책이다. 책을 뽑았고, 몇 줄을 읽었다. 포르투갈어로 쓰였을 원문이 어떤지는 모르겠지만, 불어로 번역된 문체는 제법 묘미가 있었다. 위의 첫 줄로 시작한 소설은 건조하면서도 길디긴 묘사가 이어지고, 그러면서도 그 건조함 안에 범람하는 강물처럼 끓어 넘치는 에너지가 결코 눈에 띄지 않게, 은밀히 가슴에 무겁게 쌓이는, 내가 아주 좋아하는 문체로 쓰여 있었다. 멜빌, 스타인버그, 아, 포크너, 그리 이어지는 육중함의 선이 있다, 내가 보기에는!

이 작가의 전체는 모르겠으나, 이 『리카르도 레이가 죽은 해』는 그 문체의 발견을 떠올리게 했고, 정말이지 단숨에 사서, 두 숨에 읽었다. 이미 내 머릿속에는 이 첫 줄이 각인된 채로….

그렇지 않은가? 바다와 도시는 엄청난 생기를 끌고 왔다가 자신 안에서 끝을 냈다. 남은 것은 지저분한 흙탕물과 안개, 등이 굽은 승객들, 가볍게 두드리지만 맥박을 툭툭 끊어내듯 부딪쳐 오는 비, 모든 동작의 이상한 침묵, 어둑한 밤…. 20세기의 이야기는 이제 거기, '그 땅'에서 시작된다. 당당한 이상과 미래에 대한 폭발적인 기대, 역사로 채워진 예술들의 향연, 그 과거에 힘입은 새로운 시대에의 열망, 그것이 19세기가 아니었던가? 도시의 만국박람회, 에펠탑 밑에 있는 초라한 현실을 외면한. 그 모든 것이 어떻게 구성된 것인지도 외면한.

그때, 그곳을 바라본 이는 오직 사진과 영화였다. 아직 예술도 아니며, 그저 신기하고 놀라운 발명품이던. 공장에는 사람들이 일하고, 거리에는 일터를 찾아 나서는 사람들로 채워져 있고, 목탄은 어떻게 만들어지며, 헤엄은 어떻게 치는지, 아이가 밥을 어찌 먹는지, 카페에서 사람들은 무엇을 하는지, 그것들을 보여준. 그래, 범상함은 그처럼 모든 것의 시작이다. 거기서 이야기도, 이야기할 만한 것들도, '사건'도 빚어진다. 물질과 물질들의 밭에서, 질료들의 엉겨붙음 속에서. 첫 출발이 소심했더라도, 결국에는 모든 일이 시작되는 곳을 그들은 보여주고 있었다.

그곳에서 시작하는 이야기는 다르다. 그것은 '존재'의 존엄한 의의를 말하기 위해 쓰이는 '소설'이나 형식적 전개가 지니는 미적 숭고함을 말하기 위해 구성되는 '극'이 아니라, 단지 '존재'의 있음을, 이 평범한 시간의 흐름으로부터 새로운 형식이 쓰여야 함을 보여준다. 보라, 거기에 '눈'을 던져야, 아니, 던져서 시작되는 이야기는 언뜻 대단하지는 않아 보인다. 하지만, 한 번도 주시한 일이 없는 이야기이다. 물을 뿜는 호스를 발로 밟아서야 만들어지는 '이야기'니까, 캥거루에게 권투 장갑을 끼우고 사람과 붙여 놓아야 하는 것이니까, 진짜 남녀가 벌거벗고 서 있어야 비로소 느껴지는 것이니까, 열차가 저 멀리서 우리에게로 당도해야 벌어지는 일이니까!

그래, 에디슨이 '영화'를 이야기고 뭐고, 다 필요 없고 무언가 특이한 에피소드, 신기한 장면들로 생각해, 거리로 나아가기보다(뤼미에르 이후에는 가끔 나갔지만) 자신의 스튜디오 안으로 그것을 가지고 와 찍어 냈다고 해서 섣불리 무시해서는 안 된다. 이미 이 과정 안에 미국영화가 들어 있지 않은가? 스튜디오로 끌고 들어온 가공과, 신기한 것, 특이점들을 이미지 안에 밀어 넣는 주조(이미지가 특이점 그 자체가 되도록 하는 게 아니라), 그래서 사람들의 눈을 묶어 두고 돈을 챙기는 시스템, 즉, 무비 말이다.

'영화'는 에디슨이든, 뤼미에르든 우여곡절 끝에 이제 새로운 이야기를 시작할 모든 채비를 마친 셈이다. '영화'는 결국 '사진'의 인상에 시간을 더해, 동작을 더해, 질료의 밭을 드러냈다. 질료가 끝은 아니나, 없으면 우리는 '현존'하지 못한다.

5센트의 향연,
니켈로디언, 1905~1910

6

영화의 질료, show

할 수만 있다면 그래보고 싶다. 1895년 12월 28일, Grand Café, Salon Indian, 그 자리에 가 있어 보고 싶다. 그 경이로움에 몸을 담고, 비록 알아채진 못하더라도 어쨌든 무언가 새로운 것이 지금 눈앞을 지나가고 있음에 전율을 느끼고, 혹시라도 내가 그것을 붙잡고 싶어 했던 사람이라면, 드디어, 이처럼, 인간이 '움직임을 포착했다'라는 사실에 찔끔 눈물을 흘리며…. 아니, 당시 거기 있었던 대부분의 사람처럼 그저 육욕에 겨워 삶을 허비하는 데 골몰하는 한량이라도 좋다. 자신이 지금 특별한 자리에 와 있음을 알든 모르든, 인류 역사의 빛나는 순간 하나가 지나가고 있으니까. 그들은 인류가 '땅'이라는 새로운 질료를 발견했음을 보고 있었다!

'영화'는 물론 당장은 세상과 이 질료를 공유하진 않았다. 그 시대에 '영화'는 이러한 육중한 의미들을 붙들고 늘어질 여유가 없었다. 간단히 말해서, 지금도 보라, 이 질료와 연관된 '영화'의 결과물은 무겁고 깊다. 땅은 이랬거나 저랬거나 육중한 테마일 수밖에 없으니 당연하다. 게다가 이 질료는 그 자체로 철학적 담론의 대상이고, 따라서 이것과 연관된 '영화'의 논의도 그럴 수밖에 없다. 고전영화에 비해서 현대영화가 지닌 복잡한 논의를 고려하면 된다(이것의 자세한 내용에 관해서는 나중에 말하게 될 것이다).

'영화'는 무거운 테마를 다루기 위해 태어나지 않았다. 다 알다시피 장난감으로서, 신기함으로서 나타났다. 그러니 당장은 세상의 '문제들'에 관심을 지닐 여유가 없었다. 그는 막 태어났고 자신의 생존을 보장받아야 했다. 가벼움에 몸을 담가서라도 당장 사용할 대상, 질료를 발견해야만 했던 것이다. 결국 얼마 지나지 않아 우여곡절 끝에 자신만의 질료를 찾아낸다. '뤼미에르'와의 밀애를 끝낸 뒤, 죽음에 직면한 그로서는 당연한 선택이었다. 그게 멜리에스며 곧 '쇼'였고, 막스 랭데Max Linder[80] 였으며 '코믹'이었다. 물론, 얼마 지나지 않아 유럽의 2세대 개척자들은 '영화'에게서 아주 위대한 질료를 곧바로 발견한다(1910년 무렵). 바로 '이야기' 말이다. 하지만, 거기에 이르기까지는 좀 더 시간이 필요했다. 그 사이에, '쇼'와 '코믹'이 끼어있는데, 말하자면 유럽은 여기서 곧장 '이야기'로 건너가지만, 미국은 이 새로운 '쇼'와 '코믹'에 정착했다. '새로운', 이전의 세상에서는 한 번도 보지 못했던 것이기 때문이다. 출발은 엇비슷했지만 바로 이 지점부터 유럽산과 미국산의 미묘한 갈래가 발생한다. 유럽도 이야기이고 미국도 이야기였지만 같은 단어라도 그것들이 내포한 의미는 상당히 달랐다. 이제 잠시 이 문제에 매달리기로 하자. 여기에 대한 이해가 사실상 세계 영화사가 오늘날 그처럼 쓰인 이유니까 말이다. 다시 한번 영화사를 펼쳐 보라. 미국 쪽으로 펼쳐진 도로와, 유럽 쪽으로 이어진 도로는 일단 형태부터가 다르다. 한쪽의 중심은 감독과 영화들이지만, 다른 한쪽에서는 사조의 이름이 대두되었다. 궁금하지 않은가? 왜 이런 것에 궁금해하지 않는지 그점도 궁금할 만큼. 영화사는 왜 그렇게 쓰였을까?

유럽에서 태어난 지 몇 년도 안 되어 '영화'가 '죽음'을 맞아 거친 부침 속에 빠져들었던 데 반해, 미국은 별로 그런 부침이 없었다. 당시, 미국에서 '영화'는 애초부터 밑바닥이었기 때문일 것이다. 영화를 보러 나선 이들은 아무도 자신이 보고 있는 것의 가치, 아니, 그 '본다'라는 사실의 가치에 관해서는 관심도,

---

80) 막스 랭데 Max Linder (1883~1925)는 채플린 스스로 자기 영화의 대부라고 불렀던, 역사상 최초의 슬랩스틱 코미디 영화의 작가이자 배우였다. 사실상, 채플린의 캐릭터(모습과 행위를 포함해)는 그에게서 비롯되었으며, 나중에 채플린이 자신의 영화 안에 그를 초대해 경의를 표하기도 했다.

기대도 없었다. 오로지 눈을 즐겁게 해주는 것이면 그만이었다. 이 시기, 미국의 영화 관객은 대부분 외국에서 이주해 온 노동자들이었다. 미국의 상영관에서도 화재, 폭력 사태 등의 사건 사고가 이어졌다. 더구나 전통극장 같은 연희 행위도 없으니 더욱 초라하고 천박했다. 그럼에도 이러한 내용들이 사회에서 문제가 되지 않았던 것은 바로 대부분의 관객이 이주 노동자라는 사실에 있었다. 시작부터 제국주의 욕망의 담지자며, 이후에는 약육강식의 원칙을 철저히 답습한 자본주의였던 나라니까, 사회나 국가가 이러한 이들에게 관심을 기울일 이유가 없었다. 실제로 오랫동안 미국에서 이들은 '사회 구성원' 취급을 받지 못했다. 그리고 이러한 상황이 미국영화의 성질을 규정했다. 바로 멜리에스가 꺼내들고 막스 랭데가 던진 '밑도 끝도 없는 오락'이 대륙 건너에서 넘쳐나게 한 것이다.

　멜리에스, 이왕 나왔으니 한마디만 더 첨부하자. 그가 SF의 효시니, 선구자니 하는 말들은 전부 다 호들갑이다. 그가 한 일은 이미 있었던 SF를 베낀 것에 불과하다. 그의 '기술'은 영화 구성에 있어 획기적인 활용이긴 했지만, 그마저도 마찬가지로 '마술'을 베꼈다. 물론 그래도 공로를 말할 수는 있다. 어떤 이들은 그가 '편집'을 시도했다고 하지만 이는 에드윈 포터[81]의 ≪미국인 소방수의 하루≫를 편집과 연관 지어 설명하는 이들의 궁색함과 동등하다. 그들이 한 일은 우연히 발견한 것에 지나지 않는다. 길에서 영화를 촬영하다 어느 순간 멈췄고, 별다른 생각 없이 다시 찍기 시작했다. 나중에 집에 와서 보니, 마차가 지나가다가 불쑥 영구차로 변했다. '마술'이 가장 흠모하는 일, 이 전환, 변모를 영화 안으로 끌어들였다. 이것은 한갓 '트릭'일 뿐이다. 그러니 사실상 지금까지 멜리에

---

81) 에드윈 스탠톤 포터 Edwin Stanton Porter (1870~1941). 에디슨의 촬영기사로서 영화 경력을 시작했으며, 미국영화사 속에서 '편집'의 기초를 발명한 이로 기술되곤 한다. 그가 찍은 ≪미국인 소방수의 하루 Life of an American Fireman≫(1903)로 인한 것인데, 사실 초기 영화사에 대한 국수주의적인 판단에 가깝다. 게다가 순전히 과정을 절약하기 위한 기술적 의미의 편집이며, 사실상 비교적 서사적으로 에피소드가 연결되는 가운데 등장했기 때문이지, 실제로는 이미 다른 영화들에서 광범위하게 사용되는 수준이었다. 더구나 이 시기 '편집'이라는 의미를 특별히 부각한 일도 없다. 이어 붙이기만을 고려한 자각 없는 단순한 작업이었을 뿐이다.

스, 포터 등에게 부여한 '공로'는 터무니없다. 정작 '그'의 공로는 다른 데에 있는데, 내가 보기에는 이 프런티어들 전체, 즉, '그들'의 공로이다 : 바로, 사람들의 눈을 '영화'로 붙잡았다는 사실!

멜리에스의 작품들에 나오는 장면
멜리에스도 어쩌면 그리 읽힐 수 있다. 그의 작품들이 어떻게 만들어졌는가, 라는 의미보다는, '마술'과 '영화'의 만남을 가능케 한 사실로서 말이다. 즉, 무대 위의 상상과 허구의 스펙터클을 '영화'로 끌어들여 유혹의 세계로 창출할 길을 열어 놓은 것으로 말이다.

그들이 만든 영화들 어느 것을 보아도 오늘날 우리가 잡아챌 '가치'는 없다. 이는 당시도 마찬가지였다. 이 프런티어들이 '내용'을 고민했다면 오직 '어떤 것이 흥미롭고 재미있을까'였고, '표현'을 고민했다면 오직 '어떻게 하면 신기해할까'였다.

그들은 그것으로 사람들을 끌어모았다. 더구나 아직 '영화관'도 없었다. 빌려 쓴 공간들이며, 따라서 '영화'의 관람이 지니는 독자성도 성립되기 힘들었다. 오페라와 연극이 있었는데, 당연히 '영화'는 그들에게 상대도 되지 않았다. 하지만 천박한 공간, 한량들의 세계에서 쇼와 코믹은 어떻게든 사람들을 모으고, '영화'가 살아남게 했다. 그 결과, 가장 위대한 공로가 그들에게 돌아간다. 그들이 바로 '영화 관객'들을 만들어 낸 것이다. 이것이 내 생각에 이 시기, 미국에서의 '영화'가 지니는 의의이다. 물론 유럽에는 더 진지한 태도로 '영화'를 대하는 관객이 있었다. 프랑스에서는 파리의 바자회 화재 이후 '영화관'의 규약이 발생했고, 싸구려 창고가 아니라 그 나름 정식 상영관에 버금가는 공간들이 나중에 나타났다. 그러나 그들은 새롭게 나타난 '영화 관객'은 아니었다. 그들은 오페라와 연극과 문학, 전통 예술들을 접하는 이들이었고, 그렇기에 '영화'는 이 시기를 재빠르게 지나며 '서사'를 발굴해야 했다. 그 관객들의 구미에 맞는 상품을 내놓아야 하므로.

하지만 미국에서 이 관객들은 지금 순전히 영화들을 즐기러 왔다. 그들은 평소에 다른 연희물을 보는 이들이 아니며 형태만 연희인 카바레 쇼나 차력 쇼, 길위에서 생존의 양동이에 자신의 삶을 담아놓고 곡예를 부려야 하는 묘기, 짚단 위의 서커스, 그런 것들을 보는 이들이었다. 그들이 지금 난생처음, 한쪽을 향해 앉아서 오직 그쪽만을 주시했다. 그 안의 내용이 어떻든 상관없이, 이 태도, 이 주시와 감상, 이러한 시간의 소비는 이들에게는 난생처음 발생한 것들이다. 그들이야말로 그래서 진짜 영화의 관객이다. 오직 '영화'를 볼 수밖에 없으며, 오직 그를 즐기기 위해 앉아 있는 이들.

가만히 생각해 보라. 미국에서는 그때부터 지금까지 이 '관람'이 이어진다. 그리고 이 '관람'을 '영화'의 보편으로 밀어붙였다. 수많은 비판이 가능하지만

'미국영화'는 여기 이렇게 존재하기 시작한 것이다.

　유럽과 미국은 이질적인 토양이며, 비슷해 보이는 결과가 이어졌다고 하더라도 사실 배경은 다르다. 예컨대 멜리에스의 출현은 유럽에서 화재라는 갑작스러운 사고와 지겨움, 그리고 천박한 평가를 극복하는 가능성, 확장이다. 말했다시피, 멜리에스 이전에 '영화'는 이미 유럽에서 하나의 문화로 성장하는 중이었다. '저급'이라는 단어의 맨 밑단에 위치했지만 그래도 조금씩 상층부로 이동하는 과정 말이다. 단계를 넘으려는 그 마지막 관문에서 화재 사고로 인해 몰락일로에 있었고, 바로 그때 사람들을 '영화'로 다시 끌어모으기 시작하며 동시에 뤼미에르 영화들의 한계를 넘어선 이가 멜리에스이다. 그런 점에서 유럽에서도 할리우드식의 역사, 엔터테인먼트의 길이 자리 잡았어야 할 것이다. 그런데 멜리에스 시기의 뒤쪽으로 유럽에는 갑자기 색다른 영화사가 들어선다. 북구영화와 표현주의로 넘어가면서 불쑥 의미심장한 서사와 담론의 역사로 선회하는 것이다. 만일 우리가 이때의 영화들과 미국에서 생산된 영화들을 비교해서 본다면 우리는 대번 이 차이를 인식하게 될 것이다. 물론, 유럽에서도 '영화'가 지닌 오락성은 멈추지 않았다. 예컨대 채플린, 키튼이 나오기 위해 필요했던 영화 슬랩스틱의 시작은 막스 랭데였다.

막스 랭데

채플린이 자신의 코미디의 아버지라 부른 막스 랭데를 초대해 찍은 작품의 한 장면이다. 채플린이 막스 랭데에게 무릎을 꿇고 경의를 표하고 있다. 막스 랭데의 작품을 보면, 채플린이 상당히 많은 것, 가장 핵심적인 요소들을 그로부터 따왔다는 것을 알 수 있다. 채플린은 그에게서 동작과 표정을 배워, 자신의 것으로 만들고, 그것을 한층 더 '영화적', 이 경우 드라마적으로 만들어냈다고 할 수 있다.

사실, 그 후로도 줄기차게 쇼 호스트들의 영화들이 이어졌다. 그런데도 왜 역사책 안에서는 이것들 대신에 북구/표현주의로 넘어가고 있을까? 그들 영화가 더 인기 있고, 나머지 '쇼'로서의 영화들이 대중적 인기를 못 끌어서일까?

아니다. 그곳에서도 '쇼'로서의 영화가 널리 퍼졌으며, 더 많은 대중적 인기를 누렸다(이 용어 자체의 문제를 언젠가 거론하겠지만 여하간 언제나 대다수의 영화는 '상업영화'였다). 그런 점에서 보자면 1910년대 전까지는 엄격한 의미에서 '유럽영화'라 구분될 필요도 특별히 없어 보인다. 하지만 아주 약간의 차이가 어디선가 꾸물꾸물 피어올랐다. 이미 말했듯이 어떻든 간에 유럽에서 '영화'는 자신의 존재 가치를 입증하기 위해 무언가 특별해져야 할 필요가 있었다. 유럽에서도 '쇼'의 영화들은 대세였지만 그만큼이나 한편에선 '특별한 목적'을 지닌 영화들이 나타났다. 전통적인 미학이 요구하는 표현의 수준에 이르고자 애를 쓰는 영화들 말이다. 그랬기 때문에 좀 더 일찍, 우리가 주목할 만한 '변화'를 이룬 영화들이 나타나게 된 것이다.

그리고 한 가지 덧붙인다면 발명가들로부터 '영화'를 이어받아 그것을 사용하기 시작한 이들 중 일부는 미국에서처럼 실제 물질적 생존을 위해 목숨을 걸어야 했던 이민자들이 아니라(이들은 태생, 삶 자체가 자본에의 굶주림을 느낄 수밖에 없다!), '영화'를 가지고 무언가 색다른 작업을 할 수 있다는 가능성을 느낀 예술적 갈증에 빠져 있던 자들이라는 점이다. 그랬기 때문에 유럽에서는 섣부른 감이 있지만 '영화'와 '예술'의 관계에 대한 언급들이 일찌감치 시작된다. 그것이 하나의 표현이 정당한 사회적 지위를 얻기 위해 유럽에서 당연히 거쳐야 하는 통과의례이고…. 바람직한 길이었는지 아닌지는 글쎄 모르겠다. 그 점에 대해선 나중에 말하자. 왜냐하면 그것은 1910년대로 넘어간 뒤의 이야기이고, 미약하나마 '영화'가 무언가 자신의 역할을 찾아낸 다음의 이야기다.

미국영화의 시작 : 니켈로디언

1900년대 후반 무렵부터 유럽에서 '영화'는 이따금 서서히 여타 표현형식들에 대해 던져진 담론의 끄트머리에 줄을 서기 시작했다. 지식인들이 끼어들었고, 문화적인 역량을 지닌 이들에 의해서 움직였다. 영화를 만드는 이들도 점차 넓어져 갔는데 그들 중에서 표현의 관점에서 이 새로운 장치를 다루려는 의식을 지닌 이들도 있었다. 이들은 따라서 내용보다 표현의 가능성에 주목했다. 즉, 이 새로운 표현으로 '무엇'을 '어떻게' 다룰까, 상황과 그 상황에서의 심리를 어떻게 영화로 표현할까'하는 고민이 '영화'에게 주어졌으며, 언뜻 참여자 개개인의 자족적인 욕망처럼 보이지만 시지각적 표현들이 이미 미학적 전통 안에 자리 잡은 땅이라는 점을 고려하면, 나름대로 보편적인 이행이었다. '영화'를 만일 하나의 표현형식으로 간주한다면, 이는 당연한 결과다. 유럽에서 '표현'이란 전통적인 개념의 미학 안에 놓여 있는 문제이며, 따라서 '영화'가 이 방향에서 자신을 입증하기 위해선 이 전통적인 개념들이 요구하는 바를 성취해야만 했다는 말이다. 그렇기에 '영화'가 그곳에서 예술적인 실험, 시도들로 이어졌던 것은 어느 개개인의 특출난 선견지명의 문제라기보다는 자연스럽게 발생할 과정이었던 셈이다.

반면, 니켈로디언은 그런 전통적, 역사적 책무 속에 차입된 해결책이 아니다. 미국은, 미국에서는 적어도 이때까지는 이 새로운 '이미지'는 아무것도 아니었다(다시 말하지만 이름도 없었다!). 그것을 '새롭다'라고 할, '구舊 이미지들'이 없는 세계라는 점을 고려하자. 그런 점에서 사실, 할리우드 성립 이전까지 '미국 영화'는 순전히 지리적인 구별이 아니면, 효용성이 없는 단어이다. 미국에서 '영화'는 특별한 카테고리를 둘 이유도 없는 '신기한 놀이'였으며, 게다가 특별하게 의미화할 성질의 '놀이형식'도 아직 되지 못했다. 그도 그럴 것이 에디슨은 여전히 이전과 같았고, (다행히도) 미국에서는 '영화'가 하나의 문화이기 위해서 마땅히 어떻게 해야 한다는 최소한의 기준조차 없었다. 즉, 아직도 '이 새로운 장치, 그리고 이미지는 대체 무엇일까'하는 질문들이 던져지기 전이었다는 말이다. 냉정히 말해, 단지 오락상품이었는데, '오락'의 성질조차 분별하기 힘든 것이었다. 미국에서 '영화'의 초창기 발달 과정을 이해하는 데 있어 이 관점은 상당히 중요한데, 여러 모호한 상태에도 불구하고 인기를 끌고는 있었으므로, '영화'는 이 '인기'에 영합할 수밖에 없었으며, 결국 '오락상품'으로서의 분별 되는 성질을 지니는 것이 가장 먼저 요구되고 있었다. '영화'의 생존을 위해서 말이다.

사람들은 이 근거를 들어, 혹은 이후로도 전개되는 가벼움의 역사 속에 '할리우드의 출발'을 묻어 버린다. 그리피스의 대단함조차 미국에서의 단발성 사건으로 파묻고는 할리우드 전체를 오락으로만 취급한다. 물론 앞에서 말한 대로 이유는 충분하다. 하지만 나는 좀 다르게 말하고 싶다. 이런 표현이 어떨지 모르겠지만 어떤 면에서 미국에서의 영화들은 바로 이러한 이유에서 당시 '영화' 이상이 되었다. '영화'가 표현형식으로서의 존재 가치를 획득한다는 것은 예술적 가능성을 얻는다는 점에서 무척 중요한 사건이다. 하지만 미국에서는 특히, '영화'가 그처럼 예술의 영역 쪽에서 전통적인 가치를 획득함으로써 얻어지는 존재감 외에 더 넓은 영역으로 진행할 가능성이 발생한 것이 아닐까? 유럽을 통해서 전통적인 예술 개념의 가치를 얻어갔다면, 미국을 통해서 '영화'는 전통을 내던지고 완전히 새로운 형식으로서의 가치를 획득해 나갔기 때문이다. 이 점에서 **오직 할리우드만이 우리를 당혹스럽게 한다.** 그것은 '담론'의 욕망을 불쑥 걷어차고, 넘어서 버린다.

아무것도 없는 밭에서 세상이 보지 못한 열매를 맺어낸 것, 좋든 싫든, 문제를 지니고 있든 말든, 아무 상관하지 않았다. 이러한 상태가 문제를 일으키는 것은 '이후'이다. 우리가 머물러 있는 시기, 1910년대에는 전혀 문제가 되지 않는다. 이미 말했듯이 미국에서는 그렇게 해서라도 '영화'가 생존해야만 했기 때문이다. 그리고 기어이 생존한다. 그 엄청난 '영화 관객들'과 함께. 미국영화에 역사적 가치를 부여한다면 이 관점에서 출발해야 할 것이다.

앞으로도 몇 차례 더 이어지겠지만 제목을 '니켈로디언'이라 해서 그렇지, 여전히 에디슨은 사라지지 않는다. 에디슨이야말로 '영화'에 누구보다도 먼저 쇼의 개념을 적용한 자이기 때문이다. 그가 찾아 나선 것이 '볼만한 것', '흥미를 유발할 만한 것'이라고 하지 않았는가? 다만, 그는 멜리에스처럼 연출가나 연기자, 기술자가 아니었을 뿐이다.

그는 장사치였다. 물론, 니켈로디언은 그가 양성한 시스템이 아니다. 그것은 다양한 미국인들의 참여 속에서 이루어졌다. 냉정하게 말해, 미국인이라기보다 이주 노동자들의 참여였지만 말이다. 에디슨 자신도 키네토스코프를 아직 대수롭지 않게 여겼고, 움직이는 이미지로의 재현도 당시 미국적 관심사가 아니었다. 그러나 이미 말했듯이 뤼미에르 형제의 영화가 상륙하면서 판도가 달라지기 시작한다. 예상치 않은 관객들의 호응은 이제까지 미국에서 '움직이는 이미지'에 대한 새로운 관심이 싹트게 했다. 단순한 발명품, 요지경 기계가 아닌, 막대한 경제적 이득을 안겨줄 상품으로 말이다.

물론, 미국에서도 이내 유럽에서와 비슷한 상황이 전개되었다. 권투, 댄스, 캥거루와 사람의 권투 등등으로 일상사가 아닌 특이한 순간들을 담았지만, 그래서 반짝, 인기를 끌기도 했지만, 하품이 곧 관객들을 점령했다. 지루하면 안되는 것, 숙명일까? 멜리에스도 처음에는 그랬다. 신기한 것, 놀라운 것, 마술 쇼를 시작한 건 그였고, 내용에 있어서도 그 방면엔 끝을 봤다. 그러나 만일 그가 거기에서 멈췄다면, '영화'는 다른 목적을 채우는 도구로 선회했을 것이다. 예컨대, '사실'을 담는 기계, 영국에서의 '영화'에 대한 관심처럼 말이다.[82] 그러고는 영화들이 나타날 길은 사라졌을 것이다. 하지만 멜리에스는 확실히 남달랐다. 관객들이 권태에 빠져들어 갈 즈음, 그는 '영화'에 무엇이 필요한지 재빨리 알아챘다. 그는 당시 '영화'의 생존에 가장 필요로 했던, '이야기'를 담아 나가기 시작했다.(물론 저속한 수준의 복사에 불과했지만)

미국영화? 그들은 방법을 찾지 못하고 있었다. 유럽이 시네마토그래프의 생존에 필요한 요건이 무엇인지 발견하고 그때부터 본격적으로 산업화하기 시작했던 반면에, 1902년까지 미국은 아무런 계획 없었다. 산업은커녕 우선은 생존에 기를 쏟아야만 했다. 이따금 성공하기도 했다. 무명에 가깝다고 했듯이 에드윈 포터가 뭔 영화를 만들어 성공도 했지만, 그러한 놀라운 일들은 자주 빚어지지 않았다. 물론 나름대로 드문드문 길을 찾아가고 있었다고 봐도 될 것이다. 프랑스의 빠떼나 고몽[83] 영화사처럼 아직 영화관들을 소유하지는 못했지만, 부분적으로 영화관이 성공할 수 있다는 조짐은 이따금 나타나고 있었다. 그러나 영화 자신이 길을 마련했다기보다, 외부에서 호조건이 찾아왔다.

소품 형식의 음악회, 연극, 그럭저럭 공연에 들 만한 마술 쇼, 신기한 발명품 소개, 무엇보다 키네토스코프, 비타그래프 등의 상영회는 미국에서도 주로 카페에서 이루어졌다. 이러한 상영회가 이루어진 공간을 카페 콘서트라고 불렀다. 프랑스에서 처음 사용된 이 용어는 미국에선 보드빌Vaudevilles쇼, 스모킹 콘

---

82) 영국에서 영화는 곧바로 오늘날 다큐멘터리라 부르는 방향으로 발전했다. 그들이 스스로 무엇을 하고 있는지 알았든 말든, 이것은 영국이 '영화'에 관한 의식의 수준에서 가장 앞서 나갈 수 있게 했다. 이 점에서 우리가 '영화'의 논의를 풍부하게 하고자 한다면 다큐멘터리에 관해 집중적으로 파고들 필요가 있다. 하지만 그 자체로 무척 두툼한 분량이 되기에 우리 책 안에서는 제외했다.

83) 빠떼 Pathé : 1896년에 프랑스에서 빠떼 형제에 의해서 설립된 영화사. 1900년대 초에는 세계에서 가장 규모가 큰 영화사였으며, 현재까지도 여전히 존속하고 있다. / 고몽 Gaumond : 현존하는 가장 오래된 영화사로, 발명가 레옹 고몽Léon Gaumont이 1895년에 설립했다. 최초의 영화, 뤼미에르의 작품이 제작된 곳이다.

서트Smoking Concerts 등의 다양한 형태로 나타났다.

하지만 영화들은 이 장소에서 아직 미미한 역할에 멈추어 있었다. 실제 공연물들이 더 큰 비중을 차지했고 영화들은 프로그램들 사이의 빈구석을 메우는 구색 갖추기 정도의 역할을 담당했다. 그런데 1900년, 뉴욕에서 카페 콘서트의 주 단골이었던 아티스트들이 파업을 하기에 이른다. 장사가 되는 프로그램의 중단을 방지하기 위해, 카페 주인들은 그 빈틈을 각종 영화 프로그램으로 채운다. 성공에 대한 짐작도 없이, 달리 공간을 채울 것이 없어서 시작했지만 예상치 못한 인기를 끌게 되었고, 이러한 방식의 상영회는 점점 더 빈번해지더니, 아예 고정되기에 이른다. 다른 장르의 아티스트들이 비운 자리를 영화가 채운 것이다(이 점도 시사하는 바가 있다!).

물론, 위기가 가신 것은 아니다. 여전히 미국에서 생산된 영화들은 단순한 쇼였고, 관객들은 조금씩 다른 것을 요구하고 있었다. 그때 미국에 상륙한 것이 멜리에스의 작품들이다. 미국인들에게 뤼미에르의 영화들이 움직이는 이미지를 기초로 한 사업, 특히 영사 사업에 눈을 뜨게 해주었다면, 멜리에스의 작품들은 어떻게 영화를 만들어 갈 것인가를 알아차리게 해주었다.

에디슨은 당시 이미 일종의 배급망을 지니고 있었는데, 확실히 이 욕심꾸러기는 도덕적으로도 문제가 많았다. 하긴, 당시 미국에서의 삶이 그 수준이었지만 말이다. 멜리에스의 기념비적인 영화, ≪달세계 여행 Le Voyage dans la lune≫(1902)은 미국에서도 엄청난 인기를 끌었다. 멜리에스는 어느 날 신문에서 그 사실을 파악하곤 의아해했다. 자신이 미국에 판 필름은 10여 개의 카피였을 뿐이다. 그러니, 미국 전역에서 자신의 영화가 어떻게 상영될 수 있었는지 궁금해했다. 이유는 간단하다. 에디슨은 영화를 사지 않았다. 카피해서 무작위로 돌렸고, 그런 일을 벌인 것은 에디슨만이 아니었다(이 당시만이 아니라 때로는 1930년대까지 영화에게 '저작권'은 한참은 요원한 이야기였다).

여하간, 멜리에스의 작품들은 에디슨에게, 미국영화에 분명한 영향을 미쳤다 : '영화'가 이제 이런 것들까지 다룰 수 있다, 이렇게 해야만 생존할 수 있다!

멜리에스만이 아니다. 유럽의 시리즈 대작들, ≪벤허 Ben-Hur≫(1907), ≪폼페이 최후의 날 Gli Ultimi Giorni Di Pompei≫(1913), ≪쿼바디스 Quo vadis≫(1902) 들도 새로운 길을 제시하고 있었다. 이들 영화가 상영되는 어느 캄캄한 구석에 아마 그리피스가 있었을 것이다.

아, 그러나 미국은 어떤 면에서 지금도 그렇듯이 역사 속의 여러 깡패 중 하나답게 무식하지만 강하다. 게다가 정말 넓다! 지겨움마저, 전파되는 데 시간이 걸린다. 아직 '이미지가 움직인다'라는 사실 하나만으로도 놀랄 만한 이들은 그 땅덩어리의 반 이상이 변방이었던 만큼, 넘쳐흘렀다. 자연스럽게 장사의 기본 원칙이 작용했을까, 그 외에는 생각할 수가 없는데, 아무도 명확한 이유를 지니진 않았지만, 상영은 비교적 단계별로 이루어졌다. 대도시에서 소비된 영화들은 지역으로, 시골로 팔려 나갔고 아직도 거기에는 그 정도로도 신기해하고 놀랄 만한 '관객들'이 넘쳐났다. 아주 단순한 에디슨의 차력사이든, 캥거루와 사람의 권투 시합이든 상관없었다. 에디슨은 일찌감치 이러한 넓은 시장을 발견했고, 그에 따른 배급 구조를 구축해서 성공한다. 하지만 놀라지 말기를, 에디슨의 진정한 본능, 특기는 아직 모두 발휘되지 않았다. 대신, 에디슨만큼이나 수완이 넘치는 이들이 이제 이 장사에 뛰어들기 시작했다.

새로운 밭을 얻은 '영화'는 미국에서 비로소 극장의 형태로 나타나게 된다. 볼 사람도 많아지고 틀 것도 많아지면서, 카페 콘서트의 형식을 넘어서기 시작한 것이다. 바로, 니켈로디언이라 부르는 형태가 등장한다(카페 콘서트, 보드빌 쇼 시기와 물론 어느 정도 겹치기도 한다). 우리는 종종 이 의미를 미국의 당시 5센트 동전이 니켈로 만들어졌고 그게 입장료였다는 말로 끝내 버린다. 하지만 이제 우리에게는 새로운 습관이 생겼다. 이런 단순한 사항들 안에서 이제까지 주목하지 않았던 특별한 이야기를 끄집어내는 것, 묻힌 사실들을 궁금해하는 일….

여기서는, 니켈로 만들어진 동전이 입장료로 사용되었다는 사실이 아니라, 입장료가 미국 전역에서 점차 고정화되었다는 사실에 정작 주목해야 할 것이다. 그것은 곧 입장료의 개념이 자리 잡혔으며 가치가 결정되었다는 뜻이다. 그러니까 미약하긴 하지만 이제 영화 보기의 '일반적 수칙'이 생긴 것이다.

또 한 가지! 그런데 왜 하필이면 5센트였을까? 볼거리에 관계된 가격으로는 사실 형편없이 저렴한 가격이다. 이 또한 관객들 대부분의 형편에 따른 일인데, 이들이 바로 이주 노동자들이었기 때문이다. 가난한 정도가 아니라 생존을 위해 살아가는 형편없는 노동자들이었다는 말이다. 영어에 아직 익숙지 않았던 이들은 여타 버라이어티 쇼를 보러 가는 것도 힘들었다. 싸구려 단막극은 넘쳐 났지만, 이들은 배우들의 말을 정확하게 이해할 수가 없었다.

반면에 영화들에는 못 알아들을 '말'이 없었다. 단순한 단어들의 나열에 가까운 자막이 있었고, 까짓, 그마저도 대개는 읽으려 애쓸 필요가 없었다. 영화들은 아직 복잡한 이야기를 담고 있지 않았고, 이들 관객의 시선에 맞추기 위해 아주 단순하게 이미지만 보고도 짐작이 갈 만한 내용들만을 담으려 애썼다. 하긴, 오직 관객들에게 맞추기 위해서만도 아니었다. 전면에 카메라를 놓고 벌이는 무대 게임이 전부였으니 애초에 복잡할 것도 없었다. 복합적으로 의미들이 민감하게 얽혀 있어야 미장센이 힘을 발휘하는 법이다. 그 시대로 가자면 아직 10년 정도는 더 기다려야 한다.

게다가, 이 영화들에는 미국에서 도저히 얻을 수 없는 것들이 담겨있었다. 당시 니켈로디언을 채운 상당수의 영화들은 여전히 유럽산이었다. 그렇다면 거기에 들어 있는 이미지들은 무엇일까? 에디슨이 차력사나 무용수, 서커스 단품들을 블랙 마리아 내부로 초대해 촬영했다면, 뤼미에르나 유럽의 개척자들은 여기저기 삶의 공간들을 돌아다녔다. 즉, 거기에는 그것을 보고 있는 관객들 자기 삶의 모습이, 고향의 이미지가, 그곳의 풍경과 소식이 담겨있었다. 어설픈 단막극이라 하더라도 자신들이 잘 알고 있는 사건, 이야깃거리들이었고, 그것들은 결국 살아 있으며, 마치 거기에서 숨을 쉬는 것처럼 아스라한, 바로 향수 그 자체였다. 또 하나 덧붙인다면, 이들 중 많은 이들이 이미 상당수가 유럽에서 카페 콘서트, 뮤직홀(영국에서의 영화 상영 공간), 페니 아르카드, 일부는 고몽과 빠떼의 영화관 관객이었던 자들, 즉, '영화'를 이미 맛본 자들이었다. 영화는 이 가난하고 생존의 밭에 내몰린 이들에게 유일한 여흥거리였고, 향수까지 동반한 볼거리였다. 그러기에 심지어 이민자들의 숙소를 돌며 그들만을 위한 프로그램들로 구성된 상영이 이루어지기도 했다(이런 초기 상황, 이후 무성영화의 전개 과정 안에서 터무니없는 이야기로 자라난 것이 '영화'가 만국 공통어라는 말이다).

결국, 니켈로디언이 시작되었다!

인기는 상상을 넘어섰다. 관객의 하나였던 약삭빠른 이민자들이 이 장사에 뛰어들어 상영회를 개설하더니 몇 개의 니켈로디언을 운영하다가는 그들을 묶어, 좀 더 큰 회사를 설립하기도 한다. 그들 중의 하나가 폭스였고(20세기 폭스 사), 라에믈이었으며(Carl Laemmele, 유니버설 사), 주커였고(Adolph Zukor, 파라마운트 사), 마커스 뢰우(Marcus Loew, MGM 사) 등이었다. 이들은 곧 제법 영향력 있는 극장주로 성장했고, 당시 정황상 제작자이기도 했다. 이들의 입장은 대체로 비슷했다. 하지만 에디슨과는 달리 이들은 '미국인'이 아니었다.

예컨대, 칼 라에믈은 독일계 이민자였고, 20년 동안 위스콘신주의 한 공장의 노동자였다. 40세쯤 되었을 때, 우연히 시카고를 지나게 된다. 거기서 그는 니켈로디언 극장 앞에 길게 늘어선 줄을 보고는, 며칠 동안 그 극장의 정체에 대해서 적당한 정보를 취하게 된다. 얼마나 자주 상영회가 열리며, 자릿세는 얼마이고, 프로그램은 대체로 무엇이며, 어떻게 입수하는지, 각 프로그램의 수입은 얼마나 차이를 보이는지 등등. 그 자리에서 라에믈은 배급에 뛰어들기로 작정하였으며 자신과 친지들의 돈을 모아 니켈로디언을 차린다. 그리고 4년도 채 지나지 않아 상당한 배급 체인망을 지닌 극장주가 된다. 이처럼, 오늘날 우리가 알고 있는 대부분의 미국 영화사의 설립자들은 전혀 문화와는 상관없는 일반적인 장사치였던 외국계 이민자들이었다. 폭스는 세탁업자였으며, 마르쿠스 뢰우는 구멍가게 주인이었고, 아돌프 주커는 토끼 가죽 상인이었으며, 폴란드계 이민자였던 워너 사형제는 펜실바니아주의 뉴캐슬에서 자전거 수리점을 하고 있었다.

이런 점에서 한 가지, 착각해선 안 될 사실이 있다. 이처럼 니켈로디언을 말하면, 혹 그것이 고정된 공간을 지닌 극장처럼, 다시 말해 오늘날의 영화관처럼 여겨지겠지만, 그렇지 않았다. 그것은 일종의 배급망이며, 프로그램 상영회였으며, 비교적 같은 장소에서 순환적으로 틀어지긴 했지만, 엄밀히 말해 물질적 공간의 개념은 아니다. 다양한 형태의 공간들을 통칭하는 개념이기 때문이다. 굳이 말한다면 오히려 극장이 아닌 다른 의미를 지닌다고 할 수 있다.

무엇보다, 이것은 시간적 개념과 연관이 있다. 일상생활, 미국인들의 생활에 끼어든 '영화 관람'의 시간으로서 말이다. 그들의 여흥을 책임지는 카페 콘서트, 그것이 5센트의 입장료로 정착된 것에서 출발했으며 그러다 일정한 프로그램이 일정 기간 상영되는 공간으로 정착된 것이며, 개중 아예 카페나 일반 극장으로의 역할을 접고 영화 프로그램을 전문적으로 틀어 주는 공간도 일부 나타난 것이다. 즉, 이 모든 의미를 종합하면, 결국 이것은 미국에서 '영화 보기'의 일종의 초기 개념의 등장이라고 할 수 있다.

1905년까지 미국에서 정식 영화 전용관은 열 개도 채 안 되었다. 그러나 니켈로디언이 인기를 끌며 미국 전역을 돌고 나서는 점차 다양한 공간들이 전용되더니 1909년에는 대충, 순식간에 1만여 개로 성장한다. 불과 몇 년 사이에 미국의 극장 수는 프랑스의 극장 수를 훌쩍 넘어섰으며, 프랑스의 배급업자가 프랑스와 유럽을 위해서 50여 개의 복사본을 배급할 때, 미국으로는 200여 개의 복사본을 넘겨야 했다. 니켈로디언의 성공은 이 점에서 '미국 영화사'에서 아주 중요한 지표가 된다. 영화들이 발전하기 전에 먼저 영화를 유흥거리로 보는 개념(영화를 보기 위해 돈과 시간을 투자하는 미국인들)이 나타났고 급기야 '극장'으로 자라났다. 상품보다 상품의 시장이 먼저 들어선 것이다. 그러니 미국에서 영화가 상품이 되는 것은 당연하지 않은가? 시장이 있으니, 물건은 더더욱 빨리 공급되어야 했고, 더 많이 만들어져야 했다. 이 정체성으로 성공을 했으니 다른 정체성에 대한 실험이, 시도가, 아니, 다른 정체성이 끼어들 틈이 있었을까? '돈을 벌자'가 가장 중요한 영화 작업의 가치였으며, 그 돈들을 웬만큼 번 후에, 배를 늘어뜨리고 쉴 시간이 와야, 비로소 다른 가치가 궁색하게나마 자리 잡게 마련이다. 생존의 기본권이 성립되어야 삶의 질에 민주적 요구들이 발생하는 것처럼 말이다. 그러나 '영화'는 이 점에서 또 한 번 예상을 뛰어넘는다. '돈' 때문에 만들어진 탓에, 그 과정에서 성립되는 자기만의 가치들이 생겨난다. '빨리, 그리고 많이' 원하는 시장의 규모와 요구는 나중에 중요해지는 장르 제작 방식을 만들어 냈으며, 스튜디오 촬영은 기본이 되었다. 따라서 이야기의 성질이 아예, 세트화, 현실 외적인 사건들 쪽으로 건너갔으며, 그 안에서 미국식 사실주의 개념이 나타나게 된다. 이것이 할리우드가 만들어 낸 세계였다.

전환기의 유럽과 미국,
1905~1915

필름다르, 허구로의 항해

　물론 니켈로디언의 위세가 그리 대단해졌다고 해도, 유럽의 영화들이 미국에 밀렸다고 볼 수는 없다(물론 '영화'에 대한 세계시장 자체가 아직 존재하지 않았기에 이러한 비교는 단순히 양쪽 상태에 대한 지시로만 이해해야 한다). 유럽의 영화산업에서 가장 큰 규모를 자랑했던 독일은 나중에 1차 세계대전이 시작되는 1914년까지도 미국에 직접 배급망을 지닐 만큼 강력했으며, 프랑스의 빠떼도 마찬가지였다. 비교적 유럽에서는 그보다 작은 규모였던 이탈리아와 러시아의 영화산업도 부분적으로나마 미국에 직접 자국의 필름을 배급하곤 했다. 그러니까 유럽에서도 영화는 인기 상품이었다는 말이다. 하지만 갑자기 성장한 영화산업은 1907년과 1908년쯤에는 위기를 겪고 있었다. 성장은 멈췄고, 사실상 규모는 점차 위축되어 갔다. 대단한 '흥행'을 이어가고 있었지만 '영화'의 역할이 여전히 불분명했기 때문이다.

　이것은 세상의 소식을 마치 그 자리에 있었던 것처럼 살아 움직이는 이미지로 전달하는, 시쳇말로 '뉴스'일까? 아니면, 호기심이나 자극을 신나게 즐기는 '쇼'일까? 웅장하고 기가 막힌 스펙터클의 단면을 보는 것일까? 벌어졌던 사건을 '재연'의 형식으로 보는 것일까? 인기 있던 소설, 이야깃거리의 '동영상'일까? 코미디? 마술쇼? 서커스? 카바레 쇼? 음란 영상? 신기한 세계로의 '우편엽서'?

　한마디로 '볼거리'만 잔뜩 늘어놓은 것에 지나지 않았다. 오히려, 최초의 발명 시기에는 사람들은 '영화'이기 때문에 보러 왔었다. 신기한 장치, 발명품이었으니까. 그러나 시간이 지나고 무언가가 또 첨가되고 연장되면서 그럭저럭 계속 유지되기는 했지만, 대체 무엇을 하는 도구인지, 아직도 명확하지 않았다. 이미 말했듯이 발명가들이나, 이 장치에 푹 빠져 이것으로 먹고사는 이들에게도 그랬다. 무엇이든 닥치는 대로 했지만, 무엇을 해야 하는지는 몰랐던…. 이에 따라 서서히 관객들이 빠지기 시작한다. 엔터테인먼트로서 '그'만이 보여줄 수 있는 것이 마땅치 않았기 때문이다.[84] 관객들도 식상하고, '영화'를 보면서도 애매함에 휩싸이곤 했다(4장 '영화의 죽음'에서 이미 다룬 내용이다).

이처럼 만화경 같은 것에 지나지 않는 '영화'에게는 무언가 새로운 모색이 필요했다. 위기는 단지 몇몇 볼거리를 첨가한다고 해결될 문제가 아니었다. 무엇보다 '영화'의 역할을 찾아야만 했던 것이다. 이 때문에, 오늘날 우리가 잘못 이해하는 용어가 시작된다. 바로 '필름다르Film D'Art', 즉 '예술영화' 말이다. 이 용어는 하지만, 오늘날 우리가 이 단어로부터 받아들이는 의미와는 전혀 상관이 없다. 즉, 예술로서의 '영화'를 규정한 것이 아니며, 단순히 관심을 끌 만한 소재를 발굴한 것에 지나지 않는다.

'이야기들' 자체가 당시 영화들에 나타나지 않은 것은 아니다. 그러나 단어로서의 '이야기'가 지닌 가장 기본적인 의미로서만 존재했다. 소설이나 연극 등이 펼치는 수준(최소한의 플롯이라도 들어있는)에는 결코 이르지 못했는데, 거기에 이를 생각도, 여력도 없었다. 사실상 에피소드들에 불과했는데, 이마저도 어느 정도의 기간이 지나자, 볼만한 것으로서의 소재나 주제의 결핍에 허덕였다. 그도 그럴 것이 영화의 줄거리를 착안한 사람들은 차력사, 서커스 종사자,

---

84) 이 역시 미국과의 차이를 고려해야 한다. 유럽에는 다양한 형태의 오락산업이 이미 존재하고 있었고, 관객들의 오락에 대한 취미들도 다양했다. 상대적으로 미국은 대체로 그보다는 종류나 규모에 있어서 단순했다. 즉 유럽에서는 다양한 취미에 맞는 영화들이 만들어져야만 했는데, 그중에서도 문화를 주도하는 층에 적합한 것이 먼저 되어야만 생존의 가치를 이어받을 수 있었다. 이 점에서 보자면 미국문화의 성질상 당시 이 주도층은 노동자들이었다. 이 때문에 유럽과 미국에서 가장 우선시하는 지향점이 다른 영화들이 나타난 것이다.

쇼 마스터 등, 싸구려 엔터테이너들이거나 기껏해야 무명작가들, 그리고 프리랜서 기자들, 퇴역한 배우 등, 창의성이라고는 전혀 없는 이들이었기 때문이다. 그럭저럭 이야기를 썼다고 하더라도 그들은 대부분 '글'로 창의적인 작업을 하는 이들이 아니었다. '영화'라는 기계의 신기함이 통용되던 시기에는 전혀 문제가 되지 않았다. 관객들이 내용을 목적으로 '영화'를 보러 오지 않았기 때문이다. 하지만, 신기함의 커튼이 걷히고 이제 생생한 얼굴을 들이밀어야 하는 처지가 되자 얘기는 달라졌다. 관객들은 천편일률적인 '쇼'에 진절머리를 쳤고, 진부하고 지루한 내용에 실소를 머금으며 자리를 비우기 시작했다. 유럽은 그랬다. 다시 말하지만, 일찍이 '영화'는 그곳에 이미 존재해 온 다양한 이미지들과 사투를 벌여야 했다. 그래야 자신의 존재 가치를 입증할 수 있었다. 이에 위기감을 느낀 제작사들은 '영화'와 지근거리에 있다고 판단한 연극과 문학에 손을 벌렸다. 당시는 자연주의 소설의 시대였고, 연극의 시대였다. 모든 인기는 연극이 독차지하고 있었다. 라피트Laffit 형제가 세운 영화사[85]가 급기야, 아나톨 프랑스, 쥘 르매트르, 라브당, 리슈팽, 사르두 등의 당대 문호들에게 직접 대본을 써 줄 것을 주문했고, 연극에서 인기를 끌던 프랑스 국립극장의 배우들을 출현시키게 된다.[86] 그리고—

대성공한다!
이유는? 이 문호들의 손에서 탄생한 이야기가 각별하고, 스크린 위에서 펼쳐진 그 배우들의 연기가 훌륭해서? 한마디로 영화의 완성도가 높아져서? 국립극장 무대의 주 배우들이었으니 연기를 잘했을 거라고? 천만의 말씀이다. 연극

---

85) 폴 라피트 Paul Laffitte (1864~1949)가 영화의 예술적 향상을 도모하는 필름다르(Film d'Art) 운동에 힘입어 그의 형제와 함께 1907년 예술영화사 필름다르 (Le Film d'Art)를 창립했다.

86) 조르주 사둘, 『세계영화사』 pp. 69~72.

≪기즈 공작의 암살 L'assassinat du duc de Guise≫(1908)

필름다르라는 타이틀을 걸고 대성공을 한 작품이다. 유럽과 프랑스 역사에서 아주 중요한 역사적 장면을 영화로 담아냈고 히트를 쳤다. 원래, 연극이었는데, 필름다르의 목적대로 그것을 영화로 옮긴 것이다. 하지만, 연극을 복사해 올 수는 없었다. 연극은 아무래도 그 사건에 끼어들어 있는 역사적 의미와 사건의 복판에 위치한 인물들의 미묘한 심적 갈등이 기본일 것이다. 하지만 당시 영화는 기술적으로나, 정신적으로 그것들을 다룰 수가 없었다. 무성이고, 이미지는 조악했다. 결국 영화가 담고자 했던 것은 그야말로 기즈 공작이 무수한 사람들에게 둘러싸여 칼로 살해당하는 그 장면의 생생함 뿐이다.

에 비해, 그들의 연기를 위한 여러 가지 요소는 심히 제약이 많았다. 여러분이 상식선에서 상상만 해 봐도 이유는 자연스럽게 나온다. 먼저, 대사가 없다. 아니, 있었다고 하더라도 어차피 '말'은 카메라에 담기지 않는다. 연극 안에서 대사가 얼마나 중요한 역할을 하는지, 연기에 있어서 얼마나 대단한 장치인지를 생각해 보자. 이 배우들은 새로운 조건, 즉, 카메라 앞에서 그 장황한 대사, 톤, 미묘한 발음 등으로 승부를 걸 수가 없었고, 상당히 많은 부분이 잘려 나가거나 생략되었다. 그들이 할 수 있는 것은 결국 '연기'가 아니라, 전면은 쳐다보지 말 것이라는 제한하에 이루어진 직접적이고 과장된 표정과 행위였다. 연극에서 객석은 의식되지 않는 공간이다. 바라봐서 안 되는 영역은 존재하지 않는다. 즉, 그리로 나아가기가 힘이 들지, 극적 구성을 위해서는 오히려 적극적으로 사용하는 공간이다. 하지만, 영화에서 그들은 카메라의 공간, 카메라라는 눈을 의식해야 했다. 거기를 쳐다봐서는 안 되었던 것이다. 결국 그들은 꼭 같이 '무대' 위에 있었지만, 할 수 있는 '연기'가 없었다.

비단 배우의 문제만이 아니다. 대본도 마찬가지였다. 무엇보다 이 대문호들은 희곡을 쓰는 이들이었지 영화의 대본을 쓰는 이들이 아니었다. 당시에는 시나리오라는 개념 자체가 없었다. 그렇기에 그들은 그저 연극의 대본을 썼다. 그들이 과연 대본을 쓰면서 '무성'에 대한 의식을 할 수 있었을까? 그들은 자신이 아는 대로 대본을 쓸 뿐이었다. 따라서, 촬영 현장에서 작품은 뭉텅뭉텅 잘려 나갈 수밖에 없었다. 또 상상해 보자. 그다음은?

영화사가 이들에게 주문한 길이도 문제였다. 당시 영화들을 부르는 명칭 중 하나가 분-필름film-minuit이다. 즉, 몇 분 안에 벌어지고 끝나는 몹시 짧은 단편이었다는 말이다. 그 안에 이 문호들이 무엇을 집어넣으려 했을까? 그것은 제작자의 주문대로 동작이 크고, 사건이 확실하게 벌어지는 장면, 달리 말해, 이야기 전체가 아니라 부분에서 자극적으로 보일 어떤 단면들이었다. 사실 이 점에서 보자면 대문호를 쓴 이유는 단순했다. 그들이 역사적, 사회적 사건들을 많이 알고 있다는 사실과 명성, 영화는 거기에 의존하고자 했다. 더구나 한갓 돈을 보고 '영화' 따위를 했다고 해서 비난받을 염려도 할 필요가 없었다. '영화'는 그 정도로 문화계에서 주목하지도 않는 상태였다.

그렇다면 관객들은 결국 무엇을 보러 간 것일까? 무엇이 인기를 끌었단 말일까? 그들은 그저 그 문호와 배우의 이름을 찾았다. '그들'이 썼고! '그들'이 나온다! 보고 있는 내용은 이미 연극을 통해 지겨우리만큼 되풀이된 것이었고 아까 말한 당시 영화의 기술적 제약 때문에 묘미도 없었다. 묘미가 있다면 '쓴 그들'과 '나오는 그들'이며, 그들을 스크린으로 보는 것뿐이었다.

하지만 어떻든 이 필름다르는 성공했고, 빠떼 영화사는 아예 '작가 영화사(S.C.A.G.L.)'라는 이상한 이름의 제작사까지 만들기에 이른다. 그러나 이 장밋빛 바람은, 그리 오래가지 않았다. 이제 여러분도 상상할 수 있다. 뭐, 위에서 말한 사실 이외에 특별할 만한 것이 없지 않은가? 어느 정도 보고 나니, 다시 관객들은 심드렁해진다. 그리고 '영화'는 결국 '필름다르'이기를 멈춘다!

필름다르가 지니는 엉성함을 줄줄이 썼지만 다시 한번 그 내용들을 곱씹어 보기 바란다. 그리고 이번에는 의의를 찾아보자. 위의 진술 안에 사실 놀라운 의의가 들어 있다. 당대 니켈로디언이 미국의 주류라고 했다. 그리고 그 극장에서 관객들이 본 것은 에피소드와 특이한 장면, 엉성한 구성이라고 했다. 반면에 필름다르는 여전히 짧긴 했지만, 문호들을 고용했기 때문에 어떻든 '이야기 혹은 사건의 단면'이 있었다. 영화는 점차 길어졌으며 그에 따라 이야기로 나아갔다. 그래, 필름다르는 몇 가지 면에서 그가 어설프게 목적했지만, 어떻든 오늘날 영화로 가는 첫발을 디딘다.

하지만 더 나아가기 전에 이 점을 분명히 해두어야 할 것 같다. 라피트 형제의 '필름다르'의 시도가 사실 '영화 역할'을 규정하기 위한 진지한 고민의 결과는 아니었다는 점이다. 당시 소규모 영화사였던 그들이 자신들의 영화를 성공시키기 위해 '투자' 개념에서 시작해 본 일이었을 뿐이다. 그러나 이 시도는 '영화'에 필요한 것이 무엇보다도 '이야기'임을 확고하게 다져 주었다(공교롭게도 이번에도 시도자의 의도와 상관없이 말이다). 흥미로운 것은 이후로도 줄기차게 '영화'에서의 미학적 가치가 자본과 산업적 시도로 '발견'되고 만들어졌다는 사실이다. 적어도 1950~1960년대의 정체성에 대한 과감한 자각의 경우를 제외하면, 대부분이 그랬다. 냉혹하게 본다면 어떤 점에서는 그 시대의 '누벨바그'도 산업 가치 측면에서의 세대교체 문제로 볼 수도 있다. 아무튼, 라피트 형제의 가벼운 시도는 '영화'의 입장에서 아주 특별한 지점이 되었다. 이제는, 이야기인데 그냥 일반적인 의미가 아니라, 통상 연희 예술들, 소설들에서 보듯 어느 정도의 극적 구성이 필요해졌다.[87] 그에 따라, 무언가 영화만의 특별한 연기가 필요하다는 사실도 확립된 셈이다(연극적 연기가 실패하면서). 연극 세트와 조명을 담당하는 전문가들도 이 분야에서 일하게 되었는데, 그 때문에 비로소 영화들은 이야기의 '사실성'에 가까운 장면들을 조잡하나마 갖추게 된다. 즉, 사실적인 무대 말이다. 필름다르가 성공하지 않았다면 영화 장면에 세트로서의 시각적 구성이 들어가기까지 한참 동안의 시간이 필요했을 것이다.

실제로 영향력은 짐작보다 대단했다. 왜냐하면 이 영화 길이의 이야기 구성에 따른 확장은 장편에 대한 기대감을 지니게 해주었고, 대부분 역사 속 사건들을 재현하고 있던 데서 영향을 받은 다른 영화들을 출현시킨다. 필름다르처럼 연극적 무대 구성 쪽으로 나아가지 않고, 눈앞에 있는 것들을 담을 수 있는 영화의 특징을 이용해, 흥미진진한 다른 이야기들을 구사하는 영화들이 나타나게 된 것이다. 그리고 이 경향은 이탈리아 영화계(?)에 용기를 불어넣었다. 엑스트라바간자extravaganza[88] 라고 불리게 되는 시대물들이 쏟아져 나온 것이다. 더 크고, 더 웅대하며, 더 흥미진진한, 한마디로 스펙터클을 보여준 그 영화들 말이

---

87) 미국에서도 이 시기에 이야기가 시도되었다. 역시 그리피스로, 1908년, ≪돌리의 모험 The Adventures of Dollie≫이라는 장편 서극극을 만든다. 그러나 당시 미국의 주류는 짧은 쇼였고, 이야기라도 단순한 에피소드였다. 에디슨을 설명할 때 썼듯이 장편 서사는 아직 미국에서 번외 경기였다.

88) '화려하다' 혹은 '사치스럽다'는 뜻의 이탈리아어 'stravaganza(스트라바간차)'에서 왔으며, 19세기 후반 미국에서 널리 상연된 스펙터클성을 강조한 대중연극을 가리키는 말이기도 하다. 일반적으로는 호화찬란하고 화려한 쇼나 괴상망측하고 기괴한 이야기를 뜻한다. 엑스트라바간자의 출현은 아주 놀랍다. 당시 조건에서 어떻게 이런 영화가 가능하다고 생각했을까? 필름다르가 '이야기'를 가져왔다면, 엑스트라바간자는 '이미지의 규모'를 '영화'에 가져왔다. 그래, 이야기의 규모가 아니다. 당시 무대 위에 펼쳐지는, 마치 그것처럼 고정된 카메라 앞의 연기였던 영화들을 비록 카메라는 여전히 전면에 있지만 전경, 중경, 후경을 풍성하게 활용한 '현상적 이미지'로 이끌어 내었다. 그래서 엑스트라바간자의 출현은 액션의 출현이 아니라, 진짜 영화적인 스펙터클의 출현이다. 그리피스를 비롯한 미국의 영화인들에게 특별히 막대한 영향을 끼쳐 그들의 영화가 나아갈 길을 제시한 영화들이었기 때문이다.

다. ≪폼페이 최후의 날≫(1908) Luigi Maggi, ≪쿼바디스≫(1912), ≪카비리아 Cabiria≫(1914) Giovanni Pasterone 등….

이야기의 발견은 단지 이 수준에서 멈추지 않았다. 그것은 드디어 '영화'가 지닌 능력, 곧 카메라의 시점변화에 따른 화면 구성과 스튜디오나 집 등의 내부 구성, 그리고 바깥으로서의 외부와의 적절한 연계 등을 통해서 인류에게 이제 까지 접하지 못했던 '이야기'의 색다른 서술을 보여준다. 한마디로 쇼트 구성과 쇼트들의 연결, 그리고 그 안에서의 '움직임'의 연속 구성 말이다. 그리고 또 하나, 기어이 카메라도 움직였다!

사실상, 순전히 영화적 개념에서의 '스펙터클'이 여기서 나온다. 내용과 그 규모가 지닌 장관, 거기서 멈추는 것이 실제 우리 삶에서의 스펙터클이라면, 영 화는 그것을 장면들로 구성했다. 카메라의 움직임, 담는 사건들에 대한 다양한 크기와 각도…. 영화의 엄청난 무기가 나타난 셈인데, 이야기를 할 수 있는 기초 체력이 갖춰진 것이다.

바로 이런 조건에서 1910년대가 여물어 간다. 그 특징 하나는 이미 말했듯 '영화'의 정체성에 대한 그 나름의 제시가 시도되었다는 사실이다. 다른 하나는 그런 풍토 속에서 '영화'의 동적 특징을 영화에 담으려는 노력이 전개되었다는 점이다(초기 '필름다리'에 대한 반성적 접근을 통해). 즉, 아직 대단하다고 할 수 없지만, 어떻든 '영화'는 이제 바야흐로 '움직임'을 '다루기' 시작했다. 엄청난 진전이다. 공식적으로 또 한 번, 이제까지 '없던 것'의 출현이기 때문이다. 지금 까지는 그저 닥치는 대로 만들어 오지 않았던가? 뤼미에르나 멜리에스처럼 카 메라 앞에 있는 것들을 고스란히 찍어 내는 것 말이다. 그러나 드디어 '이야기', 이제까지 카메라 앞에 놓이지 않았던 것이 나타난다. 아직 소박하고 단순했지 만, 이전의 에피소드와 달라졌다. 조악하더라도 영화적으로 재구성된 이야기가 시작된 것이다.

이야기, 그것은 '허구'이다. 이제까지 '영화'는 '사실'을 다루는 데 가치를 지니고 있었는데, 이제 달라진다. '허구'를 사람들에게로 날랐다. 그리고 이 '허구'가 나타나자, '영화'의 고민이 달라진다. 이렇게, 비록 '필름다르' 운동은 '영화'의 정체성을 엉뚱하게 규정했다는 점에서 엇나간 것이긴 했지만, 유럽에서 '영화'가 어떤 것인가를 고민하게 했고, '영화'로 하여금 할 일을 찾아 나서게 했다. 즉, 유럽에서는 니켈로디언 대신에, '영화'의 가치, 특별히 표현 수단으로서의 '영화'의 목적과 가능성이 더 중요하게 타진된 것이다. 즉, 시장보다 시장에 내놓을 것으로, 그리고 상품으로서의 고민 이전에, '영화'의 정체에 대한 고민으로, 그들의 역사가 그처럼 '영화'의 개념 쪽에 다가가게, 결과적으로 사조로 이어지게 한 것이다.

산업의 형성, 트러스트

반면, 미국에서는 완벽하게 '영화들'만이 중심이 되었다. 그것이 곧 니켈로 디언이고, 결국 산업이다. 그 때문에 미국에서 '영화'는 상품/시장 가치로서의 영화들로 대체된다. 대문자 Art(즉, 예술)에 대한 열망, 의식은 당시 미국 땅에는 존재하지 않았다.

니켈로디언은 모든 것을 바꾸어 버렸다. 수준으로 보면, 에디슨의 필름들, 그것들은 제목을 붙일 필요도 없는 소품들이다. 유럽에선 뤼미에르 형제의 시 대에 끝이 난 것들 말이다. 에드윈 포터류의 영화들? 유럽은 이미 자신들의 이 야기를 지니고 있었다! 서구 사회의 전통 아래 줄기차게 내려온 이야기들 말이 다. 하지만 니켈로디언의 확장은 그처럼 '내용'으로서의 가치/의미의 확장이 아 니다. 그것은 '영화'에서 영화들로의 분명한 전환이었으며, 그것이 의미하는 바 는 명백하다. 그것은 곧 '영화'에 대한 유럽과 미국의 위상이 역전될 것임을 암 시하기 때문이다. 미국에서도 시장이, 규모에서 볼 때 잠재적이지만 엄청난 시 장이, 당시 영화들의 수준과 '영화'에 대한 인식의 수준으로 볼 때 유럽의 식자 층보다 더 열광할, 빠져들 준비가 되어있는 엄청난 수의 노동자들(이민자)이 형 성할 시장이 이제 열리기 시작했으며, 그 시장을 공략할 '생산'이 곧 뒤따라올 것은 정말이지 시간문제였다(수요가 먼저 발생했다!). 게다가 뒤섞여 있는 배급 권, 보장되지 않는 저작권-한마디로 미국에서 영화 시장은 뒤죽박죽이었고, 그 때문에 모든 자들의 참여가 가능했으며, 실제로 모든 자들이 뛰어들었다. 정제

되지 않은 이곳은 그런 점에서 오히려 새로운 노다지 밭이었던 셈이다.

그리고 이 점에서 진정으로 특별한 '영화'만의 가치가 나타나기 시작한다. 이것은 특별히 훈련되고 습득되어야 할 것이 아니라, 어느 사람에게나 보편적으로 열려 있었다. 어떤 점에서는 인류 역사상 가장 민주적인 표현 수단이 나타난 셈이다!

역사는 아무리 조르주 사둘의 말마따나 재미있고 흥미진진한 이야깃거리가 상당히 소실되었다 할지라도 찾아보면 발견할 것들이 널리고 널려있다. 지적 성찰 위에 무겁게 시작하지 않은 만큼, 온갖 우여곡절과 잡다한 일이 많게 마련이다. 하지만, 우리는 에피소드를 늘어놓자고 대화하는 것은 아니다. '영화의 삶'을 다루고 있다. 에디슨의 시대는 이제 곧 마감된다. 그러나 역사상 유례가 없을 만큼 화려하게 '세상'을 장악한 뒤이다. 그 시대의 끝에 할리우드 시대의 개막이 있다. 무언가 냄새가, 당연히 어떤 관계가 있지 않겠는가?

에디슨은 비록 뒤처졌지만, 발명품으로 보나, 그의 영화들의 수준으로 보나 탁월한 능력을 지니고 있었다. 그는 노다지에 관해서는 누구보다도 빨리 냄새를 포착하는 코와 그에 따라 움직이는 간계 넘치는 손을 지닌 인간이었다. 1896년, 뤼미에르 형제의 영화가 미국에 상륙한 이후에 그는 자신의 기계를 대량으로 생산해 팔아먹으려는 생각을 단호히 접는다. 물론 여기에는 아마, 그가 시간문제에 불과하다 여겼던 영사기와 축음기의 결합이 실패했다는 이유도 작용했을 것이다. 소리를 동기화(싱크로나이징, synchronizing)하는 데는 성공했지만, 그것은 어디까지나 축음기의 속도와 영사되는 이미지의 속도가 일치해서 나온 것일 뿐이다. 즉, 그에게는 여전히 두 대의 기계가 필요했다. 그러나 그가 애초에 만들고자 했던 것은 키네토스코프 자체에 소리가 첨가된 개량된 기계, 하나의 기계였다. 상당한 난관에 부딪힌 그에게 한편으로 뤼미에르는 탈출구를 제공한 셈이다. 영화들로, 그가 기계를 자랑하기 위해 안으로 밀어 넣었던 이미지로 입장료를 받을 수 있다는 새로운 조건 말이다. 비록 유럽에서는 자연스러운 일이었지만….

그러나 에디슨이 뤼미에르 형제의 영화들로부터는 아무런 자극을 받지 않았다는 사실에 주목해야 한다. 그것은 상영방식에 대한 재고였지, 내용에 관한 것이 아니었다. 내용은 단지 볼만한 것이면 되었고, '이야기'일 필요는 없었다. 그는 철저하게 소품만을 고집했다. 저렴한 제작비를 원했고, '규모'란 단어는 전혀 생각하지 않았다. 그는 이야기의 영화, 더구나 대규모의 장편 영화 제작에 아주 회의적이었고, 유럽영화들의 성공에 대해서도 부분적인 현상에 불과하다 여겼다. 그렇기에 그는 계속해서 에피소드 중심의 소품만을 고집했다. 그러니까 그에게는 '영화'의 미래에 대한 예측은 전혀 없었던 셈이다. 그러나.

과연 그럴까? 이것이 에디슨을 보는 정당한 관점일까? 천만의 말씀이다. 사둘의 말마따나 조금 더 뼈마디를 맞춰 나가자!

에디슨은 이 종류의 산업을 사실 너무나도 잘 이해하고 있었다. 그는 발명가이고 자신의 발명품을 어떻게 포장해서 어떠한 방식으로 상품화하며 산업화시킬지 모든 '방법'을 다 꿰차고 있는 이였다. 앞서 언급한 가스등의 전등으로의 변환처럼 말이다. 그는 영화영역에서도 발명가의 지위를 적절하게 활용했다. 당시 미국의 형편없는 영화 관련 업자들은 에디슨을 쉽게 거스르지 못했다. 일찍감치 뉴욕 법원에 특허권을 신청했던 그는 니켈로디언이 한창 퍼져 나가던 1907년, 자신의 특기를 발휘한다(판결로 이행하기도 전에 다들 에디슨이 지닌 자격을 고려하지 않을 수 없었다). '이것들이 감히 내가 발명한 영화를 제멋대로 상영하다니….' 그는 로비를 통해 시카고에서 결국에는 '영화'의 특허권을 취득하기에 이른다.

하지만 이는 시카고에서만 유효한 판결이었다. 물론 미국 제작자의 대부분은 이에 화들짝 놀라 에디슨의 휘하에 있었던 능력 있는 장사꾼 길모어(실은 감독이었지만 오히려 쟁의의 방면에서 명성을 날린다)의 제안을 받아들인다. 에디슨의 경쟁자였던 바이오그래프 사, 비타그래프 사, 스튜디오 에새내이, 수입업자이자 배급업자인 죠지 클라인George Klein, 심지어 수출업자인 빠떼와 멜리에스까지 말이다. 빠떼는 미리 선입금 형식으로 에디슨에게 비용을 제공하기도 했는데, 자신의 필름들을 미국 시장에 안정적으로 배급하기 위해서였다. 아직 뉴욕에선 특허권에 대한 결판이 나오지 않았지만 다들 그것을 시간문제라 보고 있었다.

이것이 그 유명한 영화 조합, 트러스트(Trust : 아래 언급될 M.P.P.C와 함께 Edison Trust로도 불린다)의 시작이었다. 이 트러스트에 대한 저항은 소용이 없었다. 여기에는 또 한 명의 업적이 있다. 에디슨에 버금갈 만큼 발명가이자 그만큼 약삭빠른 장사꾼이자 철저한 인종 차별자였던, 이스트만 코닥의 등장이다 (그가 우생학선전에 열렬한 지원자였던 사실은 거의 언급되지 않지만). 필름을 발명한 코닥은 에디슨과 자신의 발명품을 오직 트러스트에 가입한 멤버에게만 제공하기로 계약한다.

자, 이제 미국에서의 영화 제작은 에디슨의 손안에 들어왔다. 이쯤 해서, 트러스트는 일종의 조합이었으므로 에디슨은 제작에서의 자신의 권한을 단단하게 해줄 또 하나의 조직을 마련함으로써 방점을 찍는다. 1910년, 그는 트러스트에 가입한 제작사들을 강제로 묶어 설립한 배급망을 관리하는 영화사, 제너럴 필름 컴퍼니를 결성하는데, 그 해에만 57개에 해당하는 배급사를 사들인다. 이로써 트러스트는 당시 9,480여 개에 달하던 극장 중 무려 5,281개를 관장하기에 이른다. 물론, 이 영화사는 트러스트를 사실상 관장하는 영화특허권사 M. P. P. C.(Motion Picture Patents Company)의 휘하에 있었다. 즉 에디슨은 제작에서 배급까지, 사실상 첫 번째로 이 새로운 산업의 시스템을 장악한 이였다. 보라, '에디슨의 시대'라 불릴 만하지 않은가?

미국의 영화산업(아직 진짜 '산업'이라 할 만한 규모에 이르지는 못했지만)

에서 에디슨의 입김은 대단했다. 만일 영화 산업 문제가 아니라, 자동차, 석유 등의 일반적인 산업이었다면 여기서 산업 전개도는 종결되었을 것이다. 이 정도의 장악력이면 망할 이유도, 시장의 동향에 흔들릴 이유도 없기 때문이다. 하지만 '영화'는 생소한 영역이었다. 빠르게 변모했고, 예컨대, 1907~1908년에 대단했던 형식은 2~3년 후면 금세 구식이 되어 외면당했다. 다행이다. 그렇지 않았다면 영화산업이 한참은 에디슨의 수중에 있었을 것 아닌가.

게다가 더 다행스러운 것은 에디슨이 이 영화산업을 일반적인 산업처럼 이해했다는 점이다. 그는 변화를 줄 필요를 느끼지 못했다. 사실, 그에게는 두 가지의 치명적 약점이 있었다. 모두 '돈'을 고려한 행동에 기인한다.

하나는 이미 말했듯이 여전히 장편화 되어가는 영화 생산의 경향에 반대 성향을 지니고 있었다는 점이다. 제너럴 영화사는 필름의 복사본을, 프린트라고 하는 것을 직접 판매하는 회사였다. 그러니까 당시의 배급은 오늘날처럼 복사본의 상영권을 제공하는 것이 아니라 복사본을 강매했다. 이후에 영화들의 판매 방식이 상영권 판매로 돌아섰다는 점에서 우리는 종종 에디슨이 실수한 것으로 여기지만, 아니다. 영화는 그때까지의 일반적 산업의 공식이 통용되지 않는 새로운 산업이었을 뿐이다. 하지만 당시, 그 누구도 그런 판단을 못 했으며 장차 복사본 판매 대신 상영권 구매가 대세가 될 것이라곤 짐작도 못 했다. 물건은 사용권을 구매하지 않고 소유권을 구매하는 것이다. 현대적 상품들이 나오기 전까지는 이는 당연한 사고였다. 나중에, 영화가 장편화 되어감에 따라 프린트를 구매하기보다는 임대하려는 경향이 점차 늘어가면서 바뀌긴 했지만, 그러한 경향조차 사실은 군소 업자들의 편법으로 시작된다. 소규모 상영업자들에게는 일일이 장편의 프린트를 구매한다는 것이 엄청난 압박이었기 때문이다. 이에 따라 당시 직접 배급권을 확보한 일부 외국 영화들과의 접촉이 늘어 갔으며, 트러스트가 배급권을 지닌 외국 영화들에 대해서도 저항이 발생하기 시작했다. 물론 에디슨은 개의치 않았다. 당시 이미 장편화 추세에 있던 외국 영화들에 대해서는 여전히 일종의 변외 경기라 여겼기 때문이다. 그는 꾸준히, 영화를 순식간에 경험하는 이벤트로 간주했다. 게다가 직접 배급권을 확보했다 할지라도 외국 영화사는 여전히 트러스트의 눈치를 볼 수밖에 없었다. 자신들이 직접 운영하는 극장들보다 트러스트가 운영하는 극장들이 점차 늘어났고, 자금난을 견디기 힘들었던 소규모 상영업자들은 하나둘씩 트러스트 산하로 들어갔기 때문이다.

이런 상황에서 독립 영화사들은 결국, 자구책으로 수입업이나 상영업의 비중보다 영화 제작의 비중을 늘려 가는 것이 차라리 낫다고 판단하게 된다. 적어도 에디슨이 제작의 특허권을 지닌 것은 아니니까 말이다. 하지만 그렇다고 난관이 해결되지는 않았다. 에디슨-코닥 카르텔이 버티고 있었는데, 필름 수급의 문제였다. 물론, 코닥은 1911년 이 계약을 파기한다. 할리우드로 건너가는 영화사들이 늘어나는 것이 이유의 하나라면, 외국 필름 업자의 등장도 중요한 이유였다. 그런 점에서 이 사진 재질 업자는 에디슨보다 더 간교했을 수도 있다. 어차피 둘 다 도긴개긴이지만!

여하간, 이 군소 영화사들이 트러스트로부터 독립할 방법들을 모색하기 시작했다는 사실이 중요하다. 왜냐하면, 그들이 영화를 만든다면 그것은 더 이상 소품들이 아닐 것이었기 때문이다. 소품 제작에 있어서 에디슨이 지니고 있던 경쟁력, 자본력을 넘어설 수 없었다는 점이 첫 번째 이유라면 두 번째는 그보다 과감한 조처였다. 그들은 책상 위에서 지시하는, 사실상 한 번도 이미지와 직접 접촉할 필요를 가지고 있지 않았던 에디슨과는 달리 직접 몸으로 시장을 굴러다닌 노동자 출신이다. 그렇기에 시장의 미묘한 변화를 누구보다 민감하게 느낄 수 있었다. 시장이 점차 관심을 두기 시작한 이야기의 영화, 장편의 개발 쪽으로 나아가기 시작한 것이다(이는 트러스트의 영화들과 차별을 두는 것이기도 했고).

결국, 이 초창기 미국에서의 영화 생산의 방식, 판매의 방식 모두는 오직 '돈'을 위해 움직였다. 에디슨의 복사본 판매도 그러했으며, 영화업자들이 가능하면 상영권만으로, 즉, 임대로 전환하려 했던 것 또한 선견지명이 아닌, 단순한 '돈벌이'의 자구책이었다.

물론 여건도 이들 독립 영화인에게 호의적이진 않았다. 교묘하게 법망을 피해 줄다리기를 했고, 트러스트에 대한 반특허법이 법원에 계류되면서 요행을 바라며 간신히 버티고 있었다. 게다가 여기에 뉴욕시와 시카고시의 횡포도 한 몫한다. 그들은 자주 영화 프로그램에 대해 제재를 가했고, 급기야 '시의 도덕적 안녕과 질서를 위해' 니켈로디언 극장의 폐쇄를 명령했다(1908). 독립 제작업자들은 각종 규제와 검열에 더해 에디슨의 간섭에까지 시달려야 했다. 아, 이 지점에서 모든 것이 시작된다. 바로 할리우드 말이다.

뉴욕과 시카고에서 영화 만들기는 점점 더 어려워져 갔다. 돈을 벌 수 있는 길을 빤히 알면서도 군소 제작업자들은 에디슨이 그 이득을 가져가는 것을 고스란히 보고 있어야만 했다. 물론 저항했다. 제재를 피해 몇 편 만들었지만 이내 트러스트의 압력에 굴복해야만 했다. 그리고 다시 눈치를 보며 제작하고, 엄포에 또다시 굴복하고….

독립 영화 제작자들이 출구를 찾지 못했다면 별 볼 일 없는 군소 업자로 남고 말았을 것이다. 하지만 우리가 아는 폭스와 유니버셜 스튜디오의 칼 라에믈, 루이스 B. 마이어[89] 등이 누군가? 그들은 이러한 과거를 지녔으리라고 짐작하기 힘들 만큼, 우리가 기억하는 한, 현재까지 굴지의 영화사를 세운 이들이다. 어떻게 이런 조건에서 그토록 성장했던 것일까?

우리 모두 이유를 잘 안다. '그들이 할리우드로 건너갔잖아!'

그래, 그게 그리 간단한 일일까? 왜 하필이면 할리우드이며, 거기로 가면 모두 저절로 성공하게끔 되어있던 것일까?

---

89) 루이스 버트 메이어 Louis Burt Mayer (1884~1957). 미국의 영화 제작자이자, 메트로 골드윈 메이어 스튜디오(MGM)의 창립자이다.

할리우드 이주

사실 할리우드로의 이주에서 '그나마' 경제적 목적과 더불어 또 다른 욕망을 지니고 있었던 것은 그리피스 정도일 것이다. 대부분에게는 오직 경제적 이득만이 이주의 목적이었다. 어느 날 우연히 가 보니, 영화를 찍을 수 있는 천혜의 조건이 있었고, 거기서 찍으니 더 근사할 거 같아 이주했다는 식의 말은 거짓에 불과하다. 할리우드로의 이주가 완료된 후에 거짓 변명으로 나온 말일 뿐인데, 정말로 그 조건이 맞아떨어졌다고도 할 수 없다. 너른 땅, 저렴한 노동비용이라는 조건에 불과하기 때문이다. 게다가 사실 공간의 문제도 대단한 조건은 아니다. 서부극, 드라마, 모험극 등등의 영화들은 이미 뉴욕 시대에 일찍부터 시작되었기 때문이다. 더구나 아직 대부분의 영화는 '분-영화' 즉, 짧은 단편이었다. 촬영 여건을 위해서 이동했다는 것은 이주의 음험한 내막을 덮는 풍문에 지나지 않는다. 뉴욕이라는 공간 안에서도 제작은 충분히 '잘' 이루어지고 있었다.[90] 진짜 이유는 다른 데에 있었다. 트러스트를 피하고자, 에디슨-코닥 연합

---

90) 이는 또 흥미로운 점을 우리에게 일깨워 준다. '사실들'을 단순하게 넘기지 말기를…. 대단한 의식은 아니었지만, 이때 미국의 관객들은 영화들을 이미 볼 줄 알고 있었다. 즉, '영화'라는 생소한 이미지들이 엮어내는 이야기를 아무 어려움 없이 이해했다는 말이다. 예컨대, 적당한 복장과 총을 들고 서 있기만 하면 관객들은 그것을 곧 '서부'의 이야기로 받아들였다. 그러니까 미장센은 형편없었더라도(사실 존재조차 안 했는데) 살아 있는 이야기로 받아들였다. 진짜 평원이냐, 아니냐는 별문제도 되지 않았다. 그러니까 곧 '가공된' 이야기를 상상하며 즐길 줄 알았다는 말이다. 미국영화가 이야기를 할 때, '가공'과 '위장'을 서슴없이 할 수 있는 수준의 시대가 열린 셈이다. 결국 이른 시기부터 '가공'은 미국영화의 주요한 콘셉트가 되기 시작했다.

에서 벗어나기 위해,[91] 뉴욕시와 시카고시의 다양한 압력 때문에, 그리고 월스트리트와의 결탁으로, 그 먼 곳까지 나아간 것이다.

생각해 보라, 당시 미국의 영화제작자, 그러니까 폭스, 마이어, 라에믈 같은 이들에게 영화적 완성도가 관건이었을까? 배경의 탁월함, 의미심장한 이야기의 새로운 개발 등이? 그들은 서부영화의 완성도를 위해서 서부를 필요로 한 그런 인간들은 아니었다. 할리우드로 건너간 이유는 오로지 '돈'이었다! 그들은 에디슨과 다르고자 했지만, 모든 것을 결국 에디슨에게서 물려받았다. '영화=돈'이라는 공식을.

캘리포니아에선 트러스트의 특허권이 아직 인정되지 않았고, 그것을 성취하기 위해서는 에디슨이 뉴욕이나 시카고에서와는 별개로 신청해야만 했다. 하지만, 에디슨은 거기까지 나아갈 필요성을 느끼지 못하고 있었다. 게다가 캘리포니아도 에디슨과의 접촉에는 거리를 두었다. 당시, 산업적으로 낙후 지역이었던 캘리포니아주는 영화산업의 파급효과를 주요 재원으로 누리기 위해 독립 영화 제작자들에게 이제 막 파격적인 제안을 한 상태였기 때문이다(물론 특별히 영화사업자에게 국한된 것은 아니다. 산업화에 대한 목적 때문에 온갖 제조업들을 대상으로 한 제안이었다. 이제는 철도가 그것을 가능케 하고 있었다). 거대한 땅(사실상의 불모지)을 제작사 부지로 제공하며, 상대적인 낙후 지역이므로 값싼 노동력을 활용할 기회를 제공했고, 뉴욕과 시카고 등지의 거대 도시에서 붙는 각종 세금의 면제까지, 모든 것이 독립 영화 제작자들에게는 달콤한 사탕이었다. 더구나, 제작비를 줄이려는 입장에선 또 다른 이점이 있었는데 서부는 아직 노동에 대한 의식화가 이루어지지 않은 곳이었다는 사실이다. 조합 따위

---

91) 이 대목에서는 사실 에디슨보다 코닥이 더 음흉해 보인다. 에디슨과 트러스트의 계약은 뉴욕과 시카고에서 유효했다. 즉, 코닥은 그 외의 지역에서 진작부터 이 독립 영화 제작자들을 비공식으로 접촉했고, 에디슨의 눈을 거스르지 않을 만큼 필름을 공급했다. 누군가의 눈을 피해 이루어지는 거래이기 때문에, 가격 조건도 그 자신에 유리했다. 코닥에 있어 독립 영화 제작자들의 이주는 손해만은 아니었던 셈이다.

는 아주 먼 일이고, 오히려 할리우드의 활동이 왕성해진 다음에야 나타난다. 캘리포니아는 결국 독립 영화 제작자들의 방패막이였고, 더 저렴하게 영화를 만들 수 있는 최고의 조건을 갖춘 땅이었다. 하나둘씩, 제작의 자유를 위해, 재정적 이득을 위해 캘리포니아가 제공한 땅, 할리우드로 옮겨간다. 에디슨은 구태여 뉴욕을 버릴 이유가 없었지만, 독립 영화 제작자들은 기를 쓰고 가야만 했던 것이다.

· 1908~1911: 트러스트에 가입하지 않은 소규모 제작사들의 등장.
· 1910: 그리피스, 로스앤젤레스에서 첫 영화 촬영.
· 1912: 유니버설 사 설립.
· 1913: 그리피스, 트러스트를 탈퇴하고 독자적인 영화사 설립.
　　　　자신의 영화사에서 첫 영화 제작―《Judith of Bethulia》,
　　　　할리우드에서 《The Squaw Man》 촬영 시작(세실 B. 데밀).
· 1914: 파라마운트, 폭스 사 설립 / 채플린 등장.
　　　그리피스, 토마스 잉스, 맥 세네트, 트라이앵글 사 공동 설립(1916까지 존속).
　　　라울 월시, 드완, 프랭크 보르자쥬, 클리프톤 등장, 《The Birth of nation》.
· 1915: 《Intolerance》 / 반트러스트법 발효―M. P. P. C. 활동 사실상 해체.
· 1917: 퍼스트 내셔널 사 설립(워너 브라더스 전신).
· 1918: 버스터 키튼, 에리히 폰 스트로하임, 킹 비더 영화 시작.
· 1919: 유나이티드 아티스트 사 설립(채플린, 그리피스, 더글라스 페어뱅크스, 메리 픽포드).

물론, 할리우드 제작 시대가 열렸다고 에디슨이 당장에 '망'하지는 않았다. 할리우드에서의 영화 제작이 처음부터 호황을 맞이하진 않았다는 말이다. 그러기 위해선 트러스트의 몰락이 필요했고, 1915년까지는 기다려야 했다. 게다가 아직 할리우드 시대가 대세도 아니었고! 할리우드는, 비교적 성공할 조짐들을 보이기 시작했지만, 여전히 불안했다. 아니, 사실 미국에서의 '영화'가 여전히 불안한 상태였다고 해야 할 것이다. 아직도 이 발명품은 노동자들의 몫이었다. 이들의 여흥을 담당한 공간, '니켈로디언'은 아직도 불건전하고 저속하게 취급되었다. 뉴욕시와 시카고시가 끊임없이 니켈로디언에 시비를 건 것도 그 때문이다(물론, 어떻든 줄기찬 에디슨 경쟁자들의 음모가 있었지만). 캘리포니아가 상당한 재정적 지원을 했고, 그들의 영화들이 어느 정도 인기를 끌고는 있었지만 언제라도 망할 수 있고, 사라질 수 있었다.

'그리피스의 몰락을 보라, 에디슨의 막강한 힘을 보라. 아직도 이곳(미국)에서 '영화'는 살얼음판이고, 무엇보다 더 많은 대중들의 시선을 안정적으로 끌어야 한다. 외국의 영화들은 아직 우리가 도달하지 못한 힘이 있으며, 우리는 그들과 그 수준에서 경쟁할 수 없다. 우리는 우리 나름대로 독자적인, 그들이 하지 못하는 것들을 가지고 승부를 걸어야 한다!'

물론, 에디슨의 시대가 이제 끝나 간다. 에디슨은 사실 주워 먹기만 하면 되는 판을 스스로 말아먹었다. 그는 미국에서의 영화 시장을 장악하려고만 했지, 그 동향을 제대로 읽거나 따라가진 못했다. 즉, 산업의 구조를 장악하려 했지, 거기에 어떤 상품을 내놓을지는 관심사가 아니었다. 사실, 그의 생각으로는 그는 이미 완결된 상품을 내놓은 셈이었다. 움직이는 이미지 그 자체 말이다. 처음에는 관객들도 그 사실만으로 만족했다. 하지만, 시간과 함께 그들은 다른 것들을 요구하기 시작한다. '움직이는 이미지'는 '내용'을 필요로 한 것이다. 그래, 그리피스 정도를 제외하고 할리우드로 이주한 대부분의 제작자는 에디슨의 번거로운 간섭 때문에 이주를 선택하기도 했지만, 또 다른 이유도 있었다. 즉, 이러한 영화 시장의 변화를 눈치채고 준비한 것이다. 에디슨이 이 제작자들의 작업을 방해하지 않고 수용했다면 역사는 또 다르게 흘러갔을 것이다.

시장은 날로 커 갔다. 단지 넓이만의 문제가 아니었다. 보고 있는 대상에 대한 인식의 변화 문제이기도 했다. 관객들은 에디슨의 오판과는 달리 영화에 '더 적극적'으로 다가갔다. 아니, 그보다 정확하게 말하자. 사람들은 에디슨의 생각과 달리 적극적으로 '영화의 관객'이 되어갔다(앞선 주석에서 말했듯이 이들은 이제 영화의 이야기에 익숙하고 그 턱없는 쇼트들의 구성에도 불구하고 이야기를 짜 맞출 줄 아는 눈을 지니고 있었다). 그들은 영화 안에서 점차 (자신들이 관심을 쏟을 만한) 색다른 것들을 찾아나갔다. 처음에는 배우에게 관심을 보이더니 그다음에는 그 배우의 더 다양한 모습들을 즐기기 시작했다. 즉, 더 많은 영화들을 원했고 자신들이 보아온 것과는 다른 것들을 늘 보고 싶어했다. 결국, 영화는 더 많이 생산되어야 했는데, 그들이 원한 것은 에디슨식의 짧은 소품들의 연속이 아니었다. 에디슨에게 결여된 것은 한둘이 아니지만, 특히 꼽아보자면 이 새롭게 나타난 일종의 개념인 '영화 관객들'에 대한 무시, 또는 무지가 결정적이었다. 그는 그들이 원하는 바를 제대로 읽지 못했다. 그와 반면에, 군소 업자들은 이 확장되어 가는 시장의 흐름을 정확히 깨닫고 있었다. 이미 말했듯이 에디슨은 현장과는 상관없는 발명가였던 데 반해, 이 군소 업자들은 늘 현장에서 영화를 제작하고 뛰어다닌 이들이고 그만큼 시장의 소비자와 더 밀착해 있던 것이다.

여하간, 할리우드의 저렴한 생산 비용과 시장의 요구는 자연스럽게 감독이 되기로 작정한 이들, 정확히는 제작자가 되기로 한 이들을 출현시켰다. 더불어 영화 생산 현장에서 일하는 자들이 급증했으며, 대량 생산과 대량 배급, 그 사이에서 시장의 파이를 차지하려는 경쟁도 치열해졌다. 이쯤 되니 군소 업자들의 안중에 에디슨은 이미 보이지도 않았다. 그들은 그들이 할 수 있는 일에 매달리는 데도 시간이 벅찼다. 이러한 조건들이 모여 할리우드가 만들어졌다. 그렇기에 할리우드는 처음부터 이윤의 문제였고, 시장의 문제였으며, 생존의 밭이었다. 우리가 이 사실을 깎아내릴 수 있을까? '영화'는 '예술'이라는 관점에서? 아니, 할리우드는 이미 말했듯 이러한 담론을 훌쩍 뛰어넘는다. 그리고 바로 그런 점에서 경이롭다. 물론 이 경이로움이 그의 영원한 족쇄이기도 하지만 말이다.

어떻든 우리는 이 '돈의 힘'과 '영화'의 만남을 무시할 수 없다. 실제 할리우드 스튜디오들이 그것을 증명해 나갔다. 사실 분명한 상업적 목적을 지니고 만들어졌으되 할리우드는 나중에는 어떤 면에서 유럽영화들이 지니지 않은 색다른 가치들을 만들어 냈다. 유럽에서처럼 작가가 등장해 그 색다름을 추구했다고? 아니, 미국영화에, 이 시기에, '작가'라는 의식을 지닌 이는 한 명도 존재하지 않는다(스스로 자의식으로 무장한 그리피스를 제외하고는). 이들은 하나같이 그냥 감독이라는 '직업'을 지닌 자들이었다. 사실 이들이 감독이 되는 과정들만 봐도 이 방향의 결론은 쉽게 나와 버린다. 이미 말했다. 누군가는 영화를 보고 반해서 왔으며, 누군가는 거기에 출현하기 위해 왔다. 누군가는 그저 돈이 돌아다니는 곳에 노동을 팔러 왔다. 그러한 '현장' 속에서 자신을 입증하기 위해 어쨌든 그들은 일을 '잘'해야 했다.

미국은 유럽처럼 이야기를 이 새로운 표현으로 옮기는 데 있어서, 연극, 문학, 회화 등의 기존 전통적 표현의 성과에 짓눌려 있을 필요가 없었다. 이들은 유럽의 영화인들처럼 흥미로운 표현 수단이라서 '영화'를 택한 것도 아니다. 게다가 유럽처럼 대중들에게 이데올로기를 전달하는 데 효과적이라는 사실이 중요했던 것도 아니다. 이데올로기라니, 이들 미국인의 유일하며 집요한 이데올로기는 오직 '돈'이다(그리피스의 몰락을 보라). 나아가, 유럽처럼 예술의 의미를 재고하기 위해서, 실험하기 위해서 전통적 예술의 카테고리에서 놀랍고도 실험적인 줄타기를 감행한 것이 아니다. 그들은 그저 '잘'해야 했다!

자신을 입증하기 위해, 그래야 더 많이 팔리고 돈을 벌 수 있었으니까, 그래야 살아 나갈 수 있었으니까. 그런데 놀라운 점은 무엇이 대체 '잘'인지조차 아무도 몰랐다는 사실이다. 그래, 나는 이래서 오직 할리우드만이 우리를 당혹하게 한다고 말한 것이다. 그들은 불모지에서, 정말로 어떤 전통도 없으며 거기에 의존할 이유조차 없는 황무지에서 이 '잘'을 생각해 냈고 정해진 기준점조차 없이 스스로 만들어 갔다. 유럽은 아마 이 점에선 불편한 동시에 행복했다고 해야 할 것이다. 그들에게는 '전통'이라는 기준점이 있었다. 물론, 나중에 그것을 벗어남으로써 또다시 '유럽'이 되어 갔지만(1950년대) 말이다.

수도 없는 시행착오들, 형편없는 실험들, 말도 안 되는 정말이지 싸구려 중의 싸구려 짓들을 모두 다 했다. 그러면서 어떻든 영화들은 대량 생산되었고, 엄청나게 유포되었으며, 관객들의 입장은 즉시 반영되었다. 그렇지! 바로 이점이 할리우드의 대단한, 우리가 앞으로 할리우드의 클래식을 말할 때 가장 중요한 지점이다.

아무것도 없는 불모지라고 했다. 어느 날 물건 하나가 툭 던져졌다. 그리고 그 물건에 의해서 생산자와 소비자가 관계를 맺는다. 이 물건이 무엇인지도 모르면서…. 즉, 생산자와 소비자, 그 누구도 자신할 수 없는, 무지한 상태에서 관계를 맺고 물건의 기능을 찾고 의미를 발견해 갔다. 그래, 생산자와 소비자, 어느 누가 다른 누구보다 낫다고 할 수 없는 '동등한' 상태에서 함께 이 물건의 용도를 결정했다. 그리고 그 용도에 맞게 다듬는 법을 익힌다. 보라, 보는 이나 만드는 이나 마찬가지다. 그들 스스로 이 '잘'을 발견하고 다듬고 만들어 가기 시작한 것이다.

할리우드는 그렇게 대중의 시대를 열었고, 대중들의 영화를 만들었다. 영화가 대중예술이라고? 어떤 의미에서? 대중들에 영합하는? 그들이 보는 예술이라고? 천만에…. 영화가 대중예술인 이유는 이처럼 생산자와 소비자가 같으며 그들이 특정한 계급적 관계에 놓이지 않으며 함께 동일한 상태에서 만들어 간, 바로 이러한 이들을 대중이라 불렸기에 그리된, 대중예술이다. 대중들의 시대에 그 안에서 나타난 예술이라는 의미일 뿐이다. '고급 예술'에 대응하는 개념, 대중들을 위한 것이라는 단순한 개념이 아니다(대중들을 '위한' 것은 사실 하나도 없다. 사실상 '대중'이 누구인지도 불명확하며, 곧 자신들이 '대중'이기도 한 생산자들이 소비자 대중을 위해 움직인다는 개념도 어불성설이다).

'감독'에 대해서는 나중에 다시 말하겠지만, 이와 마찬가지로 생소한 개념의 등장이라고 할 수 있다. 유럽에서처럼 자기가 생각하는 표현을 성취하기 위해 나타나지 않았으니까. 당시 그 일을 하는 이들은 결코 '작가auteur'가 될 요량으로 그 직업을 택하지 않았다. 그들 자신이 완벽한 대중이었으며, '표현'을 위해 택하기는커녕, 순전히 일거리를 얻기 위한 선택이었다.

바로 그렇게 시작된 것이 할리우드이고, 급기야는 클래식이 되었다. 이 단어, 모르는가? 간혹 그런 생각이 든다. 사람들은 너무나 지나치게 자신들이 버젓이 사용하고 있는 용어의 의미를 무시하고 있다고.

학문적 구별에 따른 용어는 나름대로 철저하게 자리 잡는다. 따라서 그 용어가 지닌 뜻을 가만히 살피면, 짐작보다 구체적인 이해에 다다를 수 있다. 클래식, 곧 고전, 전통이다. 그것이 나타났다는 말은 바로 영화의 전통, 영화의 고전이 나타났다는 말이다. 할리우드 클래식이란, 결국 할리우드에서의 영화 양식의 고전, 전통이라는 말이고. 그런 점에서 한번 생각해 보자. 그것이 무엇일까를!

할리우드는 흔히 이야기의 영화라고들 하지만 사실 너무나 엉성한 인식이다. 유럽에서 먼저 이야기가 있었고, 영화 이전에도 있었으며 앞으로도 있을 것이다. 할리우드가 만들어 낸 것은 결코 이야기가 아니다. 할리우드는 더 특별한 일을 했는데, 바로 그것을 관객들에게 전달하는 법을 만들어 냈다. 이야기는 차라리 유럽이다. 그들은 언제나 '작가', 그러니까 '지어내는 자'로서의 채무에 시달렸다. 단순히 상업적 목적을 지닌 자부터 예술적 목적을 지닌 자까지 말이다. 반면, 할리우드에서 이 '지어냄' 자체는 목적이 되어 본 일이 없다(최근 이전까지는). 당연히 '예술적 목적'도 컨템포러리con-temporary에 오기 전까지는 존재하지 않았다. 그들의 당면 과제는 언제나 이야기를 어떻게 효과적으로 전달할까, 만들까였다. 보라, 할리우드는 한때 문법이라 불릴 만한 이미지의 체계까지 만들었었다. 일종의 공식 말이다. 즉, 그것이 옳든 그르든, 할리우드는 어떤 전통의 도움도 받지 않고 스스로 영화적 표현법을 성취해 나갔다. 할리우드는 그러니까 자신의 '예술'을 만들어 간 것이다. 상품으로서의 가치를 지닌 '표현들' 말이다. 그리고 결국에 이는 대량 생산, 틀에 의해 신속하게 영화를 생산하는 할리우드만의 '방식'의 창조이기도 했다. 생산 방식으로 보자면 '미국영화'는 차라리 할리우드 이전으로 올라간다. 이 '상품'으로서의 '영화'의 운명과 생산 방식은 에디슨, 즉 초창기에 이미 시작했다. 세계 굴지의 영화사를 이룬 이민계 사장들은 모두 에디슨의 전략, 의지를 배웠다. 그들 모두 에디슨이 탄생시킨 자들이다!

국가의 탄생, 1910s

할리우드 클래식의 시작

 지금까지 보건대 '영화'는 에디슨의 탐욕, '영화'에 대한 무지로 인해 시작된 여러 가지 오판들, 예컨대, 실소를 가하지 않을 수 없는, 저급하고 저속한, 아직은 시대가 '돈'에의 집착을 인간의 악과 연관 짓는 세상에서, 그래서 '영화'란 도무지 가치를 평가받을 일 없는, 싸구려 오락일 수밖에 없는 모든 요소를 갖추고 있었다. 아무리 인기를 끌든, 세간을 들었다 났다 한들, 영화를 찾는 이들은 생존을 위해 대륙을 건너온 부랑아들, 도시 빈민들이었으며 그 점에서 '영화'는 기껏해야 한량들, 빈민들을 위한 오락일 뿐이었다. 말하자면 그것은 아직 '이민자들의 문화'에 지나지 않았다. 그러므로 미국에서 '영화'의 온전한 면모, 방향은 아직 불분명했다. 그토록 인기를 끌고 많은 사람이 보며, 그만큼이나 많은 이들이 만들어 갔지만, '영화란 무엇인가'라는 질문은 누구도 하지 않았다. 하지만 어떤 이들은 달랐다. 물론 그들의 영화적 업적 자체는 어찌 보면 전혀 대단하지 않지만, 미국의 영화 세계에 있어서 무언가 초석을 놓은 것만은 분명하다. 그리피스가 그러했고, 채플린이 뒤를 이었다. 이들은 사실 단순한 감독, 배우가 아니라 제작자였고, 제작의 수준에서 새로운 시도를 이어갔다. 미국은 언제나 제작자의 땅이었다.

 비타그래프 사의 설립자인 제임스 스튜어트 블랙톤James Stuart Blackton (1875~1941)이 대표적인 인물일 것이다. 그는 1898년 ≪찢겨나간 스페인 국기 Tearing Down the Spanish Flag≫로 영화를 시작하지만, 1905년으로 넘어가보자. 에드윈 포터나 그리피스, 사실 이 시기는 한 사람의 이름을 기억하기보다는 제작사(사실상 동시에 배급사)[92]에 주목해야 한다. 바이오그래프 사의 포터와 그리피스도 영화적 표현에 있어 일련의 진전을 가져오지만 실제로 그들의 작품은 종종 유럽에서의 작업에 영향을 받았다. 반면, 블랙톤이 세운 비타그래프 사는 미국적인, 정확히 말하면 대륙의 영향과 상관없이 자신들의 이야기를 하려 한 첫 영화사이다. 1905년, ≪신사도둑 레이플 Raffles Gentleman Cambrioleur≫의 성공과 함께 대규모의 스튜디오를 건설함은 물론, 바야흐로 제작 규모를 넓혀 다양한 감독들과 작업하게 된다. 그 자신이 이민자였던 그는 휘하에 많은 이민자 감독들을 두면서 심지어 이탈리아에서 제작하기도 한다(이 경우, 엉뚱하긴 하지만 주로 셰익스피어의 작품들이었다). 1907년, 이미 연표를 통해 말했듯이 당당한 규모로 발전한 비타그래프 사는 에디슨, 바이오그래프 사와 공동 연합을 하게 된다. 물론, 오늘날의 연합과는 다르다. 하나의 제작사로 통합하지 않고, 거대한 스튜디오를 건설하고 자원을 공동 이용하며 배급망을 함께 통제해 나갔다(초기 할리우드 스튜디오 체제의 냄새가 일찌감치 풍긴다). 여전히 그들은 각자 회사의 이름으로 영화를 제작하고 배급했다.

1908년은 비타그래프 사에 있어 성공적인 해였다. 미국에서의 여러 실생활을 기초로 한 시리즈는 물론, '모세'를 소재로 한 성화 영화를 비롯해 모험적인 성격이 들어간 단막극들도 내놓았다. 단편들이고 기억해 줄 만한 것들은 없으나 순전히 미국 내에서의 이야깃거리를 찾아냈다는 사실에 주목해야 할 것이다. 이 영화들이야말로 그리피스에게 영감을 주고, 그가 미국적 소재들을 찾아내게끔 한 것들이기 때문이다. 게다가 영국에서 조심스럽게 시작된 편집의 기술적인 시도들도 이야기의 구성에 적용되어 갔고.

---

92) 묘한 말이지만, 이때 영화사는 당연히 제작을 겸했지만, 무엇보다 배급사였다. 배급망을 지닌 회사 말이다. 바로 여기에 들지 못한 이들을 우리가 그 당시의 독립 영화 제작자들이라 부르는 것이다.

이런 점에서 보면, 미국 영화사에서 할리우드가 여러 획기적인 면모들을 지니고 있지만 모든 것이 거기에서 시작되지는 않았다. 이미 전 장障에서 말했듯이 이루어질 것은 뉴욕과 시카고의 변방에서 다 이루어지고 있었다. 서부영화이든, 미국 내의 소재들을 가지고 구성된 이야기이든, 이야기의 구성을 위해 움직이는 이미지들에 가해진 테크닉이든, 심지어는 이것뿐만 아니라 스튜디오 생산 시스템까지 부분적으로는 이미 어느 정도 성취하고 있던 것이다. 다만, 아직 명확하게 구분할 수 있는 '미국영화'라는 덩어리가 없었을 뿐이다.

사실, 최소한 이 시기에 '미국영화'라는 용어 자체는 별로 의미가 없다. 그것은 단지 미국에서 생산된 영화였을 뿐, '미국'으로서의 특성이 반영된 것은 아니기 때문이다. 게다가 영화 말고도 일반적인 역사 수준에서 '미국적'이라 할 만한 것들의 윤곽도 잡히지 않았다. 적어도 문화의 수준에서 미국은 줄기차게 유럽의 아류였기 때문이다. 이 시기까지의 미국 영화들이 지닌 모든 방식은 수입품이다. 이미 말했듯이 '이야기'의 방식조차 이미 있었던 유럽산 서사들 구조의 틀 안에 있었으며 기획 영화, 스튜디오 체제가 독특해 보인다고 할지라도 이미 존재하던 것들이다. 미국이 아직 니켈로디언 수준에 머물러 있을 때, 프랑스, 이탈리아, 독일 등 유럽의 주요 국가들은 거대한 스튜디오를 이미 지니고 있었고, 국제적으로 공동 제작에 나서는 일이 비일비재했다. 따라서 우리가 이해하고자 하는, 이해해야 하는 카테고리는 '미국' 영화가 아니다. 그것은 차라리, 일련의 지역적 생산기지를 형성하고 그곳에서 생산된 영화들, 그러니까 '할리우드 영화' 곧, '할리우드 클래식'이라 불리는 것들이다. 왜냐하면 모든 면에서 완전히 새로운 생산 체제, 방식들이 바로 할리우드로부터 나타나기 때문이다. 말하자면 단지 세트 제작실이었던 '스튜디오'가 '제작사'를 일컫는 칭호로 변용되는 방식 말이다.

1940~1950년대의 프랑스 비평가들은 이 '미국영화'를 정의하는 데 있어서

종종 감독들이라는 기준에서 접근하고자 했다.[93] 그러나 나는 그 역시도 오류가 있다고 본다. 왜냐하면 이는 1940~1950년대 프랑스 담론 안에서 요구된 주제이기 때문이다. 즉, 유럽에서처럼 어떤 분명한 미적 관점을 지닌 감독들로 이해하려는, 그럼으로써 '영화'가 작가들의 지대이며, 따라서 전통으로서의 '예술'적 개념에 어긋나지 않는, 충분히 가치를 지닌 표현 도구임을 입증하려 하는 욕망이 침투한 견해라는 말이다(이미 1949년 조르주 사둘의 『세계영화사』에 대한 언급 안에서 말한 바 있다).

하지만, 우리가 한정하려고 하는 '할리우드 클래식'은 오히려 그러한 '예술적 전통'에의 짜맞춤과는 다르다. 할리우드 역시 유럽으로부터 건너온 놀라운 감독들에게서 '표현'을 발견하고 수용했듯이 '전통'의 그늘에서 완벽하게 자유롭다고 할 수는 없다. 하지만 그들만의 다른 점이 있었는데, 그 '전통'으로부터 시작하지 않은, '영화'로부터 시작한 이야기가 있다는 것, 그리고 그것을 적용하고 발전시켜, '영화'의 산업을, '영화'의 메커니즘을 구축했으며, 그렇게 스스로 '전통'을 만들어 갔다.

이미 앞에서 말하지 않았던가? 아무것도 없는 사실상의 불모지—우리는 지금까지 그리 부를 수밖에 없는 천박한/척박한 '영화'의 환경을 이야기했다—에서 시작한 '영화'라고. 전통에서 벗어나지 못한 유일한 면이 있다면 할리우드 영화들이 유럽에서 전해져 온 '이야기'들에 매달리는 비중이 많았다는 사실뿐이다. 하지만, 그들은 유럽의 방식으로 '그 이야기들'을 다루지 않았다. 유럽이 '이야기'의 주제와 깊이에 천착하고, 이야기를 보고 다루는 전통으로 인해 그럴 수밖에 없었다면, 할리우드는 그렇지 않았다. 그들은 '이야기'라면 당연히 있을 주

---

93) 반드시, 누벨바그를 이끌던 트뤼포 François Truffaut (1932~1984)의 작가주의 개념을 지칭하는 것만은 아니다. 예술로 규정하는 데 있어서 예술가의 등장은 필연적이었으며 사실 1930년대부터 조심스럽게 시작된 것이기 때문이다. 이 '영화'를 담론의 영역으로 끌어들여 그것의 가치를 주장하고자 했던 역사에 대해서는 다음 기회로 미루자. 다만, 이러한 의식들이 아직 감독들의 역할이 불분명한 시대에 과연 온전히 적용될 수 있을까 하는 점을 생각해 두면서.

제를 벗어나진 않았지만, 주제의 전달이 목적은 아니었다. 주제는 '이야기'인 이상, 있을 수밖에 없는 하나의 조건에 불과했다. 그들이 주력한 것은 주제의 전달이 아니라, '주제의 행위화, 사건화(이벤트화)'였다. 이것이 미국의 초기 영화인들이 깨달은 '영화의 방식'이다. 그래서 유럽의 '이야기'가 주제로 몰리는 데 비해서 할리우드는 그 무거움을 빼고 볼만한 것들, 스펙터클로 채워진다. 비록, 미학적 가치 입장에서 이미지의 묵직함은 떨어지겠지만 할리우드는 다행히 어떤 면에서 부족함을 의식하지도 않았다. 만일 미학적 측면의 보완을 꿈꾸었다면 유럽의 아류에 그치고 말았을 것이다. 어떤 '표현물'을 평가할 때는 자연히 표현의 수준들이 고려되기 마련이다. 이 수준에서 할리우드는 유럽을 따르지 못했다. 하지만 다행스럽다고 했듯이 그 대신, 그들은 자신들의 '방식'들을 만들어낸다. 많은 면에서 부정적인 결과들을 낳기도 했지만, 어떻게든 그들만이 할 수 있는 영화들을 생산해 냈는데, 이는 '영화'의 가능성을 엄청나게 넓히는 결과를 가져온다. 우리는 늘 '작품'만으로 '영화'에 대한 사색을 종결짓고는 하는데, 반드시 할리우드산産 '영화'를 보아 온 관객들도 고려해야만 한다. '영화'를 대하는 그들에게서 일종의 개념들이 형성되고 자라나 어떤 방향으로 나아가기 때문이다. '할리우드 클래식'은 말하자면 일반적인 '클래식'과는 다른 것들을 관객들에게 바라보도록 했다. 주제가 아닌, 볼거리, 소재, 사건의 행위들, 파상적인 행위들의 연결, 이미지들의 연속적인 재구성…. 따지고 보면, 이는 결국 '영화'가 전통적인 표현형식들과 차별될 수밖에 없는 존재가 되게끔 밀어붙이는 동력이었다.

물론 할리우드 클래식의 성립 이후에, 이러한 한정이 그 틀에서 생산된 모든 영화에 들어맞는 것은 아니다. 어떤 경우에는 감독들이 스스로 '영화'의 밭에서 작가로서의 자신의 역할을 의식하고 '전통'과의 교합을 꾀하는 경우도 있고, '전통'적인 것들을 가져와 영화로 담아내려는 경우도 있기 때문이다. 하지만, 그래도 전반적으로, 미국에는 없는 서사적 '전통'에의 채무에 시달리지 않았다는 점이 중요하다. 나는 이러한 '영화'의 탄생이야말로 영화사의 '경이'라고 말하고 싶다. '전통'과 긴밀한 끈을 지닌 '영화'의 가치를 무시할 수 없듯이, 독자적으로 자신만의 전설을 구비한 '영화만의 새로운 전통'도 무시할 수 없기 때문이다. 그것이 바로 할리우드 클래식이 남긴 장점 중 하나이다.

유럽에서는 '영화'가 갖는 표현의 가중치를 무시할 수 없었지만, 미국에서는 그렇지 않았다. 더군다나 그들에게 '표현'이란 유럽이 생각하는 것과는 다른 문제였다. 그것은 미학적인 포장지가 아니라, 관객을 향한 호소, 효과적 전달, 따라서 움직임을 통한 효과적 구성의 문제였다. 예컨대, '편집'도 그러하다.

편집에 대한 조심스러운 기술적 접근을 먼저 시도한 사람은 에드윈 포터가 아니다. 영국의 다큐멘터리 안에서 분할과 구성의 배분은 이미 시작되었다. 그들의 작업은 다큐멘터리였기 때문에, 쇼트와 앵글의 배열이 자연스럽게 '선택'의 기준에서 중요해지고 있었다. 아직 개념이 자리 잡지 않았을 뿐, 분할과 배분이 이루어지기 위해서 '쇼트'는 당연히 존재할 수밖에 없었다. 그것의 역할이 의식되지 않았을 뿐이다.

편집의 탄생

'영화사'에서 가장 역동적이고 복잡한, 철학적 담론의 깊은 수위까지 넘나들며 동시에 선뜻 이해할 수 없을 만큼 독자적인 논의의 출발은 바로 '편집'에서 이루어진다. 사실 그 정도면 분명하게 '이론'이다. 하지만 바로 그 점에서 이상하다. 그때에도 '영화이론'으로 불리긴 했지만, 당시 영화에게 특별한 관심을 기울이던 이들을 제외하면, '예술적 도구들'에 적용되는 '이론'이라는 단어는 '영화'와는 전연 관련이 없던 것이었다. 대체 '영화'가 어디 '이론'이란 이름의 논리적 논의를 거칠 만한 도구인가? 그러니, 이 '영화이론'의 출발에 대한 기술들은 아주 기이해 보인다.

왜냐하면 '영화'가, '영화'의 '방법'들이, 논리적인 논점을 제공할 만한 수준에 이르기 전에(누가 뭐라 하든 일반적으로 '영화'는 유럽에서든, 미국에서든 오락이었으니까) 일찌감치, 섣불리 나타났기 때문이다. 달리 말하면, '정체'가 규명되기도 전에 그가 사용하는 방법들에 관한 논의가 먼저 진행된 셈이다. 그러니 그러한 논쟁 자체가 사실은 기이하고, 당시 환경으로 볼 때는 특이하며, 그만큼 낯설 수밖에 없었다. 사실 가만히 보면 지나친 독트린이다. 다양한 예들의 적체에서 자연스럽게 추출된, 발견된 표본들과 함께 형성된 논의가 아니라, 그것이 쌓이기도 전에 쇼트들의 결합 관계를 한정해 놓았으니 말이다(즉, 이데올로기가 먼저, 아직 나타나지도 않은 삶을 규정하고 억제하는 방식으로). 결국 냉정하게 말해, 이를 '영화이론'이라 떠드는 것은 살짝 지나친 욕망이다. 그만한 수준이었든 아니든, 이것은 사실 일종의 주장이며, 그로부터 한 20여 년쯤 흘러서야 비로소 '이론'으로 받아들여질 수 있기 때문이다.

그 논의(이론)의 깊은 지대를 거닐지는 말자. 우리는 박사학위 논문을 준비하는 이들이 아니며, 또한 '영화'의 지적 의미망을 발견하고 구축해야 하는 이들이 아니다. 다만, 이 '편집'에 관한 논의가 대체 어떤 사실들을 우리에게 말해주는가를 보고자 할 뿐이다.

이를테면 '영화'는 어쩌다 '편집의 예술'이 되었을까? 그리고 그 말이 진짜일까? 말인즉슨 이 표현은 정당한 것일까?

우리가 너무나 당연하게 받아들이는 명제들을 가만히 들여다보면 수많은 문제점이 똬리를 틀고 있다. 그 명제가 맞든 틀리든, 그것은 그다음 문제이다. 우선은 그 명제가 사용하고 있는 의미들이 그리 단순하지 않다는, 따라서 의혹을 지니기에 충분하다는 말이다. 그런데 이상하게도 대체로 의문을 지니지 않는다. 아마 우리가 어떤 대상에 대해서 이해하고자 한다면 그러한 태도부터 버려야 할 것이다. 모든 것을 당연하게 받아들이기, 대충 우리의 언어 사용에 있어서 알아들을 만하다고 해서 의심 없이 받아들이는 것, 자기 생각과 맞는다고 여기는 애매한 논리 등등 수정할 목록은 즐비하다.

이 표현도 사실 그 범주에 든다. 몇 가지 걸리적거리는 것이 있다. 다들 우선 내가 지니는 의혹이 '영화'에게 있어 '편집'의 역할을 강조한 데 대한 회의일 것이라 여기겠지만, 아니다! 오히려 첫 번째는 '영화'가 '~의 예술'이라는 표현이다. 즉, '영화'가 예술일지 하는 것! 별 무거움 없이 말할 때야 전혀 하자가 없겠지만, 좀 더 파고들고자 하는 우리에게 이것은 과연 한 점 의혹 없이 받아들일 만한 말일지 생각해 보자는 것이다.

정말로 여러분도 동의하는가? 그렇다면 의문이 하나 생긴다. 왜 까다로운 영화들을 인정하지 못하는가? 왜, 흥행 영화들만 찾아다니는가? 미술의 경우에, 우리가 예술이라고 인정하는 것은 꼭 흔한 것만은 아니지 않은가? 프란시스 베이컨Francis Bacon (1909~1992)의 그림이나 에드문드 굴딩Edmund Goulding (1891~1959)은 일반적이지 않다. 그럼에도 우리는 그것을 예술이라고 여긴다. 그런데 왜 '영화'가 그런 새로운 시도를 보여줄 때 감탄하기는커녕 못마땅하게 보는 것일까? 여기서 여러분의 태도를 문제 삼으려는 생각은 없다. 오히려 '영화'가 그리 예술과의 인접성에 있어 당연한지를 생각해 보자는 말이다. 보는 이들을 넘어서고 무시하기도 하는, '예술'이라면 허용되는 교만을 '영화'는 부리지 못한다. 그럼에도 우리는 그것을 당당하게 말할 수 있을까? 그렇다면 어떤 이유에서 그런지, 아니라면 어떤 이유에서 아닌지 따져보지도 않고 말이다. 그러하니 그 당시에 이 표현은 지금보다 더 상당한 논쟁을 겪었어야 했을 것이다.

그 후에야 걸리는 항목이 '편집'이다. 뭐 시시콜콜 따지지 말고, 그래 까짓 '예술'임을 인정하거나 못 하거나, 그대로 놓아두고, 이번에는 그 앞의 표현, '편집의'라는 표현을 잡아채 보자. '편집'이 과연 '영화'의 고유한 특징일까? 언어의 경우에, 우리가 '편집'이라 부르지 않을 뿐이지, 이러한 하나의 단위와 다음 단위 간의 조음이 의미를 전달할 수 있는 문장체를 구성하는데, 그것과는 대체 뭐가 달라서 '편집'을 '영화'의 독립적인 용어처럼 종종 사용하고 아무도 의심하지 않고 받아들이는 것일까? 물론 언어는 '시간'을 조음하진 않는다. 하지만 그 시간의 조음인 편집이 '영화'의 고유성이라고 하기는 힘들다. 시간은 회화에도 한 화면 내에 적절하게 '편집'되어 있기도 하다. 오히려 추상 작업으로서의 회화는 시간을 누구보다도 시지각적으로 구현해 낸다. 예컨대, 에이젠슈타인Cepreй Михайлович Эйзенштейн (1898~1984)이 '화면 내 편집'이라 부른 것과 어떤 차이가 있을까? 적어도 '시간의 응축, 재조합'이란 수준에서는 시간을 조음한 회화와 '화면 내 편집'은 별다른 차이가 없지 않은가? 차이라면 이 경우 단 하나, 회화에서 어떻든 그 조음을 이룩한 이미지는 정지되어 있다는 것이고, '영화'는 꾸준히 시간을 흘려보내고 있다는 점뿐이다. 또한 연속 그림들을 생각해 보라. '시간의 절개'라는 차원에서 보자면 회화도 이미 성취해 낸 바가 있는 셈이다. 이러니, '편집'을 '영화'만의 전유물로 다룰 수 있을까?

냉정하게 보자면 최소한 두 가지 측면에서 이 문제를 생각해 볼 수 있다. 우선, 편집을 시간과만 연관 짓는다면 이 표현은 성립하지 않는다. 오류는 바로 거기에 있다. '영화'에서 편집은 시간을 조음하는 데 그치는 방식이 아니다. 편집은 시간의 조각을 다루는 방법이 아니라, '의미들'을 다룬다. 즉, 편집의 대상은 시간이 아니라 바로 '의미들'인 것이다.

또한, 두 번째의 오류는 조음과 '영화'에서의 '편집'은 다른 문제라는 점이다. 예컨대, 문장체를 구성할 때 음소, 단어 등은 단위로는 다른 것들과 구별되겠지만 그 구별이 독자적으로 완전히 닫혀있는 것들끼리의 변별은 아니다. 간단한 말인데, '사과'와 '귤'은 다르지만 '와'라는 접속사로 아주 간단하게 연결되며 어떤 접속사를 사용할까도 문법적으로 정해져 있다. 반면, 이미지들은 이에 비한다면 완벽하게 독자적이다. 그는 무엇보다 프레임으로 철저하게 닫혀있고, 더구나 두 이미지를 연결하는 데 어떤 법칙조차 없다. 즉, 두 이미지의 연결은 완벽하게 자의적인데, 이 연결을 19세기에 이르기까지 인간들은 꾀할 이유조차 없었다. 그렇다면 연속된 회화의 경우는 어떨까? 하지만 이 경우 회화 작품이 프레임에 의해 완벽하게 닫힌 체계라는 점을 고려해야 한다. 즉, 회화 하나하나의 서사는 그 자신 안에서 완성된다. 회화 작품 자체가 이미 그 자신으로 서사를 닫고 완결 짓는 방식이기 때문이다. 그러므로 연속된 것들은 사실 한 장의 회화에서 완결된 서사와 그다음 한 장의 회화에서 완결된 서사를 보고 있는 관람객이 연결할 것을 예측한 가운데 만들어진다. 즉, 관람객이 프레임과 프레임 사이를 잇는 접속사다. 그러나 '영화'에서의 편집은 관객의 개입과는 상관이 없다. 이 말도 조심스럽게 생각해야 하는데, 쇼트와 쇼트들 사이를 기술적으로 이어 낸다는 의미의 편집이라면 상황에 따라 관객이 개입하기 때문이다. 하지만 이 초창기 편집 이론이 언급하는 편집의 단위는 이러한 기술적 편집을 말하지 않는다. 그것은 관객의 개입을 고려한 연결이 아니라 '영화' 쪽에서 빚어내는 연결을 대상으로 하기 때문이다. 따라서 의미에 의해 규정된 어떤 덩어리 안에서의 연결, 그것을 대상으로 하는 이론이다. 이런 점에서라도 사실 이 편집 이론이 '영화' 전체에 대응한다고 대했던 태도는 순전히 오류이며 과대포장이다. '영화'에게 아주 중요하지만, 그 전체일 수는 없기 때문이다.

아, 이리 복잡하다, 이론은! 진짜 해명해야 한다면 여기서부터 시작해야 한다. 하지만 우리는 일찍부터 개념들의 잔치로 내려갈 필요는 없다. 개념을 담은 언어들은 일단 쓰기 시작하면, 자칫하면 더더욱 복잡해진다. 영화이론을 다룬 논문들이 통상 그러한데, 종종 나는 연구자들이 자신이 사용하는 단어의 개념에 대해서 정말이지 분명하게 따져본 건지 의심스러울 때가 있다. 그렇다면 연합할 수 없는, 양립할 수 없는 상태의 문장들, 설명들이 너무 많기 때문이다.

사실, 개념어로 한정하는 이유는 더더욱 사실을 명확하게 하고, 논리의 폭을 좁히려는 데 있다. 즉, 문제를 똑바로 보기 위한 것이다. 따라서 개념어를 잘못 사용했다는 말은 논리의 폭을 좁히기는커녕 더 흐트러트린다. 다행인 것은 우리가 지금까지 봐 왔듯이 '영화'가 그러한 개념들로 시작하지 않았다는 점이다. '영화'는 무지몽매하게 자신도 예상치 못했던 결과물들을 만나고, 자신도 예기치 않았던 곳에서 관객들에게 '생각'을 전달했으며, 그렇게 무심하고 어처구니없이 시작했다. 그래서 '영화'에 대한 모든 개념은 대개 나중에 나타났다. 그러니, 우리도 그 무지몽매, 백지에서 시작해 보면 어떨까? 그래야만 어떻게 개념이 발생하고, 그것에 의해서만 한정이 되는지, 그리고 그 개념을 왜 사용하는지 진짜 이해할 수 있지 않겠는가?

처음에 사람들은 움직이는 이미지의 결합 관계를 전혀 알지 못했다. 한 번에 시작해서 끝날 때까지 기록했고, 그 모든 것은 잘리지 않은 연속이었다. 이 말은 연속적인 행위들만을 담았다는 말이다. 즉, 이미지의 연속성이 중요하지 않고, 그 안에서의 행동의 연속성이 유일한 목표였다는 말이다. 단일한 사건, 단일한 장면. 그것은 사실 단 한 장의 사진이나 다를 바가 없으며(카메라와 쇼트의 크기가 고정된), 물리적으로 사진이 담지 못하던 시간과 그에 따른 변화, 즉, 운동을 담은 상태에 불과했다(앞선 설명의 예로 보면, 회화처럼 프레임 안에 자신만으로 완결되고 닫힌 조각이었다는 말이다). 물론 다른 입장에서 보자면, 강조했듯이 '현실'이 기록되었다는 데서 전혀 하찮게 볼 수 없는 지점이 있지만, '구성'의 입장에서는 '구성'이라고 하는 단어의 개념조차 끼어들 틈이 없었다는 말이다. 당분간 그런 상태가 계속되었다. 왜냐하면 '영화'는 아직 다른 것을 담을 이유가 없었기 때문이다. 유럽이든, 미국이든 마찬가지였다. 적어도 멜리에스가 우리가 다 알다시피 우연한 기회에 두 대상의 교차를 발견하지 않았더라면.

멜리에스가 발견한 시각적 대상의 어이없는 전환 말이다. 마차에서 영구차로…. 하지만 위에서 잠깐 말했듯, 멜리에스는 이 발견을 이미지의 결합이나 충돌로 이해하지 못하고 대상의 교차, 변환으로만 이해했다. 그랬기에 그는 이것을 기껏해야 '없던 것이 튀어나오고 있던 것이 사라지는' 것으로 이해했다. 즉, 자신이 하던 '마술'로! 마술이 그렇지 않은가? 옷 속의 토끼이며, 소매 속에 감춰진 카드, 눈속임 말이다.

멜리에스의 ≪달세계 여행 Le Voyage dans la Lune≫(1902)을 보라. 분무와 함께 사라지는 달의 원주민들을. 거기에 장면 전환이 있다고? 지구에서 달로, 달 표면에서 지하 왕국으로, 그다음에 달 표면으로, 그다음엔 우주로, 지구로, 환영식장으로…. 이것은 '영화'의 장면 전환이 아니다. 회화와 언어에서 이미 터득한 것이기 때문이다. 다른 장소, 다른 대상으로의 전환 말이다. 이것을 '절개'라 할 수 있을까? 이것은 단일한 사건, 단일한 장면들이고, 이야기의 흐름에 따라 그 이야기 안에서 필요한 여러 단일한 사건, 장면들을 모아 놓은 것일 뿐이다. ≪미국인 소방수의 하루≫? 사실 거기서도 마찬가지의 개념이 적용된다. 불이 나고 불을 끄러 가서 사람을 구출하는 전체적인 이야기 흐름에서 필요로 하는 각 장소의 촬영을 붙여 놓은 데 지나지 않는다. '영화'에서의, '편집'에서의 절개란 거기에 멈추지 않는다. 적어도, 집합에서 부분으로, 부분에서 집합으로, 집합과 집합의 대립 등으로, 연속이거나 절개거나 간에 그 정도는 해 줘야 하는 거 아닌가?

그리피스

현재의 입장에서야 지극히 단순해 보이지만, 예컨대, 편지로 사람들이 남과 북이 전쟁을 치르게 되었음을 알게 되는 순간, 한 배에서 태어난 점박이 강아지와 얼룩무늬 강아지로 연이어 들어가는 것(집합에서 부분으로의 연속) 예컨대, 굶주리고 지친 아이들을 품에 안은 전쟁의 참화를 겪은 어머니의 장면과 출정하는 군인들의 먼 행렬을 병치시키는 것(절개), 예컨대, 집 안으로 침투하는 북군 건달 무리들과 내부에서 몸을 숨기고 있는 가족들의 연이은 장면(절개, 대립) 등등….[94] 모두 이유가 있다, 이렇게 '편집'이 나타난 데는!

멜리에스의 영구차와 마차라는 두 개의 이미지를 통해서 알게 된, 실제 물리적인 수준의 단절이 이루어질 때, 그 두 개의 연이음은 결국 서로 다른 두 이미지의 결합이라는 것, 나누면 이제 어쩔 수 없이 이어야 한다는 것, 그 영화가 서로 다른 두 개의 영화들이 아닌 이상 하나의 영화 안에서 어떻게든 늘어서야 된다는 것, 바로 그 점들을 깨달았고, 그것이 '영화'의 구성이라는 사실을 알았기 때문이다.

그래, 그리피스, 그가 이 원리를 분명하게 깨달았다. 그의 고민 속에서, 일단 이야기가 정해지면 이야기에 필요한 이미지가 각각의 장소에서 촬영되어야 하고, 그것들을 단순하게 잇는 일이 아니라, 이야기를 이야기답게 분해하고 결합시키기 위해서 장

---

[94] ≪국가의 탄생 The Birth of a Nation≫(1915). 그리피스는 사실상 영화적 표현의 아버지라고 할 수 있다. 그의 영화 자체가 뛰어나서가 아니라, 당시로서는 놀라운, 새로운 영화적 화법을 만들어 냈기 때문이다. 편집만이 그의 공으로 알려졌지만, 실제 그의 영화들을 보면, 나중에 우리가 화면 내 편집이라 부르게 되는 시간적, 공간적 병치가 극의 클라이맥스를 이끌고 있다. 당시 영화들은 이야기를 화면화하는 데 급급했는데, 그리피스는 그것을 넘어 '의미'를 화면화했다.

소들이 선택되고, 크기가 선택되며, 병치 될 이미지들이 선택되어야 한다는 점이 영화 한 편에 녹아들기 시작했다. 《돌리의 모험》(1908) 시절에도 담겨있지만 크게 부각되지는 않았던 의식이다. 하지만 《국가의 탄생》(1915)에서 그리피스는 아주 유려하게 자신이 깨달은 바에 따라서 카메라의 촬영분을 선택하고(콘티뉴이티) 그것을 서로 붙이거나 떼거나 하며(편집) 그가 하려는 이야기를 전달했다. 즉, '의미들' 말이다. [95]

이는 아주 중요한 문제인데, 다시 반복해서 생각해 보자. 이야기는 단순하게 정해져 있고, 카메라는 그에 맞는 것들을 찍어 내기만 했다. 어느 모로 보나 카메라에 찍힌 움직이는 이미지들을 가지고 이야기를 재구성할 필요가 없었으며, 그냥 찍힌 대로 늘어놓기만 하면 된다. 《기즈 공작의 암살》같은 경우, 그래서 그 사건의 의미나, 역사적 상황은 안중에도 없었다. 그저, 기즈 공작이라 불리는 한 사내가 다른 이들에게 살해당한다는 것, '자, 그 기즈 공작이 최후를 맞는 이유나 역사적 의미는 잘 아시죠? 그건 영화와 별개로 생각하시고, 나(영화)는 다만 기즈 공작이 이렇게 살해당했다는 상황만을 전달하겠습니다!' 였을 뿐이다.

반면, 《국가의 탄생》에서는 보이는 것은 사건들이며, 그 사건의 진위에 대해 관객이 기즈 공작이 죽은 이유를 생각할 때처럼 영화와 별개로 해석해야 하는 것이 아니다. 그 사건들을 구성하는 이미지들의 흐름에 의해서 그 사건의 진위가 형성되고 우리에게 전달되며 의미를 발생시킨다. 즉, 스크린에서 이야기가 만들어지는 것이다, 스크린에 보이는 것이 아니라!

이것이 바로 '영화'에서의 '편집'이다. 언어에서의 조음의 문제가 아니라, 회화에서의 내부 구성의 문제가 아니라, 여러 '쇼트들'이 뒤엉켜 만들어 내는 것 말이다. 이 '편집'이 나오는 순간, '영화'가 이야기하는 법이 결정된다. 그것이 온전하게(우리 눈에는 다소 조악해 보이겠지만)이루어진 사건이 바로 '영화'에

---

95) 《인톨러런스 Intolerance》(1916)를 둘러싼 우리도 다 아는 유명한 이야기를 떠올려 보라. 그리피스는 '편집'을 통해 자신의 '의미들' 즉, '주장'을 구성하고 표현했다. 이쯤 되면 '편집'은 '의미' 또는 '주장'을 위한 무기인 셈이다. 바로 이것이 소련의 영화인들에게 '편집'의 중요성을 인식하게 했다.

서의 이야기하는 방법의 탄생, 아울러 이전과 다른, '영화'라는 독자적인 이야기 도구의 탄생, ≪국가의 탄생≫이다.

그래, 하나의 국가가 탄생했다. 이제까지 없던, 욕망 아래에만 있었던('영화' 탄생 이전), 현실에 나와서도 오로지 할 줄 아는 것이라곤 기록뿐인 데서(탄생 이후) 이제야말로 자신만의 표현을 주장하는 새로운 제도의 '국가'가 건설된 것이다. 사실, 과거에도 부분적으로는 이러한 성취의 면모들을 발견할 수 있을는지 몰라도, 이 이전의 영화들에 헌정될 수 있는 단어는 오직 '기록'이다. 이미 말했지 않은가, 이야기가 있고 그 이야기가 이루어지는 장소와 행동을 선택해 담아 왔다고, 그냥 기록했다고…. 하지만, 그리피스는 달랐다. 오히려 그 '이야기'가 이루어지게끔 이미지들을 구성하고 배치했다. 비로소 '영화'가 우리에게 이야기하기 시작했다!

대단한 일이다. '영화'가 자신의 방식으로 '이야기'를 발견하고 구성한 것은. '영화'는 이때 모든 것을 깨달은 셈이다. '편집'되어야 할 진짜 대상은 결국, 컷들이 아니다. 그 컷으로 잘린 이미지들을 통해서 드러날 이야기의 부분들이었다. 보이는 것이 아니라 그것을 통해서 구성될 이야기 말이다. 따라서 미장센은 자연스럽게 등장한다. 이미지는 이야기를 담당하기 위해 면밀히 구성되어야만 했기 때문이다. 그리고 다시 미장센은 그것이 요소로 삼을 수 있는 모든 것에 미치고…. '영화' 이미지를 생각해 보라. 거기에 등장할 수 있는 모든 것이라는 말이다. 무성이니까 '소리'를 제외하고, 배경이나 인물, 행동이나 사건, 또는 그 크기, 보이는 각도(아직 각도는 좀 더 기다려야 했지만)…. 사실 엄밀하게 보자면 '편집'과 '미장센'은 이렇게 함께 나타난다. 어느 한쪽이 진지하게 고려될 때 결국 다른 한쪽이 반드시 뒷받침되어야 하기 때문이다. 예컨대, 오늘날 일반적으로 생각하는 '영화'가 바로 여기서 출발한다.

그리피스는 그런 점에서 우리가 생각하는 것보다 대단한 일을 해냈다. 그러나 애석하게도 할리우드에서 그리피스의 의의는 더 발전되지 않았다. 영화 이미지의 의미에 대해 특별한 재고를 낳는 일은 유럽으로 건너간다. 그의 영화들은 미국에서는 한때 흥미 있었지만 지나치게 관념적이기도 했다. ≪인톨러런스≫를 보라. 그는 아예 작심하고 '영화' 안에서 '자신'을 주장하기 시작한다. 따분함, 이들 미국의 관객들은 영화관에서 '의미'를 발견하기를 원치 않았다. 미국에서 당시 '비평가'라고 스스로 일컫는 이들은 '영화'를 관객들에게 건네주길 원치 않았다(더구나 그리피스가 지닌 인종차별 의식도 비평가들의 외면에 한몫했다). 관객들은 상영 시간만큼의 일탈을 즐기러 왔으며, 비평가들은 관객들의 흥미를 돋울 만한 것들에만 주목했고, 그렇게 그리피스로부터 시작한 '어떤 예술'을 끝장내려 했다. 그런 점에서 그리피스는 미국의 이 초기 역사에서 예외적인 출현이다. 그는 다른 이들과 같은 이유로 할리우드로 건너간 것이 아니다. 그에게는 남들에게 없던 이유가 하나 있었는데, 그것은 자기 생각을 구애받지 않고 표현하고 싶은 욕망이었다. 그리고 놀라운 성취를 해낸다. 하지만 그것으로 끝이었다. 대체 영화가 왜 그처럼 심각한 문제들을 다루어야 하는지 관객들은 이해하지 못했고, 그 점에서 그리피스의 영화들은 '과잉'이었다. 그들은 다른 것에 열광했다.

　미국 자신이, 할리우드가 그리피스에게서 편집되는 이미지의 놀라운 결과를 알아채기까지는 조금 더 시간이 지나야 했다. 당장은 펼쳐지고 보이는 것들이 더 중요했다. 반면에, 유럽에서는 위에서 말한 대로, 편집되어야 할 대상으로서의 이야기가 조심스럽게 검토되고, 그 이야기를 담보할 이미지의 구성에 귀중한 실험들이 전개되었다. 그래서 미장센이라는 용어가 나타나게 되었다. 프랑스에서 영화 연출을 연극의 연출이라는 용어로 지칭한 것도 모두 그런 이유에서이다. 하지만, 미국에서 그러한 개념의 미장센은 후에 나타난다. 그들이 비로소 '이야기'에 깊은 관심을 두게 되면서 말이다. 의아한가? 할리우드는 이제나저제나 늘 '이야기'라는 점에서? 그래, 할리우드는 '이야기'가 맞다. 하지만, 그들의 이야기는 우리가 아는 전통적 의미의 '이야기'가 아니다. 적어도 할리우드 초창기에는 말이다. 그들의 이야기는 언제나 '보여줄 만한 행동과 사건들'이었다(초창기로 국한했지만, 여전히 상당수의 할리우드 영화들이 이에 해당한다). 결국 미국에서 그리피스의 '편집'이 가져다준 의의란, 이 행동들과 사건들의 점진적인 진행이었고, 그 교차, 그 때문에 발생하는 이야기, 즉, 의미들의 긴밀함, 긴장감, 고조였다(그리피스 이후에 할리우드가 그에게서 물려받을 것은 바로 이 '긴장감, 고조'였다).

당연한 결과였다. 수많은 에피소드와 신기한 동작들, 볼만한 요소들로서 등장한 캐릭터들, 아직 그것 이외에는 없었으니까. 멜리에스와 막스 랭데의 영화들 이후에야 미국의 영화들은 어떤 것을 보여줄 수 있을지, 무엇이 볼만한지에 대해 고민을 시작했다. 그때까지는 서부극이란 서부 시대의 단면이며, 스릴러란 실제로 벌어졌던 사건들에 대한 재구성이었다. 모험극이란 화려한 서커스였고…. 이러한 것들이 '이야기'란 틀 안에서 결합 되고 재구성되어야 제대로 된 이야기가 될 것이다. 아주 서서히 미국은 이야기들을 주조하기 시작했다. 그러나 '이야기'에 대한 인식이 유럽에 비해 늦었다고 해서 그들의 '영화'가 덜 떨어진 것은 아니다. 이야기의 수준이야 그랬는지 몰라도, 그들은 어떤 의미에서는 보다 '영화적'인 발걸음을 걷게 된다. 바로 움직임에 대한 의식 말이다.

그래, 교정이 필요하다. '영화'='편집의 예술'은 아니다. 차라리 그런 정의를 두자면 그것은 오히려 '움직임의 예술'이라 해야 할 것이다! 편집 이전에 오히려 움직임이 먼저 고려되어야 했다. 그 움직임들을 가지고 이야기를 주조하는 방식, 의미들을 발생시키는 방식이 편집일 뿐이다!

즉, '영화'를 편집의 예술로 규정한다면 그것은 곧 '이야기'하는 도구로서만 인정하는 셈이 된다.[96] 과연 그럴까? '이야기'가 있어야만 '영화'는 아니지 않은

---

96) 이런 점에서 은근히 말해왔지만 이 초창기 '편집 이론'은 그가 지닌 정당함과 별개로 사실 지식인들의 과도한 욕망이 투입된 억지인 측면도 분명히 존재한다. 에이젠슈타인과 지가 베르토프 Дзига Вертов (1896~1954)—에이젠슈타인과 함께 러시아를 대표하는 감독—등의 영화들이 각각 지닌

가? 그것은 애초에 '움직임'을 담으려는 것이었고, 그 이후에 '이야기'가 등에처럼 들러붙었을 뿐이다. 의도된 바를 전달하기 위해서는 '편집'이란 필수일 테지만, 마치 세상이 그러하듯, 이미지는 의도가 없이도 스스로 이야기를 지어낸다. 스크린에 상이 맺히면, 거기서 이야기가 시작한다.[97] 사실 우리가 살아가는 20세기 말, 21세기 초 '영화'는 그 단계에 대한 인식에 와 있다. 여전히 일반적인 영화들에 있어 '편집'은 절대적 가치를 지니지만, 어떤 영화들은 훌쩍 의도를 개의치 않고 그 너머로 간다. 즉, 어떤 영화의 '이야기'는 스크린에 비치기 이전에 편집을 통해 미리 정의된 것이 아니라 스크린에 비로소 투영됨으로써 시작된다. 그리고 어떤 면에서는, 스크린에 나타나면서 '편집'이 비로소 이루어진다!

사실, 우리는 '영화', '움직이는 이미지'의 비밀스러운 작용을 아직도 이해하지

대단한 가치와는 별개로 그들이 주장한 '이론으로서의 편집'은 이미 말했듯이, 절대 '이론'이 아니다. 아직, 그러한 논리적 함의를 끌어낼 만한 대상/데이터가 없던 시대이며, 달리 말하면, 함수 자체가 없었다. 그것은 이 점에서 사실 '주장'이거나 '선언'으로 다루어졌어야 한다. 하지만 그들 자신이 이미 '이론'이라고 못 박았다. 그러나 책임은 그들에게만 있지 않다. 프랑스의 지적인 비평가들이 1930년대부터 이 편집 이론을 소개하고 나섰는데, 그와 함께 '역사' 속에서 '편집 이론'은 당연한 것이 되고 만다. 하지만, 우리는 이제 알고 있다. 그 당시 '영화'에 뛰어든 이들이 지니고 있던 욕망과 채무 의식 말이다. '영화'가 분명하게 아직 그 시기에 이르지 않았는데, 그들은 당당한 예술 형식으로 주장하고 싶어 했고, 그러기 위해서는 '예술'에 어울리는 지적 담론을 지니고 있어야 했다. 에이젠슈타인을 비롯한 소비에트 에세이들은 이런 욕망에서 재발굴된다. 이점만큼은 무시할 수 없는데, 그들이 말한 '편집 이론'은 '이론' 자체로서의 논리적 전개 과정이 상당한 지적 수준을 지니고 있었고(오류가 없다는 말은 아니다), 이론으로서의 충분한 무게를 견딜 수 있었다. '이론'의 토대를 이룰 만한 대상들(영화들)이 거의 없었음에도 불구하고 말이다. 아무튼, 이와 함께 이 초기 영화사를 보는 시각은 완벽하게 고정되어 버렸다. 심지어 정작 제대로 된 이론들이 나타나는 시기에도 재검토되지도 않고 그대로 수용되었는데, 바로 영화이론을 발전시킨 프랑스인들이 이 욕망의 노예들이었기 때문이다. 물론 부정적인 평가를 위해서 이런 표현을 사용하는 것은 아니다. 정당하며 충분한 근거도 존재한다. 하지만, 애초, 이렇게 출발하지 않아도 됐다는 말을 하고 싶다. 내가 여기서 줄기차게 밝히는 영화사는 '형편없음' 자체에서 출발하는 '영화'이다. 실제로 그랬고, 그것만이 '영화'의 위대함이다. 우리가 이미 알고 있는 줄기에 의해서도 당연히 충분한 가치가 나오지만 즉, 그 때문에 사장된 '영화'에 대한 담론들도 재발굴되고 재해석 되어야 한다는 말이다. 그것이 이 영화사를 쓰게 한 나의 욕망이고, 앞으로 재검토되어야 하는 역사적 관점이다.

97) 지가 베르토프의 ≪카메라를 든 사나이 Человек с киноаппаратом≫(1929)는 바로 이러한 점을 실험하고자 했다. 흔히, 편집의 의미를 들여다보는 데 중요한 작품으로 여기지만, 이 영화는 무엇보다 또 다른 '눈'을 손에 들고 있는 사람의 이야기이다. 즉, 선택하고, 잘라내고, 담는 '눈', 게다가 즉자적으로 기록하는 '눈', 그리고 이 '눈'이 본 것의 즉자적인 배열. 이미지들은 제멋대로 이야기를 배출한다.

못했을지 모른다. 왜냐하면, 지금까지는 여전히 전통적 카테고리와 밀접한 영화들만을 의식해 왔기 때문이다. 즉, '이야기', 전통적인 그 의미의 '이야기'를 지닌 영화들 말이다. 할 '이야기'가 있고, 주장할 '주제'와 '의미'가 있어서 그것을 이미지에 실어 보내기 위해 결합, 히아투스를 고려해 완성한 것, 물론, 영화 이미지로서의 특수성도 이미 철저하게 고려되어 있다. 하지만, 여하간에 '이야기와 그것을 전달하는 수단'이라는 전통적 범주에서 '영화'를 규정한 것이 아닌가? '영화'에게는 또 다른, 이 전통을 무시하는 고리가 있다. 스크린에 이미지가 나오고, 그러면 그 이미지로부터 관객석과의 조응으로 형성되는 이야기가 있다! 극영화란 이 조응을 조준해 만들어지며 그래서 우리는 편집을 고민했다. 하지만 편집이 없더라도 그 조응은 발생한다. 물론 나는 편집이 필요 없다는 터무니없는 말을 하려는 것이 아니다. '영화'에게 '편집'은 아주 중요한, 그것이 구성되기 위해서, 즉, 영화로 만들어지기 위해서 마치 형질과도 같은 요소지만, 그게 곧 '영화' 자체의 절대적 정체성은 아니라는 말을 하는 것이다. 그래서 고다르는 그랬다. '편집, 내 크나큰 고민거리'라고….[98]

나중에 또 말하겠지만 생각해 보자, 여러분도 아는 그 얘기, ≪열차의 도착≫에는 편집이란 없었다. 열차가 관객석 쪽으로 진행했고, '자신들에게로 달려온다'라는 내용이 거기서 발생했다. 애초부터 '영화'는 이야기하고 있었다. 이야기를 지니지 않고도![99]

---

98) '마치, 수술대 위에 있듯이, 무비올라 앞에서 우리는 부랴부랴 무언가를 꾸미고 만들어 낸다. 카메라의 움직임을 그것이 찍힐 때 상태를 보존하는 게 아니라 더 효과적으로 사 등분으로 잘라 가며…', 장-뤽 고다르, 「몽타주, 내 크나큰 근심거리」, 『까이예 뒤 시네마』(N° 65, décembre 1965), p. 31.

99) ≪열차의 도착≫을 다시 생각해 보자. 왜 사람들은 자신의 신체에서 이 놀라운 일이 빚어졌다는 사실을 체험하고도 이 '의미'를 알아차리지 못했을까? 시오타 역에 도착하는 기차의 사건은 놀라움과 우스꽝스런 해프닝으로 지나갔다. 하지만, 여기서 나타난 '영화'의 힘은 사실상 이후 영화들이 지금까지도 근본적으로 활용하고 있는 '영화'의 속성이다. '영화'는 우리 신체의 위치를, 지각을, 현실에 대한 의식을 잃어버리게 했으며, 그것을 다른 세상으로 가져갔다. 물론, 우리는 지금은 익숙해서 열차의 도착을 맞이한, 질색한 관객들처럼 '잃기'까지 나아가지는 않는다. 하지만 오히려, 그토록 잘 알고 있음에도 불구하고 우리가 여전히 영화에 빠져든다는 사실이 흥미롭지 않은가?

달리기—키튼, 채플린,
이상한 영혼, 1910s~

9

채플린과 키튼

버스터 키튼의 《염소 The Goat》(1921)와 채플린의 《시티 라이트 City Lights》(1929)

이들의 표정은 바로 당시 '영화'의 표정처럼 보인다. 감정이 지워져 있지만 하나는 망막한 슬픔을 전달하고, 감정을 숨기고 있지만 다른 하나는 모든 감정을 다 전달한다. 애처로움, 갈망하는 시선, 그래, '영화'는 당시 사람들에게 이 시선으로 서 있었다. 나를 봐주세요, 동정하고 잡아 주세요. 이 시선은 과장하면, 우리들 인간들이 그토록 끊임없이 감추고 있는 표정이다. 그러나 버릴 수 없는….

그래, 너는 달린다. 마치 달리기를 빼놓고는 할 수 있는 일이 더 이상 없다는 듯이. 거리를 지나 철도 건널목에 이르고, 달려오는 기차에도 불구하고 그대로 건너, 마을 외곽 목장까지 내달린다. 네가 울타리를 건널 때 정작 달려야 하는 말들은 심심하게 풀을 뜯고, 다시 맞은편 울타리를 타 넘어, 너른 대지로 달려가더니 산으로까지 오르고…. 그렇게 세상의 끝까지 달릴 것처럼, 장소를 넘어 시간 내내 달릴 듯이…. 왜 달리기 시작했는지, 이토록 달려야만 하는 이유가 무엇인지도 모르는 채….

《일곱번의 기회 Seven Chances》(1925)

처음에는 그저 발을 떼고, 무언가를 하기 위해선 발을 떼고 움직여야 한다고만 생각했을 것이다. 그래, 어차피 네 삶은 두 발을 땅에 완강하게 붙이고 살아가는 것은 아니지 않았는가? 그렇게 보면 달리기는 뭐, 새삼스러운 것도 아니다. 그것은 차라리 운명이다. 어린 시절부터 시작된, 사실 시작의 뿌리조차 정확하게 기억하지 못하는 그런 과거에서부터 이어진 평생의 채무 말이다. 처음 발을 떼는 순간에는 몰랐을 것이다. 이토록 오래 가리라고는…. 죽을 때까지, 모든 것을 그만둘 때까지 그렇게 평생을 걸쳐 달려야만 한다는 것을, 끝까지, 삶의 지속을 알리는 숨결이 이제 허접한 육체를 떠나면서 헐떡거리고, 따스함과 차가움을 약간씩 교차시키며 곧이어 육체가 그저 푸석푸석한 흙으로 돌아가, 화학 물질의 집합으로 남게 될 때까지, 목구멍에서 숨이 그렁그렁할 때까지 달리리라고는…. (언제나 빈한함은 사람을 달리게 한다. '쉴 새 없이' 움직이도록) 그래도 너는 멈추지 못한다. 멈춰 섬은 끝이므로, 사진처럼 정지된 시간 안의 박제이므로, 마치 아주 오래전 이모든 것이 시작되기 이전의 그 텅 빈 시간, 눈동자로 돌아가는 것이므로…. 그래서 쉬지 못한다. 거친 숨소리를 내뱉으며, 그러면서도 남들이 '네 숨이 이제 다했다'라는 사실을 미처 알아차리지 못하도록 숨이 내뱉어지는 순간에도 그 소리를 다시 들이마시며 달린다, 움직인다. 물론, 그런, 소리와의 말 없는 싸움이 안쓰럽지도, 불안하지도 않다. 그때는 소리가 필요 없었으니까. 그래서 자꾸 내뱉어진 숨소리를 카메라가 들이켜 지워 버리지 않는가? 다른 사람들도 사실 그다지 걱정하지 않는다. 그들은 모든 것을 이해하고 있다. 그들에게도 소리는 필요 없고 그들이 원하는 것은 계속해서 달리고 움직이는 너의 모습이다. 그리고 소리는 그들이 있는 공간에서 연주되는 음악, 효과음들과 함께(주로 악기로 연주된 효과음이다)이미 '실재'의 대체물로 치환되고 있다. 그들은 그러니까 너의 행동 외에는 아무것도 필요로 하지 않았다. 그런 점에서—

'사람은 이러나저러나 어차피 혼자이다.' 너무도 빤한 이 명제, 내뱉는 것조차 유치한…. 편지의 끄트머리나 도중에, 감정의 격앙에 시달리며 한 줄 쓰고 났을 때 곧바로 후회할, 바로 그렇기 때문에, 누구나 다 알고 있는 사실이기에, 허탈하고 단순해져 버리는 이 명제가 필요한 것은 바로 이때이며, 이 진술이 가닿는 곳은 '너'가 있는 곳이다. 어쩌면 그래서 너는 달리는지도 모른다. 지켜보고들 있지만 그들은 절대 참여하지 않고 너를 내버려 두며, 너는 그 두려움, 외로움, 혼자라는 사실이 힘에 겨워, 혹은 그것을 즐기기 위해 거기까지 달려가는지도 모른다. 하지만 언제나 불행한 것은 아니다. 끝없이 달려야 한다는 운명에 속해 있는 것이 항상 고통만을 안겨주지는 않는다. 달리는 동안은 '숨'이 연장되기 때문이다. 달리는, 달리고 있는 몸만이 심장과 내장계의 흔들림을 느끼며, 그로 인한 피로와 '숨'의 벅차오름을 깨달으며, 아직 살아 있음을 확인한다. '영화'는 그렇게 살아 있음을 확인하는 최초의 도구가 되었다.

확인, 혼자라는 사실과 살아 있다는 사실의 결합, 그리고 무엇보다 이렇게밖에 할 수 없다는 삶의 고백. 불행과 확신은 이렇게 교차한다. 운명과 의지는 이렇게 만나고 있다. 그래서 달린다. 마치 그것 이외에는 아무런 할 일이 더 이상 없다는 듯이 너는 달린다. 그것으로, 네 숨의 끝으로, 차오르는 생명의 고통도 지운 채 무표정으로 이상한 상태를 전달해야 하는 네 이름은 그저 버스터 키튼, 채플린이다!

이제 '편집'이라는 거대한 방벽 위에서 할 수 있는 말 말고, 그 못지않은 다른 가치를 만든 이들로 건너가자. 오락이며 단순히 돈을 벌기 위해 시작한 것은 분명하다. '영화'에 대한 어떤 자각도 없었으며, 오직 어린 시절부터 익혀온 생존, 광대 짓을 하며 사람들의 웃음을 꺼내는 일로 연명하기 시작한 그들…. 하지만 우리는 그들에게서 놀라운 의미를 곧 발견하게 될 것이다. '영화'에 발을 들인 이후로, 그들에 의해서 나타난 것은 단순히 '인기'가 아니다. 그들은 오락이, 단지 자본으로 환산될 상업적인 가치만 지니지는 않는다는 점을 실천하고 보여주는데, 사람의 삶이 자본의 굴레 안에서 돌아가는 만큼, 이전까지 지니고 있던 미적 가치, 존엄의 가치, 진실에의 추적이 모두 그 고리 안에서 맞물려 갈 것임을 보여주었기 때문이다. 그렇다고 그들이 '영화' 외적인 가치 영역에서만 의미 있다는 말은 아니다. 그러한 가치, 영화를 보고 난 뒤 관객들에게서 폭넓게 나타나는 것에 이르기 위해서는 정작 그들의 '영화' 자체가 그만한 힘을 지녀야 한다. 무대 위의 광대 짓이 늘 같은 것이 아니듯, 코미디라 하더라도 '영화'를 빌어 쓰는 그들의 코미디는 달랐다. 그것은 '영화'를 이전보다 더 '확장'하고 새로운 곳으로 나아가게 했기 때문이다. 이미지에 대한 새로운 지각, 지속적인 확장이 '영화'의 가치가 아니라면 대체 그는 어디에 쓸모가 있을까? 미국의 슬랩스틱 코미디는 전통적 예술에 대한 깊은 이해를 지닌 이들이 열어 보인 '움직임'의 가치와는 또 다른, 색다른 가치를 펼친다.

사실, 당연하다. 애초 '영화'의 흥분은 행동들로부터 온 것이 아닌가? 우리는 지금까지 '움직임'이라는 단어를 사용해 '영화'의 의미를 추적했다. 역사 속에서 그의 출현은 움직여 가는 세상에 대한 확인이었는데, 한마디로 인류사에서 대단한 의미를 지니는 행보를 내디딘 것이지만, 초기의 사람들은 전혀 다른 쪽에서 이를 이해했다. '움직임'의 가치, 의미가 고려되기 전에, 먼저 '움직임'이 만들어 낸 행동들에 시선을 빼앗겼기 때문이다. 움직임과 행동, 같은 말처럼 보이겠지만 의미론적으로 분별해야 한다. 그것은 결국에는 정점에서 다시 만나겠지만, 실제로는 다른 문제들로 나아가는 단어들이다. 이를 이해하기 위해 가장 적절한 표현이 '움직임이 빚어낸 행동'이라는 개념이다. 즉, '움직임'이 반드시 행동들을 낳지는 않는다. 그것이 물질의 형태로 존재하는 한, 시간의 흐름에 연동되는 한, 그것은 우리 눈에 보이는 것과는 별개로 근본적으로 주어진 속성이기 때문이다. 이것이 사람의 몸에 가시적으로 주어진 형태, 그것이 행동이며 행동이 언제나 '사건'을 만든다. 언제까지라고 꼭 집어 말할 수는 없겠지만 대략 1910년대가 오기까지 '움직임'은 단지 신기함, 단순한 환호성에 묻혀버렸다. 아직 '이야기/내용'이 '움직임'을 소재로 삼지 않았으며 그것은 단지 '영화' 자체의 '소재'에 불과했다. 움직이는 이미지의 출현은 무언가 대단한 위치를 차지하지 못하고 그저 웃음을 위한, 놀라움을 위한 소재에 불과했다. 그래서였을까? '영화'는 서서히 '움직임'의 의미를 따지는 대신, 행동들로 급히 나아갔다. 사람들은 직접 물리적 상태의 변화를 초래하는 행동들을 보고 싶어 했다. 그렇게 소리 없는 행동들, '영화'이기보다 영화의 측면에서 가치를 지니는 게임의 법칙이 나타난다. 이후로, 두 종류의 영화들이 이 '영화'의 '움직임'에의 강박관념을 끝장낸다. 채플린과 버스터 키튼, 행동들이 빚어낸 사건보다 행동들 자체가 중요한 영화들이 나타났고, 결국 그들 영화에서 주제는 '행동 자신'이었다. 반면, 그리피스, 이야기의 영화들이 나타나는데, 그것은 행동들의 결과, 사건이 주제인 영화들이다. 그렇게 '영화'는 자신을 '세상에 보이는 것'으로 정제했다. 그 자체가 '현상'에 대한 의문부호였는데, 말했다시피 아직 세상은 그 문제를 어떻게 추구해 나가야 할지 모르고 있었고, 반면 '영화'는 생존해야만 했기에, 우선 사람들의 시선을 사로잡는 쪽으로 먼저 나아간 것이다. 행동들, 아니면 그 결과인 사건….

슬랩스틱이 코미디라고? 그것에 무슨 특별함이 있냐고?

아니, 슬랩스틱은 코미디가 아니다. 그 이전에 그것은 스크린으로 나타난 움직임의 한 유형이다. 특별히 진지한 논리로 무장될 필요가 없는 시간이 '초기'라는 지점이고, 어떻든 살아남아야 했기에, '영화'가 지닌 무기가 다듬어져야 했다. 이야기에의 구속 대신 자유로움, 유희, 흥겨움이 가장 먼저 주목되지 않겠는가? 사람들의 '영화'에 대한 첫 반응이 신기함, 놀람, 깔깔거림, 놀이였으니까.

이 과정이 잘못되었다고? 천만의 말씀이다. '영화'가 사람들에게 이 유희를 던지지 않았다면, 한때 나타나서 화제를 끌다 시들하게 사라져 버린 허다한 발명품들의 목록에 자신을 올리고 말았을 것이다. 즐거움이 없다면 누가, 그를 들여다보겠는가? 막스 오퓔스, 야스지로 오즈[100], 칼 테오도르 드레이어…. 차라리 행동보다는 가능한 한 그것을 미세한 움직임의 상태로 밀어 넣고, 때로는 정지가 지니는 과격한 움직임, 즉, 시간의 경과 같은 보이지 않던 것들을 전면에 드러내며 결국에는 '세상', 곧 '현상'에 대한 의미들을 되새긴 작업을, 하지만 당시에는 이러한 즐거움을 '영화'에게서 찾는 이도 없었고, 그럴 이유도 없던 때였다. 그래서 이 시기의 영화인들은 당연히 행동들을 그들의 무기로 삼았다. 소리 없는 행동, 결국, 그렇게 '영화'는 슬랩스틱을 낳은 것이다. 희극은 그 동작을 효과적으로 주목하게 하는 방향일 뿐이었다(사실 엄밀히 말하면, 이처럼 행동들의 맛을 아는 데서 미세한 움직임들의 의미가 넘치는 데까지 나아갈 수 있다).

모든 프런티어들, 뤼미에르 형제식의 '영화'라고 부르기도 어색한 필름 조각들을 보는 관객으로 시작한 이들의 여정들을 보라. 처음에는 이 움직임이 건네주는, 무어라고 딱히 말할 수 없는 흥분과 가슴 벅참이 먼저 그들을 사로잡았다. 하지만 저마다 직업에 따라서, 즉, 저마다의 세상에 대한 이해의 방편에서 각기 다르게 벌어진다. 멜리에스에게는 이것은 마법의 상자였으며 뤼미에르에게는 세상을, 신기한 세상을 담는 그림 상자였다. 그리피스 같은 뒤틀린 방랑자에게는 더할 나위 없는 이야기보따리였고 맥 세네트에게는 버라이어티 쇼였다. 그리피스? 대단한 일을 해냈지만, 미국에서는 당대를 풍미한 감독으로, 그대로 역사 속에서 허물어져 갔다. 만일 그가 한 일들을 바라본 에이젠슈타인이 없었

---

100) 독일에서 태어나 막스오퓔스 Max Ophüls라는 필명을 썼으며 막시밀리안 오펜하이머 Maximillian Oppenheimer (1902~1957)라는 본명으로도 알려져 있다. 독일 (1931~1933), 프랑스 (1933~1940, 1950~1957), 미국 (1947~1950)에서 활동했다. / 야스지로 오즈 Ozu Yasujiro/おづやすじろう(1903~1963), 일본의 각본가이자 영화감독. 그가 '영화'에게 던진 영향은 엄청난데, 사람들이 '영화' 안에서 오직 움직임의 실현에 골몰하고 있을 때, 그는 그것을 공간 안의 의미들로 해석해냈다. 행동은 언제나 공간 안에서 그곳을 가르고 재구성한다는 것 말이다. 영화들 안에서 침잠, 정지가 중요해진 것은 이처럼 움직임을 위치로 밀어넣어 시간 속에서 의미를 지니도록 끌고갔기 때문이다. 누벨바그에게는 특히 감탄할 수 밖에 없는 아버지였으며, 현재까지도 '영화'에서의 이미지의 문제를 고려하는 감독들에게는 위대한 지표역할을 하고 있다.

다면 그의 가치는 사라져 버렸을 것이다.[101] 그런 이유에서 사실 이들 중에서도 가장 먼저 게임의 법칙을 만든 이는 채플린이다. 버스터 키튼은 그 법칙을 '이야기'와의 조화로 밀어붙였고. 채플린과 버스터 키튼은 서로 다르다. 하지만 한 가지는 동일한데, 사람들의 눈이 동작을 주목하게 한 것이 바로 그들이었다!

모든 사람, 당대의 영화에 참여한 이들은 전부가 이 위대한 첫걸음에 이러저러하게 역할을 담당하고 기여한 사람들이지만, 때때로 더더욱 애착이 가는 이들이 있고 약간의 애증을 두고 말하는 것은 지금 내게는 전혀 이상하지 않다. 적어도 지금은 나는 영화들, '영화'가 태동한 시대를 말하고 있고, 그 시대의 발견이 주는 즐거움을 얘기하고 있기 때문이다.

악극단, 소소하게 이곳저곳을 떠도는 유랑의 시간을 붙잡고 살아가기, 아버지의 광대 짓을 보고 꿈을 꾸며 자신도 한 조각의 빵을 위해 갈증을 담은 분장을 하고 한 명의 광대가 되어간다. 여지없이 궁색한 삶이고, 망가진 모습으로 이어지는 낯 뜨거움의 연속이다. 산업이 곳곳에서 노동자들을 낳고 그에 걸맞은 삶을 요구했으며 그에 따라 적당한 유희를 배열한다. 쇼들, 버라이어티, 무희들의 값싼 배꼽춤, 무대 뒤로 연장되는 로맨스, 그런 삶의 공간에서 이어지는 생활들, 여기에서 저기로의 끊임없는 이동들….(이러한 것들 안에서 '보는 데서 오는 만족'과 '서사로 발전할 상상'이 시작된다!) 무대 위에서, 아무리 넓더라도 삶의 갈증이 끌어당기는 분출과 욕망을 도저히 모두 받아 낼 수 없는 무대 위에서 그들은 곡예를 하고 춤을 추고 연기를 한다, 그러니까 움직인다. 그들에게 영화는 무엇이었을까?

---

101) 이미 언급했지만 에이젠슈타인은 그리피스의 영화, 특히 ≪인톨러런스≫에 충격을 받았다. 표면에 보이는 것들 너머로 이데올로기를 전달할 수 있는 영화의 힘을 발견했으며, 그것은 당시 소비에트 공화국에 가장 필요한 하나였다. 즉, 혁명의 이데올로기를 은밀하게, 그러면서도 정확하고도 효과적으로 '인민'에게 전달하는 것. 에이젠슈타인은 생각한다. 영화의 무엇이 그것을 가능하게 했을까? 여기서 '편집'이, 이론으로서의 '편집'에 대한 성찰이 나왔으며, 변증법적 편집이라는 '말하는 방법'이 나왔다.

침소봉대하지는 말자. 앞서 말했듯이 그들은 하나같이 단지 배우로, 쓸 만한 소도구로 영화에 들어왔으며 맥 세네트나 아르버클에게 영화는 생계 수단에 불과했다.[102] 물론, 경제적으로야 대단한 반전임에는 틀림이 없었고 그래서 눈을 뜨게 되지만 말이다. 하지만 그렇다 하더라도 그들의 '업적'은 매우 놀라운 것이어서 무시할 수 없다. 그들의 영화에 단순한 경제적 출구 이상의 가치가 깃들어 있기 때문이다. 악극단, 유랑극단, 서커스 등이 지니는 의미망을 포함해서 말이다.

하나의 위대한 순간이란 언제나 자잘한 사건들 속에 파묻혀 있다. 일상의 가장 범상하고 유치하며 초라해 보이는 순간에 눈처럼 반짝 빛나 오르며 삶의 다른 면으로 돌아서게 한다. 처음부터 특별하게 시작되는 법은 없다. 괴테에게 누추하고 초라하며 징그럽기까지 한 노년의 사랑이 그의 몸을 휘감지 않았더라면 『젊은 베르테르의 슬픔』은 나오지도 않았을 것이다. 근사한 것 같지만 언제나 괴롭고 갑갑한 삶 안에 묻혀 있을 때 문득 격정이 찾아오지 않았다면 베토벤은 악보 앞에 서지 못했을 것이고, 더블린 거리에서 언제나처럼 별일 없이 살다가, 나는 저 나이까지 살 수 있을까 하는 심연의 절망감, 그것과 함께 역설적으로 밀려오는 기억들 안에서 소록소록 돋는 의미들을 발견하지 못했더라면 『더블린 사람들』은 쓰이지도 않았을 것이다(사실 그것을 쓸 때 제임스 조이스는 젊다면 젊은 서른두 살이었지만). 아니, 그렇게 먼 곳까지 나아갈 것도 없다. 침울하고 막막하기까지 한, 오직 벌어먹기 위해 배워야 하는 그 순간들이 쌓이지 않았다면 모든 무용은 그렇게 막막한 공간을 홀로 메우며 알 수 없는 파동으로 가득 차게 하지 못했을 것이다. 여느 것처럼, 만들어진 감정이 무대를 간신히 메꾸는 연희 행위로 마감될 뿐!

'영화'도 그러했다. 지극한 범상함에서, 그것이 하도 별 볼 일 없어 아무 평

---

102) 맥 세네트 Mack Sennett (1880~1960), 키스톤 영화사의 대표로서 채플린을 무대 위의 광대에서 영화 속의 캐릭터로 발굴한 자이고, 아르버클 Roscoe Arbuckle (1887~1933)은 세상과의 막막한 대면에서 어쩔 수 없이 표정을 지워버린 키튼을 화면 안으로 끌어들인 자이다.

가도 받지 못한 채 시작된 것이다. 한편으로 '영화'는 그 범상함에서 시작한 새로운 시선이기도 하다. 왜냐하면 그가 탄생하기 이전까지 아무도 '그 범상함'을 다루진 않았으므로, 아무도 이 하찮은 광대의 몸짓에 담긴 의미들을 읽어내지 못했을 것이므로.

채플린, 버스터 키튼은 애초 범상한, 그래서 초라한 무대 위의 삶에서 시작했다. 하지만 이 초라한 무대가 없었다면, 그들의 삶은 결코 동작의 가치를 발견하고 재구성하는 데까지 나아가지 못했을 것이다. 무대는 그들의 전부였고 그들의 생존이었다. 그리고 생존이기 때문에 그들의 가슴 저미는 욕망을 담기에는 언제나 모자랐고, 슬픈 분노와 삶에의 꿈들로 피어나는 움직임은 언제나 부족했다. 그들의 곡예와 춤과 연기, 달뜬 육체는 더 많은 것을 요구하고 더 넓은 것을 요구한다. 그래서 그들은 그것들을 영화에게로 가져간 것이 아닐까? 달리 말하면 거꾸로, 영화야말로 그들의 욕망을 모두 담을 수 있는 공간이 아니었을까?

그래, 그들은 '영화'에게 단지 '소재'를, 관객들이 환장하고 보러 오는 흥밋거리를 제공한 것에 멈추지 않았다. 소재는 사실 '영화'에게는 별로 중요하지 않다. 그것은 '영화'가 아닌, 영화들의 생존을 위해 필요한 항목에 지나지 않는다. 채플린과 키튼은 거기서 출발했지만, 좀 더 위대한 곳으로 나아간다. 그들은 행동들을, 동시에 행동이 목적 짓는 '공간'을 확장했다. 그들은 무대 위에서 동작들, 슬랩스틱을 배웠고 그때 이미 동작의 중요성을 터득했겠지만 한정되어 있었다. 그 동작들은 사람들을 지켜보게만 하는 것이었는데, 사람들 사이에서 구성되지 못하고 언제나 외딴 공간, 실질적으로 물리적 한계를 지닌 '무대' 위에 한정되었기 때문이다. 이런 한계가 이런 동작을 슬랩스틱으로 몰아갔고, 항상 각별한 이벤트가 되게 했다. 말하자면 '볼 것'에 멈춰 서도록 한 것이다. 물론 그들이 처음 '영화'로 이동했을 때, 별로 달라진 것은 없었다. 맥 세네트 또는 아르버클의 '무대'였기 때문이다. 서커스, 카바레 쇼의 무대에서 영화의 무대로….

맥 세네트와 아르버클이 이미 이룬 성과가 없는 것은 아니다. 키스톤 필름의 영화들은 '무대'를 공간으로 변환했다. 아르버클은 무대에서의 쇼가 아니라 공간에서의 쇼를 구성했다.[103] 그러나 그들은 단지 한정되었던 '무대'의 크기를 넓힌 것에 지나지 않았다. 채플린과 키튼도 처음에는 그 수준에서 시작했다. 그러나 그들은 동작에 이전까지 존재하지 않았던 요소를 첨가한다. 아니, 발견하고 새로운 지대로 나아간다. 다들 '영화'가 동작을 구성하게 했다는 점에서는 이미 특별한 가치를 부여한 셈이었으나 대부분 이 동작에 필요한 것이 공간의 크기라고만 여겼다. 그러나 채플린과 키튼은 어느 순간, 문제는 크기에 있지 않다는 것을 알아챘다. '영화'는 무대라는 공간의 크기를 키워 놓은 것이 아니라 그것을 '연장'했음을 깨달은 것이다. 연장, 그것은 시간이며, 결국 그렇게 채플린과 키튼은 동작에 시간을 부여했고, 그 시간의 인과관계로 하여금 이야기가 되도록 했다.

확실히, 그들의 움직임, 몸동작은 별로 중요하지 않다. 그 수준에서는 단지 영화들이 살아남기 위한 생존 요소일 뿐이기 때문이다. 그들 이전의 맥 세네트와 아르버클이 무의식중에 시작했고 채플린과 키튼이 완성한 '동작'은 웃기는 몸동작에 그치는 것이 아니라, 시간으로 나아가는 동작이었다. 시간 속에서 공간을 재편성하고 몸동작으로 공간의 의미를 특징짓는 것, 이제까지 없던 이야기가 나타나지 않는가? 언어가, 그림이 전하던 이야기는 '동작들'로 구성되는 것이 아니다. 심리, 혹은 의미들로 구성되었는데, 채플린, 키튼은 그에 반해 '동작들'로 이야기를 구성했다. 달리 말해, 동작이 생존 이상의 가치가 되게끔 한 것이다.

---

103) 아르버클은 맥 세네트와 함께 당시 시장을 양분한 대단한 인기를 끈 코미디 영화들을 제작하고 주연했다. 자신의 극 안에서 협연을 할 대상으로 버스터 키튼을 발굴했는데, 버스터 키튼과 함께 구상한 뚱보와 왜소한 남자의 대비는 이후, 로렐과 하디에게 영향을 주었다. 그러나 아르버클은 인기 절정에서 신인 여배우에 대한 성폭행과 살해 혐의로 몰락하고 말았다. 이후, 무죄가 판명되었지만 이미 관객들에게서 그의 이미지는 지워진 뒤였다. 버스터 키튼이 재기를 도왔지만, 좀처럼 적응하지 못하다 결국 영화계를 떠나게 된다.

사실, 그들의 영화가 공간에 대한 새로운 발견으로 나아가는 데는 다 이유가 있다. 연속되는 공간 안에서 그들은 하나하나 이 무대에서 다음 막의 무대로 이어짐을 구성하고 조심스럽게 곡예를 연결한다. 그것이 바로 서술의 구성이다. '웃기다'는 이야기의 내용은 솔직히 그다지 중요하지 않다. 관객들의 여흥을 위한 것이었으되, 내용의 수준에서는 서사 전체의 역사에서 새삼스러운 것도 없다. 하지만 그들은 '움직임'과 '공간'의 재편성을 통해 그 단순하고 초라한 소재의 틀을 넘어선다.

한쪽 길가에서 차를 탄다. 마치 어디론가 떠나듯. 그런데 정작 차는 도로를 유턴해서 건너편에 선다. 그것이 전부이다. 그가 자동차를 타고 가고자 하는 여정의 끝은 건너편이었다. 언젠가 채플린의 영화에서 보았는데 아직도 정확하게 기억해 내지 못한다. 수많은 소품 중에서 그것을 발견하려면 그 모두를 다시 봐야 하지만 이러한 소품들은 완벽하게 '지나가 버리는 조각들'이다. 물론 그렇다고 그 조각들이 지녔던 가치마저 지나가 버리지는 않지만.

예컨대, 공간의, 공간 안에서의 움직임, 역설적인 움직임, 그것은 도저히 무대 위에서는 이루어질 수 없는 상황이다. 이 움직임 하나로 어처구니없음을 만들어 냈다. 누구나 채플린의 엉뚱함이, 그가 탄 차의 이동 때문에 나왔다고 여기지만 사실 움직임과 공간의 배치, 시간의 속임수 때문에 발생하는 웃음이다. 이런 종류의 이야기가 갖는 현실적인/일반적인 공간 구성과의 괴리로 인해.

채플린은 사실 넓게 나아가지 않는다. 이야기의 배경이 지니는 스케일이라면 아주 거대하다고, 당대의 영화들과 비교해 규모가 있다고 말할 수 있지만 실제 그의 행동은 언제나 두 개의 무대의 중첩이다. 이곳에서 저곳으로 뛰어가며 좁은 공간 안에서 넓은 세계, 시간으로 연장되는 것들을 발견한다. 동작 하나가 한 공간에서 펼쳐지고 다음 공간에서 다른 동작이 이어진다. 처음 동작은 결국 연이어 시간과 함께 다른 것으로 변화하며, 그렇게 내용의 선이 만들어진다.

상대적으로, 세상의 공평함인지 모르겠다. 세상에서 버금가는 두 축은 언제나 상대적이다.[104] 어느 한쪽이 다른 한쪽을 보완하는 '상대'이면 아주 좋았겠지만…. 아무튼, 키튼은 더 나아갔는데, 공간의 변화는 그에게 중요하지 않았다. 왜냐하면 그가 공간을 확장할 때, 그것은 연속성 안에서이다. 이야기의 연속성이 아니라, 시간의 연속성 말이다. 그는 공간을 늘려 서로 다른 형태들 안에서 변별력을 주기보다는 자신의 동작으로 공간 사이를, 결국 그 사이를 흐르는 것, 시간을 주파한다. 버스터 키튼의 ≪셜록 주니어 Sherlock Jr.≫(1924)가 대표적인 경우이다. 그런 점에서 진정 동작으로 시간 자체를 재구성한 이는 바로 키튼이다. 채플린이 동작+시간으로 이야기를 만들어 내는 게임의 법칙을 '영화'에게 제공했다면 키튼은 더 나아가, 동작들로 시간을 분절시켰다. 분절이 없으면 그의 동작으로 그처럼 다른 시간대, 다른 연대기로 넘어가는 발상은 구성되지 않는다. 문 앞에서 뒤로 돌아서 한 발을 내디딘다. 그 순간에 동작은 남아 있지만 시간이 바뀐다. 커트, 즉, 단절과 함께 다른 연대기로 넘어가는 것이다. 그가 그로 인해 넘어져 버리고 의식을 차리면, 그에게는 완전히 이전과 다른 세상이 펼쳐져 있다. 다시 그가 몸을 일으키면 다시 시간의 건너뜀이 발생하는데, '영화'가 이야기를 구성하는 방식, '영화'가 관객들을 현존하는 유사 세상으로 이끄는 방식, 거기까지 그는 나아간 것이다. 이 점이 키튼을 종종 채플린보다 더 '영화적'이라고 하는 이유이다.

하지만, 우리는 두 사람의 가치를 비교할 이유가 없다. 채플린은 전통적인 몸/동작/공간 구성에 대한 전초를 마련했고, 키튼은 앞으로 몸/동작/공간 구성

---

104) 이들의 작품들이 슬랩스틱 코미디라고? 아니, 이것은 그 이상이다. 이들의 동작들은 공간과 시간을 연장하고 창출했다. 동작에 따라서 영화적 공간들이 연결되고, 시간이 흐른다. 동작의 법칙, 그러니까 결국에는 '영화'의 게임의 법칙, 그것들을 만들어 낸 자이다. 고다르의 『영화사』에 이런 장면이 있다. 장 르노아르 Jean Renoir의 ≪게임의 법칙 La Règle du jeu≫(1939) 장면이 나오는 순간, 고다르가 내레이션으로 제목을 말하고, 그 순간에 이미지는 채플린과 스타카토로 중첩된다. 그래, '영화'라는 게임의 법칙을 만들어 낸 이들. 웃기 전에 먼저 그들에게 경의를 표하자.

이 나아갈 방향을 제시했다.

예컨대, 버스터 키튼의 ≪제네럴 The General≫(1926)은 넓디넓은 전쟁터와 막대한 공간으로 인해 스케일의 확장처럼 느껴지지만, 천만에, 거기서 중요한 것은 지속적으로 이어지는 동작이다. 자신의 동작으로 그 드넓은 공간을 하나의 '연장'으로 이어 낸다. 우리가 거기서 서사 쪽에 더 많이 매료될 뿐, 사실 그것이 키튼의 연이은 동작으로부터 나왔음을 주목해야 한다.

반면에 채플린의 ≪황금광 시대 The Gold Rush≫(1925)를 보자. 거기는 마을에서, 산속으로, 다시 바다 위로, 세상의 모든 공간으로 나아간다. 그는 각 공간에 동작의 특별함을 삽입한다. 그래서 사실상 동작 대신 서술이, 공간에서의 에피소드가 살아남도록 하는 것이다. 이러한 구성, 배치, 그들이 나타나기 전까지는 세상에 없던 것이 아닌가?

결국, 채플린은 프레임 내에서 주로 움직이지만(공간 용도의 확장), 키튼은 프레임 바깥으로, 그래서 다른 공간이 보이는 다음 프레임으로 움직임을 이어 나가곤 한다(연장). 따라서 채플린의 장편에서 공간은 무수히 많을 수밖에 없으며, 키튼은 언제나 하나로 이어질 수밖에 없다. 각각의 공간마다 에피소드를 시작하고 매듭짓는 것은 채플린이며, 서로 시대가 다른 공간조차 하나로 이어버리는 것은 키튼이다.―≪쓰리 에이지 Three Ages≫(1923)

그들은 그렇게 동작의 아름다움, 신기함, 이야기를 발견한다. 나는 앞에서 영화의 흥분은 움직임으로부터 온다고 썼다. 그래, 움직임은 그때 '흥분'이었다. 그래서 감정의 분출, 곧 동작으로 나타난 것이며, 그로부터 서사로 나아간다. 동작이 담은 웃음과 회한과 애처로움, 우리는 '동작의 감정'을 본 일이 없다. 인간은 늘 그의 움직임으로 감정을 표현해 왔지만, 한 번도 '움직임'의 문제라 여겨 본 일이 없다. '사건'과 '내용'이 감정을, 반응을 만들어 내었다고 여겨왔다. 하지만 '영화'는, 모든 것이 실제로는 '동작'일 뿐이며, 그다음에야 그로부터 나타난 감정의 '사연'들을 생각하기 시작하는, 진짜 '세상'의 정황을 깨닫도록 한 것이다. 언제나 내용 혹은 사건이 앞서고 그에 따라 동작이 유발되었다. 분노, 복수, 정의감, 그로 인해 살인이 일어난다. 생각이 먼저였고 그다음에 동작이었다. 그것이 문학이며, 그래서 문학은 언어의 힘을 따라 추상해 내고 의미를 독해하는 양식이었다. 우리에게 따라서 기존의 '이야기'는 언제나 그런 식이지 않았던가? 하지만, '영화'는 반대편에 기거하는데, 동작이 벌어지고, 그 후에야 '사연'들이 풀어진다. 앞에 있는 것을 서술적인 서사라 한다면, 뒤에 있는 것은 무얼까? 어쩌면 1940년대 이후에 논하게 되는 '영화적 서사'란 이때부터가 기원이다. '서사'를 우리는 언제나 전자의 개념에서 찾았는데, 인간의 모든 인식이 전면적으로 뒤바뀌는 1940년대에서야 '서사'에 대한 새로운 개념들이 대두된다. 하지만, '영화'는 이미 이전에는 없던 새로운 서사 개념을 요구했었다. 사운드가 없기에, 드라마가 드라마답게 펼쳐질 수 없기에, 이 시대의 서사를 우리가 '영화'라는 형식이 제시한 새로운 서사로 여기지 못했을 뿐이다. 실제로는 이전에 없던 서사가 나타났는데, 언제나 '동작'(움직임)에서 빚어지는 것이기 때문이다. '동작'은 '영화'가 아니면 인류가 접할 수 없었다!

움직이는 방법의 탄생, 슬랩스틱

그들이 '움직임을 만들어 냈다', '움직임을 구성했다'라는 말은 바로 이러한 의미다. '동작'이라는 말로 축소한 것은 '움직임' 전체에 대한 자각이 시간이 좀 더 지나서야 이루어지기 때문일 뿐이다.

대체로 사람들은 이런 한참 과거의, 초창기의 영화들에 대해서 상당히 무관심하다. 단지 슬랩스틱, 그러니까 한없이 유치해 보이지만 어느 정도는 웃음을 선사하는 그런 것, 그러고는 더 이상의 담론을 지어내지 못한다. 여기에 '영화'인 이유가 이미 깃들어 있는데도…. 고다르는 자신의 『영화사』에서 우리가 간과한 것을 들춰낸다. 채플린의 얼굴이 나오는 장면에서 명백하게 '게임의 법칙'이 시작되었다는 점을 언급함으로써 말이다.[105] 이 점에서 보자면, 우리는 여전히 '영화'를 모르는 셈이다. 아니, 여전히 무관심하다는 표현이 더 정확할 것이다. 아무리 자주 '영화'를 보고 그것에 감동하고, 만들어 보고 싶어 하며 또, 만들고 있다고 하더라도 마찬가지이다. 그저 직업이거나 취미거나, 흥밋거리에 지나지 않을 뿐, 진짜 '영화'에 다가가 있지 않기 때문이다. 우리의 시선은 언제나 영화들의 막에 머물러 있다. 스크린은 이 점에서 우리의 시선을 영화들에 멈추게 하는 장막이기도 하다. 그 안에서 '공간', '깊이'를 발견해야 뒤가 보인다. 배후에서 우리를 향해 눈을 뜨고 있는 '영화'에게로, 우리를 보고 있는 '영화'에게로.

영화들에는 정작 '끈'이 없는데, '영화'를 해야만 이러한 끈들이 이어진다.

---

105) 고다르의 『영화사』, Chapitre 1-a.

따라서 영화들 안에서 우리가 발견해야 하는 것은 '영화'로 이어지는 끈들이다. 그 '발견'으로부터 '세상'이 드러나고, 가능한 '세상들'이 나타나기 때문이다. 단지 하고 싶은 말들이, 이야기가 너무 많아서 재기발랄한 감각을 무기 삼아 만드는 것이 아니다. 그런 것이라면 '영화'는 이토록 깊은 역사를 지어내지 못했을 것이다. 그것은 '예술'이 되어갔다. 이전에 있던 예술에 신체라는 뼈대를 제공해서 그것을 완성했을 뿐만 아니라 전에 없던 새로운 예술을 빚어냈다. '영화'는 '세상'의 하찮은 디테일로부터 이야기를, 의미를, 가치를 구워내고, 무엇보다 '우리'를 그에 의해 만들어진 '세계 안에 놓는' 예술이다. 그런 상태에 오를 때 '영화'가 '예술'이 될 것이다. 예술을 하고 싶어 할 때, 예술이라고 불리는 개념의 언저리에 머물고 싶어 할 때 되는 것이 아니라….[106]

그들의 발견, 움직임의 구성에 대한 발견은 우리가 짐작하는 것보다 상당히 중요한 가능성을 영화에게 가져다주었다. 물론 아직은 움직임의 전체를 말할 수는 없다. 이들이 이룬 것은 아직 움직임의 초기 단계, 행위들의 구성과 분할이다.

움직임이 이야기를 만들고, 또 구성한다고 할 때, 그것은 곧 움직임과 이야기의 관계에 대한 아주 조심스러운 접근이 아닌가? 넓디넓은 공간으로 이어지며 계속해서 나타나거나, 좁은 공간에서 미세하게 짐작하지도 못한 놀라운 변화를 보여주거나, 모두 마찬가지이다. 그 움직임들은 카메라에 의해 잡혀야 하고 그것에 의해서 토막 나야 하며 크기가 결정되어야 한다. 아직은 스테디 캠도 없고 유려한 달리나 크레인샷도 없지만, 어떻든 카메라는 동작을 따라서 움직여야만 했다. 정확히 말하자면 이야기를 따라서 움직여야만 했다는 말이다. 그래서 이야기를 분할하고 결국에는 움직임을 분할 한다. 이러저러한, 그 나름대

---

106) 물론, 이 '예술'은 나중에 설명하겠지만, 어디까지나 전통과 20세기의 변화가 가미된 새로운 '예술'의 개념이다. 변화 자체가 전적으로 '예술'일 수는 없다. 그는 그렇게 규정되기 위해 나온 것도 아니다. 다만, 그럼에도 어느 면에서, 그것을 '예술'이라 부른다면, 우리는 그것이 단지 전통적인 개념만이 아니라(만일 그 개념만이라면 오히려 결코 예술이 되지 못했을 것이다), '영화'에 의해 부추겨진 새로운 개념들을 포함하고 있다는 점을 알아야 한다.

로 적절한 수준으로 나뉘고 하나하나의 쇼트로 나타난다.

이 점에서 말하자면 당연히, 혹은 어쩔 수 없이(이미 말한 것처럼) 채플린보다는 키튼이 나을 수밖에 없다. 채플린은 한 공간에서의 움직임, 상대적으로 좁은 움직임을 보여주기 때문에 카메라는 오히려 그의 몸의 변화와 공간의 관계를 한 번에 다 드러낼 수 있는 위치에 가 있게 된다. 하지만, 키튼은 연속되는 공간으로 움직임을 이어 나간다고 했다. 그래서 카메라는 그를 따라갈 수밖에 없고 쇼트들은 상대적이지만 무수한 변화를 겪게 된다(결국, 이렇게 '카메라'가 움직인다!). 비록 롱쇼트가 주축이 되기는 둘 다 마찬가지였지만 말이다.

물론 쇼트들의 분할 측면에서만 따진다면, 채플린이나 키튼보다는 여전히 그리피스를 먼저 말할 수 있을 것이다. 그의 ≪국가의 탄생≫이야말로 공간을 다양한 쇼트들로 나누고 쪼개며 의미 짓고 있기 때문이다. 그래, 움직임이 나누는 분할이 아니라 의미에 의해서 이루어지는 분할이 그리피스의 공이다. 그리피스가 의미를 영화 이미지 안으로 집어넣는 방법들을 보여주지 않았더라면 이미 말했듯이 에이젠슈타인도 없고 그런 점에서는 '영화'의 오늘날과 같은 모습도 기대하기 힘들었을 테니.

하지만 나는 여기서 그저 연속되는 쇼트들과 이동, 이송 따위들을 말하고 싶다. 무엇보다 그리피스와 에이젠슈타인은 쇼트들로의 분할에서 가치가 있는 것이 아니라, 차라리 쇼트들의 연결, 즉 편집에서 가치를 지닌다. 하지만 영화의 삶에는 의미를 결정짓고 유려하게 흐르게 하는 방법으로서, '편집' 이전에 '카메라'가 먼저 나타났다. 그래서 고정된 카메라에서 공간으로의 움직임을 좇아가는 카메라로 변화를 보여준 채플린과 키튼의 작업을 먼저 이야기할 수밖에 없는 것이다.

하긴, 아무리 깊게 봐준다고 해도 거기에는 오로지 행동들, 자잘한 사건들의 연이은 구성 외에는 없지 않냐고 되물어 볼 수도 있다. 그러나 우리는 중요한 사실을 간과하고 있다. 예컨대, 이 연속된 행위들의 구성 자체가 하나의 혁명이라는 점 말이다. 카메라는 여전히 멈춰 서 있지만, 물리적 상태를 제외하면, 더 이상 고정되었다고 할 수가 없다. 예컨대, 멜리에스의 작품들을 보라. 당시의 영화들은 언제나 무대 위에서 이루어졌다. 마치 연극 무대에서처럼 이야기의 공간이 있고 그것은 언제나 프레임 안에만 있었으며, 따라서 행위나 사건들도 마찬가지였다. 프레임 바깥으로의 확장, 이야기의 공간 즉, 무대의 확장, 연속 구성은 아직 '상상'되지 않았었다. 그러나 이 키튼의 카메라는 쇼트들의 결합, 연속적인 동작의 구성으로 나아간다. 카메라가 이미지를 움직이게 하는 것이다.

채플린과 키튼의 작업이 갖는 의미는 바로 이 점에 있지 않은가? 그들은 하나의 공간에서 다른 공간으로 이동을, 행위들의 분할을 보여준다. 물론 그들이 처음은 아니다. 그러나 여기서 처음인지 아닌지는 중요하지 않다. 중요한 것은 그들이 바로 '영화'라는 게임의 법칙을 만들어 냈다는 사실이다. 이 연속되는 행위들, 공간의 쉴 새 없는 이동은 이야기를 더욱 풍부하게 해주었고, 관객들이 '영화'의 묘미를 깨닫게 했다. '영화'는 예컨대 더 이상 하나의 무대 위에서 벌어지는 신기함이 아니라, 이야기였으며 놀라운 행위들의 연속이었다.

관객들은 비로소 '영화'를 알게 된다. 아니, '영화'의 진짜 '재미'를 깨닫게 된다. 이것을 단지 슬랩스틱 코미디라고 부르며 단순한 즐거움의 시대라고 부를 수 있을까? 그들이 단지 웃을 거리를 보고 즐거워한 것일까? 아니, 그들은 웃긴 '장면들'을 보고 웃었다. 그리고 바로 '웃긴 장면들'은 '움직임' 혹은 '행동들'로 구성되어 있었다. 결국 이 관객들은, 깨달았든 아니든, '움직임'과 '행동들'을 즐긴 것이다. 즉, 움직임의 연속이 가져다주는 이야기를 발견한다. 이렇게 '영화'에게서 진짜 '볼 것'이 나타났고, 그것이 '말'을 할 수 있게 되었다. 그래서 이 분할과 구성은 곧 '영화'에서의 게임의 법칙이 되는 것이다. 이제 '영화'는 새로운 단계로 가게 된다. 왜냐하면 법칙이 생겼기 때문이다. 그리고 하나의 법칙은 곧 다른 법칙으로 이어진다.

어떤 이들은 이러한 진술이 지나치다고 느낄 것이다. 이때의 '영화'가 대체 무엇이라고 이렇게 의미를 부여하는가 하며. 하지만 나는 지금 '영화'의 삶을 말하는 중이다. '영화'가 탄생해서 어떻게 하나하나 자신의 생존 가능성을 발견해 나갔으며 어떻게 오늘날처럼 내 곁에까지 오게 되었는가 하는 과정에 대해서 말이다. 내게 그 과정은 매 순간 탄성으로 채워져 있다. 아, 이런 식으로, 이렇게 여기까지 왔구나, 사람들은 이렇게 움직임을 발견하고 그것을 채워 나가기 시작했구나….

이해를 돕기 위해서 초기 이야기를 조금 하기로 하자. 정말로 '영화'가 무엇이었을까? 지식인들은 발생 초기의 잠깐을 제외하면 너무도 빨리, 그리고 쉽게 돌아서 버렸다. 그리고는 '영화'를 머릿속에서 지워 냈다. 베르그송에 대해서는 이미 수차례 언급했다. 그가 어떻게 '영화'를 파렴치한 거짓말쟁이로 밀어붙였는지! 움직임의 재현은 한갓 착각에 불과하다는 것, 영사기(더 정확하게는 모터)가 정사진 20여 장을 1초에 균등하게 지나가게 함으로써 억지로 제공한 환상에 불과하다는 것을 알게 된 것이다, 시간이든 운동이든! '영화'는 그렇게 그에게서 순식간에 관심의 대상, 경이로울 수도 있는 대상에서 속임수와 유치한 장난에 불과한 대상으로 전락한다. 이 전락, 몰락, 거기에 들뢰즈가 지적한 대로 내용의 유치함까지 겹치면 '영화'는 정말로 하찮은, 대중들의 값싼 기호를 확인하는 장난감에 지나지 않게 된다. 이것이 '영화'였다.[107]

이것은 대중들에게도 마찬가지여서 비록 그들이 즐겨 상영 공간으로, 영화관으로 몰려들었다 할지라도 무언가 대단한 의미들 때문에 그런 것은 아니다.

---

107) 자신의 저작, 『운동-이미지』에서 들뢰즈는 베르그송의 '현상'과 '운동'에 대한 놀랍도록 '영화'와 일치하는 논점들을 가져오기 위해, 베르그송이 동시에 자신의 '운동'에 대한 설명을 위해 비판했던 '영화'의 '가짜 운동'에 관한 견해를 어떻게든 해소해야 했다. 그래서 베르그송에게 '착각했다'라는 식의 변명을 달아주었으며 그럴 수밖에 없었던 당시의 상황을 이야기했다. 그때의 '영화'의 조악한 표현 수준을 그 근거의 하나로 말했던 것이다. (『운동-이미지』, pp. 10~11.)

단지 하루의 삶, 노동의 하루를 망각하게 해주는, 깔깔거리며 유희를 즐기는 한 갓 버라이어티 쇼의 대체물이었을 뿐이다. 의미심장한 감동이나, 삶을 환기해 주는 발견이나, 아름다움에 대한 새로운 생각들을 얻는 경우란 없었으며, 그런 것들을 담은 영화도 전혀 없었다. 언제나 드라마틱, 슬랩스틱, 놀라움만이 있을 뿐이었다.

이런 환경이 '영화'에게 주어졌을 때, 그의 길은 무엇이었을까? 무시와 멸시 속에서 무엇이 가능했을까? 프로이트가 은밀한 코웃음을 치며 저 멀리 영화를 밀어냈을 때, 영화는 무엇을 해야만 했던 것일까? 우리는 이미 영화에게 가능한 것은 오직 생존이었다는 사실을 알고 있다. 이제 막 태어난 장난감, 발명품으로서 그의 가능성은 전혀 없었으며 어떻게든 생존의 선, 목숨을 부지하기 위한 질긴 끈을 꼬아야만 했다.

사실 이 과정, 목숨에의 질긴 집착, 본능적인 행위들이 곧 가치의 실현으로 이어지지 않았을까? 예술이나 사람이나 그런 점에서 마찬가지이다. 구차한 듯 보이지만 우리 삶은 생존의 집착과 본능을 통해서 형성된다. 그러한 순간들을 통해서 조금씩 생존 이상의 뿌리를 내리고 가지를 뻗으며 서서히 타인에게 생존을 나누어 주는 위대한 지점을 바라보게 되는 것이다. 예술은 매 순간 생존의 위협에 시달린다. 그 위협과 고통 안에서 버티며 숨을 부지하기 위한 길을 발견하고 시도하며 분출시킨다, 시켜왔다(예술이 생존의 문제에서 헤어나면 사치가 되고 위장이 된다).

'영화' 역시, 그렇게 생존해 왔다. '영화'에게 위기는 매 순간 있어 왔고, 있을 것이다. 하지만 때마다 그는 그것을 극복했으며 지금까지 왔다. 아뿔싸, 바로 채플린과 키튼의 이 '영화'가 그런 순간을 발견하게 해준다. '이어달리기'라고 했다. 숨이 목을 태우며 흐르는 그때까지의 달리기, 왜 그래야 하는지 이유도 모르면서 달리기…. 그들 역시 생존의 문제에 시달렸다. 연명하기 위해 영화를 만들었으며 거기서 방법을 발견한다.

그러고 보면 운동의 분할이니, 공간의 이동이니 하는 것들은 나중의 '영화'를 위해서는 놀라운 것이기는 하지만, '영화'의 운명을 생각하면 말할 수 없이 슬픈 모습이기도 하다. 생존을 위한 발견, 이를테면 우리가 일상에서 너무나 많이 들어서 이제는 특별한 것도 없는 말이지만 코미디언의 직업병 같은 것, 장난감의 운명 같은 것, 뭐 그런 모습들 말이다. 운동의 분할이란 결국 웃음을 끊임없이, 슬픔에 잠길 틈도 없이 하나의 기계처럼 웃음을 늘어뜨리고 꾸며낸 것 아닌가? 웃음을 빚어내는 기계, 슬픔을 감추는 기계, 무표정 속으로 자신을 끊임없이 감추는 기계, 제조기, 웃음이든, 동작이든, 영화이든, 법칙이든, 거대한 자본이든…. 그들은 한갓 제조기일 뿐이었다. 그것이 슬랩스틱이다.

1910년대, 그리고 1920년대 내내, 달렸다. 사운드의 출현도 그들의 달리기를 멈추지 못했다. 사운드가 탄생했던 1920년대 말 이후, 1930년대에 그들의 가장 위대한 영화들이 나온다. 그들의 동작은, 그 '말 없음'은 말이 넘쳐났던 세상 안에서도 여전히 유효했다. 하지만 이미 슬픈 연대이다. '말'이 많은 시대에는, 다들 말하기를 멈추지 않고 덧입으며 마치 오직 그 외에는 자신을 실현할 가능성이 없는 듯이 떠들어댄다. 입을 여는 동안에는 생각이 뒤로 밀리게 마련이다. 자신만의 의미와 가치를 펼치던 '동작'은 그렇게 도로 '말'에 구속되어 버리고, 인간의 '말'이 아니더라도 결국, '소리'에 종속된다. 오늘날은, 주먹을 내지르면 사실보다 '소리'가 허겁지겁 실재하는 주먹질의 의미를 포장하고 왜곡한다(무협의 가치는 이 왜곡에 있다). 말 없는 동작들은 이러한 시대, 자신이 지닌 힘을 잃게 마련이다. 사운드 영화로의 전환과정은 이처럼 동작 자체의 '힘'을 없애 버렸다. 그러자 이 동작의 힘으로 먹고살던 이들이 운명의 끝에 이르게 되었으며 그들은 더 이상 달리지 않게 되었다. 잘 됐다. 가뜩이나 몸도 노쇠해지는데….

움직임의 멈춤은 곧 그들의 죽음, 그들 '영화'의 죽음이었다. 배 위에서 백만

장자가 된 채플린이 미소를 지으며 기자들에게 둘러싸여 있을 때(≪황금광 시대≫), 키튼이 다시 주니어로 돌아가 어린 시절을 회상할 때, 이미 모든 것은 저물고 있었다(≪셜록 홈즈 주니어≫). 사운드와 함께 그들은 도로 '무대'로 돌아가야 했는데, 이제 사람들은 그들의 동작만을 즐기기 위해 극장에 갔다. 그들이 하는 일이 어느새, 다시 서커스가 된 것이다. 광대로부터 동작의 의미와 공간의 해석을 이끌던 그들은 결국 다시 시시껄렁한 동작을 보여주기를 요구받았으며, 그렇게 '쇼'로 내려선다. 영화는 그 시대에 '드라마'라는 새로운 의미망을 발견했지만, 키튼과 채플린의 몸은 드라마 안에 설 자리가 없었다. '소리 없는' 영화에 익은 그들에게는 '영화'의 비감함이, 갈급함이 천형처럼 주어져 있었다.

무성영화 시대에는 어쩔 수 없이 무겁고 비장할 수밖에 없었다. 어차피, 드라마의 승부가 아니었으며, 단지 이미지이며, 그로부터 풀어가야 하는 이야기였다. '말'도 없고, 밀도 있는 연기도 할 수 없고, 순전히 동작과 공간으로만 말해야 하는…. 이 이미지는 새롭고, 누구도 통제하지 못하는 '신기'였다. 사람들은 그 이미지를 다루는 방식을 하나하나 발견해 가야만 한 것이다. 물론 더 중요한 것은 생존이었다. 그래서 그들은 드라마든, 뭐든 간에 그들의 영화 안에서 줄기차게 움직이고 달린 것이다. 하지만 시대가 변했다. 이제 생존의 질곡에서 허덕이지 않아도 될 만한 영화적 경험이 쌓인 시대, 아직 영화적 기대라고까지 할 수는 없지만 영화를 보는 즐거움을 깨달은 시대가 왔고, 거기에 '사운드'가 들러붙었다. 그 순간부터 드라마는 이제 '시각'의 무거운 짐을 벗고 '사랑'과 '비감'을 연인에게 말로 건네주는 시간을 맞이한 것이다. 관객은 그렇게 배우들의 연인이 되어갔다. 그들이 '내'게 말을 걸어오지 않는가!

배우들은 그렇게 동작 대신 표정을 보여주기 시작했다. '동작'은 그렇게 스크린에서 사라져 갔다.

스펙터클—
할리우드로 넘어가기 전에,
1910s~1차 세계대전 전

10

'스펙터클'의 새로운 의미

그때 나는 시네마떼끄에 있었다. 거기서 채플린과 버스터 키튼을 발견했다. 그리고 그들의 작품 외에 이름도 알 수 없는, 기억되지 않는 누군가가 만든 조각들, 애니메이션을 봤다. 나중에 클레이 애니메이션이라 부르게 되는 것이다. 내용과 세상에 대한 우화, 깊이 등은 다르지만, 사실 그것과 ≪월레스와 그로밋≫ (1989~2008) Nick Park 시리즈는 다를 바가 없다. 하나의 형태가 수많은 단위로 분할되고 조직된다. 그러고는 갑작스레 다른 형태를 띠게 된다. 인간의 상상력은 시대를 막론하고 별반 다를 게 없다. 환경이 그것을 손질해 조금 다른 것으로 만들 뿐이다. 모든 것이 여하간, 행위로 진행한다. 행위, 좀 더 많은 행위와, 연속된 행위, 구성되는 행위들로….

행위만으로는 애초 스펙터클이 될 수가 없다. 퐁피두 센터 앞에서 문득 멈추어 서서 마임을 본 일이 있다. 이런 마임은 대개 볼품없다. 말이 없이 몸으로만 표현하기에 마임이기는 하지만, 내용도 각별하지 않고, 동작의 아직 미세한 통제도 익히지 못한 몸을 바닥에 세우고 시작한다. 그러니, 거리에서 푼돈을 받고 자신을 보여준다. 동작의 절제된 연속이란 비록 의도적으로 깨질지라도 균등한 시간의 배분 속에 이루어져야 하는데 그들은 아마추어여서 어느 부분은 빠르고 어느 부분은 느리다. 하지만, 나는 그들을 볼 때마다 늘 경이로움에 빠졌다. 재미있어서? 아니, 잘하고 말고를 떠나 그들이 지닌 자신의 진지함, 삶에 대한 노력 때문이다. 우리는 퐁피두 앞의 마임에서 마르셀 마르소Marcel Marceau

(1923~2007)를 원하지 않는다. 그들의 몸을 보고 그 몸의 변화가 지시하는 바를 따를 뿐이지, 의미를 찾지는 않는다. 하지만 그것이 무대 위의 공연이라면 문제는 달라진다. 공연장은 거의 '의미'를 찾는 특별한 장소이다. 물론, 프로페셔널이 된다는 것은 그런 것이다. 행위 자체를 즐기게 하는 것이 아니라 그 행위가 담고 있는 내용을 즐기게 하는 것. 왜냐하면 길에서 볼 수 있는 마임을 보러 온 것이 아니라, 무대 위의 마임을 보러 왔기 때문이다. 숙련된 행위이고, 숙련이란 행위의 절제와 속도감의 문제이기도 하지만, 그 행위가 감정과 의미의 적절한 분배를 통해 응집해야만 하는 무언가로의 수렴, 그것이 프로페셔널이다. 길거리에서는 그래서 마임을 구성하는 동작만이 주목받지만, 무대를 보는 관객들은 그 동작들이 응집하는 것, 의미 혹은 이야기를 쳐다본다. 즉, 행위에 다른 것들이 덧붙여져 스펙터클이 되는 것이다.

무용은 그 대표적인 형식이다. 혹 그것을 볼 때, '동작' 자체가 스펙터클인가 싶겠지만, 천만의 말씀이다. 무용은 '행위'에 몰두하지 않는다. 근육의 절제, 긴장과 이완의 속도에 부여하는 의미, 공간을 몸으로 끌어당겨, 장소에 대한 생각을 지워버리는 형태와 상, 즉, '행위'로 응집되어 보일 뿐, 그것은 더 이상 단순한 '동작'의 구성이 아닌, 사고의 확장이기 때문이다. 결국 무용에서 '동작'은 그저 신체의 '동작'이 아니다. 그것은 의미가 구현된 행위들이기 때문이다. 인간만이 이러한 방식으로 근육을 의미로 재구성하며, 동작들이 의미를 재현하게 한다. 어떤 동물도 의미를 사건의 단계로 밀어붙여 신체로 표현하지 않는다. 결국, 전통적인 예술 혹은 표현형식들에서 '단순한 일상적' 행위만으로 스펙터클에 이른 일이 없다. 바로 이점이 '영화'와 다른 점인데, '영화'는 이를 단 한 번 만에 뒤집어버렸기 때문이다. 오스텔리츠 공원을 거니는 이들의 이미지가 '볼만한 것'으로 화했다. 넓은 바다에서 수영하는 사내가 주시 되었고, 강 위에 뜬 선박에서 땅으로 건너오는 승객들이 특별해졌다. 물론, '영화'는 그로부터 여전히 더 행위를 발견해 나가야 했다. 그 수준은 아직 이 스펙터클을 어떻게 활용해야 하는가를 모르는 아마추어의 단계이다. 전체적으로 '움직임'을 담는다는 생각만으로 '볼거리'를 만들었을 뿐, 그로부터 주목할 만한 단계로 어떻게 끌어낼 것인지는 모르고 있었다. 하지만 여기서 바로 놀라운 일이 발생한다.

'영화' 쪽에서 이처럼 어떻게 해야 할지를 미처 생각하지 못하고 닥치는 대로 일상을 찍어대고 있을 때, 오히려 '영화'를 난생처음 대한 '사람들'에게서는 다른 일이 벌어졌다. 그들은 어느 순간, 이미 단순한 볼거리가 아니라 주목할 만한 경이로 이 행위들을 받아들였기 때문이다. '영화'는 확실히 이 점에서 경이로웠는데, 연극을 비롯한 여타 연희 행위들에서는 의미의 결정체가 되기 전까지 소용없던 '행위'를 그 자체로, 단순한 상태로도 스펙터클화했다. 그렇기에 이 정도의 단계만으로도 일찌감치 산업을 꿈꾼 것이다. 짐작보다 주체할 수 없는 인기를 끌었고, 이미 대중들에게 특별해지고 있었다. 지금 보기에는 단순한 이 '이어달리기', '움직임'은 당시에는 분명한 '스펙터클'이었다. 오늘날 우리가 모호하게 되뇌는 스펙터클이 아니라 행위를 통해 구성되는 스펙터클, '영화'가 바로 그런 것이었으며, 사람들은 그것을 보기 위해 몰려들었다. 그날 100년이 지난 뒤 초창기 영상을 보고 있는 우리도 마찬가지였다. 시네마떼끄의 많은 관객은 그 시대의 '스펙터클'을 보고 있었다. 그들은 그제야 서서히 스펙터클의 의미를 깨닫지 않았을까? 그것은 화려함과 웅장함의 문제가 아니라 행위가 일으키는 자극이었다는 사실 말이다. 채플린의 동작 하나하나, 키튼의 달리기 하나하나가 경이롭고 놀라웠다. 그 앞에 제임스 카메론의 《타이타닉 Titanic》(1997)은 아무것도 아니다. 그것은 단지 시각이고 '영화' 이전의 전통적 스펙터클의 '모사'에 지나지 않기 때문이다. 거기에서 새로워 보이는 것은 솔직히 '기술적 시각'을 교묘하게 극적 시선으로 전환한 데 있다. 이러한 영화들은 인기를 끌고 즐겁게 사라져 가는데 그렇게 됨이 마땅하다(어떤 개인들에게는 남겠지만). 그것들은 언제나 새로운 기술적 시선의 가능성에 자신, '영화'를 희생시키고 소비시키는 것들이기 때문이다. 반면, 채플린과 키튼은 전통적인 모사가 아니다. 그들은 새로운 '스펙터클'을 창조해 냈다. 그래서 하나는 스펙터클이고 다른 하나는 테크닉의 견본에 불과하다. 다 같은 테크닉이고, 다 같은 행위지만 이것과 저것은 천지 차이이다. 하나는 게임의 법칙을 세우고 다른 하나는 게임의 유사품이다(심지어 때로는 새로운 게임인 듯 속이려 들기까지 한다. 이를테면, ≪아바타≫).

우리는 '영화'와 함께 시작한 '스펙터클'의 의미를 규정해야만 한다. 오늘날 우리에게 이것은 테크닉이다. 미세한 동작들이 건네주는 짜릿함이 아니라, 익스트림 롱쇼트가 주는 압도이며, 화려하게 '포장된 장면'이다. 크리스토퍼 놀란의 ≪다크 나이트 라이즈 The Dark Knight Rises≫(2012)를 보자. 대단한 범죄의 장관처럼 보인다. 건물과 건물을 연결한 줄, 그것을 타고 건너는 일반적인 범죄의 패러다임을 뛰어넘는 기교, 그들이 쓴 탈, 그것들을 보여주는 쇼트 배열. 이들 모두 재미를 목적으로 삼을 때 흥미로운 구성이지만, 기껏해야 그런 것들의 배치일 뿐이다. 우리는 '재미'와 '각별한 표현의 확장'을 오인하지는 말아야 한다.

반면에 키튼과 채플린의 스펙터클은 단지 기교가 아니었다. 그것에 의해서 현실이 재창조되고 재구성되기 때문이다. 나중에 우리가 말하게 될 서부극의 스펙터클도 전혀 기교가 아니다. 익스트림 롱쇼트와 달리는 말, 풍광과 그 아래의 운명으로 채워진다. 흔히 생각하듯 결투는, 스펙터클의 항목이 아니라, 이야기의 전환점일 뿐이다(물론 어떤 이, 레오네 같은 이들은 결투를 스펙터클로 만들어 갔다).

이러든 저러든 중요한 지점이 있다. 할리우드 클래식은 여하간 그것을 채우는 내용과 상관없이 '스펙터클'의 구성을 언제나 기본으로 삼았다는 사실이다. 내가 과거에 애정을 좀 더 두고, 요즘 것들보다 더 나은 듯이 밀어붙이기는 했지만, 어쨌든 과거나 지금이나 할리우드에 있어서 스펙터클은 아주 중요한 개념이다. 아마 할리우드의 태생적 환경이 그것을 추구하게 했을 것이다. 우리는 이제 어떻게 할리우드가 탄생했는지 알고 있다. 에디슨으로부터의 도망, 대규모 시장의 등장과 거기에 제품을 공급하기 위한 공장의 설립, 즉, 대량 생산의 욕구, 더 효율적인 제작….

뉴욕에서 에디슨과 그의 동호인들은 여전히 '쇼'를 하고 있었다. 이전보다는 좀 더 나아지긴 했지만, 단지 약간 길어지고, 약간 과감해진 것뿐이다. 이 시기에 할리우드를 태동시킨 영화들은 그렇기에 에디슨과 그 동료들의 몫이 아니다. 그리피스의 영화도 아니다. 그것은 채플린과 키튼의 전신, 맥 세네트와 아르버클이다. 물론, 서서히 등장한 여타 드라마들도 있다. 이들은 단순히 규모와 길이의 측면에서 쇼를 연장한 것이 아니다(에디슨의 작품들을 한번 시대를 따라가 보기 바란다. 당시 다른 이들의 작품과 비교해 보면서). 그들은 이전에 없는 새로운 쇼를 만들어 냈다. 연속된 동작들이 만들어 내는 에피소드의 연이음 말이다. 그래서 이들은 곧 동작의 실험자들이다. 채플린과 키튼에서 결실을 맺게 되는.

그러나 이들을 그렇다고 동작의, 쇼트들의 연이음을 통한 미학적 실험자들이라 할 수는 없을 것이다. 상당 기간 미국에서의 '영화'의 의미는 사실 한 번도 '미학'에 있어 본 일이 없다. 그리피스는 진중했지만 자기 생각처럼 그의 영화가 미적 욕망, 새로운 예술로서의 표현 열망만으로 완성된 것은 아니었다. 그것 역시 이러나저러나 볼거리, 볼만한 것, 그러니까 쇼, 브로드웨이 것이 아닌, 영화의 스펙터클로서의 쇼였다. 즉, '영화'로 하는, 영화 이미지로 보여주는 쇼!

춤과 함께 거대하고 화려하게 구성되는 쇼가 아니다. 그런 것들은 무대 위에서 이루어진다. 그 관점에서 보면 이것은 좀 다르다. 차를 타고 추격신이 벌어진다. 당시 추격신은 지금과 같이 파괴적이고 격렬하진 않다. 우여곡절과 갖가지 곡예의 수준이다. 지속적인 에피소드들의 출현이 예약되어 있었고, 계산되어 있었다. 어쩔 수 없었다. 아직 '영화'는 기술적으로나 구성적으로 브로드웨이의 미술을, 무대장치를 따라갈 수가 없었다. 그러나 '영화'는 이 단계에서 이미 특별한 첫발을 디뎠다. 스펙터클의 개념을 바꾼 것이다. 그런 점에서 나는 이것이야말로 '대단한 쇼'라고 여긴다. 앞서 은밀히 말했다. 이 쇼가 지향하는 '스펙터클'이 원래 무엇이었는지. 대단한 경관이 아니라, 현실을 재창조하고 재구성하는 것이라고!

생각해 보라, 관객들에게 삶에서의 스펙터클이란 무엇이었을까? 아름다운, 인간의 구질구질한 삶의 잔재들이 끼어있지 않은 대단한 자연의 풍광, 대지가 자아내는, 인간을 한갓 소립자로 만들어 버리는 위대함이거나, 인간의 능력으로는 도저히 만들어 낼 수 없는 밤하늘 빛의 신비였다. '영화'는 도저히 그것들을 보여줄 수가 없었다. 영화는 흑백이었고, '장관'을 담을 능력이 없었다. 그러므로 그것들은 어쩔 수 없이 '표현'이 될 수밖에 없다. 모든 색이 단 하나의 조, 회색 조의 변화로만 나타날 때, 세상의 화려한 장관은 어떤 경우에도 그대로는 영화의 장관이 될 수 없는 것이다. 말하자면 영화 이전의 일반적 스펙터클을 '영화'로 끌어올 수가 없었다. 게다가 카메라는 대체로 아직 멈춰 서 있지 않았는가? 카메라에 잡히는 탈것들(마차든 자동차이든)의 움직임도 '속도감'을 말하기에는 턱도 없었다. 그 탈것 위에 카메라가 올라 있었다면 조금 더 나았겠지만 이런, 이상하게도 좀처럼 그러지를 않았다(사실, 기술적 조건이 그것을 까다롭게 했다. 하려면 할 수 있으되, 막대한 기술적 궁리가 필요했고, 아직 덜 영근 기계적 메커니즘 때문에 쉬운 일이 아니었다. 아이디어가 재빨리 비용으로 환산되는 세기인 이상, 더구나 그를 위해서는 비용이 첨가되는데, 할리우드의 생리상, 애먼 데 기술적 비용을 쓰지는 않는다. 카메라의 움직임으로 관객들의 시선을 끌려고 노력하기 위해선 좀 더 기다려야 했다).[108]

---

108) 사실 놀라운 움직임의 구성은 이 초기 슬랩스틱을 지나, 잠시 뒤, '영화'의 미학이 어느 정도 성립된 후에 다시 시작된다. 유럽에서 말이다. 슬랩스틱과 서부극의 움직임이 실재하는 몸의 움직임이고, 그것으로부터 끌어낸 극적 구성이라면, 이 이후의 움직임은 몸이나, 탈것 정도가 아

'영화'는 그러니까 그때 사람들의 '스펙터클'을 채울 수는, 그것과 같을 수는 없었다. 그러니, 그것을 재창조할 수밖에, 재구성할 수밖에!

니라 사실상, 그 움직임을 좀 더 특별하게 보여주는 것이었다. 움직임에 대한 고찰, 재해석, 따라서 그것에 의해서 '영화'가 어떤 도구인가를 설명하는 것. 뒤에 나올 아벨 강스 Abel Gance (1889~1981)는 아마 그 점에서 가장 놀라운 성과를 낸 이일 것이다. 내가 보기에 이후에 '영화'에서의 움직임은 개념적으로 그에게 많은 것을 빚지고 있다.

굶주린 시선 Regard affamé

그런 나머지, 초기에 할리우드가 만들어 낸 스펙터클은 기본적으로 스스로 관객들의 시선을 붙잡도록 '고안된 것'이었다. '의미'를 갖기 위한 그리피스의 편집, 볼만한 채플린과 키튼의 의도적 행위같이 말이다. 사실, 1910년대의 할리우드는 아직 미아였다. 그러나 길을 잃었다기보다는 스스로 아직 길을 발견하지 못했을 뿐이다. 왜냐하면, 이러한 움직임의 스펙터클에서 또 다른 단계로의 진입은 나중에 이루어진 것이 아니라 이미 그 안에 모두 자리 잡고 있었기 때문이다. 다만 그때 코미디에 매달린 감초처럼 등장했고, 따라서 웃음 뒤로 밀려났을 뿐이다. 예컨대, 채플린의 클로즈업, 그의 영화의 마지막 장면, 외로운 방랑자, 거리 위의 작은 몸, 버스터 키튼의 대체로 비어있는 공간의 어느 한 부분, 그리피스 영화의 흑백이라도 장대한 익스트림 롱쇼트 안에서의 열, 인간들의 동작 등등. 제대로 '이야기'가 끼어들면서 이것들이 진정한 할리우드의 스펙터클이 된다. 이미 우리는 당시의 '영화'의 단계에 대해서 말했다. 앞서 말한 대로 이 시기는 할리우드가 '이야기하는 법', 그리고 그것으로 '관객들에게 다가가는 법', '그들을 끌어당기는 법'을 익혀 가는 때였다. 웃음을 유발하는 것 이상의 서사 자체의 가치가 결합하는 시기, 그때에야 진짜 스펙터클에 이른다.

그래서 할리우드가 시작되기 전까지 아무리 영화들이 인기를 끌었더라도 나는 한 가지의 표정에서 눈을 뗄 수가 없다. 나이는 대략 70세를 넘었으며, 얼굴에는 굴곡이 어른거린다. 아, 그런가 하면 여기 또 하나의 얼굴이 있다. 먼저 얼굴이 여전히 마른, 가녀린 몸 위에 서 있는 것이었다면 이 얼굴은 이제 살이 붙어 늙음의 표지처럼 부푼 몸 위에 올라 있다. 그러나 둘 다 마찬가지이다. 아주 오래전에 입혀져 다시는 가시지 않을 표정을 목 위에 올리고 있다. 시선은 막연하며, 감정은 나타나지 않고, 가만히 있으므로 애처로운, 그래, 텅 빈 표정이다. 둘 사이에 물론 차이는 있다. 하나는 모든 감정을 지웠다. 반면 다른 하나는 분명하게 우리를 향한다. 그러나 사실 둘은 같다. 몸을 움직이는 것과 곡예를 하는 것, 황당한 일을 겪는 것, 왜소한 것, 이 둘은 그래서 늘 같은 표정과 시선을 지니고 있다, 빈 시선 말이다. 우리에게 채워 달라고 요구하는 시선, 바라볼 것을 간청하는 시선. 그래, 내게 이 표정은 딱 그대로 '영화'이다. 세상에 이제 막 태어나서 무엇을 해야 할지, 어떻게 해야 할지, 아무것도 모르는 채, 온갖 오해와 멸시와 천대를 받는…. 그가 세상에 지을 수 있는 유일한 표정. 인정받아야 하며 무엇보다 동정받고자 하는 존재. 그래, 좀 더 멸시하자면, 이 표정은 '장치'이다. 사람들의 시선을 끌고 그것으로 자신을 파는 장치. 기껏해야 '영화'는 그 단계였고, 여기에 의미심장함이라고는 없다.

하지만, 과연 그럴까? 그러면 지금 우리가 생각하는 '영화'의 의미심장함이란 무얼까? 그것은 예술적 표현들이며, 그로부터 깊게 퍼져 나가는 철학적 음미들이 아닌가? 하지만 따지고 보면 '영화'를 설명하기 위한 고리들이 없어 그런 용어들이 있어야 하는 것이 아닐까? 예술과 철학, 그것들이 가치가 없다는 말이 아니다. 어느 순간, 우리의 머릿속에는 예술이 지닌 감동은 사라지고 평가와 재단이 남았다. 우리는 기껏해야 관념의 언어들로 우리 감정을 포장해야 하는 애달픈 존재가 되어버린 것이다. 하지만 차라리 의미심장함은 이렇게 시작된다.

이 표정은 애초에 그들의 계책이 아니었다. 그들이 자신을 호소하기 위해 들고 있던 이 표정에 계약이 발생하기 전까지는. 버스터 키튼, 그의 무표정은 조건이었다. 공공장소에서 그는 늘 이 표정으로 있어야 했고, 절대로 감정을 얼굴에 떠올리면 안 되었다. 그는 혼자 있는 순간이 아니면 언제나 이 표정으로 서 있어야 했다. 마찬가지였다. 채플린은 독자적인 자신의 프로덕션을 가졌었고 이런 계약에 얽매이지 않았음에도 자신의 캐릭터를 일상에서도 '홍보'로 활용했다. 영화 비즈니스의 한 면모, 할리우드의 영화들이 묶여 있는 저속함이라 볼 수도 있지만, 조금 다르게 보자. 어차피 비난의 화살은 나중에 쏟아부어도 된다. 게다가, 당대의 고려 없이 던지는 비난은 잘못이 아닌가!

'영화'와 현실은 구분되지 않았다. 그들에게 '영화'는 계속해서 연장되어야 했다. '그들'이라는 존재는 사라져야 하는 것이다. 키튼은 배우 버스터 키튼의 캐릭터로, 채플린은 땅딸보 방랑객으로…. 자본의 이득을 위해 그래야 했다고? 그래, 맞다. 하지만, '영화' 자신이 그래야 했던 건 아닐까?

'영화'는 그 세계에서 자신의 캐릭터를 입증해야 했었다. 자기가 누군지, 자기가 잘하는 게 뭔지, 무엇을 할 수 있는지. 현실 속으로 자꾸 자기를 등장시켜 관객들의, 세상의 인정을 받아야 했다. 이것이 당시 '영화'의 생존법이었다. 오직 캐릭터, 그러니까 변장, 위장, 자기는 사라지고 다른 이를 입는 일…. '영화'는 자신을 주장하기보다 타인의 눈에 띄어야 했고, 동정을 받아야 했고, 인정을 받아야 했다. 유럽에서는 그의 '존재'가 부각 되면서 생존할 수 있었지만, 여기서는 달랐다. 여기서는 자신의 존재를 지우고 캐릭터를 입어야 했다. 이것이 바로 할리우드 아닌가? 캐릭터 말이다. 할리우드의 영화들이 이것에 매달린 이유가 다른 데 있지 않다. 자기 자신의 입장을, 상태를 대변할 누군가가 필요했다. 할리우드는 지금까지도 마찬가지인데, 이 캐릭터를 덧입지 않고는 살아남지 못한다. 괴물이 되었지만 그렇기에 거대한 덩치를 유지하고 사람들의 관심을 모으고 지탱하는 방식—생존이야말로 가장 큰 '의미심장함'이다.

살아남아야 하는, 인기고 뭐고 간에, 생존해야 하는 그때 '영화'의 처연함. 그래, 할리우드는 여기서 시작한다. 우리는 단순하게 '슬랩스틱'이라 말하지만,

사실은 이 표정을 내보이는 이미지에서. '영화'는 할리우드와 함께 이상한 생존의 장, 시장, 그것도 아주 냉정한 돈놀이의 밭에 들어온다. 그리고 그 천박한 자본주의 한복판에서 살아남는 법을 터득해야 했다.

'내가 이렇게 움직이잖아요, 내가 웃기고, 내가 대신 가냘픈 삶을 살아 주잖아요,' 그러고는 생존에 굶주린, 갈구하는 시선으로 우리를 바라본다. '제발 나를 봐 주세요!'

여기, '영화의 표정'이 있다!

〈네비게이터〉(1924)

2부

'영화'의 시대

보이지 않는 것들,
발견의 시대, 1910s

11

1910년대의 재정의

1910년대의 불분명하며 복잡한 얽힘을 간신히 넘어섰다. 이제 우리는 1910년대 후반과 1920년대로 걸어 들어갈 것이다. 그러나 아직 그 시대를 떠났다고는 생각지 말자. 1900년대 후반부와 1910년대 초반부, 시간은 어느 시점에서 불쑥 새로운 전환으로 탈바꿈하지 않는다. 지속적인 흐름 속에서 사람들이 명확하게 의식하지도 못하는 사이, 스멀스멀 변화를 빚어낸다. 나중에, 변화에 익숙해져서야, 더 이상 '변화'가 아니라 보편적인 것이 되었음을 느낄 때야 비로소 '무언가가 변화했다'라는 진단이 가능해진다. 이것이 시간의 힘이다. 그렇기에 1920년대로 돌입하기 위해서 우리는 다시금 이 연대 여기저기를 서성거려야 할 것이다. 그렇다고 새로운 사실들을 떠들겠다는 것은 아니다. 같은 사실, 같은 지시 사항들이다. 다만, 이제는 지금까지 봤던 것과는 조금 다른 방향에서 한 번 더 이 문제들을 생각해 보기로 하자. 어떤 삶의 출발점이고, 타인에 대한 것은커녕, 스스로에 대한 의식조차 자라나기 전이며, 따라서 아주 복잡하게 이것저것이 얽혀 있을 수밖에 없으므로, 초기의 '영화'를 보는 시각은 무척 다양해질 필요가 있다.

가만히 이 시기에 대해 생각해 보라. 이제 '영화'가 단지 자신의 순전한 정체성, '움직이는 이미지'라는 사실을 벗어던지고, 쇼든, 에피소드든, 단편이든, 뉴스이든 무언가 '내용'을 지니기 시작했다는 것을 염두에 두고 말이다. 이미지의 상태로만이 아니라 이미지가 지닌 내용까지도 중요해지는 시기라는 점을 고려하면서….

게다가 1895년 기계 시네마토그래프는, 몇 년 후, 시네마토그래피가 되었고 그만큼 성장했다. 하지만 모두가 겨우 15~20년 동안의 일이다. 팔을 뻗든, 발을 오므리든, 고개를 꺾든, 허리를 접든 '영화'의 모든 행위가 결국 자기를 확립하고 내보이고 증명하는 것이었던 시기이다. 더구나 '자기'가 누구인지도 모르는 채. 이렇게 생각하면 여러분도 이제 이 세기의 복잡함을 짐작해 볼 수 있다. 세상은 도무지 알 수 없으며, 무언가 정체를 알 수 없는 열망이 내부에 폭발하고 있다. 인간의 나이로 치면, 최초 격동이 밀려오는 15세 전후 청소년기, 그때가 정확히 당시의 '영화'의 상태였다.

1부에서 역사를 이해하는 가장 유효한 힘은 '상상'이라고 했다. 자, 이제 우리가 한 30세 중반이라고 생각해 보자. 10대 후반이나 20대 초입, 이만하면 세상을 의식하기 충분한 나이인데(더구나 19세기에는), 그때 '시네마토그래프'의 탄생을 목격했다. 저녁이면 친구들과 어울려 싸구려 극장식 카바레나 소규모의 버라이어티 쇼가 공연되는, 하지만 공연이 특별하지는 않은 살롱에 갔다. 욕망의 배설이 가능했기 때문이다. 이 시대에는 대체로 남자의 욕망이 곧 세상의 욕망이었는데, 그만큼 역사가 진전하려면 아직 멀었다. 여성은 '여-성性'이었고, 남성은 인간이었던 시절이며 이에 대해서 '반성'하기는커녕, 왜 이에 대해 생각해야 하는지조차 모르는 것이 당연하고 필연이었던 시절이다. 남성, 여성 그 누구에게도 말이다. 사실 그런 점에서 남자들에게만 신난 세상이었다. 여성은 여전히 빅토리아식 장식물로 취급되었지만 스스로 당연하다 여겼으며(체계적으로 무의식적인 강요 속에서), 남자들은 온갖 자본과 재화가 자신들에게로 모여, 그것을 즐기는 데 여념이 없었다(현재에도 이러한 의식 수준은 노력에도 불구하고 개선되지 않고 있다). 많은 이들이 노동자였는데, 그들의 삶은 당시 역사에는 제대로 주목된 일이 없다. 물질이 연 시대는 오직 자본, 재화의 축적 쪽으로만 모든 가치관을 뒤바꾸고 있었기 때문이다. 그러는 사이, 영화들이 새로운 여흥으로 몰려왔다. 여전히 사람들이 북적이는 희로애락의 살롱으로 나아가는 일은 멈추지 않았지만, 이제 거의 매일 영화관으로 몰려갔다. 따라서 별로 진중하지는 않더라도 많은 영화를 보았는데, 한 번도 의식한 일은 없지만, 이 '움직이는 이미지들'이 구성하는 방식들에 조금씩 익숙해졌다. 슬랩스틱, 드라마, 서부극, 점차 내용들이 채워졌고, 언젠가부터 자연스럽게 잘 만들어진 것과 아닌 것들이 기이하게도 구분되기 시작한다. 어떤 것은 세련되었고, 어떤 것은 까다롭지만 의미심장했고, 어떤 것은 따질 필요도 없이 즐거웠다. 어떤 것은 이유도 없이 형편없고 심심했다. 누가 연기를 잘하는지 못하는지도 변별이 주어졌는데, 연극과는 다른 차원에서였다. 어떤 이야기는 깊고, 어떤 것은 가볍지만 재미있고, 또 어떤 것은 이야기를 신경 쓸 필요조차 없는 심심풀이용이었다. '영화'에 대한 이 모든 의식들, '세상'에 대한 이 모든 발견들, 기이한 일이다. '영화'가 지닌 가치와 의미들을 배운 일도, 들은 일도 없는데….

이것이 우리의 모습이다. 이 정서, 이 상태를 지금 우리 몸에 입어보지 않고는 이 시기의 '영화'의 문제들을 이해할 수가 없다. 하지만 이 외투를 걸치면, 우리는 그때 영화들이 세상에 대해 어떤 일을 하고 있었는지를 알 수 있으며, '영화'가 어떻게 '존재'하고자 했는지 깨달을 수 있다.

이제 1920년대로 나아가기 전에 또 다른 의미들로 나아가는 방향을 다시 한 번 되돌아보기로 하자. 하지만 같은 사실이되 이제는 1부에서처럼 '영화'의 정체성 혹은, 개념을 찾아나가는 방향이 아니다. 구체적 사실들과 함께 '영화'가 어떻게 전개되어 나가는지를 검토한다.

예컨대, 우리는 지금까지 미국과 유럽의 교환, 교차에 관해 말할 일이 별로 없었다. 미국에서 '영화'는 무엇이었으며 유럽에서 '영화'는 무엇이었는가를 말하면 그만이었다. 하지만, 이때의 영화 작업이 그렇게 독자적인 영역에서만 작용한 것은 아니다. 대륙을 건너뛰며 서서히 서로에게 영향을 미치게 된다. 그래, 어떤 면에서 보면 여전히 무언가 다른 지점, 서로 화해하기 힘든 차이들을 지니기도 하지만, 아무튼, '영화'라는 거대한 형식에서 묘한 보편성이 등장하는 시기이기도 하다. '영화' 정체성의 보편성이 아니라 '영화'가 하는 일의 보편성 말이다. 달리 말해, '기능'이다.

달리 설명할 수도 있다. 이 시기에 '영화'의 급선무는 '자기'를 확립하는 일이었다. 없는(알아채지 못한) 정체성을 발견하고 발전시켜 '존재'의 가치를 증명하는 일. 그러므로 우리는 1부에서 '영화'의 이러한 노력에 주목했다. 하지만, 이제부터 주목할 지점은 다른 부분이다. 자기의 '정체성'을 다지고 구축하는 과정은 동시에, 어쩔 수 없이 그것을 자신의 외부에, 세상에 보이고 시도해 보는 과정이다. 자기 내면의 단단함을 다진다는 것은 외부에 대한 자기 입장을 정리하는 것이며, 내면을 외부에 프레젠테이션하는 것이다. 즉, '영화적 정신'의, '정체성'의 물질화, 육화가 동시에 진행된다. 그리고 이것은 미묘하지만, 외부에 대한 자기 표현을 시도하는 순간이 되어서야 나타난다.

그렇지, 구체!

구체적 활동은 최소한 기거나, 걸어 다닐 수 있을 때 시작되는 법이다. 피노키오가 학교와 아버지(제페토)의 집을 왕래하는 데서 벗어나 제 발로 다른 곳까지 가 봐야 자기에게 한정된 삶의 틀을 벗어나는 것처럼 말이다. 따라서 정확한 시기를 말할 수는 없지만 1890년대부터 1900년대 초까지는 이 물질화, 육화를 말하기 힘들 것이다. 차라리 그것을 위한 시도, 실험과정이니까(뤼미에르, 에디슨, 포터, 멜리에스…, '슬랩스틱'과 '필름다르', '그리피스' 이전…).

1910년대야말로 그런 점에서, 정신적 작업이 어느 정도 자리 잡아 가면서 어쩔 수 없이 동시에 구체적인 활동이 시작되는 시기라고 할 수 있다. 1부에서 살폈다시피 할리우드에선 할리우드의 영화들이 나오기 시작했으며, 유럽은 그 갖가지 시각이 다른 나라들로 퍼져 여기저기서 '이것이 영화다', 선포한다. 그래서 나는 이 시기에 대한 작은 제목으로 '발견의 시대'라는 이름을 붙인 것이다. '영화'가 무엇을 발견하는? 아니다. 그가 구체적 활동을 시작했으므로, 그것을 통해서 인류가, 관객들이 '영화'를, '영화'가 하는 일을 발견하는 시기라는 말이다.

결국 우리는 '이야기'에 대해 생각해 보아야 한다. 물론, 이 시대 어느 것을 보나, 특별한 의미를 두지 않는다면 '이야기'의 수준은 정말이지 그것을 '이야기'라 하기도 주저될 만큼 한심하고 단순하다. '영화'가 기껏해야 이 정도였다니!

하지만 여기서 하나 생각할 점이 있다. 이 시대 영화들이 보여주는 이야기에 관해서…. 적어도 이 시기는 일단 '교양'의 시대이다. 이때는 오늘날 우리가 예술에 대해 생각할 수 있는 개념들이 이미 자리 잡고 있었다. 우리가 흠모하는 많은 예술작품이 이 시기에 왕성하게 쏟아졌으며 일부 '시민들'에게서 사랑을 받고 있었다. 이 시대는, 예컨대, 도스토옙스키, 톨스토이, 보들레르, 릴케, 호프만슈탈 등등의 시대였다. 낭만주의, 자연주의, 사실주의, 신비주의가 한꺼번에 뒤엉켜 세상에 퍼진 시대였다는 말이다. 달리 말해, 오늘날 '예술'을 말할 때, 전거들(레퍼런스)처럼 머릿속에 떠오르는 것들의 시대였다. 사실, 이렇게 '예술'에 접근하자면, 좀 더 흥미진진한 이야깃거리들을 잔뜩 풀어놓을 수 있지만, 나는 여기서 예술사를 쓰려는 것은 아니므로 항해의 욕구를 다소 억제하자. 그럼에도 불구하고, 이 사실만으로도 '추정'은 가능하다. 다시 말해, 현대(이 경우, contemporary이든, modern이든 양측 다 걸리는데)로 전승된 보편적인 예술개념, 예술품에 요구하는 기준들이 이때 형성되었다는 말이다. 이 기준들이 대중적인 매체에 대해 얼마나 엄격했을지도 대충 짐작해 볼 수 있다. 과거의 것을 받아들여서 당시 시민 계층들, 쁘띠 부르주아지petit bourgeoisie라고 일컬어지는 이들에게 나름대로 문화적 자존감을 세우도록 구축된 개념이기에, 선별하고 차별하는 성질은 지극히 당연한 과정이었다. 그래서 '영화'는 이 기준과 그 아래의 저지대

사이에서 허덕거려야 했다.

하지만, 이 지점에서 의문을 품어야 하리라. '영화'가 허덕였다면, '품질'의 수준에서 줄타기했다는 말이고, 이는 또한 그것을 만들어 가는 이들도 이 줄 위에 불안하게 서 있었다는 말이다. 바로 이 점에서 우리는 당시의 형편없는 이야깃거리들만을 의식하기 때문에, 중요한 문제를 놓쳐버리곤 한다. 예컨대, 그토록 형편없는 것이고 형편없는 자들이 영화를 만들어 온 것일까? 달리 말해, 영화를 만드는 이들은, 보편적인 예술개념을 어느 정도 이해하고 있던, 혹은 이해해 가던 일반적인 시민들보다도 못한 바닥 출신들이었을까? 그들의 상상력이 유난히 부족하고 그들이 이야기라고 짜내는 게 그토록 저능해서 그런 대단한 서사의 시대에 기껏 그런 영화들을 만들었을까? 당대 이러한 서사의 깊이를 한 번도 접하지 못한 변방의, 외따로 살아오던 족속의 후예들이었을까? 아, 그렇다, 바이킹의 후예들, 야만의 대명사?

그래, 만일 이 북구가 변방이라면, 그렇다면 헨리크 입센과 아우구스트 스트린베리는 어떻게 설명할까? 어쩌다 나온 독일어 문화권의 변방?

이것은 비단 이 시기의 문제만은 아니다. 요즈음에도 어느 정도는 해당할 텐데 우리는 종종 '영화'를 지나치게 이야기의 문제로 밀어붙임으로써 몇 가지 착각을 한다. 대개, '이야기'를 그것을 다루는 장치의 입장에서 판단하지 않고, 다루는 내용, 주제의 깊이라는 기준으로 판단하는 습관이 있다. 하지만 사실, 같은 이야기라도 그것을 다루는 형식에 따라 가치를 지니는 면이 다르다. 만일 그렇지 않다면 우리는 〈리골레토〉나 〈세빌리아의 이발사〉등의 오페라는 영 볼 이유가 없을 것이다. 그 무대 위의 이야기, 내용은 정말이지 유치하기 그지없는 '수준 이하', '신파'이기 때문이다.

하지만 오페라들을 보며 우리는 이야기의 수준을 따지지 않는다. 그 이야기를 흘려보내는 '오페라'의 형식적 가치에 무게를 둔다. 연극에 대해서도 마찬가지로 말할 수 있다. 연극이 종종 '이야기'를 전달하고 있는 것으로 착각하는데, 사실 연극의 묘미는 이야기의 사실적이고 구체적인 행위화에 있다. 베케트의 연극이나 브레히트의 연극을 보면서 우리는 결코 단편적이고 끊기며, 여기저기 이음새가 엉성하게 파괴된, 서로 '구성'되지 않는 이야기로 가치 평가를 하지 않는다('이야기'로 본다면 너무나 지루하고 심심할 것이다!).

'영화'의 경우에도 마찬가지라는 점을 생각해 봐야 한다. 영화도 문학에서와 같은 이야기의 구성에 의해 가치를 지니는 것이 아니라 영화 자신의 방식들과 조화를 이룬 이야기로서 가치를 지닌다고…. 크리스토퍼 놀란의 《다크 나이트 The Dark Knight》(2008)나, 워쇼스키 형제의 《매트릭스 The Matrix》(1998)를 우리가 통상 생각하는 수준의 이야기로 풀어 보자. 그러면 여러분이 그 영화들을 보고 얘기하는 테마들, 존재의 이중성, 혹은 존재의 인식에 진짜로 이를 만한 수준일까?

자, 이 시기를 고려할 때, '이야기'의 형편없음에 대한 판단은 내려 두자. 차라리 필요하다면 그가 이야기하는 '방식'의 초라함을 의식하는 일이다. 이 시기에 영화를 만드는 이들의 고민은 일차적으로 그 당대의 문학작품과 연극에 견줄 만한 '깊이'를 갖춘 이야기가 아니었다. 그들의 고민은 오히려 다른 데 있었다. 1부에서 말했다시피 이때 '영화'는 사실상 '이야기'라는 대상과 이제 막 조우했다. 그것을 수용하는 일이 당연한 추세가 되었지만 '영화'에게 '이야기'는 아무튼 생소한 대상이다. '영화'는 1907~1908년쯤 이제 막 트릭을 익혔으며(멜리에스 류), 그 정도의 테크닉만을 익혔을 뿐이다. 그러니, 그가 이야기할 수 있다는 것은 기껏 카메라 전면의 것을 녹화하는 수준일 수밖에 없었다. 필름다르가 '엘리자베스 여왕'이든, '셰익스피어'이든, 어떤 내용을 담을까만을 고려한 것도 그러니 어쩔 수 없는 선택이었다.

하지만 덕분에, 소재로서의 내용들이 풍부해지긴 했다. 적어도 필름다르의 대본가들은 극작가들이 아닌가? 더구나 이들이 주문받은 대본은 자신의 예술적 지위에 영향력을 미칠 연극이 아니었다. 자신의 이름이 걸리기는 하지만 이들이 글을 써 주는 곳은 비평가들의 입을 염려할 필요도 없는, '영화'였다. 세상에 새로 나온 신기한 발명품 말이다. 따라서 이들에게 이 일은 일종의 여흥에 지나지 않았다. 그렇기에, '영화'가 정작 이들로부터 대단하게 얻은 것은 없어 보인다. 무대의 답습이고, 게다가 연극이 지닌 미적 긴장은 하나도 없었으니까. 하지만 그렇다고 필름다르가 역사에서 시원찮게 지나간, 빼먹어도 상관없는 사건은 아니라고 했다. '영화'의 태생, 천형처럼 들러붙을 수밖에 없는 발명품으로서의 목적이 여전히 작동하는데, 영화들로 이득을 얻으려는 제작사들의 비상한 관심을 끌어당긴 것이다. 이득, 여러 가지가 있지만 '표현'의 수준을 목적하는 것은 절대 아니었다. 순전히 경제적 이득이면 족했기 때문이다.

그러나 따지고 보면, 천형이기도 했지만, 이는 '영화'가 다른 것들과 '다르다'는 출발점이기도 하다는 사실을 염두에 두어야 한다. 삶의 현장, 생존의 밭이 경제적 이득에 대한 이해관계에 기초해서 진행되기 때문에 그렇지, 어떻든 '영화'는 물질화된 삶(실은 오래전부터 그리 진행되어 온)의 실체를 드러내는 새로운 도구였다. '세상'을 우리가 실체로서 이해하고, 보고, 다루게 하는 도구. 초창기 유럽에서 이 도구를 통해서 예술가가 되려는 이들은 이점에 매혹을 지녔고 '영화'로 '세상'에 접근했다. 물론, 미국에서는 완전히 반대의 접근이 이루어지는데, 그렇다고 하더라도 '영화'가 지닌 도구의 성질상, 어쩔 수 없이 이 개념을 실천하게 된다. 할리우드가 세상에 퍼뜨린 것, 이야기의 수준이야 이제 막 되먹은 정도에 머물렀지만, '현상-이미지'의 차원에서 보면, 거의 완벽하게 이 개념을 대중화시켰다. 여전히 전근대적인 예술개념의 성취를 위해 발을 디뎠지만, 이미 그들이 하는 일들은 '전에 없던 예술'이었다. 바로 이 시대, 이러한 첫발로부터 모든 것이 시작된다.

과연, '영화가 그런 일들—극작을 수용하는—을 한다는 것이 사람들에게 어떻게 받아들여질까'하는 우려가 있었지만, 기우에 불과했다. 사람들은 '영화'의 모든 것을 신기하고 즐겁게 받아들였다. 앞서 말했듯이 정말로 좋은 시기였다. 빠떼 영화사는 이 첫발을 디딘 제작사 중 하나였는데, 라피트 형제가 과감하게 도전한 이 작업의 성공을 목도한 후에 광범위한 투자를 감행하게 된다. 그리고 필름다르의 성과는 사실 전 유럽에 지대한 영향을 미쳤다.

빠떼에 오랫동안 소속되어 있던 알프레드 마생Alfred Machin (1877~1929)은 아프리카까지 나아가 사냥을 주제로 한 영화들을 만들기도 했으며 '벨기에 영화사Belge Cinéma'라는 프로덕션을 지휘하기도 했고 그 이후에는 네덜란드의 영화 산업을 이끌기도 했다. 마찬가지로 빠떼에서 일했던 텔 가스니에Tel Gasnier는 바로 '이탈리안 필름다르Film d'Art Italien'를 이끌며 엑스트라바간자의 시대를 열고는 미국으로 가, ≪뉴욕의 미스터리 The Mysteris of New York≫라는 유명한 시리즈를 만들어 성공시킨다.

이렇게 보면, 필름다르는 하나의 전환기였다. '영화'가 만난 소재들은 갑작스레 풍부해졌으며, 성경에서 멜로 드라마, 당시로서는 스릴러라고 할 수 있는 각종 범죄 이야기에까지 이르렀다. 물론 단지 '소재'에만 매달렸다는 것이 필름다르의 한계이기는 했다. 아직 '영화'는 소재를 그의 방식으로, '영화적으로' 다룰 능력은 없었다. 물론 엑스트라바간자가 어느 정도 그 자리를 대체했다. 모험극은 아무래도 움직임이고 스펙터클이기 때문이다. 그러나 그 역사도 그리 길지 않았다. 어쩔 수 없는 일이다. 말하는 법을 깨닫기 전까지는 여러 가지 신선한 시도들도 수많은 부침을 겪게 마련이다.

사실 이런 과정 자체가 '영화사'에는 단순한 사건들의 연속인 듯이 덤덤하게 쓰여 있다. 마치 북구영화, 말할 건더기가 있는 영화의 등장을 기다리듯…. 그러나 바로 그 점에서 조금 다르게 볼 수 있지 않을까? 북구영화라는 게 왜 필요했는지 하는 방향에서 말이다.

즉, 이제 '영화'의 문제는 '이야기'의 소재에 있지 않다는 사실이다. 이야기도 관건이었거니와, 혹은 이야기가 관건처럼 보였거니와, 정작은 다른 여타 연희들에서 볼 수 없는 '영화'만의 볼거리가 '더' 문제였다. 영화들을 만들면서 자연스럽게 깨달아 갔는데, 무대 위, 동작을 이미지로 담는 것으로는 도저히 '영화'가 될 수 없음이 점차 당연해졌다. '소재'를 연극 무대나 소설이 아니라 '움직이는 이미지'로 재편성하는 일, 기록이 아니라 움직임이 이야기를 끌고 가도록 하는 일, 그것이 관건이 된다.

필름다르와 함께 '이야기의 구성'에 관한 아이디어를 얻었다. 그리고는 엑스트라바간자, 성화같은 모험극, 장관극들과 함께 스펙터클, 규모나 움직임의 크기, 배치에 관한 트릭을 획득했다. 이제 관건은 '표현'이었다. 이때 '영화'가 터득할 수 있는 수준으로 볼 때, 소재와 관객을 놀라게 하거나 자극할 수 있는 스펙터클의 구성에 대해서는 어느 정도 맷집을 키운 셈이다. 하지만 실제로 그것들을 '볼만하게' 만드는 일은 다른 문제였다. 그러기 위해선 막막한 실험을 다양하게 시도했어야만 했다.

사실, 바로 이 부분이 북구영화의 탄생으로 이어진다. 우리는 '북구영화'라 할 때, 그저 유럽의 세련되고 최초의 미적 관심을 둘 만한 영화들이 느닷없이 쏟아져 나온 것으로 간주하는 경향이 있다. 북구의 요정담, 그 기후, 로마 문화권의 변방 중의 변방, 신화의 맨 가장자리 등등 카테고리 지을 수 있는 막연한 내용들로 이 영화의 출현을 고려하면서 말이다. 천만의 말씀이다. 좀 더 엄격하게 말한다면 이 '영화'가 표현을 획득해 나가는 첫 번째 여정에 북구가 있을 뿐이다. 우리도 다 아는 1차 세계대전의 여파까지 겹쳐서…. 그러니까 사실 북구영화라 하지만 완벽하게 그것을 지역의 특수성으로 특화해서 이해하면 안 된다.

예컨대, 프랑스에서는 필름다르 이후에 그 실패와 새로운 의무의 연장선 속에서 여러 가지 시도들이 이루어졌다. 이야깃거리의 구성에 더 흥미가 있었고, 그래서 졸라의 소설들을 비롯해, 우리식의 용어로 하면 '문예영화'들이 쏟아졌고, 꼭 각색은 아니더라도 자연주의 소설이 지닌 특성을 가진 소재들이 개발되었다. 이를테면, 뱀파이어라는 소재를 영화에 끌고 들어온 루이 페이야드Louis Feuillade (1873~1925)[109]는 필름다르식의 영화에 반감을 지니고 있었고, '무대'를 가능한 한 벗어나고자 했다.

이탈리아는 한편 엑스트라바간자가 지닌 '규모' 쪽으로 꾸준히 나아갔다. 나중에 할리우드에서 리메이크되는 성화극들이 대표작이었는데 이후 수많은 아류작들을 낳는다. 물론 영화산업의 번성은 유럽 남쪽 국가들만의 이야기가 아니다. 북쪽은 지역의 넓이로만 본다면 훨씬 더 넓은 지대를 감당하는 산업이 존재하고 있었다. 독일어 문화권 말이다(지금 우리는 정확히 말하면, 독일이기보다는 프로이센이라 불러야 하는 문화권을 말하는 중이다). 당시 유럽의 대지를 대부분 장악했던 위세와 함께 독일의 영화산업도 상당한 규모를 지니고 있었다. 그 연장선 안에 1906년도에 설립된 것이 덴마크의 노르디스크Nordisk 영화사이다. 필름다르와 엑스트라바간자의 영향력은 곧 거기에도 미쳐, 그들 나름대로 이러저러한 시도를 감행하게 한다.

물론, 대륙을 건너뛰어 미국도 여기에서 빼놓으면 안 된다. 그리피스와 앞서 말한 스튜어트 블랙톤의 작업도 유럽에서의 시도들에 비해 '영화'에 대한 의미의 자각은 더디게 이루어졌지만 나름대로 가장 앞선 시도들이었다(이 시도들이 1915년의 그리피스를 만든다. ≪국가의 탄생≫에서의 그는 더 이상 자각에 있어서 유럽에 비해 더디지 않았다. '영화'로 하여금 '말'을 하게 하는 데 있어서

---

109) 뤼미에르, 멜리에스에 뒤이은 프랑스의 세 번째 무성영화인이라 흔히 불렸던 감독. ≪판토마 Fantômas≫ 시리즈와 '뱀파이어'를 소재로 한 시리즈로 유명하며, 올리비에 아사이야스 Olivier Assayas가 장만옥을 데리고 그의 판토마 시리즈에 경의를 표하는 영화를 만든 일이 있다. ≪이르마 베프 Irma Vep≫(1996)

그는 당시 가장 앞서 나간 자였다).

자, 여기까지 와야 비로소 우리는 프랑스이든, 이탈리아, 미국, 혹은 북구이든, '특수성'을 말할 수 있게 된다. 이전까지 '영화'가 터득해 나가고 있던 것들을 이해해야 그 연속성 안에서 독특하게 나타난 지점들을 말할 수 있게 되는 법이다. 이들 지역에서 이루어진 작업을 세세하게 돌아보면 제각기 서로 다른 묘한 특징들이 나타난다. 그렇다고 이 차이가, 우리가 오늘날 이런 경우의 차이를 말할 때 자주 쓰는 군국주의적 단어, 식민지 논리의 단어, '국민성'에서 비롯되지는 않는다. 이것은 차라리 환경과 문화적 차이의 문제이기 때문이다. 하지만 이 차이 때문에 이들 국가 영화들을 개별적으로 분별해야 하는 것은 아니다. 이 차이들은 일종의 단계이며 하나가 시작된 후, 거기에서 다음으로 나아가고 다시 다음으로 전진하는 줄기이다. 우리가 구분해야 하는 것이 있다면 차라리 두 개의 대륙이다. 유럽과 미국 말이다. 사실상 이때부터 그들이 서로 다른 영화들로 나아가기 때문이다.

북유럽 영화

다시 말하지만, 필름다르, 이야기였고, 엑스트라바간자, 스펙터클이었다. 그러나 이 스펙터클은 단순히 이해하듯 단지 보이는 형태와 규모에 속한 스펙터클이 아니다.

이 스펙터클은 사실 아주 특이한 지점이다. 이 단어에 대해 오늘날 언뜻 생각하듯 화려하고 규모가 큰 것만을 떠올리면 안 된다. 물론, 폼페이 화산이 터지는 장면, 사자떼와 인간들의 거대한 사투가 벌어지는 ≪쿼바디스≫, 거대 문명사를 보여주는 ≪카비리아의 밤≫은 당대 영화들과 비교할 때 이야기가 지니는 스케일이 다르다. 그러나 더 중요한 사실은 이 스케일이 영화 이미지로 드러나고 있다는 사실이다. 즉, 이들 영화에서 세트만이 특징적인 것이 아니다. 그 세트를 세트답게, 위용을 자랑하게끔 해주는 것은 결국 영화 이미지가 지닌 변별성, 곧 움직임이기 때문이다. 장면 안에 있는 것들의 움직임과 장면 자체의 움직임, 두 가지 모두 말이다. 엄격히 말해서 규모라고 한다면 결국, '움직임의 규모'이며, 화려함이라면 결국 '다양한 움직임들의 중첩'이다.

'영화'는 결국 이쯤에서 '말하는 법'의 기초반을 이수한 셈이다. 이제부터 필요한 것은 정작 '소재들'이 아니라 그 소재를 전달하는 데 필요한 영화 이미지의 운용법이며, 디테일이다. 이를테면 화면을 연결하는 법, 즉, 작은 움직임과 큰 움직임의 연결, 쇼트 안에서 드러나는 것들의 크기 결정, 요소들의 사실성 등등 말이다. 그래, 유럽 전역에서 이들에 대한 실험들이 이어진다. 상당한 진전들이 있었고, 만일 1차 세계대전만 없었다면 '드라마'는 유럽에서 완성되었을 것이다. 이것들은 결국 '영화'에게 다양한 표정을 지을 수 있도록 해주는 작업이기 때문이다.

물론 반드시 1차 세계대전 때문에 유럽의 영화사가 살짝 비틀어진 것은 아니다. 지금까지 북구영화라 기술된 영화사의 거대한 테마를 애써 잠재우고 유럽 전역의 문제로 설명했지만, 그럼에도 영화사의 그 명명이 터무니없지는 않기 때문이다. 북구영화들과 함께 이전과는 다른 지향점이 생긴 것은 분명하다.

북구영화들도 당연히 영화적 디테일에 대한 유럽의 실험 과정에서 나왔다. 그러나 그들은 그 과정에서 아주 특별한 '영화'의 근본적인 정체성을 깨닫게 된다. 어떻게 그럴 수 있었는지는 이 경우, 궁금하긴 하지만 사실 해명되기 힘들다. 이를테면, 북구의 사람들이 특별한 삶을 살았을까? 글쎄. 무엇이 그들을 남들이 지니지 않은 독특한 지점으로 나아가게 했을까? 램브란트, 사람들은 그에 대해 말한다, 빛의 마술사. 북구영화가 '영화'에게 제공한 것도 마찬가지이다. 그들은 빛의 가치를 '영화'에게 던졌는데, 그를 '빛으로 그리는 그림'이 되게 했다.

움직임이 있다. 사람이든, 카메라든, 움직인다. 북구영화들이 다루기 전까지 이 움직임은 다만 이야기를 위한 것이었다. 즉, 이 내용 이후에 다음 내용, 이 '볼 것' 이후에 다음 '볼 것' 식으로 말이다. 하지만, 그 움직임과 또 다른 차이점, 빛이 갈라내는 공간 안에서의 질적인 문제들을 제공하면 이제 더 이상 움직임은 단순히 서사만을 목적하지 않게 된다. 그것은 긴박이며, 궁핍이고, 절박이며, 고조인, 다름 아닌 보이는 것들의 내면적 상태를 보여주는 미적 장치가 되는 것이다. 이들은 한마디로 영화 장면이 빛에 의해 구성되게 했으며, 빛이 만들어낸 여러 가지 선들에 착안하더니 급기야 회화가 이룩하고 있었던 선의 의미들을 영화 장면 안으로 끌어들였다.

작은 아치 기둥으로 되어있는 복도 위로 햇빛이 쏟아진다. 복도는 그 아치 형태를 투과한 빛과 기둥의 그림자가 중첩되어 반복되는 명암으로 드러난다. 그 복도를 몰래 한 사람이 남의 눈에 뜨일까 조심스러워하며, 주변을 경계하며 통과한다. 그림자 속에서 그는 사라지며, 다음에는 아치 형태의 빛 안으로 들어오는가 싶더니 다시 어둠 속으로 사라진다. 눈에 보이지 않기, 다시 보이기, 아주 평범한 그림자 층을 진 복도 하나가 이 장면에서는 살아 있는 어둠의 세상으로의 엄습처럼 느껴진다. 그리고 음험한 존재가 그 기둥이 그은 어둠의 선 속에서 빛을 농락하며 이동한다!

벤자민 크리스텐센 Benjamin Christensen의 ≪미스터리X≫(1914)

역사책에서 북구영화라는 타이틀로 초기 유럽영화를 공부한 이들은 불행하다. 왜냐하면 이것은 당시 미국 영화들과 한데 놓고 '봐야 하는' 영화들이기 때문이다. 공연히 역사책에 '영화들'의 출발점으로 들어가 있는 게 아니다. 표현은 지극히 현대적이다. 여전히 우리는 이들이 만들어 낸 표현의 기법들을 기본적으로 사용하고 있다. '영화'는 이들 영화들과 함께 이미지의 조형성, 단지 형태와 선이 아닌, 의미가 읽히는 조형성을 획득한다.

결국, 미장센이다. 무대 위에서 한 번 주어져, 하나의 막 내내 배우들의 인도에 의해서만 의미가 미세하게 달라질 연극의 미장센이 아니라, 움직이는 영화 장면 안에서의 그 공간 자체가 수없이 변화하고 특별해지는 미장센이다. 인물은 이 경우, 어느 순간 미장센의 한 요소가 된다. 즉, 장면이 부각되고 움직임과 요소들은 그것을 부각하기 위한 구성물이 되는 것이다. 생각해 보면 놀라운 일이다. 여타 모든 '이야기'에서 인물은 가장 핵심적인 요소였다. 그 인물의 대사와 행위, 그것에 대한 다른 인물들의 반응이 이야기가 구성하는 사건의 핵심이고, 의미이며 주제가 아닌가? 아직 '영화'가 자신의 완벽한 미장센에 이른 것은 아니지만, 그는 어느새 '인물들'을 한 요소, 위에서 예를 든 장면에서처럼 때로는 다른 요소의 보조에 불과한 것으로 다루는 데 이른 것이다. 물론 그에 대한 대단한 자각 없이 얼떨결에 이루어졌다고 봐야 하겠지만 말이다. '영화'는 결국, 이렇게 '이야기'에 그치지 않고, 시각 이미지의 조형성, 회화와 조각이 이룩하고 건축이 구성한 힘을 획득했다.[110]

게다가 북구영화는 다만 거기에 그치지 않았다. 빛을 만진다는 것은 동시에 어둠을 만지는 행위이기도 하다. 빛 아래에서는 모든 것이 드러나 보이지만 빛 바깥에는 어둠밖에 없다. 즉, 아무것도 보이지 않는다. 그러나 그렇다고 '있지 않은 것'일까?

아니, 거기에 있다. 사람이라면 아까같이 어둠 속에 자신을 감추고 있는 상태로 있고, 때때로 화면 바깥에 '있다'. 사람이 아니라면, 그것은 이상한 형태로

---

110) 이를 이해하기 위해서는 뒤에 전재한 아벨 강스의 '영화'에 대한 언급을 참조하자. 그의 말을 보자면, 결국 인물이 아닌, 사물이 핵심이 되는 일이 '영화'로 인해 빚어진 셈이다. 인간이 지닌 '이야기들'을 생각해 보면 이는 엄청난 변화인데, 언제나 인물이 중심이었고, 그가 이야기를 쓰는 이유였다. 그러나 '영화'는 세상의 '별것들'이 그 자리를 차지할 수 있게 했다. '영화'가 '이야기'에 있어서 완전히 새로운 도구임이 이처럼 나타난다. 여기서 우리는 한편으로는 '영화'에게 있어 '소리'가 몰고 온 대단한 변화를 미리 짐작해 볼 수 있다. 소리는 어떤 면에서 다시 '인물'을 중요하게 부각했다. 그러니까, 결국에는 '영화'에게 있어 '서사'의 성질을 바꾸어 버린 것이다. 이에 대해서는 2권에서 이어갈 것이다.

드러나 있게 된다. 그래, 원래는 보이지 않는 존재들이 이제 영화 장면 안에 등장하기 시작했다. 소재와 화면의 만남이 이 정도는 되어야 사실 '영화적'이다.

빅토르 시외스트룀 Victor Sjöström의 ≪유령마차 The Phantom Carriage≫(1921)
북구영화는 '영화'가 보이지 않는 것들을 형상화할 수 있음은 물론, 존재하게 할 수도 있음을 활용하기 시작했다. 멜리에스가 자신의 작품들에서 단지 마술적 효과로 활용한 것을 이야기의 핵심점 구성요소로 끌어올린 것이다. 보라, 보이지 않고, 보이더라도 이미지에 불과한 것들이 이것을 보는 영화관 안에 우리와 '함께 있다', 있다, 존재한다!

　　≪유령마차≫에서 이 유령은 디졸브로 찍혀져 있어 오늘날 우리 눈에 그렇게 어설프고 하찮아 보이고, 인간들은 거기서 마치 이 오버랩으로 나올 유령의 위치에 대해 반응하며 보이지 않는 듯이, 혹은 보이는 듯이 어설픈 연기를 감행한다. 그러나 우리가 이 순간에 알아야 할 것은 그 보이지 않는 유령이 관객들의 눈에 드러나 있다는 사실이다. 연극처럼 완벽한 육체와 함께하는 것이 아니라

반투명의 '이미지 상태'로 말이다. 유령이 아닌 인간도 마찬가지이다. 그 보이지 않는 범인이 관객들의 눈에 보이며, 때때로 그 보이지 않는 것들이 프레임 바깥에 진짜 안 보이는 것으로 있지만 관객들의 의식에는 버젓이 드러나 있다(프레임 바깥의 열차 머리처럼). 이것이—

바로 '영화'가 미장센을 획득하는 순간이다!

이런 이유로 이 다양한 지역의 다양한 실험들이 결국 하나의 줄기로 모인다고 한 것이다. 필름다르, 이야기, 엑스트라바간자, 움직임…. 북구영화, 미장센이다. 이쯤 되면 '영화'는 이제 말하지 못할 것이 없으며, 말할 수 없는 것도 없게 된다. 그는 보이지 않는 것을 보이게 하는 법도 터득했으며, 여전히 보이지 않게 놔두면서 의식하지 않을 수 없게 하는 법도 터득했다. 보이는 것들과 보이지 않는 것들이 다 거기 있으므로 그 둘의 긴장 관계가 긴밀하게 드러남은 말할 필요도 없다. '영화'는 이제부터는 자신이 다룰 내용들에 대한 실험만을 남겨 놓고 있다. 다시 말해, 이 미장센을 세련되게 하기, 효과적으로 하기 말이다.

비고 라슨Vigo Larsen (1880~1957), 아우구스트 블롬August Blom (1869~1947), 홀거 매드슨Holger Madsen 등등의 감독들에서 시작하더니, 잊지 못할 빅터 시외스트룀Victor David Sjöström (1879~1960), 기이한 벤자민 크리스텐센Benjamin Cristensen (1879~1959), 독보적인 칼 떼오도르 드레이어Carl Teodor Dreyer (1889~1968)로 마감한다. 사실 우리가 19세기 말에 태어나 이들 영화들을 청춘기, 즉, 인간으로서의 성장기에 이것들을 보게 되었다면 얼마나 행복했을까? 왜냐하면 세상에 없던 방식으로 말을 건네는 도구를 직접 확인하는 순간이었을 것이기 때문이다.

나는 여러분께 분명하게 권한다. 할 수 있다면 이 북구영화들 중 주옥같은 몇 편을 반드시 극장 관람처럼, 아무리 해 봐야 거기에는 사운드 채널이 없으니, 그놈의 대기업 홍보 전략인 5.1, 6.1 좀 버리고, 진짜 대형 화면으로 그저 한번 즐기기를 바란다. 동호회라면, 친구들이라면 어느 카페를 빌려 밤새도록 한번

봐도 되리라. 대형 스크린으로….(어차피 이들은 무성영화지만, 채널 이야기가
나왔으니 말인데 기술적 요건들이 지니는 영향력이야 물론 대단하겠지만, 정작
여러분이 영화를 볼 때 그것의 대단함은 여러분이 지닌 마음의 귀에서 나온다.
그것은 어떤 채널도 지니지 않았으며 딱 단 하나의 채널, '느낀다'만 있다).

　여기서 영화사는 표현주의로 간다. 당연하다. 실험이란 결국 '표현'에 대한
것이며, 이제 그것이 '영화'의 강박이 될 것이기 때문이다. 하지만 착각하지 말
기를! 이름이 그리 붙었다 할지라도 예술사적 의미에서 '표현주의' 자체는 오히
려 영화사와 거의 상관없다. 외견상, 표현주의의 형상적 특징들을 가져왔다 할
지라도 말이다. 오히려 영화사에서의 '표현주의'는 예술적 의미에 대한 것이 아
니라 '영화' 자신이 '표현' 자체의 가치를 분명하게 획득하는 지점으로 이해될
필요가 있다. '영화'는 사실 표현주의이건, 인상주의이건 어떤 것도 '이즘~ism'
을 주장한 바가 없다. 영화에서 이 용어는 영화들이 지닌 특징들을 그때까지 인
간들이 알던 의미로 묶어놓은 것에 지나지 않는다. 예컨대, 표현주의 영화의 시
대에 프릿츠 랑Fritz Lang (1890~1976)과 드레이어, 무르나우가 거기에 해당한다고
말할 수는 없다. 그런 점에서 유럽의 영화사가 '사조 중심'으로 전개되었다고 말
하는 것은 정말이지 무모한 일이다. 물론 '사조'의 이름이 오른 이유는 분명하
다. 표현주의, 인상주의, 아방가르드…. '영화' 이전에, 당시 문명의, 예술의 '주
의'였다. 그 환경 아래 '영화'도 이미 기거했으니, 이 도구로 그러한 주의들을 시
도하고 실험하는 일은 자연스러웠다. 하지만 '영화' 자신이 스스로 '주의'를 내
세우는 일은 '누벨바그'에 와서야 이루어진다. '영화'는 사실 네오리얼리즘까지
사조였던 일은 한 번도 없다. 게다가 엄밀히 말하면, '누벨바그'도 결코 '사조'가
아니다. 불어로 단지, '새로운 물결'이며, 실제로 당시까지 희미했던 '영화'의 개
념을 전면에 들어 올렸다. '주의', 예술가들이 주장하는 경우를 제외하면, 특히
비평 쪽에서는 사실 간단하게 이해하기를 좋아하는, 그렇게 자신이 이해하기 쉬

운 범주 안에서 대상들을 다루려는 욕망에서 나온다. 그러니까 최근에는 미국에서 자주 이루어지는데, 그렇게 스스로 지식 권력을 위한 이해타산의 범주로 끌어들이기를 좋아하는 경박한 지식인들이 벌이는 일일 뿐이다.

따라서 다음과 같이 말해야 할 것이다. 유럽 전역을 통해 '영화'가 어느 순간 미장센을 터득했고, 이제부터 '영화'는 회화를, 조각을, 건축을 자기 안에서 실현해 나간다고. 즉, 자기 자신의 미학적 관점들을 내보인다고. 단순히 '어느 감독들'의 미학적 관점 문제가 아니다.

월스트리트가 움직이다

지역이나 산업적 문제를 뺀 채 말한다면, 어떤 '북구영화들'의 등장은 적어도 표현 수준에 있어서 이전과 이후를 가름하는 사건이다. 그러나 영화사적 의미로 본다면, 우리는 이 시기에 또한 '미국영화'가 비로소 나타나기 시작한다는 점도 주목해야 한다. 물론, 변화는 유럽발이었다. 필름다르가 먼저 '이야기의 가능성'을 제공했다면, 그로부터 발전된 드라마, 모험극 등이 다음이었고, 이때 이탈리아의 엑스트라바간자도 있었다. 이들 유럽의 장편 시리즈 영화들은 초기 미국의 영화 시장에서 상당한 흥행을 했다. 이후의 영화 경향을 가름하는 분명한 자극이었는데, 이와 함께 비로소 한 편의 영화가 지닌 표준이 '장편'으로 이어진다. 하지만 우리는 이를 단순히 영화의 길이 문제로 여겨서는 곤란하다. 냉정하게 본다면, 장편이든, 단편이든 그 '길이' 자체는 관건이 아니다. 어떤 면에서는 '장편'이 될 수밖에 없던 이유가 더 중요한데, 말하자면 '영화적 이야기'의 필요성이 결국 영화를 단편, 혹은 단편 모음집에서 하나의 장편으로 이행하게 한 이유이기 때문이다. 물론 여기에서 '영화적 이야기'라고 표현한 것은 이 개념에 대응하는 공식적인 용어는 아니다. 이는 다음과 같은 내용을 지시한다.

필름다르를 통해 '영화'에 유입된 '이야기'는 이미 말했듯이 오늘날 우리가 '이야기'라는 단어를 사용할 때의 개념과는 완전히 다르다. 그것들은 오늘날의 의미로 보면 한갓 이야기의 잘라내어진 단락에 불과하며, 그 때문에 차라리 이야기 중 어떤 에피소드라고 해야 할 것이다. 연극을 이미지로 옮겨왔지만, 한 편의 연극 전체가 아니며, 그중 관객의 관심을 끌 만한 중심 사건만을 가져왔기 때문이다. 연극이나 소설의 부분이 아닌, 독자적인 서술을 지닌 영화라도 이는 마찬가지이다. 하나의 주제, 전체를 관통하는 뚜렷한 의미를 나타내기 위해 사건을 촉발하고 우여곡절을 통해 그것을 종결짓는 구조가 아니라 '왁자지껄 한바탕 난리 속의 흥미로운 동작 구성'을 보여주기 위해 어쩔 수 없이 등장한 것이 당시의 '이야기'였기 때문이다. 말하자면, 이 당시의 '이야기'는 대개 이 동작 구성을 위한 밑그림에 불과했다. 즉, '이야기'가 목적이 아니었다는 말이다. 그러나 '북구영화들', 이탈리아 엑스트라바간자를 뛰어넘는 모험극들, 프랑스의 장편 드라마들은 영화의 목적지를 바꾸었다. 동작을 보여주고 그 특이성으로 승부를 거는 것은 마찬가지였지만, 이제는 한 편의 영화를 통해서 어떻든 '이야기'를 완결 짓는 일이 기본이 되었다. 즉, '이야기'가 목적지가 되었으며, 이야기가 내포한 사건들이 따라서 흥미로워져야 했다. 그리고 '영화'의 가치는 바로 그것들을 '동작들'로 구성하는 데 주어지게 된다. 즉, '영화적 방식'을 통해서 구축된 이야기, 이런 의미를 표현하기 위해서 위에서 '영화적 이야기'라 한 것이다.

달리 말하면, 한 편의 이야기의 완결성, 예컨대, 하나의 이야기가 시작되고 내용에 걸맞은 사건을 거쳐서 마감되는 결론까지의 구성이 이제는 영화 한 편을 만들 때 요구되는 조건이 된다. 이미 말했듯이 에디슨의 트러스트는 대체로 이러한 이야기의 필요성을 못 느끼고 있었고, 순전히 에피소드, 각별한 순간만을 담는 것으로 충분하다고 여겼다. 반면, 현장에서 관객들과 직접 부딪쳐야 했던, 혹은 그들 자신이 관객이었던 군소 업자들은 '이야기'에의 욕구를 지녔다. 물론 그렇다고 그들이 '분-영화film-minuit' 스타일을 포기한 것은 아니다. 여기에는 사실 기술적 한계도 여전히 작용하고 있었는데, 1905년 정도까지 영화를 상영하는 기계의 시스템은 빛이 투과되고 가려지고 다시 투과되는 사이의 깜빡임을 제대로 해결하지 못했다. 그래서 관객들이 몇 분을 보게 되면, 도저히 더는 볼 수 없는 시각적 피로의 상태에 이르곤 했다. 하지만 모터의 속도 조절과 연동에 기술적 혁신들이 이어진다. 이제 빛의 명멸은 상대적으로 많이 완화되었으며, 따라서 어느 정도까지는 관객들의 시각이 지탱할 수 있었다. 기술적 진보가 영화의 상영 시간을 늘려 준 동력의 하나인 셈이다. 이런 환경의 도래 속에서 미국의 제작자들은 점차 그보다 관심을 끌어당길 만한 대상을 찾고 있었고, 유럽 이야기 영화들의 성공은 그들에게 다음 세대의 영화들을 꿈꾸게 하기에 충분했다. 1910년대로 넘어오는 즈음이 되자 사건을 시작하고 완결시키고자 하는 이야기의 욕구가 자연히 반영되기 시작한다. ≪돌리의 모험≫과 스튜어트 블랙톤의 ≪진짜 삶의 장면들≫ 시리즈는 그런 조건 속에서 만들어진 것들이다. 그리고 미국 시장, 미국의 관객들 역시, 좀 더 나은 '볼거리'를 찾고 있었다는 점도 고려해야 할 것이다. 결국, 소재들의 개발, 미국식 이야기의 발견은 필연적이었던 셈이다.

물론 프랑스 막스 랭데의 슬랩스틱은 채플린 슬랩스틱의 기원이었다. 이미 말했듯이 이탈리아의 모험극들도 미국에서 역사물들이 만들어지는 데 지대한 영향을 제공했고. 그러나 얼마 안 가 유럽이 흉내 낼 수 없는, 완벽한 미국식 소재들이 동시에 터져 나온다. 그중에서도 웨스턴, 서부 개척사는 오히려 유럽을 흥분하게 만든 소재였다. 뭐, 그렇다고 유럽에서 일찍부터 미국영화들이 영향력 있는 세력을 이루었던 것은 아니다. 유럽영화들의 틈새를 비집고 들어가기에는 아직 부족함이 많았다. 하지만, 이 같은 상황은 머지않아 곧 역전된다. 왜냐하면 미국은 바로 이 시기에 '그 할리우드'로 돌입하고 있었기 때문이다. 물론, 독립 영화 제작자들이 같은 시기에, 한 번에 그리로 건너간 것은 아니다. 돈을 위한 투자는, 특히 독립 영화 제작자들의 형편으로 볼 때, 생존을 건 모험일 텐데, 그리 쉽게 이루어지지는 않는다. 모든 것은 때가 맞아야 하는 법, 그래서 이따금 캘리포니아에서의 촬영이 시도되기 시작한다. 그 후 앞서 말했던 여러 조건상, 이주가 낫다고 판단한 이들이 먼저 가고, 그들에게 선수를 빼앗길까 해서 다음 사람들이 건너갔다. 아마 영화적으로만 말해서 가장 결정적인 이주는 채플린, 그리피스, 키튼이었을 것이다. 아무래도 당대 최고의 흥행 코드였으니까. 결국 이 이주는 돈 때문에 발생한 것이다. 바로 이 점에서 실제로 이 할리우드 시대의 개막에 가장 큰 공헌을 한 이들은 따로 있다. 그들은 영화계 인물들이 아니며, 사실상 이제까지는 전혀 관련이 없던 이들이다. 바로 월스트리트이다.

'영화'는 완성도와 관계없이 사실 일찌감치 이들의 관심사에 걸려 있었다. 에디슨의 트러스트와 함께 시작한 새로운 산업의 출현, 월스트리트는 이런 일에 구경꾼으로 머물지 않는다. 미국의 전체 산업은 당대에 이미 세상의 주류로 올라섰으며, 지구상에서 가능한 모든 새로운 산업들은 죄다 그들의 투자처였다. 석유, 광산업(이미 있었지만 근대적인 산업으로 탈바꿈하고 있던), 철도, 해운에 이르기까지 세상을 야금야금 잇는 기간산업에서 자잘한 공산품의 제조에 이르기까지 말이다. 다음과 같이 말하기 위해서는 상세하게 떠들어야겠지만, 어떤 의미에서 '현실'을 철학의 목적지로 몰고 간 것은 결국 이 산업 시스템의 출현이라고 할 수 있을 것이다.

아무튼, 그들은 일찌감치 트러스트에 투자하고 있었다. 여기저기 우후죽순 자잘한 제작사들이 오늘은 성공하고 내일 또 실패하기를 거듭해도 트러스트는 비교적 안정적인 거대 공룡이었기 때문이다. 처음에는 유럽 영화사들의 '규모'를 넘어서지 못했지만, 이미 말했듯 그것은 곧 시간문제였다. 미국의 시장은 나날이 개척되었고, 그 시장에 대한 트러스트의 장악력은 더더욱 공고해졌다. 트러스트는 경쟁사를 제압하기 위해 수단 방법을 가리지 않았던 록펠러의 수법을 이어받더니 공권력에 이르기까지 모든 방법을 동원해 독립 영화 제작자들을 억누르며 시장을 장악해 나갔다(록펠러는 경쟁사였던 스탠더드 오일 사의 파이프라인을 파괴하기 위해 용병들을 동원해 폭력을 휘둘렀다). 영화사에서 이러한 치사한 방법을 동원한 미국영화 산업의 어두운 면은 약술되거나 쏙 빠져 있지만 우리 짐작보다 더 야만스러웠다는 점은 기억하자.

그러나 패착이 짙었던 독립 영화 제작자들은 1부에서 말한 여러 가지 자구책을 펼치며 저항했고, 에디슨과 트러스트의 독선은 에드윈 포터와 그리피스, 맥 세네트 등의 감독들과도 갈등을 빚었다. 다시 말할 필요도 없이 이러저러한 환경으로 인해 급기야는 할리우드로의 이주가 시작되고, 이들 영화산업의 정점에 있던 이들도 트러스트를 버거워하며 이주를 꿈꾸기 시작한다. 사실 이 저항들이야말로 월스트리트의 장기가 발휘될 결정적 조건이었다. 새로운 산업의 발흥에 지대한 관심을 지녔지만 트러스트의 독점적 시장 장악으로 인해 큰 재미를 보지 못하던 차였기 때문이다(그러니까 정작 자신들도 발을 담갔던 트러스트의 유효성이 끝에 다다르자…). 사실, 월스트리트의 독립 영화 제작자들에 대한 투자는 트러스트의 몰락을 분명하게 지시하는 사건이다. 때는 산업 시대이고, 자본의 시대였다. 게다가 트러스트의 한계가 점차 분명해졌는데, 이미 너무나 커진 니켈로디언 시장의 규모를 감당할 수가 없었다. 즉, 수요를 공급이 따라가지 못하는 상황이 발생하기 시작했고, 월스트리트의 입장에서는 그 막대한 이익의 장을 그대로 내버려 둘 수가 없었다.

사실 할리우드로의 이주 시기에는 모든 것이 마치 할리우드 시대를 태동하기 위해 운명처럼 주어졌다. 트러스트는 말할 것도 없고, 니켈로디언의 성장과 월스트리트의 동향, 거기다 '영화' 자신의 발전까지 말이다. 트러스트가 에디슨의 완고한 영화관映畵觀에 묶여 서사가 제대로 갖추어진 이야기 영화의 출현에 덜 관심을 두었던 데 반해, 이야기를 다루고자 하는 감독들이 여기저기서 나타나기 시작했고(그리피스, 포터…) 관객들의 취미도 서서히 이야기로 넘어갔다. 그리고 이야기 속에서는 언제나 사람들이 중심에 서게 마련이다. 특히 이런 상업영화 패턴에서는.

배우에 대한 관심은 일찌감치 이야기를 보여주고 있던 유럽 사회에서 먼저 나타났지만, 진짜 '스타'라는 개념이 할리우드에서 나타난 이유는 바로 여기에 있다. '영화'가 이야기하기 시작했을 때, 자신의 고유한 화법을 찾기 전까지는 '연기를 하는 자'로서의 배우 개념은 아직 이 분야에는 존재하지 않았다. 즉, 그들은 연극에서의 배우와는 또 다른, 새로운 상품이었다. 그들은 예컨대, '보이는 몸'으로 나타난 존재였다. 이때를 다시 한번 생각해 보자. 세상을 구성하는 상황으로 볼 때, '엄청난 미녀'는 일상적인 삶에서 결코 실체가 될 수 없었다. 소문과 함께, 기사와 함께, 왜냐하면 그들을 낱낱이 볼 기회 자체가 없었기 때문이다. 그런데 '영화'는?

평상시라면 도저히 다가갈 수 없는 근거리에서 그들의 모든 것을 보게 되었다는 사실, 그들이 행동하고 표정 짓고, 근사하게 '꾸며진' 서사에서 살아있고…. 게다가 이 시기 미국 영화들이 추구한 줄거리로 볼 때, 사실상 바로 대중들의 환상을 달래는 서사 안에서.

월스트리트는 이상한 족속이다. 그들의 코는 어떤 세상이 오더라도 압도적인 기능으로 군림할 텐데, 제아무리 미세하고 정확하게 데이터를 분류한다고 하더라도 인공지능조차 결코 그 '코'의 기능을 지니지는 못할 것이기 때문이다. 월스트리트의 그러한 능력은 새삼스러운 것이 아니며, 오래전부터 발동되고 있었다. 그들이 이러한 영화를 에워싼 환경에서 시작되고 있는 냄새를 놓칠 리 없다. 몇 번 킁킁거리며 문질러 댄 후에는 곧바로 모든 것을 파악했다. 배우, 감독, 제작사, 소재, 극장, 관객들의 동향, 따라서 연계가 가능한 여타 산업들. 이를 월스트리트가 가만둘 리 있겠는가? 그래서 그들은 할리우드에 직접적으로 관여한다. 애초부터 모든 것을 손에 넣기 위해서…. 심지어 실수와 잘못, 욕망을 감추기 위해서 그들은 포장할 줄도 아는데, 영화 역사의 겉지들을 그렇게 영화산업 자신 내부의 맥락으로 채워지게 만든 것이다. 하지만, 그들은 배후에서, 아니 잘

못 썼다. 그들은 의식의 가장 깊은 지대에서 모든 것을 조절했다. 누가 어떤 영화에 출현하고 누가 뜰 것이며 누구를 은퇴시키고, 어떤 사건을 만들어 낼지까지…. 아, '영화'의 천형, 자본은 도무지 해결책이 없다!

흑백, 무성—의미의 담지자

12

할리우드 시대의 개막

　카우보이들이 소 떼를 몰고 황량한 불모지를 건너 툭손Tucson을 향해 나아가고 있었다. 땅으로부터 솟은 쇳소리가 어디선가 깡, 깡, 공기의 여운을 뚫고 울렸고, 몇몇이 그 소리를 찾아 말 위에서 허리를 높게 세우며 지평선 끝을 바라봤다. 거기 새로운 종류의 노동자들이 곡괭이질을 멈추지 않고 있었다. 카우보이들은 아무 말도 하지 않았다. 여기저기 흙먼지로 인한 생채기가 오른 얼굴에 어두운 그림자가 잠시 드리우나 싶더니 또 다른 지평선, 텍사스로 가는 먼 길을 쳐다봤다. 소들이 긴 울음을 울었고, 그들은 한 마리도 낙오되지 않도록 천천히 소 떼를 몰았다….

　기차가 소 떼를 몰아냈다. 소들이 건초를 입에 오물거리며 쉬던 땅에는 마을이 들어섰다. 처음에는 철도건설 노동자들이 모인 임시거처였는데, 이윽고 그대로 거대한 노동자들 단지가 되어갔다. 그들은 이 시기, 새로운 노동을 따라 이동해 갔다. 철도가 다 놓이고, 당시에 필요한 제조단지로 흘러들었다. 일은 넘쳤고, 노동자들의 수는 부족했다. 점점 더 많은 이들이 서부로 이주했고, 급기야 이제까지 없던 새로운 노동도 나타났다. 할리우드도 그러한 생소한 노동 현장이었다. 광산, 건설, 토목공사 등, 물질을 다듬던 노동에서 이제 다른 종류의 노동으로 넘어갔는데, 이미지를 만드는 일이었다. 할리우드는 인간에게 있어 새로운 대규모 노동의 출현이기도 했다. 시카고, 뉴욕에서도 영화는 생산되었지만 분산되어 있었고, 간헐적이었으며 그때그때 필요에 따라 움직이는 노동이었다. 하지만 할리우드는 완전히 다른 종류로 노동을 개편했는데, 일정한 기간마다 정기적으로 움직였고, 체계적으로 영화들을 생산했다. 영화인들 모두 직장인이 된 것이다. 이로써 이미지 생산의 대규모 단지가 인류사의 중요한 부분으로 자리 잡게 된다. '할리우드'가 나타났다!

물론, 시작에 불과하다. 하지만 여기서부터 이후에 '할리우드 클래식'이라고 불리게 되는 기초가 성립된다. 사실 이 '신체'의 완성은 사운드 이후로 밀어놓을 필요도 있다. 그러나 한편으로는 할리우드가 '사운드'를 어떻게 사용할지에 대한 전제조건들, 즉, 원칙만큼은 이 시기에 확립되었다는 점을 알아야 한다. 그러니까 결국 '할리우드 클래식'이라는 신체가 만들어지기 시작했으며, 따라서 이 시기 할리우드에서 벌어진 일들에 대한 이해가 이 신체를 파악하는 데 가장 중요하다는 말이다.

누누이 강조했지만, 당연히 맨 첫 단계에서는 단순한 생산지의 추가에 지나지 않는다. 에디슨의 트러스트 하에서의 불리한 제작 조건, 불만 등에 의해서 생존의 자구책으로 독립 영화 제작자들이 미국에서의 영화의 진원지를 떠났다. 뉴욕 또는 시카고가 미국영화의 메카였다고 할 수 있는데, 실은 영화와는 전연 관련이 없던 곳, 캘리포니아로 넘어간 것이다(서부는 아직 개척기가 끝나지 않았다!). 앞에서 설명한 바 있지만 동부와 서부의 간격, 물리적인 거리만큼이나 기존의 체제로부터 독립하고자 한 열망도 컸다. 지금은 굴지의 영화사들이지만 당시는 군소 상인에 불과한 정도의 독립 영화 제작자들이었는데, 이들 중 그 누구도 영화적 가치와 관련된 고민으로 이동하지 않았다. 오로지 이득을 위한 '이사'였다. 하지만 우리는 이 '자본'에의 열망이 얼마나 대단한 것인지 잘 알고 있다. 하긴, 이 열망의 실체를 우리가 습득한 것은 이 시기는 아니다. 대체로 인류가 이 열망의 내습에 휩싸이는 것은 20세기 중반기 이후다. 그러나 자본가들은 이와 다르다. 그들은 사람들이 자본의 중요성에 대해 미처 깨닫기도 전에, 심지어 '자본론'과 함께 냉철한 지성이 '문제'를 비로소 파악하기도 한참 전부터 새로운 열망에 매달렸다. 솔직히 말해, 그들에게는 열망이 아니었다. 이것은 그들의 세포에 들러붙은 생식의 방식이다.

할리우드의 이러한 '자본'에는 두 가지의 과제가 있었다. 그들은 우선 이제막 시작한 이 사업의 미래를 결정지어야만 했다. 이를 두고 '돈을 벌어야 한다'라는 정도로 이해하는 것은 순진한 일이다. 자본의 욕망은 거기에 그치지 않으며 언제나 지속적인 순환구조를 획책한다. 어떤 일이 끼어들든, 아니, 어떤 일이라도 주저 없이 저지르며 이득의 지속성을 구조화한다. 더구나, 우리가 간과하면 안 되는 것은 할리우드로의 이주 전체에 투입된 막대한 비용이다. 처음 한두 회사가 옮기고 다음에 다른 회사가 넘어가고, 채플린, 그리피스, 키튼 연합이 건너갔다. 각자, 다른 시기에 서로 이러저러한 차이를 지닌 목적에서 이루어진 듯 보이지만 이 배후에 끊어지기 힘든 체인망을 엮어 놓은 것은 자본이다. 전체적으로 보면 지금 '산업'을 새로 만들어 내려는 것이었고, 따라서 가장 거대한 전략이 필요했다. 자본은 절대 어수룩하지 않다. 유럽은 이 시기 이전에 이미 거대한 산업처럼 자라났지만, 월스트리트가 겨냥한 '산업'과는 질이 달랐다. 그곳에서는 모든 것이 어떻든, 창작이 핵분열의 근본적인 원소였지만 미국에서는 천만의 말씀이다. 월스트리트. 제작사, 한마디로 '자본'에 있어 영화는 대체 어떤 대상이었을까?

엔터테인먼트 공연물? 당연했지만, 서커스나 유흥을 위한 연극, 각종 공연물과는 질적으로 달랐다. 애초 '영화'가 출발선에서 형편없는 요지경 기계 수준이었던 이유이기도 한데, 결정적인 하자가 있었다. 이 영화가 지닌 하자는 여타 공연물에서 사실상 관객들을 휘어잡는 무기였다. 바로 '소리'와 '색'들인데, 의미를 전달하고 그를 치장하며, 스펙터클로 꾸미는 데 있어서 엄청난 힘을 발휘하는 요소들이었다. 이를 가지지 못한 '영화', 따라서 '움직임'으로 나아가는 것은 필연적 귀결이었다. 이 과정에서 크게 두 가지의 방향이 성립한다. 비로소 발견하고 눈으로 보게 된 '움직임'의 의미에 대해 고민하는 일이 그 하나라면, '움직임' 자체를 치장의 대상으로, 볼거리로 만드는 일이 두 번째이다. 할리우드는 두 번째의 방향을 선택했다. 그들에게 전통적인 '극'들이 담고 있는 드라마로서의 가치와 의미심장함 따위는 목적지가 될 수 없었다(이는 나중에 영화적 방법들이 무르익어, 이것들로도 자본을 재생할 수 있는 여건이 되었을 때야 할리우드에 들어온다!).

여기서 스튜디오는 그저 '공장'이 아니다. 그것은 '움직임'을 가공하고, 존재하지 않는 '움직임'을 만들어 내는 '집'이었다. 할리우드는 우선 환경의 여러 가지 제약조건을 신경 쓸 필요가 없이, 무엇이든 빠르게 가공해 만들어 낼 수 있는 공장이었다. 이 때문에 할리우드로 건너간 제작사들은 모두 엄청난 규모의 창고(스튜디오)를 건설했고, 마치 약속이나 한 듯이 넓은 땅을 반듯하게 구분해, 사이좋게 나눠 가졌다. 그래서 이 제작 여건과 장소의 명칭이 곧 할리우드 제작사라는 의미로 쓰이기 시작한 것이다.

현실, 사실일 수 없는 불모지 땅에서 도시를 보여주고, 외국일 수 없는 곳에서 이국적 풍광을 마치 그곳에 가 있는 듯이 보여주는 일…. 가공, 무엇보다 '사실'임을 그럴듯하게 보여주는 가공, 할리우드는 애초부터 'real'을 배제했다. 하긴, 그들에게 있어서 'real'이든, 'reality'이든 그것은 관심 밖이었다. 오로지 그들을 특정할 수 있는 단어는 'realistic'이다. 할리우드의 '사실주의'는 이처럼 유럽에서의 그것과 근본적으로 다른 의미를 지닌다. 우리는 이 할리우드식 리얼리스틱이 무엇을 의미하는지 바로 앞서 말한 바 있다. 관객들이 스크린에 비친 것을 '진짜'로 여기게끔 꾸미는 일이다. 할리우드 클래식에 있어서 가장 중요한 성질이 이렇게 나타난다. 그들에게는 요컨대, 전통적 사실주의realism라는 개념을 들이댈 근거 자체가 없던 셈이다. 한편으로는 그처럼 할리우드만의 새로운 리얼리즘이 나타났다고도 할 수 있지만. 물론, 할리우드가 이때부터 전 세계에 걸쳐 쌓기 시작한 '영화'에 대한 인식을 고려하면, 바로 이러한 전무후무한 새로운 리얼리즘이 곧 '영화'에게서 가능한 영화적 리얼리즘이 될 것이다. 오늘날 우리는 이것저것 다 떼고, 바로 '리얼리즘'의 개념을 종종 이 측면에서 이해하며 그 출발점이 바로 이때의 할리우드에 있다. 완벽한 가짜를 진짜인 듯이 포장하기….[111)]

우선 가치와 상관없이 냉정하게 보자. 제작사는 서로 다르다. 그러나 그들의 작업이 지니는 의미는 모두 같다. 진짜처럼 보여주기인데, 생산자가 다르므로 '어떤 진짜'인가가 서로 다르게 마련이다. '어떻게'가 아니라는 말이다. 비평가들은 사실 이 점에서 지나치게 가벼웠다. 그들은 마치 '어떻게'가 이때 주어진 듯이 말한다. 워너 브라더스 스타일, 폭스 스타일, 콜롬비아 스타일 하는 방식의 '허명들'이 바로 그렇다. 물론, 구별되는 지점들이 분명히 있었다. 하지만 비평가들이 말하는 수준에 이르려면 영화가 더 무르익어야 한다. 초창기에 마치 스타일의 문제인 듯 달라 보인 것은 결코 '어떻게'가 아니었다. '사실'이라는 것에 제작사들이 각자 어떻게 접근하는가, 이해하는가는 애초 할리우드에서 필요 없는 사고였으니까. 이들이 차이를 보이는 점은 다른 문제였는데, 그들이 선호하

---

111) '사실주의'라는 용어는 그 자체로 방대하며 다양한 용도를 지닌다. 그만큼 인간에게 있어 '사실'이란 단어가 삶과 긴박한 관련을 지녀서일까, 아무튼, 여기서 언급하는 사실주의 용어에 대한 이해의 범위를 한정할 필요가 있어 보인다. 애초 19세기 문학이나 연극의 영역에서 불거진 예술 사조로서의 사실주의에 대한 이해는 이 점에서 중요하다. 나중에 2권에서 중요하게 언급할 것이므로 여기서는 가장 단순한 설명만을 달기로 하자. 당시 사실주의의 핵심은 인간의 삶에 구체적으로 놓여 있는 사실에 다가가자는 것이었다. 하지만 이렇게 말할 때, '사실'이란 reality를 말한다. 이 책의 초반부에서 누누이 말했듯이 당시 인류에게 사실이란 결코 현상으로 널브러져 있는 real 그 자체가 아니었다. 현상으로부터 읽히고 파악되는 것을 지칭했는데, 곧 reality이다. 이것을 추구한 것이 리얼리즘이다. 하지만 할리우드의 목적이 이러한 reality의 추구일 리 없다. 서사에 따른 필연적인 주제가 있고 당연히 reality가 존재하지만, 그것을 목적하지 않았다. 할리우드에서 가장 중요했던 것은 어떻게든 스크린에 비추어질 시각적 이미지가 서사적 상황에 그럴싸한 사실성 곧, 이 의미의 reality를 확보하는 일이었다. 그렇기에 그들의 세계를 특정할 수 있는 가장 핵심적인 단어는 realistic이며 이에 어울리는 한국말은 '그럴듯함'이다.

는 가공된 '허구'가 무엇인가, 하는 기호의 문제였다. 같은 모험극이라도 이 기호에 따라 과정을 더 끼워 넣는다든지, 액션의 구성을 더 고려한다든지 하는 일 말이다. 과정이 끼어들면 자연히 캐릭터가 좀 더 풀어지며, 어쩔 수 없이 그들의 내면이 시간을 차지한다. 반면 액션이라면, 캐릭터의 내면은 가능한 한 지워지며, 그의 외적 면모가 훨씬 더 중요해진다. 세트들도 그에 따라서 달라짐은 당연하다. 이러한 것들이 스타일로 불리며 차이를 나타냈다. 아직 이 시대에는 이렇게 만들어 간 것에 대한 미학적 관점과 세련미는 발생하지 않았다. 한참 뒤에, 이러한 작업에 의식 자체가 무르익은 새로운 감독들, 혹은 충분히 적응한 노련한 감독들에게서 자연스럽게 나타나기 마련이다. 그러나 아직은 단순한 문제다!

말하자면, 할리우드에서의 스타일은 1910년대, 1920년대에 찾을 문제는 아니다. 하지만, 이를 염두에 둘 필요는 있는데, 왜냐하면 이 시기의 할리우드에서의 생산과정 안에서 앞으로의 영화적 신체가 자리 잡아 나가기 때문이다. 할리우드 영화들만이 지닌 신체, '진짜인 듯', 실재인 세계를 덮은 또 다른 세계가곧 이때 시작하는 것이다. 이를 잘 이해하기 위해서 이제 세 번째 단계로 넘어가보자. 이미 유럽과 차이를 보이고 있었지만, 지금까지의 차이가 단순한 의미의 질적인 차이였다면, 이제는 '생산과정' 상에서의 목적에 따른 차이가 나타난다.

우리는 할리우드 영화들과 유럽에서 나타난 '예술영화'들 사이에 어떤 차이가 있다는 점을 잘 알고 있다. 사실 이 차이를 명확하게 짚어내는 일은 참으로 어려운 작업이다. 하지만 적어도 역사적 맥락 안에서는 나름 우리가 의미 있게 기준 삼을 만한 내용들이 드러난다. 물론, 이미 누누이 말했지만 우리는 '예술영화'라는 용어가 오류라는 점을 기억해 두어야 한다. 작품의 가치를 예술적 성과에 두는 작품들이 있을 뿐이며, 이 경우, 예술적 성과의 의미도 각자 천차만별이다. 따라서 어떤 것을 통칭하는 의미로 '예술영화'라는 용어를 사용하는 것은 상당히 조심스러운 일이다. '영화' 자체가 애초에 예술을 위한 도구로 탄생하지 않았다는 사실은 전혀 문제가 될 것이 없다. 언어가 애초 예술을 위한 것이었던가? 그저 그것을 가지고 '예술'이라는 영역에 이를 작업이 이루어졌다. 어떻게 탄생했든, 그것을 어떻게 사용하는가에 따라 달라진다. 어떤 이들은 '예술'을 염두에 두고 '영화'에 접근했을 뿐이며, 자신의 생산품을 '작품'으로 간주하고자 했다. 따라서 예술작품이라는 말은 가능해도 '예술영화'라는 말은 성립이 되지 않는다. 우리가 예술그림, 예술글이라 부르지 않는 것처럼 말이다. 게다가 영화는 대부분 상업적 맥락에서 이루어지며, 따라서 극장에서 돈을 받고 관객들에게 볼거리를 제공하는 모든 영화는 상업영화이다. 하지만 한국에서 상업영화란 다들 알듯이 예술영화와는 다른 오락영화라는 지시성을 지니고 있다. 결국, 이역시, 애매한 경계임은 물론이다. 예술영화는 이를테면 오락을 담을 수 없다는 말일까?

'예술영화'라는 용어에 관한 논의는 그러나 일단 이 정도의 문제 제기 안에 담아두자. 한 사회에서 모호하기는 하지만 일반적 지시성을 지녔다면 그를 완전히 무시할 필요는 없다. 다만 의식 안에 명확히 해두자는 말인데, 이를테면, 예술이 되고자 한 영화가 있고, 나머지가 있다!

하지만 이렇게 보더라도 문제는 남는다. 앞에서도 말했지만 유럽영화, 특히 프랑스영화 자체가 결코 우리가 일상적으로 부르는 이 예술영화라는 명칭과 들어맞지는 않는다. 영화는 어디서나 상업적 목적이 더 중요한 것으로 여겨졌다. 즉, 그들 중 어떤 이들이 상업적 고리 위에 예술적 가치를 더 얹었을 뿐이다. 정확히 이해하자면 유럽에서는 그러한 경향이 당시의 미국에 비해 상대적으로 많았으며, 대체로 지식인들이 영화를 바라볼 때 가장 눈에 띄는 보편적 태도였다. 아니, 많은 정도가 아니다. 그런 경향의 채무감이 그곳에서는 지극히 일상적이었음에 반해, 미국에서는 적어도 당시 수준에서는, 적은 정도가 아니라, 거의 '없었다'.

우리는 이 이유 역시 '스튜디오'로부터 끌어낼 수 있다. 왜냐하면, 만일, '영화'라는 장치에 대한 의식이 있었다면 이 거대 스튜디오 생산 시스템 자체가 할리우드 생산 환경의 특징이 되지는 않았을 것이기 때문이다. 이유는 간단하다. '영화'는 애초 밀폐된 공간의 세트 안을 목적한 것이 아니라 세상, 즉, '현상'을 목적했던 장치이기 때문이다. 그러나 미국에서는 '이야기'와 함께 '세상'이 버려졌다. 가공된 허구를 구성해 놓고 재빨리 이야기를 찍어 내려 했던 것이기 때문이다. 관객들이 진짜 세상 대신 있음직한 세상 안을 거닐며 놀도록 만들고자 한 의식이 '스튜디오'를 만들어 냈고, 감독들은 그 의식과 함께 작업을 했다. 그러니, 그들에게 '리얼리즘'에 대한 사색이나, '리얼'과의 관계에 대한 고찰, 영화적 서술 방식들이 지니는 미학적 의미들 따위는 당연히 고려 대상이 아니었다. '사실처럼', '있음직하게'···. 인류 역사상, 꿈과 최면을 제외하면, 처음으로 물질적인 버츄얼리티virtuality는 이렇게 시작된다. 이렇게 이해하면 앞으로 우리가 농밀해진 할리우드 안에서 의미화해야 하는 내용들이 무엇인지 미리 짐작된다. 이 버츄얼리티가 대체 어떤 문제들을 자아내며, 어떻게 인류의 의식 속에 자리 잡았는가···.

다시 복잡한 개념과 의미의 논의를 잠시 덮고 물질적 상태의 할리우드로 돌아가 보자. 할리우드가 또한 어떤 과정을 거쳐서 오늘날과 같은 위상에 이르게 되었을까 하는 내용으로 말이다.

미국에서의 영화의 수요는 물론 엄청났다. 하지만 이 시기는 미국에서의 삶 안에 문화적 요소가 아직 자리 잡기 전이다. 미국적인 삶의 모습이 갖춰지는 데는 사실 1930년대까지 기다려야 한다. 말하자면 보편화된 사회체제로 가는 길이 구축되고 있었다. 1910년대라는 시기는 일반산업에서도 이미 상당한 발전을 이루고 있었지만, 미국 전체 내에서 산업지형도가 구조적으로 자리 잡은 시기는 아니다. 게다가 영화는 따지고 보면 일반산업보다 더 뒤처져 있었다. 그가 지닌 인기의 정도와 상관없이 말이다. 에디슨의 트러스트, 코닥 사와의 카르텔, 이런 것들이 우후죽순 작동하고 있던 시기 아닌가?

미국의 수요가 대량 생산의 필요성을 가져다주기는 했지만 단지 그것만으로 뒤이어 할리우드 체제의 공고함이 달성된 것은 아니다. 그러니까 뉴욕과 시카고 생산 체제 시기 수준의 시장이 존재했으며 시간과 함께 조금씩 확장되는 중이었을 뿐, 이주 당시, 아주 획기적인 변화는 없었다. 이주 시기에, 말하자면 할리우드 때문에 갑작스레 미국에서의 영화산업이 부흥한 것은 아니라는 말이다. 좀 더 엄청난 사건이 영화의 영역에서 '미국'을 상층부로 움직이게 했는데, 바로 1차 세계대전이었다.

이 사건은 사실상 세계 영화사를 바꿔 버린다. 어떤 의미에서 볼 때, 그리 말할 수도 있다. '세계 영화사'를 비로소 탄생시켰다고! 전쟁에 대해 이러한 표현을 하는 것이 마뜩잖지만, 20세기 초, 구체적인 차원에서 대륙을 '세계화'한 사건임은 분명하다. 특히 '영화'에게는 상당한 여파가 밀어닥쳤다. 만일, 전쟁이 없었더라면 유럽과 미국의 영화사는 지금과는 다르게 쓰였을 것이다. 유럽의 특징들을 조금 진지한 쪽에서 찾아왔지만, 영화들의 시대에 이미 그것들은 상품이었다. 이것이 인간이 지닌 색다른 표현이기에, '이야기'를 전달할 수 있는 장치이기에, 당연히 표현과 이야기에서 자신의 가치를 실현하려고 하는(미학적이든, 철학적이든) 이들이 유럽의 풍토에서 자연스럽게 발생했을 뿐이지, 그곳에서도 일반적인 영화는 철저하게 상업적인 목적하에 움직였다. 물론, 이 '철저하게 상업적'이라는 영역에서도 우리는 유럽의 일반적인 문화적 풍토를 염두에 두어야 한다. 즉, 유럽의 관객들이 지닌 시각적 매체들에 대한 경험, 지식들 말이다. 상품이기에 구매자들의 기호를 충족시켜야 함은 당연하다. 이 때문에 유럽에서는 적어도 초기에는 상업영화라도 '표현', 혹은 '이야기'를 기본적으로 의식하지 않을 수 없었다. 그로 인해 유럽의 상업영화가 당시까지는 상당한 표현의 가치를 이미 확보하고 있었던 것이다. 우리는 종종 지나치게 '예술'이라는 대상을 애호하는 경향이 있다. 근대사회와 함께 구축된 예술적 가치가 인간을 드러내고 나타내는 데 있어서 가장 정점이라는 보편적인 믿음 때문일 것이다. 물론, 잘못되지는 않았다. '예술'은 그 자체에 대한 다양한 논의들과 함께 인간의 삶에 있어서 아주 중요한 전거(레퍼런스) 구실을 하기 때문이다. 그러나 '예술'의 가치가 예술품을 만들어 내는 데 있지 않다는 점을 우리는 깨달아야 한다. 예술품은 바로 예술이 정점에서 획득한 의미들의 결과물인데, 결국 그 의미의 전달 창구 역할을 한다. 무엇보다도 '우리'가 궁극적인 목적일 텐데, 작품을 통해서 그 '예술'을 느끼고 소화하며 삶에 펼치는 것은 바로 우리 자신이기 때문이다. 따라서 '예술'은 언제나 우리에게 녹아들어야 한다(그 '우리'가 '전체'는 아니다). 어떤 의미에서 '영화'는 바로 이 관계를 아주 정확하게 보여주는 도구의 탄생이다. 그것은 '우리'와 함께, 우리의 '삶'과 함께 표현을 펼쳐나가는데, 그 과정을 통해서 서서히 기존의 예술들이 지녔던 물음들에 다가간다. 그리고 그 자신 안에서 이제 그만의 예술적 가치들을 펼친다. 물론, 여기에 이르려면 적어도 1940년대 이후의 영화들 정도는 되어야 하겠지만 1910년대부터 꾸준히 그러한 과정을 밟아갔다. 이 관점에서, 1차 세계대전이 없었다면, 이러한 영화만의 독특한 가치가 유럽에서 먼저 터져 나왔을 것이다. 상품들 안에서 서서히 '표현'의 가치가 확보되어 나갔을 것이라는 말이다.

그러나 전쟁은 바로 그러한 진전의 발걸음을 멈춰 세웠다. 유럽 대륙 자체가 전쟁의 영토였는데, 달리 말하면, 모든 일상이 멈췄으며 파괴되었다. 전쟁의 영토에서 다소 거리가 있었던 북구가 꾸준히 의미 있는 결과물을 낸 것에는 이러한 이유도 작용한다. 하지만 그 외의 유럽대륙에서, 이전까지 이어져 오던 '영화'는 사라졌다. 게다가 북구마저도 전쟁의 영향권에서 벗어나지 못했다. 결국, 조금 과감하게 말해서, 전쟁이 세상에 남긴 것은 오직 미국영화뿐이었다. 물론,

전쟁 중이라고 해서 영화 제작 자체가 사라진 것은 아니다. 하지만 비정상적인 조건에서의 제작과 배급이었다. 대부분 선전영화에 가까운 것들이었고, 일반적인 상영을 위한 것들이 아니었다(이 점에서 한편으로는 선전성을 강화하기 위한 과정에서 영화적 표현의 발전, 제작 공정의 체계화도 발생했다. 아, 인간의 어찌할 수 없는 변증이라니). 유럽의 영화 시장은 사라졌고, 대규모 도시 공습으로 프랑스의 주앵빌 스튜디오[112]를 비롯한 거대 스튜디오들은 산산이 파괴되었다. 반면, 미국의 영화 시장에서 할리우드에 대한 수요는 상대적으로 늘어난다. 하지만 이 문제를 우리는 조금 주의 깊게 볼 필요가 있다. 왜냐하면 세계 전쟁이 있었기 때문에 유럽만 타격을 받았다는 것이 선뜻 납득이 안 가기 때문이다. 이를테면, 유럽 시장의 몰락에 따라 미국영화의 수출 길도 사라져 버렸다. 그렇다면 미국의 영화산업 역시 침체기를 걸어야 했을 것이다. 하지만, 미국의 영화산업은 이때를 기점으로 단단해진다. 이유는 간단하다. 우선, 미국 내 영화 시장에서 유럽 영화들이 사라졌기 때문이다. 당시까지 유럽에서 미국영화의 영향력은 크지 않았다. 하긴 유럽 영화들도 미국 시장을 주도하지는 않았다. 하지만 상대적으로 볼 때 영화사 초기에는, 미국 내에서의 유럽영화의 영향력이 그 반대 경우보다는 더 많았다. 각종 수치에 따라 서로 차이를 보이긴 하지만 10여 퍼센트이든, 그보다 크게 보든 아무튼 이 영화들이 미국 시장에서 사라졌다는 사실이 중요하다. 즉, 이 미국 내의 빈자리를 이제는 미국영화가 차지한 것이다. 즉, 미국인들은 오직 미국영화만을 볼 수 있었으며, 전쟁 이후 몇 년간, 유럽의 시장도 마찬가지였다. 영화의 생산 기반이 재건되기까지 유럽에서 영화를 보려는 관객들은 어쩔 수 없이 주로 미국영화들을 보아야만 했다. 이 사실이 영화사에 어떤 영향을 제공했을까? 두 가지의 경우로 나누어 생각해 보자.

---

112) Joinville Studio : 파리에 1910년에 설립되어 1987년까지 있었던 영화 제작 스튜디오(세트장)를 말한다. 빠떼와 고몽 영화사가 중심이 되어 설립했으며, 특히 무성영화 시대, 대부분의 그들 영화들이 여기에서 제작되었다.

우선 첫 번째, 미국 내에서―미국적인 양식만이 미국인들의 영화적 상상력의 기반이 된다. 그들에게 이제 '영화'는 미국영화뿐이었고, 표현과 내용, 양측 모두에서 순전히 미국적인 것들만 존재했다. 이 시기의 '미국적'인 것에 할리우드만 고려해서는 안 된다. 이미 말했듯이 이제 막 시작한 곳이 할리우드였고, 여전히 전체에 영향력을 미치는 미국 내 영화의 메카는 뉴욕과 시카고였다. 하지만, 할리우드의 스튜디오 체제, 수요가 늘어난 상황에서는 이 대량생산체제를 갖춘 쪽이 보다 빨리 시장을 선점하지 않겠는가? 어차피 할리우드의 주춧돌을 놓은 것은 월스트리트지만 할리우드가 산업의 중심부로 자라나도록 길을 열어준 것도 그들이었다. 월스트리트는 미국영화 최초의 호황기를 놓치지 않았다. 그들은 할리우드에 전적으로 막대한 투자를 감행했고, 그럼으로써 할리우드 영화들이 미국 극장들을 점령한 것이다. 이제 MGM, 20세기 폭스, 워너 브라더스 등은 더 이상 독립 영화 제작자가 아니었다. 그들이 메이저가 되었고, 완벽한 할리우드 시대를 연다. 이렇게 시간을 더듬어야 우리는 비로소 할리우드 생산양식, 그것에 기반을 둔 할리우드 영화 양식들을 가늠할 수 있다.

이 영화들은 '더' 빨리 만들어졌다. 우리는 이 시기가 전시경제 체제라는 점을 충분히 고려해야 한다. 미국 본토는 전쟁에 돌입하지 않았으나 모든 물자, 경제적 조건들이 전무후무한 물량 전쟁을 감당하기 위해서 움직여야 했다. 전쟁이 없는 시기, 더구나 19세기 말부터 20세기 초입의 인류문명에서의 물질적 발전의 기대가 넘치던 시기처럼 소비가 움직일 수는 없었다. 제작의 규모도 줄 수밖에 없지만 소비의 규모나 양식도 한정되게 마련이다. 심리적으로 위축된 삶의 저변과 무게감, 따라서 '영화'는 마치 초창기처럼 '환기'와 '쉼'을 위한 자리를 차지해 나간다. 이때 할리우드의 지배적인 제작/배급 구조가 잠재적으로 완성되는데, '다양하고 작은 영화들'의 빠른 회전이 이 산업의 기본체제가 되기 시작한다. 결국에는 상황, 조건, 체제가 '영화들'의 내용까지 구속하기 마련이다.

'스트레스 해소'와 '쉼'을 위한 것이기에 '이야기'는 관객들에게 삶의 의미를 찾아 나서게 할 이유가 없었다. 그저 좌석에 앉아서 90여 분을 즐기도록 해야 했다. '재미'를 위해서는 평소라면 대단한 스펙터클이 난무해야 할 것이다. 그러나 피곤하며 고된 삶을 잊기 위한 영혼들을 위해서는 그렇게까지 하지 않아도 된다. 많은 사건이 줄줄이 쏟아지는 것보다는 압축된 중심 사건이 적당한 시간에 펼쳐지기만 하면 된다. 이 시기의 수많은 작은 영화들은 얼핏 엉성해 보이지만 생각보다 면밀한 화법을 지니고 있다. 단일한 중심 사건으로 바삐 상황이 전개되고, 따라서 수렴하는 방식의 수사들(특히 편집)이 발달하고, 그러기 위해서는 또한 적당한 서술 길이 안에 함축되어야 한다. 내용이 무엇이든 간에 이 원칙은 필수였다. 그래야 관객들은 복잡하지 않은 단순한 서술 안에 빨려들 것이고 그와 함께 영화 관람의 만족도가 결정될 것이다.

결국에 할리우드는 그렇게 '장르'로 나아간다. 감독들의, 작가들의 취미와 기호, 의미를 따라 장르가 시작되지 않았다. 언급했듯이 제작 규모가 상대적으로 줄어든 상황에서는 이 '작은 영화' 구조가 필수였다. 그러한 구조 속에서 영화관에 요구되었던 심리적 배설 창구로서의 역할을 담당하기 위해서 영화들은 이처럼 단순해진다. 구조가 앞선다는 것은 결과적으로 양식화된다는 말이다. 물론 예술가는 구조를 신경 쓰지만, 대개는 구조에서 시작하지 않고 그가 우선 세상에 건네고 싶은 '말'로부터 출발한다. 구조가 중요하든 말든 그러한 작업에서는 창작가의 의식이 전체에 대해 가장 중요한 통제권을 지닐 것이다. 구조는 창작가의 감각과 그가 지닌 관습적 의식 안에서 형성된다. 하지만 할리우드에서는 달랐다. 그들은 정확히 통제된 산업구조를 원했다. 더 빨리, 더 많은 양의 작품으로 더 빨리, 더 많이 소비시키는 것, 할리우드의 존재 이유였고, 월스트리트의 투자 이유였다.

월스트리트와 할리우드의 만남, 여기에 미국의 생산물이 모든 것을 차지하는 시장 조건까지…. 이것이 할리우드가 영화의 중심지가 될 수 있었던 조건이었는데, 여기서 그들의 가장 중요한 개념 '장르영화'가 탄생한 것이다. 물론, 우리는 나중에 이 장르에 대해서 보다 자세한 이야기를 나누어야 할 것이다. 이 시기는 시작점이고 아직 오늘날 우리가 이해하는 '장르 문제들'이 나타나기 전이다. 하지만 장르가 내용에 대한 고민으로 인해 발생하지 않았다는 사실을 분명히 해두어야 한다. 처음 이 개념이 할리우드에 적용되었을 때, 그것은 우선 생산 시스템이었다. 오직 '더', '더', '더'를 위한, 즉, 더 많이, 더 빨리….

두 번째, 전 세계적 입장에서—전쟁의 이득은 단지 미국 내수 시장의 성장에 그치지 않았다. 내수 시장 때문에 성장한 산업은 오히려 외부에서 지속적인 활로를 찾지 못하면 공급과잉, 비대한 규모가 되고, 자칫 부메랑으로 돌아와 타격을 입게 마련이다. 하지만, 전쟁은 오직 그것이 벌어진 기간의 문제가 아니다. 폐허가 된 전후에는 복구되어야 할 것들이 넘치기 마련이다. 황폐해진 유럽은 전쟁 기간 중 비대해진 미국 산업의 출구 역할을 했다. 더구나 영화들의 경우, 사실상 추가 수입이 보장된 셈이었는데, 미국 내에서 이미 충분히 소비된 뒤, 즉, 유효성이 지난 뒤에도 불구하고 유럽으로 수출되었기 때문이다. 물론, 유럽의 영화산업은 나름대로 빠르게 복구된다. 나중에 볼 2차 세계대전에 비하면 상당히 속도감이 있었는데, 이는 전쟁의 양상 때문이 아니라, 1차 세계대전 돌입 당시 영화 장비들의 단순성 때문이다. 아직 영화 제작 장비가 복잡하지 않았고, 따라서 전후에 영화 생산을 위해 복구되어야 할 것들이 2차 대전 이후보다 훨씬 적었다. 1차 세계대전은 어떤 면에서 사람만을 앗아갔다. 이후에 말하겠지만 2차 대전은 사람들은 물론, 장비들도 앗아간다.

하지만 그렇다 하더라도 전쟁 전 유럽 영화산업 체제가 온전히 복구되기는 힘이 들었다. 소비구조와 배급의 구조가 전후에는 달라질 수밖에 없기 때문이다. 일단, 미국영화들이 쏟아졌는데, 전쟁 이전보다 훨씬 더 많은 물량이었음은 물론, 훨씬 더 주기가 빨랐다. 어쩌면 여기에서 우리는 관객들, 즉 인간들의 삶의 변화들도 고려해야 할 것이다. 전쟁이 가져다준 의식의 변화들 말이다. 그것까지 접근하면 내용은 풍성해지지만 동시에 복잡해진다.

전후, 서서히 유럽영화들이 다시 나타나며 명맥을 이어가는 사이, 스크린 대부분이 미국영화들에 의해 채워졌다. 유럽의 시장은 그에 따라 빠르게 미국 시장화 되어갔다. 전후 몇 년이 그렇게 지나가자 많은 것이 뒤바뀐다. 자, 이때부터 우리는 미국영화라는 용어보다 할리우드라는 용어를 사용해야 할 것이다. 즉, 대부분의 스크린을 장악한 것은 국가적 개념의 미국영화가 아니라 생산 시스템으로서의 '할리우드 영화'였기 때문이다. 할리우드가 이때부터 영화의 역사를 점령한다.

생각해 보라, 프랑스영화, 이탈리아영화, 독일영화가 있지만, 미국영화는 없다. 대신 우리는 할리우드 영화라는 말을 선호한다. 아니 우리의 선호도가 아니라 그렇게 영화 의식이 정착된다. 이러한 의식으로 발전한 시기가 바로 1차 세계대전이었다. 이때부터 '할리우드 영화들'은 프랑스영화, 이탈리아영화 등의 경쟁자가 아니었다. 할리우드는 엄연히 존재하는 하나의 양식이었고 그것을 제외한 나머지 시장이 있었다.

그럴 수밖에 없다. 수없이 쏟아진 할리우드 영화들에 의해 전후 몇 년간 유럽의 관객들은 자연히 그 영화들 안에 나타나는 의식, 양식, 행동들에 영향을 받았다. 게다가 줄기차게 이들 영화들을 보게 되자, 어떤 특별한 계기나 압력이 아니라 자연스러운 관습으로 발전한다. 즉, 그들은 프랑스 관객이며, 이탈리아 관객이지만, 그 전에 할리우드 영화의 관객이 되어갔다.

향후 영화사의 전개는 이제 이전과는 완전히 다른 양상으로 전개된다. 지금까지 논해온 것을 간단하게 정리해 보자. 전쟁의 여파는,

① 산업적 측면에서 유럽에서의 영화 생산의 바퀴를 멈추게 했다.

② 미국 내에서 유럽영화는 자취를 감추었고, 무엇보다 미국인들은 오로지 미국영화만 보게 된다.

③ 영화관의 프로그램은 좀 더 촘촘하게 쪼개졌고 그에 따라 공급량이 증가한다.

따라서 이전보다 더 많은 영화들이 만들어져야 했다. 대량 생산에 적합한 공장 체제(집약적 작업이 가능한 스튜디오시스템)가 공고하게 정착한 이유이다.

전후, 유럽 시장은 대륙에서의 영화 생산이 정상화되기까지 ②의 경우와 마찬가지로 오로지 미국영화들을 보게 된다. 미국이 참전국으로서 유럽인들에게 중요한 인식의 변화를 제공했듯이 영화 역시, 유럽인들에게 그러한 미국적인 가치를 퍼뜨렸고 당연히 그를 자연스럽게 수용하게 된다. 한 편의 영화 내에서 움직이고 있는 서사를 이해하자면 어쩔 수 없지 않은가? 그에 따라 이제까지 미국영화에 대해 지니고 있던 일종의 거름망이 걷혀갔으며, 서서히 미국식 서술, 표현에 대해 익숙해졌고, 나아가 적극적인 태도를 지니게 된다.

결국 미국 영화들의 이동으로 세계의 유통 체제가 형성된다. 무엇보다 상품으로서, '오락' 혹은 '유희'로서의 영화들의 영향력이 전반적으로 상당히 커졌으며, '영화'의 개념에 있어 중요한 자리를 차지하게 된다(이전까지 '영화'의 가치를 확보한 영화들은 인기와는 큰 관계없이 언제나 표현의 가치, 내용의 수준이었다는 점을 고려해야 한다).

물론, 이 면모들을 우리는 조금 더 긴장감을 지니고 면밀하게 검토해야 한다. 시장 조건은 바뀌었지만 그럼에도 '영화' 자체의 상태는 바뀐 것이 없기 때문이다. 여전히 흑백이고, 무성이었다는 사실, 이점을 여전히 주목해야 한다. 그러니까 무성이라는 정체성이 얼마나 '영화'에게 있어 절대적 조건인지를 이해해야 한다는 말이다. 이 점에서 미리 말하면, 대개의 영화사는 이 1차 세계대전을 전후한 시기에 대해 이상하리만치 무관심하다. 별로 달라진 것이 없는 듯이 넘어가며, 유럽은 전쟁 이전과 다를 바 없는 진지한 표현의 역사가 전개되고, 미국 역시 마찬가지로 전개된다. 하지만, 아주 중요한 사실이 버젓이 드러나 있는데, 이제부터 우리는 그 문제를 거론하고자 한다.

영화사에 대한 우리의 상식을 여기에 늘어놓아 보자. 바로 대개의 영화사가 기술하고 있는 내용들을. 1차 세계대전 전후, 그리고 그 이후, 영화사는 어떻게 전개되는가? 우선 사운드의 출현 이전까지로 국한하자. 표현주의가 나타난다. 그리고 아방가르드가 뒤를 이었으며, 사운드와 교차 지점에 시적리얼리즘, 인상주의가 있다. 그리고 훌쩍 건너뛰어 네오리얼리즘이 있는데, 사실 네오리얼리즘은 앞의 여러 다양한 '이즘ism'과는 성격이 다르다. 그것은 결코 '사조'를 지시하는 어미로 사용된 것이 아니다. 네오리얼리스트들이 '영화' 영역에서 예술적 가치와 의미를 하나의 공통된 사조로 주장한 적은 없다. 그들이 한 일이 있다면 오히려 '사조' 이상의 문제로, '영화'의 정체성에 대한 인식에 그때까지 고려하지 않고 있었던 파장을 일으킨 데 있다. 물론 같은 맥락에서 사실 영화인들은 이전에도 특별히 '사조'라고 할 만한 주장들을 집단으로 표현한 바가 없다. 적어도 '영화'의 경우에 '사조'란 이 점에서 영화들을 보고 판단하는 비평 쪽에서, 나아가 이론에서 주어진다. 다양한 예술가들이 실험적으로 참여했던 표현주의를 제외하면 예외가 없는데, 이 점에서 '사조사'는 당시 '영화'의 흐름을 이해하는 데 있어 어느 만큼은 한계를 지녔다. 예컨대, 조르주 사둘이 『세계영화사』에서 이 용어를 사용하지 않았다면 어느 기간의 영화들을 그런 식으로 묶어내어 설명하지 않았을지도 모른다. '사조'라고 부를만한, '묶음'을 행할만한 이유도 전혀 없지는 않으나 여타 예술 장르에서 '사조'라고 규정하는 데 이를 정도는 아니었다는 말이다. 이 '사조'는 결국, 여타 예술들이 행하던 것을 영화들 안에서 실험적으로 시도하려는 정도였거나, 당시 예술 행위들이 지닌 개념들이 그러했으므로 영화인들도 그 영향권 안에 있었거나 하는 정도이며, 한편으로는 '묶음'에의 강박관념을 지닌 비평가, 이론가들에게서 나타난 용어이기도 하다.

하지만 기존의 영화사가 잘못 쓰인 것은 아니라고 했듯이 유럽을 '사조사'로 묶어낸 상황들에 대해서도 주목해야 한다. 당대, 예술 사조와의 조응 관계가 어느 정도 영화에게도 존재했다는 말이기 때문이다. 사실 이 관계는 당연한데, 이미 말했듯이 유럽에서 상업영화 영역에 못지않게 많은 영화인이 자신의 작업을 '표현 가치'를 위한 것으로 의식했고, 이 경우, 예술적 표현의 가치를 규정하고 있던 당대 사조와 일련의 끈을 지닐 수밖에 없다. 예술 사조란 사물, 세상을 보는, 그로부터 끌어내는 표현과 사고의 방식이며, 만일 어떤 것이 그만큼 현저했다면 당대 대부분을 가로지르는 것일 수밖에 없다. 따라서 우리는 '사조사'가 '영화'에게 그렇게 당연한 것이 아니라는 관점과 그럼에도 어떤 것들이 어떻게 변화했는가의 관점을 동시에 지니고 이 시기를 이해할 필요가 있다. '영화'가 아직 '예술'에 이르지는 못했지만, 자신의 영역에서 여타 예술들이 지닌 사고방식들을 실험/시도하고 자신만의 가치들을 찾아 나서는 과정으로서 말이다.

우선, 어떻게 '사조사'가 나타났는지를 따져보자.

이 시기, 상업영화 영역에서 유럽영화의 영향력이 이전보다 줄어든 것은 사실이다. 물론 재빨리 전쟁 전에 버금가는 영향력을 얻어 내기는 하지만, 할리우드 영화의 영향력이 비약적으로 증대했다는 점은 무시할 수가 없다. 말하자면 유럽식 생산물과 할리우드식 생산물이 이제는 큰 차이 없이 서로 교류되고 복제되며, 혼용되었다는 말이다. 즉, 전쟁 전에 비해서 유럽의 영화 시장이 예전보다 상업적으로 변했다는 것이다. 이 말은 그만큼 유럽의 영화 생산이 이전에 비해 미국 쪽에 더 많은 대지를 내주며 뒤로 물러섰다는 의미인데, 상업영화 영역에서도 중대한 변화를 빚어낸다. 전통적 예술개념, 문화가 존속하던 유럽에서도 싸구려야 어디에나 존재하지만, 그래도 상업적 표현물들이 기본적으로 소비되기 위해서는 어느 정도는 보편적으로 요구되는 수준에는 이르러야 했다. 말하자면 상업영화들도 당시의 할리우드보다는 조금 더 진지했었다는 말이다. 하지만 전쟁 후의 영화산업 체제는 이 상업영화들의 진지함을 한참 뒤로 밀어냈다. 일부 영화인들이 그렇다고 특별히 '사조'라고 할 만한 주장들을 하고 나선 것도 아니다. 이런 상황에서 대체 어떤 이유로 조르주 사둘이 과감하게 '사조사'로 기술할 수가 있었을까? 그 혼자 기술하고 만 것이 아니라 그의 『세계영화사』가 수용되었다는 말은 당시 독자들에게도 수용되었다는 말이 아닌가? 분명히 일반적인 예술 형식에서 주장되는 '사조'와는 전혀 다른 조건인데도!

우리가 영화사에 등장한 사조사를 보면서 주목해야 하는 것은 바로 이러한 문제들이다. 표현주의가 있었고 아방가르드가 있었고 시적 리얼리즘이 있었다는 식이 아니라! 천만에, 표현주의도 없었고, 아방가르드도 없었고, 시적리얼리즘도 없었다. 몇몇 작품들만이 있었는데, 결국 이것들이 시대를 가름하는 대표자들이 된 이유를 생각해 봐야 한다는 말이다.

이데올로기

그리피스가 ≪국가의 탄생≫, 그리고 ≪인톨러런스≫를 만들었을 때, 유럽은 대체 어떻게 반응했을까? 앞서 우리는 그의 업적을 다루면서 이미 상당한 가치를 부여했다. 하지만 그가 아니었더라도 유럽에서는 그에 버금가는, 그리고 곧 그를 넘어서는 표현의 가치를 지닌 이들이 나타났을 것이다. 문화적 전통, 예술적 전통의 영향을 받은 이들이 뛰어들었고, 시대가 그것을 요지경 기계라 부르든 말든, '영화'를 새로운 표현의 도구로 간주했기 때문이다. 당시의 편견만 제외한다면 같은 시기에 이미 '영화'를 감히 예술적 도구라고 부르는데 이의를 달기 힘든 영화들이 생산된 것도 사실이다. 이에 대해서는 이미 자세히 거론했는데, 하나의 색다른 표현장치가 나타난 이상, 이것이 유럽이 지니고 있던 전통적인 표현의 역사와 결합하는 것은 당연한 결과이다. 하지만 이제는 약간 다른 측면을 주목해야 할 때이다. 가치가 있다고 여겨지는 많은 것을 그리 단순하게 '예술'이라는 개념과 엮어내 버리면, 우리는 '영화'라는 도구의 의미를 온전히 파악할 수가 없기 때문이다(이 개념의 사실상의 역사적 모호함은 차치하고라도). 한편으로는 '예술'이 되고자 하기도 했지만, 누누이 말했듯이 우선은 '영화' 자신이 되어갔다. 물론 아직 이 '영화 자신'은 1920년대가 도래하기 전까지는 나타나지 않는다. 그때까지는 세상에 태어나서 걷는 과정일 뿐이며, 과정에서는 수없는 시도와 실험들이 터져 나오게 마련이다. 이러한 관점이 없으면 우리는 '영화'의 과거를 대개의 영화사가가 범한 오류처럼 오로지 현재의 '영화'에게로 오는 길로 국한하게 되며, '예술'로서 인정받으려 한 역사라는 길을 계속 헤매게 된다. '영화'는 결과적으로 '예술'에 멈추지 않았다. '예술'이 되고자 하는 과정도 분명히 있었는데, 말 그대로 여러 갈래의 선택지 중 하나였다. '영화'의 욕망은 그보다 컸는데, 이전과는 완전히 다른 도구였다는 데에서 어쩔 수 없이 드러난다.

유럽이 그리피스에 주목했던 것은 사실 그가 개인적으로 추구했던 예술적 성취 지점들이 아니었다. 이를테면 미국에서는 새로워 보이던 미장센도 이미 유럽에서는 수준을 막론하고 영화 이미지를 구성하는 보편적인 방법이었다. 물론, 그리피스의 미장센은 어떤 의미에서 유럽에서 보이는 것과는 차이가 있었다. 미장센의 수준이나 가치 여부가 아니라, 화면 구성의 작동 방식이다. 하나의 독립적인 이미지 구성 방식으로서의 미장센이 아닌, 미장센들의 연쇄, 결합이 야기한 결과, 즉 편집을 말한다. 이 편집에 대한 오늘날 우리의 이해는 잠시 접어두자. 지금은 서사 가운데 감각적인 부분과 지나치게 결합해, 극적인 순간을 위해 남발됐던 나머지 우리에게는 그것이 원래 지니고 있던 문제로부터 너무 벗어나 있다.

'영화'에서의 편집의 역할은 마음에 들든 아니든, 그리피스로부터 시작된다. ≪국가의 탄생≫에서도 이미 나타나고 있었지만, 그 영화로 비판을 받았던 그리피스가 비평가들로부터 자신의 입장을 옹호하고자 만든 영화, ≪인톨러런스≫야말로 이러한 의미에서 기념비적인 결과물이다. ≪국가의 탄생≫에서 비평가들은 그리피스로부터 전형적인 남부식 편견을 발견했는데, 단순한 인종차별이 아니라 뿌리 깊은 의식 속의 인종적 편견이 그것이었다. 하지만 '관대한 남부인'(?)이었으며, 그 자신이 지닌 관용성을 스스로 인정하고 있었던 그리피스는 비평가들의 그러한 견해야말로 편견이라 여겼고, 말하자면 진짜 편견이 무엇인가를 영화를 통해 보여주고자 했다.[113] 그래서 고스란히 그것을 제목으로 담은 영화가 바로 단어 그대로의 편견, ≪인톨러런스 Intolerance≫이다. 그는 결국 자신의 주장을, 이데올로기를 미장센들의 결합, 연쇄 방식을 통해 의미화한다.

이데올로기를 구성하는 도구, 물론 회화나 문학, 이제까지 인간이 지닌 여타 표현예술의 장치들도 이데올로기를 구성한다. 혹자는 그리피스가 '영화' 역시, 이데올로기를 구성하는 하나의 방식이 될 수 있다는 것을 보여주었다고 하는데, 사실 이 그리피스의 영화들을 보고 '영화'의 힘을 발견한 에이젠슈타인의 입장은 거기에 그치지 않는다. 미장센을 하고 있을 때, 이데올로기는 이미 구성된다. 의미란 이데올로기의 결과물이기 때문이다. 따라서 의미를 '표현'하고자 이미지 내부를 구성할 때, 이데올로기를 반영하는 도구로서의 '영화'는 이미 존재하는 셈이다. 에이젠슈타인이 놀랐던 것은 단순히 이데올로기 구성 장치로서의 '영화'의 가능성이 아니었다. '영화'가 이데올로기를 구성하고 그 독해를 기다리는 장치가 아니라 현실적인 이미지 안에서 이데올로기를 직접 관객들에게 경험시킨다는, 의식화한다는 점이었다.

언어(문학), 이미지(회화) 등은 이데올로기를 간직한다. 독자나 관람객이 작품 내부에 간직된 것을 읽어내고, 파악해야 하는데, 그 때문에 이 예술 장치들은 의미교환의 창구였다. '영화'는 이 시기, 이미 놀라운 것이기는 했지만 이제 막 이야기를 시작했으며, 더구나 이것을 흥미로운 에피소드, 경이로운 장면들, 현실로 여겨지는 움직임의 구성 등을 통해서 '보여주고' 있었다. 말하자면 아직

---

113) 그러나 '영화'를 떠나 말하자면, 인종과 정당함 등등의 문제에 관한 그가 가진 '관대함' 자체가 사실상 분명한 편견을 드러낸다. 왜냐하면 만일 정말로 동등하며, 정의롭다고 여긴다면, 상대편보다 자신을 우위에 둔 입장에서 '관대하게' 여길 이유가 없기 때문이다. 마치, 한국 사회에서 '기부'가 주는 묘한 오류처럼 말이다. 자신이 얻은 가치를 함께 나누어야만 하는 이유를 발견하지 못했을 때, '관대함'이 발효되어 '기부'로 나타난다. 물론, 그 행위에는 진정성이 있다. 그러나 그 기저를 가만히 파고들면, 그 의식 속에는 자신의 우월감이 자리하고 있다. 《국가의 탄생》에서 보여준 이미지들을 보면 그리피스가 인종적 편견에 기초하고 있었음은 분명하다. 그는 KKK단의 이미지를 아무런 문제의식도 없이 오히려 서사가 지녀야 하는 마땅함으로 삽입했다.

'영화'의 경이적인 능력은 충분히 발휘되지 않은 상태였다. 하지만 오늘날, 우리는 '영화'에게서 무엇을 '보고' 있는가? 과연, '영화'는 우리에게 무언가를 보여주는 것일까?

흔히, 이야기를 보러 영화관에 간다고들 한다. 일상적 수준에서는 잘못된 말은 아니다. 그러나 영화가 과연 '보여주고' 있을까? 물론, 많은 것이 우리 '눈'에 작용한다. 행동과 그 행동이 일으킨 사건, 다시 그 사건으로 인해 빚어진 행위 또는 표정들(엄밀히 말하면 표정도 행위의 일종이다)…. 말하자면 편집은 바로 어떤 행동과 그 행동의 결과로써 벌어진 사건을 이으며, 다시 사건 이후에, 혹은 과정 중에, 사건이 야기한 반응을 연결한다. 서로 독립된 쇼트들을 하나로 연결함으로써 앞뒤의 행동들, 그리고 그 사건들 사이에 열린 추리, 인과관계를 빚어내는데, 거기에는 우리가 언어로 쓰인 것을 읽을 때 거치는 '독해'의 단계가 없다('언어'는 완벽한 의식의 습관이어서 그렇지, 한순간도 '독해 대상'에서 벗어나지 않는다. 여러분이 모국어가 아니라 외국어를 익히는 과정을 생각해 보라). 이 움직이는 이미지는 자연스럽게, 추리할 필요도 없이, 전후 관계만으로 인과관계의 내용이 보이게끔 만들기 때문이다. 결과적으로 말해, 편집이 서사를 '구성'한다. 미장센은 그 서사의 부분들을 담당하며, 무엇보다 보이는 행동들, 사건들을 '구성'한다. 그런데 우리는 이것들이 단순히 이미지가 아니라 '움직이는 이미지'라는 사실을 염두에 두어야만 한다. 즉, 그것은 지극히 '현실적'인 현상들이며, '영화'는 그렇게 우리의 '눈'이 현상을 직면하도록 이끈다. 현상, 그러니까 우리를 그 세계로 끌어들여 현상적으로 경험하게끔 하는 것이다. 영화를 대할 때, 따라서 우리는 '보고' 있지 않다. '눈'이 지니는 기능적인 측면에만 호소했다면 '영화'는 신기하거나 각별한 위치를 차지하지 못하고 역사 속에서 사라져 버렸을 것이다. 그것으로 살아남기에는 쟁쟁한 '회화'가 있었고, 여타 '조각'을 비롯한 디자인들이 있었다. '눈'과 함께, 지각이 가능한 모든 상태를 받아들이는 것이 세상 속의 '우리'이다. '영화'는 '우리'를 바로 '그 위치'로 이끌었다. 놀랍게도 진짜가 아닌 허구, '서사' 안에서! 그렇게 해서 인간이 한 번도 꿈꿔보지 못한 '서사 공간'을 실재화한 것이다![114]

과연 우리가 영화를 보고 있는가? 현상적으로 경험함으로써 느껴지는 짜릿함, 바로 앞에서, 바로 인물에게 이입된 내 심리와 시선을 통해서 현상 속에서 빚어졌을 때의 사건의 여파를 고스란히 통과해 보는, 이 '유사 경험' 때문에 우리는 극장에 앉아 있지 않은가? '영화'와 함께 우리는 실존할 수 없는 서사 세계를 실존하는 방식으로 경험하는 색다른 의식, 감각을 지니게 된다.

이데올로기, 그에 대한 구성이 아니라 세계를 마치 그처럼 존재하는 것으로 받아들이게끔 하는 경험, 이것이 '영화'가 지닌 놀라운 힘이었다. 즉, 더 이상 '선전'이 아니라 그 자체로 '진실'인 세상을 구성하는 힘을 지닌 것이다. 에이젠슈타인을 비롯한 소비에트 연방의 영화인들은 이점에 눈을 떴다. 그들이 선전 영화를 만들었다고? 가능하다. 하지만 그들의 관심은 단순한 '선전' 가능성에만 머물지 않았다. 그들은 사실상 공산주의 사상의 계몽자들 위치에 있었다. 그것을 선전으로 이끌어간 것은 그 시기의 스탈린 체제이며, 소비에트에서 '영화'는 그렇게 이데올로기에 훼손당한다. 그리피스로부터 눈을 뜬 이들이 펼쳐 보이고 사색한 변증법은 바로 아리스토텔레스에게서 시작된 것과 같으며, 소크라테스의 담화론과 마주친다. 즉, 이 변증법적 철학, 사고방식의 소유자들은 바로 그

---

114) 에띠엔 수리오 Etienne Souriau는 영화가 제공하는 서사 공간의 문제점을 고려하고자 '디제시스'라는 용어를 만들어 냈다. 서사학에서 광범위하게 사용하는 개념이지만 실제 탄생은 영화로부터 시작되었다. 문학에서 시작된 이 '서사공간'이라는 용어는 충분한 타당성을 지니지만 그 경우, 지극히 인식론적이며 추상적이다. 언어는 '추상', 그러니까 심적 상상의 영역에만 관계할 수밖에 없기 때문이다. 그러나 '영화'에게 이 용어가 사용되면 그것은 관객이 시점으로 위치한 실제 공간으로 화한다. '영화'가 서사 구성에서 인칭의 문제로부터 자유로운 것은 바로 여기서 기인한다. 마치 진짜 현실에서처럼 이것은 1인칭인 동시에 다양한 인칭들의 혼합과 함께 나타난다. 에띠엔 수리오의 『미학사전 Vocabulaire d'Esthétique』, (Paris, PUF), Diégèse항목을 참조하기 바란다.

변증법적으로 이해된 세상을, 자신들이 옳다고 믿는 그것을 진짜처럼 펼치고 이해시키는 영화들을 만들었을 뿐이다. 따라서 그들에게는 선전영화가 아니며, 단지 영화라는 수단의 가치를 발견함과 동시에 이념을 고양하고 발전시키는 작업이었다. 물론 우리는 결국 그것이 '선전'의 효과도 지니고 있음을 부정할 수는 없다. 하지만 '선전영화'라 부를 때, 그 경우의 '선전' 개념은 '영화'의 것이 아니라, '영화' 이전에 이미 성립된 조건이다. '선전영화'로 분류되려면 내용으로서의 '선전'이 아니라 영화적 방식으로서의 '선전 양식'이 나타나야만 한다. 아직 그런 시기가 아니었고, 그렇기에 우선 이러한 영화들은 '선전영화'로 분류되기 이전에, 개념상, '영화'의 방법들을 만들어 낸 영화들로 고려해야 할 것이다. 이 영화적 방법들을 활용해, 이제까지 경험해 보지 않은 새로운 수준의 선전 작업으로 밀어붙일 때, 비로소 우리는 '선전영화'라는 명칭을 사용할 수 있다. 대체로 이러한 정도에 이르는 데는 2차 세계대전까지 기다려야 한다. 얼핏, 이 경계는 모호해 보일 수도 있다. 하지만 '영화'의 방법과 개념들을 생각해 본다면, 내용의 영향력 이전의 문제들을 분리하는 일은 어렵지 않다. 이 능력은 처음에는 ≪열차의 도착≫으로 증명되었으며, 그리피스와 에이젠슈타인은 그러한 개별적인 쇼트들을 연이어 내는 방법(편집)을 통해서 그것이 '영화'에 있어서 이데올로기, 의미를 구성시키는 수단이 되게끔 한 것이다.

'영화'가 이데올로기를 알았다는 사실은 이처럼 내용의 문제가 아니라, 방법의 문제로서 '영화 자신'이 되어가는 결정적인 과정 중의 하나이다. 이제 '영화'는 의미들을 다루는 도구로서 존재할 수 있는 역량을 분명하게 지니게 된 것이다. 말하자면 '영화'는 비로소 분명한 '표현'의 단계로 올라섰다. 이것이 결과적으로 유럽에서 '사조사'로 이어지게 된 가장 중요한 원인이다. 유럽에서도 당연히 '영화'는 애초부터 오락으로 출발했다. '영화'를 '쇼'를 하는 도구로 만들어 낸 것도 프랑스이며(멜리에스), 슬랩스틱 코미디라는 장르가 시작한 것 역시 프랑스였다(막스 랭데). 그런가 하면 이탈리아는 화려하고 장대한 모험극의 장을 열었고 독일은 움직이는 이미지로 펼쳐지는 버라이어티 쇼를 개장했다. 이후, '영화'의 삶은 근본적으로 산업적 측면에서의 소비 형태에 속해왔으며, 대부분의 영화들 역시 그러한 목적의식 속에서 만들어졌다. 순전히 양적인 측면만을 고려한다면 미국에서의 영화와 유럽 역시 다를 바가 없으며, 전체의 입장에서는 변별의 이유가 없다. 하지만, 이미 말했듯이 유럽에서는 색다른 영화 생산의 동력이 존재했으며, 점차 그것이 '영화'의 가치를 책임져 갔다. 영화적 표현에 대한 각별한 인식, 표현의 도구로서의 활용에 대한 시도들…. 이에 의해 전체를 주도하는 영화들이 나타난 것이다. 많은 이들은 이것을 '예술적 시도'라고 보지만, 그리 단순하지 않다. 무엇보다 이것은 '영화적 시도'이기 때문이다.

　'영화'는 사실 이 수준에서 새로운 단계로 진입한다. 자본을 획득하기 위한 생산이 그의 주된 존재 가치였다면, '표현'이라는 가치를 획득하기 위한 길이 나타났으며, 곧 그것이 영화들을 이끄는 중요한 목적으로 자리 잡는다. 표현 가치는 자본을 획득하기 위한 생산 작업에서조차 필연적이었는데, 영화들을 보는 관객들의 시선이 자연스럽게 발전해 나갔기 때문이다. 이것이 유럽이 지닌 특수성이다. 그러나 우리는 할리우드가 이를 곧 따라잡으리라는 점을 간과하면 안 된다. 이미 말했듯이, 상업적인 결과를 목표로 할 때도 결국에는 '표현'의 문제에 매달릴 수밖에 없게 되며, 따라서 점차 표현 방법들의 중요성이 불거질 것이기 때문이다. 서로 다른 방향에서 접근했을 뿐이다. 출발점이 다르며, 그래서 초기 '영화'의 존재 가치가 구축되기 전까지 차이점을 보이지만 하나의 종점을 향해간다. 게다가 나중에 다시 말하겠지만 발명 초기 경쟁적 관계로 인해 시작된 서로 간의 교류는 1차 세계대전을 거치면서 이전보다 직접적이 되었으며, 거의 필연적인 무역 관계로 자라났다. 이 교류를 통해 서로를 수용하며, 서로의 문제점을 보완한다.

어쨌든, '영화'는 이데올로기 즉, 의미의 매개자가 됨으로써 새로운 시대를 연다. 단지 즐기는 대상에서, 비로소 인간이 지닌 무언가를 표현하고 전달하는 도구instrument로 변화하기 시작한 것이다. 이 덕분에 '영화'는 비록 예술에서의 새로운 개념들을 제시할 '사조'까지 확실하게 나아가지는 못했으나 여타 예술들에서 실현된 사조들을 시도해 볼 여지는 지니게 되었다. 유럽에서의 '사조사'가 지니는 역사적 의미는 따라서 영화사 안에서 사조의 역사가 등장했다는 데 있지 않다. 주변에 있던 여타 예술에서의 왕성한 사조의 출현에 영향을 받아 다양한 시도들이 감행되었고, 결과적으로 '영화'적 표현의 가능성에 대한 탐구가 이루어졌다는 데 있다. '영화'는 이 시기에 무엇보다도 스스로 '표현'의 가치, 가능성을 얻어갔으며, '편집'이 아닌, '몽타주'의 출현이 그 길을 연다. 단순하게 이미지들을 이어 붙이는 것이 아니라 의미/이데올로기를 구체화하고 전달하는 방법으로 활용됨으로써 말이다. 이것이 '몽타주'이다.

의미를 다루는 방식의 출현, 여기서 우리가 주목해야 하는 것은 이것이 오로지 이미지와 관계되어 있다는 점이다. 인간의 삶 속에서 '의미'의 집중적인 작업은 두 가지 방향에서 이루어진다. 모두 결국에는 '언어'에 기초하는데, 하나는 '말'이고 나머지는 '글'이다. '영화'는 '말'을 지니고 있지 않았다. 그러나 이 순간에, 의미를 다루는 방식, 전달하는 방식을 터득해 낸 이 순간에, '영화'에게는 '말'이 필요 없었다(실제로 있지도 않았고!). '말' 이상의 중요한 매개체를 확보했는데, 바로 '이미지'였다. 하지만 이점에 대해서도 우리는 주의 깊은 사고능력을 발휘해야 한다. 우리가 지녔던 것과는 완전히 다른, 새로운 '이미지'이기 때문이다. 회화의 이미지를 우리가 곰곰이 더듬는 일은 있었으나 움직이는 이미지로 그 일을 이뤄낸 적은 없었다. 현상이란 경험이어서 언제나 지나가며 나중에야 우리의 언어적 사고능력에 의해 포착되고 해설된다. 하지만 '영화'는 이때, 이 현상적인 이미지/순간에 우리의 사고가 작동하게 했다. 우리가 회화에서 그랬듯 음미하며 해석하고 느끼는…. 그러니까 인간은 난생처음 **'경험'되는 현상적 이미지 안에서 동시에 내용/의미를 느끼고 읽어내는** 새로운 길에 서게 된 것이다. 인간이 이전과 다른 존재가 된 셈인데, 이 변화는 우리가 쉽게 추적하지 못한다. 문명의 역사를 거시적으로 놓고 보아야 대체 무엇이 달라졌는가를 깨달을 수 있기 때문이다. '영화'는 '현상'에 밀착되어 있기에 어쩌면 우리는 이 변화에의 의식을 지니고 재단해 보기도 전에, 영화들을 통해 나타나는 '현상'의 즐거움과 소비에 먼저 빠져들어 버렸는지도 모른다. 끊임없이 '영화'는 역할을 찾는 데에 골몰했으며 산업이 되어버린 이상 그럴 수밖에 없는 '운명'에 봉착해 있었다.[115] 아니, 실은 우리 인간의 삶 자체가 산업 체계 안에서 살아가야 했으므로 오직 그 안에서의 생산에 매달려야만 했다. 따라서 이 역사의 변화 지점은 그러한 삶의 체계 아래서의 시선이 아니라 그것을 훨씬 웃도는, 마치 우리가 고대와 중세를 구분할 때의 조망을 지녀야만 가능하다. 그러나 이를 명확하게 언표하지 못하더라도 인간이 이 20세기 초반에 무언가 다른 시대로 진입했다는 것은 분명한 사실이다. '현상'이 모든 삶의 중심이 되었다.

---

115) '영화'는 그로부터 수십 년이 지났음에도 여전히 '역할 찾기', '용도로서의 가치'를 벗어나지 못했다. 한편으로는 앞을 내다보면, 우리는 또 하나의 이유를 첨가할 수 있을 듯하다. '영화' 제작에 들어가는 자본, 유통망의 유지에 사용되는 비용인데, 이보다 정확히 말하자면 결국 인류는 아직 '현상'에 대한 구축 비용을 해결하지 못했다. '현상'을 움직이는 이미지로 전환하는 데 있어서 자유롭지 못한데, 현재 인류에게 보편화된 장치는 오직 '기록하는 장치'뿐이다. 핸드폰으로 동영상을 보다 더 쉽게 다루게 되었지만 결국 그것은 '기록'에 멈추는데, '현상'의 생성은 그 때문에 촬영 이후, 수많은 공정과 작업을 요한다. 더구나 그 이전에 '서사'를 촬영하는 데 따른 제작 비용이 있다. 생성의 과정에 관여하는 기술과 제반 사항의 문제가 해결되지 않는 이상, '영화'는 계속해서 '용도의 효율성'에 머무를 수밖에 없다.

'영화'의 힘에 대한 자각, 1910s를 넘어서

13

이제까지 없던 것들의 출현

잠시, '영화'와 '이야기'의 관계를 다시 재조명하자. 이제는 이전보다 더 자세하게 다룰 필요가 있다. 우리는 1차 세계대전이 끝나고, 비로소 또 다른 '영화'가 시작되는 지점에 서 있다. '영화'는 이제 '이야기'를 단순하게 담는 데 그치지 않고 진짜 자신의 방식으로 다루게 된다. 그렇기 때문에 이 시기까지의 '영화'의 과정을 복습할 필요가 있다. 이번에는 관점을 '이야기' 쪽으로 가져가자.

할리우드로 옮겨 가고, 에디슨의 특허권은 기각되며 대량 생산의 시대를 열면서 미국의 '영화'는 새로운 전기를 맞이한다. 하지만 이미 누차 말했듯이 제작사들의 탁월한 혜안이 작용한 것은 아니다. 경제적 이득을 위한 일련의 결탁이 만든 효과였다. 즉, 도피의 조건이 할리우드라는 지역을 선택하게 했고, 월스트리트의 산업에 대한 투자 등 시대적 조건들이 맞아떨어졌다. 결과적으로 서부로의 이동은 단순하게 제작 공장의 이전에 그치지 않았다. 뉴욕과 시카고 등의 동부 중심의 시장에서 전미 시장으로의 전면적인 확대였고, 아직 시기상 주먹구구를 벗어나지는 못했었지만, 동부에서 익힌 제작의 노하우를 살려 집약적인 거대 스튜디오 생산 체제를 구축하게 된다. 당연히 이 시스템은 무엇보다 산업적인 의미에서 효율적일 수밖에 없었다. 그저 대량 생산이라는 시장 조건에 맞췄을 뿐이었지만 결국 할리우드의 영화가 유통되는 산업 시스템을 만들었기 때문이다. 사실, 할리우드의 생산 시스템이 나타나기 전까지 미국은 트러스트의 군림과 군소 업체들의 이권 다툼이 거대한 규모의 산업을 움직이고 있었다. 즉,

규모만 거대했을 뿐, 아직 산업 체제가 표준화(?)되지 않았다는 뜻이다. 반면, 유럽은 그보다는 훨씬 일찌감치 산업적인 시스템이 구축되었다. 1차 세계대전 이전부터 유럽은 상대적으로 산업이 발달한 곳이었고, 온갖 시행착오들이 장기간에 걸쳐 발생했지만, 결국에는 확실한 체계를 구축하게 된다. 그러나 이미 앞서 보았듯이 1차 세계대전은 오락산업으로의 발전에 현저한 균열을 내었다. 어차피 '영화' 자체가 오락과는 떼려야 뗄 수 없으므로 향후 되살아나게 되지만, 지금 우리는 이 시기를 더듬고 있다. 시스템의 동력이 몇 년 동안 멈추었다는 것은 한편으로 그만큼 새로운 재편성이 이루어졌다는 말이 된다. 게다가 전쟁은 양적인 문제만이 아니라 질적인 문제를 건드릴 충분한 힘을 지니고 있다. 전쟁의 땅이 내 삶의 마당이었을 때는 더욱이.

아마 우리는 2차 세계대전 시기에 다시 한번 같은 고리를 말하게 될 것이다. 그러니 지금 1차 세계대전 전후를 둘러보는 '공식'을 눈여겨 봐두길 바란다. 사실 모두 '전쟁'이고, 양상도 비슷하며, 상황의 유사한 반복이 이루어진다는 점을 미리 염두에 두고 말이다.

전쟁이 직접 머리 위에서 터졌을 때, 그것은 더 이상 망각이거나 회피의 대상이 아니다. 그로 인한 상흔은 멀리 있지 않고, 지금 계속해서 발생하고 있기 때문이다. 따라서 이것은 '상흔'이 아니다. 그 자체가 '생존의 과정'이다. 유럽의 관객들은 더 이상 존재하지 않았다. 그들은 피할 곳도 없었으므로, 오락을 그리워할 형편에 서지 못했다. 처절하게 목숨을 부지하는 일, 그것이 인간으로서의 가장 현실적인 목적이었다. 1차 세계대전 전에 유럽의 문명사가 어떤 분위기였는가를 잠시 생각해 보자. '과학과 산업의 시대', 반 헬싱의 선언을 앞서 말한 바 있다. 인간의 문명으로 이룩할 유토피아를 꿈꾸고, 온갖 미래적인 판타지가 펼쳐지던 곳이다. 이 기대, 소망, 미래가 산산이 부서졌다. 그리고, 상상하기 힘든 처절한 인간성의 몰락을 경험한다. 이것이 단지 '상흔'일까? 이것은 현실에 대한 냉혹한 반성과 비판을 낳았다. 여기서는 전쟁을 잊기 위한 망각을 찾아 오락을 꿈꿀 여유조차 없었다. 이런 조건이 온갖 표현의 매체에 종사하는(이른바 예술)이들을 고민에 빠지게 했다. 영화 역시 마찬가지다. 오락산업으로 바로 회귀하기에는 겪은 것들의 무게가 만만치 않았다. 앞서 말한 대로, 순전히 영화의 역사적 발전단계로 볼 때, 이를 따라 화법과 표현의 가치와 의미가 따져지기 시작한다. 따라서 조금 더 진지하고 의미 있으며, 현실을 파고드는 경향을 보일 수밖에 없는 영화들이 나타났는데, 이것이 유럽에서 '영화'를 산업의 맥락에서보다 그것을 만드는 이들의 자각과 그에 의한 작품의 가치에서 주목하지 않을 수 없게 만들었다. '감독들'이었지만, 그들 중 많은 이들은 그러니까, 또한 '작가'이기를 원했던 것이다.

반면, 같은 전쟁이지만, 총알 하나 직접 맞을 일이 없다. 다만 애먼 전쟁으로 인해 꿈꾸었던 삶이 제한되고 소비시장의 침체가 야기되었다. 어떤 경우에서는 직접 전쟁의 지뢰밭에서 생존 자체에 허덕이는 직접성보다 심리적인 상황에 내몰리는 이 경우가 더 비참할 수도 있다. 전쟁은 죽고 사는 문제지만 그 여파에 허덕이는 이들은 죽어가기와 삶의 처참함을 끊임없이 겪어야 하기 때문이다. 가진 것이 하나 없더라도 한쪽은 건진 목숨 자체에 만족하는 반면, '있어야 뭐하나, 이렇게 살 바엔'하는 식의 조건 속에서는 결코 만족할 수 없기 때문이다. 따라서 정작 어두워지는 것은 후자에 속한 사회의 삶이며(전쟁의 복판에서는 어두워질 틈도 없는 데 반해), 그래서 망각과 회피를 찾게 된다. 말하자면 오락이 많은 것을 잊게 해주는 역할을 제대로 수행하게 된다. 게다가 위에서 기술한 방식으로 말하면, 순전히 영화의 역사적 발전단계로 볼 때, 미국은 확대된 시장이 정착한 시기이고, 전미적인 규모가 되었으며, 스튜디오 생산 체제가 완전히 무르익었을 즈음이다. 그러니 사람들이 보고 싶어 하는 것을 만드는 데 확실한 노하우들이 쌓였고, 발휘되고 있었다. 그래, 그 결과, 영화들은 완벽한 상품 가치로 환산되었는데, 시스템만이 절대적으로 군림하게 된다. 그래, 거기에는 작가가 아닌, 상품을 생산할 감독이 필요했다. 1년, 365일, 24시간 수요와 공급이 맞물려 돌아갔고, 월스트리트 입장에서는 눈먼 돈을 벌기 위한 보다 많은 생산품의 빠른 제작이 급선무였다. 사실 월스트리트에게 전쟁은 또 다른 방식으로 돈을 벌 기회일 뿐이다. 언제나 자본을 손에 쥔 자들은 불황과 변동을 더 즐기기 마련이다. 그래야 중간층이 몰락함으로써 자신들의 기회가 더 늘어난다. 쌓아둔 금전으로 고리대금업을 하면서, 금융이라는 합법적인 이름하에 말이다. 아무튼 영화 쪽만 말한다면, 유럽의 몰락은 이처럼 미국의 영화산업을 오직 한쪽으로 몰아붙였다. 생산기지로서, 전략으로서.

그러나 우리는 또한 사람들, 곧 미국 관객들의 선택도 무시해서는 안 된다. 무엇보다 그들에 의해서 '영화'는 자본주의의 날카로운 갈퀴에 걸린 상품으로서의 가치를 부여받았으니까. 달리 말하면, 생존력 말이다. '영화'는 '회화'나, '건축', '문학' 등이 아니다. 태어날 때부터 예술적 가치를 부여받았다면, 자본주의 안에서도 살아남을 수 있었을 것이다. 하지만, '영화'는 아직 아무런 가치도 지니지 못했다. 그때까지 모든 인기는 거의 휘발성이었다. 결국, '영화'가 그런 상황에서 살아남기 위해선 '지속적인' 인기 상품이 되는 것 외에는 길이 없었다. 사실, 그 시대, 영화들은 어디서나 '예술'과는 솔직히 거리가 멀었다. 그러니 우리가 이때의 영화들에 '예술'이라는 잣대를 들이대서는 안 된다.

어쨌든, 한 가지는 분명하다. 태어났을 때부터 얼마간 상당히 무시당했지만, '영화'는 스스로 짐작하지 못한 매혹적인 결과를 만들어 냈다. 한량이든, 미국에서처럼 이민 세력 출신의 가난한 노동자들이었든, 수많은 '관객들'을 탄생시켰다. 생각해 보라. 오늘날 우리가 습관상 '관객'이라 부르지만, '영화' 초기에는 마땅한 호칭조차 없는 완전히 새로운 손님들이었다. 그들은 연극이나 오페라, 쇼를 보는 이들이 아니고, 움직이는 이미지를 보는 사람들이었으니까. 생소한, 움직이는 이미지는 납득하기 힘들어도 어쨌든 사람들을 매혹했다. 대체, 무엇이 사람들을 그리도 홀렸을까?

그래, 아주 냉정하게 생각해 볼 수도 있다. 우리가 짐작할 수 없을 만큼 삶의 토양은 척박했고, 힘겨웠다. 그들은 매일 허기에 시달리는 이민자들이거나 가난한 노동자였다. 시선은 차갑고, 노동은 과했고, 피곤하고 강탈당한 삶의 연속이다. 하루의 일과가 끝나 가족들과 함께 휴식을 즐기는 미국 중산층 특유의 가족 중심 놀이 문화는 다음 단계의 경제 상황에서나, 미국의 경제 구조의 필요에 따라서, 그러한 삶을 허락할 때나 가능하다. 미국에서 사람들은 한 번도 제대로 된 구조와의 투쟁으로 자신들의 권리를 만들어 본 일이 없다. 언제나 수동적이었다. 즉, 구조가 그런 상황을 원하기 전까지 허락되는 것은 없었다(이 미국식 경제 구조가 어쩐지 지금 가장 유력한 실력을 발휘하는 듯하다. 아, 삶은 괴롭다!). 아무튼 그런 시대, 그들에게 이 세상에서 가장 값싸고 유일한 오락은 '영화'였다. 그러나 엄밀히 말하면 '영화'가 자신의 힘만으로 사람들을 홀린 것은 아니다. 그들이 최소한의 여가를 즐기도록 그들 곁에 있던 싸구려 배설 창구로 있었을 뿐이다. 영화들은 그래서 좀처럼 의미심장한 것이 없다. 웃고, 울고, 떠들고, 짜릿하며, 활기차며…. 뭐 그런 것들이었다.

반면 우리는 또 다른 면도 무시해서는 안 된다. 영화들이 노동자들의 아쉬운 한 줌의 여가를 채울 수 있는, 분명하게 채워 주는 역할을 했다는 사실은 부정할 수 없다. 하지만 만일 단지 여가를 때울 수 있는 조건 때문에 그리된 거라면 이 시대에도 '영화'는 사라질 수 있었다. 연극이, 싸구려 버라이어티 쇼들이 그런 목적의 결과물을 내뱉으면 됐을 테니까. 하지만 과연 그랬을까? 그것들이 '영화'를 대체할 수 있었을까?

아니다. 이따금 그런 경우가 없지는 않았겠지만 1910년대쯤이면 이제 '영화'는 단지 저속한 여가에 대한 임의의 대체물이 아니었다. 오락이기는 마찬가지였지만, 최소한 '이제까지 없던' 다른 오락이었다. 할리우드는 사실 그 '다른 오락'으로서의 면모를 여실히 보여주기 위해 온갖 방법들을 모두 동원했다. 아니, 지금 역사적으로 다루고 있으니까 다르게 말하자. 할리우드는 그러기 위해 갖은 장치를 죄다 '만들어 냈다'. 우리가 대개 영화들을 고려할 때 가장 먼저 떠올리는 것이 '감독'이다. '어떤 감독의 영화들', 그렇게 보는 것을 그나마 심도 있게 영화를 보는 태도로 간주하며, 동시에 보편화되어 있다. 하지만, 사실 '영화'의 삶을 이해한다면, 이는 참으로 이상한 일이다. 무엇보다 '영화'를 그리 자꾸 전통적인 '작가' 관점에서 보려 하는 것, 그리고 그것이 마치 영화에 대한 지적인 태도인 양 여기는 것은!

　왜냐하면 직업으로서의 '감독'의 위치는 사실 맨 나중에 생겼기 때문이다. 그보다는 배우, 스펙터클한 움직임을 담당하는 이들이 우선이다. 채플린, 키튼도 사실 감독으로서의 위치보다는 배우로 대중들에게 받아들여졌으며 그들이 직접 영화 안에 나오는 한은 언제나 배우로만 받아들여졌다. 그리고 슬랩스틱 코미디와 서부극에서의 말타기 등 갖은 묘기에 가까운 행동들, 온갖 움직임의 교차들이 지어내는 놀라운 장관들, 그것들이 당시 할리우드의 전략이었다(채플린이 자신이 감독임을 증명하고자 했을 때 관객들은 그가 출연하지 않기 때문에 보러 가지 않았다!).

　내가 보기에, 당시 감독들의 지위가 별로 보장되지 않았다는 점(오늘날 우리가 보듯이 미적 스타일의 기준에서)은 상당히 다행스러운 일이다. 그것은 어떤 면에서 영화가 기존 형태의 여타 표현 도구들보다는 훨씬 더 보편적인 존재감을 지니고 있다는 말이기 때문이다. 달리 말해, '특별하게' 다루는 능력(감독)에 의해서 우리의 인식에 들어온 것이 아니라, 영화 그 자체로 자신의 특성을 인식시켰다는 점에서 말이다. 즉, 이 당시에, 사람들은 결코 특별한 의미나 가치를 찾아서 영화관에 오지 않았다. 엄격하게 보자면, 사실 단순하게 '오락'을 즐기기 위해 온 것도 아니다. 사람들은 사실, '영화'라는 장치의 힘에 이끌려 온 것이다. 내용으로서의 '오락'이라는 성질은 중요하지 않다. '영화'는 사실, 자신의 '힘'을 오락거리로 만든 것이기 때문이다. 결국, '영화'가 자신의 힘을 발휘하는데 필요로 하는 많은 것을 이미 할리우드가 지니고 있었다. 시간이 좀 더 지나면, 이보다는 더 특별한 가치가 필요 하겠지만(사실 나중에 다시 말하겠지만 이것은 단지 '시간'의 문제만은 아니다), 이 시기에는 기승전결이 있는, 사람들의 흥미를 끌 만한 사건들을 지닌 이야기면 됐다. 그리고 그 안에서 사람들의 시선을 끌어줄 배우들, 그들을 잘 잡기 위한 조명과 카메라 등, 유럽에서야 이미 그 이상이 필요했지만, 할리우드는 그렇지 않았다. 이 정도면 충분했다. 위에서 말한 대로 그래서 그들은 이 정도의 필요성을 채울 수 있는 조건들을 마련했고, 그것을 발전시켜 나갔다.

영화관의 의미

관객들은 아주 재빨리 영화관에서의 경험을 생활화시킨다. 그래, 이제야말로 진정한 환몽의 시대가 시작된 것이다. 그렇지 않은가? '영화'를 본다는 것은, 이 환몽에 빠져드는 일이고, 그 밑변을 헤매는 일이다. 관심을 끌 만한 요소를 지니고 있는가 아닌가와 상관없이, '영화'가 지닌 기본적인 속성이다. 우리는 그것을 경험하러 영화관을 찾는다.

우리를 그처럼 만든 그 '영화'가 대체 무얼까? 영화가 아니라 '영화' 말이다. 사람들은 대체로 영화에 관한 이야기들을 원하는 듯하다. 예컨대, 우리가 여기서 지금 말하고 있는 것은 나중에 '클래식'이라 불릴 '영화'인데, 사람들은 그 개념 안에서 생산된 무수한 영화들에 대해 말하기를 바란다. 존 포드, 히치콕, 웰즈 등의 영화들 말이다. 그것들에 관해서 말하지 않을 수는 없다. 하지만, 우리 여행의 목적은 아니다. 사실 우리가 영화들을 분석하고, 그것을 만든 이들을 보는 이유도 커다랗게는 '영화'라는 놈이 만들어 온 잔치에 합류하기 위해서이다. 그래서 대체 그가 뭐였는지, 어떤 것으로 지금 존재하는지, 우리에게 열어 보인 것들이 무엇인지를 즐기기, 말하자면 좋은 놈만 골라내는 일이 아니라 '영화'로 향유할 모든 것을 생각해 보는 일, 풍성해지는 일 말이다.

이제 '영화를 본다'라는 표현의 진짜 의미를 생각해 볼 수 있을 것이다. 영화관 안에서, 어둠을 틈타, 스크린을 마주하고 있다. 그 스크린에 멀리 뒤에서 시작된 빛줄기가 도착한다. 그리고 이미지가 시작된다. 그때부터 우리는 이미지를 보는 것도, 이야기를 보는 것도 아니다. '영화를 본다'고 하지만 정작은 '보는' 것이 아니라 그 세계 안, 어딘가로 들어간다. 그 세계에, 그 세계가 지닌 '현실'에…. 그리고 사실, 이것은 이야기 이전의 문제이기도 하다. 아직 영화에 이야기가 삽입되기 전, 뤼미에르 형제가 열어 놓은 세계니까.

≪열차의 도착≫말이다. 관객들은 그때, 스크린에 던져진 이미지가 그들이 살고 있는 '현실'이라는 사실을 잘 아는 동시에, 그 현실 속으로 걸어 들어가, 의자에 앉아 보고 있는 당시의 '현실'로 인식했다. 그러니까 눈으로 보고 있던 '현실'이 현장으로, '지금'의 현실로 치환된 것이다(그래서 경험이 된다!). 그 모든 것이 이미지에 불과하다는 사실을 깨달았을 때, 거기에 모였던 관객들의 표정이 선하다. 실소와 어처구니없음, 때로는 아직도 어안이 벙벙하게 긴장을 풀지 못한 얼굴들, 때로는 오히려 솟아오르는 짜증…. 전진해 오는 단순한 열차의 움직임을 왜 우리는 돌진해 온다고 여겼을까?

'영화'는 사실 이 시점에서 이미 자신의 '힘'을 충분히 보여주었다. 사람들도 이 사건을 회자하며 화제로 삼았다. 그 어처구니없던 결과를 패러디하는 영화도 있었다.

≪열차의 도착 L'Arrivée d'un train à la Ciotat≫(1896)

그러니, 많은 이들이 이 '움직이는 이미지'의 '힘'을 분명하게 느끼고 떠들었다는 말이다. 그런데 왜 그랬을까? 이만큼 화제가 되었음에도 이것을 '영화'가지닌 가능성이라고는 전혀 여기지 않았다. 이유는 간단한데, 발명가들의 관심은 이러한 '힘'이 아니라 세상을 있는 그대로 보여주는 기록으로서의 영화적 기능에 몰두하고 있었기 때문이다. 따라서 ≪열차의 도착≫이 일으킨 사건은 그들에게는 신기한 일회성 현상에 지나지 않았다. 직접 놀라운 지각의 변동을 대했음에도 뤼미에르 형제 자신들도 유사한 효과를 노리는 영화조차 찍지 않았다. 그렇게 '영화'의 위대한 힘은 잊혔다. 하지만, 그렇다 하더라도 결국 '영화'의 첫발이 여기서 떼어졌다는 사실은 부인할 수가 없다. 현실의 문제, 실재의 문제, 그리고 몰아沒我와 환장할 만한 이 착각 말이다. 우리는 이제까지 너무나 단순했다. '영화' 속에서의 '이야기'를 말할 때 늘 그것이 지닌 서사적 내용에서 접근하려고 함으로써 말이다. 어느 것이 잘된 이야기이고, 그 이야기의 구조가 무엇인지는 별로 중요하지 않다. 아니, 그 점이 중요해지기 위해선 먼저, '영화'에 이야기가 첨가되었다는 사실이 어떤 의미일까를 생각해야 할 것이다. 이야기가 없는 '사실'들의 재현 상태에서 이미 '영화'가 하는 일이 무엇인지 드러났다. 그런 상황에서 이야기가 첨가되었다. 처음에는 단지 이야기가 그저 카메라 앞에서 담겼지만 1910년대 말로 접근해 가면서 '이야기'는 카메라와 함께 만들어지기 시작한다. 결국 '우리' 앞으로 달려오는 '열차'가 '이야기'로 대체된 셈이다. 이미지가 더 이상 이미지가 아니고 현실처럼 경험되는….

정말이지 이제, '영화를 보고' 있을 때, 진실로 말하건대, 우리는 세상에 없던 이상한 존재가 된다. 곰곰이 영화를 보고 있는 여러분의 상태를 생각해 보라. 아무도 이상하게 여기지 않지만, 사실 우리가 현대에서 우리 자신에게 요구하는, 동시에 우리가 타인에게 요구하는 이성과 감각의 단계를 고려해 본다면 이경험은 아주 이상하고 특별하다. 적어도 현실 세계에서 그런 경험은 빚어지지도 않으며, 만일 벌어진다면 당장이라도 심리 상담 치료를 고려해야 하기 때문이다. 내 옆을 스쳐 가며, 나와 그 외에는 아무도 없는데 어딘가를 향해 분명하게 떠들고 있는 이따금 길에서 만나는 이들을 떠올려 보라. 아니면 세상은 바뀐 것이 없는데 모두가 달라졌다며 자신의 생명을 만지작거리는 침울한 친구를.

집을 나와, 탈것들을 타고, 극장까지 나아간다. 그러고는 그 안에 앉아서, 어둠 속에서, 세상에는 없는 이미지들을 만난다. 어딘가 있을 것 같지만 사실은 그런 식으로는 없는 이미지, 그 이미지들과 함께 펼쳐지는 것은 외딴 세상, 아니면 익숙하다고 여겨지는 세상의 외딴 이야기이다. 우리는 그 세계에 푹 빠져, 완벽한 삶의 한 단면을 경험한다. 감정과 신경계까지, 온통 실제 일어난 현실처럼 반응하는 경험, 그러니까 기차가 돌진한다고 여기는 경험. 그때와 오직 다른 것이 있다면 내 몸을 피할 만큼 반응하지는 않는다는 사실뿐이다. 그러나 움찔대는 근육계와 감정의 창피함을 잃어버린 표출까지 부정하지는 못한다. 그래, 이것은 그 상황에서는 분명한 하나의 '현실'이며, 내가 느끼는 '현실'이다. 나는 그렇게 '되어버린' 현실을 통과한다. 그리고 이야기가 끝나자, 그리 빠져 있던 '현실'이 마침표를 끊자, 비로소 헤어난다. 하지만, '내'게 묻어 있는 조금 전의 '현실'이 안겨준 각인들이 여전히 남은 채로 현실로 돌아온다. '현실'과 현실이 그리 만나고, 겹치고, 치환하고, 범벅이 된다.

어쨌든 영화가 끝났다. 그러니까 이제 빛이 들어온다. 그러면, 스크린은 맨 처음처럼 자신이 스크린임을 주장하는 상태가 된다. 이상하다. 처음에 자리를 찾아 이리저리 두리번거리며 앉았을 때, 이 스크린의 상태가 의식된 일은 별로 없다. 영화가 끝나고 난 뒤에야 버젓이 보게 되는, 당당하게 자신을 내보이는 그 스크린에 대한 의식에 비하면…. 그리되면 우리는 모두 끝났음을 안다. 우스개로 말하면, 이제 내가 낸 비용의 대가는 모두 받았으며, 이제 여행은 끝났음을…. 나는 그 동굴에서 바깥으로 걸어 나온다. 안에서와 전혀 다른 빛이 눈을 푹 찌르고 익숙한 소음들이 몸을 감싸는 바깥, 나는 다시 진짜 현실로 되돌아왔다(언제는 진짜가 아니었던가?). 조금 전 경험으로 인해 여남은 이미지들을 안고, 그러니까 분명한 '추억/이미지들'을 안고, 동굴로 들어가 그 깊은 어둠의 바다에 빠졌다가는 다시 동굴에서 바깥으로 나오는 앨리스처럼. 그녀가 깔깔거릴 요량으로 우리를 보고 있다. 우리가 혹시, 작았다 커지기를 되풀이하는 거대 토끼였나? 목각 병정이었나?

자, 이래도 안 이상한가? 너무나 익숙해서 그렇지, 평소에, 그토록 이성적이고, 의식과 감정의 명료함을 그토록 주장하며, 스스로 엄격함에 무장하는 '우리' 같은 이들이 이런 '상태'에 기꺼이 빠진다는 사실이? 현실에의 의식의 끈을 놓고, 그러니까 그토록 당당한 이성의 끈을 놓고 넋 나간 듯 이미지들에 빠지다니! 몽환, 환몽, 중세라면 마녀사냥의 대상이었을!

오늘날 영화를 말할 때 유행처럼 따라붙는, 지겨우리만치 반복되는 용어가 영화미학이라는 말이다. 하지만, 이 용어는 조심스럽게 검토되어야 한다. 왜냐하면 사실 이 경험은 전혀 미적이지 않기 때문이다. 미에 대한 경험은 이런 '몰아'가 아니며, 현실적인 감각 기제의 반향도 아니다. 적어도 우리가 이 19세기 말의 '미'에 대한 개념을 그토록 고수하고 있는 한 말이다. 그때, '미'는 이른바, '음미', 현실적 목적으로부터 거리를 둔 관조의 대상이었기 때문이다.[116] 조금 복잡한 개념이지만(미가 개념화되어 있다는 것 자체가), 예컨대, 그때 '미'는 그나마 '감화'도 아니며, 일종의 감각을 수반한 지적 성찰의 대상이었다는 말이다.

---

116) 까다롭고 애매하지만, 미학책들을 펼쳐 보면 이처럼 쓰여 있다. 이게 온당한 설명일까? 독어나 불어의 경우, '취미'나 '무관심'이라는 단어는 우리말에서의 의미와 다른 말이다. 그런데도 그것을 그대로 번역해 놓음으로써 이 단어들이 주는 의미나 뉘앙스만으로 충분히 판단될 수 있는 길을 잃어버리고 이 '취미'가 무엇이며, '무관심'이란 무엇인지 줄줄이 설명을 또 달아야 하게 만들었다. 내가 보기에 딱 맞는 단어는 아니지만 이 '취미'란 '음미', 기호, 호감 등과 연관이 있다. 때에 따라 적절하게 달리 받아들여야 한다는 말이다. 게다가 '무관심'도 우리말의 '관심이 없다'와 다르다. 관심을 둠으로써, 이미 대상에 관심을 두는 자가 지닌, 관심에 딸려 올 수밖에 없는 여러 한정에서 벗어난 상태를 지시하는 것이다.

그러니, '영화'는 전혀 전통적인 '미'와는 상관없는 것이었으며, 그 미적 개념으로 규정될 수 없는 어쩔 수 없이 새롭고 특이한 경험을 제공하는 것이었다. 사실, 그때에는 '미'로 규정될 가치가 전혀 없는 저급한 경험이라고 여겨졌고!

'영화미학자(?)'들에게 미안한 말이지만, 결국에는 영화적 경험을 이러한 '미적 개념'과 연관 지으려는 데서부터 '영화'가 복잡해져 버린 셈이다. 나중에야 어떻게 되든, 이러하니, 이 '미'라는 말을 잠시 덮어놓자! 그리고 그 미학자들, 전공자들이 주장하는 '영화와 예술'을 마찬가지로 등 뒤로 밀어내자. 지금 보았듯이 이것은 아직 그냥 색다른 경험이다. 규정은, 미적 해석은 조금 뒤의 시간대(1940년대)로 돌려 두고….

'영화'가 가치 있는 것은 결코 '미적'이어서가 아니다. 그것은 우리 생각과는 전혀 다른 쪽에서, 하지만 '우리'를 늘 붙잡고 있는 '불가사의' 쪽에서 가치가 있다. 결국, 우리는 이 이상한 '영화 이야기'에 아직도 정당하게 주목한 일이 없다. 그래서 나는 이리 말한다. '영화'에 주목한 적이 없는 것이 아니라, 이 '영화' 자신이 보여준 '이야기'에 주목한 일이 없다고(우리가 오늘날 영화들에서 보는, 스토리로서의 이야기 말고!) 엇비슷해 보이지만 한참 다르다. 나는 결코 영화들을 설명하기 위해, 어떤 영화가 뛰어나고 얼마나 잘 만들어졌는지를 말하기 위해 글을 쓰지 않는다. 영화들을 구별하고, 그로부터 '영화'의 특수성을 끄집어내는 일이 아닌, 다른 '이야기'를 하고 있다. 다시 말해 볼까? 집에서 나와, 검은 동굴로 걸어 들어가 그 안에서 '이야기들'을 경험하고는 다시 자연의 빛 아래 서는 것, 그리고 그 안에서 살아가는 것, 이 '이야기'를 말하는 중이다. 우리 모두 '앨리스'가 된 '이야기'를!

앨리스는 밑도 끝도 없는 동굴로 들어가 현실에서 본 적 없는 '상황들'과 맞닥뜨린다. 경이이며, 두려움이며, 즐거움이며, 한없는 울음이며, 위기와 절정, 승리와 패배, 욕망과 패주 등을 경험하고는 어느 순간 다시 컴컴한 곳을 통과해 현실에 선다. 그러고는 말한다. '이상한 나라'에 다녀왔어! 하지만, 그것은 현실에서 보았던 것들로만 채워져 있으므로 이상하지는 않다. 다만 현실과는 어긋난 조합으로 묶어 놓았을 뿐이다. 토끼를 '말'과, 개구리를 '병졸의 의상'과, 카드를 '몸들'과…. 이 조합은 지속된다, 그 세계에서는.

영화가 그런 것이지 않은가? 그러니 그 안에 들어가서 본 것들이 '이야기'이기 이전에, '그 전체'가 이야기이지 않은가? 앨리스가 만난 것들이 '에피소드들'인 것처럼, 그리고 앨리스가 잠에서 시작해 거기를 나와 잠에서 깨었다는 그 전체만이 '이야기'인 것처럼. 그래, 영화의 이야기는 끝날지 몰라도, 다만 '영화'의 이야기는 끝나지 않는다. 한 편 보았다는 사실로 종결되지 않기 때문이다. 물론, 이렇게 말할 정도로 완벽하게 세련되지 않아 보이긴 하지만, 이런 '영화'가 이 시기, 1차 세계대전을 거치면서, 전후에 본격적으로 시작되었다. 우리가 그것들을 볼품없어하는 것은 21세기에 살고 있어서일 뿐이다. 즉, 착각이라는 말이다. 이 시기 관객들의 경험이나 현재 우리의 경험이나 그 자체는 다를 바가 없다. 아니, 솔직히 말하자면, 그들은 사실 '우리' 이상이었다. 생각해 보라. 우리는 여전히 초창기 기계를 마주한 19세기 한량들처럼 '재미'만을 찾고 있다. 그것도 단순히, '이야기'가 지닌 재미 말이다. 하지만 생각해 보라. 이때의 관객들은 그 '이야기의 재미'를 만끽하면서, 동시에 '영화'가 건네는 표현들도 경험하고 있었다. 우리가 원하는 스펙터클이야 오히려 퇴보해서 규모의 문제로 내려앉았지만, 그때는 카메라의 무브먼트, 쇼트의 배열 자체가 놀라운 스펙터클이었다. 그래서 1920년대가 되면서 가장 진지하고 의미가 넘치는 영화들과 담론들이 쏟아진 것이다. 지금 우리 주변에 떠도는 담론들, 영화를 연구하는 이들의 담론이 아니라 관객들의 담론을 돌아보라. 어떤 것이 있는가?

자, 이런 '영화'가 시작되었다는 사실만큼은 유럽이나 할리우드나 차별할 필요가 없다. 적어도 이 순간은 말이다. 관객들은, 사실 인류는, 이 낯설고 생소한 여행의 맛을 비로소 깨달았다. 천부적인 누군가가 형편없던 '영화'의 화법을 발견해 싸구려인 도구의 가치를 확장하지 않았다. 이때에도 '작가'라는 개념은 아직 없었다. 다들 그냥 영화 만드는 사람들이었고, 그 보통의, 평범하게 살아가던 사람들이 스스로들 만들었고 스스로 빠져들었다. 그러니까 스스로들 이 '영화'가 지닌 가치를 알아챘다.

물론, 일단 이러한 '영화'의 가치가 실현되고, 그것이 퍼져 나가면서 '영화'는 새로운 문제에 봉착하게 될 것이다. 왜냐하면, 사람들이 그러한 '영화'의 힘에 익숙해지면 더 새로운 것들에의 요구는 아주 자연스럽게 터져 나오기 때문이다. 이미 우리는 그러한 역사를 경험했다. 초기 뤼미에르의 거리가, 멜리에스의 '마술 쇼'가, 에디슨의 '이벤트'가 어떤 운명을 맞았는지. 하지만 '영화'의 1920년대는 경이롭다. 그 가치를 활용할 수많은 방법 역시 스스로 만들어 냈다. 요즈음 감독들이 그저 '배워 가는데' 비해서!

'영화'는 그렇게 달라질 것이다. 한동안 자신의 힘을 누리고, 시간이 지나 더 이상 통하지 않으면 그 후에는 그 힘을 다른 방식으로 효과적으로 발휘할 방법들을 찾아 나서고, 다시 새로운 힘을 보여주고…. '영화'의 이야기는 그렇게 계속된다.

새로운 환경, 새로운 시대, 1910s & 1920s

1차 세계대전과 함께 1910년대가 저문 뒤, 간신히 생명력을 회복해 대단한 전성기를 이루었지만 1920년대의 판도는 어떤 이들에게는 고통이었다는 점도 알아두자. 많은 이들이 서서히 떨어져 나갔고, 다시는 되돌아오지 못했다. 비록 우리가 오늘날 그들의 작품을 기억한다고 하더라도 말이다.

그만큼 초기에 영화를 시작한 이들에게는 생소한 환경이 도래했다. 무엇이 생소하냐고? 먼저 그들이 어떻게 '영화'를 발견하고 어떻게 '자신의 영화'를 만들게 되었을까를 생각해 보자. 아주 간단한데, 그들은 누구에게서가 아니라 스스로 '영화'를 발견해 나갔다. 남이 만들어 놓은 틀을 보고 뛰어들지 않았다. 물론, 뤼미에르, 멜리에스, 에드윈 포터, 아르버클, 맥 세네트의 영화들을 봤겠지만, 거기에서 어떤 영감을 받았을까! 있다면 오직 하나, '영화'라는 영감일 뿐이었다.

그리피스, 채플린, 키튼은 그렇게 백지에서 영화를 시작했다. '영화'가 무엇인지도 모르는 채 말이다. 그리피스는 극작가가 되려는 꿈을 꾸다 영화를 시작했고, 나머지 두 사람은 주린 배를 움켜쥐고 무대 위를 뛰어다니다 밥벌이에 대한 제의를 받고 영화를 시작했다. 그들은 무엇을 만들까를, 어떻게 움직일까를 고민했다. 사실, 그들 모두 '영화'의 발명가이다. 그들에 의해서 '영화'가 자리 잡았고 개념이 형성되었으며, 그것이 무엇인지 세상에 알려졌다. 진정한 '영화' 세계의 주인들이었고, 그러기에 지금까지, 100년을 넘어 지금까지, 그들의 영화는 아직 유효성을 획득하고 있다. 채플린은 여전히 웃기며, 키튼은 기상천외하며, 그리피스는 의미심장하다. 이상하게도 바로 그들이 사실상 1920년대를 거치며 사라진다. 그리피스는 물론 나머지 두 사람보다 재빠르게 1920년대의 복판에서 사라졌고, 나머지 두 희극배우는 1930년대에 사라졌다. 아니, 정정하자. 그들은 희극배우가 아니다. 그들은 오늘날 우리가 부르는 희극을 만든 것이 아니라 마임의 새로운 차원을 만들어 냈다. 그들은 몸의 마술사이며, 동작의 연금술사이며, 움직임으로 장면을 전개한 진짜 감독들이었다. 그들이 스크린에 남긴 동작과 표정은 모두 영화사에 의미를 남겼다. 이 말을 곰곰이 생각해야 할 것이다. 그냥 멋 부린 말이 아니다. 게다가, 이때는 스타는 있을지 몰라도 '배우'는 아직 나타나지 않았다. 영화에서 '연기'는 아직 결정된 것들이 없으며, 마땅한 기준도 없다. 대개 연기자들은 연기를 했다기보다, 자신이 아는 '기존의 연기'를 화면 안에서 모방했다, 즉, 흉내 내기.

더구나 이들은 '희극배우'일 수 없다. 이들은 연극에서 말하는 그런 웃음을 주는 희극 전문 배우들이 아니다. 이상한가? 그들이 웃기고 있으니까? 이들의 웃음은 단지 몸동작이 아니라, 많은 경우에 정황에서 나온다. 굳이 그들이 모방하고 원전으로 삼은 것 있다면 서커스의 광대이다. 그러나 그들은 흙밭에서 하는 몸동작이 아닌, 스크린 위의 동작을 만들어 냈다. 이런! 그런 점에서 보면, '배우'일 수도 있겠다. '영화'에서의 최초의 배우 말이다. 이 '영화배우'는 발성과 표정으로 연기하지 않았다. '영화배우'는 어떻든 우선 '몸'이다. 보라. 그들은 몸으로 연기하고 있지 않은가('표정'은 어떤 점에서 몸의 연장이다)? 몸이 동작으로 이어지면 공간과 공간 안에서의 정황이 만나게 되어 있다. 그래, 그들은 장면 안에서 연기하고 있지 않은? 롤러스케이트를 타든, 뛰든, 차를 타든, 걷든, 그들은 몸이 어떻게 이미지 위에서 말하는지를 보여주었다. 반면 그리피스는 그들처럼 탁월한 몸이 없었으므로 전통적인 연기의 모방에 화면의 병치를 첨가해서 이미지가 연기하게 했다. 하지만 이 두 배우는 탁월한 몸이다. 아니, 자신의 왜소함에서, 형편없음, 초라함, 평범함에서 '탁월'을 끌어낸다. 사람들이 열광할 수밖에 없었다. 새로운 언어였으니까. 흔히 말하듯, 왜소한 몸이 난관을 돌파하는 것 때문이 아니다. 그 평범함이 탁월할 수 있다는 사실을 보여줌으로써이다. 다윗이 골리앗을 이겨서가 아니라 다윗으로 그 앞에 섰을 때 이미 그의 몸에 위대함이 주어진 것처럼 말이다.

그래, 맞는 말이다. 그들이 사운드의 도래와 함께 사라졌다는 것은. 그러나 어쩌면 지나치게 단순하다. 그들은 사실 이미 시스템과 함께 사라졌기 때문이다. 사운드의 출현도 그 시스템의 한 요소이고 영향이 없지는 않으나 이미 그전에 그들의 붕괴는 시작된다.

생각해 보라. 그들이 모든 것을 만들었다. 그들이 할리우드를 개척했고, 만일 그들이 그리로 가지 않았다면, 할리우드는 가난한 군소 업자들의 촌락이 되었을 것이다. 그들은 월스트리트를 할리우드로 이끌고 간 자들이다. 말하자면 그들이 곧 시스템이었다. 그들이 하는 것들이 전범이 되었고, 그들의 영화가 모델이 되었다. 그런데 서서히 그들의 영화를 필요로 하지 않는, 그들의 '스타일'이 아닌 영화들이 나타나고 그것들에 맞는 시스템이 생기고, 그에 따라 자신들의 영역이 완전히 밀린 것은 아니지만, 현저하게 줄어들었다. 말하자면 그들의 영화가 아닌 새로운 영화들이 나타났고, 그것을 효과적으로 만드는 시스템이 생기더니 곧 전체로 퍼져 나갔다. 아, 그들은 군림자에서 이제 시스템에 자신을 맞춰야 하는 자가 되었다. 그들에게는 어색한 옷이었고, 기묘한 환경이었다. 그들은 자신들의 언어가, 몸의 언어가 유효하다는 것을 오래도록 보여주고 싶어 했다. 사실 그들의 유효성이 떨어진 것은 아니다. 예전 같지는 않아도 그들의 대표작은 1930년대가 된 뒤에도 꾸준히 나왔다. 정확히는 그저, 다른 영화들이 서서히 자리잡기 시작했다고 봐야 한다. 다른 시스템이 만들어 낸….

1923년, 앞서 말한 대로 채플린은 자신이 출연하지 않는 영화를 만든다. 한 창 그가 대세를 이루고 있을 때였다. ≪파리의 여인 Woman in Paris≫인데 당 연히 관객들의 외면을 받았다.[117]

채플린은 무엇을 증명하고 싶었던 것일까? 어쩌면 다른 영화들이 나타나는 상황에서 자신이 감독으로서, 이러한 영화 역시 만들 수 있다는 능력을 증명하 고 싶었던가? 아니면 좀 더 미묘해서, 자신의 싸구려 취급을 받는 광대 영화가 사실은 당신들의 영화처럼, 드라마처럼 미묘한 쇼트들, 구성의 복합체이며, 다 만 그동안 자신이 겨냥했던 것이 웃음이었을 뿐이라는 말을 하려던 것일까? 그 러나 관객들은 그에게 감독을 기대하진 않았다. 그들 자신이 '영화'에 대해 깊은 이해를 갖추기를 원하지도 않았다. 아니, 영화의 내용과 전개로 볼 때, 관객들은 채플린이든 누구든, '감독'의 영화를 외면한 것이다. 채플린은 광대이고 그는 출 연자여야 한다는 사실이 첫 번째 이유라면, 두 번째 이유는 당대 '영화'의 속성 에 있다. 당시 관객들은 감독이 자기 능력을 입증하는 영화를 기대하지 않았다. 자신들에게 봉사할 것, 자신들의 '눈'을 묶어 둘 것, 그게 오로지 관객들의 요구 였다!

이러니, 채플린은 어쩔 수 없이 다시 자신에게로 돌아가야 했다. 그러나 이 미 한풀 꺾인다. 인기가 없던 것은 아니지만 채플린의 영화들은 그 이전과 같은 영화적 성공을 끌어내진 못했다. 물론 채플린은 왕성했다. 1930년대 중반까지 자신의 영화를 만들었고, 기념비적인 성과들도 있었다. 그러나 흥행에만 성공 했을 뿐 그의 '영화'는 저물어 간다. 1930년대로 접어들며 채플린과 키튼의 영 화는 시스템에 밀려 할리우드의 번외 경기가 된다. 즉 예외적인 경우가 되었다

---

117) 당시 이 영화를 본 관객들은 너나할 것 없이 실망했다. 채플린이 나오지 않는다는 사실은 이미 알 고 있었지만, 한 번도 웃을만한 장면이 나오지 않고, 무겁고 의미 깊은 비극으로 이어지는 작품이 기 때문이다. 사실 '감독' 채플린의 드라마에 대한 능력을 확인할 수 있는 작품이지만, 철저히 외 면당했고, 채플린는 다시 움직이는 배우, '채플린'으로 돌아와야 했다. 사람들은 그에게 감독의 자리를 요구한 게 아니라, 광대의 자리를 요구한 것이다.

는 말이다. 관객들은 다른 곳으로 눈을 돌렸다. 왜냐하면 거기에 이전과는 다른 매력이, 흥밋거리가 있었기 때문이다. 다양한 장르의 시대가 열렸고 세상을 보는 눈, 이미지를 보는 눈은 점차 넓어져 갔고 이제 동작만 보는 시대는 잦아들고 있었다(아니, 나중에는 이 동작도 드라마나 속도에 따른 분절로 되살아나야 할 것이다. 연장되는 아크로바틱이 아니라). 게다가 머지않아, '소리'가 이 '눈'에 새로운 이미지를 부가하며 스크린을 바꿔 버린다.

그렇게 할리우드는 개척사를 파묻으며 나아간다. 아쉽기는 하지만 어쩔 수 없는 역사이다. 머물러 있으면 앞으로 나아갈 수가 없다. '탐욕'이라는 육체가 만들어졌고, 그 육체를 실현할 질료들도 구축되었다. 이제 거리낌 없이 나아갈 것이다. 이 지점이 사실 모든 것의 시작이다.

유럽 또한 할리우드와 유사한 길 위에 있었다. '돈'을 좇는 일은 처음부터 '영화'의 숙명이었으므로 비슷한 길을 걷는다. 하지만 미국산과는 결별하기 시작한다. 아마 다음 장의 영화들에서 확인할 수 있다. '드라마'라는 장르로서는 같지만, 다루는 방식에 있어서는 기이하게도 다른 영화들이 나왔고, '액션'이라는 장르에서도 마찬가지의 일이 벌어졌다. 궁금하지 않은가? 왜 그럴까? 액션이라면, 적어도 액션 스펙터클이라면 별반 다르지 않아야 하지 않을까? 왜냐하면 동작의 크기, 속도, 각도로 사람들의 시선을 사로잡고 끌어당기는 것이기 때문이다. 그런데 왜 달라질까? 유럽 사람들은 동작의 짜릿함을 모르는 것일까? 그래서 그들은 《벤허》와 《삼총사》 같은 영화를 못 만든 것일까? 삼총사는 미국이 아닌, 프랑스의 이야기인데? 1920년대 유럽 어디를 뒤져도 이상하게 당대 할리우드가 만들어 낸 '탁월'한 액션의 조합은 찾기가 힘들다(생각해 보면 이상한 일이, 이 비밀스러운 서투름은 현재까지도 이어진다. 이 점에 대해서는 뒤에서 다시 이야기해 보자). 이유는 단순하다. 서커스 같은 동작을 구성하는 것이 그들이 이해하는 '액션'이 아니었기 때문이다. 사실, 유럽에서 '장르'라고 부를 만큼의 액션이 활성화되려면 더 많은 시간이 지나야 한다. 유럽은 그 대신 다른 문제들에 매달린다.

물론, 우리는 이미 이유를 알고 있다. 우선은 천형처럼 주어진 '전통'의 무게가 하나의 원인이다. 말하지 않았던가? 이렇게 되뇌어 보자. 움직이는 이미지가 나왔다. 그때 유럽에는 이미 '존재하는 이미지들'이 있었다. 세련되고, 깊으며 심지어 '예술'이라고 불리는 것들이다. 이미지인 이상 유럽에서 영화 이미지가 상대해야 했던 것은 어쩔 수 없이 바로 그 '존재하던 이미지들'이다.

힘겨운 사투인데 결과만 놓고 보면 잘 극복했다. 1920년대에 유럽에서는 이제 그 '존재하던 이미지들'에 버금가는 새로운 것으로서 '영화 이미지'가 나타나게 된다.

반면, 미국에서는 다른 양상이 전개되었다. '영화 이미지'가 나왔다. 그 사실은 똑같다. 그때 미국에 '존재하던 이미지'는 무엇이었을까? '영화'가 상대해야 했던 것은 유럽에서와 다르다. 그들은 살롱의 선전 이미지, 서커스의 쇼 이미지, 은밀하면서도 자극적인 퇴폐의 이미지들을, 예컨대 전단의 광고 이미지들과 상대해야 했다. 아, 쉽지 않다. 이런 종류의 싸움은!

까다로운 사투인데 역시 결과만 놓고 보자면 완벽하게 극복한다. 미국에서 이제 '영화'만큼 자극적인 이미지는 없다.

이처럼 미국이든, 유럽이든 '영화'는 산업으로 발전했으되, 산업의 성격, 전개 과정, 경과, 그리고 그것들을 지탱하는 영화들, 영화들에 대한 담론 등이 모두 다르다. 그 차이가 현저하게 나타나기 시작한 시기가 바로 이 1910년대이고 '무섭게' 영글어 간 때가 1920년대였다.

그래, 또 하나의 이유가 있다! 미국의 이런 영화 이미지가 어떻게 세계로 나갔는지! 그 이미지들이 결코 뛰어나서만은 아니다. 1차 세계대전과 함께 유럽에서 '영화'의 상업 부문, '오락'이 씨가 말랐기 때문이다. 미국의 영화들이 전후에

틀어졌고, 관객들은 폐허, 공허, 허무 속에서 거기에 적응해 간다. 반면 유럽은 폐허, 공허, 허무함이 아니라 파괴와 지옥 속에서 삶의 의미와 주제, 세상을 발견한다. 그래서 무거운 주제들이 두루 다뤄지고, 표현된다.

유럽에 관해서는 이렇게 말하자. '전통'의 무게가 '영화'로 하여금 독자적인 '영화적 표현들'을 발견해야 하는 무거운 의무를 지웠고, 그래서 그것들을 터득해 나가면서 '영화'의 생존력과 가치가 얻어졌다. 그리고 전후를 맞이해, 이제 그렇게 얻어진 표현들로 방금 자신들이 겪은 세상의 문제들을 다루는, 저속한 이야기이든, 깊은 성찰이든 거의 모든 이야기 속에서 '문제들'을 다루는 방식으로 나아갔다. 진짜 전쟁의 경험을 겪었으므로 노는 이야기이든, 상상이든, 실제이든, '삶'에 대해 겪은 어쩔 수 없는 진지함이 어디나 끼워져 있었으니까 말이다. 그래서 미국과는 달라질 수밖에 없었다.

그러니까, 이 시기는 두 개의 단절로 특징지어지는 셈이다. 하나는 이전 시대의 '영화'와, 다른 하나는 미국과 유럽 사이의 단절 말이다. 아무튼 한 가지는 분명한데, 바야흐로 '영화'의 시대가 도래했다는 사실이다.

뱀파이어의 탄생, 1920s

14

1992년의 드라큘라 백작

왜 '드라큘라'였을까? 1992년, 코폴라는 난데없이, 이미 식상해서 바닥 어디에 머물러 있는지도 모를 뭉툭해진 소재를 끄집어냈다. 아일랜드 소설가, 브람 스토커가 쓴 드라큘라. ≪드라큘라 Bram Stoker's Dracula≫ 진짜 '난데없이'! 그 시기면, 흡혈귀는 할리우드 주류의 소재에서 거의 외면당한 상태였다. 영화사 속에서 이렇게나 흥미진진한 소재도 없었지만, 쓸 만큼 써먹었고, 알 만큼은 다 알며, 익숙하고, 따라서 더 이상 무섭지도 않게 된 지 오래였다. 그러니 사실 주류랄 것도 없이, B급의 공포영화 소재로도 거의 다뤄지지 않았다(무섭지 않으니!). 때문에, 통상 이런 종류의 사장된 소재가 다시 등장하기 위해서는 화려한 채색이 필요한 법이다. 수십 편이나 되풀이된 그 스토리가 새삼 관객들의 관심을 끌 리는 없으니까. 무섭지 않은 공포영화의 소재…. 그래서 그것은 공포와 어둠에서 길을 찾기보다는 다른 곳에서 자양분을 얻게 마련이다. 보라, '액션'과 그에 걸맞은 '스펙터클'이 공포의 자리에 들어선다. 그것이 바로 ≪블레이드 Blade≫(1998)이며, ≪언더월드 Underworld≫(2003)이다. 물론, 존 카펜터John Howard Carpenter 감독의 ≪슬레이어 Vampires≫(1998)가 놀랍고도 재기발랄한 능력을 발휘해 액션과 결합한 새로운 B급 방식으로서의 흡혈귀를 제시하기도 했다.

물론 그런 가감 없이, 원전에 그런대로 충실한 차용이 이루어지는 경우가 없는 것은 아니다. 하지만 그렇게 다시 등장해야 한다면 사람들이 이 낡은 유물을 그리워할 만한 향수가 있어야 한다. 그러나 '드라큘라'는 그만한 호사를 누리지는 못했다. 아직 기억 속에 똬리를 틀었다가 드문드문 향수를 자극할 만한 시간이 흐른 것도 아니라는 말이다. 한마디로 너무나 많이 써먹었고, 너무나 초라해졌다. '피를 빨아먹는다', 이제는 무섭기 이전에 초라하지 않은가? 언젠가부터 '드라큘라'는 한여름 '모기'만큼도 두렵지 않아졌다, 가렵지도 않고.

즉, 어딜 보나 상당한 비용을 투자해 만들 만한 프로젝트도 아니며, 특별히 쟁점이 될 만한 이슈도 없었다. 그런데 왜, 코폴라는 갑자기 그것을 영화화했을까? 그가 흡혈귀를 소재로 영화를 만들었다는 소식을 들었을 때, 궁금했다. 당연히 그가 칼춤 추는 뱀파이어를 만든 것도, 늑대인간과 대치하는 뱀파이어 전사를 만든 것도 아니다. 하긴 당시로는 (감히) 그런 걸 코폴라에게 해야 한다고 주문하는 제작사도 없었다. 코폴라, 이리로 보나 저리로 보나 적어도 그때까지는 그런 엉뚱한 감독이 아니었으니까. 따라서 명백하게 자신의 선택이었다. 권유한다고 따라야 하는 이도 아니고, 주문해서 될 감독이 아닌, 당시까지는 코폴라는 가장 영향력 있는 감독이었다.

그래서 의아했다. 뻔하고 식상하며 모두가 다 알아서 관심의 포망에 걸려들 일이 거의 없는 '드라큘라'라니…. 대체, 무엇이 덧붙여질까? 다시 말하지만, 어떤 것이 나중에 다시 만들어질 때는 (요즘에는 리메이크라 말하는) 반복이긴 하되 '흥미'를 줄 수 있는 그 이상의 무언가가 덧붙여지게 마련이다. 대체로 구성 요소들이 빠지는 법은 드물다. 마치 세월의 길이만큼 세대가 번식하듯 무언가가 더 연장되고 확대된다. 아니, 정확히 말하면, 만드는 자들이 무엇보다 먼저 그러길 원한다. 그러니 그 덧붙여지는 것에 노심초사하고 공들이게 마련이다. 그러면서 통상, 원전에 대한 불만들을 일부에게서라도 늘 듣게 마련이고. 변덕덩어리인 관객들은 똑같은 반복도 원하지 않지만, 원전을 다 무너뜨리는 것도 바라지 않는다.

여러모로 심기가 불편했다. 그래, 나는 파리에서 그 영화를 봤다. 프랑스 파리의 고몽 영화관이었던 것 같다(11구로 알고 있는데, 사실 '고몽'이 맞았는지조차 이제는 정확하지 않다. 이 나이먹음이라니). 당시, 이름도 기억에 없는 잡지에서 시사회에 참석할 독자들을 추첨했고, 그런 이벤트에 좀처럼 참여하지 않는데, 의아하게도 엽서를 끄적거려 우편함에 넣었고 우연히, 정말 운 좋게(난생처음이었다) '당첨'되어서 보러 갔다. 하지만 아뿔싸! 나는 그러나 쉽게 들어가지 못하고 입구에서 한참을 기다려야 했고, 약간의 실랑이 끝에 맨 마지막에 간신히 입장했다. 왜냐하면, 그 시사회에는 드레스코드가 있어서 검은 정장에 빨간 나비넥타이를 해야 했고, 여자는 빨간 드레스를 입어야만 했기 때문이다. 덕분에 '코폴라도 이런 허례허식을 하나'하는 개인적인 반감이 들었고….(실은 가난한 아시아계 유학생으로서 걸치고 있는 것 그 자체가 내 유일한 삶의 드레스코드였다) 게다가 불만에 불만을 더한다고, 이미 말했듯이, 제목은 애써 '드라큘라'로 끝나지 않았다. 완강한 문구 하나가 더 붙어 있었고, 그게 '≪브람 스토커의 드라큘라≫'였다. 그리고 나니, 극장 간판에는 정말이지 이상하게 조합된 문구가 걸려 있었다.

≪Francis Ford Coppola's Bram Stoker's Dracula≫
프란시스 포드 코폴라의, 브람 스토커의 드라큘라

그래, 그는 가장 완고한 길을 택했다. '브람 스토커'의 『드라큘라』를, 텍스트를 '가지런하게' 스크린에 옮겼다. 고스란히도 아니다. 가지런하다가 가장 정확한 표현이다. 토드 브라우닝Tod Browning (1880~1962)이 했던 대로, 프리드리히 빌헬름 무르나우가 했던 대로, 그러나 원전에 더 충실하게, 그리 타이틀 앞에, 역사 속에 수없이 흐트러져 있던 이야기들을 모으고 정리한 작가의 이름을 당당하게 걸고, '드라큘라'를 찍어 냈다. 대체, 무슨 생각으로!?(단, 미나와 드라큘라 백작의 사랑 이야기는 빼고 말이다. 소설 어디에도 그들의 멜로는 등장하지 않는다)

물론, 나쁘진 않았다. 흡혈귀는 별로였으되, 코폴라가 손을 댔으니 완전히 맥이 빠진 꼴은 아니어서 그런대로 시작부터 끝까지 좌석에 남아 있을 수 있을 만큼은 됐다. 그래, 감독의 이름을 기억하고 그의 눈을 신뢰하며, 그의 입을 좇아가는 일은 최소한 이 정도의 보상이 있어서이다. 설령 이토록 뻔한 스토리라도 말이다. 아니, 조금 완고하게 말했지만 사실, 어느 정도는 흥미도 유발했다. 스토리는 진짜 그대로 '옮긴' 수준이었지만 미장센은 감독답게 살아 있었다.

하지만 달리 보면, 결과는 또한 신통치 않았다고도 할 수 있다. 감독다움은 어느 정도 채워졌으나, 영, 코폴라답지는 않았으니까. 이 당시 코폴라는 그저 한 명의 감독이 아니었다. 그렇다면 무언가 다른, 자기 눈으로 본, 해석한 드라큘라가 있어야 했다. 하지만, 흥미진진함은 있으나 어쩔 수 없이 닳고 닳은 드라큘라 이야기라면 맥이 빠진다. 드라큘라를 보는 새로운 해석도, 그 존재의 삶에 대한 평가도 전혀 없었다. 말인즉슨, 미장센은 있되 편집은 없으며, 그 요소들의 배치(미장센)에 '서사' 외에는 다른 아무것도 끼어들지 않았다는 말이다. 소설을 충실히 따라가는 일이 마치 처음부터 끝까지의 유일한 목표인 양, 게다가 서술은 뒤죽박죽으로 전개되었다. 심지어는 시점을 다루는데, 선천적으로 영화 이미지가 원칙을 지닌 언어가 아니기 때문에 더욱 혼란스럽게 보였다. 한마디로 내용을 따라가기는 했는데, 전혀 새롭지 않은 영화였다.

물론 크리스토퍼 리의 긴 인상과 묘한 창백함에 전부를 걸던 때보다는 더 화려하고, 규모가 크며, 더 다층적이었다. 사실, 그 시절의 창백함과 붉은 피의 대비보다 색의 배치는 더 정교해졌고, 오히려 과감해졌다. 당연한 말이지만, 이미 그때면, 색을 부분적으로 사용하기보다는 전체적인 원칙에 따라서 의도적으로,

더구나 그 의도를 결코 불편하게 의식하는 법이 없도록 관객들의 의식 속에 묘하게 주입하는 탁월한 표현법(?)들이 자리 잡고 있었고, 코폴라 정도면 그 이상을 할 수 있는 자였다. 보라, 형태와 장식, 색의 조화를. 거기에 쇼트 분할과 카메라 움직임의 세련됨이라니. 하지만 오히려 이 카메라는 ≪지옥의 묵시록 Apocalypse Now≫(1979)과 ≪대부 The Godfather≫(1972)에 비해서는 훨씬 후퇴했다고도 볼 수 있다. 그는 한마디로 쇼트들을 움직이게 할 줄 아는 감독이었고 그렇다면 말 그대로 형태와 장식, 색이 쇼트 안에서 혹은 쇼트들을 넘어 의미를 따라 움직이는 구조적인 가치를 지녔어야 한다. 하지만 ≪드라큘라≫는 거기까지 가지는 못했다. 우리가 이만한 감독에게서 기대하는 바는 이전에 비해 한 발짝 새로움으로 나아가는 정도인데, 영 그렇지 못했다.

배우들의 문제일까? 할리우드의 많은 영화들은 배우에게 짐작보다 상당히 공을 들이고 그들의 역량에 기대곤 한다. ≪드라큘라≫의 밋밋함은 캐릭터를 감당 못 한 배우들의 문제였을까? 천만의 말씀이다. 당시 가장 화려한 면면을 자랑하는 이들로 채웠고 그만한 명성에 어울리는 연기력들을 지닌 배우들을 고용했고, 그럼으로써 한참 동안 야심 찬 기획에서 벗어나 있던 이 복사물을 다시금 그해의 가장 규모 있고 화려한 영화 중의 하나로 만들어 냈다. 런던으로 오는 드라큘라 백작을 나르는 대서양 폭풍 위의 배처럼 확실히 관객들의 시선을 리듬감 있게 잡아 두는 데 충분했다는 말이다. 하지만—

지루했다. 내게는 그 모든 것이 전부 불편했다. 이 영화의 모든 것이 '공식 적'이었기 때문이다. 할리우드의 리메이크 공략법과 있지도 않은 화제를 만들 줄 아는 위대한 마케팅과, 자신들의 낭만에 애써 끼워 넣으려는 드레스 코드를 위시한 홍보 전략 등등, 아무리 더 세련되게 꾸몄다고 하지만, 그것들이 전부였 다. 그런 점에서라면 결국 이전을 넘어서기가 힘들다. 1958년 제작된 ≪공포의 드라큘라 Horror of Dracula≫의 드라큘라 백작이었던 크리스토퍼 리Christop her Lee의 눈길과 잔인한 미소는 내밀한 공포와 긴장감이 있었지만 지금 보고 있 는 코폴라의 드라큘라 백작은 무섭긴커녕, 자신의 일대기에 대한 다큐멘터리이 기라도 하듯 그저 자신의 이야기를 보여주고 있을 뿐이었으니까. 마치 브람 스 토커의 소설을 읽어 주듯 말이다. 그래, 코폴라는 이상하게도 그리 만들 수 있 는 모든 방법을 알고 있음에도 드라큘라의 시선에 우리를 묶지 않았다. 우리와 그를 연결하고, 그래서 그에게 장악당하며, 몸서리쳐지게 이야기를 돌파하도록 만들지 않았다는 말이다. 아니, 원래 할리우드가 그래야 하지 않는가? 이 정도 비용에, 이 정도 배우면, 할리우드답게 무언가 해야 하는데…. 의아했다. 내내 영화에의 몰입은커녕, 무언가에 방해받고 있었다는 말이다. 소파의 거추장스러 움까지 느껴, 이러지도 저러지도 못해 끙끙대면서(원래 나는 안락의자를 이상하 게도 몹시 불편해한다)…. 그리 30여 분 동안 말이다. 드라큘라가 런던으로 건 너가기 전까지였다.

그래, 코폴라는 엉뚱하게도 바로 이 장면을 위해서 이 소재를 낚아챈 듯했다. 때는 '영화'의 100년이 다가오고 있는 시기이고 혹시 누군가에게 선수를 빼앗기기 전에 일을 해치우고 싶었던 것은 아닐까? 때 이르게 작업을 끝내고 싶은?

우여곡절 끝에 드라큘라는 런던에 당도한다. 그리고 런던의 첫 장면, 드라큘라의 관을 안치한 장면에 내레이션이 덧대어졌다. 평소, 우리가 알고 있던 것과는 다른 내용이다.

일반적인 믿음과는 다르게 흡혈귀는 정상적인 활동 시간이 아니라서 비록 세력은 약해지지만 낮에도 움직일 수 있다.

(영화 중반 헬싱의 내레이션)

그러고는 '우와!' 괴성을 내지르며 자신의 관을 깨고 바깥으로 나오고, 다음 장면으로 컷팅된다.

그러더니 런던에서 이상한 사건, 현상들이 빚어졌음을 알리는 신문 기사들 장면이 이어지고 암전이 된다. 그리고 곧바로 아이리스가 열리며 탈색된 세상이 드러난다. 거기 한쪽에 파란색 선글라스를 쓴 드라큘라 백작이 그 산만한 근대 초입의 거리에 혼란을 느끼는 듯한 어색한 행동을 보인다. 생소한 도시에 선, 오래된 시간의 이방인. 그러다, 어느 순간, 갑자기 멈추더니, 어딘가를 주시한다. 무언가 예기치 않았던 운명, 시간을 넘어서 그토록 오래된 인연을 마주치기라도 하듯…. 아주 짧은 장면이다. 아이리스에서 여기까지 대략 33~34초.

'소리'도 특이했다. 정상적인 소리(서사가 요구하는 소리) 대신 서사 안에 끼어들 이유가 없는 소리가 나타난다. '차르르르….' 필름의 구멍에 걸쇠가 걸리며 나는 소리, 시간이 개입되지 않으면 나타나지 않는 소리, 이 책의 앞부분에서 말했던 '시간의 흥망성쇠', 그 소리가 퍼진다. 색도 이제까지 서사적 정상성과는 다르게 탈색된 상태로 나타난다. 사실 '서사' 수준에서 브람 스토커의 『드라큘라』로부터도 벗어나 있는데, 냉정히 말하면 서사를 끌고 오던 주체가 완전히 사라진다. 객관적 정황 수준의 시점으로 드라큘라 백작이 보이고, 마치 초창기 뉴스릴 필름[118]처럼 펼쳐진다. 이후, 애초 우리가 알고 있는 일반적인 영화로 돌아오는 순간은 다시 영화적 서사가 서술 시점과 결합할 때이다. 런던 거리를 배회하던 드라큘라 백작이 길에서 누군가(인물)를 발견하면서…. 즉, 서사 때문에 거기에 등장하는 주요한 상대, 미나를 발견하면서이다. 시점이 드라큘라 백작에게 부여되는 순간인데, 그처럼 캐릭터에게로 서술 시점이 넘어와서야 다시 색이 이전처럼 정상(서사적 사실)이 되며, 소리도 마찬가지이다. 극적 소리라고 할 수 있는 음악과 독백이 이 순간에 비로소 되살아난다.

눈이 먼저 휘둥그레졌다. 허리와 목 역시 빳빳하게 힘이 들어갔고 가슴이 두근거렸다. 일종의 경이감, 코폴라 감독이 잘 만들어서가 아니다. 그제야, 나는 그가 왜 그리 '영화'를 진부하게, 우직하게 자꾸 드라큘라의 시선조차 객관화시켜 가면서 소설의 세계를 옮겼는지 깨달았다. 코폴라는 '영화'에 대해서 말하고 싶어한 것이다. 제목은 그 순간에 하나의 책략이 된다. ≪Bram Stoker's Dracula≫, 문자화된 흡혈귀를 최대한 건드리지 않으면서…. '보는 이야기'인 영화로 옮기는 작업, 그렇게 해서 코폴라는 결국 우리가 '작은 영화사'를 지켜보도록 했다. 여기서 우리는 드레이어를 떠올릴 수도 있다. ≪뱀파이어 vampyr≫(1932), 문자로부터 튀어나왔지만 '영화'인 이상 더는 그 'vampire'가 아닌, '눈'에 보이고 육체를 지닌 채로 움직이는 새로운 드라큘라, 이전에 없던 드라큘라의 탄생….

그래, '영화'가 나타났다. 시네마토그래프나, 키네토스코프가 아니다. '시네마

---

118) news reel film. 뉴스 릴: 당대에 일어나는 주요 사건들을 필름에 담는 기록 영화. '뉴스 필름'이라고도 한다.

토그래피', 이 이상한 육체, 단지 이미지로 형상화된, 도저히 살아 움직일 수 없는 것이 버젓이 자신의 삶을 사는, 인간들에게는 이루어질 수 없던 일이 시작된 것이다. '영화'는 애초 그런, '보이지 않는 것들', '존재할 수 없는 것들'의 엄습이었다.

드라큘라가 런던에 불쑥 나타난 그때, 함께! 이 둘은 비슷한 시기에 나타났으되 처음에는 서로를 알지 못했다. 하지만 그들은 각자가 서로 같은 배아에서 태어났는가 싶을 만큼 서로를 관통하고 투사한다. 1895년, 하나는 섬에서, 하나는 대륙에서, 하나는 런던에서, 하나는 파리에서 나타났다. '영화'는 그런, 세상에 '편재한 출현'이었다.

꽁뜨 드 드라큘라comte de Dracula는 그 땅, 런던에 오기 위해 수백 년의 삶을 깊고 어두운 숲에서 보냈다. 세상에 나오고 싶어 하던 그는 긴긴 세월을 욕망에 묻혀 지내다 드디어 그해, 런던에 모습을 나타냈다. 그러나 세상에 발을 디디자마자, 그는 운명의 씨줄을 붙잡게 된다. 보이는 세계, 몸의 세계는 운명에 지배되는 곳이기에, 그의 몸이 죽음의 새로운 발걸음 앞에 놓여 지내게 된 것이다.

'영화'가 물론 그처럼 수백 년 동안 똬리를 틀고 언젠가 자신을 완성하리라 기다려 온 것은 아니다. 시원의 시기부터 원시인들이 자신이 전하고 싶은 바를 전하려고 애를 쓰기는 했겠지만, 그것이 곧 이 '움직이는 이미지'를 상상하고 실현하려던 것이라고는 볼 수 없다. 인간들은 회화면 족했고, 삽화면 충분했으며, '말'로 모든 것을 다 전달할 수 있었다. 그래, 19세기가 오기 전까지는 욕망의 언저리에 맴돌기나 했을까? '영화'는 그렇게 나타났다. 욕망하지 않은 가운데, 원하지 않은 가운데, 예상하지 않은 가운데, 불쑥!

'호외요, 호외! 영화가 탄생했어요. 세기의 발명, 영화를 보러 오세요!'

한 사내가 신문을 흔들었다. 꽁뜨 드 드라큘라가 그 사내 주변을 지나쳐 갔다. 그래, 런던에서, 1896년이었다. 서로가 세상에 나온 지 1년이 지난 뒤, 이 둘은 그리 만났다. 서로가 의식했을까? 천만에, 서로 신기한 괴물을 보듯 스쳐 지나갔다. 만일 서로가 조금 더 일찍 관심을 두었다면 그런 스침만으로 끝나지는 않았을 텐데. 아니, 우리가 좀 더 일찍 그 둘의 정체에 대해 알았더라면….

앞서, 아이리스Iris shot라고했다. 화면이 그리 열리면, 런던의 꽁뜨 드 드라큘라comte de Dracula가 보인다. 부정확한 프레임의 단속적인 흐름 때문에 약간 행동이 부자연스럽다. '호외'를 외치는 신문팔이의 곁을 무심히 스친 뒤, 자신이 처한 이야기 속으로 다시 걸어 들어갔다. 짧고 명백한 장면이다. '영화' 속에 그가 포획된 장면이다. 둘의 만남, 경이로운 일이다.

생각해 보면 상당히 공을 들인 장면이다. 아이리스와 소리 '차르르르', 완전히 무성영화로 보이게끔 하는 것은 조금 그랬는지 탈색된 컬러…. 그래, 분명하게 이 조합은 '초기 영화'의 상태를 지시한다. 여기에 혹시 사람들이 너무 무심하게 지나갈까봐, 이 조합이 지시하는 시니피에(signifié, 기의)를 미처 알아채지 못할까봐, '호외요, 호외, 영화가 발명되었어요, 영화를 보러 오세요!' 하는 분명한 발화(기표)를 끼워 넣기까지 한다. 그리고 거리 한쪽에 서 있던 드라큘라가 움직인다. 그에 따라 이 이미지들의 조합은 또 다른 기표가 되고, 급기야, 다시 이 장면 이전까지 영화가 하고 있던 이야기가 다시 시작되는 즈음에야 자신의 역할을 끝낸다(인물 미나가 등장하면서 이야기가 이어지는 부분에서).

앞서도 말했지만 30여 초이다. 일반적인 영화라면 들어가서는 안 될 단절, 이야기와 전연 상관없는 신scene, 따라서 삽입도 인서트도 아닌, 뜬금없는 관객들의 의식을 위한 유도탄…. 하지만 이 조합의 의미들을 이해한 사람들은 생각보다 적었다. 그래, 내가 앞에서는 이해가 안 간다고 했지만, 모름지기 영화는 그래야 한다. 이렇게 엉뚱하며 전체에 어울리지 않는 삽입이라도 거추장스럽게 의식되지 않고 물 흐르듯 흘러가야 한다. 코폴라는 그런 정도의 '기술'은 지닌 자고, 사람들은 아마도 약간 특이하지만, 오마주 정도로, 이야기의 시대가 그러니 무성영화 맛을 한 번쯤 내 본 정도로 여겼을 것이다. 그래, 사람들은 정말 때때로 자신들이 보고 있는 것이 무엇인지 완전히 망각하곤 한다. 아니면 어떤 것을 보러 갔으면서도 정작 그에 관한 생각들은 당최 하지도 못하고…. ('영화'가 하는 일을 보러 가서 우리는 영화들을 보고 온다!)

이것은 '드라큘라'다. 우리야 수많은 영화들로 접해 왔지만, 당대, 19세기의 사람들에게 이것은 상상이다. 그를 움직이게 하기 위해선 언어로 쓰인 것들에 이미지를 부여해야 하는데, 언어는 살아 움직이지 않으니까, 심적 이미지를 부여해야 한다. 매번 이미지를 부여하는 식이 아니라 언어라는 기호로 이미 정착되어 있어서, 실제 이미지로 떠올리는 작업은 관습적이며, 결코 알아챌 수 없을 정도로 아주 순간적이다. 하지만 이렇게 생각하면 어떨까? 영어를 아주 못하지는 않지만 능숙하지는 않은 자가 브람 스토커의 소설을 읽고 있다면…. 그러면 이 이미지의 부여, 쓰인 언어들을 통해 상상을 동원하는 일은 그만큼 지연된다. 즉, 알아챌 수 없을 만큼 순식간에 이루어지든 어떻든, 이미지를 부여해서야 드라큘라의 세계를 구축할 수 있다는 점은 벗어날 수 없는 사실이다. 자, 이와 같았다. 자신이 피를 빨아먹을 존재에 대한 드라큘라의 '최면'은 사실 이 경우, 독자에게는 지극히 대상적이다. 왜냐하면 우리는 지금 거는 자(흡혈귀)와 빨리는 자(피해자)의 행위들, 관계들을 '읽고' 있기 때문이다. 최면은 우리에게 거는 것이 아니며, 최면에 걸린 자를 곁에서 지켜보는 것도 아니다. 걸린 결과를 읽고 과정을 상상할 뿐이다(과정은 언어에서는 보이지 않는다).

하지만 '영화'는 상상하지 않는다. 아니, 정확히 말하면 상상시키지 않는다. 그것은 보여준다. 보라, 문자에 얽혀 움직일 줄 모르던 드라큘라를 시간의 걸쇠로 걸어 빠르게 돌림으로써 '그'가 우리 '눈' 앞에서 움직이고, 살아난다. 그래, '영화'는 이렇게 정착한 것들에, 구체는 없되 의미만 있는 존재들에 생명을 부여했다. 그것들을 살아 움직이게 했고, 그렇게 우리 '눈' 앞에 버젓이 하나의 살아 움직이는 세상을 만들었다. 코폴라는 그리 말하고 있는 듯하다. '그때 당신들에게는 이 소리가 있었을 것이다. '차르르르'! 없던 시간이 꼬리를 물고 걸어 넘어지는, 정지한 것들을 끌어당기며 시간이 자신의 활동을 증명하는 소리. 색이 없고 말이 없더라도 당신들은 의식하지 않았다. 당연히, 당장 당신들 눈앞에 모든 것이 살아 움직이고 있었기 때문이다!'

바로 그 '영화'가, 신문팔이의 외침대로 그때 발명된 그 '영화'가 길가의 그 자(드라큘라)를 살아 움직이게 한 것이다!

이뿐일까? 나는 공연히 최면 이야기를 한 것이 아니다. 생각해 보라. 우리는 어느 틈엔가, 드라큘라가 그리 살아 움직이는 것을 현실로, 구체로 받아들인다. 그 자는 가공된, 만들어진, 가짜인데, 마치 몽상에 빠져 자신의 피가 빨리는 줄도 모르고 흥분에 젖어 있는 극중 인물, 루시처럼 말이다. 우리 의식이 엉뚱한 것을 현실로 지각하고, 스크린에 만들어 낸 이상한 세계에 빨려들어 나포된 줄도 모르는 채로. '영화'가 한 일은 바로 그것이다. 객석에 앉아 있는 이들을 다른 세계로 끌고 가, 마치 자신도 그 세계에 살고 있는 한 시선처럼 만들어 버리는 것. 이게 드라큘라의 최면이며, '영화'의 최면이다. 육체와 정신을 한데 뒤섞어 노는 것이기에 드라큘라와 '영화'의 최면은 그만큼 성애적이다.[119]

리스트는 줄기차다. 드라큘라라는 판타지, '영화'라는 판타지, 육체와 추상의 세계에 적당히 걸쳐 있는, 일정한 시간대에 육체를 지니고, 다음 시간대에 그것을 잃는…. 보라, 왜 드라큘라는 죽으면 시체를 남기지 않고 연기로 분해 세상에서 사라지는가?

---

119) 롤랑 바르트 Roland Barthes (1915~1980)는 비록 이 문제를 깊게 끌고 가진 않았지만 비교적 정확하게 지적한 바 있다. 「영화관을 나오며」라는 글에서였는데, '영화'와 정신분석의 관계를 주제로 다룬 『꼬뮈니까시옹communications』 23호에서였다(Seuil, 1975). 이 주제는 이후, 영화 이론가 레이몽 벨루 Raymond Bellour (1939~)에게 이어지고 (「엉트르-이마쥬 L'entre-images」가 그의 오랜 연구의 결산이다), 미셸 마리와 로제 오댕의 연구 등으로 나아갔다. 당연히 '영화'가 지닌 고유한 언어적 특징들로부터 연구의 시발점을 둔, 영화기호학자 크리스티앙 메츠 Christian Metz (1931~1993)의 작업에서는 아주 중요한 핵심 주제이기도 하다. 메츠 역시, 위의 『꼬뮈니까시옹』 23호에 롤랑 바르트와 더불어 두 편의 주옥같은 글을 남겼다.

무르나우의 《노스페라투》(1923)

드디어 '영화'는 자신을 안다. 무르나우는 이 영화에서 흡혈귀의 속성과 의미를 드러내고 있지만 그것은 동시에 '영화'의 정체성을 보여주는 것이기도 했다. 이미지와 최면과 전염의 고리들. 이 드라큘라는 분명히 '존재'하며 영화 속의 여타 육체와 관계해 왔다. 따라서 그에게도 분명한 질료성이 부여된 셈이다. 하지만, 빛을 쪼이자, 그의 질료/육체는 투명하게 관통되며 연기로 사라져 버린다. 질료 없는 존재, 그러나 질료성을 지닌 존재, 그것은 또한 영화 이미지이기도 하다.

만일 우리가 본 것이 진짜 육체가 맞는다면 말이다. 하지만 그렇다고 그가 육체를 지니지 않았다고 할 수 있는가? 분명한가? 이 이미지들이 육체가 아닌 허상이라고? 그럼, 미나와 드라큘라의 운명적인 정사는 어떻게 설명할 수 있을까? 그렇다면 이 이미지와 우리 의식의 교접(당연히 정사처럼 흥분된), 그 이미지와 우리 육체의 정확한 반응은 대체 어떻게 설명할 것인가? 이상하게 그러면서도 적당히 떨어져 있는 우리의 상태를 대체…. 우리는 공포에 젖기는 하지만 그것 때문에 울고 심장마비에 걸려 죽지는 않는다. 우리는 분명히 객석에 앉아 있기 때문이다. 그래, '영화'를 볼 때, 우리도 그 애매한 위치에 가 있다. 반쯤 그 세계에, 반쯤 우리 세계에, 반쯤 스크린의 이미지 세계 안에, 반쯤 실체를 지닌 여기에…. '반쯤'이라는 표현은 아무래도 애매하긴 하지만….

짧은 30여 초 안에 이 모든 것이 들어 있었다. 그러니까, 그래서 소름이 돋았다. 코폴라가 잘 만들어서? 아니, 그냥 만족의 소름이다, 무언가를 짜릿하게 느낄 때의 전율.

그래, 이 장면은 '영화'라는 도구의 탄생과 '드라큘라'라는 존재의 탄생, 초기부터 '영화' 안에 들어온 드라큘라, 그들의 존재에의 투쟁, 정신적 문제들이 무엇인지를 잘 알고 있지 않고는 나올 수 없는 장면이다. ≪노스페라투≫, ≪뱀파이어≫….[120] 줄기차다고 했듯이 리스트는 계속된다. 여기 또 하나 첨가하자.

그러니까, 하나의 몸, 하나의 정신,—영화나 '그'나 두 개의 문제를, 양립하며 어느 것이 어느 것보다 못하지 않은 두 개의 문제를 안고 있다. 하나는 판타지, 하나는 현실. 하나는 보이지 않는 것들, 하나는 육신.

보이지 않는 것들은 '존재'를 꿈꾸고, 육체는 자신에게 매달린 온갖 편린에 괴로워하며 '사라짐'을 꿈꾼다. 보이지 않으나 있는 것은 심연의 논쟁 속에 접어들고 육체는 욕망을 행위화해 돌파한다. 그래, 사람들은 무언가 착각하는 듯하다. 판타지는 가볍고 흥미로우며, 육체는 철학적 소재일 수밖에 없으며, 현실에 던져진 존재의 문제라고….

천만의 말씀이다! 실상은 오히려 반대다. 판타지가 철학적 문제가 되며 육체는 철학이 개입되지 않은 지점이다(물론, 플라톤이 존재의 저편으로 밀어낸 '판타스마고리Fantasmagorie'의 의미에서의 '판타지'라는 말은 아니다).

현실에 던져진 '존재'는 애초에 없다. 현실에는 존재가 세상에 던진 물질적 잔재만이 있을 뿐이다. 이 잔재에 묶여 있기에 인간에게선, 그를 둘러싼 외부까지 포함해서 온갖 물질들이 빚어낼 수 있는 드라마drama가 빚어진다. 현실에 박

---

120) 드레이어의 ≪뱀파이어 Vampyr≫(1932). Vampyr라는 이 제목에 주목할 필요가 있다. 애초에 뱀파이어의 덴마크어 표기였는데, 영어에 비해 '-ire' 대신, '-yr'을 쓴다. 그런데 이것이 프랑스와 영국에서 개봉될 때, 오류로 그대로 쓰였다. 실수였지만, 드레이어는 그 제목을 그대로 쓰고자 했다. 우리가 아는 소설로서의 문자화된 뱀파이어가 아닌, 영화를 통해 육신을 입은 뱀파이어라는 의미에서 말이다. 사실, 프랑스에서는 이 영화에 다른 제목이 있는데, ≪데이비드 그레이의 이상한 여행 L'Etrange Voyage de David Gray≫이다. 한 나라에서도 어떤 영화는 이 시기에 이처럼 홍보 또는 실수로 인해, 여러 제목으로 개봉되기도 했다. 그만큼, 아직 영화들이 중요한 저작물로 인식되지 않았음이다.

혀 있는 만큼 거기에는 물질과 물질의 충돌로 '사건들'이 빚어지고 그 사건에 반응하는 감정과 신경계, 행위의 전모가 있다.

반면에 판타지는, 있을 수 없는 것의 있음은 보이지 않는 것이어서, 근본적으로 육체의 문제를 훌쩍 뛰어넘어 버린다.[121] '이거 봐라! 육체의 세상은 '문제'도 아니다. 지금 우리는 이 물질계의 문제를 벗어난 지점에 서 있다!' 그래, 여기서는 드라마가 없다. 드라마는 무슨! 이것은 생존의 문제다! 판타지는 자신이 육신을 얻기를 꿈꾸기 때문이다. 진짜와 가짜의 가열한 투쟁, 사실은 이미 결론 난 투쟁, 있고 없음을 넘어선 근본에의 회의와 갈등, 차원을 넘나드는 정신적 문제, 그것을 표현해야 하는 채무, 그래, 현실의 모사/묘사가 아닌, 그 안에 숨겨진 존재의 문제가 핵심 사항이 된다. 그래 어쩌면, 우리가 여태껏 이 관계를 플라톤이 말한 대로 오로지 모사의 방향으로 잘못 생각해 왔는지도 모른다. 사실은 거꾸로인지도 모른다. 모사된 우리가 그 '존재'를 꿈꾸며 그리지 않고, '존재'가, 단지 이미지가 아니면서도 이미지에 불과하게 나타나는 '존재'가 육신을 그리워하는 식으로…. 보라, 드라큘라는 그래서 육신의 영구화를 꿈꾸고 계책을 꾸민다.

이 드라큘라의 존재의 갈등, 이것이 곧 '영화'의 핵심이다. 그렇지 않은가? 모두가 아는 것처럼 할리우드는 드라마이고, 유럽은 이미지이다(물론 둘 사이에는 무수한 교차와 반복이 일어난다).

---

121) 물론, 플라톤은 '판타지'를 완벽하게 부정했다. 그러나 그의 시대에 '판타지'에 해당하는 영역은 아예 논의의 대상이 아니었다. 아직 그들이 모든 판타지를 현실적으로 받아들이는 입장이라서 그렇지 않았을까? 여하간, 여기서 '판타지'라 부르는 대상은 우리가 익히 알고 있고, 즐겨 쓰는 그런 의미로 축소된 것은 아니다. 그것은 만져지는, 보이는 것들의 영역이 아닌 나머지를 지시한다. 플라톤이 '판타스마고리'라 부른 영역은 우리의 익숙한 영역에 대한 게 아니라, 실체가 아닌, 실체의 이미지 영역을 가리킨다. 비슷해 보이지만 물질화되지 않은, 그렇다고 정신적 영역에도 속한 게 아닌, 물질의 복사물들을 그리 칭한 것이다. 내가 여기서 판타지라 부르는 것은 플라톤의 이 '판타스마고리'가 아니다. 그것은 플라톤이 물질 영역의 바깥이라 부른, 물질화되지 않은 관념의 영역을 지시한다. 철학책이라면 그 용어의 엄정성 때문에 아무리 자의적으로 써도 '판타지'란 단어를 이 관념의 영역과 연결할 수 없다. 관념의 영역의 비실체를 강조하기 위해 여기서 이처럼 사용하고 있을 뿐이다.

보라. 한쪽에서 드라큘라는 움직이고 뛰어다닌다. 즉, 행위이고, 다른 한쪽에서 그는 '있음'으로도 혼란스러운 '이미지'이다. 한쪽에서는 드라마가 되었으며(토드 브라우닝의 ≪드라큘라≫, ≪마크 오브 더 뱀파이어 Mark of The Vampire≫…), 한쪽에서는 음산한 세계의 지표, '공포'가 아닌, '세계'라는 존재에 던지는 질문이었다(무르나우의 ≪노스페라투≫, 드레이어의 ≪Vampyr≫…). 한쪽에서는 육체를 입고 세상에 나타나 원래 세상에 있던 것들과 일으키는 사건들이 관심사였고, 한쪽에서는 이미지의 존재인 그가 실체로 있다는 사실 자체가 '문제'였기 때문이다. 유럽에서 늘 그런 사건이 빚어진 이유이며 '실재'였던 데 반해 할리우드는 그렇지 않은가? 언제나 사건이며, 행위이다. '영화'의 운명도 이 드라큘라와 같다. 한쪽에서는 현실적 문제였고, 다른 한쪽에선 표현의 문제였다. 현실 속에서 대체 무엇을 해야 할까, 무엇이 기능하게 해야 하는가? (할리우드) 대체 이 표현이란 무얼까? 이것은 진짜의 기록인가, 그것의 또 다른 표상인가? (유럽)

물론 우리는 이 시작점들 외에 여러 가지의 얼굴들을 마주치게 될 것이다. 하지만 '영화'가 그런 길로 접어들었다는 것은 분명하다. 문제는 우리인데, 사실 우리가 그런 서로 다른 '영화'에 대해서 지니는 태도가 무언가 잘못되었다는 점에서이다. 아니, '잘못'까지는 아니다. 그러나 차차 말하겠지만 지금까지 보던, 언급해 온 패러다임과는 다른 입장을 지닐 필요가 있다. '영화'를 예술적 표현에, 철학적 사고의 장치에 연관 짓거나, 이야기를 채색하는 도구로 바라보는 대신에, 그것이 인간의 의미를 바꾸는, 우리 '삶'의 경험에 던져진, 무언가 새로운 추임을 인지해야 한다.

1895년은 분화하는 세상을 따라 두 개의 상태로 갈라진 두 존재의 출현이었다. 코폴라는 그 결합, 또는 갈등에 자기식의 경의를 표현한 셈이다. 자신의 보이지 않는 육체의 시선으로 최면을 거는 흡혈귀와 사실 그처럼 우리에게 최면을 걸고 두 시간 동안 존재하지 않는 육체의 옷을 입게 하는 '영화', '존재'와 '현상'의 양측을 넘나들며 번민하는 '그'와 그 경계선에서 줄타기 하는 '영화', '전염'으로 영향력을 입증하는 '그'와, 몰입으로 우리를 흔들어 놓는 '영화'….

1992년의 영화로 이야기를 시작해서 뜬금없었을 것이다. 이러한 '영화'의 힘이 서서히 생기기 시작한 때가 바로 1910년대이며, 1920년대이다. 법칙은 죄다, 거의 죄다 그때 만들어진다. 가만히 보면 '영화'가 사람들에게 제공한 경험은 인류 역사에 한 번도 없던 일이다. 이런 식으로 이야기 안으로 우리를 걸어 들어가게 한 일은…. 코폴라가 경의를 표하고자 했던 이유일 것이다. 그래, 실제로 '드라큘라'/'영화'는 그렇게 세상에 나왔다. 루이 페이야드가 시작하더니 북구로 이어졌고, 할리우드로 건너갔다. 흥미롭다. 왜냐하면 이제까지 말했듯 흡혈귀는 단지 소재에 그치지 않았으니까.

가만히 보면, '이야기'가 장착되었다는 것은 이제 '이 여정'이 시작되었다는 말이다. '영화', 그의 방식으로 우리의 밤/어둠을 두렵게 했다. 그 두려움이 생각보다 멀리 가진 못했지만…. 이 모든 일이 인류 문명사에 좋은 일인지 아닌지는 모른다. 때로는 마땅히 생각해 봐야 하는 현실을 놓아 버리게 하면서 오직 눈에 보이는 현실을 좇게 한다. 때로는 여전히 현실의 층을 갈라서 그 안으로 우리를 밀어 넣어 많은 생각에 빠지게 한다. 그래, '영화'의 탄생이 인간에게 어떤 것이었는지는 단순하게 답할 수 없다. 이것은 사실 색다른 질문이다. 단순하게 '좋은가 나쁜가, 그 태어난 것이!' 하는 물음이 아니다. 그로 인해 얻은 우리의 경험, 우리의 인식, 우리의 의식이 어떠한가에 관한 질문이기 때문이다.

이 존재들이 우리 삶에 들어와 우리의 꿈속을 다 헤집고 온통 뒤흔들어 왔다. 사실, 우리는 그에 대한 자각조차 없다. 그들이 무엇인지, 어찌어찌 우리를 장악해 갔는지 의식도 못 하고(그러니까, 의식의 뒤편에서) 그의 꿈 안으로 들어가 버렸다. 전-염-되었으니까, 그의 눈길 하나에 몸을 통제하는 의식을 빼앗겨

버렸으니까!^[122] 그래, 이것은 최면의 긴 역사이다. 100년 동안의 환몽 말이다! 영화사가 아닌, '영화'의 삶, 100년!

≪드라큘라≫, 다행히 나는 극장에서 보았다. 극장이라는 공간은 이처럼 '영화' 개념이 유령처럼 떠도는 곳이다. 모니터와 책상, 거실에서 이 개념을 마주치기는 힘들다. 제아무리 별별 시스템을 모두 갖춘다고 하더라도. 물리적 상태와 조건의 문제가 아니기 때문이다. 의식의 문제로서, 의지가 반영된 선택과 몸의 이동, 마음의 준비, 이완…. 이 모든 과정에 분명하게 '영화' 개념이 작용하고 있다. 어떤 영화를 볼지는, 결국 어떤 세계에 빠져들까, 어떤 경험을 의식과 신경계에 제공할까이고, 그를 위해서 집으로부터 극장으로의 몸의 직접적인 이동이 있다. 나를 익숙하지 않은 다른 공간으로 집어넣는 것이다. 마음은? 당연히 극장 안에서 스크린에 비치는 것들에 빠져들 준비이다. 극장의 정숙은 그래서 타인을 방해하지 말라는 의미가 아니다. 그것은 무엇보다도 '스크린'을 마주하는 나에게 요구되는 정숙이기 때문이다. 최대한 몰입을 위해 몸을 이완시키고, 감각도 풀어놓으며…. 앞서 말했던 대로, 롤랑 바르트가 바로 이 상태를 다음과 같이 말한 바 있다.

영화적 이미지(사운드를 포함), 그것은 무엇인가? 바로 허구(leurre)이다. 이 단어를 여기서 정신분석적 의미에서 받아들일 필요가 있다. 나는 이미지들 속에 완전히 갇혀 있다. 마치 내가 상상력을 구성하는 유명한 이중적 관계들 안에 푹 빠져 있을 때처럼. 이미지는 거기에 있다. 내 앞에 그리고 나를 위해서 유착(그것의 기표와 기의는 확실히 뒤섞여 있다), 유추, 포괄, 함축. 이들은 완전한 허구의 조건이다. 나는 이 이미지를 향해서 달려간다. 마치 동물이 자신을 유혹하기 위해 마련한 헝겊 인형을 향해 달려들듯이. 물론 이미지는 내가 존재한다고 믿는 주체 안에서, 나(Moi)와 상상력을 망각으로 밀어 넣는다. 영화관 안에서 나는 아무리 멀리 떨어져 있다 할지라도 여전히 스크린이라는 거

---

122) 우리는 바로 이것을 즐기기 위해 '영화관'에 가고 있다. 따라서 개인의 공간으로 영화를 끌어올 때, 더 이상 이 최면-작용은 과거와는 다른 성질을 지니게 된다.

울에 마치 짓이겨질 듯이 코를 맞대고 있다. 나르시스적으로 나 자신을 일체화할 이 다른 상상에.... [... 중략...] 이미지는 나를 손에 넣었고, 나를 잡아채 갔다.[123]

1992년, 가을과 겨울 사이였다. 모든 기억이 흐릿하지만 분명한 하나는 코폴라가 펼친 ≪드라큘라≫의 세상 안에서 느꼈던 기억이다. 짜릿했고 눈물이 난 듯도 싶다. 1896년의 '영화'와 퐁프 드 드라큘라를 만나는 순간. 어둠의, 스크린에 대한 내 의식만이 작용하는 그 넓고 넓은 공간, 이야기의 세계에서….

---

123) 롤랑 바르트, 「영화관을 나오며 En sortant du cinéma」, 『꼬뮈니까시옹』 23호, (Seuil, Paris, 1975), p. 106.

생산의 시스템—
장르, 1914~1920s

15

제작 시스템의 구축

초기 미국의 영화사를 바라보는 유럽의 시선은 무엇일까? 강조하지만 유럽은 사실 적어도 이 시기에 미국영화가 도저히 따라잡기 힘들 것처럼 보이는 '영화'의 아름다움을 구축했다. 이야기의 수준에서도 비교 대상이 아니다. 슬랩스틱 코미디물을 빼고는 주목할 만한 관심을 끈 이들은 그리피스, 에리히 폰 스트로하임 정도에 지나지 않는다. 에이젠슈타인을 위시한 소련 영화가/이론가들은 그리피스식 편집, 미국식 편집이라 불리는 평행편집을 더 깊게 완성했다. 미국영화가 단선적일 때 마구 복선을 깔아 병치 되는 이미지들의 충돌 속에서 진전의 새로운 방향, 즉, 변증법적 편집을 만들어 낸 것이다. 프랑스는 또한 그들 나름대로, 그들 특유의 역사성대로 전혀 다른, 충돌보다는 춤추는 듯 시각적 리듬을 타는 양적 편집으로 서서히 진입하고 있었고(이 양적 편집의 완성은 사운드 영화와 함께 이루어진다), 노르디스크 영화사의 영화. 즉, 북구의 영화들과 독일의 영화들은 이미지 내부의 구성으로 이야기를 끌고 가서는, 바야흐로 시각적 조형성으로 서사를 풀어내는 영화 이미지의 표현의 시대, 표현주의 영화들을 태동하게 한다.[124]

이 모든 일이 이미 말했듯이, 유럽에서의 미학적 전통의 영향력이다. 그것은

---

124) 이 문장은 사실 상당히 중의적으로 선택되었다. 앞선 '표현의 시대'라는 말 속에서의 '표현'의 의미와 '표현주의'에서의 '표현'의 의미는 사실 다르다. 그러나 나는 일부러 그 두 개의 서로 다른 개념으로서의 '표현'을 중첩시켰다. 왜냐하면, '표현주의'도 '영화'에게 이제까지와는 다른 색다른 표현들을 제공했으며 그리 영화사가 거기까지 쓰였을 때가 비로소 '표현의 시대'가 열린 것이기 때문이다.

'영화'에 영향을 주고, 또한 '영화'라는 색다른 표현 역시, 마찬가지로 그 전통적인 미학에 영향을 주었다. '영화'는 이제 자신만의 고유한 표현original을 지니기 시작한 것이다. 이 점에서 보면, 미국 드라마와 유럽 드라마의 수준 차이는 아무래도 현저하다. 그로 인해, 유럽 영화인들이 미국영화를 깎아내렸을까? 천만에, 유럽 영화인/역사가들은 이 초기 미국영화를 평가 절하하지 않았다. 그들은 오히려 우리가 지금 할리우드에 대해 지닌 호감처럼 미국 영화들을 각별하게 여겼다.

이탈리아의 건물 장식 예술가를 아버지로 두고 그 밑에서 사사하며 일을 하던 형제가 집안 형편으로 인해 일이 줄어들자 먹고 살기 위해 미국으로 건너간다. 거기서 자신이 하던 일들과는 전혀 상관없는 허드렛일을 하다가 아주 우연한 기회에 영화판에 가게 된다. 자신들의 능력을 발휘할 가능성이 있어서가 아니다. 막 시작된 이 산업은 풍성한 일거리를 가지고 있었고, 특별한 기술이 없더라도 할 수 있는 일은 넘쳐흘렀다. 이민계 노동자들에게는 최상의 선택지였는데, 이들 형제가 맡은 일도 소품들을 모은 창고를 관리하는 일이었다. 스튜디오에서 한참 떨어져, 마치 버려진 듯한 창고가 있고 그 안에는 당장 쓰지는 않지만 언젠가는 다시 활용할지도 모르는 지난 영화들의 소품이 잔뜩 쌓여 있다. 관리라고는 하지만 이들이 무슨 목록을 만들고 소품의 정확한 사용을 위해 장부를 작성한 것은 아니다(그 시대, 아직 영화는 조직적으로 관리되는 산업은 아니었다). 그냥 거기 머물며 도난 안 당하기를, 버리기는 아깝고 언젠가 쓸지 모르지만 당장은 소용없는 것들을 지키는 일이다. 침실도 없으며, 매트리스를 깔아 놓은 곳이 잠자리였다.

그러던 어느 날, 자신들에게서 주체할 수 없이 솟아오르는 창작의 열망에 그들은 자신들 나름대로 이탈리아에서 못다 이룬 코끼리 상을 폐품으로 제작한다. 때마침, 자신의 역작 ≪인톨러런스≫에서 사용할 소품으로 코끼리 상을 제작했지만 영 마음에 들지 않은 그리피스가 우연한 기회에 형제가 만든 코끼리 모형을 담은 영화를 보게 된다. 바로 자신이 찾던 이미지와 꼭 부합한 그 소품을 만든 이들 형제를 불러 영화 미술을 전담케 한다. 형제는 자신들의 놀라운 창작 능력으로 이후 탄탄대로를 달리게 된다.

비토리오 따비아니, 빠올로 따비아니 형제Vittorio & Paolo Taviani가 1987년에 만든 ≪굿모닝 바빌론 Good morning Babylonia≫이다. 여기 아주 흥미로운 장면이 있다. 성공한 형제들은 전통적인 장식 예술가인 아버지 에드나 보나노를 미국으로 초대하기에 이른다. 아버지는 미국으로 건너와 그리피스가 형제들을 위해 연 결혼식에 참석하고 거기서 그리피스와 만나게 된다. 영화는 아버지 에드나 보나노와 그리피스의 만남을 완벽한 예술가들의 만남으로 묘사한다. 보나노와 그리피스는 서로에 대해 경의를 표하고, 건배를 한다.

'예술가'와 '예술가'의 만남, 무엇보다 전통적인 장식 예술가와 완벽하게 새로운 예술인 영화감독을 그 의미로 묶는 장면이다. 그리고 결국에는 '영화'가 이들 젊고 아직 덜 여문 형제에게 미완성이었던 어떤 것(전통적 의미의 작품)을 '영화' 안에서 완성하게 한다.

'영화'를 바라보는 시선이 정확히 반영된 작품 중 하나인데, 여기에 전통과 새로운 것의 만남, 새로운 것 안에서의 전통적 미의 실현, 즉, 전통을 재해석해 자신 안에서 완성한 '영화'에 대한 경탄, 그리고 향수가 있다. 그 새로운 '영화'를 탄생시킨 그리피스, 그 연대에의 향수 말이다. 과연 실제로 그랬을까? 그리피스가 이러한 의미의 예술을 자기 작품에서 구현하려고 했을까? 물론 그는 스스로 예술가라 여겼다. 하지만 정작 그가 한 일은 그의 열망과는 별개로 새로운 도구의 활용법을 찾아낸 것이었다. 하지만 오늘날 유럽의 영화인들에게 이 시기는 '막 태어난 예술'로서 '영화'의 비상이 시작되는 때로 여겨진다. 그런 향수 어린 시각이 예술가들의 만남으로, '영화'와 전통적인 예술의 교감으로 나타난 것이다.

하지만, 실상은 그렇지 않다. 그리피스에게 '영화'의 현장이란 냉혹했다. 그는 자신이 기대했던 것보다 대단한 일을 했으되, 사실 미국 내에서 그의 위상은 그저 '대단한 감독Director'이었다. 미국에서도 '영화' 영역에서 '예술'이라는 용어가 여기저기 쓰였지만, 결코 인정받은, 전통적 의미에서가 아니다. 거의 립서비스 수준이었다고 생각하면 된다. 앞서 말한 대로 '영화'는 미국 땅에서 예술이 될 필요가 없었다. 그것은 상품이 되어야 했다.

자, 이제 '장르'에 대해 말할 차례이다. 현대 영화이론의 시선에서 '장르'는 상당 부분 '미적 용어'이다. 이 시각에는 바로 할리우드의 감독들을 영화사에 헌정한 세대들만큼이나 향수가 반영되어 있다. 즉 줄기차게 '영화'와 '예술'의 연관을 증명하려는 열망에서 빠져나오지 못했다는 말이다. 결코 잘못된 인식은 아니지만, 당시 실재와는 다르다. 냉정하게 말하면, 까이예 뒤 시네마 세대가 추켜올린 이른바 작가주의라는 카테고리 안에서 영화사를 재정립해야 했던 시기의 산물에 불과하다. 물론 이 관점 자체에 문제가 있다는 말은 아니다. 문제가 있긴! '영화'에 대한 생각들은 한편으로는 거기로부터 시작된다. 이 1950년대, 1960년대의 '영화'에 대한 생각들은 다른 곳에서 다루자. 그것은 곧바로 영화이론이며, 따라서 영화학의 밑변을 이룬다. 그러니, 지금, 여기서 말할 것은 아니다. 역사적으로도 그랬듯이 지금은 할리우드를 먼저 이해할 때이다. 1950년대의 유럽산은 할리우드가 없었으면 나오지 않았다!

할리우드는 '영화'의 삶에 있어서 아주 중요한 의미들을 완성한다. 이는 오직 할리우드가 다듬고 구축한 '영화' 개념인데, 사실 미적 가치 여부, 상품으로서의 가치 여부 등의 요건들은 이 개념 앞에서는 아무 문제도 아니다. 스튜디오 체제와 영화 생산에 필요한 메커니즘은 이미 유럽에서 이보다 훨씬 이전에 완성되었다는 사실을 우리는 알고 있다. 유럽은 할리우드 시대가 도래하기 이전에 이미 국제적 수준의 규모, 왕성한 산업 형태를 갖추고 있었다. 따라서 물적 측면에서 보자면 할리우드의 스튜디오 시대의 도래와 그 안에서의 생산 메커니즘의 출현은 새롭지 않다. 그러니 할리우드에 대한 이해를 스튜디오 체제에서 찾는 것은 결코 물적 측면의 문제가 아니라는 점을 알아야 한다. 사실, 굳이 물적 조건에서 유럽과의 차이점을 깨닫고자 한다면, 할리우드의 특징은 스튜디오 체제에 있지 않다. 영화이론이 지나치게 인문학적인 것에만 치우친 까닭에 간혹 놓치곤 하는 영역, 즉, '관객'과 '시장'의 특수성에 있다. 성질과 규모에 있어서 미국과 같은 곳은 20세기 중반까지는 존재한 일이 없다!

할리우드로의 이동이 이루어지는 시기, 폭발적인 수요와 증가가 예측되는 때였다. 뉴욕과 시카고 생산기지만으로는 제작이 한정되어 있어 시장은 예측되는 수요를 따라가기 힘들었다. 여기서 우리는 '예측'이라는 의미를 신중하게 생각해야 한다. 즉, 아직 시장이 전국적으로 형성된 것은 아니다. 영화가 아닌 다른 산업이었다면, 월스트리트는 대도시 위주의 제작 기반 아래, 오히려 시장을 독점하고 통제할 생각을 했을 것이다. 공장에서 제작되는 물건들은 이 경우, 일정한 품질을 유지하면서 그에 대한 동경을 지닌 소비자들을 적당히 기다리게 함으로써 생산과 시장, 소비구조를 조절한다. 그러나 영화는 그러한 일반적인 산업 형태와는 질이 다른 완전히 새로운 것이었다. 여기에서 '품질'은 중요하지 않았다. 아직 시각에 따른 이해도가 미국에서는 경험과 인식 수준에 따라 다변화되어 보다 고품질을 동경하게 되는 방식으로 작동하지 않았다. 더구나 영화라는 물건 자체가 그처럼 시각적 인식 수준을 반영하는 것은 아니었으며, 그저 말초적인 오락을 제공하며, 시간을 마음 놓고 소비하게 하는 정도면 되는 것이었다. 결국 품질보다 다양성이 요구되며, 재빨리 만들어져 재빨리 소비됨으로써 더더욱 많은 이들을 빈번하게 영화관으로 끌어모으는 것이 필요했다. 결과적으로 월스트리트가 간파한 것은 이러한 '영화'의 성질이며, 재생산의 급박한 회전구조였다. 이 때문에 그들과 이익 공동체였던 더디기만 한 트러스트를 포기하며 할리우드로 나아간 것이다. 시장, 나아가 산업에 대한 이러한 변화를 감지한 예측으로 인해, 할리우드는(실제로는 월스트리트는!) 사실, 지금까지는 영화사상 가장 특별한 결단을, 가장 특별한 시스템을, 가장 영화다운 결정을 내려야 했다. 가만히 본다면, 이는 정말이지 영화사에 있어서 아주 대단한 일이었다. 작품의 질과 수준을 따질 때, 우리의 시선에는 자연스럽게 전통적 예술이 제공하는 기준이 작용한다. 그렇게 본다면 이 시기 할리우드는 거들떠볼 일도 없게될 것이다. 하지만, 전통의 고리를 거둬내면, 19세기 후반에 막 탄생한 표현장치의 삶의 과정을 고려하면, 평가는 달라져야 한다. 결과물들, 즉, 영화들의 수준, 표현력과 상관없이 말이다.

더 많은 영화들이 생산되어야 했는데, 이럴 경우, 그저 사람들을 동원해 이것저것 만들어서는 경제적 누수가 더 크게 마련이다. 상품의 생산에는 정교하게 투입되는 비용의 효용처에 대한 통제가 필수이다. 즉, 이 시기에 비로소 제작의 공정, 생산의 공정이 주먹구구가 아니라 정교하게 정비된다. 포드 사의 컨베이어벨트 작업처럼 말이다. 각자 맡은 역할들이 전문화되어야 할 필요가 생겼으며, 그에 따라 인력들이 수급되고 배치되었다. 그러나 그것으로 대량 생산의 필요성을 채울 수 있을까? 포드의 자동차는 몇 개의 모델을 각자 다른 생산 라인으로 분배하면 된다. 하지만 영화는 몇 개만의 문제가 아니었다. 수십 개, 수백 개의 제각기 다른 모델들을 다루는 공정이었다. 할리우드의 제작자들은 여기서 아주 탁월한 결정을 내리게 된다. 어떻게 하면 더 빨리, 여러 개의 모델을 동시에 생산할 수 있을까? 그것도 인력의 낭비 없이.

상상해 보라. 영화 한 편을 찍기 위해서 얼마나 많은 공정이 필요한지. 세트를 만들어야 하고, 각 장면, 혹은 시퀀스, 혹은 한 편의 영화마다 그 영화에 투입되는 인원들이 결정된다. 촬영은 생각보다 더디다. 조명과 온갖 장치들이 정교하게 배치되어야 하고 한 장면을 찍고 나면, 다시 다른 작업이 다음 장면을 위해 구축되어야 한다. 몇 시간이라는 작업이 소요된다. 그것이 어쩔 수 없는 영화의 공정이다. 그러나 할리우드는 급했다. 이 시장은 물건을 기다리는 곳이 아니다. 이 물건이 없으면 다른 물건으로 건너뛰는 곳이다. 그러니 제작자들은 어떻든 신속하게 물건을 찍어야 했다. 품질, 기본만 지키면 됐지, 의미를 담는 일은 낭비였다. 저 재앙과도 같은 그리피스의 ≪인톨러런스≫를 보라. 그만한 비용으로 단 하나의 영화를, 그만한 장비와 세트로 단 하나의 영화를?

간단하다. 한 영화를 찍는 데는 주요 인력과 부수 인력이 존재한다. 주요 인력이야 다음 장면의 촬영까지 당연히 기다리고 준비하면 되지만 부수 인력은 그렇지 않다. 하나의 작품이 쉬는 틈새에도 그들의 노동력을 이용할 수 있다면? 그 세트가 다음 촬영 시기까지 멈춰 있는 동안 같은 세트, 같은 환경을 이용해서 최소한 한 편의 영화를 같은 곳에서 더 찍어 나갈 수 있다. 그러자면 비슷한 이야기여야 한다. 다만 약간 다르면 된다. 사실, 어차피 주요 인력은 달라질 테니 이에 대해서는 고민할 필요도 없다(감독, 촬영감독, 주연 배우 등). A라는 주제의 줄거리와 유사한 B라는 줄거리만 있으면 되고, 각각의 프로젝트에 참여할 감독, 촬영, 주연 배우들, 서로 다른 팀만 있으면 그만이다. 그리하면 거의 동시에 영화 두 편을 제작할 수 있지 않은가?

이 시스템이 무얼까? 이것이 곧 '장르'이다. 그래, 할리우드는 이 '장르'의 개념을 생산에 적용한 최초의 시스템을 만들어 냈다. 이런 점에서 '장르'는 문학에서 이야기의 종류가 분류되는 개념이었으되 '영화'에서는 시장을 노리는 생산 공정의 개념이 된다. 서서히 이러한 요구에 따라서 장르들은 특화되었는데, 그 장르에 맞는 배우들, 감독, 촬영, 조명, 스태프들이 생기고, 그들을 효율적으로 활용하기 위한 규격화된 이야기들이 발생한다. 할리우드는 이 이야기마저도 신속한 제작을 위해 친절하게도 규범을 마련했다. 코미디 영화와 공포영화, 스릴러영화, 멜로, 드라마의 신속한 제작을 위해 각기 구별되어야 하는 장면 구성의 지침들이 생기고, 그것은 하나의 법칙이었다. 이 법칙이 곧 '장르의 문법'이 된다. 이 문법은 따라서 미학적인 가치를 위한 것이 아니다. '장르'로서의 특성을 강제하는 내규이기 때문이다.

인력의 배분도 마찬가지였다. 취미나 기호도가 작용하는 일은 없었다. 이유 여하를 불문하고 생산 라인이 필요로 하는 곳에 닥치는 대로 배치되었다. 그리고 나서 그 배분된 일에 특화되도록 했는데 이 과정에서 전문적인 영역이 발생한다. 시나리오 작가라는 직업은 직접적으로 이러한 과정의 산물이다. 이에 이르기 전, 그 직업은 전문화된 것이 아니었다. 하지만, 이제 작가들은 장르의 특성에 맞게 장면들을 구성해야 했고, 더더욱 효율을 높이기 위해서 장르에 따라 특화했다. 자신의 의지는 나중에나 적용된다. 철저한 자본주의적 관점에서 직업은 결코 우리가 선택하는 것이 아니다. 직업이 오히려 우리를 선택하는데, 이러한 자본주의적 속성을 철저하게 따른 곳이 바로 할리우드였다. 누구는 공포물에 특화되어야 했고, 누구는 멜로에 특화되어야 했다. 시나리오 작가에게 부여된 이 특징은 점차 모든 스태프에게 전파되었고, 어느 시점에는 할리우드에서 영화 만들기란 바로 이러한 컨베이어벨트 따라잡기가 되었다.[125]

그래, 할리우드 생산 시스템의 출현이란 '영화'를 다른 것들과 구별되는 특별한 '물건'이 되게 한, 중요한 사건이다. 생각해 보라. 결과적으로 이 시스템의 출현은 단지 영화가 담을 이야기나, 그 때문에 발생하는 영화 형식의 문제만이 아니다. 시간이 지나, 더 용이한 영화 제작을 위해서는 그 일에 참여하는 이들이 좀 더 특화되어야 했다. 달리 말하면, 이 생산 시스템이 컨베이어벨트처럼 작동하기 위해서 스태프들의 역할이 세분화는 물론 전문화되어야 했다는 것이다.

---

125) 그리고 이후에 다시 언급하겠지만 사실, 이 시기에는 오늘날 우리가 이해하는 '시나리오'는 없었다. 말이 없었기에 그 '말'의 의미망을 지탱하는 지문도 있을 이유가 없었고, 다만 행위들에 대한 지시들이 전부였다. 이 점에서 이 시기에는 시나리오라기보다는 자세한 줄거리였으며, 오늘날과 같은 시나리오의 역할이 나타는 것은 '소리'가 영화에게 침투한 이후이다.

단지 장삿속으로 시작된 일이지만 대단한 결과로 이어졌다. 왜냐하면 이제까지 영화 제작에서의 역할 분담은 정말이지 단순한 물리적 구분에 의존했다. 사실 애초에는 구분도 없었을 것이다. 카메라맨, 직업의 의미가 아니라 카메라를 다루는 자가 곧 영화의 연출가였고 제작자였다. 사실 처음에는 창작에 대한 최소한의 목적조차 없지 않았는가? 에드윈 포터의 시대쯤 와서 연출의 초기 의미가 형성됐을 것이다. 사실 그 시대에도 종종 연출가가 카메라를 쥐고 있었다. 그는 또한 편집기사이며, 필름의 현상가였다. 한마디로 한 사람이 모든 것을 했다. 그러다 점차 때로는 카메라 앞에 설 사람이, 즉, 최소한의 연기를 할 배우가 필요하게 되었고, 무대장치를 도울 이들도 필요해졌다. 즉, 영화가 이야기를 담아 나가면서 달라지기 시작한다. 연극이 아주 좋은 교본이었지만 아직 영화의 극은 정교하진 않았다. 스태프들은 연극처럼 역할의 전문적 구분이 이루어질 필요가 없었다. 대부분 단지 잡역꾼들에 지나지 않았다. 역할들이 구분되어야 할 만한 프로젝트가 등장하지 않았기 때문이다(존 포드도 바로 이러한 잡역부로 영화의 현장에 발을 들인다).

그러나 필름다르에 이르면 이제 기본적인 역할들이 어쩔 수 없이 엄격하게 구분된다. 극작가들에게 대본을 맡겼고 국립연극원의 배우들을 출현시켰다고 하지 않았는가? 대본을 따로 쓰는 이가 있고, 배우가 있으며, 무대장식가가 필요했으며, 조명이 필요했다. 물론 이 스태프들에게 대단한 역할을 주지는 않았다. 이야기가 요구하는 장식을 면밀하게 구성하는 것은 필수였지만 아직 영화가 이 장식과 배경을 의미 있게 활용하지 않던 시기였다. 조명과 장식가(세트와 미술 담당자)가 좀 더 특화된 것은 영화 장면의 구성에 빛을 끌어들인 북구영화에서였다. 그리고 이처럼 의미 있는 장면들을 구성한다는 말은 이때 비로소 영화에서의 연출의 자리가 확고해진다는 의미이다. 이미 말했듯이 이 시기에 유럽은 주제를 탐색하기 시작하고, 장면의 회화적 의미를 추구하며, 구성의 문제에 탐닉하기 시작한다. 그런 작업의 성질에 따라서 감독은 영화 작업에 있어서 자연스럽게 '정점'이 되었다.

할리우드는 어땠을까? 성질이 다른 영화들을 만들었다고 했다. 의미나 주제의 탐닉이 아니라 흥밋거리, 상품. 하지만 그렇다고 해서 이 작업이 상대적으로 쉽다고 여기는 것은 착각도 이만저만이 아니다. 상품이 된다는 것은 때에 따라서 예술품을 닮기보다 훨씬 더 어려운 일일 수 있다.[126] 감독은 매번 커리어를 걸어야 하기 때문이다(이 시기에는 '커리어'가 아니라 생존 여부였겠지만). 이런 종류의 영화들을 연출한다는 것은 자신의 세계관을 보여주는 창작가로서의 작업과는 성질이 매우 다른데, 자신의 기호가 아니라 관객/소비자의 기호를 탐닉해야 한다. 때문에, 그는 사실 정해진 제작 방침이 완결되게끔 이행하는 자에 가까웠다. 할리우드에서 감독은 주급을 받거나, 조금 더 연장되면 월급을 받으며 계약된 기간에만 작업하는 비정규직 회사원이었다. 몇몇 작업을 제외하면 감독들은 사실 별로 중요하지도 않았다. 여타 스태프들과 비슷한 조건의, 그저 한 회사의 매니저 정도의 명령 체계를 지닌 자에 불과했다.[127]

그러나 할리우드에 시스템이 형성되면서, 장르가 형성되면서 이 명확하지 않은 구분은 사라진다. 감독이 여전히 주급이나 월급을 받는 회사원이라는 신분을 벗어난 것은 아니지만, 적어도 그는 이제 장르에 특화된 '기술'을 지닌 자가 되었다. 시나리오 작가들도 마찬가지였다. 특별하지 않은 잡역꾼에 불과했던 여타 역할들도 장르의 특성에 따라 전문화된 자들로 해당 장면의 완성을 위

---

126) 예컨대, 쉬운 작업은 아니지만, 예술에는 적어도 당대와 과거의 미적 개념이라는 기준이 존재한다. 반면, 상품은 수를 셀 수도 없는 다양한 대중들, 관객들의 기호를 주물러야 한다. 대단한 흥행 작들이 많아 우리가 의식하지 못하는 것이지 흥행에 실패하는 영화가 훨씬 더 많다.

127) 이는 생각보다 오래갔다. 존 포드의 일화를 빌면, 1930년대 그의 영화에서 연출의 크레딧에 그의 이름이 아니라 다른 이름이 들어간 일도 있으며 당시 포드는 그 사실을 별로 개의치 않았다. 할리우드에서 감독의 지위란 생각보다 훨씬 평범한 직업명이었다. '연출'이 영화의 전부를 좌우하는 가치를 지니는 작업이 되기 전까지는 말이다.

해 면밀하게 구분이 가해진다. 코미디 멜로의 장식을 담당하는 이가 공포나 스릴러를 맡는 일은 드물었다. 아주 탁월한 능력을 겸비한 이가 아니면 그의 업무는 일정한, 별로 벗어날 일이 없는 것으로 국한되었다. 다른 것을 해보고 싶은 이들에게는 갑갑했겠지만, 대부분 그런 꿈을 아직 가지지 않은 때였고, 차라리 완벽하게 자신이 하는 일들에 특화되어 있어서 다른 업무를 넘볼 필요가 없었다. 좋게 말하면 전문화이지만 한편으로는 이것은 기능적인 구분이다. 할리우드에서 영화는 창작이기보다는 기능적으로 정교하게 다듬어진 상품이었기 때문이다.

직업들의 분화, 역할의 분화, 그에 따른 이야기의 종류별 분화, 세트장의 분화, 이미 말했듯 기존에 없는 것들은 아니었으나 이처럼은 아니었다. 그런 점에서 구별이 가능하지 않을까? 지금까지야 영화가 만들어지기 위해서 어쩔 수 없이 존재하던 방식에 불과했지만, 이제는 영화 만들기의 공식, 영화식 컨베이어 벨트가 나타난 것이다. 그렇기에 할리우드에서의 이 시스템의 출현은 오히려 '영화'를 정작 부차적인 문제로 만들어 버린다. 즉, 시스템이 있고, 이것은 지켜질 것이며, '영화'가 그것을 따라와야 한다, 영화는 그렇게 만들어지는 것이다!

새로운 개념의 출현

그런 점에서 혹자들은 이 시스템의 출현이 '영화'의 가치를 끌어내렸다고 볼 지도 모른다. 하지만, 전향적으로 볼 필요도 있지 않을까? 이후에 전개된 영화 사로 볼 때, 이후에 쌓여간 관객들의 경험의 역사로 볼 때 말이다. 왜냐하면 한 편으로는 이 시스템이 '영화'에게는 기존의 '예술'적 개념의 카테고리와 결별하 는, 그래서 새로운 의미의 '예술'이 출현했음을 알리는 출발점이기도 하기 때문 이다(만일 우리가 어떻든 '예술'이라는 용어를 사용하고자 한다면…).

그래, '영화'는 숭고한, 세계와 자기의 관계 속에서 자신의 관점을 투영해 왔 던, 순전히 미학적 승부의 카테고리를 훌쩍 벗어났으며, 그것을 다른 문제로 이 끌고 갔다. '영화'의 '이야기'에서는 기존의 서사 예술들에서처럼 서사 속에 그 관점의 투입 여부가 곧 예술의 척도는 아니라는 점, 그보다는 다른 척도가 이제 부터 예술에 적용될 것이라는 점, 기존의 내용과 형식의 질서는 이제 '영화'에 와서는 재편성되어야 한다는 점, 그리고 재편성된 질서의 관점에서 그에 걸맞 은 새로운 가치가 발생할 것이라는 점 등으로 말이다.

달리 말하면, 이 이야기들은 '영화'의 '눈', '카메라'가 가 닿는 지극히 평범 한 세상, 범상하고 진부해 보이는 뻔한 곳에서부터 만들어진 것들이며, 이제까 지 전통적 '예술'이 관심 두지 않았던 바로 그 지대의 모습이라는 말이다. 동시 에, 우리가 까맣게 모르고 있던 것을 '영화'는 깨우치는데, 그 범상함이 지니는 가치들이다. 이제 '이야기'는, '의미심장함'은, '예술적 가치'는 그 하찮은 범상함에서 피어오른다. 그리고 '영화'는 머지않아 전통 예술 형식들에 자신이 얻어낸 것들을, 도리어 그들의 채무로 넘겨준다!

> '영화는 인간을 새로운 의미에 의해서 창출해 낼 것이다. 그는 눈을 통해서 들을 것이다. 마치 탈무드에 나오듯이 그들은 소리를 보게 된다. 그가 시의 운율에 반응했듯이 그는 이제 빛의 운율에 반응하게 될 것이다. 그는 새들과 바람과 대화하게 될 것이다. 철로는 음악이 될 것이며, 하나의 바퀴는 고대 그리스 사원과 마찬가지의 아름다움을 갖게 될 것이다. 새로운 형태의 오페라가 탄생할 것이며, 우리는 그들을 볼 필요가 없이 가수들의 목소리를 음미하게 될 것이다, 그 즐거움이라니…. 말을 타고 달리는 발키리 (오딘의 명을 받아 전쟁을 담당하고 전사자를 천국으로 인도하는 세 여신)의 모습도 보게 될 것이다. 셰익스피어, 렘브란트, 베토벤은 영화를 만들 것이다. 왜냐하면, 그들의 왕국은 이제 이전과 같은 것이면서 동시에 훨씬 더 넓은 것이기 때문이다. 예술적 가치들은 소란스럽고 전폭적인 전복을 겪을 것이며, 게다가 지금까지 있어 온 어떤 것보다 위대한 꿈들의 환상적이며 급작스러운 개화가 이루어질 것이다. 단지 인쇄 기계일 뿐 아니라, 모든 심리적인 상황을 변조할 수 있는 꿈의 공장, 왕수(금, 백금 따위를 녹이는 화학 용액), 리트머스 용액이기도 한 '영화'.
> '이미지의 시대가 도래했다!'[128]

이래서 유럽에서의 '영화'의 인식이 중요하다고 말한 것이다. 이것이 1927년, '영화'에 대한 인식이었다. 놀랍지 않은가?

'영화'는 정말로 그리되었다. 구석에 녹슨 채 버려진 '낡은 기차 바퀴' 하나에도 대단한 가치가 부여되었다. 그럴 수 있던 예술은 지금까지 단 한 번도 없었다. 제우스의 손을 탄, 의미 있는 사건의 마차 바퀴면 모를까… 그러니까 미리 의미가 부여된 대상들만이 중요했다. 길에 나뒹구는 하찮은 종이조각에서 시작하는 의미를 짚어내는 일 따위는 존재하지 않았으며, 서사는 언제나 이미 의미

---

128) 아벨 강스, "Le temps de l'image est venu!(이미지의 시대가 도래했다)", 『L' Art cinémato graphique(영화예술) II』, (Paris, Alcans, 1927), pp. 94~96.

화되어 있는 인간의 감정과 인생을 노래했다. 만일 등장하더라도 파이프나 바퀴, 의자, 깨진 창은 다만 의미, 감정을 부각하려 선택된 소재들일 뿐이다. 결코 인생이나 인간의 감정을 대체할 수 있는 '상징적 보속물補贖物'이 아니었다. 반면에, '영화'에서 이것들은 그 자신이 독립적으로 의미의 총체, 생의 총체가 되기도 한다. 우리가 그러한 것들에서 아름다움, 혹은 의미론적 대체를 경험한다는 것은 보라, '영화' 이전에는 없던 일이다. '영화'가 어째서 강스의 말대로 '예술적 가치들'을 '소란스럽고 전폭적'으로 '전복을 겪'게 할지 이쯤 되면 분명하게 드러나지 않는가?[129]

물론 이 모든 일이 곧바로 이루어졌다는 말이 아니다(게다가 냉정히 말하면, 아직도 전폭적인 전복의 시간은 도래하지 않았다. 머지않아 보이지만 말이다). 할리우드의 생산 시스템의 구축이 값싸고 하찮은 생산물을 만들기 위한 것이었다는 사실은 부정할 수 없다. 하지만, 오늘날 우리가 이해하는 '영화'가 바로 거기서 시작된다. 우리에게 유럽에서 온 '영화'가 '예술'로서의 의미망 안에서의 위대한 '영화' 개념의 형성이라면, 진짜, 세상에 한 번도 존재하지 않던, 비록 싱겁고 단순해 보일지 몰라도(과거 서사 예술의 세계에 대한 깊은 사색에 비하면), 절대 나타나지 않았을 진짜 '영화'의 출발은 바로 할리우드에서 시작한다. 다시

---

129) 그러나 조금 엄격하게 말하면, 반드시 '영화' 때문에만 기존 예술들의 변화가 시작된 것은 아니다. 차라리 '영화'를 탄생시킨 시대적 정황, 즉 1부에서 말했던 19세기 말의 인간 문명의 전환기, 이른바 근대라고 하는 시대로의 변화가 그보다 중점적인 요인일 것이다. 왜냐하면 기존 예술들의 변화도 모두 '현대-'로의 변화이기 때문이다. 물론, 각 예술 형태마다 시기상의 차이는 있다. 그러나 인간의 삶에 침투한 과학과 기술이 그 변화의 요인이었음은 명백하다. 그리고 이 침투는 단지 새로운 기술 몇 개가 나타난 게 아니라 물질적 세계가 중심이 되는 삶, 의식으로의 변화였다. 미술에서의 색채, 따라서 표현법의 변화였고, 물질에 대한 새로운 의식의 시작이었다. 문학에 있어서는 그 '이야기'가 기대고 있는 '현실'이라는 질료의 밭의 변화였으며, 건축의 경우에는 삶에서의 공간의 개념의 변화였다. 나아가, 놀랍게도 음악은 화음이 아니라 '음' 자체를 문제삼았다. 기존 예술들은 이전에는 거들떠보지도 않던 '일상', '물질적 세상'을 의식하기 시작했으며, 그곳에서 '의미들'을 찾기 시작했다. '영화'가 세상의 물질과 밀접하게 관계하고 그것의 가치를 끌어올리면서 사람들의 의식에 변화를 준 것, 그래서 기존의 예술 형식들이 그보다 더 환경의, 조건의 변화에 주목하게 된 것도 사실이지만 말이다.

말하지만, 이 점에서 오직 할리우드만이 우리를 당혹하게 하지 않는가?

예컨대, 총잡이들의 추격전이, 그들의 결투가, 인디언과의 전투가, 조로의 Z 가, 벤허의 마차 경주가 '이야기'로서 세계에 대해 해줄 것이 뭐가 있는가? 『전쟁과 평화』, 『죽음의 집의 기록』, 『노인과 바다』 같은 '이야기'를 생각해 보라. '영화'는 '그러한 이야기'의 구축에 신경 쓰지 않았다. 그는 오히려 예전에는 별 것 아니었던 추격전, 결투, 인디언들의 음성 신호들, 즉, 세상의 자잘한 그 일들을 부각시켜 짜릿하게 여기고 긴장을 머금도록, 그것을 경험하도록 만들었다. 관조와 음미가 아니라 그 안에 들어가 경험하도록, 그래서 거기로부터 관객 스스로 느끼도록….

그래, 이제 비로소 '영화'는 '경험'으로서의, '현실'에 대한 체험으로서의 힘을 어떻게 발휘할지를 깨달았으며 활용할 단계로 진입한 것이다. 뤼미에르 형제가 던졌던 ≪열차의 도착≫, '사건'의 완성으로….

물론, '영화' 생산이 이처럼 기획되고 짜 맞춰져야 한다는 것, 그리고 오직 스펙터클을 위주로 구성된 것이 바람직했다는 말은 아니다. '영화'는 할리우드를 거치면서 자신에 의해서 나타난 인간의 새로운 지각, 감각, 인식 조건을 분명히 저속한 지대로 끌고 가 소비시장에 흩트려 놓았다. 하지만, 이것이 반드시 '영화' 자신의 문제였다고 볼 수는 없다. '영화'가 태어난 밭, 조건에 구속된 것이기도 한데, 그를 사용하는 욕망이 자본의 욕망에 속박되어서 발생한 일이다. 그런 점에서 할리우드에서도 더디긴 하지만, 찾아보면 분명하게 '영화'가 욕망이 아니라 스스로 '존재'의 가치를 드러내고 있었다는 점을 주목해야 한다. 미국이라는 토양에서 결국 이러한 단계는 '영화'의 존립에 필요조건이었으며, '영화' 스스로 이러한 단계 속에서 자신을 발견하지 못했다면, 세상에 없던, 우리가 보고 있는 새로운 형태의 '이야기'를 세상에 이처럼 내어놓지 못했을 것이다. 게다가 더 시간이 지나면 '영화'는 나아가 스스로 할리우드의 욕망이 깃든 자기 시스템을 반성하게 된다(1950~1960년대. 물론, 그렇다고 '할리우드'라는 절대적 조건을 넘어서지는 못하지만 말이다). '영화'에게 작용하는 외부의 힘은 언제나 시장이며, 새로운 시장과 시장의 질적 변화에 따라 시스템은 보완되고 재편성된다. 시장이 어떤 수준을 지켜워하면, 다른 수준을 만들어 내야 하는 것이다. 그리고 그에 따라 다시 '이야기'가 새로운 길을 찾아가고 또다시 새로운 '예술'의 의미를 완성해 나간다.

'영화'의 이야기들

16

메이저의 등장

1920년대, 어떤 의미에서는 영화사를 통틀어 가장 완벽했던 시기였다. 물론 우리가 앞으로 볼 것처럼 오래 가지는 않았다. 자신의 가능성을 완벽하게 다듬던 중에, 갑자기, 그야말로 아무도 준비하지 않은 가운데, '소리'가 나타났기 때문이다. 하지만 그 문제를 빼놓는다면, 1920년대가 놀라운 시대라는 점은 부인하기 힘들다. 유럽에서나 미국에서나 '영화'는 '자기'를 완전히 입증했으며, 누가 인정하든 말든 상관없이 '자기 존재'를 드러냈다. 오늘날까지 회자할 만한 가치가 있는 수많은 작품이 이 시기에 나왔다. 특히 유럽에서는 완벽한 '작가'들의 시대가 열린다. 그 말은 '영화'가 완벽하게 '예술'로서 작동했다는 말이다. '영화' 자체를 인정하지 못하는 이들을 빼놓고는 아무도 부정하지 않았으며, 누구도 당당하게 부정할 수 없었다.

이미 말했듯, 할리우드는 아직 거기에 미치지는 못했다. 할리우드 초창기와 마찬가지로 '이야기'의 수준은 유럽에 비해 여전히 낮았다('수준'을 무엇으로 보느냐에 따라 다른 말을 할 수도 있지만). 하지만 이미 우리는 영화가 이전과는 다른 방식으로 작동하는 새로운 표현이라는 점을 누누이 강조했다. 전통적인 서사체가 주는 의미심장함은 제공하지 못했지만, 그런데도 할리우드는 나름 거의 완벽한 '힘'을 갖추고 있었다. '영화'의 이야기는 전통적인 방식의 서사 '수준'의 문제가 아니라는 점을 분명히 보여주었기 때문이다. 할리우드는 '주제' 없는 이야기로 전 세계의 시장을 들썩이게 했다. 그것들을 보기 위해 극장 앞에

장사진을 치게 했으며, 1차 세계대전이 지난 뒤 할리우드는 세계 영화의 공장이 되어있었다.[130]

그때나 지금이나 이러한 할리우드의 마케팅, 시장 공략법 자체를 문제 삼을 수는 있다. 할리우드는 분명히 그만큼 세계 시민들의 의식을 값싸게 만들어 버린 면도 있다. 그러나 그것이 자본의 작동 방식 아닐까? 오직 이 측면에서 보자면 씁쓸한 일이나, 탄생해서 얼마 안 된 표현장치의 입장에서만 보자면 놀라운 일이기도 하다. 왜냐하면 할리우드는 '영화'를 보는 완벽하게 새로운 공식을 만들어 낸 것이기 때문이다.

여전히 슬랩스틱이 시장의 대부분을 장식했다. 그러나 다른 장르들의 활동도 이제 서서히 왕성해졌다. 물론 아직 부족했다. 아무래도 동작의 예술에 드라마가 제대로 작동할 리가 없기 때문이다(이제부터 당분간 우리는 이들 영화에 '소리'가 없다는 사실을 늘 염두에 두기로 하자). 미국에서 영화들은 아직 유럽식 표현법을 익히진 못했다. 그리고 익혔다고 하더라도 유럽식 이야기가 아닌 이상, 그 정靜적인 표현들이 자리 잡을 수가 없었다. 이를테면 무성영화의 대가, 무르나우와 프릿츠 랑은 미국에 가서 의미 있는 작품들을 만들었으나 미국영화들과 달랐고 몇몇 작품들을 제외하고는 시장에서 상품으로서 제 역할을 하지

130) 20세기 영화 이야기를 종결짓는 책을 저술하는 기회에 자세히 다루겠지만 미리 염두에 두고서 1920년대 이후의 추이를 보는 일도 중요하다는 의미에서 한 가지 문제를 짚고 넘어가기로 하자. 우리 역시 줄기차게 '할리우드'와 '영화'를 거의 동격으로 보고 진술하는 경우가 있다. 그만큼 할리우드가 지닌 '영화'라는 존재에의 영향력은 필연적이며 중요하다. 하지만, 엄격하게 개념을 따져보는 수준에서 말하자면, 이는 완벽하게 다른 문제이다. 할리우드는 산업 시스템과 연관되는 반면, '영화'는 표현의 형식이기 때문이다. 물론, 전통적인 예술을 연구하는 때에도 마찬가지지만, 그렇다고 세상에서의 실재적인 용도와 세상에 존재하는 방식을 서로 따로 떼어놓을 수는 없다. 둘은 직접적 관계를 통해서 수없이 다양한 모습으로 나아간다. 결국 우리가 할 일은 이 관계의 잘못된 고리를 감시하고 조절하며 발전이 되도록 이끌어가는 일이다. 이 점에서 '우리'가 우리의 기능을 잃지 않도록 해야 한다. '우리'가 없으면 산업은 영화와 등을 붙이고 끈질기게 자신을 주장하고 펼쳐갈 것이다. 그리고 나아가 등이 붙은 신체, 인간이라면 그 역시 분명한 존재이지만, 이 없던 것들이 한데 묶여 물화한 신체가 자신이 애초부터 당연한 듯 우리의 의식에 자리를 잡게 될 것이다. 그 지경이 되면 뒤로 물러나 전체를 다시 따지고 조망하며 교정할 계기조차 사라진다. 어쩌면 이미 21세기의 산업 체제가 이를 욕망하며, 끌고 가는 중인지도 모르지만.

못했다. 하지만 그것은 사실 할리우드에서의 '영화'의 의미가 아직은 유럽과 분명하게 차별되는 것이었기 때문에 나타난 현상일 뿐이다. 유럽의 작가들이 위대한 결과들을 빚어낸 것은 틀림이 없지만, 할리우드는 자기의 방식으로 그 '위대함'의 내용을 채워갔다. 증거들을 몇 가지 챙겨 보자.

일반적으로 우리가 알고 있고, 경험한 할리우드의 전성기는 1930, 1940년대이다. 하지만, 실제 미국에서 할리우드 영화의 전성기는 1920년대였다. 앞서 아놀드 주커를 언급했다. 1920년대 주커는 당시로서는 세상에서 가장 값비싼 브로드웨이 땅에 파라마운트 빌딩을 건립했다. 이 빌딩은 일반적으로 '신전'으로 불렸다. 높이는 139미터였으며 당시 비용으로 1천6백만 달러가 들어갔다. 밤에는 비행기 관제탑이었고, 낮에는 미국 경제, 문화의 상징, 자부심의 상징이었다. 당시 파라마운트 사는 미국 전역에 368개의 극장을 가지고 있었고, 그중 30여 개가 당시 결코 역사적으로 궁전이 없던 미국에서 '궁전'으로 불리던 규모의 극장들이었다. 그래, 그 규모는 분명히 '궁전' 수준이었다. 파라마운트 사는 유럽의 UFA(Universum Film Akitiengeschaft, 1918년 설립) 배급망의 3분의 1을 장악한 계약을 방금 체결했고, MGM, UFA 사와 더불어 독일 시장에 직접 배급망을 지닌 회사, 파루파멧 사(Parufamet, 1925)를 설립했다. 아이러니하게도 UFA가 빚더미에 올라 파라마운트와 MGM 사로부터 돈을 꿀 수밖에 없었고, 그 조건으로 이 두 개의 계약이 불공정함에도 일사천리로 진행되었는데 그것은 다름 아닌 무르나우의 위대한 영화 《파우스트 Faust》(1926)와 프릿츠 랑의 《메트로폴리스 Metropolis》(1927)가 원래의 일정과 예산을 초과해서 벌어진 일이다. 결국 이 위대한 영화들은 파라마운트와 MGM 사의 비용으로 완성이 되었고, 할리우드는 그 덕분에 유럽 전역에서 직접 배급망을 확보하게 된다. 이것이 '영화산업'이다. 이것이 '영화'가 살아가는 방식이며, '영화'가 종속될 수밖에 없는 조건들이다. 유럽에 다행스러운 것이 있다면 이러한 대작을 제외하면, 드라마들은 우리가 보기에 지나치게 예술적이어도 그것을 수용하고 감동할, 전통에 익숙한 관객들을 지니고 있었다는 점이다. '영화'에게 관객의 중요성은 절대 지워지지 않는다.

반면, 할리우드는 다른 방식이었다. 그것이 전통적인 '예술'에 아직 부합하지 않는다고는 이미 말했다. 하지만, 우리가 어떻게 그 할리우드 영화들을 자신들만의 편애로 받아들이는, 당시 기준에서 매주 1억 2천만 명의 파라마운트 관객들을 무시할 수 있을까? 할리우드는 새로운 '예술'을 탄생시킨 것이다. 생소하고 아직도 유아이며 따라서 앞으로 좀 더 지켜봐야 하는 것일 뿐이었다.

이것은 단지 파라마운트만의 이야기이다. 아직 우리는 20세기 폭스, MGM, 워너 브라더스, 나중의 RKO 이야기는 하지도 않았다. 사실, '미국' 회사들의 횡포가 없던 것도 아니다. 오늘날 같으면 자존심 상할 일들이 도처에서 굴욕적으로 벌어졌다. 1차 세계대전이 가져온 결과이고, 미국의 성장이 가져온 결과이며, 할리우드의 시장 정책의 성공이 가져온 결과이다. 만일 그 안에 있는 세세한 사건들을 알게 된다면 영화를 자기의 표현을 위해 사용하려는 수많은 아마추어 지망생들은 아주 짙은 시름에 빠질지 모른다. 한 구석에서 영화를 만들었으며, 만들고, 만들 생각을 하는 한국의 감독들도 이 내막에 관한 그토록 오래된, 따라서 완벽하게 생산 시스템에 정착된 구조의 내막을 파악한다면 주름이 몇 겹이 가는 고민에 빠질 것이다. '내가 생각한 영화가 과연 가능할까?'

이야기의 제국이 되어간 할리우드

가능하다. 힘겹긴 하겠지만 할리우드는 자신의 역사 속에서 그것을 말해 준다. 주커와 폭스의 독재자적 횡포, 윌 헤이스William Hays[131] 로 대변되는 미국 정치적 폭력도 할리우드에서 아무튼 '새로운 예술'로서의 '영화'의 가치를 끝장내지는 못했다. 오히려 그들은 그것을 활용해서 자본을 벌어 가고 있었기 때문이다. 정말이지 그 물량에 대해 말한다면 오늘날 그런 전성기는 '영화'에게서 영원히 사라졌다고 봐도 될 것이다.

아무튼, 슬랩스틱이 시장을 지탱하는 탄탄한 방어벽이었던 시절에 할리우드는 장르의 법칙 안에서 자신이 할 수 있는 일들을 쉴 새 없이 개척해 나갔다. 쓸 만한 이야기가 무엇인가 찾아 나섰고, 대체로 창작보다는 기존 이야기의 밭에서 건져 올렸다. 전통적인 서사들, 이미 존재하는 소설 속의 이야기들, 그러나 미국의 정치적인 상황과도 완벽하게 들어맞는, 미국 개척사에 걸맞은 이야기가 더더욱 인기였다.

서부극? 아니, 그것보다 우선 성서였다. 성경에 나와 있는 흥미진진한 모험들, 할리우드는 그것을 발견했다(사실 엑스트라바간자가 먼저 발견했다!). 성경 속의 모든 이야기들은 거의 전체가 결코 소품들이 아니다. 오늘날 방식으로 말

---

131) Hays Code로 알려진 영화 검열 시스템을 만들어 내었으며, 공화당 국민위원회의 회장으로, 1920년대 미국의 영화산업을 통지하는 위원회, 미국의 영화 제작과 배급협회(Motion Picture Producers and Distributors of America (MPPDA), 1922~1945, 이후 MPPA) 회장을 역임했다. 그 당시 헤이스는 '영화계의 짜르'라 불릴 만큼 전권을 휘둘렀다.

하면 블록버스터급이었다. 규모와 비용, 기술적 문제들을 해결해야 했다. 전부 현대의 이야기가 아니라 그 오랜 과거의 현전이니까. 사실 1930, 1940년대로 기억하는 대부분의 성서 이야기는 전부 1920년대에 만들어졌다. 아니, 이미 그보다 훨씬 전에 제작된 것도 있었다. 우리야 이후의 리메이크 버전에 익숙하지만 사실 이 시기에 이미 모두 완성되었다. 이를테면, ≪벤허≫. 사실 1934년의 버전은 프레드 니블로Fred Niblo (1874~1948)의 1925년 버전의 복사물이다. 그리고 이 프레드 니블로의 역작은 1913년산 무성영화 작품의 리메이크였고. 하지만 사실 영화 ≪벤허≫의 원전은 그래도 프레드 니블로라 해야 할 것이다.

프레드 니블로의 ≪벤허≫(1925)
지금봐도 놀라운 장면이다. 윌리엄 와일러 감독의 1959년작 ≪벤허≫의 전차 경주 장면은 대단히 놀랍고 스펙터클하지만, 사실 기본적인 구성 자체를 이 니블로의 버전에서 가져오고 있다. 소리가 없어도 영화 이미지가 얼마나 놀라운 스펙터클인지 보기 위해서라도 꼭 찾아볼 필요가 있는 작품이다.

찰튼 헤스톤Charlton Heston이 나오는, 우리가 본 ≪벤허≫(1959)에는 컬러와 소리가 있으며 기술적 환경들이 좀 더 속도에 적합했을 따름이다. 니블로는 그러한 것들이 없는 상태에서도 완벽하게 스펙터클을 구사했다. 마차 경주 신은 이후의 영화가 거의 완벽하게 구성을 답습하고 있다. ≪십계 The Ten Commandments≫도 그러하다. 나중에 세실 B. 데밀 자신이 자기가 만들었던 버전을 새로운 테크닉을 첨가해 리메이크했다. 1923년의 ≪십계≫, 조금 과장하자면 칠을 더하고 소리를 첨가하고 배우들을 손질하면 1936년의 버전이 나올 것이다.

물론, 서부극도 가장 미국적인 이야기였고, 왕성하게 만들어졌다. 그러나 이미 말했듯이 아직 오늘날 우리가 알고 있는 위대한 '장르'로서의 서부극에는 미치지 못했다. 그래도 이야기의 초기 공식은, 장르로서의 마땅히 지켜야 할 원칙들은 이 시기에 만들어진다. 멜로물, 일반적인 사회 드라마 등도 마찬가지이다. 아직 자신의 위상을 내보이지 못했을 뿐이지, 나름대로 인기를 끌며 장르로서의 구실을 다하고 있었다.

한마디로 미국은, 할리우드는 '이야기'의 제국이 되어갔다. 사람들은 미국 이야기에 빠져들었고, 미국식 삶과 말, 행동들은 유럽 대중문화에 깊게 침투했다. 미국영화 제작자들의 거만함은 이루 말할 수 없었지만 이미 세계시장은 저항하지 못했다. 만일 비위를 거스르면 미국영화들은 배급되지 않을 것이다. 그 말은 상영될 영화가 없고, 극장은 문을 닫을 것이고, 제작 투자에도 영향을 미쳐 영화산업 전체가 휘청거릴 것이라는 의미였다. 유럽에서도 제법 많은 영화들이 생산되었지만 1차 세계대전과 함께, '작가' 위주의 '영화'의 여정 속에서, [132) 시

---

132) 사실, '작가' 위주의 영화들이 쏟아질 수밖에 없던 환경이 만들어졌다. 이제까지 우리는 여타 예술적 전통의 잔재로 인해, 영화를 만드는 이들 역시 그러한 미학적 개념에 의존해 갔다고 했지만, 외부적 요인도 있다. 왜냐하면 그러한 경향이 분명히 있음에도 불구하고 꾸준히 말해 왔듯이 유럽에서도 미국영화와 똑같은 '오락'으로서의 영화가 산업을 장악했기 때문이다. 하지만 1차 세계대전은 그 기반을 다 무너뜨린다. 그리고 전쟁으로부터 복구되었을 때, 적은 제작비의 영화들이 만들어질 수밖에 없었다. 그때, 필요한 게 작가가 아닌가? 좁아진 여건 안에서도 하고 싶은 것을 할 능력이 있는 자들…. 그리고 전쟁의 과정도 이에 한몫했을 것이다. 전쟁은 미국에서 보기

장과 자본은 아주 빨리 '미국적'으로 편성되었던 때문이다.

할리우드가 이처럼 세계를 상대한 이후, 한 번도 이런 상황은 개선된 일이 없다. 하지만 이 사실은 한편으로는 분명하게 '영화'의 힘을 증명한다. 경험되는 이야기의 중요성과 관객의 의식에의 영향력을 보여주는 지점이기 때문이다.

곳곳에서 꾸준히 양성된 '작가'들 중 많은 이들은 미국식 영화들을 만들고 싶어 했다. '문화적 관점'을 지니고 영화를 보는 관객들도 늘어났지만, 여전히 많은 관객은 세계 경제 구조에 따라서 범상하고도 일반적인 노동자가 되어가고 있었다. 노동자는 당시로서는 생각할 이유가 없었다. 일주일 내내 힘겨운 노동을 하고 겨우 몇 시간의 '피로에 젖은' 여가를 손에 쥔다. 그 당시, 그들 주변에 그들이 즐길 수 있는 것이라고는 오직 영화뿐이었다. 그래서 여러 가지 부정적인 조건들에도 불구하고 분명 이 시기는 '영화'의 전성기이다. 사람들은 오늘날 TV 또는 컴퓨터를 켜듯이 영화관에 갔다. 그것은 오늘날처럼 어떤 영화에 대한 선택이기 이전에 하루의 일과였다. 그래, 모든 영화들이 소비되었다. 물론, 이들의 신체/정신 상태에 의해 머지않은 시간대에 보고자 하는 것들의 선별이 이루어지게 되지만 여하간, 대단하지 않은가? 만들어진 거의 모든 영화들이 어떻든 소비되는 시대?[133]

에는 스펙터클이 난무하는 것이지만, 삶의 터전에서 그것을 직접 겪은 이들에게는 어쩔 수 없이 '깊이' 있는 상처이기 때문이다.

133) '근대 예술을 진술하고 해석하는 일은 종래의 자율적인 문학과 오락 문학, 목적 없는 음악과 실용음악, 또 단순한 장식과 창조적인 시각적 현실 묘사에 있어서 때때로 구분할 수 없을 정도로 상호 결합된 요소들을 분리하는 일과 결부되어 있다. 최근의 발전에 이르기까지 그와 같은 분열을 거의 찾아볼 수 없었던 예술 형식은 오직 영화뿐이다. 그 밖의 예술 형식에서도 채플린과 에이젠슈타인, 푸돕킨, 르네 클레르의 영화들처럼 예술적인 면에서 진보적이고 의미심장한 제작물들이 그처럼 대규모의 광범한 계층을 포괄하는 관객 동원에 성공할 수는 없었을 것이다.' -아놀드 하우저, 『예술의 사회학』, (강성만 & 이병진 역, 한길사, 1988), pp. 290~291.

무성영화,
'다른 눈'과 '새로운 눈'의 시대

17

이미지로 들리고, 보이는 세상

말할 수 없는 것들이 있다. 누구에게도 내뱉지 못할 '말'이 있다. '내'가 살아 있는 한은…. 그래서 그 '말'을 회한과 굽이와 함께 그 몸 안에 남겨 둔다. 그러나 묻어 둔 말은 몸 안에서 썩어 온 세포로 퍼지고, 행위와 의식으로 나아가, 아무리 숨기려 해도 어쩔 수 없이 드러난다. 알아챌 수 있는 사람들은 그래서 내 이미지를 보고 삶에 깊이 쌓인 '회한'이 있음을 알게 된다. 이미지는 그렇게 만들어진다!

'영화'가 그것을 깨달은 것일까? 아니, 천만에, '영화'는 깨닫지 못했다. 그가 '말'을 할 수 없는 것은 깨달아서가 아니라 그의 숙명이었다. '말'을 해선 안 되기 이전에…. 그래, 이번에는 무성영화 이야기를 해보자. 하지만 알아두어야 할 것이, 이 명칭은 전적으로 오류이다. 애초 '영화'가 곧 무성이었다. 아니, 그보다 정확히 말하면 이후에 '유성'인 영화들이 나오고 나서야 '영화'에 그동안 '소리'가 없다는 사실이 인식된다. 그러니 사실 '영화'가 존재하고 '유성영화'가 따로 존재한다. 물론 그렇다고 앞으로 그렇게 호칭하자는 말은 아니다. 이점을 강조하는 이유는 '영화'에 대한 바른 이해를 위해서 의식적으로 이 점을 환기할 필요가 있어서이다. 우리는 사운드 효과가 풍부한, 현재의 영화들에 익숙한 나머지 진정한 '영화'의 문제들을 온전히 이해하지 못한다. '영화'는 애초 '소리'의 실존과는 상관이 없었다. 그렇다고 '소리' 자체와 상관하지 않았다는 말은 아니다. 이 점에서 한편으로는 '무성영화'라 부르는 것에 대한 이해는 결국 '소리'의 역할과 의미에 관해서도 중요한 이해를 제공한다.

한참 전에 이미 말했지만, 에디슨은 자신의 발명품 '키네토스코프'를 아직 미완성의 기계로 판단했다. 이미 말한 대로 '소리'의 부재 때문이었다. '현상'에는 '움직임'이 첨가되어야 했는데, '움직임'은 시간의 문제만이 아니다. '소리' 역시 현상 속에서 늘 움직이고 있다. '소리'를 움직임과 엮어 고민한 적은 없었겠지만, 어떻든 '소리'에 관한 에디슨의 생각이 잘못되지는 않았다. '현상'의 완벽한 재생을 위해서 '소리'는 필연적이다. 그러나 '영화'에게는 아니었다. 기계 시네마토그래프와는 다르게 '영화'는 '완벽한 재생'을 꿈꾸는 쪽에서 나타나지 않았기 때문이다. 그것은 '완벽한 경험'의 측면에서 발생했는데, 이야기이든, 다른 내용이든 그는 중요하지 않다. 관객이 보고 있는 것을 '현상적'으로 수용하고 실재에서의 경험으로, 나아가 그 이상의 '경험'으로 이끌리도록 하는 것, 그것이 '영화'의 존재 이유였다. '소리'의 현존과 상관없이 '이미지'만으로 충분했는데, '소리'의 부재는 따라서 결핍이 아니었다. 그래서 '영화'는 애초 '소리'의 부재를 근심하지 않았다.

우리는 사실 이 상태를 도저히 느낄 수 없다. '소리'가 없는 세상을 살아본 일도 없거니와, 극장에서의 경험도 없다. 그래서 '상상이 안 된다'라거나 '이해할 수 없다'가 아니다. '감각되지 않는다'이다. 일시적인 '무음' 따위는 이 체험에 끼일 계제조차 없다. 이즈음 세상에서 그것은 단지 상업적 '효과'에 지나지 않기 때문이다. 얼마 전에 만들어진 ≪아티스트 The Artist≫[134]가 대표적인 경우이다. 그 영화가 무성영화의 의미나 경험을 위해 만들어졌을까? 천만의 말씀이다. 그 영화에서 '무성'은 철저한 극적 효과였다. 그런 나머지, 결정적인 장면에는 결국, 그 뻔하고 뻔한 '소리'가, '컬러'가 끼어든다. 결국, 이 역시 유성영화 시대가 만들어 낸 '소리'에 대한 진부한 강박증의 한 예에 불과하다. 나는 지

---

134) Michel Hazanavicius, (2011)

금 그 효과의 적절성과 그로 인해 얻어진 그 영화의 완성도를 깎아내리려는 것이 아니다. 순전히 어떤 요소의 존재 가치에 대해서만, 역할에 대해서만 말하려 한다. 즉, 아무리 이 영화를 좋아한다 해도 이것은 돈을 벌기 위한 유혹물이며, 따라서 우리를 결코 1920년대 관객들의 경험에, 지각에 다가가게 하지 못한다. 관객인 우리 자신에게도 이 영화의 '무성'은 겨냥된 것으로서, 사실 부재의 불편함을 참아냄으로써 얻어질 영화적 관람의 즐거움에 지나지 않는다.[135] 이 영화에서의 결정적인 장면을 '소리'와 '컬러'가 구성한다고 했다. 무성영화에서라면 '결정적인 장면'을 무엇으로 구성했을까? 장내場內에 있는 소리? 무성영화가 시각적 수준에서 미학적인 결정체를 꿈꾸었던 이유는 바로 여기에 있다. '결정적인 장면들'을 그는 온전히 색이 없는 이미지와 움직임으로 구성해야만 했다!

그래, 말 그대로 '무성영화 시대', 그때는 완전히 반대였다. 만일 같은 영화가 1920년대에 만들어졌다면 '소리'가 등장하는 부분에서 관객들은 불편한 이질감을 느꼈을 정도였다. 아마 상상하기 힘들 것이다. 하지만 사실이다. 그때는 '소리'의 등장에 거부감이 들던 때였다. '소리'가 없는 상태로, '영화'는 오직 이미지의 문제였기 때문이다(이 문제에 대해서는 2권 첫 장에서 다룰 것이다).

물론 어떤 이들은 '무성영화'라는 개념의 적용에 의문을 표하기도 한다. 즉, 스크린의 이미지가 소리를 가지지 않았을 뿐이지, 언제나 '영화'는 '소리'와 함께 상영되었다는 점에서 말이다. 마치, 의식을 비집고 뇌에 끼어들 만한 소리가 없을 뿐이지, 이 세상에 '무음'이란 없지 않은가? 스크린의 이미지들에 걸맞은 소리를 내기 위한 연주자나 효과음이 있었기 때문이다. 그러니까 '소리'는 싱크로나이즈가 힘들었을 뿐이지, 어싱크로나이즈의 상태로 대체로 항상 존재했

---

135) 그도 그럴 것이, 이 영화는 한 편의 무성영화 만들기가 아니기 때문이다. 이 영화를 만들 때, 감독은 이미 우리에게 알려지고 의미화되어 있는 무성영화 법칙을 재구성한다. 즉, 관객들은 진짜 무성영화가 아니라 결국 무성영화가 어떠했다는 지식/의식과 함께 지나간 형식을 감상하는 것이다. 그러니까, 이 영화를 볼 때 관객은 일반적인 한 편의 영화 감상을 위해 있는 것이 아니다. 예전에 있었던 형식에 대한 감상이기 때문이다.

다는, 늘 하는, 생각 없는 주장이다. 그리고 이에 대한 전거로 때로 에이젠슈타인이나 지가 베르토프의 작업을 들기도 한다. 그들은 한술 더 떠, 물리적 상태의 어싱크로나이즈된 소리를 미리 결정하고 그들의 영화를 만들기도 했으니까. 즉, 어떤 음표, 어떤 화성, 어떤 소리를 낼지 정확하게 계산된 상황에서 말이다. 그렇다면 그것과 나중에 나올 유성영화의 차이는 기술적 조건의 차이일 뿐이다. 감독은 이미지만을 고려하지 않았으며 그것과 소리에의 조화, 결합, 그렇게 만들어지는 의미까지 염두에 둔 것이니까.

그럴까? 정말 그럴까? 상영장에 소리가 있었던 것은 사실이다. 하지만 냉정하게 보면, 그것 자체가 '무성'인 영화의 상태 때문에 시도되었다. 즉, 오늘날 영화에서 우리가 볼 수 있듯이, 만일 영화가 소리를 담을 수 있었다면, 애초부터 소리는 단지 연주되거나 특정한 부분에서 특정한 소리가 나게끔 '계산되는' 것이 아니라, 차라리 미장센의 요소가 되어야 했다. 아니면 에이젠슈타인이나 베르토프의 실험처럼 편집의 대상이 되거나…. 즉, '계산'되어야 하는 것이 아니라 '구성'되어야 한다는 말이다(오늘날 사운드의 중요한 활용법을 생각해 보라). 에이젠슈타인이나 베르토프의 작업이 노린 것은 바로 그 지점이었는데, 그들도 결국에는 실패한다. 그럴 수밖에 없었는데, 에이젠슈타인이나 베르토프에게 상영관에서 주어지도록 계산된 것은 사실상 '소리'가 아니라 '음악'이었기 때문이다. 따라서 '영화'와 소리의 관계와는 상관이 없다. 이 점에서 명확히 하자. 우리가 '유성영화'라 부르는 것은 단지 '대사'도 아니며, '음악'도 아니다. 그것은 그때까지 영화에는 없던 '소리'의, 정확히는 '소리'의 역할의 출현이다.

이 점에서 보면, 극장 안에 소리가 있었다는 점에서 '영화'가 늘 '소리'의 문제를 고민했다는 듯이 말하는 것은 정말이지 어리석은 판단이며 단순한 사고에서 비롯된 하찮은 진술이다. 에이젠슈타인, 베르토프까지도 나아간 일이 없을뿐더러, 대부분의 '무성영화들'은 거의 극장에 올려지기 전, 스크린에 비칠 것으로써 '영화' 상태에서 극장 안에 울려 퍼질 '소리'들을 미장센의 위치에서 겨냥한 일이 거의 없다. 한마디로, 완성품으로서의 '영화'에 '소리'가 전혀 끼어들지 않았다는 말이다. 극장에서의 '소리'는 엄격하게 보면, 오히려 '영화'의 '무성'이라는 정체성을 분명하게 인정하는 행위였기 때문이다. 부분적으로 나중에 '소리'가 첨가되고 나서 '영화'가 활용한 '효과'적인 측면을 노리기도 했지만, 그렇게 소리를 연주할 생각 자체가 어떻게 발생했나를 따져봐야 한다. 우리는 '소리' 없는 세상을 살아보지 못했다. 그런데 지금 스크린을 통해서 인류로서는 도저히 지닐 수 없는 '그 세상'을 펼치고 있다. 귀가 의지와 상관없이 늘 개방된 신체 위에. 따라서 '그 세상'을 방해하는 요소를 제거해야 했는데, 말하자면 '영화'에 집중할 조건을 만들어야 했다. 극장의 소리는 정확히 이 점에 우선적인 존재 가치를 두고 있다.

그래, 우리는 다시 이 '소리'에 관해 말하게 될 것이다. 여기서 주목할 것은 '소리'가 없다는 사실이 '영화'에 어떻게 작용했는지이다. 어쩌면, 아니, 당연히 이 조건이 '영화'의 의미를 다지는 데 결정적인 역할을 하지 않았을까? 인류의 긴긴 역사적 기간으로 보면, '영화'는 '이제 막' 나타났으며, 따라서 이 시기는 자신의 존재 가치와 정체성을 형성하는 것일 수밖에 없다. 이때 '영화'가 맞닥뜨린 물질적 조건, 그가 놓인 환경, 그가 한갓 부분이 되는 전체 역사적 흐름은 결국 그 자신에게 내면화된다. 그리고 그 과정에서 '내가 누구인가'가 자각되고, 세상에 알려진다. 1920년대까지의 '영화'는 바로 이러한 과정을 겪고 있었다.

1920년대는 확실히 역사적으로 상당히 중요한 시기이다. 지금까지 우리가 추적한 과정을 보더라도 마찬가지이다. 단순화시키면 오히려 이 중요성이 확실하게 드러나는데—

첫 번째, 그에게도 '관객'이 나타났다. 앞서 말한 대로, 단순하게 '유희'를 선택하는 이들이 아니라 '영화들'을 선택하는 자들 말이다. 영화사는 그동안 이 문제를 간과했는데, 그 점에서 반쪽짜리 영화사일 수밖에 없다. 관객에 대한 기술 記述이 양적으로는 적을 수 있어도 그것이 미친 영향을 무시할 수는 없다. 이를 테면, 우선, 이들에 의해서 세상에 '영화'가 존재하게 된다. 이들 대부분의 '영화'에 대한 인식, 의식은 아마도 '유희의 한 형태'를 만나는 정도에 그쳤을 것이다. 그러나 다양한 유희 형태 중에서, 그리고 일상의 소중한 시간(휴식) 중에서, '영화'가 선택되었다는 것은 상당히 의미심장한 부분이다. 왜냐하면 이처럼 '영화'의 존재가 자연스럽게 수용되었다는 말 이면에 아주 중요한 변화가 잠자고 있기 때문이다. 예컨대, 그들에게는 이제 '움직이는 이미지'는 신기한 발명품이 아니라 '볼 것', '주시할 대상'이었다. 이 때문에—

두 번째, '이미지'에 대한 의식이 자연스럽게 바뀌었다. 아마도 우리에게 '영화사' 기술을 목적으로 하는 강박이 없다면, 이 점을 놓고 이 영화사 책 못지않은 엄청난 분량에 달하는 '문제들'을 쓸 수 있을 것이다. 한마디로 미학적, 그리고 정신적 측면에서 '이미지'라는 용어가 지니는 무게만큼이나 말이다. 그러한 아쉬움을 뒤로 하고 여기서는 오직 표현의 영역만을 거론하자. '정지한 이미지'에서 '움직이는 이미지'로, 즉, '정지한 이미지'로밖에 사고할 수 없었던 데 반해, 이제 인간은 '움직이는 이미지'로 사고하는 가능성으로 이행했다. 아마도 전자를 '회화적 사고'라 명명한다면, 후자를 우리는 '영화적 사고'라 부를 수 있을 것이다.

'영화'가 나타나기 전까지 우리가 모든 것을 언어적 의미로 사고해 왔다는 점에서 본다면, '영화적 사고'는 사실 인류에게는 생소한 영역이다. 그것은 지각 작용의 변이를 지시하고 있기 때문이다. 지각된 내용들은 내면화됨으로써 의식 혹은 인식의 단계로 진입한다. 즉, '사색'은 '지각된 것'으로부터 발생했는데, '영화'는 말하자면, '지각' 자체로 '사색'을 끌어올린 것이다. 물론 이를 다른 방식으로 표현할 수도 있다. 지극히 감각적인 단계들이 '의미'와 결합하도록 '사색'을 감각의 단계와 인접시켰다고 말이다. 이미 말했지만, '감각'이 지닌 순간성, 현상적 휘발성으로 인해 '사고'로부터 전적으로 무시되었던 것을 생각해 보면 '영화들'을 보는 관객들의 몸에서 빚어진 일은 정말로 놀라운 것이다. 그들은 '감각'이 어떤 경우에(조건을 따라야 하지만) 확실하게 '의미화'된다는 점을 고스란히 증명했다. 한편으로는 그동안 인류가 정의를 내렸던 '의미'라는 용어의 성질 자체가 변화했다고 할 수 있는데, 이제까지 '감각들로 종합된 의미'들은 한 번도 고려 대상이 아니었다. 하지만, '영화'가 관습화되고 경험 속에서 적체됨으로써 이제는 자연스러운 현상으로 나타난다. 게다가 어느 순간부터 사실상 '영화들'은 바로 이 '감각들로 종합된 의미'를 목적으로 둠으로써 이제까지 없던 새로운 미학적 영역을 열어갔다. 회화적 이미지를 통해서 얻어지는 미학적 결과와는 다른 새로운 미학적 과녁이 나타난 것이다. 이러한 시도들이 가장 집약적으로 나타난 것이 바로 1920년대였다. 이채로운 점은 '영화'는 오락이든, 예술이든, 사실상 상관없이 이 특별한 역할을 해왔다는 점이다. 가장 흥미로운 오락이 되기 위해 수행해야 했던 것과 예술적 목적의 완성을 위해 수행해야 했던 지점이 묘하게 중첩되었기 때문이다. 예컨대, '영화'는 이미지를 '보는', 또 '다른 눈'을 우리에게 선사했고, 그 이미지들로 드러난 '대상'을 보는 '새로운 눈'을 제공했다.[136)

이제 다시 한번 '대상'으로 가 보자. 사실, 그렇지 않은가? '영화'가 나오기 전까지 우리는 일상에서 지나가는 이미지들을 들여다본 일이 거의 없었다. 이미지에 대한 작업을 해본 이들 빼고는 말이다(회화, 조각, 건축 등). 그들만이 '세상'을 숙고하고 관조했다. 하지만 중요한 것은 이들에게는 언제나 목적의식

---

136) 이러한 것들이 쌓인 결과, 그것이 바로 누벨바그의 등장이다. 나중에 더 자세히 설명하겠지만 여기서 말한 두 가지의 역사적 중요성을 염두에 두자. 이러한 1920년대 이후에 세상에 나타나 태생부터 이러한 경험을 신기가 아니라 자연스럽게 받아들인 최초의 세대들, 그들이 바로 누벨바그이며, 뉴 저먼 시네마, 뉴 아메리칸 시네마이다.

이 있었다는 점이다. 결국, 일반적인 '우리'에게 이미지로부터 생각해 보는 일이란 그들의 작품들을 보는 경우, 경험하는 경우에만 가능했다. 우리가 일상적으로 접하는 이 '세상'의 이미지들은 전혀 의미의 대상이, 전혀, '이야기'를 구성할 수 있는 조각이 아니었다. 늘 지나치고 과거로 밀려나는 것들이었다. '시간'의 힘도 사실 그것이 아닌가? 어떤 특별한 사건도 벌어지는 순간, 세상을 지나가고 만다. '특별함'이란 현상에서는 전혀 존재하지 않는데, 그것이 어떻게 주어지는가를 생각하자. 벌어진 일에 '의미'나 '정서'를 부여해서야 얻어진다. 그것이 바로 '이야기'이다. '이야기'는 언제나 그것이 전달하고자 하는 것(대체로 의미) 안에서 그 '살아가는 세상'을 해체하고 재구성한다. 재구성이기 때문에 픽션이고, 픽션이기 때문에 리얼에 목적이 있기보다는 리얼의 의미들, 리얼리티에 목적이 있다. 그래, 이야기는 리얼이 그렇게 구성되어 있을법한 내용들을 전한다. 그러니까 그 '픽션'은 리얼이기를 원하지 않으며, 리얼리스틱이어야 하고, 무엇보다 리얼리티를 지니고 있어야 한다.

높다랗고 구조적으로 단단하고, 직선으로 불쑥 솟아 있으면서도 아름다운 축조물이 들어섰다. 아치형의 장식과 그 장식 틀 안에 들어선 조각과 부속물들은 그 축조물의 근거와 가치를 말해주고 있었고, 길과 건물 뒤의 강은 그 축조물을 중심으로 두고 '구조'되었다. 그래, 건축물들은 그렇게 세계가 던진 이미지와 조화를 이루게끔 서 있는 것이 아니라, 자신을 중심으로 세계의 선線을 재편성했다. 노트르담이나 뮌체스터 대사원이나, 파르테논이나, 피라미드나 모두 그렇다. 기존의 선에 파묻혀 조용히 세상의 일부 되려고 '거기'있는 일은 거의 없다. 다들 모뉴망이고, 목적 있는 집이니까.

그래, 좀 더 정확히 말하자. '영화'가 나오기 전까지 우리는 결국 평범한 세상의 이미지를 숭고하게 파악한다거나, 그로부터 의미를 읽어 내거나 그 안에 담긴 의미를 생각해 보는 일이 없었다. 우리가 의미를 읽어야 하는 이미지에는 언제나 '작가'가 건드린 것, 만들어 낸 것, 리얼리티에 대한 의지가 담겼었다. 만일 있는 그대로 자연(당시에는 도처가 사실 자연이 대부분이었는데)에 특별한 순간이 있었다면, 그것을 만든 위대한 작가, 신의 리얼리티에 대한 감탄 때문이었다(이런 식으로 '감각'이 폄하된다). 그렇게 '진짜 세계'는 보조적이었다. 그렇게 '세계'는 관심의 대상에서 밀려났다. 사실, 애초에 우리에게 이미지를 보는 아름다움을 선사한 것은 그 '세계'였는데 말이다.

'영화'는 그 점에서 이 일상의 이미지에 대한 잃어버린 우리의 눈을 되찾게 해주었다. '영화'가 이야기와 만나며, 비록 허구로 재빨리 혹은, 지나치게 빨리 나아갔지만, 어떻든 간에 우리가 바꾸지 못할 세상의 이미지들과 함께 만들어지므로 그 역시 마찬가지이다. '영화'는 바로 그러한 이미지의 발견이었다. 슬랩스틱, 서부극, 스타 필름 등의 장르들이 무성영화 시대의 총아였던 것은 사실이지만, 그래도 이 시대의 '영화'적 의의는 할리우드가 아니다. 유럽이 '영화'로부터 이미지를 발견해, 인위적이든 자연적이든, '영화'로부터 촉발된 이미지의 문제들을 '다루고 완성'했다. 그래, '영화'의 완성, 그것은 1920년대이며, 소리 없는 영화였다. 한마디로, '소리'가 필요 없었다!

1920년대는 그래서 이채롭다. 이미지로 말하는 법은 배우되, 색칠하고 형태를 짜는 방식이 아니다. 세상에 있는 사람과 사물과 풍경, 공간들을 구성해서 이야기가 흘러가게 했다. 세상의 이미지는 아직 인간에게 어떤 기호도 아니었으므로 이 과정 전체가 발견이고 발명이다. 결국 세상을 보는 법을 익혔고, 보이는 이미지들을 잘라내고 그것을 또 다른 잘린 이미지와 이음으로써 어떻게 연속성이 순차적으로 발생하는지 배워나갔다. 연속 그림처럼 하나의 이미지와 다른 이미지의 병치가 아니라 하나가 나타났다 다른 것으로 이어지며 경우에 따라선 단절되게끔 하며, 이질적인 두 이미지 사이에 끈을 만들기도 하는…. '이야기'라는 개념으로 '영화'를 묶는 우리의 강박증을 잠시 덮어두자. 그러면 우리는 '영화'가 진정으로 한 일이 무엇인가를 알게 되는데, 그는 '이미지'로 말하는 법을 우리에게 가르쳐주었다. 그리피스로부터 촉발된 이 쇼트의 이음새는 곧 편집이라는 말로 불리면서 유럽의 '눈'에 '영화'가 이미지들을 다루는 방식으로 걸려들게 했다. 앞서 언급한 편집 이론들은 그래서 나왔다. 그것은 결국, '이미지들'의 결합으로 발생하는 '의미'의 문제가 아닌가?

여기에 더해, 빛과 형태, 자신들이 알고 있던 전통적인 이미지의 구성 양식에 움직임을 더하고 그래서 형태의 동작을 만들어 내고, 빛의 움직임을 기록하는 미장센도 탄생한다. 그래, 이 단계에 이르렀을 때, '영화'가 단순한 흥미 위주의 서사가 아니라, 이 같은 방식으로 철학적 주제, 정신적 주제들로 나아갈 것은 당연한 결과였다. 정말로 이채로운 일은, 사실상 '언어'나 '회화'로 다루어졌을 때의 까다로운 문제들이 있었음에도, 그에 대한 의식의 부하 없이, 어렵다는 의식 없이, 계속해서 끊임없이 만들어졌고, 인기를 끌었다는 사실이다. 이 시대, 정말로 '영화'에게는 가장 이상적인 시대였다. 상업과 예술이 분명히 다른 것이었음에도 '영화'는 크게 구애받지 않았다. 더구나, 자주 상업적 목적과 예술적 실험이 함께 뒤섞였고 결합하곤 했다. '영화' 외에 우리가 어디서 이러한 상황을 목격할 수 있겠는가?

1920년대, '영화'에게는 정말이지 축복의 시대였다. 그는 막 표현법을 익혔고, 그를 봐줄 관객들이 넘쳐났으며, 그가 무엇을 만들든 사람들이 보았으며, 생존할 수 있었다. 솔직히 산업적인 측면을 전혀 고려하지 않았을 때, 물론, 무시무시한 비용을 투자해서 참혹한 결과를 몰고 올 때도 있었다. 하지만 그것은 특정한 한 예일 뿐이다. 많은 영화가 대부분 거의 '소비'되었다. 그렇기에 '영화'는 흥행 여부를 고려하지 않고 자신 있게 '예술'로 나아갔다. 물론, 우리는 이점에 대해서도 주의를 기울여야 한다. 흔히 '예술'이라고 말할 때, 우리 머릿속에는 애매한 기준들이 마구 뒤섞여 작동하기 때문이다.

사실, '예술'이라는 '개념'은 '영화'가 탄생했던 시기에서 그렇게 오래 거슬러 올라가지 않는다. 이즈음의 우리가 흔히 지니는 착각인데, 이 점에서 우리는 지금까지 우리가 알고 있던 '미학'을 전면적으로 손볼 필요가 있다. '역사적 추이'를 제대로 반영하지 않은 잘못된 '인식'에 기초하고 있기 때문이다. 예컨대, '미학'이라는 이름으로 점검해야 할 것은 그 '학'이 추구하는 '예술적인 취미'에 대한 개념이다. 하지만 대체로 '미학' 관련 소개서들은 죄다 '예술'이라는 개념을 인류에게 이미 존재하는 것으로 결정한 뒤에 기술된다. 그런 나머지 우리는 모든 역사적 사료들을 이 '개념'에 기초해서, 근거해서 따지고 해설한다. 습관적인 착각이 있는 셈인데, '미학', '예술'이라는 개념을 거의 '본질'적으로 신봉하기 때문이다. 하지만 이 '미학서'들이 써지는 시기, 아무리 뒤로 잡아도 '본질'은 이미 대부분 폐기되었으며(정확히는 '본질' 자체가 아니고 그것을 밀어붙일 수 있었던 배후 의식들이 폐기된 것이다), '미'와 '예술' 자체가 현상과 밀접한 연관을 지닌다는 사실이 충분히 알려진 시기였다. 사람들은 무의식 속에 자주 이러한 일을 범하곤 하는데, 날카로운 이성을 지닌 학자라도 마찬가지이다. 그들은 우선 자신들의 학문을 '절대화'시키는 욕망에 치여있기 때문이다. 자신과 대상을 분리해 내지 못할 때, 어떻든 '압제'가 시작된다.

물론, 이것만이 이유가 아니다. 이러한 착오 속에 논의를 진행하게 되는 어쩔 수 없는 이유도 존재한다. 대개의 전통적인 예술 형식들이 그 기원도 알 수 없을 만큼 오래되었으며, 인간의 의식 속에서 그만큼 선험적인 듯이 여겨지며, 그 적체도 엄청날뿐더러, 시대를 움직인 '사고들'과 동등한 수준의 행보를 보여왔기 때문이다. 그런 나머지, 18세기에 발생한 미학은 스스로 인류에게 당연하게 존재했던 본질적 기준으로 착각한 것이다. 하지만 우리는 18세기의 학문적 논의들이 어떤 배경을 지니고 있는지 잘 알고 있다. 그것은 시대의 변화에 따른 현상적 조건으로 인해 만들어졌기 때문에 '근대'로의 돌입에 따른 보편성을 추구하기도 하지만, 그 근대의 초입에서 이데올로기화한 부르주와지 컨텍스트를 은밀하게 따라가기도 했다. 부르주와지 컨텍스트는 자기 인식과 이전의 가치들을 자신들이 이어받으려는 욕망을 함께 지닌다. 여기서 우리는 종종 이 '욕망'을 애써 무시하는데, 그럼에도 그 기초 위에 이들 '논의들'이 왕성하게 전개되었다는 사실마저 덮어두어서는 안 된다. 당대, 대부분의 '시민들'은 수동적이었으며, 그들이 이 '논의들'을 이해하거나 여기에 참여해서 자신들의 의견이 반영되도록 하는 시대는 아직도 요원했다. 설령, 그 의견들이 터무니없고 천박한 것이라 할지라도, 어떻든 모아져서 논의되는 '현대'에 와서야 이는 가능할 뿐이다. 아무튼, 이러한 배경 속에서 '예술'의 개념들이 논의되고 구축되었는데, 그만큼 당연한 것으로 사람들에게 받아들여진다. 이 시기, 무엇을 예술로 볼 것인가는 거의 논쟁거리가 아니었다. 당시의 학문적 논의들은 대개 비슷한 인식을 지닌 계층에서 양산되었기 때문이다. 사회가 근대적 행보에 따라 다양하게 전개되고 그에 따른 이데올로기의 차이에 따라서 서로 입장을 달리하기 시작하는 20세기 초에 이르기까지는 학문적 갈등이란 '기준점'에 있어서는 별로 주어지지 않았다.

즉, 인류에게 '예술' 개념은 18세기와 19세기 중반 과정에서 공고해졌다. 하지만 그것을 새로운 시대에 나타난 새로운 개념으로 여기지는 않았는데 위에서 말한 대로 오래된, 오랫동안 쌓인 적체였기 때문이다. 1920년대의 인류는 결국 이 개념을 지극히 당연한 것으로 여겼고, 전통적인 예술 형식은 다시 묻고 분류할 수 없는 주어진 역사로서 수용되었다. 이미 계열화된 기준들을 지니고 있었기 때문이다. '영화'를 '예술'과 연관시키고자 할 때 나타나는 문제점들은 바로 여기서 기인한다. 전통 예술 형식들이 추구한 가치와 개념을 따르고자 했는데, 앞서 누누이 강조했듯이 그럼에도 결코 그 기준에서 설명될 수 없는 영역이 분명했다. '영화'를 '예술'로 부를 때 애매함은 바로 이런 문제에 기초한다(이는 현재에도 해결되지는 않았다).

그러나 1920년대의 작가 중 일부는 이 애매함에 당연히 머물러 있으면서도 누구보다도 자연스럽게 차이점에 주목했다. 아마 역사를 통틀어 그들만큼 '영화'가 자신만의 독립적인 미적 가치를 지닌 표현 도구라는 점을 분명하게 의식한 이들은 없을 것이다. 왜냐하면, 당시, 사람들이 그들의 결과물들을 '예술'로 인정하든 말든, 그들 자신은 분명한 나름의 예술 행위를 했고, 스스로 그에 대한 인식도 명백했기 때문이다. 1940년대 이후의 영화존재론자들이 사실상 이들만큼 자각했다고는 볼 수 없다. 그들은 학문적으로 무장했고, 더구나 1920년대의 작가들과는 달리 이미 세상에 '영화'가 지닌 독자적인 예술적 가치들이 자연스럽게 받아들여지는 시기를 살았다. 하지만 1920년대 작가들은 다르다. 그들은 '영화'가 자자해진 이후에 탄생한 이들이 아니다. 그들은 대개 전통적인 예술 형식에의 관심 속에서 성장했고, '영화'는 그들의 인생에서 한갓 발견 대상이었을 뿐이다. 하지만 그들은 우연히 발견한 이 '영화'로부터 그들이 추구할 '예술적 지향점'을 깨달았다. 그들은 누구도 지니지 못했던 기회를 얻었는데, 스스로 '새로운 예술의 개척자'가 된 것이다.

물론 전술했듯, 당연히 '영화'의 존재 조건이 이를 가능케 했다. '영화'의 질료는 '현상의 조각들'인데, '현상'의 무작위, 애매함, 분산, 모호함 등의 속성을 그대로 따라가지 못했다. '현상'에서 의미를 전달하며 사건의 내막을 파악하는 요소 중 하나인 '소리'가 없었기 때문이다. '영화'가 받아들인 이야기들은 그래서 이 '소리' 대신 시각적 구성 속에서 전달되어야 했고, 이미지로서 존재해야 했다. 그런데 바로 이 사실, '이미지'이기는 한데 '현상의 조각들'로 존재하는 이미지, 즉, 회화가 지녔던 것과는 다른, '움직임과 결합'해서 구성되는 '이미지'라는 점에서 완벽하게 새로운 것이었고, 반면 집약적이라는 데서 공통점을 지녔던 사실이 그들로부터 새로운 예술적 표현을 추구하게 한 것이다. 이러한 '자각들'이 광범위하게 작업에 적용된 것이 바로 이 1920년대의 유럽이었다. 여기에 이미 말했던, 아직 신기하며 흥미로운 형식으로 인해 모든 것을 봐주는 관객들이 있었던 배경이 결합하면서 이들의 무수한 시도들이 가능했다. 1920년대, 어려운 조건이야 있었겠지만 감독들에게는 얼마나 행복한 시대였을까?

새로운 의식, 인지, 그리고 사조들

18

•

즉, '영화'는 이 시기에 사실상 인류에게 '인지'의 새로운 대상들을 선사했다. 어떤 이들은 이 말을 지나치다고 여기겠지만, 이는 '영화'가 다른 예술 형식들보다 낫다는 식의 발언이 아니다. 예술가들은 자신이 몸담은 표현 도구의 영역이 언제나 진정한 예술 형식이라고 생각하겠지만 그것은 지극히 개인적인 자부심일 뿐이다. 이 표현 도구들은 각자 자신의 방식으로 인간에게 말을 걸며, 그 점에서 어느 것이 다른 것보다 더 낫다는 식의 판단이란 유아적인 치기에 지나지 않는다. 서로가 하는 역할이 다르며, 인간들은 그 다양한 역할들의 작용 속에서 '예술적 경험'을 해나간다. 마찬가지로, '영화'는 이 시기에 그러한 일을 완성하는데, 지난 표현형식들이 보여주지 않았던 새로운 대상들을 만듦으로써 그 자신의 표현 영역을 구축했다. '새로운 대상'에는 사실상 이미 있었던 것들도 포함되는데, 그것들도 '영화'라는 새로운 방식에 의해 조명되기 때문이다. '영화'에 대한 인간의 경험이 이전에 없던 새로운 인지의 형태라는 점에서, 있었던 것이라 할지라도 그에 대한 관객들의 인지는 전적으로 새로운 것이 된다.

'파우스트'는 과거 구체적 형상이나 정황의 문제에 속하지 않았다. 삽화나 회화가 파우스트 박사 혹은, 그를 유혹하는 음험한 악마의 모습을 그렸더라도 그것은 형상의 끔찍함에 속한 문제가 아니라 그렇게 규정되어 왔던 의식 속 존재의 끔찍함이었다. 언제나 주제로서 인간의 의식 속에 의미화되어 있는 선과 악의 구도, 그것으로 먼저 읽혔으며, 그 전제하에서 수사修辭들이 독자들, 관람객들을 몰고 갔다. '신과 악마', 그 사이의 인간, 이 오래된 역사의 질곡이 지니고 있던 근본적인 문제들에 기초해 작가들이 자신의 표현법을 응용했다는 말이다. 전통 예술에서 '주제', '의미'가 표현에 전제된 이유, 선험으로 조건 지어진 이유는 바로 이점에 있다. 생각해 보자. 그것은 백지에서 따라가는 서사가 아니다. 의미가 맺혀지도록 구성된, 그 구조를 따라가는 일이며, 그에 의해서 표현은 가치를 얻는다. 그런데—,

'이 파우스트'는 이 모든 것을 백지에서 시작한다. 독해될 언표와 해석될 형상이 아니라 현상의 조각화된 상황에서 출발한다. '영화'는 어차피 '상황'으로부터 시작할 수밖에 없지 않은가? 사건이 아무리 중요하더라도, 의미가 아무리 궁극적 목적이라 할지라도 그 모든 것이 현상을 통해서 펼쳐져야 하는데, 정황이 벌어지지 않으면, '영화'는 성립되지 않는다. '그가 그녀를 죽였다'라고 씀으로써 정황을 덜어내는 것이 언어였다면, 칼을 들고 막 찌르거나 등 뒤에서 찍기 직전의 이미지를 형상화함으로써 그 행위가 가진 의미로 시선을 끌고 가는 것이 회화였다면, '영화'는 언제나 '죽이는 과정'을 다룬다. '죽였다'라는 언표가 지닌 의미들을 아무리 강조하려 해도 독립적으로 떼어놓을 수가 없다. 그의 표정, 다가감, 그녀의 상황, 한마디로 '사건'이 벌어지는 정황 전체를 다루어야 오히려 '죽였다'의 무게가 전달된다(편집은 이를테면, 여기서 '정황 전체'를 조직하는 방법이다). '사건'과 '의미(주제)'에 이르기 위해서 오히려 '영화'는 전통 예술 형식들이 지워버렸던 정황들에 몰두하며, 그 안에서 바로 '사건'과 '의미'로 이르는 '선線'을 찾아내거나 조직한다. 따라서 관객에게 전제조건은 필요 없다. 건물과 거리, 사람들의 복장으로 배경이 고스란히 드러나며, 애매할 경우, '언제'라는 자막 하나와 함께 관객이 감상을 시작하는 그 순간에 서사가 시작된다. 하지만 이미 당연하듯, 전통적인 그 서사 방식이 아니다. 왜냐하면 관객은 시작점부터 '서사'를 대하지 않기 때문이다. 그들은 오직 '정황들'을 대하는데, '서사'로부터 독해하며, 해석하는 대신('서사'를 대하는 것이 아니므로), 경험 속에서 자연스럽게 '서사'로 이끌려 간다(미장센과 편집의 역할). 스크린은 여간해서 '서사'를 보여주지 않는다. 오히려 '서사'를 지우며, 오직 '살아있는 정황'처럼 자꾸 이제까지 지워졌던 주변, 과정들을 강조하며, 펼쳐놓는다. 그렇게 영화 관객은 '서사'가 아닌 '서술', 그것도 색다른 서술을 보고 따르는 자다. 백지상태에서 시작한다는 말은 바로 이런 의미이다. '감독'에게는 물론 전통적인 작가들처럼 주제와 의식, 의미가 있다. 하지만 작품 자체에는 해석될 대상으로서 그것들이 형상화되어 있지 않다. 그 해석에 이르는 과정이 형상화된 것뿐이다. '영화'가 서사를 한다고 할 때, 그것은 '서사'에 이를 수 있는 과정들, 정황들을 풀어놓는다는 뜻이다.

이렇게 '이 파우스트'는 난생처음 존재하는 '파우스트'가 된다. 이미 소설이 있었다는 사실은 '영화' 자체로만 보면 아무 의미도 없다. 그것은 과거에 있었던 인기, 주목도를 '영화'로까지 가져오기 위한 전략일 뿐이니까. 작품 자체만 놓고 보자면, '영화'화 되는 순간에 그것은 어차피 이제까지 없던 새로운 존재가 된다. 초기, 즉, 이 시기 감독들이 이 사실을 알고 있었다는 사실은 이 점에서 아주 놀랍다. 그들은 알고 있는 정도가 아니라 바로 그 지점에서 자신들의 영화를 시작했는데, 그 때문에, '영화'만의 방법들, 의식들을 만드는 데 골몰한 것이다. 이런 자각이 '영화'를 당연히 새로운 예술로 몰고 감은 물론이다. 우리는 예술을 언제나 '수준'의 문제로 치환하는 잘못된 인식을 지니고 있는데, 그것은 새로운 사고와 시선이지, 잘 만드냐 못하냐의 문제가 아니다. 그 문제는 '예술'로서 성립된 후, 나중에 다듬어져야 할 항목이기 때문이다. 예컨대, 고대 도자기들을 우리는 오늘날 도자기의 수준으로 따져서 예술품이라 부르지 않는다. 물질을 담는 그릇에 불과했던 자기에 손을 대어 그릇이 지닌 의미망과 그릇을 사용하는 행위의 가치를 특별하게 간직하고자 한 그 시도, 그것이 그 도자기를 예술품이 되게 한다.

'영화'는 1920년대, 이 유럽의 몇몇 감독들과 함께 이미 '새로운 예술'이 되어갔다. 두 가지의 길을 걸었는데, 모두 동시에 이루어졌다. 첫 번째는 전통적인 예술들이 이르고자 했던 것과 유사한 표현의 가치들을 구현한 것이다. 어쩌면 이 면모가 거꾸로 '영화'가 당시에 인류에게 아직 예술인 것은 아니라는 생각에 이르도록 했을 것이다. '영화'는 생소했는데, 놀랍기는 했으나 이 생소함으로 인해 전통적인 것과 동등한 가치를 부여하기는 힘이 들었고, 더구나 이제 막 시작해, '역사성'을 한 푼도 지니지 않고 있었기 때문이다. 그러나 두 번째는 사람들의 이러한 덜 영근 생각과 상관없이 진행되었다. 손에 일단 '영화'라는 도구를 지닌 감독들은 어떻든 자신이 원하는 바를 구현하기 위해서 이제까지 없던 정황을 다루는 표현 방식들을 만들어 냈기 때문이다. 전통적인 예술 형식들이 지닌 방법들과 유사하든 아니든 상관없이 말이다. 회화가 이룩한 구도를 고스란히 가져온다고 하더라도 이미 '영화' 안에서는 이 '구도'는 과정적으로, 시간과 함께 지속되며, 정황 속에서 드러나는 것이지 오직 그것만이 보이는 대상은 아니기 때문이다. 말하자면 '영화'는 모든 것을 새롭게 만들어 냈다. 브람 스토커의 소설 『드라큘라』가 나온 후, 줄기차게 흡혈귀들이 만들어졌는데, 이 시기, 그 흡혈귀들은 모두 인류사에서 난생처음 존재하는 대상들이다. 언어나 삽화가 구상한 흡혈귀가 아니라 움직이며 감정에 따른 작용이 있으며, 한마디로, 관객의 눈으로 직접 경험하는 살아있는 존재가 되었기 때문이다. 무성영화 시대는 아니지만 사실상 무성영화라 할 수 있는 드레이어의 ≪뱀파이어≫가 정점이라면, 이미 무르나우는 ≪노스페라투≫를 통해 이 분명한 의식을 세상에 드러내고자 했다. 프릿츠 랑 역시, 빼놓을 수 없는 사람인데, 흔히 생각하듯, ≪메트로폴리스≫가 그의 정점이 아니다. 역사상 원대한 프로젝트 중 하나인 '마부제 박사' 시리즈가 주목되어야 하는데(작품의 가치뿐만이 아니라 바로 영화사적으로도)

그는 '영화'가 놓인 시대마다 '영화'가 무엇인가를 말하고자 했다. 이들은 '공포'를 다루었지만, 장르로서의 '공포영화'를 만들고자 하는 목적 따위는 없었다. 하긴, 이러한 방식으로 역사와 인류의 정신 속의 음산한 주제인 '공포'를 다루려는 것은 이른바 '북구영화'라고 할 시기에 벌써 있었다. 벤야민 크리스텐센Benjamin Christensen의 ≪마녀들 Haxan≫(1922), 드레이어의 ≪사탄의 책 Blade Af Satans Bog≫(1920) 등….

동시에, 어떤 감독들은 우리가 알고 있는 '세상들'에 멈추지 않았다. '새로운 예술'에 어울리는 새로운 세상을 시도하기도 했는데, 익숙하지 않은 기괴하며 비틀어진 형상들로 구축된 기이한 '세계'를 만들어 냈다.[137] 표현주의를 자칭했던 영화들에서 얻은 표현법을 단지 공간과 배경의 문제가 아니라 아예 '서사'로 확대하면서 말이다. 당연히 이들은 '새로운 세계'의 의미들로 나아갔지, 장르로서, SF영화 따위에는 관심도 두지 않았다(어쩌면 여기서 우리는 '장르영화'가 지닌 궁극적 목적을 깨달을 필요가 있다).

'현실'을 벗어난 것들, 비현실적인 대상, 세계만이 '영화'에게 어울리는 순전한 '영화적 대상'은 아니다. 앞서 우리는 인류가 당시까지 자신이 살아가는 공간, 이미지를 주시하지 않았다고 했다. 그래서 그들은 자신들이 현실이라 믿고 있던 것과 다른 현실들을 볼 수 있는 시선이 결여되어 있었다. '영화'는 한편으로는 바로 '현실'에 존재하는 명백한 '현실'을 보여준다. 흔히 '현실의 비현실성'이라 하곤 하는데, 터무니없는 말이다. 그것은 용어의 수준에서 전자의 '현실'이 리얼리티로서 우리 의식에 존재하는 그 현실을 지칭하는 경우, 그동안 그 현실로부터 외면당했던 다른 현실들을 지칭하는 것이며, 그것의 생소함을 표현한 것에 지나지 않는다. 현실 속에서 비현실이란 개념상 성립하지 않는다. 오히려

---

137) ≪아엘리타 Aelita≫(1924) 야코프 프로타자노프 Yakov Protozanov, ≪비인간 L'inhumaine≫ (1924) 마르셀 레르비에 Marcel L'Herbier 등

현실에서 외면하고 감각하지 않았던 현실의 새로운 모습들을 새삼 발견했을 뿐이다. 갈릴레이의 그때 그 발언처럼 말이다.

게오르그 빌헬름 파브스트[138]는 바로 '이 현실', 우리가 '현실'이라 부르는 것에서 결여된, 하지만 현실로서 버젓이 존재했던 '그 현실'을 다루었는데, 무엇보다도 시간적 지속에 대해 공략했다. 에드워드 앙드레 뒤뽕Ewald André Dupont 의 《Variety》라는 유명한 영화 역시, 마찬가지로 이 현실의 지속을 현란하게 다룬다. 그렇게 소리 없는 드라마를 만들어 냈는데, 유성영화 시기에 나올 드라마와는 성질상 완전히 다른 것이었다. 이를테면, 아벨 강스는 이미지들의 시각적 결합으로 구성된 드라마를 만들었으며, 파브스트와 무르나우가 시간의 지속을 통해서 이를 구축했다면, 그는 시간의 비균질적인 단절을 통해서 그를 만들어 냈다.

한마디로, 이들은 개척자들이다. '영화'의 정체성을 찾아서 끊임없이 앞으로 나아간.

소리가 없었고―

따라서 시각적 결합으로 이루었으며―

오직 그에 의존해, 시간과 조합해 만들어 낸 정황―

그로부터 관객의 의식 속에 빚어지게 한 '의미'까지―

이것이 '영화'였다. 맥 빠지게도 우리가 '무성영화'라고 부르지만―

이 시기부터 '영화사'에 '사조'가 등장한다. '사조'는 예술에 대한 '주의'를 내세운 것으로서 자신들이 다루고 있는 '도구'에 대한 새로운 자각과 그로 인한 대상에 대한 새로운 인식을 수반한다. 따라서, 영화사에 '사조들'이 등장했다는

---

138) Georg Wilhelm Pabst (1885~1967), 체코의 영화제작자, 감독

것은 '영화'에 대한 새로운 자각, 그리고 '영화'가 대상으로 두고 있는 세계에 대한 새로운 인식의 출현을 지시한다. 어떤 면에서 방금 우리가 말해왔던 '영화' 자신에 대한 영화적 자각과 다르지 않아 보인다. 하지만 아무리 어떤 것을 좋아한다 해도 그 호감은 개별적인 감각에 의존한 것이지, 그의 가치를 보편적으로 확대해서는 안 된다. 즉, 아무리 '영화'를 좋아한다고 해도 이 시기 '영화'가 정말로 이러한 수준에서 '사조'들을 내뱉고 있었다고 생각하면 안 된다. 이미 앞에서 말했듯이, 이 영화 사조들은 '영화'로부터 시작한 것이 아니라 당대 '예술'로부터 빚어졌으며, '영화'는 단지 그 시대적 상황 속에 놓여 있던 것에 불과하다. 사실 '영화'는 당시, 아직 이러한 것을 주장하고 '주의'로 내밀 입장은 아니었다.

'영화'에게 필요한 것은 지금 그 이상의 문제에 매달리는 일이었다. 그것이 앞서 말한 '영화'의 정체성을 구축하는 일이다. '자신'에 대한 확증도 없이, '자신'이 분명한 '예술 형식'임을 인정받지 못하는 상황에서 그가 어떻게 '예술'의 목적과 방법들에 대해서 말할 수 있겠는가? 당시 '영화'는 그를 명백하게 알아보는 일부의 감독들이 있었을 뿐, 시기상으로는 대부분에게 아직도 실험적이며 생소한 도구였다. '예술가'들, 언제나 표현 문제에 매달리는 그들로서는 따라서 상당한 호기심을 가질 수밖에 없다. 무언가, 이로부터 새로운 표현을 얻어낼 수 있지 않을까? 하지만 여타 예술가들은 영화 작업을 한다고 하더라도 그것이 곧 '영화'의 정체성 속에서 자신의 작업 가치를 얻어내려는 쪽은 아니었다. 그들은 무엇보다 호기심이었으며, 이미 자신들이 지니고 있던 공고한 전문적인 표현 영역 안에서 의식의 환기를 꾀한 것에 불과하다. 그 유명한 살바도르 달리와 루이 브뉘엘의 공동작업[139] ≪안달루시아의 개 Un Chien Andalou≫(1929)는 그렇게 나왔는데, 아무리 신선한 작업이라고 할지라도 솔직히 왜 '영화사'에 그

---

139) 스페인의 초현실주의 화가인 살바도르 달리 Salvador Domingo Felipe Jacinto Dalí i Domèn ech (1904~1989)와 스페인의 영화제작자이자 감독인 루이 브뉘엘 Luis Buñuel (1900~1983) 이 함께 만들었다. ≪안달루시아의 개≫는 브뉘엘의 데뷔작이다.

토록 중요한 듯 등장하는지 모르겠다. 역사적 사실로서는 상관없지만 그 영화의 가치는 딱 거기까지에 불과하다. 달리는 '영화'에 대해서 어떤 목적도 없었으며, 영화감독인 루이 브뉘엘도 그 영화와 함께 자신의 영화적 의식을 구축하지는 않았다. 이 영화는 순전히 '영화' 쪽에서 보자면, 두 예술가의 한량으로서의 면모가 과시된 데 불과하다(물론 이후 브뉘엘의 영화적 자각은 상당히 나아가지만 말이다). 차라리 장 꼭또[140]는 이보다는 더 진지했는데, 그렇다 하더라도 그의 작품들 역시 기억해야 할 이유가 없다. 그는 대중들에게 상당한 반향을 일으키는 '영화'까지 해보고 싶었을 뿐이지, '영화'의 의미를 찾고자 한 것이 아니기 때문이다. 이러한 예술가들은 당대에 즐비했다. 물론, 그들이 '영화'에게 아무런 이득을 가져오지 않은 것은 아니다. 그들은 바야흐로 당대 대중적 수준이라고 치부되던 '영화'에게 어느 정도 지적인 가치를 부여했기 때문이다. 하지만, 당시 영화적 환경이 사실 그와 별로 상관없었다는 점도 우리는 유념해야 한다. 앞서 말했듯이 세상이 '영화'를 어떻게 보든, 이미 그는 다른 감독들과 함께, 스스로 상당한 경지의 '예술성'을 입증하고 있었기 때문이다. 따라서 이들 감독들의 작업이 지닌 가치와 당대 일반적인 영화의 위치를 미묘하게 분리하고 혹은, 미묘하게 연관 지으면서 해석할 필요가 있는 것이다.

'영화'라는 존재의 입장에서는 이러한 감독들의 작업이 이미 엄청난 가치를 구축했음을 분명히 알아야 하며, 그럼에도 '영화'가 세상에서 처한 위치에서는 아직 자리 잡지 못한 애매한 상황이었음도 깨달아야 한다. 이 점을 이해해야만 영화사에 등장하는 사조의 의미를 따질 수 있는데, 앞서 말했듯이 후자에 대한 의식으로 인해 이 '사조들'이 주장된 것이기 때문이다.

달리 말하면, '영화'에게서 무언가 특별한 가치를 발견하고자 하는 감독들과

---

140) 장 꼭또 Jean Maurice Eugène Clément Cocteau (1889~1963), 프랑스의 시인, 소설가, 극작가, 영화 감독

'영화'에 색다른 호기심을 느낀 비영화예술가들의 욕망이 서로 교차한 지점이 곧 이들 사조였다. 여기에 당대 예술 행위, 개념의 상황 역시 우리는 무시해서도 안 된다. 즉, 20세기 서구의 중심부였던 곳이 처한 역사적 상황들 말이다.

사실 어떤 분야이든 거기서 빚어지는 모든 상황은 '삶'이라는 일반역사적 상황에 종속된다. 그 어떤 것도 이 '삶'을 선도한 일은 없는데, 예술이나 학문이 세상을 이끌어갔다고 하는 것은 그 분야에 종사하는 지식인들의 이기주의적인 욕망으로 인한 착각이다. 오히려 거꾸로가 역사에서는 맞다. 삶이 언제나 예술과 학문을 이끌어간다. 예술이나 학문은 결코 새로운 것을 끌어내지 못하는데, 이미 삶 속에서 꿈틀대는 '새로움'을 보편화되기도 전에 부르짖고 강조하는 형식이 그들이 하는 일이다. 우리 모두의 삶이 예술적이라면, '예술'은 전혀 필요가 없어진다. '예술'은 이에 대한 자각이 필요하다. 우리 삶이 그렇지 못할 때, 그 부족함을 채우려는 쪽에서 시작되어야 하기 때문이다. 하지만 그와는 달리, 예술과 학문은 그 자신들이 지닌 '지위'에 스스로 매몰되곤 하는데, 사실 그럼으로써 오히려 존재 가치가 지리멸렬해지곤 한다(자본가치로 전락함으로써).

1920년대는 19세기 말부터 이어진 어떤 이데올로기의 황금기였다. 이것이 구체적으로 개념을 정의할 수 없다는 점에서 이데올로기라 하기는 무리지만, 어떻든 이 시기의 인류는 대체로 이성과 과학이 열어줄 미래를 신봉했다. 그들이 같은 '이성'이라도 19세기 이전의 '이성'이 아니라는 점에서, 과학 대신 다른 가능성을 언제나 줄기차게 신뢰해 왔다는 점에서 보면, 이는 엄청난 변화였다. 종교는 여전히 존재했지만 이제 존재의 가치와 관계하는 것이 아니라 윤리적인 역할로 내려앉았고, 체제와 사회, 행정이 존재를 규명하기 시작했다. 민주주의, 공화정 등 역시, 그 가치와 상관없이 어떤 면에서 이러한 소셜 가이드 라인이 중심이 된 세상으로의 진입을 지시한다고 볼 수 있다. 한마디로 인간은 인간이 하는 일들을 신뢰한 것이다. 1차 세계대전이 구체제와 신체제로 가는 분기점이었던 것은 분명하다. 물론, 흔히 말하듯 그 대전이 구체제와 신체제 간의 갈등은 절대 아니다. 인간의 삶이 정신적 체제에서 물질적 체제로 변하면서 부국강병의 제국주의적 사고방식들을 지닌 서구 세력 간의 권력다툼에 불과했기 때문이다. 연합군과 동맹군의 차이는 단순한 편 가르기에 지나지 않으며, 양측 모두 결코 윤리적 당위성에서 더 낫거나 덜한 것이 없었다. 보다 더 많은 물질들을 차지하기 위한 서구 제국주의 간의 유혈 투쟁이 그 전쟁의 진실이기 때문이다. 그로 인해 이 목적 없는 전쟁은 더 비참했고 더 잔인했다. 2차 세계대전이 명목상 목적을 지니고 있었던 데 반해(물론 그 역시, 보다 고차원의 구조적 욕망을 실현하기 위한 제국주의 전쟁, 그러니까 구체제의 권력 질서를 현대적인 체제 안으로 재편성하는 전쟁이긴 했으나), 우리가 말할 수 있는 이 전쟁의 유일한 목적은 상대방의 물질을 차지하는 것이었다.

전쟁은 결과적으로 유럽, 그러니까 서구 사회에 안정을 가져왔는데, 베르사유 조약을 선전해 온 역사적 관점에 따른 평화와 번영을 위한 공동의 목적 때문이 아니라 대립하던 양측 중 하나의 소멸에 따른 호황기였다. 상대방의 물질들을 모두 차지할 수 있었기에 영국, 프랑스, 미국은 그 물질의 축제장에 빠져들었고, 그들이 멋대로 그은 새로운 국경선들이 그들에게로 모든 물질적 풍요를 나르는 길이 되었다. 1920년대의 풍요는 이른바 그들에게는 '황금기'라 불렸는데, 바로 이러한 전 세계 부의 집약적 찬탈에 의한 것에 불과했다.

하지만, 유럽에 사는 이들에게는 평화가 도래한 것이 틀림없었다. 그들은 전에 없던 풍요를 누렸으며, '삶'에, 그들의 미래에, 어두움이 이미 이 순간에 자리 잡게 되었다는 생각 따위는 전혀 하지 않았다. 이 시기의 지식인들은 그 점에서 사실상 지식인들이 아니다. 그들은 당대 풍요 속에 매몰된 지극히 감각적인 한량들에 지나지 않았는데, 뒤이어 도래한 경제적 몰락과 2차 세계대전이 이를 분명하게 증명한다. 이처럼 1920년대는 누구도, '고민거리'가 구체적이지 않았다. 지식인과 예술가들은 인류 역사에서 고대 이후로 난생처음 추상적인 고민만을 물고 늘어질 수 있었다. 이러한 상황이 '예술적 시도들'의 발전을 낳았다는 점은 그래서 역설적이다. 냉정하게 말하면, 이 시기에 '예술'은 자신에게 주어진 근본적인 고민을 내팽개쳤는데, 그들 책임만은 아니다. 시대의 삶과 시각이 그것을 불가능하게 했고, 대신 그들은 '예술의 근본적 고민'을 '미학적 고민'으로 전환했다. 왜냐하면 오직 '표현들'의 새로움만을 추구할 상황밖에 주어지지 않았기 때문이다. '존재' 혹은 '삶', 아니면, '궁극'에 대한 깊은 갈등과 고민, 그 안에서 나아가야 할 방향을 찾는 일이 '예술의 근본적인 책무'였다면, 이미 말했듯이 그 위를 덮어버린 풍요가 그러한 문제의식을 지웠기 때문이다. 이 짧은 시기에 그토록 수많은 사조가 뒤죽박죽 섞여 여기저기서 나타난 이유, 수많은 선언이 이어진 이유는 바로 여기에 있다. 따라서 이것들을 '예술'의 정체에 대한 고민거리로 해석하는 것은 잘못이다. 그들이 '예술에 대한 선언'을 했든, 마치 '궁극적 선언'처럼 보이든, 실제로는 대체로 그들의 태도는 한량의 사고방식에 가까운 것이었다. 물론, 이 시기에 이루어진 놀라운 성과들을 부정할 필요는 없다. 다만 그 성과들에 대한 이해, '미학'이란 것의 권력적인 성질을 놓쳐서는 안 된다는 뜻이다. 20세기 초장기와 더불어 '미학'이 인류 의식에 부쩍 '지위'를 차지했다는 점을 알고 있어야 한다.

하지만 이 책임을 전적으로 당대의 '예술가들'에게 전가할 수는 없다. 이미 말했듯이 그 시대 '인간들'의 사고방식 전체가 이렇게 단순했고, 무감각했을 뿐이다. 베르사유 조약에서 나타난, 혹은 그로부터 비롯된 체제를 '평화'로 읽는 무지가 세상 전체에 퍼졌고(이후, 그 시대 역사를 조망하는 오늘날의 시각까지도 사실 이 무지에 무의식적으로 전염될 만큼), 대전에 승리한 국가들, 혹은 대전 전에 피해 속에 살아가던 종족들에게, 실제 그런 사고가 가능한 물질적 풍요가 뒤따랐다. '삶'이 안온해지면 두 가지의 선택이 가능할 뿐인데, '삶' 전체에 대한 목적의식이 분명할 경우, 상황과 상관없이 의식이 줄기차게 그 목적에 대한 구체적 가능성을 물고 늘어지겠지만, '삶'을 물질적 풍요로 대체하는 경우는 대부분 '인간'으로서의 존재 가치를 손에서 놓게 된다. 그 자리를 착각과 자기기만이 차지하기 때문이다(지금 우리는 이 중 어디에 발을 딛고 있는 것일까?).

이 시기 '예술'에 대한 격한 평가는 그만하자. 이 책의 목적이 아니며, 다만 이와는 다른 내용들만이 미학책과 예술사 책에 쓰여있어 생각할 만한 문제점을 지적한 것이다. 우리에게 중요한 사실은 이러한 상황 속에서 예술에 대한 사조들이 나타났고, '영화'는 그들 가장자리에서 여기에 끼어들고자 했다는 점이다.[141] 새로운 표현을 찾는, 전통 예술 작가들의 미래지향적인 호기심 속에 걸

---

141) 1차 세계대전과 2차 세계대전의 차이를 조금 더 기술하면, 1차 세계대전은 이후 세계 지도를 개편했는데, 수많은 새로운 국경을 탄생시켰다. 하지만 윌슨의 주장과는 다르게 전쟁을 야기한 갈등은 봉합되지 않았다. 그럴 수밖에 없는데, 사실 1차 세계대전은 지도 위에 무수한 선만 그었을 뿐, 이전 체제와 다른 세계를 지향한 것이 아니기 때문이다. 시대 지침의 사기성은 중세 내내 당연한 듯이 이어져 왔지만, 어떤 면에서는 서구 정치의 사기성이 근대화한 지점이 바로 1차 세계대전의 의의 중 하나일 것이다. 19세기는 제국주의 팽창의 시기였다. 근대라는 새로운 삶의 조건 속에서 이득과 영향력 역시 새로운 곳에서 발생했는데, 그것을 차지하기 위한 욕망이 팽배했다. 엄밀히 말해서 삶의 조건 면에서 근대는 완벽하게 새로운 것이었지만, 이 정치적 욕망을 고려하면 이전과 전혀 다를 바가 없었다. 조건이 달라졌을 뿐이며, 그에 맞는 새로운 '동작들'이 발생한 데 불과하다. 국가 간의 이해는 다양하게 맞부딪쳤는데, 연맹, 연합, 동맹이 밥 먹듯이 빈번하게 이어졌다. 심지어 사항에 따라 이합집산이 달라지기도 했는데, 그만큼 물질적인 욕망의 충족이 성패였기 때문이다. 유럽이라는 땅을 놓고(당시 서구인들에게는 여기가 곧 '세계'였다. 우리는 아직도 이 사고방식의 잔재를 이어받고 있는데, 말하자면 나머지 지역들을 '제 3세계'라고 부르는 것이다) 영국, 독일, 프랑스가 제멋대로 뒤섞였다. 눈앞의 이득을 좇아 그때마다 악수 상대를 바꿔갔으며, 러시아, 이탈리아, 스페인, 포르투갈 등은 한때 이들을 뒤로하고 전면에 등장한 일도 있었으나 사실상 주변국에 불과했다. 여기에 러시아와 유럽 중심부 사이, 그러니까 유럽과 슬라브의 간극을 메꾸는 주변국들이 있었다. 오스트리아, 세르비아, 터키 등이 그들이었는데, 이들 역시 그만큼 유럽과 긴밀한 끈을 갖고 있었으나 동시에 이질적인 역사를 지닌 상태였다. 이 주변국들을 묶어 자신들의 이득을 위해 움직이는 것이 당시 제국주의의 핵심 사항이었다. 당연히 갈등도 빈번했으며, 새로워 보였다. 하지만 이전 중세부터 이어오던 패권 문제의 연장선상 위에 있었다. 삶의 조건, 즉, 물질적 토대만이 달라졌을 뿐이다. 결국, 이 갈등은 사실 별문제 없던 유럽 주변부로 고스란히 퍼졌다. 유럽(세계)의 패권 질서 안에 머무르려는 주변국들 안에서 새로운 갈등들이 나타남은 물론이다. '민족'이라는 개념과 이것이 함께 맞물리면서 점차 갈등이 교착상태에 빠져갔는데, 그로 인해 벌어진 것이 1차 세계대전이다. 그래서 1차 세계대전은 사실상 '세계'를 바꾸지 않았다. 패권의 문제였지 시대 상황의 변화에 따른 새로운 질서 개편이 목적이 아니었기 때문이다. 즉, 국경들이 나타나고, 유럽 전체의 판도에 새로운 구도가 놓인 것 같지만, '체제'와 사고는 이전과 다를 바가 없었다. 많은 것이 바뀐 듯이 떠들었지만 결국 이 자체가 역사적 사기였

려들었거나, 기존 예술 형식들이 하는 당대의 고민을 영화의 작가들도 동시에 하고 있었거나…. 어느 쪽이나 마찬가지인데, 당시 '영화'는 이들 전통 예술 형식들의 고민에 낄 여지가 없었다. 감독들이 개별적으로 고민했을지 몰라도 이 예술 사조들이 '영화'까지 염두에 두고 있지는 않았으며, '영화'의 위상도 그들에게나 대중들에게 이 예술운동들에 동참함으로써 중요한 미학적 의식의 변화를 이끌 수 있는 도구로서 전혀 인정받지 못했기 때문이다. 왜냐하면 이들의 호기심도 '영화'의 가능성을 타진하기 위한 것이 아니었다. 앞서 말했듯이 순전히 작가인 자기 자신의 개별적인 취미에 불과했으며, 자신의 예술관을 '영화'로도 한 번쯤 해보겠다는 여흥에 지나지 않았다. 그것이 아니었다면 장 꼭또나 달리는 지속적인 영화 작업을 해야 했을 것이다. 게다가 그 안에서 '예술'의 문제를

다는 말이다. 예컨대, 우드로 윌슨은(미국이 세계 질서의 전면에 등장한 것이 새롭긴 하다) '민족 자결의 원칙'(Principle of National Self-determination)이라는 그 유명한 원칙을 전후 천명했는데, 결코 민족의 자결권을 위한 것이 아니었다. 동맹과 연합을 통해 좀 더 수월하게 제국주의 질서를 유지하려는 방책에 불과했다. 예컨대, 보스니아가 독일 제국의 영향력에서 벗어나 스스로 동맹국을 선택할 수 있는 여건을 정치적으로 마련하기 위한 것이었으며, 사실, 결코 '스스로'가 아니라 패권국가 연합의 요청에 따르는 것이었다. 결국 말만 '자결권'이지 편 가르기의 희생양이 된다. 민족 간의 갈등 문제에 직면했던 많은 약소국은 터무니없는 이 사기극에 희망을 두었는데, 얼마나 어리석었는지는 우리의 역사가 증명한다. 미국은 그토록 대단한 동맹국이라지만 '조선'을 일본 제국주의에 넘긴 것이 그들이다. 즉, 조선 식민지화의 원인을 제공한 것이 바로 미국이다. 미, 일의 외무장관이던 테프트와 가쓰라가 만나 미국은 필리핀의 지배를, 일본이 조선의 지배권을 서로 나누어 가진 일 말이다. 미, 일 간의 동맹이 깨지기 전까지 따라서 미국은 '조선'을 염두에 둔 일조차 없다. 이것이 바로 '동맹'의 허울이다. 그때, 우리는 민족 자결주의라는 사기극에 휘말려 칙사까지 유럽에 파견했고, 이것은 세상에 대해 이해력이 없던 왕과 통치자들의 너절함이 빚어낸 해프닝이 되었다. 한국의 역사는 바로 이 당시에 1차 세계대전 이후의 세계 질서의 정체를 파악하는데 가장 좋은 사례이다. 아무튼, '세상'은 바뀌지 않았다. 전쟁에 승리한 연합군 측으로 보면, 대전 이전의 그들 세상이 더욱 공고하게 다져졌다는 말이다. 이 관점은 이 당시의 예술, 문화를 이해하는 데 아주 중요하다. 1920년대는 물질의 이미지를 담아내는 시각적 예술에 있어 가장 왕성한 성과들이 쏟아지던 때였는데, 문학이 상대적으로 이 엄청난 체제 고착의 벽에 밀려 느슨해졌음에 비한다면 특이한 일이다. 그러나 시각예술이 지닌 대상들로 인해 이는 어쩔 수 없는 당연한 결과였다. 문학은 외피를 발라내고 내면을 사색하는데, 같은 주제 의식을 지녔더라도 시각예술들은 외피를 덜어내지 못한다. 오히려 외피의 다양함과 풍성함이 보장될수록 그들이 표현할 대상들은 더 넓어지기 때문이다. 이것이 사조로서의 '리얼리즘'이 문학으로부터 시작된 이후, 갑자기 수많은 사조가 서로 연대를 맞물며 나타난 이유이다. 그리고 이후의 사조들이 시각예술로부터 시작한 이유이기도 하고.

더듬을 만한 성과들을 내놓았어야 했고…. 그러나 솔직히 남은 것은 '그들이 영화도 만들었다'라는 식의 자기 만족적인 결과였을 뿐이다(여전히 그들을 뱉어낸 토양에서는 애써 국수주의적으로 포장하려들지만). 물론, 그들의 참여가 당대 빈약했던 '영화'에 대한 대중들의 의식에 약간의 가능성을 가져오기는 했겠지만, 그 역시 오해해서는 안 된다. 사실은 그들 이전에, 이 시기 놀라운 영화감독들의 '영화'에 대한 자각이 사실상 대중들에게 그 가능성을 촉진했다.

대중들은 오늘날 같으면 까다로운 구성과 주제로 인해 대충 '예술영화'라는 용어로 한정 지어질 만한 것들조차 광범위하게 즐겼다. 그들은 한마디로 아직 '영화들'을 예술품과 상업적 결과물로 직선적인 구분을 하는 이들이 아니었으며, 그것들을 모두 다양하게 즐기고 있었다. 아직 '영화'는 새롭고 흥미로운 것이었다는 사실이 이를 가능하게 했으며, 그로 인해, 영화감독들은 영화의 온 시기를 통틀어 '제작' 자체에 대한 심각한 고민을 뒤로 하고 자신이 '영화'로부터 실현하고자 하는 표현, 그것들이 곧 영화가 '영화'임을 내세우게 되는 정체성의 구축으로 나아갈 수 있었다. 1920년대 '영화'의 압도적인 미학적 성과들은 이렇게 나타났다. 똑같은 '미학적'이라는 표현을 사용하지만, 여타 예술 형식들이 이 시기에 구가하던 미학적 성과와 '영화'의 그것 사이에는 근본적인 차이가 존재한다. 여타 예술들은 자신의 정체성에 대한 고민이기보다 미래지향적이며, 시대를 긍정적으로 해석하고 앞으로 나아가기 위한 표현의 새로움을 추구하는 것이었던 데 반해, '영화'는 자신의 정체성을 규명하려는 자신만의 표현을 찾아나섰던 것이기 때문이다. 양측 모두 새로운 시도들이 이어졌지만, 한쪽은 '실험'이었던 반면, 다른 한쪽, '영화'는 자신이라는 '존재'에 대한 규명 작업이었다. 이 때문에, '소리'가 있고 없고는 한 번도 문제 제기된 일조차 없으며, 실제로 이미 1910년대 후반부터 조악하나마 이 기술을 지니고 있던 메이저들(미국과 유럽을 통틀어)조차, '소리'를 시도할 이유를 지니고 있지 않았다. 이렇게 '영화'는 온전히 '자신'이 되었다. 이 시기에 이룬 성과들을 통해 볼 때, '영화'가 역사적 관점에서 가장 미학적인 목적들에 충실했던 이유는 바로 여기에 있으며, 그것들은 '영화'의 미래를 가능하게 만들었다.

관객들이 모든 영화들을 다양하게 봤다고 했다. 이 말이 담는 놀라운 의미들을 이제 말함으로써 할리우드로 넘어가기 전의 '영화'를 마감하기로 하자. 그들은 '영화'가 보여주는 것들에 거리낌이 없었으며, 다양함의 차이들을 두루 즐겼고, 그렇게 인류에게 '영화'는 어느 틈에 공고한 표현 방식의 하나로 자리 잡게 된 것이다. '영화'는 모든 것을 다룰 수 있는 도구가 되었고, 그 모든 것을 인류는 만끽했다!

'탐욕(Greed)'에 대하여

19

•

결과적으로 이 시도의 온전한 열매, 그러나 고스란히 그 혜택을 이어받은 곳은 할리우드이다. 그들 말대로 신의 축복이든, 낡고 좁은 유럽이라는 각축의 한계를 새로운 대륙에서 돌파하려고 한 제국주의적 사고의 결과이든, 미국은 유럽의 감독들을, 이미지를 다룰 줄 아는 이들을 새롭게 성장한 자신의 제국으로 끌어들였고, 대개 성공하진 못했다고 치더라도 한편으로는 막대한 이득을 보았다. 왜냐하면 이 유럽의 강자들이 그들의 오락에, 그들의 아직은 값싼 상상에, 그들의 아직은 덜된 이야기에, 이미지 구성의 정당성을 부여할 방법을 이식해주었기 때문이다. 한마디로 이미지를 다루는 방법 말이다. 사실, 이 지점이 새로운 예술의 출범이다. 왜냐하면, 이야기의 주제나 깊이는 사실 전통적인 예술이 다루던 것에 비해 형편없었는데도 대신 이미지가 그것을 각별하게, 깊은 통찰로 이끌었기 때문이다. 결국 이야기가 이미지 구성에서 정당성을 부여받았다는 것은, 이미지의 표현으로 인해 사사롭고 하찮은 것이 의미를 부여받고 예술로 출현함을 지시한다. 서부극과 졸속한 칼부림에 지나지 않는 기사 영화들, 모험극들이 눈여겨볼 만한 테마가 없었음에도 금세 인간의 고뇌를 담은, 행동의 정점이 어떻게 해서 빚어지는지를 보여주는 가치 있는 작업이 되었듯이 말이다. 할리우드의 신화가 그렇게 시작된 것이다.

하나의 장면이 있다. 물 고일 틈 없이 바싹 마른 땅, 끔찍하게 갈라진 평원에 던져진 남자. 그 절망의 땅에 그는 주저앉아 있다. 회한과 망가진 삶에 대한 자책. 하지만 그 자책은 그의 몸을 덮고 있지 않다. 그 이미지 전체, 그 공간, 그러니까 세계를 가득 채우고 있다. 그러니까 그는 자책이라는 세계의 운명 아래 쓰러져 있는 꼴이다. 문득 그가 '인간'이라는 생각이 든다. 그래, 그는 이야기 안에 등장한 특정한 인물이나 임의의 어떤 캐릭터가 아니라, '인간' 그 자체라는. 인간의 욕망은 땅바닥처럼 처참하게, 성취되지 못한 상처를 안고 퍼져 있고, 죽음이 욕망의 끝자락을 마감하고 있는 셈이다. 1924년, 에리히 폰 스트로하임Erich von Stroheim (1885~1957)이 만든 ≪탐욕 Greed≫이다.

에리히 폰 스트로하임 감독의 ≪탐욕≫

이즈음의 영화들에 익숙한 눈으로 보면, 이 드라마는 여간 지루한 것이 아니다. 《탐욕》이라는 제목에 어울리는 이야기지만, 새로워 보이지도 않을 만큼 뻔한 데다, 캐릭터는 그 뻔함에 어울리는 도식 안에 머물러 있다. 그러나 '그 도식'은 바로 이러한 영화들로부터 시작된 기법들의 결과라는 점을 알아두자. 오늘날, 관객으로서 우리는 너무나 많은 이야기와, 그 이야기의 패턴에 익숙한 베테랑들이다. 당연히 이 영화의 이야기가 우리의 관심을 끌 리 만무하다. 그러니 이 시대의 영화들을 보는 태도가 의도적으로 주어져야 한다. 이들이 바로 '방법'의 시작이라는 사실, 만드는 이나 보는 이나 이 '말하기'는 모두가 새로웠다는 사실을 의식해야 하기 때문이다. 이야기는 하찮지만(당대 문학이 이룩한 성취를 고려하면) '영화'는 이야기를 짜내는 방직기계가 아니다. '이야기'를 '이미지'로, '현상'으로 치환하는 공작기계이다. 이 상태의 옷을 입고 이들을 보면, 따라서 더 이상 '도식'의 문제는 끼어들지 않는다. 오히려, 이제 그들이 지닌 묵직한 의미들을 보게 될 것이다.

우선 사사로운 이미지들 안에서 구축한 의미의 세계, 의미심장한 첫발이라는 점에서. 그래, 세상이 그렇지 않은가? 우리의 감정과 의식은 묵직해도 그것을 세상에 노출하는 행위와 몸은 대체로 그리 무겁지 않다. 만일, 깊게 자리한 감정과 의식이 언제나 우리 외피로 다 드러나게 된다면 우리는 영 사람들과 어울릴 수 없는 이가 될 것이다. 우리 역시, 결국 본능적으로 언제 감출지, 언제 내보일지를 알고 있다는 말이다. 그렇기에 '영화' 이전의 이미지들이 그 행위와 몸을, 그 직접적인 감정적 반응을 팽개친 것이 아닌가? 이미지는 그 가벼운 '현상'을 대체할 목적을 애초부터 가지지 않았다. 이미지는 현상을 넘어서고 현상에 없는 것을 표현하고 혹은 재현하고자 했다. 하지만, '영화'는 그들이 재현하고자 했던 현상 뒤, 너머의 의미들을 세상의 이미지들과 함께 성취해 낸다. 버리지 않으면서, 그 하찮음을 있는 그대로 다 드러내어 촌스러운 몸의, 표정의 이야기를 전개하면서, 원래 회화나 사진, 조각, 문학, 예컨대, 예술들이 성취했던 이미지의 힘을 함께 드러내는 일. 어떤 의미에서 '소리'가 없던 것은 그래서 다행이었다.

무성영화가 유성영화보다 더 낫다는 말이 아니다. 차이가 있으며, 어떤 성질에서는 어떤 것이 더 앞으로 나아갔다는 방향으로 바라봐야 한다. 이를테면, '소리'가 없어서, '영화'는 현상의 단순한 재현, 이야기 자체의 '재현'으로 나아가지 않았다. 세상의 완벽한 재현이라기엔 에디슨의 생각처럼 '소리'의 부재가 그 욕망을 가로막고 있었으니까. 다시 말하지만 '영화'의 역할은 사실 세상의 완벽한 재현에서 찾아지지 않는다. 이러한 조건으로 인해 그것은 우리가 생각해 보지 않은 특별한 역할을 담당했다. 이 문제를 다시, 조금 다른 방향에서 바라보자.

세상은 무의미하다. 철학에서 말하는 '의미가 없다'라는 말이 아니라 그것을 챙겨 생각할 겨를도 없이, 잔잔하게 생각해 볼 틈도 없이 지나가며, 훌쩍 눈에서 사라져 간다는 뜻이다. 움직임은 전혀 분해되지 않으며, 시간은 쪼갤 수도 없고, 의식할 겨를도 없이 나타났다 사라진다. 이것이 우리의 실제 삶이며, '살기'이다. 그렇기에 전통적인 이미지 작업은 그것들을 담으려 애를 쓰지 않았다. 그렇게 미상의 시간, 미상의 행위, 의미로 한정하기도 힘든 행위들, 상태들을 제치고, 어떤 의식적, 시간적 단위 안에서 의미 있는 것들을 다루었다. 이를테면, '루비콘 강을 건넌 시저'라는 의미 말이다. 그 강을 건너는 과정과 불특정하게 흐르는 시간을 어떻게든 보여주는 대신, 강을 건넌 행위의 의미, 결과를 다룬다.

〈루비콘 강을 건너는 시저 Julius Caesar and the Crossing of the Rubicon〉

≪줄리우스 시이저 Gaius Julius Caesar≫(1914)

앞 장의 이미지는 1493년, 프란세스코 그라나치 Francesco Granacci가 그린 회화작품이다. 위의 사진은 엑스트라바간자의 하나였던 엔리코 구아쪼니 Enrico Guazzoni의 ≪줄리우스 시이저 Gaius Julius Caesar≫(1914)이다. 회화는 사건의 의미를 구현하기 위한 사실성만을 담고 있다. 오히려 이 사실성조차도 '의미'에 의해 조절된다. 하지만, 영화에서 사실성은 이런 드라마의 경우, 단지 구성요소가 아니다. 그것은 절대적인 필연성을 지니게 된다. 왜냐하면 그 지난한 루비콘 강을 건너기 위한 준비 과정에서 회화가 추구하고자 하는 '의미'가 드러나기 때문이다. 같은 '의미'라도 '영화'는 그런 점에서 언제나 과정적이며 디테일이 드러날 수밖에 없는 매체이기 때문에 늘 시간이라는 과정을 통해서만 드러난다.

하지만 생각해 보라. '영화'는 그 의미를 다루기 위해서 어떻든 강을 건너는 구차한 과정들을 모두 보여주어야 한다. 엄청난 공사와 이러저러한 사고, 결국에는 강을 건너게 되는 시저의 모습까지, 한 이미지 이미지를 회화와 같은 이미지로 만들어서가 아니라, 오히려 **회화의 이미지가 버린 부분들을 건져 내야만** 한다. 그리고 결국에는 그 과정, 놓친 것, 버린 부분들, 그러니까 과정에서 의미를 끌어내지 않는가? '이렇게 비장함과 착잡함 속에 건넌 것입니다!'

그러기 위한 미장센, 연출, 조작, 구성은 사실 냉정히 말하면 여타 전통적인 예술 형식들의 구성과는 별반 관계가 없다. 물론 전통적인 것으로부터 빌려 오고, 모방하며, 최소한 그로부터 훈련된 시각의 힘을 적용했다. 하지만, 그 모방, 훈련은 사실 관점의 영역에 그친다. 같은 이미지를 놓고 고민하며, 고민의 방향과 시도들 역시 동일하지만, 대상이 근본적으로 다르기 때문이다. 하나는 애초부터 작가의 심적인 이미지가 대상인 반면, 하나는 눈앞에 널려진 '세상'이 대상이다. '영화'는 스스로 이점을 깨달은 후부터는 또한 빌려 오거나, 모방하거나, 그 훈련을 적용하는 것을 넘어서서 스스로 발견하고 사용법을 구축하였다.[142] 왜냐하면, 이미 말했듯이 어떻든 전통이 포착하려 하지 않은 '과정'과 흐름 안에서 이 이미지의 힘을 발견해야 했기 때문이다. 그래, 결국 '영화'의 미장센은 이 과정적 이미지들, 흐름의 이미지들, 세상, 구차하든, 초라하든, 의미 없든, 어떻든 널브러진 이미지들에 어떻게든 의미를 흘려 넣는 방식이고, 지속시키는 방식이다(이런 이유에서 '영화'는 이미지에 시간을 흘려보내는 방식이라고들 하는 것이다. 타르콥스키는 '영화'가 하는 이 일을 '시간을 주조하는 일'이라 했다…).[143]

나아가, 증폭시키거나 빼 버리면서, 보이는 이미지들의 외관상의 효과를 넘어선 숨겨진 의미들을 구축하기도 한다(변증법). 우리는 '연출', '구성'이라고 부르지만, 감독의 작업은 이처럼 다른 일이다. 세상을 보고, 거기서 의미를 읽으며, 그 의미로 재구성한, 현실의 세상과는 다른 이미지를 만들어 내려 한 것이 전통적인 작가의 일이었다면, 감독의 일은 거의 반대 방향이지 않은가?

물론, '의미'가 있다. 감독은 그것을 세상의 이미지와 결합하고 그 안으로 밀

---

142) 나중에 1930년대 이후의 역사를 다루는 2권에서 고다르, 레네를 비롯한 몇몇 작업에 대해 말하면서 우리는 이 문제를 다시 거론하게 될 것이다.

143) "감독이 하는 일의 기본은 무엇일까? 시간 안에서의 조각이다. 즉, 모든 조각가가 자신이 만들고자 하는 것을 의식하면서 그에 속하지 않은 것들을 제거해 가면서 대리석 블록을 다듬듯이, 감독도 '시간의 블록'을 다듬어 간다…."—안드레이 타르콥스키, 「봉인된 시간-≪이반의 어린 시절≫에서 ≪희생≫까지 Le temps scellé-de l' ≪Enfance d'Ivan≫ au ≪Sacrifice≫」, 『까이예 뒤 시네마』 (Paris, 1989), p. 61.

어 넣어, 그 세상을 훼손시키지 않으면서 실현해야 하는 것이다. 그러니, 근본적으로 그들은 '세상의 이미지'에 더 친숙하고, 그것에 더 다가가며, 그런 그들에 의해서 영화들을 보는 관객들도 '세상의 이미지'와 더 친숙해지지 않겠는가? 그들은 예컨대, 이미지에 대한 전통적인 작업 방식으로 보면, '새로운 눈'을 지닌 사람들이다. 새로운 눈의 힘이기도 하고….

자, 우리는 '영화'가 내용으로서의 '드라마' 이전에, '눈'을 먼저 발견하고 그것을 구축해야 했다는 점을 알아야 한다. 그 위에 드라마가 얹어졌을 뿐이다. 미국에서 하지만 이 '눈의 힘'은 아직 유아기였다. 왜냐하면 그들에게는 도무지 '의미'란 필요 없는 항목이었기 때문이다. ≪벤허≫는 예컨대, 분명한 스펙터클이었지 그 주제를 음미해야 하는, 소설이 지닌 의미를 전달하는 작업은 아니었다. 프랭크 니블로의 정교함은 그래서 사륜마차 경기로 집중된다. '어떻게 끊어진 쇼트들을 가지고 동작을 재현해 내지? 동작의 크기와 강렬함을 증폭시킬까?' 쉬운 문제가 아니다. 하지만, 만일 창작을 지망하는 사람이 이 글을 읽고 있다면 한 가지 말은 해둘 수 있다. 생각해 보라, 처음부터, 경기의 시작부터 끝까지 걸리는 그 모든 과정을 '기록'하는 것이 아니므로, 오히려 표현의 가능성은 배가되지 않는가? 즉, 실제로 그 전체를 다 담는 대신, 부분들을 떼어 내어 필요한, 혹은 충돌의 가능한 연결선을 따라 배열함으로써, 달리 말하면 **조각들로 말하기에, 동작의 크기와 강렬함을 조절할 수 있다.** 조각의 선택과 배치에 따라 분명한 이야기의 선형성을 만들어 낼 수 있기 때문이다.

아무튼, 가정해 보면, 이런 동작을 연결하는 법, 그것으로부터 긴박감과 집중을 꾀하는 법을 자연스럽게 체득한 것이 미국의 감독들이었다. 혹자들은 정작 작품의 핵심은 '의미'이기 때문에, 아마도 할리우드의 감독들을 유럽의 감독들에 비해서 깎아내리는 듯하다. 하지만, 절대 그렇지 않다. 이 긴박감의 적출은 전혀 단순하지 않기 때문이다. 그것은 동작의 이미지에 의한 창조적 재구성이다. 이미 말했지 않은가, 있는 그대로 그 동작을 처음부터 끝까지 기록해서 얻어지지 않는다고!

한 쇼트로 얻어진 동작의 조각과 또 다른 동작의 조각과의 결합을 통해서 실제가 아닌 다른 동작을 만들어 내는 작업이다. 스크린이 보여줄 동작/이미지가 결합해서 빚어내는 관객의 의식 안에서 형성되는 동작 말이다. 평소에는 동작들이 어떤 경우에도 특정하지 않다(적어도 우리 삶의 시간 속에서는). 단지 동작은 행해진 데 불과하다. 그러나 스크린에서 동작은 항상 특정하다. 행해진 것을 전달하는 데 그치지 않고, 동작에 숨어있는 '결단력(의미)'을 보여주기 때문이다. 니블로의 영화에서 클로즈업과 롱쇼트, 그보다 더 큰 롱쇼트의 결합은 순식간에 그냥 경주가 아니라 사활이 달린, 언제라도 순식간에 죽음을 맞이할, 긴박과 긴축을 보여준다.

마찬가지로, 관객의 눈을 집중시키는 것도 쉽지 않다. 동작 전체, 혹은 동작이 이루어지는 공간 전체 안에서 언제나 일부를 가지고 시선의 유인선을 만들어 내야만 한다. 그래, 결코 정답이라고 할 수는 없지만, 어떤 면에서는, '의미'의 문제를 물고 늘어졌던 유럽의 감독들에 비해 아무 바탕도 없이 현실 속에서 동작의 '의미'를 발견한 할리우드 감독들이 훨씬 더 어려웠을 거라 말할 수도 있다. 앞서 말했듯이 이들은 온전하게 '무'에서 '유'를 창조해 낸 자들이니까.

이제 종결짓자. 애초에 동작들만이 있었다. 그것에 의해서 이야기를 구성하고 지속시키는…. 드라마는 아직 생소했다. 버라이어티 개념에는 앵글로 색슨이 탁월한 능력을 지녔지만 같은 버라이어티 쇼라도 의미로 규정짓는 작업에는 영 서툴렀다. 미국의 버라이어티 쇼 극장에서는 스펙터클이 중심이 되었지만, 프랑스의 버라이어티 쇼는 똑같이 스펙터클이라 하더라도 주제로 묶는 데 대한 강박관념이 있었다. 그러나 의미와 주제를 제하면, 이 미국의 버라이어티는 동작과 상황만으로 완벽한 몰입 거리를 만들어 냈다. 영화사 초기에는 이러한 것들로도 충분히 인기를 끌었다. 그러나 더디고 초라해 보이지만, 할리우드는 그보다 더 나아간다. 대량 생산이라는 조건 때문이었을까? 다양하고 새로운 것들을 계속 창출해야 한다는 산업의 강박관념? 더 중요한 것이 있다. 바로 관객들의 '눈'이다. 즉, 이미지를 보는 그들의 '눈'도 성장했다. 동작의 연속에 익숙해지면서, 다시 그 동작들에 무언가 덧붙여지기를 바라게 되었고, 동작들이 점차 단순해 보이기 시작했다.

사실 할리우드가 순수하게 그들의 능력만으로 그 모든 것을 이룩하진 않았다. 그들은 외부의 힘을 이식받았는데, 그것이 할리우드에서 유럽 감독들의 유일한 장점이었다. 유럽의 감독들이 미국으로 건너와 작업을 하는 가운데, 미국의 영화계는 그들의 '방법들', 이미지를 주조하는, 발견하는 방법들을 익히게 된다. 사실, 유럽에서 건너온 감독들의 영화 대부분은 수준이나 흥행 면에서 대체로 범작을 만드는 데 그쳤다. 자기 토양에서 만들던 영화에 비해 그들의 '시도'는 더 나아가지 못했고(할리우드는 절대 그것을 원하지 않았으므로!), 할리우드라는 제작 시스템과의 부조화도 그에 한몫했다. 할리우드식으로 말하자면 그들은 실패했다. 하지만, 할리우드 입장에서는 거의 손해가 없었다고 해야 할 것이다. 할리우드는 유럽의 모든 것을 삼켜버렸는데, 미장센과 편집의 묘미를, 방법들을 깨닫는 것에 그치지 않았다. 그들은 유럽으로부터 앞으로 할리우드가 기댈 아주 중요한 요소도 빨아들였는데, 바로 '배우'였다. 예컨대—,

모리츠 스틸러Mautirtz Stiller (1883~1928)에게서는 그레타 가르보Greta Garbo (1905~1990)를 얻었고 별로 예견한 것은 아니었지만, 에른스트 루비치Ernst Lubitsch (1892~1947) 같은 다른 감독들에게서는 이미지를 구성하는 힘, 할리우드가 클래식이 되기 위해서 마지막으로 필요로 했던 그 힘을 얻었기 때문이다. 할리우드의 스태프들과 감독들은 이 유럽 감독들과의 작업, 그들의 작품을 통해서 열광하지는 않았겠지만, '이렇게 했을 때, 이런 장면이 나오는구나.' 하는 새로운 표현의 가능성을 엿보게 되었고, 그것은 그들의 표현을 특별하게 하는 계기가 되었다.

그레타 가르보 Greta Garbo (1905~1990)
초기 영화의 스타 중 그레타 가르보의 이미지는 압도적이었다고 할 수 있다. 전통적인 연인상과 다른 팜므 파탈의 이미지를 안고 있는 이 여인은 가련한 역이든, 도발적인 역이든 어디서나 빛이 났다. 초창기 유성영화 시기에 그레타 가르보의 전혀 일반적인 부드러운 음색이 아닌 허스키의 음색은 폭발적인 인기를 끌었으며, '그레타 가르보가 말을 한다'라는 문구가 그 자체로 최고의 홍보문구였다.

자본이 결정하는 영화

확실히 모리츠 스틸러는 절망했다. 주목받던 이 북구의 감독은 어쩌면 자신을 과대평가했는지도 모른다. 그는 그저 흥행 감독일 뿐이고, 통속극 감독에 지나지 않는데, 무르나우나 프릿츠 랑, 모리스 뚜르네르Maurice Tourneur (1873~1961)와 같은 대접을 받으며 미국에 입성했으니까 말이다. 그래, 확실히 모리츠는 착각했다. 이미 할리우드는 그를 잘 알고 있었다. 그를 부른 것은 그의 의도와는 다른 이유였고, 기어이 그것을 성취한다.(현재도 할리우드는 외국산 수입품에 대해서 냉철한 판단력을 지니고 있다. 그들에게서 뽑아낼 것이 무엇인지, 그리고 무섭게도, 언제 버려야 할지도!) 모리츠의 배우이자 연인, 그레타 가르보를 미국에 정착시키는 데 성공한 것이다. 처음에 둘은 미국에서도 함께 작업했으되, 가르보는 다른 영화들에도 출연했다. 가르보는 승승장구했고, 모리츠는 하는 족족 패배했다. 감독과 배우의 사랑은 그렇게 끝이 난다. 가르보는 떠났고, 모리츠도 떠났다. 가르보는 미국에 안착했고, 자신의 '이전'과 결별했으며, 모리츠는 자신의 나라로 되돌아갔다. 그런다고 없던 재능이 거기서 다시 살아난 것도 아니다. 더군다나 상처받은 재능은! 그러기에는 사랑도 식었고, 열정도 없었고, 무엇보다 가르보가 없었다.

무르나우는 세상의 주목을 받으며 미국으로 건너왔다. 그는 유럽에서는, 영화사 초기에서는, 압도적인 작가 중 하나였고, 무성영화 시대에 어울리는 이미지의 문법을 만들어 낸 이였기 때문이다. 1924년, 유럽 영화에서 '배우'라는,

'영화배우'라는 각인을 남긴 최초의 유명 배우 중 하나인 에밀 야닝스Emil Jannin hs (1884~1950)를 미국에 데리고 가서 ≪마지막 웃음 The Last Laugh≫(1924)이라는 영화를 만든다. 그러고는 독일로 회귀했다가 1927년, 미국의 배우들과 함께 야심 찬 대작 ≪일출 Sunrise≫(1927)을 만들고는 세 개의 오스카상을 거머쥔다. 그러고는 다시 독일로 돌아가 몇 편을 더 만들고 영화 인생을 끝냈다.

에밀 야닝스 Emil Janninhs (1884~1950)
독일 배우로 알려진 에밀 야닝스는 사실 스위스 출신이다. 북구영화들을 통해 등장했고, 표현주의, 인상주의 시대에 이르기까지 유럽에서 스타로 군림했다.

≪일출≫은 폭스 사의 첫 번째 사운드 영화이자 최초로 오스카상을 안긴 작품이다. 하지만 지금이나 그때나 제작사는 오스카상 따위에는(?) 관심이 없었다. 오스카상은 사실 관객들에게 영화산업을 홍보하기 위한 잔치에 불과했을 뿐, 목적은 오로지 흥행이었다.[144] 상당히 주목할 만한 가치를 이룬 영화임에도 당시 무르나우 자신도 자기 영화를 그다지 탐탁지 않게 여겼다. 그에게는 오히려 ≪마지막 웃음≫이 더 흥미로웠던 것 같다. 실제로 ≪마지막 웃음≫은 미국

---

144) 1927년부터 미국영화 아카데미협회(Academy of Motion Picture Arts and Science)에서 그 해의 영화들에 수여하는 상. 그렇기에 처음에는 아카데미상으로 불렸다. 그러다 1931년, 상패에 오스카라는 이름이 붙여지면서 오스카상으로 불리게 되었다.

영화에는 없는 새로운 카메라 움직임과 화면들을 선보였고, 무르나우 자신에게도 여러 가지의 특별한, 인상적인 실험들이 있었다. 그러나 흥행은 아주 성공적이지는 않았고, 무엇보다 미국영화 환경의 작업 과정은 무척 힘이 들었다. 하지만, 그의 화면은 압도적이었고, 그로 인해 미국은 사운드 영화를 위해 다시 한번 그에게 손을 내민다. 이번에는 칼 마이어Carl Mayer (1894~1944)[145]가 시나리오를 쓰면서 그는 철저하게 미국적 작업을 하게 되지만, 결국에는 미국에서의 겨우 두 번째이자 마지막 작품이 된다. 그러나 ≪일출≫역시, 무르나우의 세계를 볼 수 있는 특권이 들어가 있는 영화였다. 미국은 그에게서 드라마를 다루는 '기술'과 '힘'을 얻어낸다.

에리히 폰 스트로하임은 외부에서 미국으로 건너온 이는 아니다. 그는 이민 2세였다. 그래서인가? 미국에서 태어나 미국을 잘 알고 있는 그는 다른 이들에 비하면 비교적 성공했다. 그는 할리우드 제작사의 관점에서 볼 때 흥행 성적으로는 평작 수준의 영화들을 몇 개 만들었고, 사실, 훌륭했지만, 할리우드 시스템과 함께 감독의 자리에서 내쳐졌다. 어느 정도 할리우드 영화적 풍토에 잘 적응했다는 것이 그런 결말이다. 미넬리는 자신의 영화 ≪배드 앤 뷰티풀≫[146]에서 이름이 폰~으로 시작하는 독일계 감독들의 출현과 프로듀서와의 갈등을 단순하면서도 명확하게 다루고 있다.

감독은 자신의 전권 아래 화면을 구성하고 있다. 그때, 프로듀서가 화난 표정으로 그를 촬영 장소의 한쪽으로 거칠게 데리고 간다. 그리고는 이렇게 만들 것이냐고 감독에게 따진다. 그에 답해 폰~ 감독은 32년간 그리 해 왔다고 말한다. 그러니까 프로듀서는 다시 당신은 이 장면의 가치를 잘 모른다고 말하고(오

---

145) ≪칼리가리 박사의 옷장 Das Cabinet Des Dr. Caligari≫(1919)의 대본을 쓴 표현주의를 이끈 작가이자 감독. 주로 시나리오에서 무르나우와 기념비적인 작품을 남겼다.

146) 빈센트 미넬리 Vincente Minnelli (1903~1986), ≪배드 앤 뷰티풀 The Bad And The Beautiful≫(1952)

늘날은 이해할 수 없는 말이지만!)….

빈센트 미넬리, ≪배드 앤 뷰티풀≫(1952)
프로듀서로 분한 커크 더글러스가 감독에게 삿대질을 해가며 영화 장면에 대해 따지고 있다. 이런 갈등은 대개 프로듀서의 승리로 끝났다.

　다툼은 이어진다. 옥신각신 끝에 감독은 프로듀서에게 '이 장면은 당신이 말하는 가치가 없다'고 잘라 말하고 모든 장면을 클라이맥스로 만들 수 있지만 그것은 엉터리 영화나 그러는 것이라고 단언한다. 그러고는 '이야기의 위대한 법칙'을 되뇐다. 서서히 고조되다 어느 순간 클라이맥스가 주어져야 함을…. 반면 프로듀서는 모든 장면이 스펙터클, 쇼가 되어야 한다고 여긴다. 그런 그는 그리 응수한다. '영화미학' 따위는 떠들지 말라고! 둘러대지 말고 적절한 상상력이나 굴리라고. 결국, 감독은 결론을 짓는다. 그게 누구의 상상력인지…. 결국 프로듀서 당신의 뜻대로 되겠지만, 자신은 따를 수가 없다고. 그러고는 당신이 원하는 영화를 만드는 길은 하나인데, 당신이 직접 메가폰을 잡는 일이라 하고는 떠나며 마지막으로 의문스러운 말을 남긴다. 그 점을 아느냐고, 감독이란 겸허한 작업(humility)이라고!(바로 이 영화에서 제작자가 그리 말하는 장면이 있다. '오스카상 따위는 집어치워!')

그래, 유럽 감독, 즉, 작가의 입장을 옹호하려는 것이 아니다. 나는 할리우드에 대해서 말하려는 것이다. 그곳이 어떤 곳이었는지, 거기서 '영화'란 무엇이었는지, 아니, 영화란 어떻게 만들어지는 것인지, 이 짧은 에피소드 안에 다 들어있다. 할리우드 클래식에 대한 표지들, 그것을 어떻게 봐야 하는지가 들어 있다는 말이다.

앞 장에서 누누이 강조했듯이, 그곳에서 '영화'는 곧 돈이었다. 할리우드의 제작자들은 이미 말했듯이 돈을 더 벌기 위해 할리우드로 이주했고, 1910년대가 마감되어 가면서 제작 시스템이 자리 잡았다. 아, 하지만 이리 보면 지나치게 단순하며, 낭만적이다. 시스템은 그리 낭만적이지 않다. 여기에서 완성된 시스템은 무엇보다 자본 생산의 시스템이었다. 그래, 영화 생산의 시스템이기 이전에 말이다. 물론, '돈'을 목적으로 삼는다는 사실은 누구나 알고 있지만 왠지 대단해 보이지 않는다. 처음에는 대단한 금액들이 아니었다. 그저 고만고만한 상상의 크기를 지닌 '돈'이었다. 에디슨의 트러스트를 피해 이쪽으로 건너온 이들이 대단한 산업 자본의 목적과 산업 시스템에 대한 이해를 지니고 있지는 않았을 테니까. 그들은 이민자, 그것도 근사한 삶의 망명자들이 아니라 먹고 살기 위해 바다를 건너온 노동자들일 뿐이었다. 물론 할리우드를 만들어 낸 것은 이들이다. 그러나 생산의 시스템을 만들어 낸 것은 실제로는 이들이라고 할 수 없다. 시스템이 구축되어야 하는 환경과 규모를 만들고, 그 시장을 조직화한 것은 이 영화인(?)들이 아니라 앞서 말한 대로 바로 월스트리트였다. 그들이 미지의 황금밭을 주목하고 '영화'를 산업 자원으로 키우려고 작정함으로써 이 모든 일들이 시작되었다. 실제로, 만일 그들이 에디슨과의 협력에만 치중했더라면 할리우드는 그만큼 성장하진 못했을 것이다. 말했듯이 에디슨의 체제는 이 성장하는 영화 시장에 효과적으로 접근하지 못했다. 할리우드로의 이주는 분명한 모험이었지만, 변화하는 산업 환경에 맞추어 볼 때 결과적으로는 타당한 이주였다.

도시는 확장되는 영화 시장에 맞는 제작 환경이 아니었다. 트러스트의 영화들이 에디슨의 고집 때문이기도 했지만, 항상 소품에 머무는 경향에는 제작 환경도 한몫 거들었다. 하지만 시장의 수요는 날로 커 갔고, 이야기의 수준에서 점점 더 기승전결을 제대로 갖춘 장편이 요구되고 있었다. 엎친 데 덮친 격으로 에디슨이 마지막까지 고대했던 특허권은 부결되었고, 트러스트에 대한 월스트리트의 관심도 그와 함께 마무리 지어졌다. 그러나 그들이 이 도시에 널리 퍼진 영화 시장에서 눈을 거둔 것은 아니다. 이 상품은 이전에는 없던 완벽하게 새로운 것이었기 때문이다. 몇 개월씩, 몇 년씩의 생산 주기를 갖는 일반 상품에 비해, 이것은 일단 매주 새로운 것을 요구하는 시장이 있었고, 사람들은 일주일마다 생산되는 그 상품에 기꺼이 돈을 썼다. 게다가 미국의 영화 시장은 아직 개척 일로에 있었다. 생산만 하면 판매가 보장되는 상품, 매주 새로운 벌이가 가능한 상품의 출현은 자본에 있어 분명히 획기적인 사건이었다. 자연히 상시로 새로운 상품을 만들어 내는 구조가 필요했다. 그 필요성은 할리우드와 투자자들 양측 모두에게 대두되었고, 둘의 결합을 만들어 냈다. 그리고 드디어 '영화'의 역사에 이전에는 없던 새로운 욕망이 자리 잡기 시작한 것이다. 생산자의 욕망이 아닌, 투자자의 욕망(또한 금융의 욕망) 말이다.

더욱 나은 상품을 생산하기 위해서, 효율적으로 생산하기 위해서 자리 잡은 시스템이기도 한 할리우드 체제는 한편으로 보면, 배급되기 위한, 판매 구조를 만들기 위한 것이기도 했다. 월스트리트의 금융가들은 이 신흥 시장의 구조가 이전보다 더 안정적이기를 바랐기 때문이다. 그 결과, 오늘날 산업의 체제에서 보면 이전에는 없던, 실재 '영화'를 만드는 것과는 상관없는, 완벽한 '영화'의 전문가들이 나타나게 된다. 기획에서 배급까지, 시장의 형성과 운용까지 '계획'에 넣을 능력을 지닌 전문가들 말이다. 흔히 우리는 이 제작자들을 그저 제작의 전문가라고 알고 있지만 천만의 말씀이다. 그들은 어떤 면에서 이 시기에는 영화의 진정한 감독이기도 했다. 어떤 이야기를, 어떤 감독에게 맡겨서, 어떤 배우와 함께, 그리고 무엇보다 어떤 장면 구성으로 만들어 낼까를 결정짓는 자였기 때문이다.

프로듀서도 기획은 물론 제작 자본의 양을 결정하며, 감독과 배우, 스태프들을 관장한다. 그리고 만들어진 영화를 어떻게 유통하고 어떻게 홍보할까에 대한, 즉, 전반에 걸친 작업에 깊게 관여한다. 이러나저러나 간에 허투루 볼 수 없는 중요한 인물이라는 말이다. 하지만, 할리우드에서 이 직업은 우리가 아는 일반적인 수준을 넘어선다. 사실상 그는 영화의 주인이었다. 시작부터 끝까지 쥐고 있는 자, 이 '프로듀서'의 출현은 할리우드에서는 따라서 필연적이었다. 월 스트리트는 자본의 문제에 관해서 적어도 전문가가 자기의 돈을 관장하길 바랐고, 경제 개념이 덜한 '감독'에게 맡겨 두길 원치 않았기 때문이다. 즉, 자본을 책임질 만한 전문가가 생산의 책임자가 되어야 하는 것이다. 아주 옅은 의미의 프로듀싱은 이미 이전부터 있어 왔다. 실제 메가폰을 쥔 자의 입장에서 영화감독에 비중이 컸던 그리피스나 맥 세네트, 아르버클, 채플린, 키튼 등도 감독인 동시에 자기 영화의 프로듀서였다. 할리우드 초창기는 이들의 능력에 의해서 돌아갔고, 그들은 언제나 '자신'의 영화를 만들었다.

하지만, 할리우드가 성공하면서 대량 생산의 시대로 돌입한다. 그러나 감독 개인의 역량을 살린 영화가 만들어지는 속도는 지나치게 더뎠다. 달리 말하면, 오히려 감독들이 기술자로 임할 때, 그래서 생산과정의 정신적 고민이 덜어내졌을 때, 훨씬 더 제작이 쉽고 편했다. 이런 영화 제작의 비중이 늘어 감은 물론이다. 즉, 감독들이 누구인가는 크게 중요하지 않은 시대였다. 무엇보다 우선 만들어져야 했고, 보급되어야 했다. 누가 만들었나보다 더 중요한 것은 어떻게 효율적으로 만들 것인가였고, 어느 규모로, 어떤 대상을 향해, 어떻게 만들 것인가를 결정짓는 역할이 종종 제작사에서 가장 중요한 작업이 되기 시작한다. 그 역할을 담당하는 것, 그가 바로 프로듀서였다. 프로듀서의 비중이 높아지는 영화에서는 그러니까 감독은 상대적으로 비중이 줄어들었다는 말이 된다. 감독은 한마디로 카메라 뒤에 있을 뿐이지만, 그 영화를 결정짓는 프로듀서는 사무실, 스튜디오, 카메라 뒤, 모든 제작 전반의 배후에 있었다. 그가 생산의 전권을 쥐고 있었고, 그에게는 영화 생산이 중요했지, 감독의 생각은 중요하지 않았다. 그래, 할리우드에서 '영화'는 이렇게 형성된다. 그리피스 같은 감독의 시대는 그렇게 끝나 버렸고.

그리피스, 그의 몰락은 내게 각별해 보인다. 그 이름은 초기 영화사에서 대단했던 한 개인으로 멈추지 않기 때문이다. 우리가 알고 있는 역사적 사실과 함께 그가 어떤 사람인지를 다시 상상해 보라(물론 그의 인간적인 면모 말고). 그는 '영화'에 최초로 쇼트와 쇼트의 결합이 의미를 만들어 낸다는 몽타주의 가치를 만들어 냈다. 그 때문에 에이젠슈타인과 푸도푸킨[147] 등의 '편집 이론'이 생겼고, 이 '편집 이론'은 '영화' 최초의 이론이었다. 그것도 이미 말했듯이 '영화'가 사실상 아직 그만한 내용들을 담기도 전에 말이다. ≪국가의 탄생≫은 모든 아이디어의 첫발자국인 만큼 아직 완벽하지 않은 구성이 있지만, 그 이후의 ≪인톨러런스≫는 다르다. 그것은 전체가 완벽하게 자신의 이데올로기, 자신의 주관을 담도록 구성된 하나의 작품이다. 이후에 또 기념비적인 ≪동부 저 멀리 Way Down East≫(1920)를 만든다. 그래, '영화'를 예술 하는 도구로 인식하고 영화를 하나의 예술작품으로 만들어 낸, 영화사 최초

---

147) 푸도푸킨 Vsevolod Illarionovich Pudovkin (1893~1953). 러시아의 영화감독이자 배우. 몽타주 이론의 수립, 보급에 공헌했다. 에이젠슈타인과의 논쟁을 통해 러시아 영화를 발전시켰다.

의 작가 출현이다.[148] 그리고 이 사실 자체가 이채로운데, 이 모든 일이 유럽이 아닌 미국에서 시작되었다는 점이다. 미국에서의 영화 환경에 대해선 앞 장에서 이미 말했었다. 결국 그리피스는 전체 영화사로도 그렇지만 미국 영화사로서도 특이한 지점이다. 그런 그의 마감은 그래서 초기 '영화 의식'의 종언처럼 보이는 것이다. 적어도 미국 내에서 말이다. 더욱이 아이러니한 것은, 그런 그가 직접 미국 영화인들과 함께 건설한 것이 할리우드 시대였다는 점이다. 나중에 유성영화와 함께 영화를 마감하는 채플린, 키튼 등과 함께 그야말로 월스트리트가 영화산업에 뛰어들 환경을 구축했다. 결국 자신이 공헌한 시스템의 출현과 함께 몰락한 셈이다. 감독의 몰락, 그게 미국영화의 시작이었다.

---

148) 이 인간이 정말이지 가장 자의식이 없는 인종차별주의자였다는 사실이 그를 부각하는 데 거리낌이 들 수밖에 없게 한다. 우리는 어떤 인물에게서 그가 아무라 대단하다 하더라도 우리가 아는 인간의 자격에서 심각한 문제가 있다면 이를 분명하게 내세워야 한다. 그래야 그가 어떤 측면에서 대단했는지 분명하게 한정된다. 그리피스와 비슷한 경우가 바로 에디슨이어서 앞서도 언급했지만, 이런 자들이 여전히 아이들의 '위인전'에 등장해서는 안 된다. 대단한 발명가였고 결과적으로 문명에 새로운 발자취를 가져왔지만 상봉해서는 안 될 만큼의 인격적 결함자였다는 사실도 아이들은 알아야만 한다.

프로듀서, 영화의 주인

감독의 몰락, 프로듀서라는 직업의 등장, 이것이 곧 할리우드이다. 의아하게 들릴지 모른다. 여러분이 기억하는 할리우드란 히치콕, 존 포드, 하워드 혹스니까. 하지만, 이렇게 생각해 보자. 과연 그들이 할리우드에서 영화를 만들 때, 나중에 1950년대에 와서 영화사를 조망하며 '영화'의 가치를 구축하려 했던 프랑스의 평론가들이 규정하고자 했던 '작가'의 위치에서 영화를 만들었을까? 뭐, 1940년대쯤이면 그에 버금가는 영화적 권력을 가지고 촬영에 임했을는지도 모른다. 하지만, 1920~1930년대, 그들의 직업은 할리우드에서 '감독'이었다. 다이렉터 말이다. 즉, 한 편의 영화가 소개될 때 그 문구 말이다. 'directed by'!

우리가 즐겨 쓰는 용어는 종종 상당히 의미심장한 내용들을 지닐 때가 있다. 영화 초창기, 우리말로 다 같이 '연출', 혹은 '감독'이라 불리지만, 실제 의미는 유럽에서와 미국은 조금 달랐다. 프랑스에서는 이를테면 감독에 대한 칭호가 우리가 알다시피 '메뙤르 엉 센Metteur en Scène'이었다. '미장센Mise-en-scène'을 하는 이라는 말이고, 이것은 연극의 '연출'로부터 빌어온 단어이다. 순전히 영화에서만의 연출을 의미하는 또 하나의 단어가 있는데, 그것이 '헤알리자뙤르Réalisateur'이다. 이 역시 '연출'이지만, 어의는 '현실화하는 자, 실현 시키는 자'이다. 곧 영화가 하는 일, 영화 이미지가 하는 일이 무엇인지가 명확하게 표현되어 있지 않은가? 서사를, 생각을 움직이는 이미지, 즉 현실적 이미지로 만드는 작업 말이다.

하지만, 미국에서는 다이렉터이다. 즉, 앞서 말했듯이 이끄는 자, 스크립트를 필름으로 이행하는 자, 그러니까 지침을 지침대로 되도록 끌고 가는 자이다. 미국 내에서 감독이란 존재는 한 조직의 역할을 담당하는 고용인이었다는 사실을 기억하자. 제작자가 맡긴 물건을 만드는 자일뿐이다. 물론, 감독의 의지와 생각의 반영이 영 존재하지 않는다고 말하려는 것이 아니다. 감독이라는 지위가 우리가 영화에 대해 오늘날 생각하는 것과는 다르다는 말이다. 몇몇 감독들이야 분명히 제작사의 피고용인이라는 지위 이상을 누렸지만, 일반적으로 그만한 권력을 얻을 수 있는 경우는 지극히 드물었다.

그렇기에 사실, 어떤 의미에서는 '감독의 몰락'이라고도 할 수 없다. 그리피스 같은 드문 예를 제외하고는 사실 할리우드에서, '감독'이란 겨우 '요 정도'의 권한을 부여받은 자였다. 오늘날과 같은 의미의 권한은 나중에 유럽과의 교류 속에서 싹튼 의식일 뿐이다. 즉, 할리우드에서 그들은 오늘날 우리가 이해하는 의미의 '감독'이 아니었다. 개척자들 모두가 사실 그렇지 않은가? 그리피스를 포함해 모두가 제작자였으니까. 더구나 이 시대의 감독은 위에서 말한 대로 제작사의 요구에 따라 지침을 이행하도록 고용된 자였다. 이 때문에 작업 과정에서 제작사가 요구하는 방향으로 흘러가지 않을 경우, 감독은 아주 쉽게 교체되곤 했다. 피고용인에 불과했기 때문이다. 할리우드에서 오늘날 우리가 생각하는 감독의 권한을 실제로 지닌 자는 프로듀서였다. 혹은 제작사 자체거나….

뭐, 대단히 새로운 사실은 아니다. '할리우드!' 하면 늘 떠올릴 수 있는 사실이지만, 궁금하다. 과연 그 의미를 진지하게 생각해 봤는지…. 누구나 아는 사실이지만 이 문제를 '실제로' 고민해 봐야 한다. 왜냐하면, 우리가 할리우드 초기의 영화들에 대해 무엇을 이야기하며, 무엇을 봐야 할지를 알려주기 때문이다.

말하자면 할리우드의 이 프로듀서들은 결코 '영화인'이 아니었다는 말이다. 그들이 고민한 결과들은 결국 영화를 만드는 일이라는 점에서 '영화적'인 것이 되었지만, 그들의 안중에 '영화적 화법'이라는 고민은 한 번도 끼어들지 않았다. 그들은 관객들에게 잘 전달될 수 있는 이야기를 구성하는 데 집중했으며, 그것은 '상품'을 만드는 일이었다. 사실상, 감독들 또한 마찬가지였다. 그들이 '영화인'이 되기 시작한 것은 할리우드 클래식이 산업적으로 성공했을 뿐만 아니라, 완벽하게 문화 형태, 회자되며 영향받고, 그로 인해서 세상이 조망되는 상태에 이르렀을 때였다. 연대기적으로 정확하게 말할 수는 없지만 1930년대 중후반 무렵 말이다. 그 이전까지는 그들의 '영화'에 대한 고민은 결과적으로는 '영화적'인 것이 되었지만, 잘 팔려는, 이전보다 더 많이 보게 하고 보다 더 많은 수입을 낳게 할 목적의 '욕망'의 철저한 고민이었다.

할리우드에서 영화를 구성하는 모든 요소는 결국 이 자본의 욕망에 따른 결과였다. 나중에, 배우의 몸이 지니는 의미가 무엇으로 진화하든 간에, 그 시작은 그들의 몸의 폭로와 감춤으로 관객의 욕망을 부추기는 장사였다는 점을 고려해야 한다. 왜냐하면 이 출발과 그에 따른 과정이 결국에는 할리우드 클래식이라는 '영화' 속에서의 배우의 의미로 자라났다. 이렇게 '영화'는 다른 것들과 다른, 새로운 방법이 되어간 것이다. 한편으로는 대중적 욕망을 반영한 '예술'의 출현 말이다. 유럽에서는 작가 개인의 육화된 욕망의 출현이겠지만.

이런 점으로 볼 때, 우리가 할 일이 명확해진다. 이때의 할리우드 영화 속에서 미학적 의미들을 찾기보다는, 오히려 이 상품화가 어떻게 해서 그런 결과로 나아가게 되었는지, 따라서 그 과정에서 읽히는 '영화적 의미들'은 무엇인지여야 할 것이다('예술적 의미'가 아니라). 예컨대, 단지 배우에 대해서 말하는 것이 아니라, 배우가 어떤 존재였는지, 어떻게 할리우드가 배우의 몸에서 연기의 문제들을 발견하게 되었는지 말이다. 그렇지 않고 어느 배우의 연기에 대해 말한다고 하는 것은 얼마나 허망한 일인가? 그가 대단히 잘했건 아니건, 그 목적 자체가 '연기의 미학'에 있지 않았다. 이러한 방향을 잡는 것은 중요하다. 이 방향

속에서야 할리우드 클래식이 남긴 육체들의 문제를 명확하게 이해할 수 있을 테니 말이다.

할리우드는 일단 자리 잡고 나자, 자신의 공식에 있어서 아주 완고해진다. 대량 생산을 위한 작업 시스템은 완벽하게 장착되었고, 자신들의 제작 방침은 하나의 규범이 된다. 할리우드는 요컨대, 그것을 변경할 이유가 없었다. 아니, 무성영화 초기에는 아마 필요했을 것이다. 이야기하는 법을 그들은 아직 몰랐으므로 그 부분에서 전통적인 베테랑 유럽의 모델을 받아들일 수밖에 없었다(물론, 영화 수준에서 유럽이 베테랑이었다는 말이 아니다. 그들은 전통적인 형식의 이야기에 대해서 베테랑이었다. 우리는 유럽의 감독들이 이런 전통에 대한 이해 때문에 아주 재빨리 특별한 감독들이 되었다는 사실을 알고 있다). 그러나 이제 할리우드는 그럴 필요가 없었다. 그들의 방식은 자리 잡았고, 전 세계적인 영향력으로 입증되었기 때문이다. 무언가, 할리우드 외부에 특별한 것이 있다면, 그들을 불러 시도해 보면 된다. 그들이 자신들에게도 이득을 안겨줄지, 어떨지.

그래, 할리우드는 이제 자신들의 입장에서 외부를 생각했다. 자신들에게 없는 것을 채워 줄 무언가로 생각하지 않고, 그 이상한 것들이 자신들의 시장을 늘려 주고, 이득을 줄 것인가 하는 생각으로…. 나중에 다시 말하겠지만 이 견해는 차츰 계속해서 발전한다.

1차 세계대전과 함께 유럽의 감독들은 미국으로 건너올 수밖에 없었다. 그들의 영화 생산의 토양이 완전히 폐허가 되었고, 전쟁 중에 어떤 감독들은 망명지를 선택해야 했기 때문이다. 모두가 건넌 것은 아니다. 정치적 망명처럼 건너온 이들이 있고, 혹은 더 나은 조건의 작업 환경을 위해 넘어오기도 했다. 할리우드는 이들을 기꺼이 수용했다. 하지만 그들은 유럽 감독들을 불러오면서 두 가지의 엄격한 태도를 이미 결정짓고 있었다. 한 부류는 분명한 초대였다. 그들의 실력 때문에 데려온 것이며, 스카우트 비용을 적절히 치렀다. 대개의 유럽 감독은 미국의 영화 제작 환경에 대해 일종의 환상을 지니고 있었기에 기꺼이 미국행을 택했다. 자신이 벌어들일 비용 때문이 아니었다. 자신의 시각을 적용할 수 있는 영화들을 만들 수 있는 보장이 거기에 있다고 여겼기 때문이다.

> 그러나 만일 당신이 할리우드에서 일하는 영화인이라면, 당신의 동료들에 둘러싸여 한 층 더 각별한 편안함을 느끼게 될 것이다. 유럽의 영화인들에 비해 덜 가쁘고 덜 신경이 쓰이도록 주어진 환경의 안정감 때문에 말이다. 프랑스에서는 한 영화의 촬영이 끝나는 무렵이면, 이미 감독은 그런 고민을 하게 된다 : '다음 작품을 바로 또 들어갈 수 있을까?' 할리우드에서는 1년 동안 해야 할 일이 계약에 명시되어 있다. 약간 배가 나오기야 하겠지만, 훨씬 더 편안하다. 바로 이것이 중요한 지점이다. 물론 다른 것들도 있다. 미장센을 위한 테크닉이 아닌, 메커니즘을 위한, 완벽하게 체득된 외부적 테크닉. 모든 이들이 이미 거기에 있고, 거리에 즐비하다. 12년간 고장 난 자동차 앞에 그들이 있다고 치자. 그들은 당장에라도 그 차를 고칠 수가 있다. 그들은 드라이버를 비롯한 모든 공구에 친숙하며, 예컨대, 철의 자식들이다. (......) 나는 거기에서 언제나 스태프들과의 관계에 있어서 대단한 신실함을 느끼곤 했다. 물론, 상업적인 것과의 모순 때문에 스튜디오 안에서 질적인 수준과 그에 대한 야망으로 들끓는 열기를 느끼는 것은 간헐적이긴 했다. '할리우드, 작은 섬.......',
>
> 막스 오퓔스 Max Ophüls, 「크리스마스 스페셜—미국영화의 상황」,
> 『까이예 뒤 시네마』, (N. 54, 1955), p. 4.

그래, 감독들은 할리우드 시스템이 영화를 만드는 이상적인 조건이라고 여겼다. 1년에 몇 편을 제작한다는 계약은 그들에게는, 창작 의지로 불타며 보다 더 많은 영화들을 만들고 싶어 하는 그들에게는 환상적인 조건처럼 들렸을 것이다. 감독들은 유럽에서는 만나지 못한 편한 조건에서 작업을 시작한다. 할리우드의 막대한 영화 자본은 자신의 상상을 비로소 현실화시킬 수 있는 규모의 획득이었으며, 스튜디오는 자신의 이미지를 완성할 수 있는 충분한 조건과 넓이를 지니고 있었다. 언제나 유동적이었던 거리 자체를 모두 세트화할 수 있는 조건이란 유럽에서는 상상하기 힘든 것이었다. 기술적으로 완전히 제어된 이미지, '작가'로서는 이상향이었다. 스태프들은 자신의 역할에 전문화되어 있어 감독이 고민할 부분을 최소화해 주었고, 무엇보다 배우, 가장 매력적인 요인이었다. 할리우드의 배우들은 이미 국가적인 귀속을 벗어나 세계의 연인이 되어있었다. 그들을 보는 감독의 눈은 일반인들보다 특별할 수밖에 없다. 감독은 사실 언제나 원하는 배우와의 작업을 꿈꾼다. 예나 지금이나….

하지만, 감독의 꿈은 깨어지게 되어있다. 영화를 만드는 작업은 현장의 일이고, 현장은 언제나 돌발적이기 때문이다. 게다가 할리우드, 쉬운 곳이 아니다. 감독들은 이 이상적인 조건이 자신을 위한 것이 아니라는 점을 곧 깨닫게 된다. 스태프들은 물론 감독의 지시를 따르고 그의 영화를 완성하기 위해 모였지만 결코 감독을 위해 구성된 인자들이 아니기 때문이다. 그들은 '영화 제작'을 위해 모여 있는 자들이었다. 감독은 아마 이 미묘한 차이의 의미를 작업 중에 확실하게 깨닫게 되었을 것이다. 감독을 위주로 편성되어 있는 스태프는 없었다. 영화의 제작을 위한 스태프들뿐이었다. 따라서 제작의 책임자, 프로듀서의 방침이 곧 가장 중요한 법이었다.

위에서 언급한 빈센트 미넬리의 우화를 생각해 보라. 그 영화는 흥미롭다. 할리우드 영화산업 체제의 형성 과정, 제작이 모든 것을 좌지우지한 상황을 주요 구성체들을 대상으로 다루고 있다. 처음에는 감독, 다음에는 배우, 이후에는 작가, 물론 제작사는 줄곧 등장해 있고, 언제나 프로듀서가 결국 중심에 있다. 사실, 더 흥미로운 것은 마지막을 보이지 않는 해피엔딩으로 끝냄으로써 영화를 결국, 할리우드 영화답게 만든다는 점이다. 아무튼—

어찌 보면 앞 장면은 유럽과 미국에서의 '영화'에 관한 견해 차이를 보여주는 듯하지만, 내게는 그보다는 할리우드 체제의 자기완성적 의미로 다가온다. 앞서 말했듯이 그들은 자신들의 방식을 변경할 이유가 없는 것이다. 극중 프로듀서로 나오는 커크 더글러스의 말처럼, '영화의 미학 따위는 집어치우라.'

결과적으로는 똑같이 미학적인, 영화적인 것의 탄생이 되겠지만, 커크 더글러스와 할리우드에서 감독을 꿈꾸며 살아온 신생 감독의 '고양이 인간의 최후'라는 영화를 구상하는 장면은 이 점에서 아주 인상적이다. 어떻게 하면 관객들의 눈을 사로잡을까? 어떻게 하면 공포감을 줄 수 있을까? 고양이 옷을 입은 인간으로는 이제 안 되며, 다른 장면을 만들어야 한다. 그런데 그것이 무얼까? 커크 더글러스는 불을 끈다. 그리고 어둠을 보여주자고 한다. 그러면서 아주 위대한 말을 한다. 어둠은 모든 것을 살아 있게 해준다고…. 그리고 고양이 인간을 보여주지 말자고….

빈센트 미넬리, 《배드 앤 뷰티풀》
왼쪽은 프로듀서와 감독이 공포영화의 장식과 분장을 선택하기 위해 디자인실을 찾아간 장면이다. 어느 순간까지 영화는 이미지의 의미를 이용할 줄 모르고 있었다. 단지 소재로서 공포를 물화해야 했다. 그러나 오른쪽 장면을 보면, 이제 영화는 자신이 지닌 특수성을 이용해 단지 공포를 소재로 의식하는 게 아니라, 이미지로, 대상으로 인식한다. 프로듀서와 감독이 공포 이미지를 찾아내는 장면이다. 보여주지 않고, 어둠 속에 둠으로써, 그리고 거기 소리 하나를 끼워 넣음으로써 왼쪽 장면과도 같이 구성했던 시대를 뛰어넘는다. 내게는 오늘날 한국의 공포영화들이 바로 이 왼쪽 수준에 있는 것으로 보여 안타깝다. 공포를 느끼게 하는 게 아니라, 보여주는 수준에…. 그것은 그저 끔찍함과 보기 싫음일 뿐인데 말이다. 그럴 때 느껴지는 공포는 존재의 시간/역사 내내 함께해 온 그 공포가 아니라, 단순히 감각의 공포에 지나지 않는다.

미넬리는 흑백 영화에서의 공포물의 공식을 그 논의의 장면에 기가 막히게 집어넣는다. 감독은 그림자로 벽에 투영되고 커크 더글러스의 몸은 빛이 갈라내고 있으며 그 역시도 뒤편에 진한 그림자를 지니고 있다. 암영, 빛의 선, 그래, 할리우드에서 영화의 화법은 그리 탄생했다. 공식과 함께, 유럽에서와 정반대의 방법으로…. 예컨대, 거기서는 '공포란 무엇인지', 공포의 속성을 이미지로 그려 내야 했다. 그래서 어둠을 택했을 것이고, 어둠의 배아인 그림자놀이를 했다. 그들은 이미 두려움과 공포의 '의미들'을 잘 알고 있었다. 하지만 할리우드에서는 아주 단순하게 출발한다. 공포의 속성을 고민하지 않고, 관객이 보고 놀라고, 무서워할 이미지를 고려했다. 그런 나머지, 같은 공포영화라도 미국산과 유럽산은 조금 달랐다. 어둠과 그림자, 괴이한 형태는 같았지만, 그 사용법이 차이를 지니게 된 것이다.

그러니, 유럽 감독들의, 유럽의 영화적 공식이 할리우드에는 어울리지 않을 수밖에 없었고, 무엇보다 더뎠다. 의미와 개념에서 출발하기 때문에 그만큼의 과정이 더 필요했다. 게다가 이것은 태생으로 볼 때, 할리우드 제작자들만의 문제도 아니었다. 바로 미국의 관객들, 할리우드 영화에 길든 이들도 고려해야 한다. 미국의 관객들은 아직은 아주 특수한 경우였다. 그들은 대개 할리우드 영화들 이외에는 다른 것들을 본 경험이 거의 없었다. 익숙해지면 유럽의 스토리텔링에도 즐거움을 가질 수 있었겠지만, 그들의 환경은 그렇지 않았고, 더구나 이미 우리가 알듯이 1차 세계대전은 유럽영화의 존재를 미국 시장에서 사라지게 했다. 유럽영화는 1920년대에 와서야 조금씩 수입되었고, 따라서 드문 경우를 제외하고는 말 그대로 '대중들'에게 퍼지지 않았다. 제작자들이야 특이한 이 유럽영화들을 보고 감독들을 골랐지만, 대중 일반은 그렇지 못했다는 말이다. 이미 말했듯이, 제작자들도 그들 비할리우드적인 감독들이 자신들의 영화, 비할리우드적인 실험을 하기를 전혀 원치 않았으며, 또 그렇게 할 수도 없었다. 관객들이 지독히도 외면했고, 감독들은 적절한 타협을 해야만 했다. 유럽 감독들의 할리우드에서의 몰락은 이처럼 '현실'화 된다. 대부분이 유럽으로 돌아가야 했으며, 대부분이 할리우드에 등을 진다. 물론 할리우드는 전혀 타격을 입지 않았다. 그 이전처럼 그들은 계속 그렇게 영화를 만들어 갔으니까.[149]

유럽 감독들이 의식하지 못한 것은 또 있다. 미국에서 제작자, 프로듀서가 어떤 자인지를…. 그는 유럽에서처럼 감독의 작품을 완성해 주는 자가 아니라, 감독 위의 감독자였다. 아주 훌륭한 예가 있다.

세실 B. 데밀, 아니, 세실 블라운트 데밀Cecil Blount De Mille (1881~1959)이다. 내 영화 경험의 초기, 어린아이의 눈을 압도한 거의 모든 영화를 만지작거린 이라서 그런지, 이름도 심상치 않다, 내게는. 그냥 스티브나 제임스가 아닌 이름이고, 무언가 하찮은 미국인에게서 경험하지 못한 이름이니까. 그는 그냥 감독이 아니다. 사실 이리 말할 수도 있다. 할리우드가 그에 의해서 만들어졌는지 그가 할리우드 안에서 생산되었는지 분명하게 선을 그을 수 없는 정도이다!

누구도 부정할 수 없는, 이후의 영화적 시각에서 '영화'에 대한 평가에 의존해서 할리우드를 '작가들'의 영화로 돌리려 한다고 하더라도, 명백한 사실 하나는, 거기서 영화를 장악한 이는 바로 프로듀서였다는, 월스트리트가 신임하는 제작자였다는 점이다. 데밀은 바로 그런 제작자였다. 그는 할리우드의 모든 장르를 망라해 히트작을 내놓았고, 관객들을 실제로 '압도'했다. 그리피스의 영화 인생을 거의 끝장낸 것도 바로 그였다.[150] 게다가 할리우드의 크고 작은 프로듀서들이 뜨고 지는 동안, 무려 40년이나 그곳을 지키고 지배한 자였고, 할리우드

---

149) 관객과 관련해 한 가지 더 주의해 본다면 그들은 프릿츠 랑, 무르나우라는 이름 따위는 안중에도 없었다는 점이다. 다만 '유럽산'이라는 사실이 주는 미국의 전통적 자격지심이 작용해, 무언가 특별하다는 기대를 했을 뿐이다. 할리우드 제작사가 노린 것은 바로 이 기대감이다. 미국의 영화 시장에서 감독의 이름이 중요해지는 것은 1930년대 이전에는 없던 일이다. 오히려 배우와 프로듀서, 심지어 제작사가 중요했다.

150) 조르주 사둘, 『세계영화사』 p. 211.

의 가능성, 나날이 새로워지는 확장도 사실상 그의 아이디어에서 나왔다.

짧게, 정말 짧게 그의 성장을 말하자. 처음에 그는 막연한 가운데 연극 극작으로 시작한다. 그리고 몇 편의 영화에서 눈에 띄지 않은 배우였다. 하지만 그 작업 중에 그는 제작에 눈을 뜬다. 니켈로디언을 위한 단편들, 소품들을 제작하더니 장편을 만들어 성공시킨다. 그의 명성은 금세 알려졌고, 그는 만드는 장편마다 성공시키는 기염을 토한다. 그러고는 할리우드를 지배하는 프로듀서가 되었다. 그의 말 한마디가 곧 영화의 방향을 결정지었고, 종종 그는 현장에까지 나아가 감독들의 실수를 지적했다. 미넬리의 영화, ≪배드 앤 뷰티풀≫의 커크 더글러스처럼, 그가 장면을 만들고, 그가 편집을 지휘했으며, 감독은 이름만 걸고 종종 진짜 관리 감독의 위치에서 밀려났다. 그러더니 그는 직접 감독이 되기로 한다. 다른 감독들이 어설프게 비용을 낭비해, 흥행하지도 못할 영화들을 만드는 데 불만이 있었기 때문이다. 그래서 그의 영화는 곧 '영화는 이렇게 만드는 거야'였고, 실제로 그렇게 되었다(이 점에서 프로듀서가 메가폰을 잡고 형편없는 결과를 낸, 미넬리의 영화 내용과는 달랐다). ≪십계≫와 ≪왕중왕≫은 한 예일뿐이다. 그 영화들과 함께 그는 할리우드에서 블록버스터의 모범적인 제작 방침을 만들어 낸다. 하지만 거대한 규모의 영화에서만 그의 탁월한 능력이 발휘된 것이 아니다. 다른 영화들로도 할리우드에서 영화 생산의 전범을 만들어 낸다.

실제로 데밀은 종종 장면이 마음에 들지 않으면 현장에 나아가 카메라 뒤의 위치를 차지하곤 했다. 이럴진대, '영화'에 관한 논의에서 과연 그를, 프로듀서를 과감하게 밀어내도 되는 것일까? 그의 시선은 깊지는 않은 대신 넓다. 그는 일반적인 관객들이 원하는 바가 무엇인지 정확하게 알고 있었다. 사실 놀라운 점이 있다면 관객들이 자신이 유도하는 것을 원하도록 만들기도 했다는 점이다. 즉, 그는 관객들을 한마디로 '요리할 줄' 알고 있었다.

요소들—할리우드를 구성할

20

스타들

이 시기, '영화'에 아직 '배우'는 없었다. 이야기가 있으니 당연히 '연기'하는 자야 있었겠지만, 1920년대 영화들 안에서 '연기' 개념을 제대로 투사할 만한 '배우'들을 찾기는 힘이 든다. 그렇다고 당대의 배우들에게 문제가 있다는 뜻은 아니다. 그들이 '연기'에 대해 어떻게 임하는가와 관련 없이, 당시 '영화'의 상태로 볼 때, 그들은 연기자가 아니라 사실상 출연자였다. '연기'는 어떤 역할에 대한 흉내, 모방이 아니다. 그것은 역할을 해석하고 캐릭터의 리얼리티와의 관계를 고민하고 주제에 대한 면밀한 조응 속에서 행위와 표정을 구성하는 일이었지만, 이 시대 영화에서 그런 것들은 거의 요구되지 않았다. '연기' 자체의 수준이 아직 영글지 않은 시대여서가 아니다. 당대 연극에서는 이미 오늘날 '연기'의 지표가 되는 개념들이 존재했으며, 심지어 각종 연기 학교가 왕성하게 세상에 '연기'의 가치들을 북돋고 있었다. 다만 이러한 개념들이 '영화'에 들어올 이유가 없었을 뿐이다.[151] 당연

---

151) 이 시대 연극의 연기에 대한 생각은 엄청나게 발달해 있었다. 필름다르와 함께 연기자들은 영화 쪽으로도 발을 넓혔지만, 영화가 지닌 조건 때문에 상당한 고민을 하지 않을 수 없었다. 바로 무성이라는 점과 카메라의 존재 말이다. 이 시대에 해당하지는 않지만 유성영화 초창기, 영화에 출연하기로 작정한 연극 배우들의 실상에 대해서는 리처드 볼레슬롭스키Richard Boleslawski,의 책, 『연기Acting』(러틀릿지 출판사, 2005)에서 세세하게 엿볼 수 있다. 이 책은 사실 연기훈련을 위한 것으로 연기를 하고자 하는 이들에게 필독서의 하나라고 할 수 있다. 초판은 1933년 발행되었는데, 그토록 오래되었음에도 충분한 가치가 있는 책이다. 연기의 기본적인 개념에 대한 것이기 때문이다. 초보에서 심도있는 단계까지 여섯 개의 파트로 구성되어 있으며, 연기 지망생과 선생 간의 생생한 대화로 이어지므로 보기에도 수월하며, 생각해볼 거리가 풍성하다. 영화에서의 연기 문제를 잠시 거론하는 부분은 3장이다. 비록 무성영화 시기에 해당하는 예는 아니지만 이를 당시 영화에서의 연기의 문제로 본다면 무성영화시기에는 어땠을지 충분히 짐작해볼 수 있을 것이다.

히 가장 중요한 이유는 '무성'인 '영화'의 상태였다. 적어도 '연기'의 측면에서만 보자면 '무성'은 '연기'의 구현 자체를 가로막는 장애물에 틀림이 없었다. 이미 필름다르를 통해서 말했지만, 어떤 연기역량을 갖춘 연극 배우라도 그가 무대 위에서 보여주는 만큼의 연기의 묘미를 영화에서는 도저히 보여줄 수가 없었다. '대사'는 그의 입에서 감정적 미묘함과 근육의 엄격하게 통제된 긴장 속에서 발화되지 않았고, 검은 암막 위에 단순하게 문자로 '발췌'되었다(자막). 관객이 짧은 시간 동안 전개된 극의 상황을 위한 최소한의 독해가 가능한 내용만을 싣고 말이다. 영화 안에서 연기자가 할 수 있는 일이란 단순하게 극의 전개를 위해 필요한 만큼의 표정, 행위를 드러내는 것뿐이었는데, 무대 위에서 '대사'가 지닌 힘을 고려하면, 그만큼 '연기'는 확실하게 부재했다고 말할 수 있다.

이런 조건에서 그들에게 '연기'의 가능성이 있었다면 결국 '마임'이다. 하지만 우리는 마찬가지의 이야기를 할 수 있다. 이 시기 '마임'은 아직 무대 위에서 이루어지는 것들이 아니었다. 그것이 이루어지려면 20세기 중반까지 기다려야 하는데, 무용과 결합하면서, 즉, 춤이 아니라 놀라울 정도로 통제된 근육과 운동으로 신체의 표현력을 발휘할 상태에 이르지 않았다. 여전히 서커스의 싸구려 공연물이었으며 따라서 응시할 대상이 아니라 소비되는 수준의 행위들이었다. 무대 위의 표현이란 결국 관객의 응시 시간 속에서 가능하다. 즉, 그 신체의 표현을 주목하고 의미를 발견하기 위한 시간의 지속이 주어져야 하는데, 당시 영화에게는 그러한 것들을 추구할 여유가 없었다. 말하자면 영화 속에서는 '마임'이 아니라 단지, 그것과 똑같은 조건이 주어진 데 불과했다. 소리 없이 동작하고 표정 짓는 단순한 행위들actions 말이다. 이렇게 보면, 여러분은 또 하나의 중요한 역사적 면모, 줄기차게 말해왔던 미국과 유럽의 차이를 이 방향에서도 떠올릴 수 있을 것이다.

미국에서 영화는 결코 '작품'이 아니었다. 그리피스가 자신의 작업을 그렇게 보고자 했을 뿐, 다른 이들에게 그것은 오직 상품에 불과했다. 그러니 '작품'을 구성하려는 미적 노력이 있을 수가 없었다. '당대에 지닌 상품으로서의 효율성, 오로지 그것만이 정당한 목적이었다. 이점은 할리우드까지 이어지는데, 그들은 '작품'의 가치를 위한 '연기'를 필요로 하지 않았다.[152] 필요한 만큼의 표정, 행위를 보여주는 것으로 족했고, 늘 더 보여주고, 더 개발해야 할 것은 '연기 능력'이 아니라, 출연자의 매력이었다. '연기'가 구성되지 않는 조건에서 출연자의 매력은 당연히 관객의 시선을 끌 수 있는 '미모'였고. 사실 유럽도 근본적으로는 이점에서는 크게 다를 바가 없다. 당대, '영화'는 어떤 감독이 대단한 결과물을 내어도, 일반적인 관객들에게는 '유희물'에 불과했다. 사람들은 영화 안에서 늘 볼거리를 원했다. 출연자는 그중에서 아주 중요한 볼거리였음은 물론이다. 하지만, 그렇다고 하더라도 미묘한 차이가 있음도 무시해서는 안 된다. 유럽에서는 연희 예술들의 전통이 이미 자리 잡고 있었고, 그 때문에 미국에서보다는 좀 더 정통적인 연기에 대해 흉내 내기, 모방에 공을 들여야 한 것도 사실이다. 관객들이 애초 '영화'를 얕잡아 봤기에 정상적인 수준을 요구한 것은 아니지만 '연기'에 대한 습관적인 경험들도 분명히 존재했다. 어쩌면 이 점이 유럽에서 '영화'를 가지고 '작품'에 이르고자 하는 경향들이 더 나타난 이유 중 하나일지도 모른다.

내가 당대 '영화'에 '배우'가 없었다고 한 까닭은 바로 이 때문이다. '연기'는 전문가의 영역일 이유가 없었고, 누구나 가능했으며, 실제로 초창기 영화들 속에서 연기한 이들은 대개가 훈련된 연기자가 아니었다. 그들은 먹고살기 위해 새로운 산업에 뛰어든 노동자들이었으며, 단순한 출연자들이었다. 그런데도 그

---

152) 1940년대쯤이면 조금 이야기가 달라질 것이다. 서서히 할리우드에서도 연기의 문제는 중요해지니까. 그것은 '영화' 자신의 자각 때문이 아니다. 관객들의 요구에 따라서, 시장의 변화에 따라서 이루어진다. 극영화가 당연한 것이 되면서, 그것을 보는 자들의 눈이 이제 충분히 영화 이미지의 전개에 익숙해지면서 극의 완성도를 책임지는 배우의 연기력, 세트의 현실성 등이 필수가 되었다. 흥미로운 게, 1930, 1940년대로 접어들어 평론 안에서 배우의 연기에 대한 지적들이 빈번하게 이루어진다. 그 이전에는 거의 없었고, 이후에도 별로 다루어지지 않는 이 주제가 말이다.

들은 자기 노력과는 상관없이 '영화'라는 발명품 자체의 발전 때문에, 혹은 그 안에서 '표현'의 가치를 발견한 이들에 의해 정말로 '우연히' 인기를 얻게 되었고, 그렇게 지위를 얻어갔다. 그리고 이들이 엔터테인먼트 산업의 발전과 함께, '스타'의 개념을 차지한다. 냉정하게 보자면 이 시기, 그들은 자신의 역량과는 상관없이 주변에 의해서 어부지리로 존재하지 않는 가치를 얻어간 것이다. '배우'라 불렸지만 그들에게 존재하지 않는 '연기자'로서의 가치 말이다. 따라서 우리가 아주 단순하게 '스타'라고 칭해왔던 개념의 내막을 이처럼 들여다보면, 의외로 이 영역에 의해서도 우리는 아주 놀라운 점을 깨닫게 된다. 예컨대—,

'영화'에서 '연기'의 부재는 이상하게도 '극'의 전개와 상관이 없었다!

여기, 무대가 있다. 거기에 일반인들에게도 아주 중요한 연희극 중 하나였던 셰익스피어의 극들이 올려졌다고 가정하자. 그 무대 위에 '연기'가 존재하지 않는다면? 어색하고 전문적이지 않고 서투르며 부족하다면? 연극의 무대 위에서는 사실 '연기'에 의해 바로 연극의 가치가 증명된다. '연기'만이 연극을 결정짓지는 않지만 어쨌든 '연기'가 극을 이끌어가기 때문이다. 연출의 가치란 무대 위의 구성으로부터 나오는데, 시간적 전개 속에서 이 구성이란 언제나 '연기'를 끌어들여 완성된다. 즉, '극', 즉, '이야기'가 있다면 '연기'는 필수라는 말이다. 물론 '필수'의 정도가 연극과 영화에서 다르기는 했지만, 그렇다 하더라도 '연기'는 연기답게 존재해야 했다. 그런데 '영화'의 경우에 어떻게 '연기'의 부재가 극의 전개와 별개였을까?

이 말을 다르게 바꾸어 보자. 이를테면 극의 전개에 '연기'가 배제되었다는 식으로 말이다. 소리가 없으니 '연기'를 드러낼 수 없다는 것은 '영화'인 이상 이미 주어진 전제적 조건이다. 그 상태의 '영화'에 '이야기'가 들어왔다. 즉, 한 편의 영화는 이제 '극'이 되어야 했는데, 바로 이 조건이 '영화'의 고유성을 전개한다. '볼거리'로서의 '극'의 표현 말이다. 단순하게는 스펙터클로서의 볼거리를 구축해 나갔지만(주로 할리우드) 앞서 말했듯이 새로운 스펙터클을 만들어 내기도 했는데, '극'의 구성에 필요한 요소들을 바로 스펙터클화 하는 것이다. 그것이 곧 '현상'이었으며, '극'의 전개에 필요한 모든 현상적 요소가 결국 스펙터클이 된다. 이미 앞서 말한 바이지만, 이는 사실 '영화'의 중요한 고유성을 구축했다. 어떤 표현 장치들도 사실 '현상'과 직접 관련이 된 일은 없었다. '현상'을 대상으로 할 수도 없을뿐더러, '현상' 자체를 볼만한 것, 주시할 만한 것으로 다룬 일도 없기 때문이다. '현상'의 의미, 그 너머의 진실을 추구해 왔을 뿐이다. '영화'는 이 점에서 그들과는 완전히 반대편에서 출발한 셈인데, 애초 '의미'를 다루는 도구로서 세상에 주어지지 않았기 때문에, 그가 할 수 있는 일인 '현상'의 기록, 재현에 매달렸다. 그리고 '영화' 자신의 한계 조건들을 통해 이 '현상'을 특별한 것으로 만듦으로써 자신에 대한 호감을 늘려갔다. '볼거리'가 된다는 것은 이면에 이런 의미를 지니고 있으며, 이 방향 속에서 결국 '영화'는 고유한 가치를 얻어나가게 된다. 다시 생각해 보자.

관객들이 '연기' 없이도 '극'을 음미하고 이해한다. 말하자면 '영화'는 전통적으로 '극'에 중요한 구실을 하는 '연기'를 배제하고도 '극'을 무리 없이 구성해 냈다. 바로 카메라 앞의 '현상'들 혹은 그 조작을 통해서였는데, 이 방향에서 서서히 자신만이 가능한 의미체계들을 만들어 내게 된다. 영화 이미지의 미학이란 바로 여기서 구축된 것으로, 이처럼 '영화'는 오직 '현상'의 표현 도구가 되어간 것이다. 보라, 출연자들이 어떻게 '스타'가 되었는지. 그들은 '현상'으로 사람들의 주목을 받았다. 그들이 '무엇'을 한 것이 아니라, 스크린 위에 수많은 현상들의 조각 속에 함께 위치해서.

'스타'가 엄청난 인기를 끌었다는 사실史實들은 따라서 역사적 관점에서는 별로 중요한 내용이 아니다. 어떻게 해서 출연자가 '스타'가 되어갔으며, 그 과정에 '영화'가 한 역할은 무엇이었는지 그것이 우리가 영화사를 공부하는 이유이기 때문이다.

'연기'는 사실, 이처럼 '부재'에서 시작해서 오직 스스로 현상을 모방함으로써 발전해 나간다. 영화 안에서의 '연기'가 지닌 그 자체의 긴장, 통제력은 여전하겠지만, 연극으로부터 배울 것은 사실상 없었다. 이는 흔히 연기 전공자들이 범하는 오류로서 어떤 면에서는 이즈음의 연기지망/전공자들이 그만큼 '연기' 개념에 대해 무지함을 보여주는 예이다. 물론, 연극을 통해 발전된 '연기 개념'만큼은 분명하게 공유한다. 하지만 역사를 들여다보면 '영화'에서의 연기가 스스로 진지하게 발견한 것은, 무대 위 연기의 모방이 아니라 현상에의 모방이었다.

한 남자가 있다. 프로듀서이고 1920~1930년대가 배경이다. 다시, 앞서 보았던 빈센트 미넬리의 ≪배드 앤 뷰티풀≫이다. 놀랍게도 이 영화 안에는 '연기사'에 대한 중요한 근거일 수 있는 장면이 나온다. 프로듀서인 커크 더글러스가 우연한 기회에 고인이 된 유명 배우의 저택을 지나치는 장면이 있다. 이미 죽은 배우인데, 친구인 감독과 불현듯 차를 타고 가다 저택을 방문한다. 죽고 나면 없어지는 허망한 인기처럼 폐허가 된 저택. 그것이 인기이고 명성이었다니…. 하지만 커크 더글러스는 자신의 '스타'였던 그 배우의 집을 그래도 들어가 본다. 완전히 텅 빈 폐허임에도. 그러다 거기서 우연히 한 여자를 만난다. 그녀는 바로 그 유명 배우의 딸이었다. 이 역할은 역시 1940~1950년대 은막의 스타였던 라나 터너 Lana Turner (1921~1995)가 해냈다. 스타의 딸일 뿐, 이제는 뼈대밖에 남지 않은 집에서 마치 노숙하듯 살고 있던 것. 그러나 커크 더글러스는 그녀를 보는 순간, 그녀에게서 가능한 상품성을 발견한다! : '아버지의 명성을 이어받아 은막에 데뷔한 딸!' 그녀가 은막에서 성공한다면 이 스토리는 또 하나의 신화가 될 것이다. 이 지점에서 그녀의 연기력은 전혀 고려 대상이 아니다. 그녀가 지닌 이 스토리만이 배우가 될 수 있는 유일한 조건이다. '영화'에서 '연기'는 그렇게 정말로 하찮은 자리에 있었다. 그런데 이후 어느 부분에선가, 흥미로운 장면이 나온다. 그토록 하찮았던 '연기'가 어떻게 '자리'를 얻어갔는가 하는….

빈센트 미넬리 《배드 앤 뷰티풀》
아마추어인 라나 터너에게 프로듀서가 연기를 가르치고 있다. 이 당시 영화의 배우들은 대개 연기 경험이 별로 없
는 매력적인 몸을 지닌 인물들에 불과했다. 이들은 사실, 연극보다, 우선, 영화에 자신을 매력적으로 비추는 법을
배워나가야 했다. 영화는 그들에게 접근해 그들의 얼굴과 그 은밀한 내면을 보여주었기 때문이다.

라나 터너가 커크 더글러스와의 식사 자리에서 담배를 피운다. 그때, 커크
더글러스가 그녀의 담배를 잡아채어 꺼버리더니, 다시 한번 해보라고 한다. 담
배를 사랑하는 애인이라고 생각하고 피워 보라고! 터너는 금세 이전과는 다른
식으로 사랑스럽고 매혹적인 장면을 만들어 낸다. 그래, '영화'의 연기는 이처럼
'현실'을 흉내 냈고, '현상'을 발견해 가며 전에 없던 가치를 만들어 낸다.

그런데 이 영화에는 또 하나의 암시가 있다. 주연이나 조연이나 여자들은 죄
다 상당한 미모를 지니고 있다. 작가의 부인이 예쁠 수는 있어도 스크린에 비친
그 정도까지는 드물 것이다. 반면에 미넬리는 남자 배우들은 매력적인 커크 더

글러스를 빼고는 그다지 대단히 잘생기고 매력적인 사람을 쓰지 않았다. 그래, '스타' 자체는 성별을 가리지는 않지만, 당시 할리우드에서는 무엇보다 여자 배우였다. 그들은 남자들에게는 꿈과 상상, 벌거벗고 욕망할 때의 은밀한 상대자였고, 여자들에게는 당대의 트랜드였다. 그들은 특별한 얼굴을 지닌 자였고, 사실, 영화 이전에는 그런 이들을 거리에서 보거나 미술품 안에서 보는 것 외에는 길이 없었다. '영화'는 어떤 의미에서는 세상이 미처 모르고 있었던 '얼굴'의 새로운 역할을 만들어 냈다. '영화'만이 사실, 몸의, 신체의 가치를, 조각이나 미술품이 아닌, 살아 움직이는 진짜 얼굴을 전면에 드러냄으로써 구축했기 때문이다. '연기'가 아니라, 보여줌으로써 말이다. 그것이 곧 '스타'였다.

사람들은 열광했다. 더글라스 페어뱅크스Douglas Fairbanks (1883~1939)는 초기 역사에 있어서 가장 국제화된 명성을 누린 첫 번째 스타일 것이다.

더글라스 페어뱅크스 Douglas Fairbanks
초창기 무성영화에서 가장 성공적인 남성 스타로 군림했다. 그는 자신의 매력적인 외모와 함께 경력을 시작하게 된다. 채플린, 버스터 키튼이 왜소함과 보잘것없는 등장에 대비되는 진정한 할리우드식 스타의 출현이라고 할 수 있다.

그의 호쾌한 얼굴은 꿉꿉한 삶을 살아가는 대중들에게 하나의 염원이었다. 그레타 가르보는 또 어떤가? 사람들은 새로운 욕망의 대상을 얻었다. 상상 속의 인물이나 어느 날 거리에서 본 정도가 아니라, 세상에 있기는 있으되, 한 번도 제대로 마주친 적 없는 성적인 대상을, 스크린에서 움직이고 자유롭게 동작하며, 사랑을 하고 감정을 지닌 존재를 생생하게, 현실에서처럼 보게 된다.

그래, 감독은 프로듀서에게만 시달리지 않았다. 당시 영화에게는 또 다른 주인이 있었는데, 프로듀서는 그나마 '영화적'이었지만, 스타들에게는 '영화적'인 면모 자체가 없었다. 그들은 단지 자신을 잘 드러내기 위한 것만을 고려했는데, 그 점에서 자주 이야기 '위에' 존재했다. 그들은 이야기를 위해 연기하지 않았다. 오히려 이야기가 그들을 부각하기 위해 전략적으로 수정되었다. 물론 배우들이 처음부터 전략적이었던 것은 아니다. 아무도 예견하지 못한 가운데, 결코 전문적인 직업이 되기 전부터 영화에 등장한 이들이 서서히 알려지기 시작했고, 관객들에게 인기를 끌었다. 그때, 프로듀서들이 이들의 가치를 깨달았고, 그들을 부각하는 법을 찾아나가게 된다. 프로듀서가 영화의 진정한 주인이었지만, 배우도 점차 감독 위에 군림하는 자가 되어간다.

스타들 위에 군림할 수 있는 감독들은 아주 드물었다. 프로듀서와 스타들은 종종 사실상 영화를 기획하고 제작하는 한 쌍이었으며 감독은 그들 밑에 있었다. 감독은 그들이 하고자 한 바를 옮겨 주는 존재에 불과했으니까. 그럴 수밖에 없다. 아직, 이야기의 중요성이 대두되지 않았으므로. 이야기가 의미를 중심으로 흘러갈 때가 되어서야 그것을 통제할 수 있는 자로서의 '감독'의 역할이 중요해진다. 할리우드에서 이야기는 종종 사건에, 배우의 매력에, 동작에 종속되어 있었다. 결국 이야기를 만들어 내는 시나리오 역시 이것들에 종속되어 있었다는 말이다. 그렇기에, 시나리오 작가는 이야기를 쓰는 자이기 이전에, 무엇보다 '볼만한 것'을 고안하는 자였다. 그런 점에서 '감독'이라는 역할과 마찬가지로, 시나리오 작가도 아직 우리가 아는 직업이 아니었다. 그는 보조였으며, 그가 없을 때는 다른 이들이 모여서 그 역할을 대체했다(어쩌면 할리우드 스튜디오의 시나리오 작업의 성질이 여기서 결정되었는지도 모른다).

어떤 아이디어가 솟고 그것을 시나리오 작가에게 맡긴다. 프로듀서는 그를 독립적으로 놔두지 않는다. 기간과 비용을 할당하고 그 안에 어떤 요소들이 들어가도록 주문하고 조절한다. 이것들은 정해진 결정 사항으로 이야기의 전개를 위해 변화시킬 수 있는 대상이 아니다. 그 후에, 시나리오가 나오면 캐스팅에 들어가는데, 오늘날의 캐스팅 방식은 아니다. 배우는 아무래도 프로듀서의 의견에 따라야만 했다. 프로듀서의 결정이 탐탁지 않아도 배우들은 대체로 의견을 따랐다. 결과적으로 '성공'을 위한 프로듀서의 판단이 더 옳았기 때문이다. 사실 심하게 말하면, 항상 '옳은 것'이 되었다. 비록 실패했다 하더라도. 할리우드 영화 생산에서 프로듀서의 지위는 이유 여하를 막론하고 깨질 수가 없었기 때문이다. 그들이 그 산업을 지탱하는 힘이었다.

더구나, 이 시기에는 아직 프리랜서 배우는 드물었다. 언제나 소속사가 있었으며 소속사의 권한은 절대적이었다(이 소속사는 아직 제작사들이다. 매니지먼트를 업으로 삼는 회사의 출현은 곧 스타들의 권력 상승과 함께 발생하므로 좀 더 기다려야 한다). 배우는 일상생활에서까지 철저한 통제를 받았다. 버스터 키튼을 떠올려 보라. 감독이자, 자기 작품의 프로듀서이고 대스타였던 그도 공적인 자리에서 절대 웃어서는 안 되며 감정을 표정에 드러내서는 안 된다는 제작사와의 계약이 있었다. 당연히 우리는 버스터 키튼의 다른 표정을 기억하지 못한다. 본 일이 없으니까. 그의 인생에, 존재에 깃든 무표정…. 이미 말했다. '영화'는 이만큼이나 하염없기도 하다고…. 여하간, 제작사의 관리는 철저했다. 배우는 당시로서는 자본을 벌어들이는 데 있어서 가장 전면에 있었기 때문이다.

영화사 초기의 토마스 잉스Thomas Ince (1882~1924), 무성영화 시대의 세실 B.

데밀, 사람들은 그들의 탐욕을 말한다. 하지만 제작자나 제작사가 그처럼 이득에, 흥행에 매달릴 수밖에 없는 이유가 있었다. 이미 말했듯이 그들은 사실 투자 자본의 시스템에 이미 종속되어 있었다. 월스트리트 금융사들의 동향은 민감했다. 제작사가 때로는 금융사를 쥐고 흔들기도 했지만 대체로 금융사가 제작사의 흥망성쇠를 손에 쥐고 있었다. 자본과의 결탁은 할리우드 초기의 위대한 시대를 열었지만 동시에 할리우드의 영원한 족쇄가 된다. 우리는 이 음울한 구조를 항상 염두에 두고 있어야 할 것이다. 할리우드를 이해하는 데에 이 구조가 언제나, 늘, 항상 배후에 깔려 있다.

1920년대는 아무래도 유럽이라고 말했지만, 그 시대의 말미에 접어들면 우리는 종종 이 언표가 역전될 시기가 도래했음을 짐작하게 된다.

이미지를 다룰 줄을 몰랐다. 그냥 이야기만 하면 되니까. 그 이야기는 행동과 사건들, 특이하고 거대한 동작과 쉽게 보지 못하는 표정과 몸들 그것들로 이루어진 스펙터클이면 족했다. 이야기의 구조란 오직 그 지점을 겨냥하고 만들어졌다. 그렇기에 화면 하나하나는 사실 어느 것도 그냥 만들어지지 않았다. 언제나 볼거리가 있고, 유인이 있어야 한다. '모든 장면이 클라이맥스'였던 것이다. 관객들이 당시 보고 싶어 하는 것은 그런 것들이었다. 아직 사람들은 '영화'에게서 대단한 극적 구성을 기대하지 않았다. 즉, 당대의 욕망에, 미국 관객들의 기대에 영화들은 아주 정확하게 부응했고, 할리우드는 시쳇말로 떼돈을 벌었는데, 세상의 '눈'을 장악했다. 전쟁 때문일까? 유럽의 볼거리가, 예술적 성취들이 더 이상 극장에 안 걸려서일까? 즉, 유럽의 관객들이 '이야기'의 맛을 잃어버린 것일까? 아니다. 할리우드는 단지 그런 호황기의 독식을 시대적인 운으로만 차지하지 않았다. '시작은 초라했지만', 그야말로 수많은 시행착오와 형편없음과 두드림 속에서 그야말로 스스로 '창대'해졌다. 나는 이 점에서 당대의 할리우드 영화들을 주목하기를 바란다. 그 안에서 여러분은 진한 묘미와 감동으로 어떻게 '영화'가 싸구려 유희물에서 자신의 가치를 만들어 나갔는지를 분명히 볼 수 있을 것이다. 지겨우리만치 말했지만, 역시 할리우드만이 우리를 당혹시킨다!

세계시장

유럽에도 있었다. 스타, 흥미로운 볼거리, 사건들은! 단지 그것들이 독자적이지 않을 뿐이다. 이야기가 드러내고자 하는 핵심 주제를 향해서, 그 고조를 위해 있는 것이며, 관객들의 긴장과 감각의 이완, '눈'의 환기를 위해 있었다. 예컨대 유럽의 배우들은 어느 만큼은 '진짜 연기자'여야 했다. 그들도 잘생기고 예쁘긴 했지만, 그들의 그런 외모는 오히려 '주제'에 봉사하는 감미료였다. 반면, 미국에서 배우의 연기는 자신의 매력을 화면에 맞게 잘 드러내 보이는 것이었다. 심지어 한 개인이 '진짜 연기'를 터득하고 그것을 행할 때조차….

물론 이야기가 있다는 점에서 어떻게든 전개에 봉사해야 했겠지만, 그것은 아주 단순한 기승전결이다. 시작에서 끝까지이지, 그 과정 안에서 이미지의 병치나, 시각적인 배열을 통해 살아나는 의미의 묘미를 간파해야 하는 작업이 아니었다. 관객들은 따라서 이야기의 파악에, 이야기가 던지는 주제를 생각하는 것에 자기의 감각과 긴장을 묶어 둘 필요가 없다. 긴장, 감각은 한 장면, 한 장면 내에서 주어지고 끝났으며 그래서 그들의 '눈'은 이미지를 즐기는 눈이 된다. 동작과 표정, 사건의 크기와 속도, 그러니까 이미지라는 표피에서 빛나는 것들을. 하지만 달리 말하면 할리우드에도 어떻든 '이야기'는 존재했다는 말이다. 비록 이야기를 좇던 감각과 신경은 할리우드에서는 이미지로 형상화된 스펙터클에 자리를 내주긴 했지만, 한편으로는 이런 방식으로 할리우드는 전통적인 것들을 비웃으며 완전히 새로운 '영화'만의 옷을 디자인해 나갔다. 여기서 할리우드 클래식이 탄생한다. 그리고 사실 '클래식'이 되었다는 말은, 어느 틈에, 새로운 옷이 '전통'이 되어버렸다는 의미이다. 그래, 20세기와 함께 간신히 나타났는데, 어느 틈에, 새로운 고전으로 관객들의 몸에 쌓여갔다.

가만히, 좀 더 신중하게 이 문제를 생각해 보자. '이미지의 형상화'라고 말했다. 그래, 할리우드 클래식의 진정한 가치가 바로 여기에 있다. '영화'가 최초에 빛난 것은 '세상의 이미지'를 가져와, 쳐다보고, 따라서 생각해 보게 했다는 점 때문이다. 이 '영화'가 하는 이야기는 그래서 어차피 전통적인, 우리가 그전까지 알던 '이야기'가 아니다. 그것은 세상에서 시작하는, 세상으로부터 나오는 이야기니까. 감독이 자기 눈으로 본 세계를 그렸다는 말이고. 하지만 할리우드는 그것에서 '자기 눈으로 본 세계'를 떼어 내고, 볼 것만 남겨 놨다. 모름지기 영화 관객이라면, '바로 이것을 보는 거야' 하듯이…. 결국 그것은 '세상의 이미지'가 아닌, '세상에 없는 이미지'였다. 그러나 세상에 있을법한 것들로 채워지는. 그렇게 할리우드는 '영화'에 진짜 전통을 밀어 넣는다. 살아 있는 이미지, 그 자체가 아니라 만들어진 이미지, 형상화된 이미지, 진짜 세상이 있는 범상한 이미지들이 아니라 애써 주조된 스펙터클(규모가 있든 없든 간에—배우의 표정 하나도 스펙터클이니까). 즉, 세상에 없는 것들을 다루기 시작한 것이다. 이래도 중요성을 모르겠는가? 할리우드는 그렇게 '영화'에게 '세상을 만드는 법'을 가르쳐 준 것이다. 세상의 관객들은 결국 자기도 의식하지 못한 사이에, 그 만들어지고 주조된 '세상'의 맛에 빠져들게 된 것이고…. 왜, 내가 '전통'을 '영화'에 밀어 넣었다고 했겠는가?

우리가 아는 '영화' 이전의 '이야기'란 그런 것 아닌가? 그것은 세상을 '다루지', '보여주고' 그것을 '음미하게' 하지 않는다. 왜냐하면 세상의 어떤 것도 '재현'하기에는 난관이 있었으니까. 그것들은 그저 세상을 표현한 것이다. 그래서 결국에는 이 세상을 다룬 '저 세상'을 펼친다. 하나를 리얼이라고 한다면 다른 건 리얼리티이고, 하나를 리얼리티라고 한다면, 다른 건 판타지가 된다. 유럽의 무성영화는 '영화'의 문법을 만들어 내었다. 왜냐하면 그들은 리얼과 함께 리얼의 의미를 추적하고, 진짜 리얼이 되도록 했으니까. 그들 영화의 주제가 환상이었건, 공포였건, 세상의 의미였건 말이다. 아벨 강스Abel Gance (1889~1981)의 ≪바퀴 La roue≫(1923)를 보라.

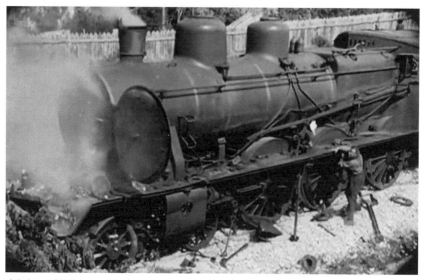

아벨 강스 ≪바퀴 La roue≫(1923)
기차 바퀴는 주목의 대상이 아니며, 극적 구성의 대상이 될 수 없었다. 하지만 영화에서 거기에 일정한 의미가 주어지면, 이제 그것은 고대 예술품 안에서의 미적 대체물과도 같은 위치를 차지하게 된다. 이 영화에서 바퀴는 모든 주제의 상징을 담보하는 거대장치이다.

그 이야기가 드러내는 의미의 힘은 결국에는 실제로 드러나는 이미지들의 결합으로 주어지며 살아난다. 그래서 '영화'는 깊은 의미의 가치를 따르는 전통을 이어받은 듯하지만, 그가 따르고 있는 것은 단지 전통적인 이야기의 '구성 방식'일 뿐이다. 카메라에 조각나며 담기는 순간, 모든 것은 '영화'만이 지닌 특수성, 살아 있으며, 세상에 자잘하게 존재하는 움직이는 이미지들로 구성된다. 그렇기에, '새로운 예술의 출현'이다. 진짜 '몸'을 지닌 예술 말이다.

반면에, 할리우드는 그런 전통적인 이야기를 이해하는 힘은 없었다. 그 점에선 분명하다. 그들은 아예 전통을 의식하지 않았으며, 오직 그로부터 마땅히 따올 만한 흥행 요소들에만 골몰했다. ≪삼총사≫, ≪사총사≫는 검술과 무용과도 같은 동작의 결합을 보여줄 수 있는 소재일 뿐이었다. 그들에게 있어 '영화'는 '볼거리'의 향연이었다. 에디슨이 정확하게 시작하지 않았는가! 그들은 그래서 '볼거리'라는 이미지를 만든다. '영화'만이 지녔던 초기의, 무성영화로서의 이미지의 힘이라는 특수성은 거기서 사라진다. 대신, 이곳에서의 이미지의 힘은 평범하지 않은 것들로 채워진 '볼거리'의 힘이었다. 따라서 영화가 이야기를 하든 말든, 아무튼 스펙터클은 그들 '영화'의 핵심이었다. 그들의 '스펙터클'은 진짜 세상에 있는 것들이 아니다. 만들어진 것이며, 카메라가 일부러 비춘 것이다. 그들은 그렇게 '영화'에게 진짜 세상을 포기하게 한다. 대신, 기가 막히고 특수한, 보기 힘든 것들로 이미지를 채우고, 그렇게 '세상'이 아닌 '다른 세상'을 이미지 위에서 형상화한다. 관객들은 '세상'을 보지 않고, 있음직한 '다른 세상'을 보고 있다. 리얼리스틱은 그래서 할리우드에 있어 절대적 지침이 된다. 그래야 다른 세상의 체험이 '실재처럼' 완벽해지기 때문이다(할리우드에서 미장센이 '의미'보다 '있음직함'에 초점을 맞추기 위한 아주 중요한 '요소'였던 까닭이다). '관객들은 이미지의 판타지 안에서 놀다가 나오면 되는 존재이며, 우리가 그리 만드는 것이다!' 할리우드에서의 영화의 성패란 그 영화와 영화관의 미묘한 결합 관계에서 주어졌다. 얼마나 훌륭한 이야기를 하는가가 아닌, 얼마나 빠져드는가, 얼마나 화려하며 특별한 이미지가 있는가, 배우의 얼굴이나 몸을 포함해, 동작과 사건 모두…. 기술자들이 바빠질 수밖에 없다. 그 세상에 없는 것들을 만들려니, 기술이 특별해질 수밖에 없다. 세상과 달라지고 그것을 압도하려니….

자, 할리우드는 결국 과거의 화가가, 소설가가, 조각가가 했던 일들을 '영화' 위에 입히고 있는 셈이다. 할리우드 역시, 세상에 없는 것들을, 하지만 세상과의 결별이 아니라 세상 이면의 본질을, 작가가 생각한 진실과 작가가 깨달은 것들을 다루었다. 할리우드는 영화 이미지들과 함께, 글이 하는 것과 같은 일을 한 것이다.

물론 할리우드는 아직 부족하다. 그것은 '이야기'로서, 유럽식의 이야기가 아닌, 이 다른 세계, 이미지의 표피에서 빛나는 힘의 의미를 관객에게 선사하고 관객들에게 더더욱 빠져들게 할, 즉, 표피의 힘을 강화할 이야기였다. 그래, 그것이 드라마이고, 픽션이다. 그러니, 할리우드에 이제부터 그 픽션이, 그 드라마가 핵심이 될 일은 불 보듯 뻔하며, 처음에는 별다른 것이 아니겠지만 소설이나, 회화, 연극 등 전통적인 이야기의 형식을 완비했던 표현형식들이 하는 수준에 이를 것도 이미 예견되는 셈이다. 그리고 우리가 알다시피 실제로 할리우드는 그것을 찾아냄으로써 '영화'에서의 클래식을 만들고 부흥시켰다.

이제, 할리우드 영화들 안에서 대체 무엇을 보려고 해야 할지 아마 짐작이 갈 것이다. 배우로부터 연기를, 시나리오로부터 작법을, 감독으로부터 세계관의 주조를, 스타일을? 천만의 말씀이다. 배우로부터는 그 몸의 의미를, 시나리오로부터는 사건과 행동의 구성을, 감독으로부터는 볼거리의 구성을 봐야 한다. 그다음에, 어떤 일부의 감독들로부터, 만일 그에게 그러한 상황이 일관성 있게 주어졌다면, 즉, 영화의 지속적인 제작 기회가 주어졌다면, 그때 가서 스타일을 조심스럽게 발견해야 한다. 할리우드 감독들에게는 여간하지 않고는 스타일을 구축해 나갈 기회가 아예 없었으며, 감독이 그것을 구사하게끔 내버려 둔 프로듀서도 없었다. 그것이 이루어지기 위해서는 그의 화면이 프로듀서가 원하는 흥행성을 담보하고 있어야 하며, 바로 그래서 감독이 그런 장면을 구사할 수 있었던 것이기 때문이다. 작품의 미적, 혹은 표현적 가치는 인정받은 일이 없다.

그들의 미장센 안에서 영화적 가치를 찾을 수 있는 작품들은 아주 드물며, 대개는 1930, 1940년대 이후에야 나타난다. 솔직히 말해서 그때에도 할리우드는 자신이 데리고 있던 감독들에게 미적 가치가 있는 줄도 몰랐다. 1940~1950년대, 유럽에서 번성하고 있던 '영화' 개념에의 쟁론이, 비로소 구축되기 시작한 이론적 사고들이, 투기 자본의 밭에서 할리우드 작가들을 찾아내고 발굴했다.

우리는 적어도 역사를 보는 일에서는 엄정해야 하는데, 할리우드의 전성기란 시스템의 전성기를 말하며, 작가의 등장을 말하지 않는다. 지금까지, 할리우드는 한 번도 시스템 위에 작가가 서본 일이 없다. 하지만 바로 이점이 그 시스템의 힘을 말해주기도 하는데, 1930~1940년대가 주옥같은 영화들을 보여주고 있다면 그것은 사실 우선 시스템이 그 경지에 이르렀기 때문이다. 물론, 감독들의 능력을 무시해도 좋다는 말은 아니다. 그 감독들이 자신의 이름을 서명으로 남기기 위해선, 우선 이 시스템 안에서 살아남고, 자신을 입증시키고 늘 꾸준해야 했다. 그렇게 살아남은 자가 히치콕이며, 존 포드며, 하워드 혹스, 라울 월시…, 리스트는 이제 무섭도록 늘어간다.

Drama 이전

21

신흥종교

　결국, 앞서 말했듯이 '영화'에게 주어진 초기의 의의는 그가 보여주는 '이야기'가 아니다. 1920년대가 '영화'의 완성이고, 실제로 완벽한 개념의 안착이라는 이유는 오늘날 우리가 보듯 완성된 서사체'를 전달하는 방향에서가 아니다. 이야기의 수준에서 이미 말했듯이 1920년대는, 특히 할리우드는 사실 '별로'였다. '어떤 점에서 별로였다'가 아니라 이렇게 뭉뚱그려 쓸 만큼 전반적으로 '별로'라는 표현이 적절하다. '이야기'를 충실히 다루는 법을 알고 있는 듯하지만, 천만에, '영화'는 아직 '드라마'는 아니었다. ≪벤허≫나, ≪십계≫ 등의 몇몇 예를 제외하면, 1920년대의 할리우드 영화들에 '드라마'는 그다지 대단한 것이 아니었다. 그때까지 할리우드에서 세련된 서술을 보여준 감독들은 손에 꼽을 정도일 뿐이다. 1930년대쯤 넘어와야, 비로소 지금도 앉아서 볼만한 영화들이 만들어진다(소리가 있다는 친숙함도 이에 관여함을 잊지 말자). 그리고 그 영화들의 이야기는 가만히 보면 정말 대단하다. 당시 사람들이 영화에 빠지지 않을 이유를 찾는 일이 오히려 힘이 들 만큼 말이다. 사람들은 그래서 진정한 할리우드가 1930년대에서 시작되는 것으로, 때로는 '소리'가 드라마에 가져다준 힘 때문에 비롯된 것으로 여기곤 한다. 물론, 나도 크게 다르지는 않다. 그렇게 봐선 안 된다는 '법'이 없다는 점에서….

　하지만, 내게는 그런 점에서 이 부실한 드라마에 기댄 1920년대 영화들, 그리고 그 당시에는 그 부실함이 전혀 문제가 되지 않았다는 사실이 오히려 흥미롭다. 상대적으로 어떻든 간에, 유럽에서든, 미국에서든 말이다. 이렇게 생각해 보자. 이미지들의 전개 방식이야 그리피스가 선도하며 상당한 발전을 이룩해 놓았고, 행동들을 드라마틱하게 구성하는 것이야 채플린과 키튼이 '거의' 완성했다. 하지만 다른 이들의 영화는 종종 그 기법에 있어, 내용의 전개에 있어 여실히 조악했고, 대개의 영화가 사실 그러했다. 그런데도 우리는 실제 영화산업의 전성기는 1920년대라고 해도 될 만큼, 이 부실한 영화들이 대단한 인기를 끌었다는 사실을 알고 있다. 이 시기에 지어진 영화관은 현재로서는 짐작하기 힘들 만한 규모였으며, 파라마운트는 자신의 영화관에 '궁전'을 넘어 '성전'이라는 칭호를 붙이기까지 했다. 아무도 그에 반대하지 않았다. 그것은 분명한 '성전'이니까! 그 안에서 설파되는 매주의 영화들은 삶에 영감을 주는 교리가 분명했고, '영화'는 새로운 '종교'였다. 수요 예배, 새벽 예배, 금요 기도회에 해당하는 모든 프로그램들도 없는 것이 없이 죄다 있었다. 이쯤 되면 '이단', 그것도 아주 위험한 이단일 수 있었다. 그래서 정통 교회의 목사가 이 불온한 이단 종교를 손볼 생각을 한 것이 아닐까? 앞서 언급한 윌리엄 헤이의 지침 말이다.

이런 상황은 유럽에서도 마찬가지였다. 이야기는 미국이든, 유럽이든 일차적으로 중요하긴 했지만, 1930년대 이후의 영화들에서 보이는 식의 '이야기'와는 좀 다르다. 사실 '영화'는 그보다 다른 것에 더 관심을 두고 있었고, 그러는 것이 훨씬 더 유익했다. '이야기의 구성, 서사체의 구성'보다는 움직이는 이미지로 무언가를 표현하는 것, 영화적 표현 말이다.

아무튼, 중요한 것은 부실한 내용에도 불구하고 어떻게 이런 종교로 성장했을까 하는 점이다. 이런 측면에서 보자면 할리우드를 좀 더 정확하게 이해할 수 있지 않을까?

확실히 할리우드에서 '드라마'의 완성은 공짜로 이루어지지는 않았다. 1차 세계대전과 함께, 그리고 서부 개척사의 풍문과 함께, 새로운 활력의 나라라는 소문과 함께, 유럽에서 미국으로 건너온, 때로는 스카우트되어 온, 때로는 주문을 받은 유럽의 감독들에 의해서 손봐지기 시작했다. 앞서도 말했듯이 미국의 시장이 요구하는 물품의 제조에는 대부분 딱히 부합하지 않았지만, 그들이 만든 '미국영화들'은 이야기를 다루는 데 있어서 상당한 진일보를 가져왔다. 그들이 아니었다면 미국의 감독들은 자신들의 1930년대를 맞이하기 위해서 조금 더 기다려야 했을 것이고, 스스로 재능을 조금 더 발휘하려고 애를 썼어야 할 것이다. 1920년대에는 유럽과 미국이 분명한 격차를 보이고 있었다.

그러나 미국에서 이 격차는 별로 의식되지 않았다. 그에 대해서 민감한 이들은 오히려 영화업에 종사하는 이들이었다. 미국의 관객들은 극히 일부의 영화들을 제외하고는 유럽에서 건너온 영화들에 따분해했다. 세련된 이야기와 더 의미 있는 이야기는 이 당시 '영화'의 덕목이 아니었던 셈이다. 앞서 말하지 않았는가? 이들, 미국의 관객들은 노동자들이었고, 실업자들이었으며, 즉 매일매일의 삶을 굴레와 막막함의 연속으로 채워야 하는 이들이었다고…. 끝날 줄 모르는 불황과 몇 번이고 찾아오는 공황까지 덧붙어, 하루 종일, 끼니를 위해 모든 것을 바쳐야 하는 이들이었다. 이들이 사는 시간은 '현재'이며, 다른 시제는 없었다. 시제가 없는 삶은 오직 몸으로 살 때 나타난다. 그래, 이들은 자신들의 몸이 위로받기를 원했다. '삶의 의미', '미래를 위한 꿈', '가치 있는 삶', 다른 세상의 단어들이다. 아주 단순한 위로, 이 지속되는 현재를 잠시라도 망각할 수 있는, 도저히 자신에게 허락되지 않을 삶에 대한 꿈, 대체를 원했다. 하루를 잊고, 그만큼의 피곤을 잊고, 그저 즐기고 싶었다. 할리우드는 그들의 목젖을 간질이는 법을 알고 있었다. 생각하게 하는 대신에 보고 즐기고 이완될 수 있게, 억압된 감정을 풀고, 불투명한 현재를 잊으며, 대신 다른 존재에, 다른 꿈에 자신을 잠시라도 투영하게끔, 그러한 이루어질 수 없는 삶을 경험하게 하는 것 말이다.

유럽의 영화들은 아직도 지나치게 진지했다. 그들은 골치 아픈 문학의 후예였으며, 의미심장한 기호를 풀어놓는 화가들이었다. 반면에, 할리우드의 영화들은 편했다. 여자의 몸이 있으며, 남자의 얼굴이 있고, 맘에 들지 않는 놈을 처단하는 총이 있었으며, 현실과 동떨어진 정의의 구현도 있었다. 그래서 웃었고, 울었고, 분노했고, 짜증을 냈다. 관객들은 현실에 풀어내야 할 모든 감정을, 정작 그들의 현재에서 억압된 감정들을 스크린 앞에서 터뜨리고 해소한 것이다. 그래, 할리우드는 이렇게 신흥 종교가 되어갔다. 관객들에게 현실적 삶에서의 피곤을 잊도록 하는 영감을 제공하고, 도저히 현실 안에서는 얻어낼 수 없는 감정과 가치를 관객들의 몸에 느끼게 해주었다. '이곳으로 오세요. 여기는 낙원이고, 당신들의 꿈입니다. 여기서 내일 하루를 위한 활력을 되찾으세요!'

이 신화는 원전이 없었다. 원전을 제공할 신도 없었다. 내뱉어지는 모든 에피소드 안에서 수많은 것들이 알아서 신이 되었다. 그레타 가르보, 게리 쿠퍼Gary Cooper, 클라크 게이블Clark Gable, 릴리안 기쉬Lillian Gish, 그리고 이제는 이름조차 기억하기 힘든 그들보다 약간 낮은 지위의 신들까지, 조금씩, 신화의 각별함이 더해져 언젠가는 감독들이 등장하리라는 것은 짐작할 수 있지만, 그래도 보라, 감독은 아직 '유명'한 존재가 아니었다. 그들이 신의 반열에 오르기 위해서는 조금 더 시간이 필요했다. 지금은 배우들이고, 그 배우들의 행위와 표정, 몸의 매력이다. 그래, 사람이 그 자리에 올랐으므로 '몸'이 모든 것이 되어버린다. 그들의 옷에 가려진, 그러나 충분히 성적인 몸은 수많은 신도의 몸을 달구고 꿈자리를 뒤숭숭하게 만들었다. 에디슨은 배우들이 힘을 지니게 되는 이러한 시대를 예견한 것일까? 트러스트에서는 배우들에 대한 홍보나 광고가 엄격하게 제한되어 있었다. 조합은 배우를 노동자로 계약했다. 에디슨은 우리가 오늘날 이해하고 있는 '영화'로 발전하리라고는 생각하지 못했기 때문이다. 하지만 할리우드의 대량 생산 시대에 영화들은 그 자체로 이들 배우의 광고가 되고, 홍보물이 되어갔다. 그들의 전략적 가치가 그리 입증되자 할리우드의 스튜디오들은 오히려 그들과의 홍보 계약을 통해 이를 광범위하게 활용했다. 그래, 그들만 등장한다면, 무슨 드라마라도 상관이 없다. 그들이 그저 움직이고, 표정을 지으며, 묘한 캐릭터를 보여주면 되니까. 그렇기에 무성영화의 배우들은 대개가 그 자신의 다양한 면을 지니고 있지 않았다. 천만에! 그들은 처음에 그들을 뜨게 해준 그 행동과 그 복장, 그 표정, 그 캐릭터로 평생을 밀고 나가야 했다.[153]

이런 이유로 할리우드의 영화들은 시간과 함께 나아지기는 했지만, 아직 '드라마'에 모든 것을 걸었던 것은 아니다. 영화사 초기에 나타났던 '영화'의 힘은 이런 점에서 보자면 여전히 유지된 셈이다. 영화이기만 하면 됐던 시대에서 이야기만 있으면 됐던 시대로 가고, 다시 거기에 누가 나오기만 하면 되는 시대가 되었으니까. '영화'는 형식만으로도 여전히 생소하며, 독특하고, 다른 것으로 다다를 수 없는 여흥거리인 셈이다. 그렇게 1920년대가 흘렀다.

---

153) 이 원칙은 생각보다 오래간다. 아니, 때로는 현재까지도 유효하다. 우선, 존 웨인을 보라. 그가 보여주는 캐릭터는 때로는 망가진 희극배우 같은 역할을 부여받았을 때조차 언제나 똑같았다. 제임스 스튜어트, 게리 쿠퍼, 찰튼 헤스톤⋯. 할리우드 배우들은 거의 다 그랬다. 버트 랭카스터 Burt Lancaster 나 토니 커티스 Tony Curtis 같은 일부 배우들만이 캐릭터를 부수고, 완전히 돌변한 옷을 입으며, 자신의 영역을 확장해 나갔다. 물론 그들도 어느 정도는 항상 유지하는 지점이 있기는 했지만 말이다.

천박한 '소리'의 등장

이런 세상에, 이런 상황에, '소리'는 끼어들 틈이 없었다. 영화를 만들고 보는 모든 이들은 그가 현상을 토대로 자신을 구축하는데도, 그 현상의 원조인 세상에 '소리'가 있다는 사실을 투영하지 않았다. 마치, 세상에 '소리'가 없기라도 하듯이. 영화를 보며, 누구도 '소리'를 들으려는 자가 없었다!

에디슨의 시도 끝에, 이미 1907년을 전후해, 유럽이나 미국의 영화사들은 조악하나마 소리를 입힐 수 있는 기술을 다들 터득하고 있었다. 그런데 우리가 아는 첫 유성영화는 1927년에 나온다. 바로, 《재즈 싱어》. 영화 속 얼 존스가 노래를 부를 때, 그가 입을 벌리는 대로 싱크로나이즈된 소리가 들린다. 이후로, '소리'는 사실 '영화'의 많은 것들을 바꾸었다. 예컨대, 우리에게, 21세기의 우리에게 '영화'를 규정하는 데 '소리'의 유무는 전혀 관심사가 아니다. 즉, '소리'는 당연히 있는 것이며, 오히려 우리는 '소리'가 없던 시절의 영화들을 무성영화라 부른다. 그러나 이미 말했듯이, 이 말은 완전히 지위가 역전된 표현이다. 그 시대에 모든 '영화'는 무성이었고, 어느 특정한 영화들만이 유성이었다. 그래서 '소리가 있는' 영화가 아니라 '토키영화'라는 용어가 필요했던 것이다.

'소리'가 바꾼 것들이야 잠시 후에 하나씩 말하겠지만 위의 사실들은 상당히 흥미로운 점을 말해준다. 오늘날 우리가 '소리'의 존재를 당연히 여기는 것처럼 그 당시에는 '소리'의 결손이 오히려 당연했다는 점이다. 아무도 불편해하지 않았다. 그런 장면이 있다.

사람들, 영화 관계자들인데, 거기에는 당대 영화계를 주름잡던 주연 배우들도 있다. 그들이 방금 출연한 영화의 시사회를 축하하기 위해 제작자가 그들에게 특별한 상영회를 엶으로써 파티를 시작한다. 불이 꺼지는 순간, 누군가가 불평한다. '아니, 방금 영화를 보고 왔는데….'

아, 스크린에 한 남자의 영상이 나온다. 그런데 그가 갑자기 말을 시작하고, 그 말은 그대로 영화를 보고 있는 공간에 흐른다. 관객 중 하나가 말한다. 제작자의 이름을 대며, 숨어있지 말고 나오라고! 그러자, 제작자는 '나는 여기 있다.' 하고 말한다. 바로 방금 떠든 사람 옆에서…. 그들은 놀라서 계속 영화를 본다. 설명이 이어진다. 스크린 속의 남자는 '지금 보시는 이 필름이 바로 '토키영화'라 말하고는 '자기 입과 소리는 완벽하게 싱크로나이즈된 것'이라고 얘기한다. 필름은 꺼지며 장내에는 불이 밝혀진다. 사람들은 웅성거리고, 제작자는 웃으며 사람들에게 의견을 묻는다. 어떤 이는 '천박하다'라고 하고, 어떤 이는 '저게 뭐냐'고 말한다. 아무도 그 이상의 관심을 표명하지 않는다. 이 시연회는 그냥 그렇고 그런 장난 같은 것으로 지나가 버린다.

그래, 그랬다.

당시, 할리우드는 전혀 '소리'를 문제 삼지 않았다. '소리'는 결손이 아니라 반드시 부재해야 하는 것이었다. '무성'은 그러니까 오히려 필연적인 영화의 가치였다. '아니, 점잖게 영화다움을 보고 있는데, 감히 천박하게 소리가 시끄럽게 끼어들다니!'

'소리'는 그럴 때 찾아왔다. 아무 기대감 없던, 아무 필요성 없던 때에…. 이 영화에서 그런 장면은 지속된다.

아무도 기대하지 않았던 망해 가는 경쟁사의 유성영화가 공전의 히트를 친다. 그러자 제작자는 비로소 야단법석을 떤다. 당장 소리를 어떻게 활용해 만들어야 할지 몰랐으므로, 그들은 무성영화에 그저 소리를 집어넣기로 한다. 영화 장면의 구성은 완벽하게 무성영화 그 자체이면서 소리만 들어간 것이다. 대사를 정리할 입장도 아니었으므로 그들은 그냥 마구 '소리'만 집어넣는다. 무성영화에, 소리가 들어가서 망칠 수 있는 모든 장면이 이어진다. 기술적 미비로 인해 마이크가 인물들을 따라가지 못하며, 정확히는 인물들이 마이크 위치에 익숙하지 않아 소리가 멀어졌다 가까워지길 반복하며, 탁자를 치는 소리나 책상을 막대기로 내려치는 소리가 전혀 자연스럽지 않고, 이러한 사실조차 모르는 상태로 어깨를 내려친 부챗살 소리가 천둥처럼 들린다. 나중에는 결정적인 문제, 싱크로나이즈의 오류 때문에 웃지 못할 장면까지 이어진다.

뮤지컬, 스탠리 도넨Stanley Donen과 진 켈리Gene Kelly의 ≪싱잉 인 더 레인 Singing in the rain≫(1952)의 장면들이다. 유성영화는 워너 브라더스의 작품이었다. 당시 워너 브라더스는 망해 가고 있었다. 유성영화는 그들의 어쩔 수 없는 마지막 희망이었으며 자구책이었다. 그들도 이 영화가 그토록 히트하리라고는 예상하지 못했다. 아까 말하지 않았는가, 무성영화의 영화인들은 그것을 '천박하다'라고 했다고.

영화에서의 '소리'는 그러나 나오자마자 전폭적인 인기를 끌었다. 일부 무성영화는 이후로도 고집스럽게 지속되었고, 당연한 성공도 이어졌지만 그뿐이다. '소리'는 나오자마자 사실상, 무성영화를 '끝장냈다!'

진 켈리는 말한다. 무성영화에 소리를 입히는 과정에서, 평소 자기가 하던 것처럼, 그냥 '사랑해'를 연발하며 손에 키스하는 것은 어떠냐고! 그러나 그리 영화가 틀어졌을 때 관객들은 그 '대사'의 형편없음에 실소한다.

아뿔싸, '소리'는 이렇게 무성영화의 '드라마'가 형편없음을 폭로해 버린 것이다. 나는 여기서 '소리'의 문제를 말하려는 것이 아니다. 여전히 지금, 내 관심사는 무성영화의 드라마이다. '소리'가 들어오면서 '드라마'는 비로소 '영화'에게 중요한 문제가 된다. 그 이전에는 '영화'는 행위였고, 표정이었으며, 공간이었다. 그래, 할리우드는 그래서 '드라마'에, 이야기에 신경 쓰지 않은 것이다. 그리고 유럽에서도 드라마는 정작 무성영화의 주요 타깃이 아니었다. 무성영화란, 그래서 결국에는 '예술'로서의 '영화' 시대이다. 그것은 어떻든 표현의 문제에 집중했으며, 이야기를 이미지로 다루는 방식으로 자라났다. 다만 이것을 전통에 이어 달린 예술로 볼 것인가, 전통과 결별하는 새로운 것으로 볼 것인가가 문제일 뿐이다.

이리 말하면 물론 궁금증이 일 것이다. 앞 장에서 나는 1920년대의 영화가 '영화'의 완성이었다고 말했다. 마찬가지 선상에서 그리 말할 수 있다. 사실, 어떻게 보면, 워너 브라더스가 ≪재즈 싱어≫를 내놓기 전까지, '영화'는 '소리'를 전혀 필요로 하지 않았고, 없어야만 하는 것이었다. '소리' 없이도 '소리'를 만들어 낼 줄 알았으며, 관객들에게 그것을 '환기' 시킬 수 있었다.

이 문제는 아마도 이렇게 봐야 할 것이다.

그런데 '소리'가 나오자마자 그때까지의 '영화'였던 '무성영화'를 끝장냈다고? 그토록 대단했던 무성영화가, 모든 것을 표현했던 무성영화가 어떻게 그리 힘없이 물러날 수 있을까?

하지만 이미 말했다. 익숙해지고 관습이 되면, 관객들은 늘 떠나갔다. 게다가, 1920년대 말에는 이 노동자들에게 오락거리란 '영화'만이 아니었다. 그들의 삶은 조금 나아졌고, 그렇지 않더라도 함께 부대끼면서 살게 되자 여러 가지의 오락들이 나타난다. '영화'는 달라져야 했다. 새로운 것은 그래서 언제나 경제적 이유에서 나온다. 점차 '무성'은 '돈'을 부르지 못했다. '목소리'가 없었기 때문이다. 1920년대는 그리 저문다. '소리'에 모든 걸 내주고.

내가 보기에 이 모든 일들은 다음 시대로 접어들기 위해 분명히 필요한 과정이었다. 일단 할리우드는 관객들의 눈을 묶어 두는 것이 목적이었으며, 그들의 발길을 자신들이 파 놓은 동굴 속으로 밀어 넣는 일이 우선이었다. 그리고 그들의 발길을 매일 어두컴컴한 동굴 속으로 밀어 넣는 데 성공하고 나자, 그 뒤부터 할리우드는 다른 데로 새어 나가려는 그 눈을 붙잡기 위해, 발길을 묶어 두기 위해 다시, 이제는 무언가 또 다른 목표로 나아가기 시작했다. 그게 '소리'이고 '드라마'였다!

그래, 다시 '드라마'!

그러나 여전히 할리우드는 자신이 팔 수 있는 것들을 더욱 공고히 하기 위해 움직인다. 즉, 이제는 더더욱 세련된 판매를 위해서 캐릭터들을 장르에 따라 배분하기 시작했다. 다양한 장르 영화들의 안전망을 구축하려 한 것이다. 그리고 이는 단지 장르의 문제만이 아니다. 각 영화사는 영화의 경쟁력을 확보하기 위해 어떤 장르를 만들든지 간에 약간의 차별성을 둘 수 있는 스타일을 구축했다. 사실, 조금 다른 관점에서 본다면 '약간'이라고 할 수 없을지도 모른다. 하지만 어느 배우가 어느 영화사로 갔을 때, 그가 찍을 영화와 캐릭터는 이미 어떨 것이라고 예상될 만큼, 이 스타일의 차이는 분명했다(여러분이 만일 이 시대 영화들을 조금만 '더' 본다면, 여러분들은 그러한 내용을 '감'으로 알게 될 것이다 : '저것은 폭스 스타일이야.', '저것은 음, MGM 스타일인데!').

하지만 스튜디오들이 영화를 만들어 감에 있어 1920년대 후반의 이러한 인식의 변화는 아주 중요한 구실을 한다. 이것이 1920년대 초반, 중반과는 달리 이제 후반부로 치달으면서 어쩔 수 없이 드라마의 완성도를 고려하기 시작했다는 방증이다. 오늘날 기억하기엔 좀처럼 쉽지 않지만, 영화의 세계로 조금 뛰어들면 회자되는 감독들의 영화들이 서서히 자기를 주장하기 시작했던 것이 바로 이 시기다. 그러나 감독들은 여전히 상당 기간 한참이나 신전에 오르지 못했다. 여전히 할리우드의 신전은 프로듀서와 배우들이 차지했다. 다만, 드라마가 강화되자 감독들에게 더 많은 능력이 요구되었고, 그에 따라서 그것을 발휘할 자유로움이 주어졌다는 말이다. 단, 상품이 된다는 조건으로 말이다.

'영화'의 시대—1권을 마치며

22

•

몇 년 전의 어느 날이다. 바람이 부고장 하나를 날라 왔다. 나는 집지 못하고 있었다. 이미 '부고'라는 두 문자가 나를 깊숙이 찔렀고, 그 앞에 선 채 그저 지난 시간만 되뇔 뿐이었다. 차마 소식을 담은 종이, 질료를 집을 수 없었다. 그 한 번의 접촉이 내 온몸을 회한으로 뒤덮을까봐.

부고장은 문 앞을 떠날 줄 몰랐다. 내가 외면했으니 복도로 스며든 바람에 휘감기며 떠나지 못하고 거기에, 밤새 머물러 있어야만 했을 것이다. 그런데—

그렇게 먼저 도착한 부고가 미처 바람의 봉인에 묶여 헤어나지 못하는 동안, 시간을 못 이겨낸 또 하나의 부고가 당도했다. 그 하루 정도를 견디지 못하고…. 나는, 두 개나 쌓인 부고장을, 이번에는 집지 않을 수 없었다.

하나를 펼치고, 다른 또 하나를 펼쳐 보고는, 두 개를 동시에 덮었다. 하나는 여든을, 다른 하나는 아흔넷을 지나는 길이었다.[154] 그들의 죽음을 슬퍼하진 않았다. 그 정도의 연한이라면 충분하다. 어느 정도 늙으면 반드시 죽어야 한다. 구질구질하게 연명하려는 순간 '인간'이 사라진다. 게다가 그들은 이미 사람들과 하직 인사를 한 터였다. 오히려 어떤 면에서 그들의 부고는 안도였다. 사람은 나서 그렇게 살다가 죽는구나, 세상은 저물고, 노년은 그렇게 지나가는구나, 하는 안도, 시간은 아직 멈추지 않고 가고 있구나, 하는 안도…. 그렇다고 감정이

---

154) 2007년 7월 30일, 잉그마르 베리이만 Ernst Ingmar Bergman (1918~2007)과 미켈란젤로 안토니오니 Michelangelo Antonioni (1912~2007)가 죽었다. 같은 날인데, 차연을 두고 소식이 전해졌다.

영 말라 버린 것은 아니다. 시간에 대한 확인은 어떤 식으로든 언제나 우울할 수밖에 없다. 결국에는 '내 마지막'도 오는 셈이니까, 결코 죽음을 면피하진 못한다. 이 '시간'을 바라보는 것은 그러니까 사색이 아니다. 그것은 인정이며 관조이며, 깊은 동참이다.

철학자들은 그것을 사색하지 않았느냐고? 천만의 말씀이다. 철학자들은 '시간'을 사색한 일이 없다. 그들은 그러한 표현을 종종 사용했지만, 시간은 엄밀히 말하면, 결코 '사색'의 대상이 아니다. 그들이 바라본 것, 생각한 것은 사실 '시간의 속성'에 불과하다. '시간' 자체가 아닌, '흐르고 지나가는 것'으로서의 '속성' 말이다. '속성' 자체는 움직이지 않는다. 그것은 성질일 따름이기 때문이다. 어떤 것은 과거이고, 어떤 것은 현재이며, 어떤 것은 미래라는 식으로 파악되는. 하지만, 시간은 그렇게 절연될 수 있는 지대를 지니고 있지 않다. 그것은 계속해서 흐르는 지속이며, 우리가 눈앞에 있다고 믿는 '현재'는 그렇기에 어쩔 수 없이 언제나 지속적인 '소멸'이다.

우리는 사실, 이 사라지는 시간을 '본' 일이, 따라서, '생각한' 일이 없다.[155] '영화'라고 부르는 이 이상한 물건이 나타나기 전까지는 말이다. 그래, '영화'의 역사를 쓰는 책으로는 조금 과격할지 모르지만, 그런 점에서 정작 이 '시간'을 사색한 것은 철학이 아니라, 한때, '영화'였다. '영화'는 이 시간을, 시간의 작용을, 그의 무지막지한 힘을 담아 우리에게 보여준 유일한 형식이기 때문이다. 예컨대, 고다르의 말처럼, 내가 무비카메라를 손에 들고 있을 때, 나는 모든 것이 죽음을 향해 달음박질치고 있는 모습을 담는다. 흐르는 시간을 담고 있으며, 그 '담은 시간'을 보여줄 때, 스크린과 관객석에서는 두 개의 시간이 교차하며 흐르고 있다.

---

155) 이 사라진 것들의 복원, 주시를 가능케 한 것이 바로 '영화'이다. 생생하게 스쳐 지나가는, 지나가는 현재를 잡아챈 것이….

여하간, 나는 지금 '그 시간'을 대면하고 있다. '그 시간'의 무지막지한 힘을…. 지나가기만 하고, 되돌릴 수 없는, 그래서 절망이고 위대한 '시간'을…. 부고장을 피하려 했던 것은 그 때문이다. 손으로 집는 순간, 종이라는 질료로부터 내 손이라는 질료로 전해질 시간의 육중한 완고함에 짓눌릴까봐…. 피부 밑에서부터 슬금슬금 일기 시작했던 슬픔은 처음에는 사라지는가 했더니 며칠간 기어이 전신을 타고 쌓여 와, 인생에서 아주 드물었던 '열병' 같은 것을 안겼다, 며칠씩이나! 이 부고장은 사람의 죽음을 전하지 않았다. 그 허접한 종이쪽지는 바로 '어떤 시간'의 죽음을 전하고 있었다. 이렇게 20세기가 지나간다!

그러고 보니 20세기의 죽음은 이미 오래전에 시작되었다. 내가 그 세기의 산물을 공부하기 위해 프랑스라는 외지에 머물고 있을 때 도처에 부고장들이 발행되었다. 누가 가고, 또 누가 가고, 또 누가 갔다. 아마 내가 갈 때까지 누군가가 가는 것은 앞으로도 되풀이될 테지만, 그때 내 처지에는 '이르다', '아쉽다' 싶었다, '안타깝다' 싶었다. 내가 그들을 깨닫고 함께 살아보기도 전에, 그들의 음성과 행동 하나하나를 동 시간대에 느껴 보는 축복을 지니기도 전에, 과거로부터 이제 막 현재로 불러내 보려는 그때 그들은 가버렸으니, 진짜 다시 캐내어 마주할 수 없는 '과거', 시간이 정체된 그곳으로 가 버렸으니….

이 부고장들을 손에 쥐기가 싫었다. 목록은 즐비하다. 앞서 두 장의 부고장과는 달리, 다발이었고, 묶음이었다. 마치, 그들이 살아가던 그 '영화들'처럼 말이다. 그래, 이런 말을 하면 이상하게 들리겠지만 그 부고장들도 하나같이, 아니, 따로 떼어 낼 수 없이 다발이 된 그 부고장도 모두 같은 시간의 죽음을 표기하고 있었다. 20세기, 전반, 중반부의 죽음. 새로운 영화들을 열었던 앞서 두 사람들도 그리 갔으니, 그보다 전에, 오래된 영화들을 하던 그들은 당연히 진작 갔어야 할 것이다.

그래, 애써 외면하고 있었다. 결국, 이 부고장을 송부하는 이는 바로 자기 삶

동안에 만들어진, 자기가 의도하지 않았던 '위대한 몸'의 종결을 고하는 '영화'임을. 이런 말을 하면 의아할 수도 있지만 우리가 느끼고 보던 '영화'의 몸은 서서히 사라지는 중이다. 물론, 지금도 여전히 만들어지며, 애써 자기의 기억을 붙잡으려 한다. 그러나 그 몸부림도 결국 소멸의 한 양식이다. 과연 우리가 다시 '영화'를 깊은 강바닥에서 길어 올릴 수 있을까? 아무도 모른다. 여하간, '영화'는 값싼 동영상들을 내뱉으며 아주 천천히 뒷걸음질 치고 있다. 사실, 지금 남은 것은 성장기에 떨어뜨린 비늘이며, 벗어 던진 껍질일 뿐이다.

여기에 쓴 내용은 '영화사'이기는 하지만 좀 당혹스럽기도 할 것이다. 서문에서 밝혔듯 이것은 사료들을 늘어놓는 책이 아니라 그 사료들을 어떻게 해석할 것인가 하는, 그럼으로써 '영화의 삶'을 이해하려는 목적에서 쓰였기 때문이다. 쓰고 보니, '무성'만 다루는 데도 방대해졌다. 하지만, 이런 영화사가 꼭 필요하다고 여겼다. 나 역시도 아주 편하게 유럽 편, 미국 편, 누구 편 등으로 나누어 쓸 수도 있었다. 그러면 복잡하지도 않고 아주 깔끔했을 것이다. 하지만 그래서는 하나의 줄기가 형성되지 않는다. 미국과 유럽은 이 무성영화 시기부터 아주 복잡한 '교류들'로 이어져 있다. 사실 어떤 경우에는 누가 앞서며 그 뒤를 잇는 것이 무엇이라고 정리할 수 없게 공시적이다. 그럼에도 나는 가능한 한 전체 영화사를 거시적으로 파악하기를 바랐다. 그런 나머지, 지역으로 편을 가르지 않고 그저 하나의 줄기로 쭉 나열했다. 그렇게 떨어진 점들을, 시간의 줄기를 잇다 보니 '줄기'의 연원을 말하기 위해서 어쩔 수 없이 반복되는 것이 있을 수밖에 없다. 그 안에서 '영화' 개념의 태동과 전개를 중요시하는 탓에 말이다. 하지만 차라리 나는 그 중복을 용인하기로 했다. 속도가 붙지는 않지만, 다른 장점이 있다. 이것을 주욱 따라 읽다 보면, '영화'의 시작에 무언가 새로운 요소가 하나씩 첨가되는 것을 느끼게 될 것이다. 마치 실제 역사가 그러했듯 말이다.

무성영화, '영화'적으로 말하면, 이 시기는 그냥 '소리'가 없던 영화가 아니다. 그런 의미에서 무성영화라는 명칭은 상당히 천박하다. 영화가 그 상태에서 시작했고, 그 상태를 이어 나갔다. 그러니까, 사실상 '영화' 개념이 완성된 시기이다. '소리'가 나타난 뒤, 대단한 역할을 하긴 했지만 그래도 마찬가지이다. 어떻든 이 '영화' 개념 속에 스며들어 있는 하나의 요소에 불과하다. 그렇기에, 앞으로 쓸 남은 역사에 비해 다소 지나치게 길게 쓴 감이 없지 않지만, 그만큼 더 복잡하고 중요하다. 알다시피 이 책은 지금까지의 영화사 전반기에 해당한다. 유성영화가 나타나기 직전까지이니 태어나서 30여 년이다. 뒤이을 책, 영화사 후반기는 1980년대 후반으로 설정했으니 대략 60년이 넘는다. 30여 년의 이야기를 이만큼 썼으니 60여 년은 또 어떠한가 하겠지만, 양은 비슷하다. 이유는 간단한데, '영화'의 개념이 자리 잡는 시기가 더 복잡하고 다양하기 때문이다. '영화'라는 개념 안에서 '이야기'와 '작가'가 성립되고 나면, 아무래도 눈은 작가들의 세계 쪽으로 기울기 마련이고, '영화'라는 개념의 변화는 아주 더디고 미미하게 진행된다. 즉, 이 정도로 복잡하지는 않다. 반면, 말하자면 1부에 해당하는 이 시기는 사실상 '영화', '작가', '감독'의 의미들이 시작되어 자리 잡는 시기이다. 얼마나 많은 시행착오, 의미들의 폭죽이 있겠는가? 거의 모든 '사건들'이 막 태어난 발명품이 자리 잡는 과정 중의 의미들을 만들어 내고 그것에 의해서 '개념'을 구축하는 동인들이 된다. 한 가지 더 염려되어 덧붙이면 여기서 '영화'의 '개념'을 운운한다고 그것이 '예술'적인 의미만을 지시하지는 않는다는 점을 알아두기를 바란다. 예술과 영화를 떼어놓을 수는 없지만, 늘 말해왔듯이, '영화'는 사실 예술 이상의 문제이다.

어떤 이들은 이상하게도 다른 영화사에 비해 지나치게 할리우드가 더 많이 기술되어 있다고 여길 수도 있다. 하지만 바로 그것이 진짜 역사이지 않은가? 시간과 함께 미국영화가 점점 자신의 색채를 띠고 세상에 더 많이 나타나기 시작했으며 생산기지, 할리우드가 들어선 이후에는 세계 시장의 대부분을 차지해

왔다. 그 사실을 단지 대중들에게 인기를 끈 상품의 퍼센테이지로 생각하면 곤란하다. 나머지의 중요성이 있지만, 이 대략 8할에 육박하는 영화들은 그만큼 '인간들'의 시선과 의식을 장악했다. 즉, 더디지만, 얼핏 미학적 쟁점이 없는 듯했지만, '영화'에 대한 인류의 생각들로 서서히 자라나 개념의 중요한 부분을 차지했다. 나는 그런 '영화'의 실제 삶에 집중하고자 했다. 지식의 가치 입장에서 유럽영화를 옹호하며 그것을 부각하는 것보다는….

그래서 부족분이 어쩔 수 없이 나타난다. 그럼에도 '영화'의 쟁점을 둘러싼 묵직한 의미들을 세운 곳이 유럽이기도 하기 때문이다. 그러나 그 부분을 다룬 책들은 엄청나게 많다. 할리우드는 상당히 많이 언급되면서도 그들의 진정한 가치는 별로 언급되지 않았다. 아무래도 의미론에 치우치거나 사조사를 중심으로 쓰다 보면 할리우드는 양과 상관없이 주변부로 밀리기 때문이다. 좀 더 노력을 감행했다면 균형이 맞춰졌을 거라고도 생각하지만, 사실 크게 달라지지는 않는다. 희소가치도 중요하지만, 그만큼 더 많이 있었고 더 곁에 있었던 것들도 말하자면 의식의 8할을 채운다. 나머지 2할이 결정적인 인자가 되겠지만 말이다. 아무튼, 역사는 계속해서 수정될 수밖에 없다. 그것을 들여다보는 나도 시간을 살고, 시간 안에서 계속 다른 생각들을 쌓아나가기 때문이다. 그러니, 때때로 개정을 통해서 계속 채워 나갈 것을 약속한다. 이 영화사에 관한 내 야심은 아직 끝나지 않았다. 어쨌든, 전체의 지형도를 그리며 다시 한번 전체 시간을 되살아 보기를 권한다. 여기 1권의 내용이 이해된 뒤에야 2권에 나오는 내용들의 중요성이 드러나니까.

역사, 우리가 시간을 살아온 증거이다. 아니, 더 정확히 말하면 시간을 살아가는 증거이다.

참고문헌

여기에 첨부한 서지 목록은 단지 직접적인 연관이 있는 것으로 국한했다.

역사를 훑으며 생각을 풀어내는 작업에서 참고문헌은 사실 엄청난 리스트일 수밖에 없다. 게다가 참고/참조의 대상은 일률적이지도 않다. 어떤 것은 생각에의 큰 틀을 제공했지만 직접 연관이 없는 것도 있고, 어떤 것은 아주 중요한 역할을 하지는 않았으나 직접적인 연관이 있는 경우도 있다. 그 모두를 나열하면 그 자체로 수십 페이지에 이를 것이다. 정말 많은 자료를 봤는데 그러한 방식으로 이만큼이나 자료들을 축적했다는 본보기를 제시하고 싶지는 않다. 그래서 나름 축소했다. 본문에 직접 연관되는 자료들과, 인용이나 언급이 없더라도 역사적 고찰을 위해 필수인 — 특히 이 책의 서술에는 — 것들만 싣는다. 그리고 자료에 대한 간략한 정보를 명기해, 비록 리스트를 모두 첨부하지는 않지만 어떠한 방향으로 자료를 채취했는지 짐작해 볼 수 있도록 했다. 영화의 역사와 관련된 서적들은 중요한 저서들은 거의 모두 참고대상이어서 몇 권만 고르는 일도 힘겨웠다.

그리고 프랑스에서 찾아다녔던 신문 기사들과 영화와 관련이 없지만 당대 가십 수준의 잡지들 역시 리스트에 넣지는 않았다. 너무나 방대하고 직접 그쪽에서 가서 열람하지 않는다면 여기서는 대할 수 없는 자료들이기 때문이다. 잡지의 이 자료들은 결코 학문적이지는 않지만 때로는 그 이상으로 중요한 구실을 했는데, 직접 연관이 없지만 당대 삶의 환경들을 파악하는 데 있어서 필수였기 때문이다. 한편으로는 여기 목록을 달지는 않았지만 19세기 말, 20세기 초 신문 기사들을 두루 살펴봤다. 엄청난 시간을 투입했으며 지루한 작업이긴 했지만 결국에는 언제나 흥미진진한 시간여행이었다.

저서

에띠엔-쥘 마레이(Etienne-Jules Marey), ≪움직임(운동, Le mouvement)≫, Editions Jacqueline Chambon, Nîrnes, 2002(첫번째 출판은 1894년, Editions Masson)

레옹 무시냑(Léon Moussinac), ≪영화의 탄생(Naissance du cinéma)≫, Edition J. Povolozky & Cie, Paris, 1925

죠르쥬 사둘(Georges Sadoul), ≪세계영화사(Histoire du cinéma mondial)≫, Flammarion, Paris, 1949

죠르쥬 사둘(Georges Sadoul), ≪죠르쥬 멜리에스(Georges Méliès)≫, Seghers, Paris, 1961

엔리코 풀치뇨니(Enrico Fulchignoni), ≪이미지의 문명(La civilisation de l'image)≫, Payot, Paris, 1969

엠마누엘 뚤레(Emmanuelle Toulet), ≪영화, 세기의 발명(cinématographe, invention du siècle)≫, Gallimard, Paris, 1988

영화예술의 역사 대토론회(Conférences du Colloque d'histoire de l'art cinémato-graphique), ≪비교영화를 위하여 - 영향과 반복(Pour un cinéma comparé Influences et Répétitions)≫, Paris, Cinémathique française, 1996

장-뤽 고다르(Jean-Luc Godard), ≪진짜 영화역사 입문(Introduction d'une véritable histoire du cinéma)≫, Albatros, Paris, 1980

장-미셸 프로동(Jean-Michel Frodon), 세르즈 뚜비아나(Serge Toubiana) 외, ≪영화의 두번째 세기를 향하여(Le cinéma vers son deuxièm siècle)≫, Le Monde, Paris, 1995

앙뜨완느 드 바에끄(Antoine De Baecque) 외, ≪역사에서 영화까지(De l'histoire au cinéma)≫, Edition Complexe, Paris, 1998

≪영화 – 기원에서 오늘날까지(Le cinéma - des origines à nos jours)≫, par Henri Fescourt, Edition du Cygne ; Paris, 1932

모리스 바르데슈 & 호베르 브라실라흐(Maurice Bardèche et Robert Brasillach), ≪영화의 역사(Histoire du Cinéma)≫, Edition Denoël et Steele, paris, 1935)

≪영화의 지적인 역할(Le role intellectuel du cinéma)≫, par R. Arnheim, A. Arnoux, A. Consiglio, E. Faure, U. Barbaro, A. Cavalcanti, Walt Disney, B. Morkovin, G.W. Pabst, P. Rotha, M. Aboucaya, F. W. Allport, V. Jahier, Edition Société de Nation, paris, 1935).

마르셀 라삐에르(Marcel Lapierre), ≪영화의 백가지 얼굴(Les cent visages du cinéma)≫, Edition Grasset , paris, 1948

르네 쟌느 & 샤를르 포드(René Jeanne et Charles Ford), ≪영화의 백과전서(Histoire encyclopidique du cinéma)≫, Edition Robert LAFFONT(- 이 책은 당대로 보면 엄청난 자료집으로 총 4권에 이르는데 우리 1권을 위해서는 다음 세 권만 참조로 달아둔다)

1. 프랑스 영화(Le cinéma français) (1895~1929), Paris, 1947
2. 무성영화(프랑스를 제외한 유럽 & 미국은 제외한 아메리카 대륙)(Le cinéma muet (europe, sauf france), Amérique(s auf USA)), (1895~1929), Paris, 1952
3. 미국 영화(Le cinéma américain) (1895~1945), Paris, 1955

이상, 영화사와 직접적인 관련이 있는 저서들이다. 이 책을 저술하기 위한 사고의 방향을 잡는 데 있어서 중요한 역할을 한 역사적 견해를 담은 자료들이라고 할 수 있다. 영화 역사도 그렇지만 일반역사적 저서들도 당연히 (어떤 면에서는 더더욱) 중요한데, 이미 말한대로 그 리스트는 여기 첨부하지 않았다. 좋은 역사서들은 너무나 많고, 어느 한 권만이 역사 이해의 축을 제공하지는 않기에 여러분이 다양한 견해들을 취해야 하기 때문이다.

장 몰레(Jean Mollet), ≪아메리칸 화면구성의 발명(L'invention de la scéne améicaine)≫, L'Harmattan, Paris, 1998

엘리 포레(Elie Faure), ≪영화의 기능(Fonction du cinéma)≫, DeNoel-Gonthier, Paris, 1976

질 들뢰즈, ≪시간-이미지(L'image-temps)≫, Minuit, Paris, 1983*

질 들뢰즈, ≪운동-이미지(L'image-mouvement)≫, Minuit, Paris, 1983*

로제 오댕(Roger Odin), ≪영화와 의미의 생산(Cinéma et production de sens)≫, Armand Collin, Paris, 1994

마르틴느 졸리(Martine Joly), ≪이미지와 기호들(Image et les signes)≫, Nathan, Paris, 1994

모리스 블랑쇼(Maurice Blanchot), ≪문학적 공간(L'espace littéraire)≫, Gallimard, Paris, 1955

미셸 마리(Michel Marie), ≪누벨바그(La Nouvelle Vague)≫, Nathan, Paris, 1997

브제볼로드 푸도푸킨(Vsevolod Poudovkine), 《영화기술과 영화제작(Film Technique and Film Acting)》, Lear Publishers, 1949

세리지 학회(colloque de cerisy), 《현대의 영화 - 영화들, 이론(Cinéma de la modernité - films, théories)≫, Paris, Klincksieck, 1981

앙뜨완느 드 바에끄(Antoine De Baecque), 띠에리 주스(Thierry Jousse), ≪영화의 귀환(Le retour du cinéma)≫, Hachette, Paris, 1996

쟈끄 오몽, ≪영화들이 생각하는 것(A quoi pensent les films)≫, Séguier, Paris, 1996

쟈끄 오몽, ≪이미지(L'Image)≫, Nathan, Paris, 1991

크리스띠앙 메츠(Christian Metz), ≪영화에서의 의미 1(Essais sur la signification au cinéma 1)≫, Klincksieck, Paris, 1975

크리스띠앙 메츠, ≪영화에서의 의미 2(Essais sur la signification au cinéma 2)≫, Klincksieck, Paris, 1975

크리스띠앙 메츠, ≪기호학 연습(Essais sémiotiques)≫, Klincksieck, Paris, 1977

크리스띠앙 메츠, ≪시니피앙(Le signifiant imaginaire)≫, Christian Bourgois, Paris, 1977

파브리스 흐보 달로네(Fabrice Revault D'Allonnes), ≪현대영화를 위하여(Pour le cinéma moderne)≫, Editions Yell
ow Now, Paris, 1994

안드레이 타르콥스키, ≪봉인된 시간, 〈이반의 어린 시절〉에서 〈희생〉까지(Le temps scellé - de l' 〈Enfance d'Ivan〉 au
〈Sacrifice〉≫, Paris, Cahiers du cinéma, 1989

세르즈 다네이(Serge Daney), ≪난간(La rampe)≫, Paris : Cahiers du cinéma/Gallimard, 1996

니콜 드 무르귀(Nicole de Mourgues), ≪영화의 자막(Le générique de film)≫, Paris: Meridiens Klincksieck, 1994

질 들뢰즈 & 펠릭스 가타리(Félix Guattari), ≪카프카(Kafka)≫, Paris: Les Editions de Minuit, 1975

질 들뢰즈 & 펠릭스 가타리, ≪안티 오이디푸스(L'anti-oedipe), Paris: Les Editions de Minuit, 1972/1973

질 들뢰즈 & 펠릭스 가타리, ≪천개의 고원(Mille Plateau)≫, Paris: Les Editions de Minuit, 1980

곰브리치(E. H. Gombritch), ≪예술과 환영(Art et Illusion), trad. de l'anglais par Guy Durand, Gallimard, 1987

블라디미르 얀켈레비치(Vladimir Jankelevitch), ≪돌이킬 수 없는 것과 노스탈지아(L'irréversible et La nostalgie), Par
is : Flammarion, 1974

장-루이 뢰트라(Jean-Louis Leutrat), ≪칼레이도스코우프 : 영화의 분석(Kaléidoscope : Analyses de films), coll. Reg
ards et Ecoutes , Lyon : Presses Universitaires de Lyon, 1988

게오르그 루카치(Georg Lukacs), ≪소설의 이론(La théorie du roman), trad. par Jean Clairevoye, Paris: Denoël,
1968,

미쉘 마리(Michel Marie), ≪누벨바그(La Nouvelle Vague), Paris : Editions Nathan, 1997

≪철학 비평용어 사전(Vocabulaire technique et critique de la philosophie)≫, édité par Lalande (André), Volume
I et II, Paris: Quadrige/Presses Universitaires de France, 1991

≪현대 유럽 영화인과 어댑테이션의 예술(Modem European Filmmakers and the Art of Adaptation)≫, edited by
HORTON (Andrew) and MARGRETIA Qoan), New York: Frederick Ungar Publishing Co., 1981

≪현대성의 영화(Cinéma de la modernité : films, théories)≫, colloque de cerisy dirigé par .CHATEAU (Dominiq
ue), GARDIES (André) et JOST (François), Paris : Klincksieck, 1981

장 삐아제(Jean Piaget), ≪구조주의(Structuralisme)≫, Paris : P.U.F, 1968

삐에르 소흘랭(Pierre Sorlin), ≪오디오 비쥬얼의 미학(Esthétiques de l'audiovisuel)≫, coll. •cinéma• dirigé par MA
RIE (Michel), Paris : Nathan université, 1992, 224p.

이상, 영화나, 일반사적 의미와 정체성을 규정하는 데 나름 중요한 역할을 한 저서들이다.

질 들뢰즈, 펠릭스 가타리(Félix Guattari), ≪의미의 논리(Logique du sens)≫, Minuit, Paris, 1969

앙리 베르그송(Henri Bergson), ≪물질과 기억(Matière et Mémoire)≫, P.U.F., Paris, 1990

앙리 베르그송, ≪사고와 움직이는 것(La pensée et le mouvant)≫, P.U.F., Paris, 1990

앙리 베르그송, ≪창조적 진화(L'evolution creatrice)≫, P.U.F., Paris, 1990

질 들뢰즈(Gilles Deleuze), ≪담판(Pourparlers)≫, Minuit, Paris, 1990

Bertrand Vergely, Le Dico de la philosophie, Edition Milan, Toulouse, 1998

안느 수리오 감수(sous la direction d'Anne Souriau), ≪미학사전(Vocabulaire d'Esthétique)≫, Paris, PUF

철학적 개념과 특히 19세기와 20세기의 전환기의 사유들을 이해하는 데 도움이 된 직접
적인 책들이다. 특히 베르그송의 철학서들은 독립적인 사유로서 이해되기 보다는 19세기 말이
라는 여건 속에서 파악되어야만 한다.

잡지

우선 초창기 잡지들 목록은 다음과 같다. 전체를 본 것은 아니지만 되도록 대부분을 읽으며 자료를 체취했다. 괄호는 잡지 출간 연도이다.

≪시네아(cinéa)≫(1921~1923)
≪영화-거울(ciné-miroir)≫(1922~1929)
≪영화-잡지(ciné-magazine)≫(1921~1929)
≪내 영화(mon ciné)≫(1925~1928)
≪영화의 잡지(la revue du cinéma)≫(1927~1932, 1947~1948)
≪당신들을 위한 잡지(pour vous)≫(1930~1939)
≪영화세계(cinémonde)≫(1930~1939)
≪프랑스 스크린(l'écran français)≫(1944~1954)
≪프랑스 영화(la cinématographie française)≫(1946~1960)
≪프랑스 필름(le film français)≫(1945~1958)
≪까이예 뒤 시네마(Cahiers du cinéma)≫(- 까이예 뒤 시네마는 1호에서 500호까지 컬렉션을 지니고 있어서 그 전체를 모두 읽었다. 방대한 양이었는데 어쩌면 영화에 대한 내 인식을 과정적으로 차곡차곡 쌓게 해준 것은 바로 이 잡지인지 모른다. 이 컬렉션은 결국 한국에서 생계 문제로 처분하고 말았다.)

그 외, 아주 직접적 연관(인용, 주석 등)을 지닌 주요 자료들은 다음들이다. 이 역시 순전히 직접적인 것만 추렸다.

장-뤽 고다르, "몽타주, 내 크나큰 근심거리", ≪까이예 뒤 시네마(Cahiers du cinéma)≫, N° 65, décembre 1965
아벨 강스, "Le temps de l'image est venu!(이미지의 시대가 도래했다)", ≪L'Art cinématographique(영화예술) II≫, Paris: Alcans, 1927,
〈특집 '영화를 위한 두번째 세기'〉(Special 'Un second siècle pour le cinéma'), ≪아르 프레스(Art Press)≫, Hors-Série No. 14, 1993
〈현장영화〉(Le cinéma direct), ≪시네마 악시옹(Cinéma Action)≫, No. 76, 3e trimestre 1995
〈기호학 연구〉(Recherches sémiologique), ≪커뮤니케이션(Communication)≫, No. 4, Paris, 1964
〈정신분석과 영화〉(Psychanalyse et cinéma), ≪커뮤니케이션≫, No. 23, Paris, 1975
〈이미지의 힘〉(Pouvoirs de l'image), ≪영화연구(Etudes cinématographiques)≫, No. 78~81, Paris, 1970
〈크리스띠앙 메츠와 영화이론〉(Christian Metz et la théorie du cinéma), ≪아이리스(Iris)≫, No. 10, Paris, 1990
〈메스메리즘에 관한 비밀연구〉(Rapport secret sur le mesmerisme), ≪오르니카(Ornica)≫, No. 4, Paris, 1975
"나는 언제나 영화가 사유의 도구라고 생각했다(J'ai toujours persé que le cinéma était un instrument de pensée)", propos recueillis et mise en forme par Vincent Vatican, ≪Cahiers du cinéma≫, N° 490, avril 1995
"미국 유성영화 베스트(Les meilleurs films américains du parlant)", ≪Cahier du cinéma≫, N° 150-151, Spécial Cinéma américain≫, décembre 1963-janvier 1964
"건축, 장식 그리고 영화(Architecture, décor et cinéma)", ≪Cinéma Action≫, N° 75, 2e trimestre 1995
"다이렉트 영화(Le cinéma direct)", ≪Cinéma Action≫, N° 76, 3c trimestre 1995
"이미지의 힘(Pouvoirs de l'image)", ≪Etudes cinématographiques≫, N° 78-81, 1970, l 44p.
"프랑스 영화 : 해방시기부터 누벨바그까지(Spécial. Le cinéma français de la libération à la Nouvelle Vague)", ≪Focale≫, N° 2, 1993, Presses Universitaires de Nancy, 152p.

"영화, 역사의 시간(Spécial. Cinéma: le temps de l'histoire)", ≪Vingtième Siècle≫, N° 46, avril/juin 1995, 216p.

"랑글루와 사건(L'Affaire Langlois)", ≪Cahiers du cinéma≫, N° 199, mars 1969

"지가-베르토프 그룹(Le groupe Dziga-Vertov) (1)", ≪Cahiers du cinéma≫,, N° 238, mai/juin 1972

"지가-베르토프 그룹(Le groupe Dziga-Vertov) (2)", ≪Cahiers du cinéma≫,, N° 240, juillet/août 1972

자끄 오몽(Jacques Aumont), "어떻게 역사를 기술할까(Comment on écrit l'histoire)", ≪Cahiers du cinéma≫,, N° 238/239, mai/juin 1972

영화적 시도들, 그리고 영화들
1892~1927

여기 영화적 시도들과 영화들의 목록을 첨부한다. 사실 모두 영화들(films)이라고 해도 되겠지만, 정확한 개념을 따른다면 초기의 얼마간 만들어진 것들에 '필름'이라는 의미를 두기는 힘이 들 것이다. 본문에서 말했듯이 그때에는 스크린에 투영되는 이미지들 자체가 작업의 의미를 매듭짓는 목적이 아니었기 때문이다. 물론, 일반적으로는 그리 불러도 되지만 지금 이 책은 개념의 발달 과정을 중요시하기에 이를 지키고자 했다.

당대 만들어진 모든 목록은 아니다. 그 시간을 대표할 만한 목록들인데, 기초는 조르주 사둘의 업적에 기인한다. 그 리스트를 중심으로 프랑스 거주 당시, 찾아다니며 접한 목록들을 함께 첨부한다. 프랑스 뤼미에르 박물관과 시네마떼끄, 대학들의 자료실에서 열람할 수 있었던 작품들이며, 그저 단순 자료로 첨부하는 것은 아니다. 어떤 면에서 이 책을 저술하게 된, 근본적인 의식을 심어준 목록일 수도 있는데, 시간을 따라 하나하나 찾아보면서 '영화'에 대한 새로운 이해에 이르렀기 때문이다. 단지 어떤 것이 언제 만들어졌다는 사실적인 자료가 아니라, 바로 그 때문에, 어떤 시기에, 어떤 이유로, 누가 그러한 작업을 했는지, 나아가 당대 인류들에게 어떤 이미지들이 '영화'로서 수용되었는가를 차곡차곡 이해해 갈 수 있었다. 강좌에서 늘 하는 이야기지만, 시간을 따라 작품들을 보는 일은 여러모로 아주 중요하다. 영화들을 대하는 의식의 발전 과정이 고스란히 담겨있기 때문이다. 이제까지 우리는 오히려 이러한 리스트들 안에서 언제나 감독들, 작품의 가치 입장만을 찾으려 했겠지만 말이다. 이 자료들은 보기에 따라서는 너무나 중요한 정보들을 담고 있다. 의식만이 아니라, 실제 영화의 삶을 파악할 수도 있는데, 언제, 누구 혹은 어떤 나라에서 영화들이 시작되었는가도 볼 수 있으며, 영화 제작 편수의 증감에 따른 역사적 이해도 가능하다. 이를테면, 아래 목록에 어느 순간, 히치콕이 등장하고, 존 포드가 나오며, 혹스, 월시 등등이 나온다. 그들이 언제 어떻게 시작했는가는 그저 단순한 정보가 아니며, 어떤 의식이 작용되었는가를 파악하게 해준다. 본문을 통해 파악한 이해를 따라서 이 작품들을 찾아보면서 확실하게 깨닫는 기회가 될 수도 있을 것이다.

'영화'는 어떻든 글이 아니다. 그것은 움직이는 이미지로 우리에게 나타났으며 그 방식으로 쌓여왔다. 글로 쓰인 것들은 중요할 수는 있지만 결코 영화들보다 중요하지는 않다. 여러분이 스스로의 눈으로 시간의 맥락을 이해하기를 바란다. 영화를 만들려고 하든, 그에 대해 말을 하려고 하든, 혹은 즐기길 원하든, 무조건 영화는 눈앞에 이미지로 풀려가는 그 상태로 접해야만 한다. 여러분에게 확실한 자신감을 부여해 주리라 보장한다. 글만 읽는다면 진짜로 그것은 쓸모없는 지식 쪼가리로 머리에 남아, 욕망의 구질구질한 무기로만 작동할 뿐이다. 지금까지 너무나 많은 이들이 그래왔고, 그 때문에 우리는 쓸데없는 논지들에 너무나 많이 시달려 왔다(영화뿐만이 아니지만…). 타인에게 '눈'을 넘겨주지 말자. 그 통로로 직접 들어온 것이 내 안에 쌓여 감각과 의식, 지적 성찰을 만들어 낸다. 남의 글이 아니라…. 정말이지 여기의 대부분을 봤는데 시간을 엄청 투자한, 무모해 보이는 일이었지만, 결국 그만큼이나 아름다운 기억이 없다. 내 삶에서, 뚜렷하게 추억이라 할 수 있을 만한 행동거지였으며 그로 인해 지금의 내가 있기 때문이다. 다시 말하지만, 영화는 이미지 앞에 앉아 그것이 현상적으로 나를 감싸는 그 경험을 통해 이루어진다!

아쉬운 것은 제목들이다. 프랑스에서 조사한 자료들이어서, 그곳에서 출시된 제목을 따랐으며, 이 과거 자료들을 일일이 영어판이나 우리말 제목으로 대조하는 노력까지는 기울이지 못했다. 하지만 상당 작품들은 인터넷상에서 제작자나 불어 제목의 검색을 통해 원제를 찾을 수 있다. 다음은 이따금 나오는 기호들에 대한 설명이다.

국가명, 혹은 작가명 옆 괄호 안 숫자는 작품 수이다.

Act. 혹은 actualité는 당대 소식을 담은 다큐멘터리성 작품들임을 의미한다. Docu.로 표기한 다큐멘터리와는 달리 현장에 나가 있는 그대로 기록한 필름을 말한다. 즉, 현상 그 자체로 담은 필름들이다.

Co.는 '공동'이라는 표기이며, anim은 애니메이션이고, sc.는 스크린 플레이, 즉, 촬영을 의미한다. 그리고 prod.는 제작을 겸했다는 표기이다.

1892
프랑스 — Émile Reynaud: 《Un bon Bock》, 《Pauvre Pierrot》. Demenÿ : 《Vive la France!》, 《Je vous aime》

1893
미국 — Muybridge : 《Boxeurs》, 《Base-Ball》, 《Forgerons》, 《Flirt à l'Éventail》, 《Lions》, 《Buffles》, 《Singes》, 《Chevaux》 etc. (animated photo - 시카고 전시회에서 상영된 작품들)

1894
미국 — W. K. L. Dickson : 《Buffalo Bill》, 《Annie Oakley》, 《Danses de Sioux》, 《Cinghalais》, 《Japonais》 etc., 《Danse d'Annabelle》, 《Le Professeur Sandow》, 《Le Dentiste Colton》, 《Scène de Bar》, 《Le Coiffeur》, 《Le Forgeron》, 《Le Pompier》, 《l'Éternuement de Fred Ott》 etc. (50 films Kinetoscope)
프랑스 — Émile Reynaud : 《Rêve au Coin du Feu》, 《Autour d'une Cabine》

1895
독일 — Skladanowski : 《Vues de Berlin》.
미국 — W. K. L. Dickson : 《Les Fumeurs d'Opium》, 《La Blanchisseuse chinoise》, 《X》(producer Raff & Gammon Version), 《Kiss of May Irvin & John C. Rice》(close-up), 《X》(Edison Version), 《La Mort de Marie-Stuart》
프랑스 — Auguste Lumière : 《Les Brûleurs d'Herbes》 / Louis Lumière : 《La Sortie des Usines》, 《Le Déjeuner de Bébé》, 《La Sortie du Port》, 《Partie d'Ecarté》, 《Les Pompiers》(4 bandes), 《La Démolition d'un Mur》, 《Le Faux Cul de Jatte》, 《L'Arroseur arrosé》, 《Scènes de Rue》, 《Scènes militaires》 etc. (40여 작품)

1896

미국 — W. K. L. Dickson: ≪Passage de l'Empire State express≫(panoramic).

프랑스 — Léar : Le Coucher de la Mariée. - Floury et Ducom : La Biche au Bois. - Prod. Pathé : Arrivée du Train de Vincennes, Le Coucher de la Parisienne, La Dame malgache, etc. - Perrigot et Doublier : Couronnement du Tzar (act.). - Promio : Vues de Venise (Travelling). - Georges Méliès : Une Partie de Cartes (1st film), Une Nuit terrible, Escamotage d'une Dame, Le Manoir du Diable, etc. (78).

영국 — William Paul : La Mer à Douvres, Le Derby d'Epsom.

1897

쿠바 — XXX. : L'Extinction d'un Incendie (act.).

미국 — Tilden et Rector : Le Match Corbett-Fitzsimmon. - Stuart Blaokton : Un Voleur sur les Toits.

프랑스 — Georges Hatot : La Passion, Faust, Les dernières Cartouches. Assassinat du Duc de Guise, Mort de Robespierre, etc. - Léar : Idylle au Bord de la Marne, Le Lecteur distrait. - Georges Méliès (54) : Paulus chantant, La Guerre en Grèce, Les dernières Cartouches, Le Cabinet de Méphisto, Faust et Marguerite. - Société Pathé (빠떼 영화사) : Danse macabre, Coucher d'Yvette et de Pierreuse, Le Bourreau, Lynchage, Exécution à Berlin, Lynchage, etc.

영국 — W. Paul : Le sale petit Garçon, Le galant Militaire, La Vie des Geishas. - Williamson : Deux Garçons insupportables. - Al West : Notre flotte.

멕시코 — Salvador Tosoano Barragaa : 1st films (act.).

1898

스페인 — Gelabert : Dorotea,

미국 — Vincent et Paley : La Passion. - Amet : Bataille navale à Cuba. - Stuart Blaokton : Déchirons le Drape au espagnol.

프랑스 — Georges Hatot : Barbe Bleue, Jeanne d'Arc, Pierrot et le Fantôme. - Alice Guy : La Passion. - Méliès (30) : Le Cuirassé Maine, Combat naval (미니어쳐), Pygmalion et Galatée(이중인화), Guillaume Tell, La Caverne maudite (이중인화), L'Homme de Têtes (이중인화), Tentation de Saint-Antoine. - Sté Pathé: Gigolos et Gigolettes, Rêves d'un Buveur, Flagrant Délit d'Adultère.

영국 — W. Paul : Notre nouvelle Servante, Le Déserteur, Départ & Retour d'un Marin, Difficultés d'un Cinématographiste. - G. A. Smith : Cendrillon, Santa Claus, La Femme Barbier, Visages comiques, Le Mesmerien, Faust, Le Fantôme. Aladin.

일본 — T. Shibata et S. Asano : Danses Kabuki - Mitsnmura Kabe : Itako Dejima.

멕시코 — S. Toscano Barragan : Don Juan Tenorio.

체코슬로바키아 — Jan Kryznecky : Le Colleur d'Affîches, Rendez-vous au Moulin, etc.

1899

남아프리카 공화국- Cock et Dickson : La Prise de Pretoria.

프랑스 — Alice Guy : Mésaventure d'une Tête de Veau, Dangers de l'Alcoolisme, Monnaie de Lapin. - Georges Méliès (33) : Le Diable au Couvent, Le Christ marchant sur les Eaux, Miroir de Cagliostro, L'Affaire Dreyfus, L'Homme protée. - Sté Pathé : L'Affaire Dreyfus, La Belle et la Bête, Le Muet mélomane(sound).

영국 — W. Paul : Les derniers Jours de Pompéi, Bombardement de Mafeking, L'Artiste et la Fleuriste. - G. A. Smith : Le mauvais Rasoir, Scandale au-dessus d'une Tasse de Thé, Grand-Mère enfilant une Aiguille. - Williamson : Régates de Henley, Le Clown Barbier. - Hepworth : Soldat anglais arrachant un Drapeau boër.

일본 — T. Shibata : Inazuma Goto, Le Voleur de Revolvers.

1900

아르젠티나 — act.릴 필름.

미국 — James E. White & Charles E. Geoly : La Guerre du Transvaal.

프랑스 — Clément Maurice : Cyrano de Bergerac, Hamlet, Les Précieuses ridicules, L'Enfant prodigue, etc. (sound). - Méliès (31) : Jeanne d'Arc, L'Homme Orchestre, Le Rêve de Noël, Le Déshabillage impossible, Coppelia. - Sté Pathé : Aladin, Le Petit Poucet, La Guerre du Transvaal, Mariage de Raison.

영국 — Hepworth : Prestidigitateur et Boër, L'Armée anglaise (docu.). - W. Paul : Kruger rêve d'un Empire, Guillaume Tell, La Mouche humaine, En Auto à Picadilly Circus. - G. A. Smith : La Loupe de Grand-Mère.

일본 — T. Shibata et K. Fukaya : La Guerre des Boxers - Georges Doi : Les Lutteurs, Sumo (docu.).

1901

프랑스 — Méliès : Le petit Chaperon rouge, Le Chimiste repopulateur, Échappés de Charenton, Barbe bleue, L'Homme à la Tête de Caoutchouc, Le Miracle de la Madone. - Zeoca : Les 7 Châteaux du Diable, Histoire d'un Crime, Conquête de l'Air, Quo Vadis?, Assassinat de McKinley, Tempête dans une Chambre à coucher, Idylle sous un Tunnel.

영국 — G. A. Smith : Le petit Docteur, Ce que je vois dans mon Télescope. - Williamson : Attaque d'une Miss ion en Chine, La Baignade impossible, Au Téléphone. - W. Paul : Déshabillage extraordinaire, Un Bébé trop couvé.

1902

미국 — Edwin S. Porter : La Route de l'Anthracite, Vie d'un Pompier américain. - Stuart Blaokton : Un Gentilh omme de france.

프랑스 — Méliès : Le Mont Pelée, Voyage dans la Lune, Sacre d'Édouard VII, Gulliver, Robinson Crusoé, L'Ho mme Mouche. - Alice Guy : La Fée aux Choux. - Zeoca et Nonguet : La Passion (lst Version). - Zecca : La Pou le merveilleuse, Catastrophe de la Martinique, L'Amour à tous les Étages, Ce que je vois dans mon Télescope, Victimes de l'Alcoolisme.

영국 — Hepworth : La Paix dans l'Honneur - W. Paul : Les Horreurs de l'Alcoolisme, Le glaive magique, Collis ion de Train - G. A. Smith : La Lanterne du Policeman, Enfin cette sale Dent - Williamson : Le Retour du Sold at, Le grand Avaleur.

1903

브라질 — Antonio Lea : act.필름

덴마크 — Peter Efelt : L'Infanticide.

미국 — E. S. Porter : Great Train Robbery (Le Vol du Rapide), La Case ≪I≫ l'Oncle Tom.

프랑스 — Méliès (29) : Cake Walk infernal, Le Mélomane, Royaume des Féru, Lanterne magique, Damnation de Faust. - Nonguet : Don Quichotte, Le Chat botte, La Passion(연작) - Zecca : Vie d'un Joueur.

영국 — Alfred Collins : Mariage en Auto, Le Pickpockett, Les Braconniers, Incident au Derby. - Hepworth : Al ice au Pays des Merveilles. - Mottershaw : L'Attaque de la Diligence. - W. Paul : Voyage au Pèle nord. - Rosen thal : Hiawatha, Le Canada vivant. - Martin Duncan : Le Monde invisible. - Ridder Noble : La Guerre dans les Balkans. - M. D. Philippe : Remords !

1904

미국 — E. S. Porter : Le Vol de la grande Banque, Capture des Voleurs de la Yegg Bank. - McCutcheon : Perso nal (Mariage par Annonces), Scènes de la Guerre russo-japonaise (act.).

프랑스 — Méliès (45) : Miracle sous l'Inquisition, Faust, Le Barbier de Séville, Voyage à travers l'Impossible, Le Juif errant. - Nonguet : Guerre russo-japonaise, La Passion (연작). - Sté Pathé : Peau d'Ane, Christophe Colo mb. - Zecca : La Grève. - Lorant Heilbronn : Roman d'Amour, Le Règne de Louis XIV. - Gaston Velle : Métam orphoses du Roi de Pique, Valise de Barnum.

영국 — Alf. Collins : Le Coup de Grisou, Cette sacrée Guêpe. Mottershaw : Roman d'un Soldat. - W. Paul : Vie d'un Mineur, Pour d'un Fou. - Rosenthal : Les Sports d'Hiver, La Prise de Port-Arthur. - Harrison : Marie Mart in, ou le Meurtre de la Grange rouge.

이탈리아 — Rob Omegna : Course automobile du Mont Cenis (act.).

1905

스페인 — Segundo de Chômon : L'Hôtel électrique, Les Bandits du Parc. - Fruttoso Gelabert : Les Gandins de la Laiterie du Parc. - Angel Hueva : Le Tribunal des Eaux

미국 — Porter : Le Vol du petit Train, La Fille du Meunier, La Veillée de Noël, Tragédie fluviale. - Stuart Blackt on : Raffles Gentleman cambrioleur.

프랑스 — Méliès : L'Ange de Noël, Les Cartes vivantes, Les 1001 Nuits, La Tour de Londres, Voyage automobi le Paris-Monte-Carlo, Rip. - Nonguet : Événements d'Odessa (Potemkine), Les Troubles de Saint-Petersbourg. -Sté Pathé : Les Apaches de Paris, Au Bagne, L'incendiaire. - Zecca : Au Pays noir, Toto gâte-sauce, Les petits Vagabonds, 10 Femmes pour un Mari. - Max Linder : Première Sortie. - Heuzé : Le Voleur de Bicyclettes. - Ze cca et Velle : Rêve à la Lune. - Alice Guy : La Esmeralda, Réhabilitation, Robert Macaire, Noce au Lac Saint-Fargeau.

영국 — Barker : La chasse à la Baleine. - Clarendon : La paye du Samedi, Le Sac à Main volé. - Hepworth : L'i nvasion des Métèques, La Mort de Nelson, Faussement accusé, Sauvé par Rover. - Mottershaw : La Vie de Ch arles Peace. - W. Paul : Aventures d'un Billet de 100 Livres, Poussé à l'Anarchie, Le Motocycliste. - Urban : Le Voleur de Bicyclette.
이탈리아 — Filoteo Alberini : La Prise de Rome.
일본 — Shimizu et Fiyiwara : Port-Arthur (act.).

1906
덴마크 - Viggo Larsen : Drame au Vitriol
미국 — E. S. Porter : La Kleptomane, L'ancien Forçat, La Veillée de Noël, Le Rêve d'un Amateur de Welsh Rare bit. - Stuart Blackton : Le Stylo magique
프랑스 — Méliès (18) : Jack le Ramoneur, Les Incendiaires, Les 400 Farces du Diable, La Fée Carabosse, Robert Macaire et Bertrand. - Jasset et Alice Guy : La Passion. - André Deed : Série des Boireau. - Max Linder : Le Pe ndu. - Lépine : Le Fils du Diable, J'ai perdu mon Lorgnon. - Heuzé : Chiens contrebandiers, Le Déserteur, Le Billet de Faveur. - Gaston Velle : Voyage autour d'une Étoile, Peine du Talion, Poule aux Œufs d'Or, Les Invisi bles.
영국 — Clarendon : La Mariée enlevée. - W. Paul : Le Dilemme du Curé, Les Amoureux et le Fou. - Hepworth : Épisode du Derby, L'Erreur du Pharmacien, Dick Turpin.
그리스 — Les Jeux Olympiques (올림픽 첫 공식 다큐멘터리).
이탈리아 (60). — Roberto Omegna : Le Roman d'un Abandonné.
멕시코 — Aguilar et Norrega : El San Lunes de Valedor.

1907
브라질 — Antonio Leal et Marzullo : Les Étrangleurs.
덴마크(63). — Viggo Larsen : Chasse au Lion.
스페인 — G. Elabert : Les basses Terres. - R. de Banos : Don Juan Tenorio.
미국 — St. Blackton : L'Hôtel hanté. - E. S. Porter : Sauvé du Nid d'Aigle. - Marvin : Le vieil Usurier Isaac.
프랑스 — G. Méliès (19) : 200 000 Lieues sous les Mers, Le Tunnel sous la Manche, L'Éclipse, Harnlet, Shakesp eare écrivant Jules César. - Feuillade : L'Homme aimanté, Facteur trop ferré, Vive le Sabotage, Course des Bel les Mères. - Deed : Les Boireau. - M. Linder : Débuts d'un Patineur. - Zecca : Métempsychose, Légende de Pol ichinelle.
영국 — W. Paul : Le Bookmaker, Un Père inhumain.
이탈리아 — Ambrosio (prod.) : Marcus Lycinius, Lo Chien reconnaissant, Amoureuse d'un Jour. - Mario Caseri ni : Othello.
러시아 (4). — Chouvalov et Drankov : Boris Godounov. - André Maitre : Les Cosaques du Don.

1908
아르젠티나 — Mario Gallo : La Fusillade de Dorrego.
브라질 — Paulo Benedetti : Un Transformiste original.
덴마크 (65). — A. R. Nielsen : Trilby.
스페인 — Gelabert : Maria Rosa, La Dolorès, Amour qui tue.
미국 — D. W. Grillith : Les aventures de Dolly, La Chanson de la Chemise, La Mègère apprivoisée, Pour l'Amour de l'Or, etc. - St. Blackton (prod.) : Scènes de la Vie réelle (시리즈), Salomé, Richard III, Roméo et Juliette, Mac beth, etc. - Francis Boggs : Monte-Cristo. - Sydney Olcott : Ben Hur.
프랑스 — Calmettes et Le Bargy : Assassinat du Duc de Guise. - Capellani : Homme aux Gants blancs. - Cohl : Drame chez les Fantoches, Journal animé, Frères Boutdebois, Fantasmagorie, La Vie à rebours, etc. - Méliès (45) : La Civilization à travers les Ages, Photo électrique à distance, L'Avare, Tartarin de Tarascon, Raid Paris-New York en Automobile, La Fée Libellule, Le Génie des Cloches, Moitié de Polka. - Jasset : Ame Corse, Nick Carter, Riffle Bill
영국 — Arthur Collins : Napoléon et le Marin anglais. - Godfrey Tearle : Roméo et Juliette.
이탈리아 — Luigi Maggi : Les derniers Jours de Pompéi. - Mario Caserini : Marco Visconti, Roméo et Juliette, La Chanteuse de Venise.
멕시코 — Les frères Alva. Tosoano Barragan, Jorge Stahl : Révolution mexicaine (act. 1914년까지 이어짐).
노르웨이 — Hugo S. Hermanson : Un Pêcheur en péril.

폴란드. — J. Meyer : Antos pour la première fois à Varsovie

러시아 (9). — Drankov : Pierrot et Pierrette. - Gontcharov : Stenka Razine - Siversen : Drame chez les Tziganes.

1909

오스트리아 (11). — Ray Langford : L'Australie appelle.

브라질 — José de Patrocinio Filho : Paix et Amour.

중국(Hong-Kong). — Liang Shao Po : L'Affaire du Vase, Le Vol du Canard mandarin.

덴마크 (74). — Viggo Larsen : Dr Nikola (I, II, III), Madame Sans Oên..

스페인 — P. Gelabert : Guzman le bon. - R. de Banos : La Campagne de M. lili.

미국 — D. W. Griffith (138) : Le Violon de Crémone, Bas de Cuir, Pipa Passe, Le Spéculateur en grains, etc. -W. Ranous : Yawatha - Porter : Jouets du Destin, Alice au Pays des Merveilles. - S. Blackton : Napoléon, Jules (Oliver Twist) - Sydney Olcott : Aventure d'une Espionne. - G. D. Baker, James Young, Van Dyke Brooks, etc., (prod.) Stuart Blackton : Scènes de la Vie réelle (시리즈).

프랑스 — Capellani : L'Assommoir, Assassinat du Duc d'Enghien, La Peau .1.. Chagrin, Le Roi s'amuse. - Calm ettes : L'Arlésienne, La Tosca, La Tour de Nesle. - Armand Bour : Le Baiser de Judas. - E. Cohl : Les joyeux Mi crobes, Les Lunettes féeriques, Le Linge turbulent. - Feuillade : Judith et Holopherne, Le Huguenot, La Mort, La Légende des Phares. - Bosetti : Série des Calino. - Linder : Série des Max. - Michel Carré : Le Bal noir. - Ja sset : Morgan le Pirate, Le Vautour de la Sierra. - Méliès : Les Illusions fantaisistes, Hydrothérapie fantastique. . - Pathé Journal

영국 — X. : L'Expédition Shackleton au Pôle sud.

이탈리아 — L. Maggi : Parjure I, Louis XI, Le Fils des Forêts. - M. Caserini : Le Cid, Béatrice Cenci, La Dame de Montsoreau, Jeanne d'Arc, Macbeth, Wanda Soldanieri - L. Sairo : Othello. - Pasquali : Le Capitaine Fracasse, Ettore Fieramosca. - Bertolini Padovan et De Liguoro : L'Enfer. - De Liguoro : Martyrs pompéiens, Nella de Lo rui

러시아 (22). — Drankov : Tarass Boulba. - Gontcharov : Mazeppa, Pierre le Grand, Vermak conquérant de la Si bérie. - Protazanov : La Fontaine de Baktchisaraï.

1910

칠레. — Julio Cheveney : actualités,

덴마크 (136). — Alf. Lind : La Traite des Blanches (I). - Viggo Larsen : Mariage sous la Révolution. - Holger Ras mussen : La Femme X... - August Blom : Robinson Crusoé.

스페인 — S. de Chômon : Les Tentations de Saint-Antoine.

미국 — D. W. Griffith : La Mer éternelle, Ramona, La Maison aux Volets clos, Le Garçon N° 5, Un Enfant du Ghetto, etc. (103). - Thomas Ince : Leur premier Malentendu. - Mack Sennett : Camarades, La Mine d'Or, - S. Blackton (prod.) : Scènes de la Vie réelle, La Case de l'Oncle Tom. - E. S. Porter : La Grève, L'iconoclaste, Fau st, Capital contre Travail.

프랑스 — Andreani : Messaline, Moïse. - M. Carré : Le Four à Chaux. - Calmettes : Werther, L'Avare, Don Car los - Chautard : Le Médecin malgré lui. - Linder : Max fait du Ski, etc. - Monca : Premiers Rigadins. - Jasset : Hérodiade. -Numès : Eugénie Grandet. - Bosetti : Les Calino (연작). - Cohl : Le petit Chantecler, Le tout petit Faust, Les Beaux Arts mystérieux, etc. - Méliès : Si j'étais Roi.

이탈리아 — M. Caserini : Baiser fatal, Catalina, Jeanne la Folle, Jean des Bandes noires, Messaline, Lucrèce Bor gia. - Guazzoni : Brutus, Aggripine. - Pastrone : La Prise de Troie. - Maggi : Le Grenadier Rolland. - De Liguo ro : Œdipe Roi, Le Festin des Borgia, Joachim Murat. - André Deed : Série des Crétinetti.

멕시코 — F. de Haro et M. Hidalgo : Cri de douleur.

폴란드 — Alex. Hertz : Antek le Malin.

포르투갈 — Joâo Tavarès : Les Crimes de Diego Alves.

스웨덴 — Eric Petschler : Gens du Warmland.

러시아 (30). — Drankov : Bogdan Khmelnitsky. - Gontcharov et Makarov : Napoléon en Russe, Roussalka, Vie et Mort de Pouchkine, Crime et Châtiment. - Hansen et Maître : La Princesse Tarakanova. - Protazanov : La Nuit de Mai. - Tchardinine -.L'Idiot, La Dame de Pique, Mascarade.

1911

덴마크 (99). — Robert Dinesen : Les quatre Diables. - Urban Gad : Rêve noir. - Auguste Blom : La Ballerine, Ha mlet, La Femme de Putiphar, La Traite des Blanches(II), Aux Portes de la Prison. - Schnedler Sorensen : Gar

El-Hama (I), La Course de la mort

스페인 — F. Gelabert : La Lutte pour l'Héritage. - R. de Banos : Don Juan de Serralonga, Pedro le cruel.

미국 — Griffith : La Télégraphiste de Lonedale, Enoch Arden, La dernière Goutte d'Eau, La Bataille. - Th. Ince : Le nouveau Cuisinier.

프랑스 — Andreani : Le Siège de Calais. - Bourgeois : Les Victimes de l'Alcool. - Bosetti : Les Little-Moritz. - M. Carré : La Navaja. - Calmettes : Camille Desmoulins, Mme Sans Gêne. - Capellani : N.-D. de Paris, Roman d'un jeune Homme pauvre, Le Courrier de Lyon. - Durand : Série des Calino. - Feuillade : La Vie telle qu'elle est (시리즈), Aux Lions les Chrétiens, etc. - Jasset : Zigomar. - Chautard : Le Poison de l'Humanité. - Pouctal : La Dame aux Camélias. - Machin : La Cherté des Vivres, Les Babylas. - Léonce Perret : Dans la Vie. - Cohl : Le Retapeur de Cervelle, Poudre de Vitesse, etc. - Linder : Max et le Quinquina, etc.

영국 — Ponting : Le Capitaine Scott au Pôle sud. - Urban (prod.) : Série des Nat Pinkerton. - Barker : Henry VIII. - F. R. Benson : Jules César, Richard III, Macbeth. - Ch. Reymond, Ch. Weston, Maurice Elvey : Séries du Lt. Daring FR Bei.

이탈리아 — Caserini : L'adultère, Mamzelle Nitouche, Le Roman d'un jeune Homme pauvre, Romola, etc. - Gu azzoni : Jérusalem délivrée, Les Macchabées. - M. Fabre : Série des Robinet. - Ferdinand Guillaume : Série des Polidor. - Luigi Maggi : Noces d'Or, Chatterton, La Tigresse, L'Argent de Judas. - De Liguoro : Triste Oubli, Le Courage de lu Peur, Burgos.

폴란드 (5). — Alex. Hertz : Meir Ezofowicz, Victime des Préjugés. - Puchalsky : La Douceur du Péché.

스웨덴 — Muck Linden : L'Émigrante.

러시아 (73). — Gontcharov : Le Siège de Sébastopol, Eugène Oneguine, La Vie pour le Tzar. - Maître : Anna Ka rénine. - Hansen : Lomonosov. - Sakhchenko : Les Zapo-rogues. - Sabinsky : Roman de la Contrebasse. - Tch ardinine : Ivan le Terrible. - Vitrotti : Le Démon, Ismene.

1912

독일 — Max Mack : Qui est Coletti? - F. Porten : Theodor Korner.

덴마크 (160). — Aug. Blom : La Fille du Gouverneur, Le Chancelier noir, Danse vampiresque, La Fiancée de la Mort. - Glückstadt : Le Sang bleu. - Rasmus Ottesen : La Fille de Brasserie(screen play. Dreyer).

스페인. — Gelabert : Anna Cadova. - Ricardo de Banos : Les Amants de Téruel.

미국 — Griffith (60) : La Genèse de l'Homme, Les Mousquetaires de Pig Alley, Le Massacre, L'Ennemi invisible, Avec l'Aide de l'Ennemi, Le Chapeau de New York, etc. - Thomas Inee : A travers les Plaines, Le Déserteur. - Mack Sennett : Cohen à Coney Island. - Frank Marion : La Vie du Christ. - S. Blackton, George D. Baker, etc. : Scènes de la Vie réelle.

프랑스 — André Deed : Nouvelles Série des Boireau. - Calmettes : Les trois Mousquetaires. - Capellani : Les Misérables. - Feuillade : La Vie telle qu'elle est (연작). ~ Chautard : La Veuve joyeuse, La Dame de chez Maxi m's. - Denola : Les Mystères de Paris. - Mercanton et Desfontaines : La Reine Elizabeth. - Perret : Les Roches de Kador, La Main de Fer, etc. - Monca : Le Petit Chose. - Méliès : La Conquête du Pôle, Cendrillon (2nd versi on). - Linder : Série des Max. - Jasset : Au Pays noir, Le Saboteur, La Terre.

영국 — Thomas Bentley : Oliver Twist, David Copperfield. - Ponting : Le Capitaine Scott au Pôle Sud (연작),

이탈리아 — Caserini : Les Cavaliers de Rhodes, Dante et Béatrice, Les Mille, Mater Dolorosa, Infamie Arabe. - Guazzoni : Quo Vadis ? - De Liguoro : Breuvage fatal. - Negroni : Idylle tragique, Larmes et Sourires

일본 — Fukuodo : Un Garçon décidé.

멕시코 — Martinez Arredondo : Au Temps des Mayas, La Voix de la Race.

폴란드 (11). — Alex. Hertz : Les Juges, Une Histoire comme des autres. -Puchalsky : Le Déluge.

스웨덴 — Stiller : Mère et Fille, Le Masque noir, La Vampire ou le Pouvoir d'une Femme. - Sjostrom : Le Jardini er, Un Mariage secret.

체코슬로바키아. — Max Urban : Une Idylle dans la vieille Prague, Un Duel à l'Américaine, La Fin de l'Amour.

러시아 (102). — Gontcharov, Hansen et Ouralsky : L'Année 1812. - Hansen : L'Orage, Pauvreté n'est pas vice, Dévouement total. - Tchardinine : Le Torrent printanier, Chambre n° 6. - Starevitch : Lucane et Cerf-volant (Anim.).

1913

독일 — Rudolf Bibrach : La Vallée de la Vie, Héroïsme de Française, etc. (avec Henny Porten). - Cari Froelich : Andréas Hofer. - Stellan Rye : L'Étudiant de Prague.

중국 — Les frères Li (Hong-Kong) : Le Philosophe Chuang et sa femme. - Chang Shi-Chuen et Tsun Tchen-

Choun (Shanghai) : Le Poison noir.

쿠바. — Pablo Santos et Jésus Artigas (Prod.) : Manuel Garcia.

덴마크 (158). — Gluckstadt : L'Ile des Morts. - Aug Blom : Atlantis, Le pouvoir de la Presse, Montagnes d'Or, Jeu d'Enfer, etc. - Holger Madsen : La Traite des Blanches, Les Danseuses.

스페인 — Gelabert : Mauvaise Race.

미국 — Cécîî B. de Mille : L'Homme Squaw. - Thomas Ince : La Bataille de Gettysburg, La Piste du pin Solitaire. - Mack Sennett : Deux bons Copains, Série des Mabel et Fatty. - S. Olcott : De la Crèche à la Croix. - D. W. Griffith : L'Huile et l'Eau, La Maison de l'Obscurité, Les Réformateurs, Amour maternel. Marathon de la Mort.

프랑스 — Andreani : La Fille de Jephté, La Reine de Saba. - Capellani : Germinal, La Glu. - Jasset : Balaoo, Zigomar Peau d'Anguille, Protea I. - Chautard : La Duchesse des Folies-Bergère. - Feuillade : Fantomas I, II, III, IV. - Durand : Série des Onésime. - Linder : Série des Max. - Perret : Série des Léonce, L'Enfant de Paris. - Zecca et Leprince : La Comtesse noire, etc. - Morlhon : Don Quichotte, Le Sacrifice du Cœur - Denola : Rocambole. - M. Tourneur : Mystère de la Chambre jaune. - Monoa : Sans Famille.

영국 — Thomas Bentley : David Copperfield. - Barker : East Lynne(Lady Isabel), Reine pendant 60 ans (Co. Jack Smith et E. Shirley). - Larry Trimble : La Rose du Surrey. - Herbert Brennon : Ivanhoe.

인도 — D. G. Phalké : Raja Harashindra.

이탈리아 (467). — R. Chiosso : Spartacus. - Caserini : Derniers Jours de Pompéi, Mais mon Amour ne meurt pas, Le Train de Spectres, Somnambulisme, Florette et Patapon, Néron et Agrippine. - Del Colle : Les Fiancés. - B. Negroni : La Maîtresse, Le dernier Atout, Histoire d'un Pierrot. - Denizot : Tigris. - Guazzoni : Antoine et Cléopâtre, L'École des Héros. - Luigi Maggi : La Lampe de Grand-Mère, Le Barbier de Séville. - E. Rodolfi : Les Fiancés. - E. Vidali : Les derniers Jours de Pompéi. - Perrego : Fabiola. - N. Martoglio : Le Roman. - Nino Oxilia : In Hoc Signo Vinces, Le Cadavre vivant.

폴란드 (10). — Alex Hertz : Victimes du Fanatisme, L'Heure fatale.

스웨덴 — V. Sjostrom : Ingeborg Holm, Les Prêtres, Demi-Sang, Une Histoire d'Eté. - Stiller : Les Enfants, Les Conflits de la Vie, Suffragettes modernes.

러시아 (129). — E. Bauer : Le Bossu K, Gloire sanglante, Passion coupable, etc. - Gontcharov et Tchardinine : La Dynastie des Romanov. - Gardine et Protazanov : Les Clefs du Bonheur. - Protazanov : Comme les Roses sont belles et fraîches, Le Nocturne de Chopin, etc. - Starevitch : La Nuit de Noël, Vengeance terrible.

1914

독일 — Joë May : La Pagode. - Stellan Rye : La Maison sans Porte ni Fenêtre (lst version). - Reinhardt : L'île des Bienheureux. - Robert Wiene : Pauvre Ève.

브라질 (139) — Luis de Barros : La jeune Squaw.

덴마크 (139) — August Blom : Pro Patria, Le Mystère des Vases. - Holger Madsen : Fumeurs d'Opium, Amitié mystique, Guerre et Amour. - Rob. Dinesen : Gar el Hama (III). - Benjamin Christensen : L'X mystérieux.

스페인 — Adrian Gual : Mystère de Douleur, La Gitanella, L'Alcade.

미국 — Mack Sennett : Le Roman d'Amour de Chariot et de Lolotte. - Charles Chaplin : 35 개 Films. - Herbert Brenon : La Fille de Neptune. - Thomas Ince : L'Italian, La Colère des Dieux. - C. B. de Mille : Caméo Kirby. - D. W. Griffith : La Bataille des Sexes, La Conscience vengeresse, Judith de Bethulie, L'Homme primitif. Gasnier : Les Exploits d'Élaine (Périls de Pauline).

프랑스 — Capellani : Quatre-vingt-treize. - Morlhon : Une Brute humaine. - Chautard : Les Ruses de l'Amour. - Feuillade : Fantomas (IV, V). - Zecca et Leprince : La Lutte héroïque, La Lutte pour la Vie.

영국 — George Loane Tucker : La Cage, Sur la Frange de la Guerre. Harold Shaw : Trilby, L'Angleterre menacée. - Herkomer : Son Choix, Le vieux Sculpteur. - Maurice Elvey : Le Club des Suicidés. - G. Pearson : Étude en Rouge.

인도 — D. G. Phalke : Savitri, Bashmasur Mohini.

이탈리아 (417). — Caserini : La Gorgone. - Ghione : Nelly la Gigolette, Dernier Devoir. ~ Guazzoni : Jules César. - Genina : Après le Bal masqué. - Luigi Maggi : Pour une Heure d'Amour. - De Liguoro : Christus ou le Sphinx de l'Isnie. - Martoglio : Perdus dans les ténèbres (Sperduti nel Buio). - Nino Oxilia : Sang Bleu. - Baldassare Negroni : L'Amour veille, La Guerre passe, Le Bonheur des autres. - Pastrone : Cabiria. - Antamoro : Cristus. - Gallone : La Femme nue.

폴란드 (13). — Al. Hertz : Marie Walewska. - Jean Pawlowsky : L'Esclave des Sens (Pola Negri).

스웨덴 (15~20). — Sjostrom : La Fille des Neiges, La Grève, Chauffeur. - Stiller : Amours d'Artiste, La Tour rouge, Poignard.

러시아 (231). — Bauer : Les Témoins muets, La Vie dans la Mort. - Gardine : Anna Karénine, Le Masque de Mort, Sonate à Kreutzer. - Protazanov : La Danse des Épées, Noël dans les Tranchées. - Starevitch : La Guerre de Mars, Telle est la Guerre. - Kassianov : Drame au Cabaret futuriste, N0 13.

1915

독일 — Galeen et Wegener : Le Golem. - Joe May : Série des Stuart Webbs. - Robison : Nuit d'Épouvante (avec Jannings).

아르젠티나 — Martinez et Gunche : Noblesse Gaucho.

브라질 — Luis de Barros : Perdue, Mort ou vif. - Vitor Capellaro : Innocence.

덴마크 (143). — Holger Madsen : L'Evangéliste, Aventure au Harem. - A. Blom : Mariage sous la Révolution. - Sandberg : Cow-Boy millionnaire.

스페인 — Adrian Gual : La Fille de la Mer.

미국 — D. W. Griffith : Naissance d'une Nation. - Cecil B. de Mille : Forfaiture. - Gasnier : La Main qui étreint. - Chaplin : Chariot vagabond, A la Banque, Marin, etc. - E. S. Porter : La Ville éternelle. - Frank Powell : Il y avait un Fou. - John Emerson : Fantômes, Le vieil Heidelberg. - Christy Cabanne : Le Timide (The Lamb, int. Douglas Fairbanks).

프랑스 — Feuillade : Les Vampires. - Bourgeois : Protea III. - Abel Gance : L'Héroïsme de Paddy, La Fleur des Ruines. - Mercanton : Jeanne Doré. - Pouctal : L'Infirmière, La Fille du Boche, Alsace. - Léonce Perret : La Fiancée du Diable, Les Mystères de l'Ombre. - Diamant-Berger : Les Gants blancs de Saint-Cyr.

영국 — Th. Bentley : Les Temps difficiles, - Haldane et Thornton : Jane Shore. - Percy Nash : Le Roi du Charbon, Amour royal. - G. L. Tucker : Le Prisonnier de Zenda, Le Chrétien. - Larry Trimble : La Grande Aventure. - R. Talbot : Lady Hamilton. - Cecil Hepworth : La Bouteille. - Maurice Elvey : Florence Nightingale.

인도 — D. G. Phalké : Chandraha, Tukaram.

이탈리아 (488). — Deed : La Peur des Aéroplanes ennemis. - Ghione : La Bande des Chiffres, L'Épouse de la Mort, Obredan ou le Martyr de Trieste. - Genina : La double Blessure, A Minuit. - Gallone : Le Roman de la Momie, La Marche nuptiale, Fleur du Mal, Rédemption. - Guazzoni : Ivan le Terrible. - Nino Oxilla : Rhapsodie satanique, Sous le Drapeau ennemi, Le Sous-Marin 77. - Negroni : L'Obstacle, La dernière Bataille. - Martoglio : Thérèse Raquin. - Pastrone : Le Feu. - Gustavo Serena : La Dame aux Camélias, Assunta Spina.

폴란드 (6). — AL Hertz : Le passeport jaune, La Brute, L'Espion.

러시아 (371). — Gardine et Protazanov : Guerre et Paix. - Gardine : Le Cri de la Vie, Une Nichée de Gentilshommes. - Protazanov : Nicolas Stavroguine. - Bauer : Le Chant de l'Amour triomphant. - Meyerhold : Dorian Gray.

스웨덴 (15~20). — Sjostrom : La Fille du Capitaine, Cordonnier pas plus haut que la Chaussure. - Stiller : Madame de Thèbes.

1916

독일 — Neuss et Rippert : Homunculus. - Joe May : Mariage au Club den Excentriques (Sc. Fritz Lang). - Wegener : Le ménétrier d'Hamelin. - Wiene : Fromoni jeune et Rissler aîné.

아르젠티나 - Lipizzi : Resaca.

브라질 — Antonio Leal : Patrie et Drapeau.

덴마크 (152). — K. Mantzius : L'Argent. - Holger Madsen : Les Spirites. - Benjamin Christensen : La Nuit de Noël.

미국 — D. W. Griffith : Intolérance. - Herbert Brenon : Épouses de Guerre - Thomas Ince : Civilisation. - Alan Dwan : Manhatan Madness (Une Aventure à New York) (Douglas Fairbanks). - Cecil B. de Mille : Carmen. - Chaplin : Chariot Pompier, C. rentre tard, C. et le Comte, C. patine, L'Usurier. - Th. Ince (prod.) : Pour sauver sa Race, Un Lâche, Les Loups, Carmen du Klondyke, etc.

프랑스 — Antoine : Les Frères Corses. -Feyder : Le Bluff, L'Homme de Compagne - Feuillade : Judex. - Pouctal : Chantecoq. - Gance : Le Droit à la Vie, Les Gaz mortels - Baroncelli : La nouvelle Antigone. - Heuzé : Debout les Morts 1

영국 — Percy Nash : Disraëli, Pouvoir temporel. - G. Pearson : Ultus - Larry Trimble : Une Place au Soleil. - G. L. Tucker : Arsène Lupin, The Manx Man.

이탈리아 — Bragaglia : Perfido Incanto. - Lucio d'Ambra : On l'appelait Cosette. - Caserini : Les Souris grises. - Guazzoni : Madame Tallien. - Campogalliani : Maciste contre la Mort. - Negroni : Rosée sanglante, L'Étau, La Curée. - Pastrone : Tigresse royale. - Febo Mari : Cenere. - Gallone : Histoire des Treize, Le Phalène.

폴란드 (8). — Al. Hertz : Les Mystères de l'Okhrana de Varsovie, Les Étudiants, L'Épouse, Arabella. - F. Porten :
Pologne pendant 125 ans sous le Joug.
러시아 (500). — E. Bauer : Vie pour Vie, Vengeance, Nina, Chaîne brisée, Reine de l'Écran. - Gardine : La Fi
lle de la Rue, La Pensée, Le Pouvoir de la Terre. - Protazanov : La Dame de Pique, La Femme au Poignard. -
Ivanov-Gai : Celui qui reçoit des Gifles, La Fille de Nana. - Volkov : L'Araignée verte, Au Sommet de la Gloi
re, Hommes de rien.
스웨덴 (15~20). — Sjostrom : Le Crime de l'Ingénieur Lebel, Terje Viggen. - Stiller : Amour et Journalisme,
Wolo.

1917

독일 — Czerepy : La Boîte à Pandore. - Lubitsch : Le Prisonnier fidèle. - Joë May : La Jeune Fille du Caucase.
남아프리카 공화국 — Harold Shaw : La Conquête d'un Continent.
아르젠티나 — Guiteres : Les Habitants de la Leonara, Horacio. - Quiroga : Le Triomphe des Ames. - J. E. Ferre
yra : Le Tango de la Mort.
덴마크 (103). — Holger Madsen : Prisonnier N° 13, Pax Æterna.- Rob. Dinesen: Hôtel Paradis, La Femme du
Maharadja. - Sandberg : Clown.
스페인 - Ramon Caralt : Le Docteur rouge. - Bourgeois : Christophe Colomb.
미국(687) — Herbert Brenon : La Fin des Romanof, Poches vides.- John Emerson : Douglas dans la Lune. - Ro
scoe Arbuckle : Série des Fatty. - Cecil B. de Mille : Jeanne d'Arc, La petite Américaine. - Tourneur : L'Oiseau
bleu, La pauvre petite riche.
Chaplin : Easy Street, Chariot fait une Cure, C. s'évade, L'Émigrant.-Th. Ince (prod.) : Vive la France !
프랑스, — Baroncelli : Le Roi de la Mer. - Germaine Dulac : Sœurs ennemies. - Feyder et R. Bernard : Le Rav
in sans Fond. - Gance : Mater Dolorosa, Zone de Mort, - Mercanton et Hervil : Mères françaises. - Pouctal :
Monte-Cristo. - Henry Roussel : L'Ame du Bronze.
영국 — Elvey : Flammes. - Butler : Les Chagrins de Satan. - Rex Wilson : Vie de Lord Kitchener. - West : Le Ro
man d'une Munitionette. - Thomas Bentley : Le Leader ouvrier, Daddy. - Henry Edwards : Vers la Lumière, Si
mplement Mrs Stubbs. - Walter West : The Ware Case.
이탈리아 — Lucio d'Amera : Le Roi, La Tour et les Joies, Émir Cheval de Cirque, Carnavalesque, Le Carrousel
des 11 Lanciers. - Brignone : Maciste Alpin. - Ghione : La dernière Entreprise, Le N° 121, Le Cavalier au Trian
gle. - Febo Mari : Le Fauve, Attila. - Negroni : Princesse de Bagdad, La Femme abandonnée. - Guazzoni : Fabi
ola.
일본 — Shenichi Nagai : La Fille du Capitaine.
멕시코 — Manuel de la Bandera : La Lumière, Triste Crépuscule, Obsession. - Joachim Coss : Légitime Défen
se, La Tigresse, L'Esprit de Sacrifice.
폴란드 (10). — Al. Hertz : Le Tzarisme et ses Valets, Une Apache, etc.
러시아 (235). — Bauer : Révolutionnaire, Le Tocsin, Vers le Bonheur. - Garine : Sois maudit, Le Va-nu-pieds.
- Protazanov : Satan triomphant, Le procureur André Kojoukov. - Starevitch : Le Comte Witte. - Svetlov : Les
Mystères de l'Okhrana, Le Pope Gapone. - Azev Tourjansky : Valse funèbre, Éclair rouge.
스웨덴 — Sjostrom : Les Proscrits, La Fille de la Tourbière. - Stiller : Le meilleur film de Thomas Graal, Leur
premier-né.
체코슬로바키아, — Jan Kolar : Série des Polikarp.

1918

독일 — E. A. Dupont : Europe Poste restante. - Lubitsch : Les Yeux de la Momie, Carmen. - Joë May : Hilde
Warren et la Mort, Veritas Vincit, Cœur de Mère. Max Mack : Othello. - R. Wiene : Le Millionnaire.
남아프리카 공화국Harold Shaw : Symbole d'un Sacrifice. - Leslie Lucoque ;
Le Fléau de la Frontière.
브라질 — Capellaro : Iracema.
덴마크 (83). — Holger Madsen : Le Vaisseau du Ciel, Le Mystère du Testament - Rob. Dinesen : Le Pouvoir de l'
Opium, Le Mystère du Sphinx.
스페인 — Rafael Salvador : L'Espagne tragique.
이집트. — Osato : Vers l'Abîme. - Larrici : Madame Loreto.
미국(841). — Capellani : Hors la Brume. - Chaplin : Une Vie de Chien, Chariot Soldat. - R. Barker : L'Homme
aux Yeux clairs. - Alan Dwan : Douglas nouveau d'Artagnan. - D. W. Griffith : Les Cœurs du Monde, Un Cœur

영화적 시도들, 그리고 영화들 1892~1927

dans les Ruines. - Von Stroheim : La Loi des Montagnes (Blind Husbands). - Tourneur : L'Oiseau bleu.
프랑스 — Antoine : Les Travailleurs de la Mer. - Baroncelli : Le Scandale. - G. Dulac : Ames de Fou. - Feuillade
: Judex (II), Vendémiaire. - Gance : La 10e Symphonie. - Mercanton et Hervil : Le Torrent, Bouclette.
영국 — Th. Bentley : Le Don divin. - Maurice Elvey: Vie de Lloyd George, Camaraderie. - F. E. Spring : Démoc
ratie. - G. Pearson : Enfants des Ruines. - Frank Wilson : Éternel Triangle.
인도 — Phalké : La Vie de Krishna.
이탈리아 — L. d'Ambra : Ballerine, La Valse bleue, Barberine. - Caserini : Drame d'une Nuit. - Febo Mari : Mai
son de Poupées. - Negroni : Mme Flirt. - Genina : Adieu Jeunesse. - Gallone : Marie-Antoinette, Rédemption.
- Ghione : Les Souris grises.
일본 — Chu Oguchi : Le Coucou. - Eizo Tanaka : Le Cadavre vivant, Le Démon de l'Or. - K. Kayeriyama : La
Splendeur de la Vie.
멕시코 — Luis G. Perredo : Sainte, Charité. - Carlos Gonzales : Tepeyac, Confession tragique.
폴란드 (9). — Al. Hertz : Sous le Règne des Tzars, La Princesse noire.
포르투갈 (3). — Leitao de Barros : Marguerite, Mal d'Espagne, etc.
러시아. — Protazanov : Le Père Serge. - Slavinsky : La Demoiselle et le Voyou. Tourkine : Pas né pour l'Argent.
- Tissé et Dziga Vertov : Act. révolutionnaires. - Kassianov : L'Illégalité.-Razoumny et Karine : L'Insurrection.-
Panteleev et Pachkovski: Le Renforcement. - Koulechov : Le Projet de l'Ingénieur Praite.
스웨덴 — Sjostrom : La Voix des Ancêtres. - Stiller : Dans les Remous, La Vengeance de Jacob Vindas. - Bruni
us : Le Chat botté.
스위스 — Lindt : Le Cercle de la Mort.

1919
독일 — Fritz Lang : Harakiri, Les Araignées. - Lubitsch : Madame Dubarry, La Princesse aux Huîtres, Passion.
- Joë May : La Maîtresse du Monde. - Murnau Satanas. - Rippert : La Peste à Florence
아르젠티나 — Quiroga et Benoit : Juan sin ropa.
브라질 — José Médina : Comment Dieu châtie, Exemple rédempteur.
덴마크 (66). — Holger Madsen : Mad Lyset.
스페인 — José Bnehs et Jules Roesset : Le Mensonge de Tormès.
미국(646). — D. W. Griffith : Le Pauvre Amour, Le Lys brisé. - Chaplin : Une Idylle aux Champs. - Capellani :
La Lanterne rouge. - J. Hennaberry : Sa Majesté l'Américain. - Georges Tucker : L'Homme miracle.
프랑스 — Baroncelli : Ramuntcho. - G. Dulac : La Cigarette, La Fête espagnole. - L'Herbier : Rose-France. -
Pouctal : Travail. - Poirier : Ames d'Orient. - Georges Lacroix : Le Noël d'Yveline.
영국 — Th. Bentley : Derrière le Rêve de l'Avare. - Colleby : Le Lutteur. - Syd. Morgan : La petite Dorritt.
인도 — Phalké : Kalixa Mardan.
이탈리아 — L. d'Ambra : Les Cinq Cains. - Caserini : Tragédie sans Larmes. - Gallone : Madame Poupet. - Gen
ina : Masque et Visage. - Negroni : Vertige. - Lacroix : Passionnément. - Zorzi : La Cigale et la Fourmi.
일본 — K. Kayeriyama : La Fille des Montagnes. - Vashiro Edamasa : Mélodie du chagrin.
멕시코 — Enrique Rosas : L'Automobile grise. - M. de la Bandera : Cuahutemoc.
폴란드 (22). — R. Boleslawsky : Héroïsme d'un Scout polonais - Dmitri Buchovetsky : Blanc et noir. - Al Hertz
: Dans les Griffes des Sbires tsaristes, La Fille de Mme X. - Puchalsky : Pour ta Défense. - Konrad Tom : Les Tr
afiquants.
포르투갈 (4). — Georges Pallu : La Rose du Parvis.
스웨덴 — Sjostrom : La Montre brisée, Le Monastère de Sendomir. - Stiller : Le Trésor d'Arne. - Hedqvist : Le
Mariage de Joujou. - Brunius : La petite Fée de Sol- baken.
체코슬로바키아 (36). — Jantrolar et Karel Lamae : L'Accord de la Mort. - Slavinsky : Marina la Sauvage.
소비에트 연방(49, 그 중 14개는 700m 이상 장편). — Gardine : Le Talon de Fer. - Jelia- boujsky : L'Étoile Rouge,
Le Songe de Taran. - Kassianov : Pour le Drapeau rouge I - Perestiani : Pères et Fils. - Razoumny : Camarade
Abraham. - Slavinsky : L'Institutrice et les Ouvriers.

1920
독일 — Buchowetsky : Les Frères Karamazov. - Czerepy et Schnltzel : La grande Catherine. - Richard Eichberg
: Monna Vanna. - Lubitsch : Anne de Boleyn, Sumurum, La Fille de Kolhiesl, Roméo et Juliette dans la Neige.
- Wegener : Le Golem. - Wiene : Le Cabinet du Docteur Caligari, Genuine. - Sven Gade : Hamlet.
브라질 — Luis de Barros : Le Bijou maudit. - Medina : Perversité.

쿠바 (6). — Ramon Péon: Réalité. - Esteban Ramirez : Le Génie du Mal (épisodes).

덴마크 (41). — Emmanuel Gregers : Le Hollandais volant. - Carl Dreyer : Le Président.

스페인 — Gelabert : Vie et Mort du Matador Eegalito. - José Buchs : Expiation, La Vengeance du Marin.

미국(796). — Chaplin : The Kid. - Max Linder : 7 ans de Malheur. - Cecil B. de Mille : L'admirable Crichton. - V. Fleming : Cauchemars et Superstitions, La Poule mouillée (D. Fairbanks). - D. W. Griffith : La Danseuse idole. - Henry King : 24 heures et demie à vivre. - Paul Powell : Polyanna (Mary Pickford). - Harry Revier : Le Retour de Tarzan. - J. C. Robertson : Le Dr Jeckyll et Mr Hyde. - Tourneur : L'Ile au Trésor. - Stroheim : Les Passepartout du Diable. - Borzage : Humoresque.

핀란드— Teuvo Puro : Rira bien qui rira le dernier.

프랑스 (60 à 100). — Antoine : Mlle de la Seiglière. - Feuillade : Barrabas, Les Deux Gamines. - L'Herbier : Le Carnaval des Vérités, L'Homme du Large. - Poirier : Le Penseur, Narayana.

영국 — Colleby : L'Appel de la Route. - Harley Knowies : Carnaval. - Guy Newall : Le Bigame. - Al Wert : L'Ame enchaînée.

이탈리아 (220). — Campogalliani : Maciste contre la Mort, Le Testament de Maciste. - Carlucci : Théoaora. - Caramba : Les Borgia. - Genina : L'Horizontale, Dette de Haine. - Gallone : Hamlet et son Clown Nemesis.- Lucio d'Ambra : Le Comte cent ans et le Vicomte Jeunesse, La Fausse Maîtresse, La Dame à l'Éventail blanc. - Guazzoni : Le Sac de Rome. - Gariazzo : La Bible. - Negroni : Chimère. - Righeîli : La Vierge folle.

일본 — Henry Otani : La Femme dans l'Ile. - Thomas Kurihara : Les Baigneuse, Le Club des Amateurs. - Minoru Murata : Une Femme dans la Lumière. - Kinshi Tanaka : La Vie nouvelle.

멕시코 — E. G. Cardellach : La Bande en Automobile.

폴란드 (7). — Biegansky : Monsieur Twardowski.

포르투갈 (3). — Georges Pallu : Amour fatal.

스웨덴 — Brunius : Le Chevalier errant. - Hedqvist : Pèlerinage à Kelvar. - Sjostrom: La Charrette fantôme, Maître Samuel. - Stiller : A travers les Rapides (Johan).-Vers le Bonheur (Erotikon). - Rune Carlsten : Un Robinson moderne, La Bombe.

체코슬로바키아 (22). — Jan Kolar : Le Chant de l'Or. - Rovensky : La Comédienne. - Slavinsky : Aimer c'est souffrir, L'Epouse dorée.

소비에트 연방(10 장편). — Gardine : La Faucille et le Marteau. - Jeliaboujski : Gelée, Nez rouge, Les Seigneurs polonais, ces Bandits. -Kouleohov : Sur le Front rouge.- Razoumny : La Mère. - Jeliaboujsky et Sanine : Poliko utchka.

1921

독일 (646). — Buchowestky : Danton. - Dupont : La Fille au Vautour. - Jessner et Leni : Escalier de Service. - Hans Kobe : Torgus. - Lubitsoh : La Femme du Pharaon. - Fritz Lang : Les trois Lumières. - Murnau : Le Château Vogelod. - Lupu Pick : Le Rail.

아르젠티나 — Alb. Traverso : La Fille de la Pampa.

브라질 — Almeida Fleming : In Hoc Signo Vinces.

중국 — Tan To-Yu : Le Serment de la Mère. - Kwan Hai-Fang : Le Squelette rouge. - XXX : Vien Khuei-Sing.

쿠바 (9). — Ramiiez : Face à la Vie.

덴마크 (21). — Carl Dreyer : Feuillets arrachés au Livre de Satan.

이집트. — Larrici : L'Anneau magique.

스페인 — Ricardo de Banos : Don Juan Tenorio. - Buchs : La Verbena de la Paloma.

미국(854). — Frank Lloyd : Madame X. - Martin Johnson : Aventures dans la Jungle (doc.). - Harry Millarde: Maman ! (Over The hills). - C. B. de Mille : Le Fruit défendu. - Rex Ingram : Les quatre Cavaliers de l'Apocalypse. — Jack Pickford : Par l'Entrée de Service. - Fred Niblo : Le Signe de Zorro. - Chaplin : Une Journée de Plaisir. - Griffith : (Way Down East) A travers l'Orage. - Tourneur : Le dernier des Mohicans.

프랑스 (100). — Antoine : La Terre. - Baroncelli : Père Goriot, Le Rêve. - Diamant- Berger : Les trois Mousquetaires. - G. Dulac : La belle Dame sans Merci. - Delluc : Fièvre. - Feuillade : L'Orpheline. - Feyder : L'Atlantide. - L'Herbier : Villa Destin, Eldorado. - H. Roussel : Visages voilés, Ames closes. - Volkov : L'Ordonnance, La Pocharde. - R. Bernard : Le petit Café..

영국 — Donald Crisp : La Princesse de New York. - G. Fitzmaurice : Les trois Fantômes vivants.

이탈리아 (-100). — Gabriellino d'Annunzio : La Nef. - Lucio d'Ambra : Tragédie sur trois Cartes. - Ghione : Za la Mort contre Za la Mort. - Negroni : Madame Sans Gêne.

일본 — Kaoru O Sanai et Minoru Murata : Une Ame sur la Route. - Z. Kako : Journal d'un Alcoolique. - K. U.

Shibara : Par dessus les Montagnes. - R. Hetanaka : Camélia d'Hiver.
멕시코 — J. et C. Stahl : Le Crime de l'autre, La Dame aux Camélias. - Volreeth : Amnésie.
폴란드 (15). — Rich. Boleslawsky : Le Miracle de la Vistule. - Puchalski : Sur le clair Rivage, Tragédie russe.
포르투갈 (5). — Georges Pallu : Amour de Perdition.
스웨덴 — Christensen : La Sorcellerie à travers les Ages. - Cari Dreyer : La quatrième Alliance de Dame Margu
erite. — Brunius : Le Moulin en Feu. - Sjostrom : L'Épreuve du Feu. - Stiller : Les Émigrés.
체코슬로바키아 (34). — Karl Anton : Tzigane. - Innemann : L'Automobile verte. - Jan Kolar : La Croix du Ruisse
au, L'Homme dans l'Ombre. - J. Rovenshy : Les Enfants du Destin. - Stavinsky : Le Fils des Montagnes. - Hirli
vy et Scakel : Janosik.
소비에트 연방(7장편). — Gardine et Pondovkine : Faim ! Faim ! Faim ! - Ivanov-Gai : Au Service du Peuple. - Pe
restiani : Arsène Djordjachvili.

1922
독일 (474). — Buchowetsky : Sapho, Othello. - Czerepy : Fredericus Rex. - Von Gerlach : Vanina. - F. Lang :
Le Docteur Mabuse. - Murnau : La Terre qui flambe, Nosferatu. - Robison : Le Montreur d'Ombres. - Willy
Woll et P. Merzbach : Lola Montés,
아르젠티나 — Ferreyra : Buenos-Aires, Ville des Rêves.
덴마크 (21). — Dreyer : Il était une Fois. - Sandberg : David Copperfield. - August Blom : Hans a du Génie, Le
Prêtre de Velby. - Lan Lauritzen : Han, Hun et Hamlet
미국(748). — Tod Browning : Sous deux Drapeaux. - Chaplin : Jour de Paye, Chariot et le Masque de Fer. -
Alan Dwan : Robin des Bois (D. Fairbanks). - Flaherty : Nanouk. - Griffith : Les 2 Orphelines. - Henri King :
Tol'able David (David le Tolérant). Max Linder : L'étroit Mousquetaire. - George Melford : Le Sheik (R. Valenti
no). - Tourneur : Le Dernier des Mohicans. - Stroheim : Folies de Femmes.
스페인 — Henri Vorins : Pauvres Petits, Militona.
핀란드— Ekki Karu : La Fille du Radelier. - Konrad Tallroth : Amor omnia Vincit.
프랑스 (130). — Antoine : La Terre. - Boudrioz : L'Atre. - Diamant-Berger : Vingt ans après. - G. Dulac : La
Mort du Soleil. - Feyder : Crainquebille. - L'Herbier : Don Juan et Faust. -Volkov: La Maison du Mystère. - Del
luc : La Femme de nulle part. - Feuillade : Parisette.
영국 — Stuart Blackton : La glorieuse Aventure. - Pearson : Squibs gagne la Coupe de Calcutta. - Henry Edwar
ds : L'étonnante Recherche de Mr. Bliss. - René Plaisetty : Les quatre Plumes blanches.
인도 (63). — Baburao Painter : Sarandhri.
이탈리아 (50). — Genina : Cyrano de Bergerac.
일본 — Shozo Makino : Les 47 Ronins. - Kinugasa : Niwa no Kotori. - Mizoguchi : Ni Yomigaeru Hi (1st films).
멕시코 — M. Contreras Torres : Le Caporal, De Race Aztèque.
폴란드 (18). — Modzelewsky : Les Paysans. - Puehalsky : L'Année 1863.
포르투갈 (9). — Maurice Mariaud : Les Élèves de M. le Curé.
스웨덴 — Sjostrom : La Maison cernée, Le Vaisseau tragique. - Stiller : Le vieux Manoir.
체코슬로바키아 (35). — B. V. Posipil : Steeple Chase. - Kvapil : La Clef dorée. - Innemann : La Dactylo, La Dem
oiselle de Magasin.
소비에트 연방(9, 중,장편). — Gardine : Un Spectre hante l'Europe. - Panteleev : Douleur infinie, Le Faiseur de
Miracles, Le Père Séraphin. - Jellaboujsky et Tchargonine : Dans le Tourbillon de la Révolution. - Dziga Vert
ov: Premiers Numéros de la Kino Pravda (doc.).

1923
독일 (347). — Ludwig Berger : Le Verre d'Eau. - E. A, Dupont : Baruch. - Karl Grune : La Rue. - Lubitsch : La
Flamme. - Murnau : Les Finances du Grand Duc. - Lupu Pick : La Nuit de la Saint-Sylvestre. - R. Wiene : Rask
olnikov, I. N. R. I. - Von Gerlach : Chronique de Grieshuss.
브라질 — Bonfioli et Ciprien : Chanson du Printemps.
중국(6~10). — Chang Shi-Chuen : Le Grand-Père sauvé par un Orphelin.
덴마크 (16). — Schnedler Sorensen : Les Nuits de Copenhague.
스페인 — Donatien : Sin Ventura. - Benito Perojo : Pour toute la Vie, La Madone des Roses. - Mercanton et He
rvil : Aux Jardins de Murcie.
미국(576). — Chaplin : L'Opinion publique. - James Gruze : The Covered Wagon (La Caravane vers l'Ouest),
Hollywood. - Cecil B. de Mille : Adams Rib. - Julian et Stroheim : Les Chevaux de Bois. - Buster Keaton : Les tr

ois Ages, Les Lois de l'Hospitalité (Co. R. Blystone). - Lubitsch : Rosita. - Sjostrom : Name The Man. - W. Wor
sley : N.-D. de Paris. - Rex Ingram : Scaramouche. - Charles Bryant : Salomé. - Tourneur : L'Ile des Vaisseaux
perdus. - Sam Taylor, Fred Newmeyer et Harold Lloyd : Monte là-dessus ! (Safety Last).
프랑스 — Antoine : L'Arlésienne. - Epstein et Benoit Lévy : Pasteur. - Baroncelli : Nêne. - Dulac : La souriante
Madame Beudet. - Abel Gance : La Roue. - Mosjoukine : Le Brasier ardent. - Roussel : Violettes impériales. -
Poirier : Geneviève. - Feaillade : Vindicta. - Epstein : Cœur fidèle.
영국 — St. Blackton : La Reine vierge. - Elvey : Le Juif errant. - Collby : Le Fils prodigue. - G. Pearson : Rose
de Picadilly. - Wiloox : Chuh Chin Chow. - M. Elvey : La Course de Dick Turpin vers York.
인도 — Phalké : Satira Manahanda, Satu Banham.
이탈리아 (20~30). — Guazzoni : Messaline. - Gallone : La Mère folle, Cavalcade ardente - Genina : Pécheresse
sans péché.
일본 — G. Ikeda : Chanson du Marin. - Yasujiro Shimazu : Un Cheminot dans les Montagnes. - H. Nimnra :
Mère. - Eizo Tanaka : La Danse de la Grue. - Kinugasa : Deux petits Oiseaux.
멕시코 — M. Contreras Torres : L'Homme sans Patrie.
폴란드 (14). — Puchalsky : Bartek le Vainqueur, La Défense de Czestochowa.
포르투갈 (7). — Roger Lion : Les Yeux de l'Ame. - M. Mariaud : Fado. - Rino Lupo : Les Loups.
스웨덴 — Stiller : La Légende de Gosta Berling. - Brunius : Johan Ulfstjerna.
체코슬로바키아 (20). — V. Binovec : Madame Golvary.
소비에트 연방(11). — Ivanovsky : La Comédienne. - Karine : Les Enfants abandonnés. - Razoumny : La Briga
de communiste. - Ivanov Perestiani : Les Diables rouges. Tchaikowsky : Le Secret diplomatique. — Panteleev :
Pour le Pouvoir des Soviets I

1924
독일 (271). — Paul Czinner : Nju. - Fritz Lang : Les Nibelungen. - Paul Leni : Le Cabinet des Figures de Cire. -
Murnau : Le dernier des Hommes.
아르젠티나 — Jorge Lafuente : La Loba.
브라질 — Rolando et Kerrigan : Soulirir pour aimer.
중국(Shanghai). — Tshen Pou-Kao : L'Épouse malheureuse.
덴마크 (12). — Sandberg : La petite Dorritt. - Lan Lauritzen : Le Professeur Petersen.
스페인 — André Hugon : La Gitanilla. - Florian Rey : La Révoltosa (La turbulente). - B. Perojo : Boy. - Musido
ra : La Terre des Taureaux.
미국(579). — John Ford : Le Cheval d'Acier. - Griffith : America. - Henri Otto : L'Enfer du Dante. - Sjostrom :
Celui qui reçoit les Giffles. - Borzage : Secrets. - C. B. de Mille : Les dix Commandements. - R. Walsh et Fair
banks : Le Voleur de Bagdad. - B. Keaton : Sherlock junior, La Croisière du Navigator (Co. R. Donald Crisp).
-Lubitsch : Forbidden Paradise, The Marnage Circle.
프랑스 (68). — R. Bernard : Le Miracle des Loups. - René Clair : Paris qui dort, Entr'acte. - Epstein : Le Lion
des Mogols, La belle Nivernaise. - L'Herbier : L'Inhumaine. - Poirier : La Brière. - Baroncelli: Pêcheurs d'Islan
de. - Silver : L'Horloge. - J. Renoir : La Fille de l'Eau.
영국 — Graham Cutts : De Femme à Femme. - Elvey : Henry, Roi de Navarre.
이탈리아 (15~20). — Camerini : Maciste contre le Cheik. - Brignone : Maciste Empereur. - Gallone : Le Chem
in du Péché.
일본 (875). — Teikine : Un Oiseau en Cage. - Minora Mnrata : La Femme de Seisaku. - Kinugasa : L'Amour.
멕시코 — M. Contreras Torres : Or, Sang et Soleil. - E. Carrasco : La Lutte pour le Pétrole (doc. 장편)
폴란드 (11). — Fred. Filher et B. Newoline : Sanine. - Puchalsky : Ce dont on ne parle pas.
포르투갈 (5). — Roger Lion : La Fontaine des Amours.
스웨덴 — Hedqvist : La Vie à la Campagne. - Gnstav Edgren : Le Roi de Trollebo. - Brunius : Jeune Fille.
스위스 — Feyder : Visage d'Enfants.
체코슬로바키아 (8). — Kransky : Le Chant de la Vie.
뛰니지 — Samamana Chikly : La Fille de Carthage (Ain El Ghesal).
소비에트 연방(46). — Jeliaboujsky : La Vendeuse de Cigarettes du Mosselprom. - Koule- ohov : Mr West au
Pays des Bolcheviks. - Kozintsev et Trauberg : Les Aventures d'Octobrine. - Gardine : Le Serrurier et le Chanc
elier, Quatre et Cinq. — Bek Nazarov : Trésors perdus. - Razoumny : Vallée de Larmes, La Bande du Batna Kn
ich. - Protazanov : Aelita. - Viskovsky : Partisans rouges. - Dziga Vertov : Cinéma-Œil (doc.)

1925

독일 (228). — E. A. Dupont : Variétés. - Gérard Lamprecht : Les Déshérités de la Vie, 117 Grand-Rue. - Murn
an : Tartufe. - Lupn Pick : La Péniche tragique. - G. W. Pabst : La Rue sans Joie.
아르젠티나 — Fereyra : Mon dernier Tango, Le petit Orgue du Soir.
브라질 — Almeida Fleming : Paul et Virginie. - Ricci et Kerrigan : La Chair - Francesco de Rosa : Ma Vie a pas
sé comme un Songe. - E. Wanderley : Histoire d'une Ame. - Humberto Mauro : Valadiâo le Cratère.
중국(Shanghai, 50 여개). — Hong S'En : Le riche jeune Homme Fong. - Tshen Pou-Kao : Les Larmes sur le Cha
mp de Bataille.
덴마크 (10). — Sandberg : Fra Piazza del Popolo. - Dreyer : Le Maître du Logis.
스페인 — Florian Rey : Lazarille de Tormès. - F. Delgado : La Chevrette des Montagnes. - Rino Lupo : Carmi
na.
미국(579). — James Cruze : Jazz (Beggar on Horseback). - Chaplin : La Ruée vers l'Or. - Newmeyer et Harold
Lloyd : Vive le Sport (The Freshman). - Lubitsch : L'Eventail de Lady Windermere. - Stroheim : La Veuve joyeu
se. - Sternberg : Salvation Hunters (Les Chasseurs de Salut). - Tod Browning : Le Club des Trois. - King Vidor :
La grande Parade.
프랑스 (73). — René Clair : Le Fantôme du Moulin rouge. - Epstein : Le double Amour, L'Affiche. - Fescourt :
Les Misérables. - L'Herbier : Feu Mathias Pascal. - Feyder : Visage d'Enfants. - Perret : Mme Sans-Gêne.
영국(34). — Hitchcock : Pleasure Garden (1st film).
인도 (70). — Frantz Osten : La Lumière de l'Asie, ou La Vie de Bouddha.
이탈리아 (10~20). — Ambrosio, G. d'Annunzio et George Jacoby : Quo Vadis ?. - V. Soldani : Dante.
일본(839). — Kinugasa : Le Cercle du Soleil. -Shimizn : Le Tueur de cent Hommes. - Daisuke Itoh : La Fumée.
- Heinosuke Gosho : Pas de Nuages dans le Ciel. - Murata : Le Baladin des Rues.
멕시코 — C. et J. Stahl : La Lanterne de Diogène.
폴란드 (9). — Biegansky : Les Vampires de Varsovie.
포르투갈 (1). — Rino Lnpo : Le Diable à Lisbonne.
스웨덴 — Branlas : Charles XII. - Molander : Les Maudits.
스위스 — Jean Choux : Puissance du Travail.
체코슬로바키아 (16). — Karel Larnak et Pistek : Karel Havilecek Borovsky.
소비에트 연방(60). — S. M. Eisenstein : La Grève, Le Cuirassé Potemkine. - Jeliaboujsky et Moskvine : Le Maît
re de Postes. - Gardine : La Croix et le Mauser, Réserve d'Or. - Poudovkine et Chpikovsky : La Fièvre des Éche
cs. - Kozintzev et Trauberg : Michka contre Youdenitch. - Razoumny : Les Bourreaux. - Viskovsky : Dimanche
noir.

1926

독일 (185). — Arnold Fank : La Montagne sacrée. - Fritz Lang : Mélropolis. - Murnau : Faust. - Lnpu Pick : La
Casemate blindée. - Pabst : Mystères d'une Ame. - Robison : Manon Lescaut. - Lotte Reiniger : Les Aventures
du Prince Achmed - Viertel : Histoire d'un Billet de 10 Marks.
브라질 — Campogalliani : L'Épouse du Célibataire. - C. Mendès de Almeida : Feu de Paille. - Capellaro : Les
Guarani. - Kerrigan : Cœurs suppliciés. - Himberto Mauro : Au Printemps de la Vie.
중국(Shanghai, 68). — Hong Sen : J'espère que vous aurez bientôt un Fils. - Po Wan-Tchan : Le Jade Pur, La Fi
ancée, La Confession.
쿠바 (7). — Romen Péon : Amour et Arènes.
덴마크 (6). — Sandberg : Clown. - Lan Lauritzen : Don Quichotte (Double Patte et Patachon).
이집트 (4). — Ahmed Galal : Laïla. - Mohamed Karim : Zeinab.
스페인 (30~60). — Perojo : La Comtesse Marie. - Gomez Hidalgo : La mal Mariée. - José Buchs : L'Étrange Ave
nture de Luis Candelas.
미국(740). — Frank Capra et Harry Langdon : L'Athlète incomplet, Plein les Bottes. - Tod Browning : L'Oiseau
noir. - Alan Crossland : Don Juan (sound). - Rupert Julian : Le Fantôme de l'Opéra. - Flaherty : Moana. - Nib
lo : Ben Hur. - Sjostrom : La Lettre rouge. - Stiller : Hôtel impérial. - Al Parker et D. Fairbanks : Le Pirate noir
(Technicolor). - Schoedsack et Cooper : Transhumance (Grass). - Buster Keaton : Ma Vache et Moi. - Rex Ingr
am : Mare Nostrum. - Herbert Brenon : Cendrillon.
프랑스 (74). — Baroncelli : Nitchevo. - René Clair : La Proie du Vent. - G. Dulac : La Folie des Vaillants. - Feyd
er : Carmen, Gribiche. - Kirsanov : Ménilmontant. - Poirier : La Croisière noire. - Jean Renoir : Nana. - Caval
canti : Rien que les Heures.

영국(26). ─ Graham Cutts : Le Rat. - Hitchcock : Le Locataire.

이탈리아 (10~20). ─ Antamoro : Saint-François d'Assise. - Brignone : Maciste aux Enfers, Maciste dans la Cage aux Lions. - Genina : Le Dernier Lord (La Femme en Homme).

일본 - Daisnke Itoh : Le Soleil. - Kinugasa : Une Page folle. - Yukata Abe : La Femme qui toucha mon Pied, La Sirène terrestre. - Minora Murata : Le Soleil (Nichirivo). - Mizoguchi : Le Soupir d'une Poupée de Papier.

멕시코. ─ Guillermo Calles :De Race Aztèque, Ame mexicaine. - Ed. Urriola : La Bande du Cinq d'Or.

노르웨이 ─ Dreyer : La Fiancée de Glomsdale.

폴란드 (11). ─ Biegansky : L'Aiglon. - Puchalski : La Lépreuse.

포르투갈 (4). ─ Rino Lupo : L'Inconnu.

체코슬로바키아 (31). ─ Karel Lamac : Le brave Soldat Schweik, Schweik sur le Front. - Gustav Machaty : La Sonate à Kreutzer. - Karel Anton : Un Roman en Mai.

소비에트 연방(68). ─ Barnett et Ozep : Miss Mend. - Koulechov : Selon la Loi (Dura Lex), - Kozintzev et Tranberg : La Roue du Diable, Le Manteau. - Poudovkine : Le Mécanisme du Cerveau, La Mère. - Taritch : Ivan le Terrible. - Léo Scheffer : Le Vent (Le Démon des Steppes). - Abraham Room : Trois dans un Sous-Sol (Le Lit et le Sofa). - Protazanov : Le Procès des trois Millions.

1927

독일 (242). ─ Galeen : L'Étudiant de Prague (2nd Version). - Pabst : Un Amour de Jeanne Ney. - Bruno Rahn : La Tragédie de la Rue. - Ruttmann : Berlin, Symphonie d'une grande Ville. - Volkoff : Casanova. - Zelznick : Les Tisserands.

브라질 (14). ─ Humberto Mauro : Le Trésor perdu. - Ari Severo : Danse, Amour et Aventure.

중국(Shanghai, 대략50여편). ─ Po Wan-Tchan : Le Mari et sa Femme. - Tsen Tcheng- Tcheou : Le Monument du Chagrin. - Tan To-Yu : Le Monstre.

스페인 (10~25). ─ Florian Rey : La Sœur San Sulpicio. - B. Perojo : Le Nègre qui avait une Ame blanche (Fatalité du Destin).

미국(678) ─ Borzage : Le septième Ciel. - Clarence Brown : La Chair et le Diable. - Alan Crossland : Le Chanteur de Jazz (sound). - Fejos : The Last Moment - Fleming : Quand la Chair succombe. - Leni : La Volonté du Mort (The cat and The Canari), Le Perroquet chinois. - Murnau : L'Aurore. - Cecil B. de Mille : Le Roi des Rois. - Schoedsack et Cooper : Chang. - Sternberg : Les Nuits de Chicago (Underworld). - Sjostrom : La Femme divine (Garbo). - Stroheim : La Marche nuptiale. - Hawks : Une Femme dans chaque Port.

프랑스 (74). ─ M. Allegret : Voyage au Congo. - R. Bernard : Le Joueur d'Échecs. - Baroncelli : Feu 1 - Cavalcanti : En Rade. - Epstein : La Glace à trois Faces, 6 1/2 11. - A. Gance : Napoléon. - Kirsanov : Sables, Destins. - Renoir : Marquita, Charleston. ─ Dulac et Artaud : La Coquille et le Clergyman. - Man Ray et Desnos : Emak Bakia,

영국(48). ─ A. Brunel : Le Tourbillon. - M. Elvey : Mademoiselle d'Armentières parlez-vous ? - E. A. Dupont : Moulin Rouge. - G. Cutts : Le Triomphe du Rat. - H. Wilcox : Nel Gwyn. - Hitchcock : Le Ring.

그리스. ─ D. Gasiadès : Prométhée enchaîné, L'Amour.

인도네시아(4). ─ G. Krügers : Le Singe errant.

이탈리아 (10 à 15). ─ Camerini : Kiff Tebbi. - Negroni : Le Postillon du Mont Cenis, Béatrice Cenci. - Palermi : Florette et Patapon. - Benedetti : Garibaldi.

일본 ─ Kinugasa : Le Palanquin. - Y. Ozu : Le Sabre du Repentir. - T. Makino: Yami. - Heinosuké Gosho : Le Rêve intime. - Y. Shimatsu : Le Brave de la Mer.

멕시코. ─ Manuel Rojeda : Le Christ d'Or.

폴란드 (15). ─ Dembinsky : Sourires de la Vie. - Hertz et Wegiersko : La Terre promise. - Richard Ordynsky : Le Tombeau du Soldat inconnu.

포르투갈 (8). ─ Maurice Lauman : Taxi 92-97, Rito ou Rita ?

스웨덴 ─ G. Molander : Parisiennes.

체코슬로바키아 (24). ─ Gustav Machaty : Schweik civil. - P. Prazky : Bataillon.

소비에트 연방(95). ─ Barnett : La jeune Fille au Carton à Chapeau. - Esther Choub : La Chute des Romanov. - Ermler et Iohanson : Les Enfants de la Tempête. - Gardine : Poète et Tsar. - Ivanovski : Les Decabristes. - Kozintsev et Trauberg : Neiges Sanglantes (L'Union pour la grande Cause). - Preobrajinskaia : Les Commères de Riazan (Le Village du Péché). - Protazanov : Le quarante et unième. - Raisman : Le Cercle.